a transformação já começou.

iônica é o ambiente digital da **FTD Educação** que nasceu para conectar estudantes, famílias, professores e gestores em um só lugar.

uma plataforma repleta de recursos e facilidades, com navegação descomplicada e visualização adaptada para todos os tipos de tela: celulares, tablets e computadores.

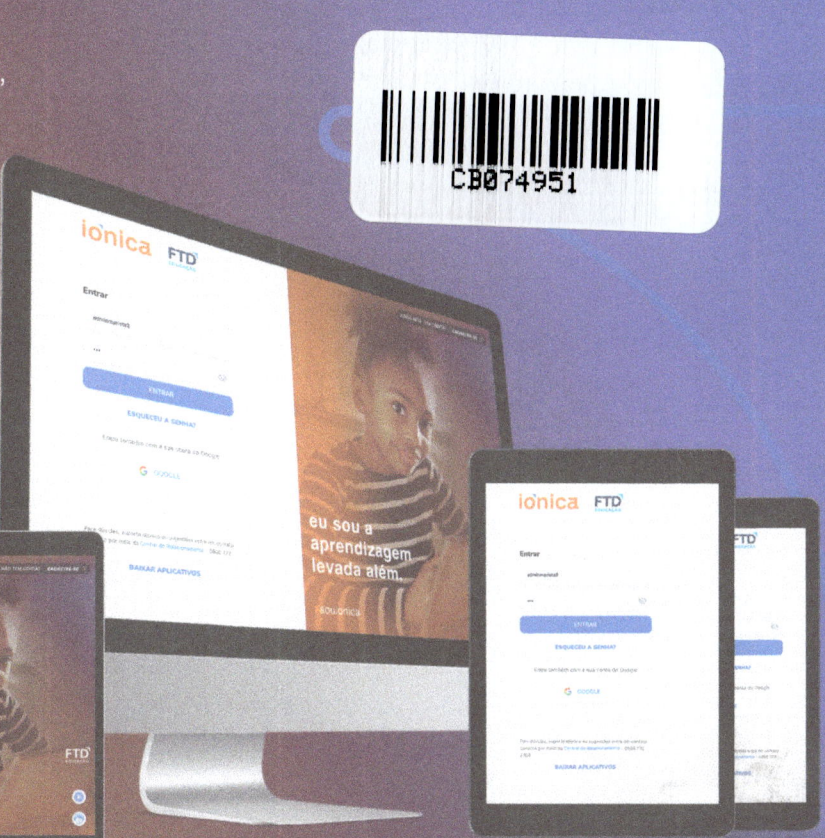

CB074951

É MUITO FÁCIL ACESSAR!

6mFV2KKDg

943.567   9010103000727

1 escaneie o QR Code *ao lado com a câmera do seu celular ou acesse* souionica.com.br

2 *insira seu usuário e sua senha. Caso não tenha, crie uma nova conta em* Cadastre-se.

3 *insira o código de acesso do seu livro.*

4 *encontre sua escola na lista e bons estudos!*

FTD educação

iônica

PASCHOALIN & SPADOTO
GRAMÁTICA
TEORIA E ATIVIDADES

MARIA APARECIDA PASCHOALIN

Formada em Letras pela Pontifícia Universidade Católica de São Paulo (PUC-SP).

Pós-graduada em Literatura Portuguesa pela Universidade de São Paulo (USP).

Professora e autora de obras didáticas.

NEUZA TEREZINHA SPADOTO

Formada em Letras pela Universidade de São Paulo (USP).

Professora e autora de obras didáticas.

FTD

FTD

Copyright © Maria Aparecida Paschoalin e Neuza Terezinha Spadoto, 2021

Direção-geral Ricardo Tavares de Oliveira
Direção editorial adjunta Luiz Tonolli

Gerência editorial Roberto Henrique Lopes da Silva
Edição Paulo Roberto Ribeiro (coord.)
Bruna Flores Bazzoli, Carlos S. Mendes Rosa, Felipe Bio, Marilda Lima, Sílvia Cunha
Preparação e revisão de textos Maria Clara Paes (sup.)
Gisele Ribeiro Fujii, Mayara Ramalho
Gerência de produção e arte Ricardo Borges
Design Daniela Máximo (coord.)
Capa e projeto gráfico Joana Resek
Arte e produção Rodrigo Carraro (sup.)
Daniel Cilli, Gislene Aparecida Benedito (assist.)
Diagramação Lima Estúdio Gráfico
Coordenação de imagens e textos Elaine Bueno Koga
Licenciamento de textos Erica Fabiana Brambila de Martin (analista), Bárbara Clara Marcelino Freitas (assist.)
Iconografia Erika Neves do Nascimento
Tratamento de imagens Ana Isabela Pithan Maraschin
Ilustrações Andrea Ebert, Flavio Remontti, Gabi Vasko, Luciano Tasso, Marcos Guilherme

---

Dados Internacionais de Catalogação na Publicação (CIP)
(Câmara Brasileira do Livro, SP, Brasil)

Paschoalin, Maria Aparecida
  Gramática : teoria e atividades / Maria Aparecida Paschoalin, Neuza Terezinha Spadoto. – 2. ed. – São Paulo : FTD, 2021.

  ISBN 978-65-5742-336-3 (aluno)
  ISBN 978-65-5742-337-0 (professor)

  1. Português – Gramática (Ensino fundamental)
  2. Português – Gramática – Teoria etc. I. Spadoto, Neuza Terezinha. II. Título.

21-65658   CDD-372.61

Índices para catálogo sistemático:
1. Português : Gramática : Ensino fundamental 372.61

Cibele Maria Dias – Bibliotecária – CRB-8/9427

---

1 2 3 4 5 6 7 8 9

Envidamos nossos melhores esforços para localizar e indicar adequadamente os créditos dos textos e imagens presentes nesta obra didática. No entanto, colocamo-nos à disposição para avaliação de eventuais irregularidades ou omissões de crédito e consequente correção nas próximas edições. As imagens e os textos constantes nesta obra que, eventualmente, reproduzam algum tipo de material de publicidade ou propaganda, ou a ele façam alusão, são aplicados para fins didáticos e não representam recomendação ou incentivo ao consumo.

Reprodução proibida: Art. 184 do Código Penal e Lei 9.610 de 19 de fevereiro de 1998.
Todos os direitos reservados à **FTD EDUCAÇÃO**.

Produção gráfica
FTD educação | GRÁFICA & LOGÍSTICA
Avenida Antônio Bardella, 300 – 07220-020 GUARULHOS (SP)
Fone: (11) 3545-8600 e Fax: (11) 2412-5375

A - 939.380/25

Rua Rui Barbosa, 156 – Bela Vista – São Paulo – SP
CEP 01326-010 – Tel. 0800 772 2300
Caixa Postal 65149 – CEP da Caixa Postal 01390-970
www.ftd.com.br
central.relacionamento@ftd.com.br

A comunicação impressa e o papel têm uma ótima **história ambiental** para contar
TWO SIDES
www.twosides.org.br

APRESENTAÇÃO

O objetivo desta obra é apresentar, tanto aos que iniciam o estudo de estruturas elaboradas da língua portuguesa quanto aos que pretendem nelas aprofundar-se, um trabalho que possibilite a interiorização dos mecanismos reguladores da norma--padrão da língua, garantindo o uso dessa variante, quer na forma oral, quer na forma escrita, quando oportuno ou quando houver necessidade.

A organização do trabalho obedece a critérios de apresentação e desenvolvimento dos conteúdos que julgamos mais didáticos ou facilitadores para o estudante. Os conteúdos foram ordenados partindo-se, sempre que possível, dos mais simples para os mais complexos, agrupados em sete unidades de estudo: **Introdução**, **Fonologia**, **Morfologia**, **Sintaxe**, **Semântica**, **Estilística** e **Apêndice**.

Em cada unidade de estudo, além do conteúdo teórico, é explorada a relação entre gramática e texto, por meio de explicações e atividades que trabalham os conceitos em diversos gêneros textuais e esferas de circulação. Além disso, a obra apresenta linguagem clara e objetiva, que contribui para a prática didática daquele que a utiliza, nos seus diferentes componentes:

- **Um primeiro olhar** – inicia cada um dos conteúdos principais.
- **Conceituação** – apresenta os conceitos em estudo e suas regras de aplicação.
- **Atividades** – propõe a aplicação dos conceitos estudados.
- **Em síntese** – sintetiza, ao final de cada conteúdo, os conceitos estudados.
- **No texto** – encerra os conteúdos principais, com análise textual e aplicação dos conceitos.
- **Exames e concursos** – finaliza as unidades de estudo, com atividades de exames oficiais.
- **Observação(ões)** – complementa os conceitos apresentados.
- **Tire de letra** – apresenta informação adicional suscitada pelas atividades.

Esperamos que, ao utilizar esta obra, o estudante adquira as habilidades e competências linguísticas necessárias para que se torne proficiente nos usos da língua portuguesa em suas diferentes modalidades e em diferentes contextos da vida cotidiana.

As autoras

Sumário

INTRODUÇÃO

Conceitos básicos 16
- UM PRIMEIRO OLHAR 16
- LINGUAGEM 17
  - LINGUAGEM VERBAL 17
  - LINGUAGEM NÃO VERBAL 17
  - LINGUAGEM MULTIMODAL 18
- SIGNOS E CÓDIGOS 18
- REGISTROS LINGUÍSTICOS 18
  - REGISTRO FORMAL 18
  - REGISTRO INFORMAL 19
- VARIAÇÃO LINGUÍSTICA 19
  - VARIAÇÃO REGIONAL 19
  - VARIAÇÃO HISTÓRICA 20
  - VARIAÇÃO SOCIOCULTURAL 20
  - VARIAÇÃO ESTILÍSTICA 20
- GRAMÁTICA NORMATIVA E NORMA-PADRÃO ... 21
  - PRECONCEITO LINGUÍSTICO 21
  - ESTUDO DA LÍNGUA 21
- EXAMES E CONCURSOS 22

FONOLOGIA

A palavra falada 26
- UM PRIMEIRO OLHAR 26
- FONEMA 27
- ALFABETO FONOLÓGICO 27
- FONEMA E LETRA 28
  - DÍGRAFO 30
- SIGNIFICANTE E SIGNIFICADO 31
- CLASSIFICAÇÃO DOS FONEMAS 31
  - VOGAIS 31
  - CONSOANTES 31
  - SEMIVOGAIS 31
- ATIVIDADES 32
- SÍLABA 33
  - CLASSIFICAÇÃO DAS PALAVRAS QUANTO AO NÚMERO DE SÍLABAS 34
    - Monossílabas (*mono* = um) 34
    - Dissílabas (*di* = dois) 34
    - Trissílabas (*tri* = três) 34
    - Polissílabas (*poli* = vários) 34
- ACENTUAÇÃO TÔNICA 34
  - SÍLABA TÔNICA 34
  - SÍLABA ÁTONA 34
    - Sílaba subtônica 35
  - CLASSIFICAÇÃO DAS PALAVRAS QUANTO À POSIÇÃO DA SÍLABA TÔNICA ....: 35
    - Oxítonas 35
    - Paroxítonas 35
    - Proparoxítonas 35
    - Monossílabos átonos e monossílabos tônicos 36
- ATIVIDADES 36
- NO TEXTO 39

A sequência dos fonemas 40
- UM PRIMEIRO OLHAR 40
- ENCONTROS VOCÁLICOS 41
  - TIPOS DE ENCONTROS VOCÁLICOS 41
    - Ditongo 41
    - Tritongo 42
    - Hiato 42
- ENCONTROS CONSONANTAIS 42
- ATIVIDADES 43
- NO TEXTO 44

Vogais e consoantes 45
- UM PRIMEIRO OLHAR 45
- CLASSIFICAÇÃO DAS VOGAIS 46
  - QUANTO AO PAPEL DAS CAVIDADES BUCAL E NASAL 46
    - Vogais orais 46
    - Vogais nasais 46

QUANTO À INTENSIDADE 46
    Vogais tônicas 46
    Vogais átonas 46
    Vogais subtônicas 46
QUANTO AO TIMBRE 46
    Vogais abertas 46
    Vogais fechadas 46
    Vogais reduzidas 46
QUANTO À ZONA DE ARTICULAÇÃO 46
    Vogais anteriores 46
    Vogais médias 47
    Vogais posteriores 47
CLASSIFICAÇÃO DAS CONSOANTES 47
    QUANTO AO MODO DE ARTICULAÇÃO 47
        Oclusivas 47
        Constritivas 47
    QUANTO AO PONTO DE ARTICULAÇÃO 47
        Bilabiais 47
        Labiodentais 47
        Linguodentais 47

    Alveolares 48
    Palatais 48
    Velares 48
QUANTO AO PAPEL DAS PREGAS VOCAIS:
SONORIDADE 48
    Surdas 48
    Sonoras 48
QUANTO AO PAPEL DAS CAVIDADES BUCAL E NASAL 48
    Nasais 48
    Orais 48
ATIVIDADES 49
NO TEXTO 50

A pronúncia das palavras 51
UM PRIMEIRO OLHAR 51
ORTOÉPIA 52
PROSÓDIA 52
ATIVIDADES 53
NO TEXTO 54
EXAMES E CONCURSOS 55

MORFOLOGIA

Estrutura das palavras 60
UM PRIMEIRO OLHAR 60
CONCEITO 61
    RADICAL 61
    VOGAL TEMÁTICA 61
    TEMA 62
    DESINÊNCIA 62
    AFIXO 63
    VOGAL E CONSOANTE DE LIGAÇÃO 63
ATIVIDADES 63
NO TEXTO 65

Formação das palavras 66
UM PRIMEIRO OLHAR 66
PROCESSOS DE FORMAÇÃO 67
DERIVAÇÃO 67
    DERIVAÇÃO PREFIXAL OU POR PREFIXAÇÃO 67
    DERIVAÇÃO SUFIXAL OU POR SUFIXAÇÃO 67
    DERIVAÇÃO PREFIXAL E SUFIXAL 67
    DERIVAÇÃO PARASSINTÉTICA OU PARASSÍNTESE 67
    DERIVAÇÃO REGRESSIVA 68

    DERIVAÇÃO IMPRÓPRIA 68
ATIVIDADES 68
    PREFIXOS 69
    SUFIXOS 71
ATIVIDADES 72
COMPOSIÇÃO 73
    COMPOSIÇÃO POR JUSTAPOSIÇÃO 74
    COMPOSIÇÃO POR AGLUTINAÇÃO 74
    CASOS ESPECIAIS DE COMPOSIÇÃO 74
        Compostos eruditos 74
        Hibridismos 74
    RADICAIS 75
    OUTROS MEIOS USADOS PARA CRIAR PALAVRAS
    NOVAS 79
        Abreviação vocabular 79
        Siglonimização 79
        Onomatopeia 79
FLEXÃO DAS PALAVRAS 79
    PALAVRA VARIÁVEL E PALAVRA INVARIÁVEL 79
ATIVIDADES 80
NO TEXTO 82

Substantivo 83
UM PRIMEIRO OLHAR 83
CONCEITO 84
CLASSIFICAÇÃO DOS SUBSTANTIVOS 84
    COMUNS 84
    PRÓPRIOS 84
    CONCRETOS 85
    ABSTRATOS 85
    COLETIVOS 85
FORMAÇÃO DOS SUBSTANTIVOS 86
    PRIMITIVOS 86
    DERIVADOS 86
    SIMPLES 87
    COMPOSTOS 87
ATIVIDADES 87
FLEXÃO DOS SUBSTANTIVOS 89
    FLEXÃO DE GÊNERO 89
        Substantivos biformes 90
        Substantivos uniformes 90
        Particularidades de gênero 92
ATIVIDADES 93
    FLEXÃO DE NÚMERO 94
        Plural dos substantivos simples 94
        Plural dos substantivos compostos 96
    PARTICULARIDADES DE NÚMERO 97
        Algumas formas especiais 97
        Plural dos substantivos próprios 97
        Plural metafônico ou metafonia 97
        Substantivos de um só número 98
        Significados diferentes para números diferentes ... 98
ATIVIDADES 99
    FLEXÃO DE GRAU 100
        Formação do grau do substantivo 100
ATIVIDADES 102
NO TEXTO 104

Artigo 105
UM PRIMEIRO OLHAR 105
CONCEITO 106
CLASSIFICAÇÃO DOS ARTIGOS 106
    DEFINIDOS 106
    INDEFINIDOS 106
FLEXÃO DOS ARTIGOS 106

ATIVIDADES 107
NO TEXTO 108

Adjetivo 109
UM PRIMEIRO OLHAR 109
CONCEITO 110
FORMAÇÃO DOS ADJETIVOS 110
    ADJETIVOS PRIMITIVOS 110
    ADJETIVOS DERIVADOS 110
    ADJETIVOS SIMPLES 110
    ADJETIVOS COMPOSTOS 110
ATIVIDADES 111
LOCUÇÃO ADJETIVA 112
ADJETIVOS PÁTRIOS 114
    ADJETIVOS PÁTRIOS COMPOSTOS 115
ATIVIDADES 116
FLEXÃO DOS ADJETIVOS 117
    FLEXÃO DE GÊNERO 117
        Gênero dos adjetivos simples 117
        Gênero dos adjetivos compostos 118
    FLEXÃO DE NÚMERO 118
        Plural dos adjetivos simples 118
        Plural dos adjetivos compostos 119
    FLEXÃO DE GRAU 119
        Grau comparativo 119
        Grau superlativo 120
ATIVIDADES 122
NO TEXTO 124

Numeral 125
UM PRIMEIRO OLHAR 125
CONCEITO 126
CLASSIFICAÇÃO DOS NUMERAIS 126
    NUMERAIS CARDINAIS 126
    NUMERAIS ORDINAIS 126
    NUMERAIS MULTIPLICATIVOS 126
    NUMERAIS FRACIONÁRIOS 126
FUNÇÃO DOS NUMERAIS 128
    NUMERAL ADJETIVO 128
    NUMERAL SUBSTANTIVO 128
DISTINÇÃO ENTRE *UM(A)* ARTIGO INDEFINIDO E NUMERAL 128
FLEXÃO DOS NUMERAIS 129
    FLEXÃO DE GÊNERO 129
    FLEXÃO DE NÚMERO 129

ATIVIDADES	130
NO TEXTO	131

Pronome ... 132
UM PRIMEIRO OLHAR ... 132
CONCEITO ... 133
CLASSIFICAÇÃO DOS PRONOMES ... 133
    PRONOMES PESSOAIS ... 133
        Formas pronominais ... 134
        Distinção entre artigo e pronome pessoal ... 135
        Pronomes pessoais de tratamento ... 135
ATIVIDADES ... 136
    PRONOMES POSSESSIVOS ... 137
        Flexão dos pronomes possessivos ... 137
    PRONOMES DEMONSTRATIVOS ... 138
ATIVIDADES ... 139
    PRONOMES INDEFINIDOS ... 141
        Locuções pronominais indefinidas ... 141
    PRONOMES INTERROGATIVOS ... 141
    PRONOMES RELATIVOS ... 142
    PRONOMES SUBSTANTIVOS E PRONOMES ADJETIVOS ... 143
ATIVIDADES ... 143
NO TEXTO ... 145

Verbo ... 146
UM PRIMEIRO OLHAR ... 146
CONCEITO ... 147
ESTRUTURA DOS VERBOS ... 147
CONJUGAÇÕES VERBAIS ... 148
    VERBOS PARADIGMAS ... 148
FLEXÃO DOS VERBOS ... 149
FLEXÃO DE PESSOA E NÚMERO ... 149
ATIVIDADES ... 149
FLEXÃO DE TEMPO E MODO ... 150
    TEMPOS DO VERBO ... 150
    MODOS DO VERBO ... 150
        Modo indicativo ... 151
        Modo subjuntivo ... 152
        Modo imperativo ... 152
ATIVIDADES ... 153
FORMAS NOMINAIS DO VERBO ... 155
TEMPOS COMPOSTOS ... 156
FLEXÃO DE VOZ ... 157
    VOZ ATIVA ... 157
    VOZ PASSIVA ... 157
    VOZ REFLEXIVA ... 158
LOCUÇÃO VERBAL ... 158
FORMAS VERBAIS RIZOTÔNICAS E ARRIZOTÔNICAS ... 158
    FORMAS RIZOTÔNICAS ... 158
    FORMAS ARRIZOTÔNICAS ... 159
ATIVIDADES ... 159
TEMPOS PRIMITIVOS E DERIVADOS ... 160
ATIVIDADES ... 162
CLASSIFICAÇÃO DOS VERBOS ... 163
    VERBOS REGULARES ... 163
        Verbos regulares que merecem destaque ... 163
ATIVIDADES ... 164
    VERBOS IRREGULARES ... 166
        Verbos irregulares da 1ª conjugação ... 166
        Verbos terminados em -ear ... 168
        Verbos terminados em -iar ... 168
ATIVIDADES ... 169
        Verbos irregulares da 2ª conjugação ... 170
ATIVIDADES ... 180
        Verbos irregulares da 3ª conjugação ... 182
    VERBOS ANÔMALOS ... 184
ATIVIDADES ... 186
    VERBOS DEFECTIVOS ... 187
    VERBOS ABUNDANTES ... 189
    VERBOS AUXILIARES ... 190
    OUTROS TIPOS DE VERBOS ... 190
        Verbos pronominais ... 190
        Verbos reflexivos ... 192
        Verbos unipessoais ... 192
        Verbos impessoais ... 192
ATIVIDADES ... 193
NO TEXTO ... 196

Advérbio ... 197
UM PRIMEIRO OLHAR ... 197
CONCEITO ... 198
LOCUÇÃO ADVERBIAL ... 198
CLASSIFICAÇÃO DOS ADVÉRBIOS ... 199
ADVÉRBIOS INTERROGATIVOS ... 199
GRAU DOS ADVÉRBIOS ... 200
    GRAU COMPARATIVO ... 200
        Igualdade ... 200
        Superioridade ... 200
        Inferioridade ... 200

GRAU SUPERLATIVO ABSOLUTO 201
    Analítico 201
    Sintético 201
ADJETIVOS ADVERBIALIZADOS 201
    DISTINÇÃO ENTRE ADVÉRBIO E PRONOME INDEFINIDO 202
ATIVIDADES 202
NO TEXTO 204

Preposição 205
UM PRIMEIRO OLHAR 205
CONCEITO 206
TERMO REGENTE E TERMO REGIDO 206
CLASSIFICAÇÃO DAS PREPOSIÇÕES 207
    ESSENCIAIS 207
    ACIDENTAIS 207
LOCUÇÃO PREPOSITIVA 208
COMBINAÇÃO E CONTRAÇÃO DAS PREPOSIÇÕES 208
    COMBINAÇÃO 208
    CONTRAÇÃO 208
ATIVIDADES 209
CRASE 212
    CASOS EM QUE OCORRE A CRASE 212
    CASOS EM QUE NÃO OCORRE A CRASE 213
    CASOS EM QUE A CRASE É FACULTATIVA 214
ATIVIDADES 215
NO TEXTO 217

Conjunção 218
UM PRIMEIRO OLHAR 218
CONCEITO 219
LOCUÇÃO CONJUNTIVA 219
CLASSIFICAÇÃO DAS CONJUNÇÕES 219
    CONJUNÇÕES COORDENATIVAS 219
    CONJUNÇÕES SUBORDINATIVAS 221
ATIVIDADES 222
NO TEXTO 225

Interjeição 226
UM PRIMEIRO OLHAR 226
CONCEITO 227
LOCUÇÃO INTERJETIVA 227
CLASSIFICAÇÃO DAS INTERJEIÇÕES 228
ATIVIDADES 228
NO TEXTO 229

EXAMES E CONCURSOS 230

SINTAXE

Frase, oração e período 242
UM PRIMEIRO OLHAR 242
FRASE 243
    TIPOS DE FRASE 243
ORAÇÃO 244
DISTINÇÃO ENTRE FRASE E ORAÇÃO 245
PERÍODO 245
    PERÍODO SIMPLES 245
    PERÍODO COMPOSTO 245
PERÍODO SIMPLES 246
    SUJEITO 246
    PREDICADO 246
ATIVIDADES 246
NO TEXTO 248

Estudo do sujeito 249
UM PRIMEIRO OLHAR 249
POSIÇÕES DO SUJEITO NA ORAÇÃO 250
NÚCLEO DO SUJEITO 250
TIPOS DE SUJEITO 251
    SUJEITO DETERMINADO 251
        Sujeito simples 251
        Sujeito composto 251
        Sujeito elíptico 251
    SUJEITO INDETERMINADO 252
ORAÇÃO SEM SUJEITO 252
ATIVIDADES 253
NO TEXTO 256

Estudo do predicado 257
UM PRIMEIRO OLHAR 257
CLASSIFICAÇÃO DOS VERBOS QUANTO À PREDICAÇÃO 258
    VERBOS INTRANSITIVOS 258
    VERBOS TRANSITIVOS 259

VERBOS TRANSITIVOS E SEUS COMPLEMENTOS 259
- VERBO TRANSITIVO DIRETO 259
- VERBO TRANSITIVO INDIRETO 259
- VERBO TRANSITIVO DIRETO E INDIRETO 260
- VERBOS DE LIGAÇÃO 260
- ATIVIDADES 261

TIPOS DE PREDICADO 263
- PREDICADO VERBAL 263
- PREDICADO NOMINAL 263
  - Predicativo do sujeito 263
- ATIVIDADES 264
- PREDICADO VERBONOMINAL 265
  - Predicativo do objeto 266
- ATIVIDADES 267
- NO TEXTO 269

Vozes do verbo 270
- UM PRIMEIRO OLHAR 270
- VOZES DO VERBO 271
- SUJEITO AGENTE – VOZ ATIVA DO VERBO 271
- SUJEITO PACIENTE – VOZ PASSIVA DO VERBO 271
- SUJEITO AGENTE E PACIENTE – VOZ REFLEXIVA DO VERBO 271
- ESTUDO DA VOZ PASSIVA 272
  - PASSAGEM DA VOZ ATIVA PARA A VOZ PASSIVA 272
  - TIPOS DE VOZ PASSIVA 272
    - Voz passiva analítica 272
    - Voz passiva sintética 273
  - DISTINÇÃO ENTRE VOZ PASSIVA SINTÉTICA E SUJEITO INDETERMINADO 273
- AGENTE DA PASSIVA 274
- ATIVIDADES 275
- NO TEXTO 278

Complemento verbal e complemento nominal 279
- UM PRIMEIRO OLHAR 279
- COMPLEMENTOS VERBAIS 280
  - OBJETO DIRETO 280
  - OBJETO INDIRETO 280
  - OBJETOS DIRETO E INDIRETO COM PRONOME PESSOAL OBLÍQUO 280
    - Núcleos dos objetos direto e indireto 281
  - OBJETO DIRETO PREPOSICIONADO 281
    - Distinção entre objeto indireto e objeto direto preposicionado 282
  - OBJETO DIRETO E OBJETO INDIRETO PLEONÁSTICOS ... 282
- ATIVIDADES 283
- COMPLEMENTO NOMINAL 284
  - DISTINÇÃO ENTRE OBJETO INDIRETO E COMPLEMENTO NOMINAL 285
- ATIVIDADES 285
- NO TEXTO 287

Adjunto adnominal e adjunto adverbial 288
- UM PRIMEIRO OLHAR 288
- ADJUNTO ADNOMINAL 289
  - DISTINÇÃO ENTRE ADJUNTO ADNOMINAL E COMPLEMENTO NOMINAL 290
- ATIVIDADES 290
- ADJUNTO ADVERBIAL 291
  - CLASSIFICAÇÃO DOS ADJUNTOS ADVERBIAIS 292
- ATIVIDADES 292
- NO TEXTO 294

Aposto e vocativo 295
- UM PRIMEIRO OLHAR 295
- APOSTO 296
- VOCATIVO 297
- ATIVIDADES 297
- NO TEXTO 299

Período composto e período composto por coordenação 300
- UM PRIMEIRO OLHAR 300
- CONCEITO DE PERÍODO COMPOSTO 301
  - AS ORAÇÕES E SUAS RELAÇÕES 301
    - Tipos de oração 301
  - CONECTIVOS E ORAÇÕES 302
- PERÍODO COMPOSTO POR COORDENAÇÃO 303
  - ORAÇÕES COORDENADAS 303
    - Classificação das orações coordenadas sindéticas 303
- ATIVIDADES 306
- NO TEXTO 309

Período composto por subordinação 310
- UM PRIMEIRO OLHAR 310
- CONCEITO 311
- ORAÇÕES SUBORDINADAS SUBSTANTIVAS 311

CLASSIFICAÇÃO DAS ORAÇÕES SUBORDINADAS SUBSTANTIVAS 311
- Subjetivas 311
- Objetivas diretas 312
- Objetivas indiretas 313
- Completivas nominais 313
- Predicativas 314
- Apositivas 314

ATIVIDADES 315

ORAÇÕES SUBORDINADAS ADJETIVAS 316

CONECTIVOS DAS ORAÇÕES SUBORDINADAS ADJETIVAS 317
- Distinção entre *que* pronome relativo e *que* conjunção integrante 318

CLASSIFICAÇÃO DAS ORAÇÕES SUBORDINADAS ADJETIVAS 318
- Restritivas 318
- Explicativas 318

ATIVIDADES 319

ORAÇÕES SUBORDINADAS ADVERBIAIS 321

CLASSIFICAÇÃO DAS ORAÇÕES SUBORDINADAS ADVERBIAIS 322
- Temporais 322
- Causais 322
- Condicionais 323
- Proporcionais 324
- Finais 324
- Consecutivas 324
- Conformativas 325
- Concessivas 325
- Comparativas 325

ATIVIDADES 326

ORAÇÕES SUBORDINADAS REDUZIDAS 329

CLASSIFICAÇÃO DAS ORAÇÕES SUBORDINADAS REDUZIDAS 329
- Reduzidas de infinitivo 329
- Reduzidas de gerúndio 330
- Reduzidas de particípio 330

ATIVIDADES 331

NO TEXTO 333

Período misto 334

UM PRIMEIRO OLHAR 334

CONCEITO 335

ESTRUTURA DO PERÍODO MISTO 335

ORAÇÃO COORDENADA E PRINCIPAL AO MESMO TEMPO 335

ORAÇÕES SUBORDINADAS DE MESMA FUNÇÃO SINTÁTICA E COORDENADAS ENTRE SI 335

ORAÇÕES PRINCIPAIS COORDENADAS ENTRE SI 336

OUTROS TIPOS DE ORAÇÕES 336

ORAÇÕES JUSTAPOSTAS 336

ORAÇÕES INTERCALADAS 336

ATIVIDADES 337

NO TEXTO 338

Sintaxe de concordância 339

UM PRIMEIRO OLHAR 339

CONCORDÂNCIA VERBAL 340

REGRAS GERAIS 340
- Sujeito simples 340
- Sujeito composto 340

CASOS PARTICULARES DE CONCORDÂNCIA COM SUJEITO SIMPLES 341
- Substantivo *coletivo* como núcleo do sujeito 341
- *Nome próprio plural* como núcleo do sujeito 341
- *Pronome de tratamento* como núcleo do sujeito 341
- Pronome relativo *que* como núcleo do sujeito 341
- Pronome relativo *quem* como núcleo do sujeito 342
- *Pronome indefinido* ou *pronome interrogativo* plural + *de nós* ou *de vós* como núcleo do sujeito 342
- *Número percentual* como núcleo do sujeito 342
- Sujeito formado por *expressões* 342

CASOS PARTICULARES DE CONCORDÂNCIA COM SUJEITO COMPOSTO 343
- Sujeito composto *anteposto* ao verbo 343
- Sujeito composto de núcleos unidos por *ou* e *nem* 343
- Sujeito composto de núcleos unidos por *com* 343
- Sujeito com as expressões *um ou outro, nem um nem outro, um e outro* 344
- Sujeito com as expressões *não só... mas também, tanto... quanto* 344
- Sujeito com *infinitivos* 344

CONCORDÂNCIA DO VERBO COM SUJEITO ORACIONAL 344

CONCORDÂNCIA DO VERBO ACOMPANHADO DO PRONOME *SE* 345
- Com *se* como pronome apassivador 345

Com *se* como índice de indeterminação do sujeito 345
CONCORDÂNCIAS ESPECÍFICAS DE ALGUNS VERBOS 345
    Concordância dos verbos *bater, dar, soar* 345
    Concordância dos verbos *faltar, sobrar, bastar* 345
    Concordância dos verbos *haver* e *fazer* 345
    Concordâncias do verbo *ser* 346
    Concordância do verbo *parecer* 347
ATIVIDADES 347
CONCORDÂNCIA NOMINAL 350
    REGRA GERAL 350
    REGRAS PARTICULARES 350
        Adjetivo com substantivo 350
        Numeral ordinal com substantivo 351
        Pronome com substantivo 351
        Concordância de algumas palavras e expressões ... 352
ATIVIDADES 353
NO TEXTO 355

Sintaxe de regência 356
UM PRIMEIRO OLHAR 356
REGÊNCIA VERBAL 357
ATIVIDADES 364
REGÊNCIA NOMINAL 366
ATIVIDADES 367
NO TEXTO 368

Sintaxe de colocação 369
UM PRIMEIRO OLHAR 369
COLOCAÇÃO DOS PRONOMES OBLÍQUOS ÁTONOS ... 370
    PRÓCLISE 370
        Justificativas da próclise 370
    MESÓCLISE 371
        Justificativas da mesóclise 371
    ÊNCLISE 371
        Justificativas da ênclise 371
PRONOMES OBLÍQUOS ÁTONOS NAS LOCUÇÕES VERBAIS 372
    Com verbo auxiliar + infinitivo ou gerúndio 372
    Com verbo auxiliar + particípio 372
ATIVIDADES 373
NO TEXTO 375

Uso das classes gramaticais 376
UM PRIMEIRO OLHAR 376
CLASSE GRAMATICAL E FUNÇÃO SINTÁTICA 377
    FUNÇÃO SINTÁTICA DO SUBSTANTIVO 377
        Particularidades do substantivo 378
    FUNÇÃO SINTÁTICA DO ARTIGO 378
        Particularidades do artigo 378
    FUNÇÃO SINTÁTICA DO ADJETIVO 379
        Particularidades do adjetivo 380
    FUNÇÃO SINTÁTICA DO NUMERAL 380
        Particularidades do numeral 380
ATIVIDADES 381
    FUNÇÃO SINTÁTICA DO PRONOME 383
        Particularidades do pronome 383
ATIVIDADES 388
    FUNÇÃO SINTÁTICA DO VERBO 390
        Particularidades do verbo 390
ATIVIDADES 392
ATIVIDADES 395
    FUNÇÃO SINTÁTICA DO ADVÉRBIO 396
        Particularidades do advérbio 396
    FUNÇÃO SINTÁTICA DA PREPOSIÇÃO 397
        Particularidades da preposição 397
ATIVIDADES 397
NO TEXTO 399
EXAMES E CONCURSOS 400

SEMÂNTICA

Significação das palavras 412
UM PRIMEIRO OLHAR 412
RELAÇÕES DE SIGNIFICADO ENTRE AS PALAVRAS ... 413
    SINONÍMIA 413
    ANTONÍMIA 413
    HOMONÍMIA 413
        Homônimos homógrafos 413
        Homônimos homófonos 413
        Homônimos perfeitos 414
    Paronímia 414
    Polissemia 415

ATIVIDADES 416
NO TEXTO 418

Coesão e coerência 419
UM PRIMEIRO OLHAR 419
CONCEITO 420
    COESÃO TEXTUAL 420
    Elementos da coesão textual 420
    COERÊNCIA TEXTUAL 422
    Princípios da coerência textual 422
ATIVIDADES 423
NO TEXTO 425
EXAMES E CONCURSOS 426

ESTILÍSTICA

Linguagem figurada 432
UM PRIMEIRO OLHAR 432
DENOTAÇÃO E CONOTAÇÃO 433
    DENOTAÇÃO 433
    CONOTAÇÃO 433
FIGURAS DE LINGUAGEM 434
    FIGURAS DE PALAVRAS 434
        Comparação 434
        Metáfora 435
        Metonímia 435
        Perífrase 436
        Catacrese 436
        Sinestesia 436
ATIVIDADES 436
    FIGURAS DE PENSAMENTO 439
        Antítese 439
        Paradoxo 439
        Eufemismo 439
        Hipérbole 439
        Ironia 439
        Prosopopeia 439
ATIVIDADES 440
    FIGURAS SINTÁTICAS 441
        Elipse 441
        Zeugma 441
        Hipérbato 441
        Pleonasmo 441
        Polissíndeto 442
        Assíndeto 442
        Anacoluto 442
        Anáfora ou repetição 442
        Silepse 442
ATIVIDADES 443
    FIGURAS FONÉTICAS 445
        Onomatopeia 445
        Aliteração 445
        Assonância 446
ATIVIDADES 446
NO TEXTO 447

Versificação 448
UM PRIMEIRO OLHAR 448
VERSO 449
    FORMAÇÃO DO VERSO 449
    TIPOS DE VERSOS 450
ESTROFE 451
    TIPOS DE ESTROFES 451
ATIVIDADES 451
RIMA 452
    TIPOS DE RIMAS 452
        Quanto às combinações 453
        Quanto à posição do acento tônico ... 453
        Quanto à coincidência de sons 454
        Quanto ao valor 454
ATIVIDADES 455
NO TEXTO 457
EXAMES E CONCURSOS 458

APÊNDICE

Uso das palavras *se* e *que* 466
- **UM PRIMEIRO OLHAR** 466
- **EMPREGO DO *SE*** 467
  - SE – PRONOME 467
    - Pronome apassivador ou partícula apassivadora ... 467
    - Índice de indeterminação do sujeito 467
    - Pronome reflexivo 467
  - SE – CONJUNÇÃO 467
    - Conjunção subordinativa integrante 467
    - Conjunção subordinativa condicional 468
  - SE – PARTÍCULA EXPLETIVA OU DE REALCE 468
- **EMPREGO DO *QUE*** 468
  - QUE – PRONOME 468
    - Pronome relativo 468
    - Pronome indefinido e pronome interrogativo 468
    - Pronome indefinido equivalente a *que coisa* 468
  - QUE – ADVÉRBIO 468
  - QUE – PREPOSIÇÃO 469
  - QUE – CONJUNÇÃO 469
    - Conjunção coordenativa 469
    - Conjunção subordinativa 469
  - QUE – INTERJEIÇÃO 469
  - QUE – SUBSTANTIVO 469
  - QUE – PARTÍCULA EXPLETIVA OU DE REALCE 469
- **ATIVIDADES** 470
- **NO TEXTO** 471

Ortografia 472
- **UM PRIMEIRO OLHAR** 472
- **O ALFABETO** 473
  - EMPREGO DAS LETRAS *K, W, Y* 473
    - Nomes próprios estrangeiros 473
  - ORDEM ALFABÉTICA 474
- **DIVISÃO SILÁBICA** 474
- **ACENTUAÇÃO GRÁFICA** 475
  - ACENTOS AGUDO, CIRCUNFLEXO E GRAVE 475
  - REGRAS GERAIS DE ACENTUAÇÃO GRÁFICA 475
  - OUTROS SINAIS GRÁFICOS 477
    - Til (~) 477
    - Apóstrofo (') 477
    - Trema (¨) 477
- **ATIVIDADES** 477
- **EMPREGO DO HÍFEN** 479
  - PALAVRAS COMPOSTAS 479
  - PALAVRAS FORMADAS COM PREFIXOS 480
    - Regra geral 480
    - Regras especiais 480
  - PALAVRAS FORMADAS COM SUFIXOS 481
  - OUTROS CASOS EM QUE SE EMPREGA O HÍFEN 481
- **ATIVIDADES** 482
- **GRAFIA DE ALGUMAS PALAVRAS E EXPRESSÕES** 483
  - PORQUE / PORQUÊ / POR QUE / POR QUÊ 483
  - SENÃO / SE NÃO 483
  - HÁ / A 484
  - MAL / MAU 484
  - AONDE / ONDE 484
  - AO ENCONTRO DE / DE ENCONTRO A 485
  - DEMAIS / DE MAIS 485
  - A FIM DE / AFIM 485
  - ACERCA DE / HÁ CERCA DE 486
  - A PRINCÍPIO / EM PRINCÍPIO 486
- **ATIVIDADES** 486
- **NO TEXTO** 489

Pontuação 490
- **UM PRIMEIRO OLHAR** 490
- **SINAIS DE PONTUAÇÃO** 491
  - PONTO-FINAL (.) 491
  - PONTO DE INTERROGAÇÃO (?) 491
  - PONTO DE EXCLAMAÇÃO (!) 491
  - VÍRGULA (,) 491
  - PONTO E VÍRGULA (;) 493
  - DOIS-PONTOS (:) 493
  - RETICÊNCIAS (...) 494
  - ASPAS (" ") 494
  - PARÊNTESES (( )) 494
  - TRAVESSÃO (—) 495
- **ATIVIDADES** 495
- **NO TEXTO** 498

EXAMES E CONCURSOS 499

ABREVIATURAS E SIGLAS 506
ÍNDICE ANALÍTICO 510
BIBLIOGRAFIA 512

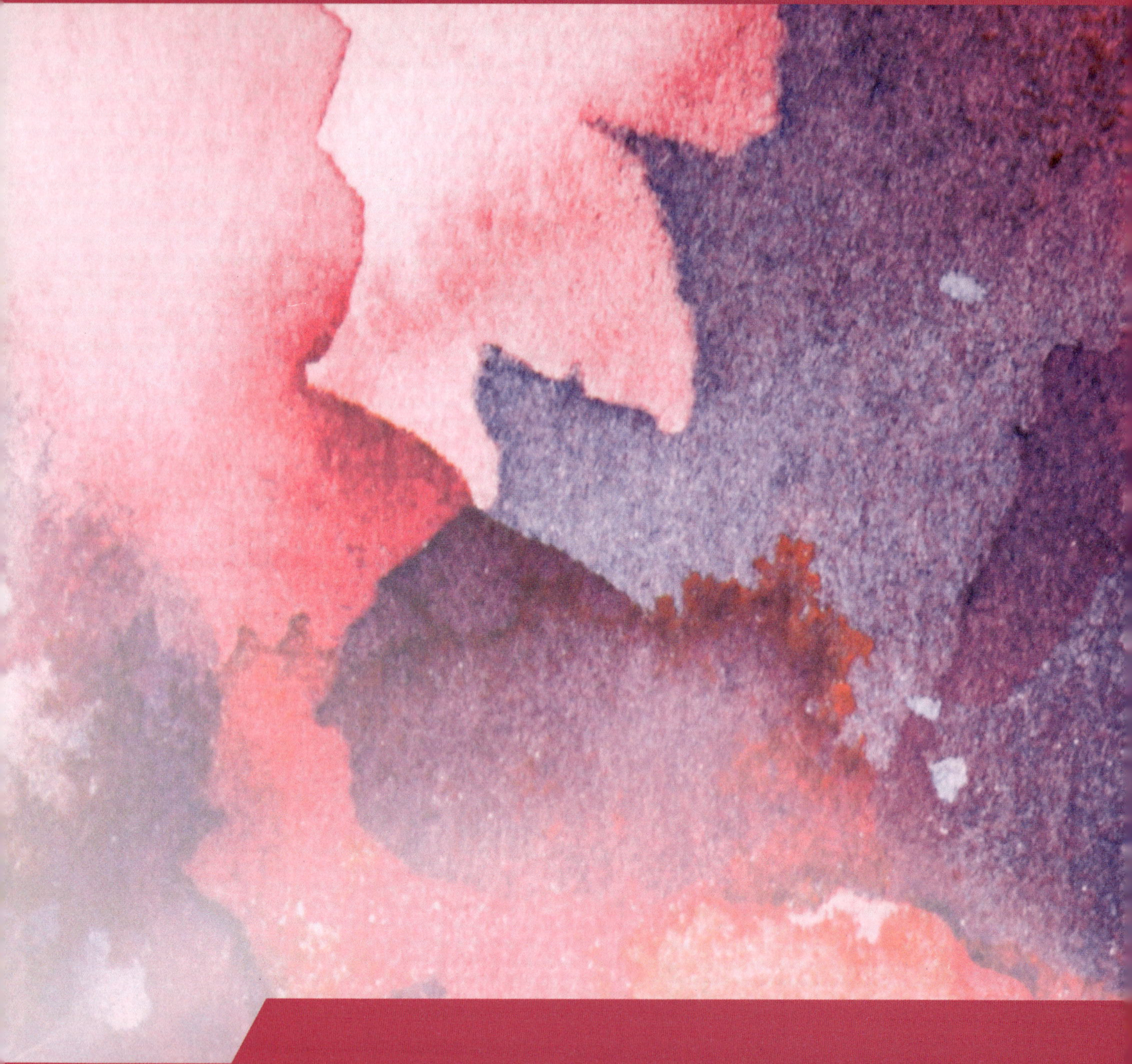

KATHY COLLINS/PHOTOGRAPHER'S CHOICE RF/GETTY IMAGES

INTRODUÇÃO

INTRODUÇÃO

Conceitos básicos

UM PRIMEIRO OLHAR

Observe a imagem a seguir e reflita sobre os recursos utilizados na composição do lambe-lambe, que fala sobre o rompimento de uma barragem de mineração em Mariana (MG) em 2015.

Grafica Fidalga Lambe-Lambe (@grafica_fidalga). **5 anos do desastre de Mariana e o que aconteceu? Esquecemos?** 5 nov. 2020. Instagram: grafica_fidalga. Disponível em: https://www.instagram.com/p/CHNAHNpHk4n/. Acesso em: 3 fev. 2021.

1. Bento Rodrigues, subdistrito da cidade de Mariana, foi um dos mais afetados pelo deslizamento de lama e de rejeitos do processo de mineração ocorrido após o rompimento da barragem. Com base nessa informação, leia os textos escritos do lambe-lambe e responda às questões.

    a) Qual é a relação entre os textos escritos e a cena retratada na parte de baixo do lambe-lambe?

    b) De que maneira a frase "a lama tomou conta de tudo" é representada na cena?

2. O lambe-lambe geralmente é colado em lugares públicos, como em muros e postes.

    a) Tendo em vista o lugar onde está alocado, a que público-alvo esse lambe-lambe se destina?

    b) Nesse caso, qual é a importância da mistura de textos escritos e pintura para atrair esse público?

3. Nos textos escritos, não foram utilizados sinais de pontuação.

    a) Esse recurso é geralmente característico de uma escrita mais formal ou informal?

    b) Comente a relação entre essa forma de escrita e o cenário onde o lambe-lambe se encontra.

LINGUAGEM

A leitura e o entendimento dos elementos que compõem a manifestação artística analisada são possíveis pelo estudo das linguagens presentes na composição do lambe-lambe. A **linguagem** é a forma usada pelo produtor da mensagem (emissor) para transmitir a informação pretendida para outra pessoa (receptor), e isso pode ocorrer, por exemplo, por meio de palavras escritas ou faladas, sons, imagens estáticas ou em movimento, expressões corporais ou por uma mistura desses elementos.

Além da compreensão da(s) linguagem(ns) utilizada(s), só é possível apreender a totalidade de uma mensagem quando consideramos seu **contexto**, ou seja, os elementos não necessariamente expressos na mensagem, mas que envolvem sua produção e sua recepção: quem foi seu produtor, qual foi sua intenção, de que maneira e/ou em que local ela foi apresentada, qual é a relação do produtor com o público-alvo, como as diferentes linguagens utilizadas na mensagem estão relacionadas, entre outros.

LINGUAGEM VERBAL

A **linguagem verbal** caracteriza-se pelo uso de palavras escritas ou faladas que, em determinado contexto, expressam uma mensagem. Pode ser encontrada, por exemplo, em bilhetes, notícias, artigos de divulgação científica e conversas por telefone.

Exemplo:

> Creio que eram seis horas da manhã. Reparei pelas frestas da cortina que o dia estava amanhecendo. O barulho era de tontear, algo de muito grave deveria ter acontecido para um helicóptero ficar parado bem em cima do meu edifício. [...]

MEDEIROS, Martha. **A graça da coisa**. São Paulo: L&PM, 2013. p. 9.

LINGUAGEM NÃO VERBAL

A **linguagem não verbal** caracteriza-se pelo uso de imagens, cores, gestos, sons não verbais e/ou movimentos para expressar a mensagem. Pode ser encontrada em placas de trânsito, pinturas, esculturas, danças, na comunicação por gestos (sinais de "OK", piscar de olho e aceno de cabeça, por exemplo) etc.

Exemplos:

Placa de sinalização de área escolar.

Gesto representativo de "vitória" ou "paz".

LINGUAGEM MULTIMODAL

A **linguagem multimodal** caracteriza-se pelo uso combinado das linguagens verbal, seja escrita, seja falada, e não verbal. Essa linguagem pode ser encontrada na atuação em peças teatrais e em filmes, em infográficos, em capas de revistas e de livros, em *outdoors*, na interação em chamadas de vídeo, em anúncios publicitários etc.

Exemplo:

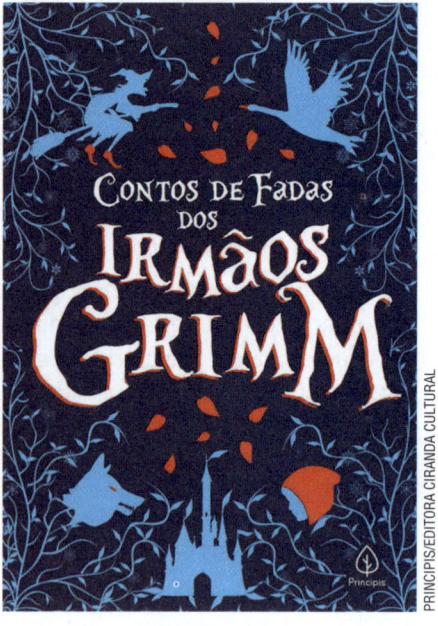

Capa do livro **Contos de fadas dos irmãos Grimm**, publicado pela Editora Principis em 2019.

SIGNOS E CÓDIGOS

O ser humano comunica-se por meio de **signos**: sinais criados por ele para expressar seus pensamentos, suas emoções, suas intenções. Com esse objetivo, criou-se o desenho, a música, a dança, que são *signos não verbais*; e desenvolveu-se a palavra, que é um *signo verbal* ou *linguístico*.

Com os signos, o ser humano elaborou **códigos**: conjuntos de signos com regras próprias, que constituem um sistema. Os signos não verbais formam *códigos não verbais*. E, com a palavra ou signo linguístico, criou-se o *código linguístico* ou a **língua**.

De todos os códigos, o mais utilizado e difundido pelo ser humano é a língua. Há milhares de línguas identificadas e catalogadas – entre elas, a língua portuguesa, falada oficialmente no Brasil e em Portugal, Angola, Cabo Verde, Guiné-Bissau, Moçambique, São Tomé e Príncipe, Guiné Equatorial e Timor Leste.

REGISTROS LINGUÍSTICOS

As várias circunstâncias que envolvem a comunicação, como o lugar e o momento em que se desenvolve, o grau de intimidade existente entre os interlocutores, a intenção de cada falante, entre outras, são fatores não linguísticos que interferem na mensagem. Essas interferências são responsáveis pelas variações nos **registros** da língua, dos quais podem ser destacados o registro formal e o informal.

REGISTRO FORMAL

O **registro formal** é geralmente mais estruturado e planejado, elaborado com base nas regras da gramática normativa. Seu uso está relacionado principalmente a contextos de fala e escrita como documentos, materiais acadêmicos, apresentações em ambientes de trabalho, textos jornalísticos, redações para vestibulares etc.

Exemplo:

[...]
Art. 5º Todos são iguais perante a lei, sem distinção de qualquer natureza, garantindo-se aos brasileiros e aos estrangeiros residentes no País a inviolabilidade do direito à vida, à liberdade, à igualdade, à segurança e à propriedade [...].

BRASIL. [Constituição (1988)]. **Constituição da República Federativa do Brasil de 1988**. Brasília, DF: Presidência da República, [2016]. Disponível em: http://www.planalto.gov.br/ccivil_03/constituicao/constituicaocompilado.htm. Acesso em: 5 fev. 2021.

REGISTRO INFORMAL

O **registro informal** ocorre na linguagem cotidiana e tende a ser mais espontâneo, usualmente relacionado à comunicação entre pessoas com um grau maior de intimidade ou em um mesmo nível hierárquico. Pode também ser usado como recurso para sugerir uma aproximação entre o emissor e o receptor, como em campanhas publicitárias ou nas redes sociais. Nesse tipo de registro, as preocupações em seguir as regras da gramática normativa costumam ser menores, sendo comum o uso de vocabulário mais simples e de gírias.

Exemplo:

> [...]
> — Num falei?
> — Onde é que esse raio aprendeu essas coisas?
> — Sei não...
> — Ele não é de falar não, né? Ô menino! Ô!
> — É... Ele é mei caladão... Asselvajado...
> [...]
>
> RUFFATO, Luiz. **Eles eram muitos cavalos**. 11. ed. São Paulo: Companhia das Letras, 2013. p. 17.

VARIAÇÃO LINGUÍSTICA

Para a efetiva comunicação entre os participantes de uma comunidade, é preciso que todos conheçam o código linguístico comum ao grupo e a maneira como os indivíduos usam esse código. No entanto, apesar de todas as línguas terem um padrão e uma regularidade específica, elas estão em constante mudança e adaptação, o que acarreta variações de uma mesma língua de acordo com determinado contexto. Essa variação pode ocorrer tanto na fala como na escrita.

No caso da língua falada (oralidade), há variações na maneira como as palavras são pronunciadas ou mesmo nos termos utilizados para designar um mesmo ser. Há, no Brasil, diferentes ritmos, entonações e sotaques que compõem as identidades culturais dos povos, além de gírias e expressões regionais características de determinada cidade ou região, o que compõe uma grande variedade de falares brasileiros.

Na língua escrita, as variações podem ser percebidas, por exemplo, ao comparar a grafia de termos com mesmo significado e mesma pronúncia: em Portugal, por exemplo, a palavra **úmido** é grafada **húmido**. As duas formas estão corretas, e essa diferença só revela a tradição ou a origem do emissor. O mesmo acontece com a palavra **você**, que sofreu transformações diversas ao longo do tempo até se apresentar dessa maneira ou em sua versão abreviada **vc**, característica da comunicação digital.

As principais variações que ocorrem na língua são a **regional**, a **histórica**, a **sociocultural** e a **estilística**.

VARIAÇÃO REGIONAL

A **variação regional** ou **geográfica** refere-se à maneira como determinados grupos sociais usam a língua em uma região, um estado ou um país, podendo ocorrer até mesmo entre bairros de uma mesma cidade. A variação regional pode ser percebida na diferença de sotaque de cada estado brasileiro, por exemplo.

Exemplo:

> tangerina
>
> **tangerina** (1813 cf. MS²)
> princ. etim.
> **substantivo feminino**
> 1 ANGIOS fruto da tangerineira; bergamota, laranja-cravo, laranja-mimosa, mandarina, mexerica, mimosa, tangerina-cravo, tangerina-do-rio, vergamota
> 2 ANGIOS m.q. **tangerineira** (*Citrus reticulata*)
> 3 ENT; *CE* m.q. **libélula**
>
> GRANDE Dicionário Houaiss da Língua Portuguesa. Rio de Janeiro: Instituto Antônio Houaiss de Lexicografia, 2020. Disponível em: https://www.houaiss.net/corporativo. Acesso em: 17 maio 2021.

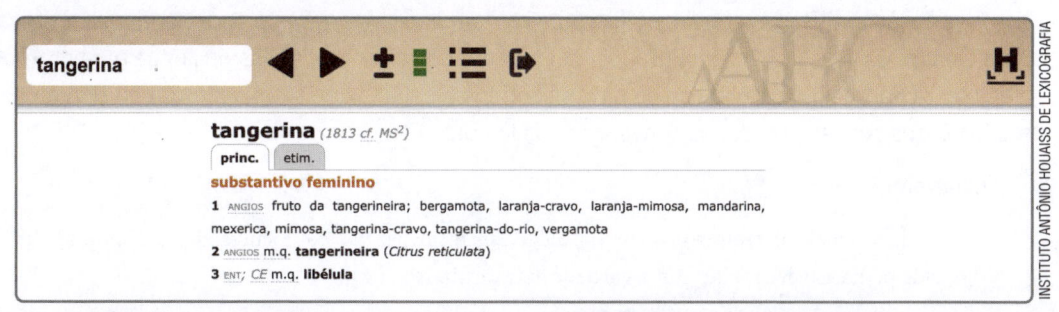

VARIAÇÃO HISTÓRICA

A **variação histórica** refere-se às transformações da língua, seja na grafia, seja nos sentidos das palavras, ocorridas ao longo do tempo. Esse tipo de variação pode ser identificado em conversas entre pessoas de gerações diferentes, na leitura de textos antigos ou na escuta de gravações de vídeo ou áudio de outras épocas.

Exemplos:

> Meu amigo, non poss' eu guarecer
>
> sen vós, nem vós sen mi; e que será
>
> de vós? mais Deus, que end' o poder á,
>
> lhi rogu' eu que el queira escolher,
>
> por vós, amigo, e des i por mi,
>
> que non moirades vós, nem eu assi
>
> [...]

DOM DINIZ. Meu amigo, non poss' eu guarecer. *In*: SPINA, Segismundo. **A lírica trovadoresca**. 2. ed. Rio de Janeiro: Grifo, 1972. p. 363.

Memorando de 1933 para comunicação interna de um laboratório farmacêutico.

VARIAÇÃO SOCIOCULTURAL

A **variação sociocultural** refere-se à maneira como diferentes grupos sociais fazem uso da língua. Esse tipo de variação ocorre devido a diferenças socioeconômicas e culturais de um povo, podendo ainda estar relacionado a grau de escolaridade, gênero, profissão e faixa etária.

Exemplo:

> [...]
>
> "Estava uma buraqueira, só vaca sinistra!"
>
> Buraqueira é quando as ondas estão "buraco". Tipo beeem cavadas, cilíndricas. A rampa para você dropar – descer – não é suave. Ela é bem íngreme mesmo. E essas são bem mais difíceis de serem surfadas. E vaca não é o animal, não! Vaca é o sinônimo de caldo de surfista. E sinistro é sinistro mesmo!
>
> [...]

PABST, Maíra. Azeite, buraco, vaca: entenda o dialeto do *surf*. **Red Bull**, 25 jul. 2016. Disponível em: https://www.redbull.com/br-pt/entenda-o-dialeto-do-surf. Acesso em: 10 fev. 2021.

VARIAÇÃO ESTILÍSTICA

A **variação estilística** refere-se à maneira como o emissor adapta o texto (oral ou escrito) ao contexto comunicativo e às suas intenções. Ele pode, por exemplo, realizar mudanças na língua para promover poeticidade a seu texto por meio da atribuição de novos sentidos a palavras ou expressões ou da criação de termos novos, muitas vezes sem se prender às convenções da língua.

Exemplo:

> [...] O menino fremia no acorçôo, alegre de se rir para si, confortavelzinho, com um jeito de folha a cair. A vida podia às vezes raiar numa verdade extraordinária. [...]

GUIMARÃES ROSA, João. As margens da alegria. *In*: GUIMARÃES ROSA, João. **Primeiras estórias**. Rio de Janeiro: Nova Fronteira, 2005. p. 49.

GRAMÁTICA NORMATIVA E NORMA-PADRÃO

A **gramática normativa** é o conjunto de regras que orientam a forma como a língua deve ser utilizada, especialmente em contextos mais formais de comunicação. Para estabelecerem tais regras, os teóricos dessa área, ao longo do tempo, estudam e analisam diferentes aspectos da língua escrita, visitando, por exemplo, autores clássicos de diferentes tempos para identificar os padrões e as recorrências das organizações linguísticas, como as relações de concordância e regência, as flexões verbais, o uso de determinados pronomes etc.

No cotidiano, seguir à risca as normas prescritas pela gramática normativa é quase impossível, visto que são muitas as regras e exceções consolidadas – fora os casos ainda sem consenso entre os estudiosos da língua portuguesa. Entretanto, entre as variações existentes, a que mais se aproxima dessas regras é a **norma-padrão** da língua.

A norma-padrão é uma convenção da língua que tem como objetivo padronizar os usos linguísticos em determinadas situações comunicativas. Além de ser a variação que mais se baseia nas regras prescritas pela gramática normativa, ela costuma ser mais valorizada socialmente e estar presente em contextos mais formais de comunicação, como na escrita de um artigo de opinião ou na apresentação oral de um palestrante. Essa relação com a gramática normativa e com falares em posições de prestígio social e cultural leva à associação equivocada de que a norma-padrão é a variedade "correta" ou a representação ideal da língua.

É essencial conhecer a norma-padrão e saber utilizá-la adequadamente nos contextos em que ela é socialmente exigida, mas é também importante reconhecer que a língua não é única nem uniforme, valorizando e reconhecendo a importância das variantes que não correspondem a essa norma.

PRECONCEITO LINGUÍSTICO

No que diz respeito à visão da sociedade sobre as variações linguísticas, merece destaque o chamado **preconceito linguístico**. Ele ocorre quando há discriminação de usuários da língua pelo uso de variantes de menor prestígio social. Nesses casos, os usuários são julgados negativamente por não dominarem ou por não fazerem uso da norma-padrão da língua na oralidade e/ou na escrita.

Para entender e combater esse tipo de discriminação, é preciso entender que a língua é um sistema vivo e em constante transformação: as mudanças pelas quais passa são decorrentes da condição econômica, social e cultural de seus usuários e, ainda, de diferentes contextos de uso.

Além disso, é essencial entender que os usos da língua aceitam e exigem práticas linguísticas específicas, determinadas pelas situações em que ocorrem. Desse modo, a adequação do uso de variantes ou da norma-padrão depende da situação comunicacional e das intenções dos falantes.

ESTUDO DA LÍNGUA

A gramática normativa estuda a língua, basicamente, sob três aspectos: fônico, morfológico e sintático.

- **Fonologia** e **fonética**: estudam a estrutura sonora das palavras e a representação gráfica dos sons. A *fonologia* tem por objeto os fonemas, enquanto elementos formadores da palavra. A *fonética* preocupa-se principalmente com a produção e a articulação dos sons pelos indivíduos.
- **Morfologia**: estuda a estrutura mórfica das palavras, ou seja, as possíveis formas em que as palavras podem apresentar-se e os processos utilizados em sua formação. Estuda também a classificação das palavras em *classes de palavras* ou *classes gramaticais* – substantivo, artigo, adjetivo, numeral, pronome, verbo, advérbio, conjunção, preposição e interjeição.
- **Sintaxe**: estuda as relações que se estabelecem entre os termos de uma oração e entre as orações de um texto.

Há, ainda, outras abordagens possíveis para o estudo da língua: a semântica e a estilística.

- **Semântica**: estuda os sentidos produzidos por palavras ou expressões em determinados contextos comunicativos.
- **Estilística**: estuda o efeito estético resultante do trabalho realizado com a linguagem.

Exames e concursos

(Enem – MEC)

É possível afirmar que muitas expressões idiomáticas transmitidas pela cultura regional possuem autores anônimos, no entanto, algumas delas surgiram em consequência de contextos históricos bem curiosos. "Aquele é um cabra da peste" é um bom exemplo dessas construções.

Para compreender essa expressão tão repetida no Nordeste brasileiro, faz-se necessário voltar o olhar para o século 16. "Cabra" remete à forma com que os navegadores portugueses chamavam os índios. Já "peste" estaria ligada à questão da superação e resistência, ou mesmo uma associação com o diabo. Assim, com o passar dos anos, passou-se a utilizar tal expressão para denominar qualquer indivíduo que se mostre corajoso, ou mesmo insolente, já que a expressão pode ter caráter positivo ou negativo. Aliás, quem já não ficou de "nhe-nhe-nhém" por aí? O termo, que normalmente tem significado de conversa interminável, monótona ou resmungo, tem origem no tupi-guarani e "nhém" significa "falar".

Disponível em: http://leiturasdahistoria.uol.com.br. Acesso em: 13 dez. 2017.

1. A leitura do texto permite ao leitor entrar em contato com

a. registros do inventário do português brasileiro.
b. justificativas da variedade linguística do país.
c. influências da fala do nordestino no uso da língua.
d. explorações do falar de um grupo social específico.
e. representações da mudança linguística do português.

(Enem – MEC)

A expansão do português no Brasil, as variações regionais com suas possíveis explicações e as raízes das inovações da linguagem estão emergindo por meio do trabalho de linguistas que estão desenterrando as raízes do português brasileiro ao examinar cartas pessoais e administrativas, testamentos, relatos de viagens, processos judiciais, cartas de leitores e anúncios de jornais desde o século XVI, coletados em instituições como a Biblioteca Nacional e o Arquivo Público do Estado de São Paulo. No acervo de documentos que servem para estudos sobre o português paulista está uma carta de 1807, escrita pelo soldado Manoel Coelho, que teria seduzido a filha de um fazendeiro. Quando soube, o pai da moça, enfurecido, forçou o rapaz a se casar com ela. O soldado, porém, bateu o pé: "Nem por bem, nem por mar!", não se casaria. Um linguista pesquisador estranhou a citação, já que o fato se passava na Vila de São Paulo, mas depois percebeu: "Ele quis dizer 'nem por bem, nem por mal!'. O soldado escrevia como falava. Não se sabe se casou com a filha do fazendeiro, mas deixou uma prova valiosa de como se falava no início do século XIX".

FIORAVANTI, Carlos. Ora pois, uma língua bem brasileira. **Pesquisa Fapesp**, n. 230, abr. 2015 (adaptado).

2. O fato relatado evidencia que fenômenos presentes na fala podem aparecer em textos escritos. Além disso, sugere que

a. os diferentes falares do português provêm de textos escritos.
b. o tipo de escrita usado pelo soldado era desprestigiado no século XIX.
c. os fenômenos de mudança da língua portuguesa são historicamente previsíveis.
d. as formas variantes do português brasileiro atual já figuravam no português antigo escrito.
e. as origens da norma-padrão do português brasileiro podem ser observadas em textos antigos.

(Enem – MEC)

Mandinga — Era a denominação que, no período das grandes navegações, os portugueses davam à costa ocidental da África. A palavra se tornou sinônimo de feitiçaria porque os exploradores lusitanos consideravam bruxos os africanos que ali habitavam — é que eles davam indicações sobre a existência de ouro na região. Em idioma nativo, *manding* designava terra de feiticeiros. A palavra acabou virando sinônimo de feitiço, sortilégio.

COTRIM, Márcio. **O pulo do gato 3**. São Paulo: Geração Editorial, 2009 (fragmento).

3. No texto, evidencia-se que a construção do significado da palavra **mandinga** resulta de um(a)

   a. contexto socio-histórico.
   b. diversidade étnica.
   c. descoberta geográfica.
   d. apropriação religiosa.
   e. contraste cultural.

(Enem – MEC)

4. A utilização de determinadas variedades linguísticas em campanhas educativas tem a função de atingir o público-alvo de forma mais direta e eficaz. No caso desse texto, identifica-se essa estratégia pelo(a)

   a. discurso formal da língua portuguesa.
   b. registro padrão próprio da língua escrita.
   c. seleção lexical restrita à esfera da medicina.
   d. fidelidade ao jargão da linguagem publicitária.
   e. uso de marcas linguísticas típicas da oralidade.

MINISTÉRIO DA SAÚDE (Brasil). **Seu organismo já está acostumado com o açúcar e está difícil largar?**. 27 nov. 2017. Facebook: minsaude. Disponível em: https://www.facebook.com/minsaude/posts/1817308794954395. Acesso em: 22 abr. 2021.

(Prefeitura de Chiador – MG) Médico clínico

5. Sobre a língua e suas variedades, marque (V) verdadeiro ou (F) falso e assinale a alternativa correta.

   ( ) **Linguagem**: qualquer código (sistema de sinais convencionais) por meio do qual os seres humanos podem realizar atos de comunicação. Pode ser verbal (palavras faladas, escritas) ou não verbal (sinais de trânsito, desenho, foto, filme, música).

   ( ) **Língua** ou **idioma**: forma particular de linguagem utilizada por um determinado povo para se comunicar por meio da palavra falada ou escrita. Exemplo: língua portuguesa, língua inglesa.

   ( ) Uma língua oferece a seus usuários diferentes formas de realização, isto é, diferentes "jeitos de falar e escrever", e, segundo a linguística, não existe uma forma melhor (mais certa) ou pior (mais errada) de empregar uma língua.

   ( ) A variedade padrão (ou língua culta formal) é apenas uma entre as muitas formas de usar a língua. A escolha da norma-padrão como "modelo a ser seguido" é arbitrária e convencional; baseia-se em critérios ideológicos (sociais, culturais, políticos e econômicos).

   ( ) Não existe uma "língua única", que coincida com a variedade padrão. A língua é, na verdade, um conjunto de diferentes variedades linguísticas, associadas às diferentes realidades sociais, econômicas, culturais, regionais, etc. dos falantes que utilizam essas variedades.

   a. V – V – V – V – F.
   b. V – V – V – F – F.
   c. V – V – F – V – F.
   d. V – V – V – V – V.

FONOLOGIA

FONOLOGIA

A palavra falada

UM PRIMEIRO OLHAR

Leia esta tirinha do Cebolinha, personagem da Turma da Mônica.

SOUSA, Mauricio de. [Turma da Mônica]. **O Estado de S. Paulo**, São Paulo, 6 jan. 2014. Caderno 2, p. C4.

1. Observe esta palavra da fala de Cebolinha no primeiro quadrinho.

    calinho

    - Na fala do personagem, essa palavra apresenta uma troca de sons. Que sentido a mãe de Cebolinha atribui a ela?

2. A que, na verdade, Cebolinha se refere? Explique por que ocorre tal confusão.

3. Compare as palavras.

    carrinho   carinho

    a) Quantas letras e quantos sons (fonemas) podem ser identificados em cada uma delas?
    b) Qual a importância dos fonemas na diferenciação entre as palavras de um par como as do exemplo?

4. Observe estas palavras.

    gracinha   beijinho   esquina

    - Quantos fonemas e quantas letras há em cada palavra?

FONEMA

Quando expressa oralmente, a palavra é produzida por uma combinação de sons que constituem as unidades sonoras mínimas de uma língua, isto é, sons com função distintiva de significado entre uma palavra e outra.

Observe estes pares de palavras que se diferenciam pelos sons representados pelas letras (ou sequências de letras) destacadas:

mala	fa**l**ar	ca**r**o
bala	fa**lh**ar	ca**rr**o
c**a**tar	av**ó**	p**á**
c**an**tar	av**ô**	p**ó**

Os sons da fala que têm função distintiva são denominados **fonemas**.

> **Fonema** é cada unidade mínima de som da fala capaz de distinguir uma palavra de outra em uma língua.

É esse caráter distintivo do fonema que possibilita à língua possuir milhares de palavras com um número reduzido de fonemas.

ALFABETO FONOLÓGICO

Para transcrever os fonemas, há um modelo universal de sinais: o **alfabeto fonológico**. Observe o quadro com o **alfabeto fonológico da língua portuguesa** e exemplos de palavras em que ocorre cada fonema e a sua transcrição fonológica.

Vogais orais	Exemplos	Transcrição fonológica
/a/	p**a**to	/p**a**to/
/ɛ/ (pronuncia-se **é**)	b**e**lo	/b**ɛ**lo/
/e/ (pronuncia-se **ê**)	d**e**do	/d**e**do/
/i/	f**i**ta	/f**i**ta/
/ɔ/ (pronuncia-se **ó**)	b**o**la	/b**ɔ**la/
/o/ (pronuncia-se **ô**)	b**o**lo	/b**o**lo/
/u/	**u**va	/**u**va/
Vogais nasais	**Exemplos**	**Transcrição fonológica**
/ã/	t**am**pa, b**an**do, m**ãe**	/t**ã**pa/, /b**ã**do/, /m**ã**y/
/ẽ/	t**em**po, d**en**te	/t**ẽ**po/, /d**ẽ**te/
/ĩ/	l**im**po, l**in**do	/l**ĩ**po/, /l**ĩ**do/
/õ/	t**om**bo, t**on**to, p**õe**	/t**õ**bo/, /t**õ**to/, /p**õ**y/
/ũ/	at**um**, m**un**do	/at**ũ**/, /m**ũ**do/
Semivogais	**Exemplos**	**Transcrição fonológica**
/y/	pa**i**, mã**e**	/pa**y**/, /mã**y**/
/w/	pa**u**, pã**o**	/pa**w**/, /pã**w**/

Consoantes orais	Exemplos	Transcrição fonológica
/p/	**p**ato	/**p**ato/
/b/	**b**ola	/**b**ɔla/
/t/	**t**ela	/**t**ɛla/
/d/	**d**ata	/**d**ata/
/k/	**c**abo, **qu**ilo	/**k**abo/, /**k**ilo/
/g/	**g**alo, **gu**ia	/**g**alo/, /**g**ia/
/f/	**f**aca	/**f**aka/
/v/	**v**ela	/**v**ɛla/
/s/	**s**ala, **c**edo, ca**ç**a, má**x**imo, ma**ss**a, na**sc**e, de**sç**o, e**xc**eto	/**s**ala/, /**s**edo/, /ka**s**a/, /ma**s**imo/, /ma**s**a/, /na**s**e/, /de**s**o/, /e**s**ɛto/
/z/	**z**elo, ca**s**a, e**x**ato	/**z**elo/, /ka**z**a/, /e**z**ato/
/ʃ/	**x**ale, **ch**uva	/**ʃ**ale/, /**ʃ**uva/
/ʒ/	**g**elo, **j**ota	/**ʒ**elo/, /**ʒ**ɔta/
/l/	**l**ata	/**l**ata/
/ʎ/	te**lh**a	/te**ʎ**a/
/r/	ca**r**o	/ka**r**o/
/R/	**r**ima, ca**rr**o	/**R**ima/, /ka**R**o/
Consoantes nasais	Exemplos	Transcrição fonológica
/m/	**m**ala	/**m**ala/
/n/	**n**ada	/**n**ada/
/ñ/	ni**nh**o	/ni**ñ**o/

FONEMA E LETRA

Na escrita, as **letras** representam os **fonemas**. De maneira geral, cada letra representa um fonema, mas há exceções.

a) Uma letra pode representar fonemas diferentes.

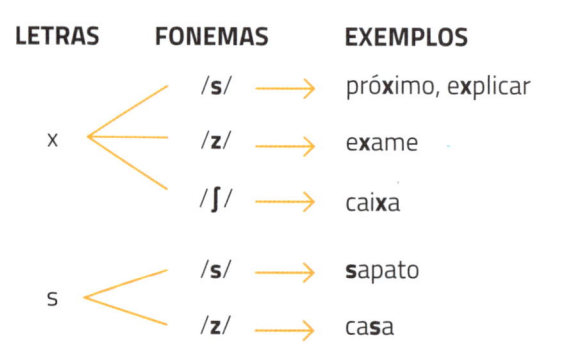

LETRAS FONEMAS EXEMPLOS

x
- /s/ → pró**x**imo, e**x**plicar
- /z/ → e**x**ame
- /ʃ/ → cai**x**a

s
- /s/ → **s**apato
- /z/ → ca**s**a

b) Um fonema pode ser representado por diferentes letras.

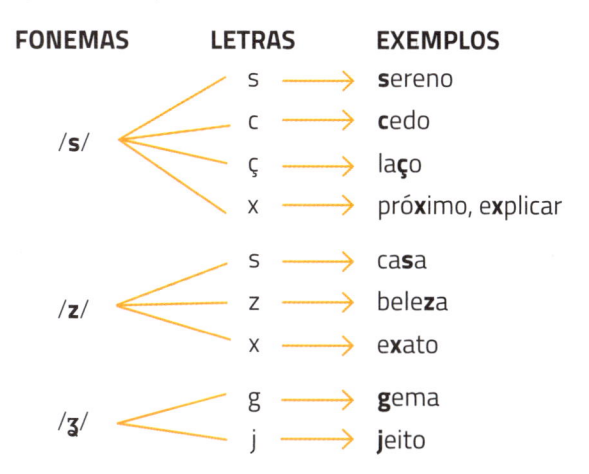

FONEMAS	LETRAS	EXEMPLOS
/s/	s	**s**ereno
	c	**c**edo
	ç	la**ç**o
	x	pró**x**imo, e**x**plicar
/z/	s	ca**s**a
	z	bele**z**a
	x	e**x**ato
/ʒ/	g	**g**ema
	j	**j**eito

c) Alguns fonemas podem ser representados por uma letra só ou por duas letras.

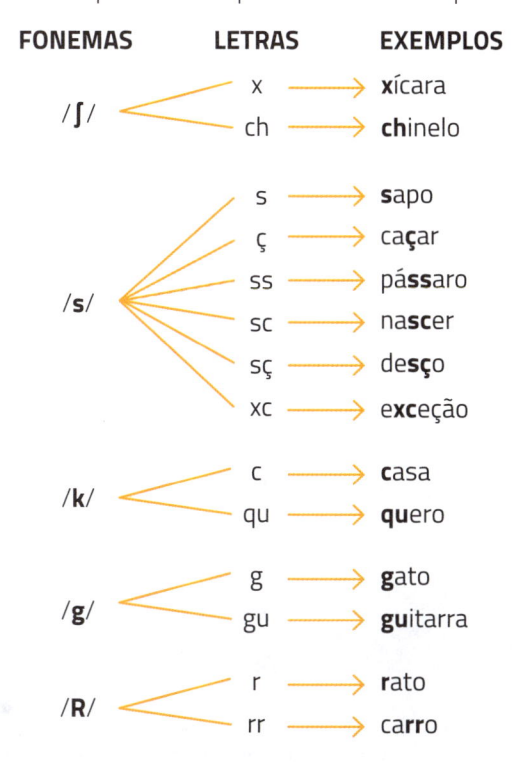

FONEMAS	LETRAS	EXEMPLOS
/ʃ/	x	**x**ícara
	ch	**ch**inelo
/s/	s	**s**apo
	ç	ca**ç**ar
	ss	pá**ss**aro
	sc	na**sc**er
	sç	de**sç**o
	xc	e**xc**eção
/k/	c	**c**asa
	qu	**qu**ero
/g/	g	**g**ato
	gu	**gu**itarra
/R/	r	**r**ato
	rr	ca**rr**o

d) Há palavras em que a letra **x**, sozinha, representa dois fonemas.

LETRA	FONEMAS	EXEMPLOS
x	/ks/	tá**x**i
		tó**x**ico

e) Há palavras em que a letra **h** não representa nenhum fonema.

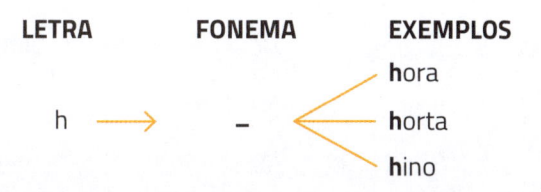

LETRA	FONEMA	EXEMPLOS
h	—	**h**ora
		horta
		hino

DÍGRAFO

Nos casos em que um único fonema é representado por duas letras, ocorre o **dígrafo** (*di* = dois; *grafo* = letra). **Exemplos:**

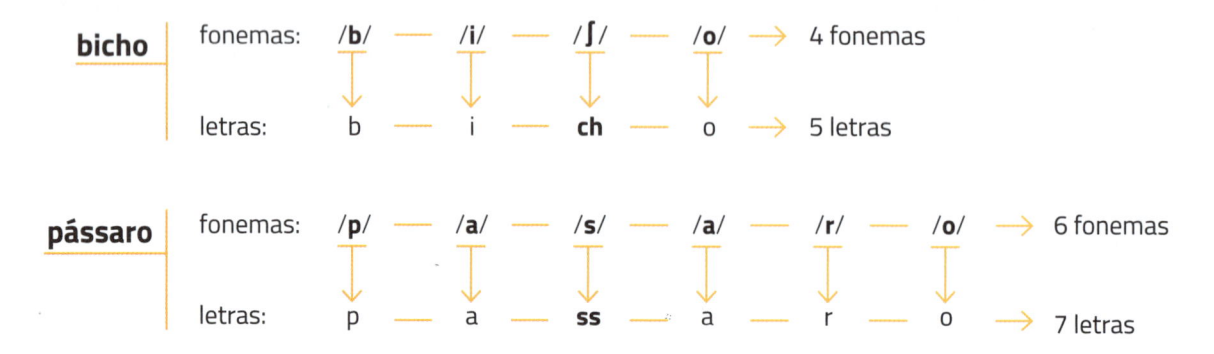

bicho
- fonemas: /b/ — /i/ — /ʃ/ — /o/ → 4 fonemas
- letras: b — i — **ch** — o → 5 letras

pássaro
- fonemas: /p/ — /a/ — /s/ — /a/ — /r/ — /o/ → 6 fonemas
- letras: p — a — **ss** — a — r — o → 7 letras

Observe que, nessas palavras, para representar os fonemas /ʃ/ e /s/ foram utilizadas duas letras juntas: **ch** e **ss**, respectivamente.

São dígrafos na língua portuguesa:

DÍGRAFOS	FONEMAS	EXEMPLOS
lh	/ʎ/	pa**lh**aço
nh	/ñ/	aca**nh**ado
ch	/ʃ/	**ch**amar
rr (no interior da palavra)	/R/	ca**rr**oça
ss (no interior da palavra)	/s/	pa**ss**ar
qu (seguido de **e** e **i**)	/k/	**qu**eijo, es**qu**ilo
gu (seguido de **e** e **i**)	/g/	**gu**elra, **gu**inada
sc	/s/	na**sc**imento
sç	/s/	de**sç**a
xc	/s/	e**xc**epcional

Também constituem dígrafos as sequências de letras que representam as vogais nasais:

DÍGRAFOS	FONEMAS	EXEMPLOS
am, an	/ã/	c**am**po, c**an**to
em, en	/ẽ/	t**em**plo, l**en**da
im, in	/ĩ/	l**im**po, labir**in**to
om, on	/õ/	t**om**bo, c**on**to
um, un	/ũ/	ch**um**bo, corc**un**da

OBSERVAÇÕES

1. Nas palavras em que aparece **que/qui** e **gue/gui**, as letras **q** e **g** só formam dígrafo com a letra **u** se ela não estiver representando o fonema **/u/**, como em *querida, quilômetro, guerra* etc. Se a letra **u** estiver representando o fonema **/u/**, não ocorre dígrafo. **Exemplos:** ag**u**entar, tranq**u**ilo, ag**u**ei etc.

2. Em final de palavra, as letras **m** e **n** podem formar ditongo com a vogal anterior, e não dígrafo. **Exemplo:** também (**am** = dígrafo; **em** = ditongo nasal /ẽi/).

SIGNIFICANTE E SIGNIFICADO

A palavra é constituída de dois elementos inseparáveis.

- O **significante**, seu elemento *material*, formado pelos **fonemas**, na fala (/**b**/ /ɔ/ /l/ /a/), e pelas **letras**, na escrita (bola).

- O **significado**, seu elemento *imaterial*, que é a ideia ou conceito que ela expressa.

CLASSIFICAÇÃO DOS FONEMAS

Os fonemas da língua portuguesa classificam-se em **vogais**, **consoantes** e **semivogais**.

VOGAIS

São fonemas em cuja produção o ar não encontra obstáculos ao passar pela boca. **Exemplos:**

/a/	/ɛ/	/e/	/ɔ/	/o/	/i/	/u/
p**a**to	caf**é**	ip**ê**	c**o**la	av**ô**	ap**i**to	tat**u**

CONSOANTES

São fonemas em cuja produção o ar encontra obstáculos ao passar pela boca. **Exemplos:**

baú → na produção do fonema /**b**/, o obstáculo se dá no contato dos lábios superior e inferior.

fá → na produção do fonema /**f**/, o obstáculo se dá no encontro dos dentes com o lábio inferior.

SEMIVOGAIS

São chamados **semivogais** os fonemas /**i**/ e /**u**/ quando produzidos, necessariamente, com o apoio de uma vogal, com a qual formam sílaba. **Exemplos:**

pa**i**	sér**i**e	sa**u**dade	q**u**atro
v sv	sv v	v sv	sv v

OBSERVAÇÃO

Na escrita, a semivogal **i** pode aparecer representada pela letra **e** (mã**e** – pronúncia: [*mãi*]) e a semivogal **u**, pela letra **o** (pã**o** – pronúncia: [*pãu*]).

ATIVIDADES

1. Leia o trecho de um conto de Marina Colasanti.

A mulher ramada

Verde-claro, verde-escuro, canteiro de flores, arbusto entalhado, e de novo verde-claro, verde-escuro, imenso lençol do gramado; lá longe o palácio. Assim o jardineiro via o mundo, toda vez que levantava a cabeça para ir ao trabalho. E via carruagens chegando, silhuetas de damas arrastando os mantos nas aleias, cavaleiros partindo para a caça. [...]

COLASANTI, Marina. A mulher ramada. *In:* COLASANTI, Marina. **Doze reis e a moça no labirinto do vento**. São Paulo: Global, 2000. p. 23.

a) Indique quantas letras e quantos fonemas há nas palavras a seguir e destaque os dígrafos, quando houver.

canteiro   flores   entalhado   gramado   chegando

b) Qual é o fonema que a letra **ç** representa nas palavras **lençol**, **cabeça** e **caça**?

c) Destaque os dígrafos em **trabalho**, **arrastando**, **mantos** e **partindo**.

d) Releia em voz alta o último período do trecho:

E via carruagens chegando, silhuetas de damas arrastando os mantos nas aleias, cavaleiros partindo para a caça.

- Identifique os fonemas que se repetem ou são recorrentes. Que efeito essa recorrência produz na narrativa?

2. Leia o trecho do poema de José Paulo Paes.

O que disse o passarinho

[...]

Um passarinho me contou
que a ostra é muito fechada,
que a cobra é muito enrolada,
que a arara é uma cabeça-oca,
e que o leão-marinho e a foca...
xô xô, passarinho, chega de fofoca!

PAES, José Paulo. O que disse o passarinho. *In:* PAES, José Paulo. **Um passarinho me contou**. Ilustrações de Kiko Farkas. São Paulo: Ática, 1996.

a) Copie três palavras com dígrafos e destaque-os.

b) Copie uma palavra em que haja um dígrafo e um ditongo. Identifique a vogal e a semivogal do ditongo e o dígrafo.

c) No último verso, identifique as palavras que apresentam correspondência entre o número de letras e de fonemas.

3. Leia as palavras e agrupe-as de acordo com o fonema que a letra **x** representa.

> ameixa   táxi   tórax   exemplo   inexorável   mexido   ortodoxo   maxilar
> fixação   texto   êxito   fluxo   explicação   expectativa   prolixo

4. Transcreva os fonemas representados pelas letras destacadas nas palavras a seguir.

   a) **cans**a**ç**o

   b) e**x**ce**len**te

   c) **r**eale**z**a

   d) **ch**aveiro

   e) **gu**errilha

   f) **gen**te

   g) **l**éxi**c**o

   h) vi**z**inho

   i) **c**o**rren**te

5. Agora observe as letras destacadas na atividade **4** para responder aos itens a seguir.

   a) Que tipos de fonemas as letras destacadas representam?

   b) Em quais casos ocorre dígrafo?

   c) Reescreva os dígrafos destacados em cada item.

   d) Nas palavras **realeza** e **chaveiro**, a letra **r** representa o mesmo fonema? Explique.

6. Forme duplas de palavras fazendo a troca entre os fonemas indicados em cada item a seguir. Exemplo: /z/ por /r/: ca**s**o – ca**r**o.

   a) /g/ por /p/

   b) /ʃ/ por /k/

   c) /R/ por /n/

   d) /l/ por /m/

7. Classifique as letras destacadas em vogais ou semivogais.

   a) rep**ou**so

   b) ar**ei**a

   c) can**oa**

   d) d**á**l**ia**

   e) mam**ão**

   f) p**ai**

SÍLABA

O conjunto articulado de fonemas da palavra falada pode ser segmentado em **sílabas**. Veja:

paletó   pa – le – tó
         cv   cv   cv

madeira   ma – dei – ra
          cv   cvsv   cv

amora   a – mo – ra
        v   cv   cv

Observe que em todas as sílabas há, necessariamente, uma vogal à qual se juntam, ou não, semivogais e/ou consoantes. Na língua portuguesa, a vogal é o núcleo da sílaba e pode, sozinha, formar uma sílaba.

Em cada sílaba pode haver apenas uma vogal. Assim, em uma palavra, há tantas sílabas quantas forem as vogais.

coletor   c**o** – l**e** – t**o**r   → 3 vogais = 3 sílabas
          v   v   v

papai   p**a** – p**a**i   → 2 vogais = 2 sílabas
        v   v

CLASSIFICAÇÃO DAS PALAVRAS QUANTO AO NÚMERO DE SÍLABAS

MONOSSÍLABAS (*MONO* = UM)

São as palavras que têm apenas uma sílaba.

pé   pão   mau   mais   réu   rei

DISSÍLABAS (*DI* = DOIS)

São as palavras que têm duas sílabas.

di – a   ca – fé   i – guais   mui – to   mei – o

TRISSÍLABAS (*TRI* = TRÊS)

São as palavras que têm três sílabas.

tor – nei – ra   ca – be – ça   sa – ú – de   cam – po – nês

POLISSÍLABAS (*POLI* = VÁRIOS)

São as palavras que têm quatro ou mais sílabas.

am – bu – lân – cia   car – to – li – na   pon – tu – a – li – da – de

ACENTUAÇÃO TÔNICA

Na emissão de palavras formadas de duas ou mais sílabas, há sempre uma sílaba que se destaca por ser mais intensa do que as outras. Em função dos graus de intensidade em relação às demais, as sílabas podem ser **átonas**, **tônicas** e **subtônicas**.

SÍLABA TÔNICA

A **sílaba tônica** é a de maior intensidade em uma palavra. Há apenas uma sílaba tônica em cada palavra.

a **mor** (tônica)   **be** (tônica) lo   es **tú** (tônica) pi do

SÍLABA ÁTONA

A **sílaba átona** é a que tem menor intensidade em uma palavra, podendo ocorrer mais de uma vez na palavra, de acordo com seu número de sílabas.

a (átona) mor   be **lo** (átona)   es **es** (átona) tú **pi** (átona) **do** (átona)

SÍLABA SUBTÔNICA

A **sílaba subtônica** tem intensidade intermediária entre a da tônica e a da átona. Ocorre principalmente nas palavras derivadas, correspondendo à sílaba tônica da palavra primitiva.

- palavra primitiva:

  ca (átona) — fé (tônica)

- palavra derivada:

  ca (átona) — **fe** (subtônica) — zi (tônica) — nho (átona)

> **OBSERVAÇÃO**
>
> Na língua falada, dependendo do sentimento do falante, a sílaba pode ser enfatizada com intensidade e duração além do normal: é o chamado *acento de insistência*.
>
> **Exemplos:**
> S**iii**m! Cl**aaa**ro!
> M**uuu**ito melhor!

A alternância de intensidade das sílabas é um dos elementos que dão melodia à frase.

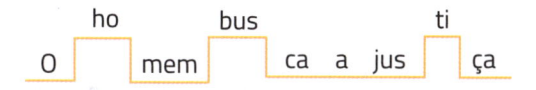

O ho mem bus ca a jus ti ça

CLASSIFICAÇÃO DAS PALAVRAS QUANTO À POSIÇÃO DA SÍLABA TÔNICA

Na língua portuguesa, em palavras que possuem duas ou mais sílabas, a sílaba tônica pode ser a **última**, a **penúltima** ou a **antepenúltima**. Dependendo da posição da sílaba tônica, as palavras classificam-se em **oxítonas**, **paroxítonas** e **proparoxítonas**.

OXÍTONAS

São as palavras cuja sílaba tônica é a última.

fu**nil**   co ra **ção**   ca **fé**   a **mor**   pa **pel**

PAROXÍTONAS

São as palavras cuja sílaba tônica é a penúltima.

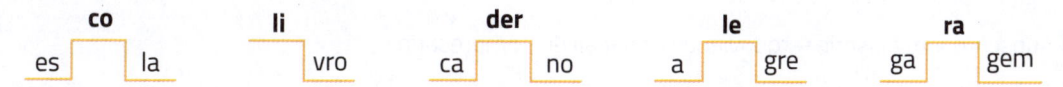

es **co** la   li vro   ca **der** no   a **le** gre   ga **ra** gem

PROPAROXÍTONAS

São as palavras cuja sílaba tônica é a antepenúltima.

ár vo re   re **pú** bli ca   **lâm** pa re go   **trân** si to

MONOSSÍLABOS ÁTONOS E MONOSSÍLABOS TÔNICOS

Os **monossílabos** são **tônicos** ou **átonos** conforme a intensidade com que são pronunciados na frase.

MONOSSÍLABOS ÁTONOS

São os monossílabos que, por serem pronunciados tão fracamente, se apoiam foneticamente na palavra vizinha. São **átonos** os seguintes monossílabos:

- **artigos**: o, a, os, as, um, uns.
- **pronomes pessoais oblíquos átonos**: me, te, se, o, a, os, as, lhe, nos, vos.
- **preposições**: a, com, de, em, por, sem, sob.
- **combinações de preposição e artigo**: à, ao, do, da, no, na, num etc.
- **pronome relativo**: que.
- **conjunções**: e, mas, nem, ou, que, se.

MONOSSÍLABOS TÔNICOS

São os monossílabos que têm autonomia fonética, não se apoiam na palavra vizinha. Exemplos de **monossílabos tônicos**:

- **pronomes pessoais oblíquos tônicos**: mim, ti, vós.
- **pronomes possessivos**: meu, teu, seu.
- **verbos e formas verbais**: ser, ter, é, és, há, são, sei, dei, deu, leu.
- **substantivos**: lar, dor, sol, bar, mar, pó, pá, fé.
- **adjetivos**: mau, bom.

> **OBSERVAÇÃO**
>
> Conforme mantenha ou não sua autonomia fonética, um mesmo monossílabo pode ser átono numa frase, porém tônico em outra. **Exemplo:**
> **Que** é isso? (monossílabo átono)
> Você não veio por **quê**? (monossílabo tônico)

ATIVIDADES

1. Identifique a palavra que difere do grupo quanto ao número de sílabas. Justifique sua resposta.

   a) água – pneu – livro – ouro – ator – istmo

   b) subscrito – minissérie – rodoviária – insensível – empresário

   c) breu – chão – cruz – reis – seis – meio

   d) invicto – escrivão – revista – companhia – convicção

2. Em todas as palavras a seguir há uma sílaba subtônica. Indique-a.

   a) comodamente

   b) sozinho

   c) coraçãozinho

   d) facilmente

3. Identifique as sílabas átonas, tônicas e subtônicas das palavras a seguir.

   a) rodeio
   b) espírito
   c) rivalidade
   d) concreto
   e) amorzinho
   f) igualdade

4. Identifique a palavra que difere do grupo quanto à posição da sílaba tônica. Justifique sua resposta.

   a) macio – real – anel – ateu – farol – suor
   b) ideia – perto – pouso – depois – louco – heroico
   c) mórbido – impróprio – república – estática – espátula – incólume

5. Identifique os monossílabos das frases a seguir e classifique-os em átonos ou tônicos.

   a) Eu não me decidi se vou ou não ao evento do colégio.
   b) Não sei qual a razão, mas a história tinha um quê de mistério.
   c) Eu encontrei uns amigos que não via há muito tempo.
   d) Ainda não sei o que vou fazer nas minhas férias.

6. Indique as alternativas em que todas as palavras possuem a mesma classificação quanto à posição da sílaba tônica.

   a) mister – pudico – rubrica – anel
   b) rubrica – trabalho – obriga – falam
   c) falavam – pestanas – ontem – olhar
   d) tempo – colar – namoro – barão
   e) brasileira – porteira – risonha – rubrica
   f) alicerce – cantar – calo – caderno
   g) tesoura – palito – fato – casamento
   h) diário – higiene – amor – rato
   i) lâmpada – enfático – ênfase – pálido
   j) filó – talvez – papel – fácil

7. Leia a tirinha da cartunista Laerte e responda às questões.

   LAERTE. [Piratas do Tietê]. **Folha de S.Paulo**, 14 jan. 2021. Disponível em: https://www1.folha.uol.com.br/ilustrada/cartum/cartunsdiarios/#14/1/2021. Acesso em: 21 jan. 2021.

   a) Separe as sílabas da palavra **página** e classifique-a segundo seu número de sílabas e sua tonicidade.
   b) Os monossílabos podem ser átonos ou tônicos. Classifique os monossílabos **que**, **há**, **por**, **quê**.
   c) A palavra **livro** é dissílaba, enquanto **ainda** é trissílaba. Explique por que elas têm a mesma classificação quanto à tonicidade, apesar de apresentarem diferentes números de sílabas.

FONOLOGIA

8. Leia o poema do escritor alagoano Luciano Serafim e responda às questões.

Vidão

saiba, Sabiá, assobiar

um samba

qualquer

ou

nem adianta

abrir as asas:

irás ao abate

sem as bênçãos de Abaeté

tua sina é ser declamado,

eterno hino

deste país depenado

assobia, Sabiá, um sambinha

pra essa gente aprender também

a voar

SERAFIM, Luciano. 11 poemas de Luciano Serafim. **Germina – Revista de Literatura & Arte**, v. 6, n. 3, set. 2010. Disponível em: https://www.germinaliteratura.com.br/2010/naberlinda_lucianoserafim_set10.htm. Acesso em: 21 jan. 2021.

- Identifique no texto:

a) palavras monossílabas.

b) palavras dissílabas.

c) palavras trissílabas.

d) palavras polissílabas.

e) palavras oxítonas.

f) palavras paroxítonas.

9. Dê um exemplo de monossílabo átono e um exemplo de monossílabo tônico no poema.

10. Classifique as palavras **saiba**, **sabiá** e **assobiar** quanto ao número de sílabas.

- Qual dessas palavras difere das demais com relação à tonicidade? Justifique sua resposta.

11. As palavras **samba**, **abate** e **Abaeté** classificam-se, respectivamente, como dissílaba, trissílaba e polissílaba. Indique outras três palavras do poema que apresentem essa mesma ordem de classificação.

12. O que as palavras **assobiar**, **abrir**, **Abaeté**, **aprender** e **voar** têm em comum em relação à tonicidade?

EM SÍNTESE

Fonema – unidade mínima de som com função distintiva de significado em uma língua.
Fonema e **letra** – na escrita, as letras representam os fonemas; nem sempre uma letra representa um mesmo fonema.
- **Dígrafo** – duas letras que representam um fonema.
- **Significante** – elemento material constituinte das palavras (**fonemas**, na fala, e **letras**, na escrita).
- **Significado** – elemento imaterial constituinte das palavras, sua ideia ou conceito.

Classificação dos fonemas – vogais, consoantes, semivogais.
Sílaba – fonema vocálico ou conjunto de fonemas (formado necessariamente com uma vogal) pronunciados pelo falante em uma só emissão de voz e que, sozinhos ou unidos a outros, formam palavras.
- **Classificação das palavras quanto ao número de sílabas** – monossílabas (átonas ou tônicas), dissílabas, trissílabas e polissílabas.
- **Classificação das palavras quanto à posição da sílaba tônica** – oxítonas, paroxítonas e proparoxítonas.

FONOLOGIA

NO TEXTO

Esta notícia relata manifestações artísticas inusitadas e inesperadas em um evento internacional de arte. Leia o texto e responda às questões.

Paulista "picha" curador da Bienal de Berlim

[...]
Convidados da Bienal de Berlim, aberta no fim de abril, pichadores brasileiros se envolveram numa confusão com os organizadores, que teve como saldo a "pichação" do curador da mostra, o artista polonês Artur Zmijewski.

Em meio a uma discussão, depois que os brasileiros picharam uma igreja na qual dariam um *workshop*, Djan Ivson, ou Cripta Djan, 26, o mesmo que pichou o espaço vazio da Bienal de 2010 em São Paulo, esguichou tinta amarela em Zmijewski.

Segundo Cripta, foi uma reação a um balde de água suja atirado pelo curador.
[...]
Parte da programação da bienal, o *workshop* dos pichadores brasileiros ocorreria no último sábado na igreja de Santa Elizabeth.

De acordo com o relato de Cripta, que estava acompanhado de outros três colegas do movimento "Pixação" (Biscoito, William e R.C.), o grupo chegou disposto a demonstrar seu trabalho, mas não no formato didático tradicional de um *workshop*.

"Não tem como dar *workshop* de pichação, porque pichação só acontece pela transgressão e no contexto da rua", disse Cripta à **Folha**, por telefone.

Os convidados passaram a escalar o prédio da igreja e a pichar. Segundo Cripta, os organizadores se desesperaram com a atitude e disseram que eles não estavam autorizados a mexer naqueles lugares.
[...]

WAINER, João. Paulista "picha" curador da Bienal de Berlim. **Folha de S.Paulo**, São Paulo, 13 jun. 2012. Disponível em: http://www1.folha.uol.com.br/fsp/cotidiano/48530-paulista-picha-curador-da-bienal-de-berlim.shtml. Acesso em: 22 jan. 2021.

1. Localize no texto uma palavra registrada com diferentes formas de escrita e compare-as. Nesse caso, a mudança de letra resultou em alteração de fonema? Por quê?

2. Com base no conteúdo do texto, explique por que os pichadores preferem grafar o nome do movimento artístico ao qual pertencem de um modo diferente daquele previsto pelas regras de ortografia.

FONOLOGIA

A sequência dos fonemas

UM PRIMEIRO OLHAR

Leia um anúncio da campanha de conscientização do Dia Mundial contra o Trabalho Infantil. Em seguida, responda às questões.

É MUITO TRISTE, MUITO CEDO, É MUITO COVARDE CORTAR INFÂNCIAS PELA METADE.

Covid-19: agora mais do que nunca, protejam crianças e adolescentes do trabalho infantil.

#NãoaoTrabalhoInfantil   12 DE JUNHO Dia Mundial contra o Trabalho Infantil

FÓRUM NACIONAL DE PREVENÇÃO E ERRADICAÇÃO DO TRABALHO INFANTIL (FNPETI)

FÓRUM NACIONAL DE PREVENÇÃO E ERRADICAÇÃO DO TRABALHO INFANTIL. **É muito triste, muito cedo, é muito covarde cortar infâncias pela metade**. Brasília, DF, 2020. Disponível em: https://fnpeti.org.br/12dejunho/2020/. Acesso em: 27 mar. 2021.

1. Identifique os dígrafos nas palavras a seguir.

    nunca   adolescentes   trabalho

    a) Qual dessas palavras apresenta, além do dígrafo, uma sequência de consoantes? Transcreva-a, destacando essa sequência.

    b) Essa sequência de consoantes forma um único fonema, assim como os dígrafos? Explique.

    c) Cite outras palavras do texto em que há uma sequência de consoantes que não constitui dígrafo.

2. As palavras **muito**, **infâncias** e **crianças** apresentam sequências de vogais. Faça a separação silábica de cada palavra.

    a) Em qual(is) palavra(s) a sequência de vogais pertence à mesma sílaba?

    b) Em qual(is) palavra(s) a sequência de vogais pertence a sílabas diferentes?

3. Dê exemplos de palavras que apresentam sequência de vogais:

    a) na mesma sílaba.

    b) em sílabas diferentes.

ENCONTROS VOCÁLICOS

Compare a sequência dos fonemas nas sílabas das palavras a seguir.

po – li – do
cv cv cv

há alternância sistemática de consoante e vogal

lei   po – lu – í – do
c v sv   cv   cv   v   cv

há uma sequência de sons vocálicos

Encontro vocálico é a sequência de vogais e/ou semivogais numa palavra, sem consoante intermediária.

TIPOS DE ENCONTROS VOCÁLICOS

DITONGO

É o encontro de uma *vogal* e uma *semivogal* na **mesma sílaba**.

p**ai**   sé – r**io**   co – ra – ç**ão**
v sv   sv v   v sv

Dependendo da posição da vogal e da semivogal na sílaba, o ditongo classifica-se em **crescente** ou **decrescente**.

DITONGO DECRESCENTE

É formado de **vogal + semivogal**: a intensidade dos sons vocálicos na sílaba decresce da *vogal* (mais forte) para a *semivogal* (mais fraca).

l**ei** – te   m**ui** – to   p**ão**   m**ãe**
v sv   v sv   v sv   v sv

DITONGO CRESCENTE

É formado de **semivogal + vogal**: a intensidade dos sons vocálicos na sílaba cresce da *semivogal* (mais fraca) para a *vogal* (mais forte).

q**ua** – tro   gê – n**io**   es – pé – c**ie**   á – g**ua**
sv v   sv v   sv v   sv v

Dependendo da maneira como ocorre a passagem do ar na produção dos fonemas, o ditongo classifica-se em **oral** ou **nasal**.

DITONGO ORAL

Na produção do ditongo oral, o ar sai totalmente pela boca: l**ei**te, c**éu**, espéc**ie**.

DITONGO NASAL

Na produção do ditongo nasal, parte do ar sai pela boca e parte sai pelas fossas nasais: p**ão**, m**ãe**, q**uan**do.

TRITONGO

É o encontro de uma *vogal* e duas *semivogais* na **mesma sílaba**. No tritongo, a vogal ocorre sempre entre as duas semivogais.

Pa – ra – g**uai**   sa – g**uão**   U – ru – g**uai**
         sv v sv   sv v sv   sv v sv

Assim como o ditongo, o tritongo também pode ser **oral** ou **nasal**.

TRITONGO ORAL

Na produção do tritongo oral, o ar sai totalmente pela boca: q**uai**s, ig**uai**s.

TRITONGO NASAL

Na produção do tritongo nasal, parte do ar sai pela boca e parte sai pelas fossas nasais: sag**uão**, q**uão**.

HIATO

É a sequência de duas *vogais* que, por serem vogais, são pronunciadas em sílabas diferentes.

sa – ú – de   ru – im   co – o – pe – rar
v   v   v   v   v   v

> **OBSERVAÇÕES**
>
> **1.** As sílabas de palavras como **praia**, **maio**, **feio**, **goiaba** e **baleia** são assim separadas: prai – a, mai – o, fei – o, goi – a – ba, ba – lei – a. Elas apresentam um ditongo seguido de um hiato.
>
> **2.** Na emissão dessas palavras, é comum o prolongamento da semivogal para a vogal seguinte: prai – (i)a, fei – (i)o, goi – (i)a – ba, ba – lei – (i)a.

ENCONTROS CONSONANTAIS

Compare a sequência dos fonemas nas sílabas das palavras a seguir.

ga – ta → há alternância sistemática de consoante e vogal
cv   cv

gra – ta → há uma sequência de sons consonantais
ccv   cv

> **Encontro consonantal** é a sequência de consoantes numa palavra, sem vogal intermediária.

O encontro consonantal pode ocorrer:

- na mesma sílaba.

  pe – **dr**a   **pl**a – no   **cl**a – ro   **pn**eu
  a – **tr**ás   **fr**i – tas   **pr**a – to   **ps**i

- em sílabas diferentes.

  tor – **t**a   li**s** – **t**a   rit – **m**o   e**s** – **t**a
  ha**s** – **t**e   tar – **d**e   a**s** – **p**as   ir – **m**ã

ATIVIDADES

1. Leia um trecho do poema de Carlos Drummond de Andrade e responda às questões.

> **O amor bate na aorta**
> [...]
> Amor é **bicho** instruído.
> Olha: o amor pulou o muro
> o amor subiu na **árvore**
> em tempo de se estrepar.
> Pronto, o amor se estrepou.
> **Daqui** estou **vendo** o sangue
> que escorre do **corpo** andrógino.
> Essa ferida, meu bem,
> às vezes não sara nunca
> às vezes sara amanhã.
> [...]

DRUMMOND DE ANDRADE, Carlos. O amor bate na aorta. *In:* DRUMMOND DE ANDRADE, Carlos. **Poesia completa**. Rio de Janeiro: Nova Aguilar, 2015. p. 46-47.

a) As palavras **instruído**, **pulou** e **subiu** apresentam encontros vocálicos. Em qual delas há um hiato? Identifique-o.

b) Como se classificam os encontros vocálicos presentes nas outras duas palavras?

c) Separe as palavras destacadas no texto segundo a ocorrência de dígrafo ou encontro consonantal.

2. Indique as palavras em que a letra **u** faz parte de um ditongo.

> quase   querido   questão   aguar   tranquilo   quarenta   régua

3. Leia a tirinha de Armandinho, personagem criado pelo ilustrador e cartunista Alexandre Beck.

BECK, Alexandre. [Macaxeira, mandioca e aipim]. **Armandinho**, 26 jul. 2017. Blogue. Disponível em: https://tirasarmandinho.tumblr.com/. Acesso em: 8 fev. 2021.

a) Faça a separação silábica das três palavras usadas para nomear a planta, identifique os encontros vocálicos presentes nelas e classifique-os.

b) Identifique uma palavra com dígrafo na fala de Armandinho.

4. Identifique a palavra que difere do grupo quanto ao tipo de encontro vocálico. Justifique sua resposta.

a) estouro – loiro – quase – cláusula – feira

b) grão – avião – irmão – saguão – pães

c) água – série – princípio – quaresma – tatuagem

d) Paraguai – uruguaio – iguais – quaisquer

FONOLOGIA

5. Identifique a palavra que difere do grupo em relação à posição dos fonemas que formam o encontro consonantal nas sílabas. Justifique sua resposta.

   a) previsão – greve – clube – praça – arte

   b) pneumático – advertir – despesa – exposição – parque

   c) prazo – público – rapto – triplo – globo

   d) estudo – trave – ritmo – resto – pasta

EM SÍNTESE

Encontros vocálicos – sequência de vogais ou de vogais e semivogais na palavra.
- **Ditongo**: sequência de vogal e semivogal (**ditongo decrescente**) ou semivogal e vogal (**ditongo crescente**) na mesma sílaba.
- **Tritongo**: sequência formada por uma vogal entre duas semivogais na mesma sílaba.
- **Hiato**: sequência de duas vogais, logo, em sílabas diferentes.

Encontros consonantais – sequência de consoantes, na mesma sílaba ou em sílabas diferentes.

NO TEXTO

Leia a seguir um trecho do romance **O drible**, de Sérgio Rodrigues, em que o narrador elabora uma hipótese sobre o nome de uma das personagens, Gleyce Kelly.

> O nome dela era Gleyce Kelly, obra cruel de outro pai, quem sabe sem coração como o seu, mas provavelmente sem noção de coisa alguma, a ponto de supor que a princesa de Mônaco fosse chamada de Grace por ignorância do povo burro [...].

RODRIGUES, Sérgio. **O drible**. São Paulo: Companhia das Letras, 2013.

1. Para o narrador, o fato de o nome *Gleyce Kelly* não corresponder ao nome da atriz e princesa de Mônaco — Grace Kelly — é resultado de uma hipercorreção do pai da personagem, que provavelmente convivia com pessoas que costumam trocar o fonema /l/ pelo fonema /r/ em certas palavras. Identifique no texto a atitude de discriminação por parte do narrador e, em seguida, explique-a.

2. Agora observe o quadro com algumas palavras originárias do latim e as respectivas formas com que se fixaram em francês, espanhol e português.

LATIM	FRANCÊS	ESPANHOL	PORTUGUÊS
ecclesia-	église	iglesia	igreja
Blasiu-	Blaise	Blas	Brás
plaga-	plage	playa	praia
sclavu-	esclave	sclavo	escravo
fluxu-	flou	flojo	frouxo

BAGNO, Marcos. **A língua de Eulália**: novela sociolinguística. São Paulo: Contexto, 2001. p. 44.

   a) Que mudança se nota na transformação de algumas palavras do latim para o português?

   b) Essa mudança é denominada **rotacismo**. Diante desse fenômeno, é possível dizer que a substituição do fonema /l/ pelo fonema /r/ nas variedades estigmatizadas da língua (as que não têm prestígio social e são alvo de discriminação) é uma troca arbitrária em relação à história da língua portuguesa?

FONOLOGIA

Vogais e consoantes

UM PRIMEIRO OLHAR

Leia duas tirinhas de Alexandre Beck, com o personagem Armandinho.

Tirinha 1:
- VAI SER DIVERTIDO FAZER UM OVO DE PÁSCOA...
- ...E MUITO MAIS EM CONTA!
- PAI, VOCÊ É MUQUIRANA, MAS É LEGAL!
- SOU "ECONÔMICO", FILHO... "ECONÔMICO"...

BECK, Alexandre. [Vai ser divertido fazer um ovo de Páscoa...]. **Armandinho**, 17 abr. 2014. Blogue. Disponível em: https://tirasarmandinho.tumblr.com/. Acesso em: 8 fev. 2021.

Tirinha 2:
- EU ATÉ QUERO TOMAR BANHO...
- ...MAS ELES NÃO DEIXAM!
- "ELES" QUEM, ARMANDINHO?!
- O FRIO E A PREGUIÇA!

BECK, Alexandre. [Eu até quero tomar banho...]. **Armandinho**, 6 jul. 2014. Blogue. Disponível em: https://tirasarmandinho.tumblr.com/. Acesso em: 8 fev. 2021.

1. Observe a palavra **ovo** na primeira tirinha. Quais alterações de pronúncia ocorrem nessa palavra quando está no plural?

2. Na segunda tirinha, identifique uma palavra com a vogal /ɛ/ e outra com a vogal /e/.

3. Alguns fonemas são produzidos com uma parte do ar saindo pela boca e outra parte pelas fossas nasais. Identifique palavras que apresentam esse tipo de fonema nas tirinhas.

4. As consoantes podem ser classificadas de diferentes maneiras. Levante hipóteses: Quais palavras das tirinhas apresentam fonemas que provocam um ruído comparável a uma fricção?

45

CLASSIFICAÇÃO DAS VOGAIS

QUANTO AO PAPEL DAS CAVIDADES BUCAL E NASAL

Na produção dos fonemas, o ar pode sair só pela boca ou parte pela boca e parte pelas fossas nasais.

VOGAIS ORAIS

Na emissão das vogais orais, o ar sai somente pela boca. As vogais orais da língua portuguesa são: /a/, /ɛ/, /e/, /i/, /ɔ/, /o/, /u/. **Exemplos:** pr**a**to, cr**e**do, v**ê**, v**i**da, p**o**te, b**o**ca, r**u**bro.

VOGAIS NASAIS

Na emissão das vogais nasais, parte do ar sai pela boca e parte sai pelas fossas nasais. As vogais nasais da língua portuguesa são: /ã/, /ẽ/, /ĩ/, /õ/, /ũ/. **Exemplos:** pr**an**to, cr**en**do, v**in**da, p**on**te, t**um**ba, r**ã**, p**õ**e.

QUANTO À INTENSIDADE

> **OBSERVAÇÃO**
>
> Em posição átona, principalmente no final de palavras, as vogais /e/ e /o/ são produzidas, respectivamente, como [i] e [u]: lev**e** – [lɛvi], bol**o** – [bolu].

VOGAIS TÔNICAS

São as vogais que fazem parte de sílabas tônicas. **Exemplos:** r**o**da, p**e**rto, b**a**rco, aqu**i**.

VOGAIS ÁTONAS

São as vogais que fazem parte de sílabas átonas. **Exemplos:** rod**a**, pert**o**, barc**o**, **a**qui.

VOGAIS SUBTÔNICAS

São as vogais que fazem parte de sílabas subtônicas. **Exemplos:** caf**e**zinho, s**o**mente, f**a**cilmente.

QUANTO AO TIMBRE

VOGAIS ABERTAS

São produzidas com abertura maior nas cavidades da faringe e da boca: /a/, /ɛ/, /ɔ/. **Exemplos:** f**a**to, sof**á**, p**é**, p**e**rto, b**o**la, cip**ó**.

VOGAIS FECHADAS

São produzidas com estreitamento na cavidade da faringe e da boca: /e/, /o/, /i/, /u/ e todas as vogais nasais. **Exemplos:** g**e**lo, cr**ê**, cal**o**r, av**ô**, v**i**da, l**u**va, l**ã**, l**en**to.

VOGAIS REDUZIDAS

São as vogais das sílabas átonas. **Exemplos:** lat**a**, **a**mora, leit**e**, bol**o**.

QUANTO À ZONA DE ARTICULAÇÃO

VOGAIS ANTERIORES

Na produção das vogais anteriores, a língua eleva-se gradativamente em direção ao palato duro (céu da boca): /ɛ/, /e/, /i/, /ẽ/, /ĩ/. **Exemplos:** p**é**, l**ê**, l**i**, l**en**do, l**in**do.

VOGAIS MÉDIAS

São classificadas como vogais médias aquelas em cuja produção a língua permanece quase em repouso: /a/, /ã/. **Exemplos:** m**á**, r**ã**.

VOGAIS POSTERIORES

Na produção das vogais posteriores, a língua se eleva gradativamente em direção ao palato mole (véu palatino): /ɔ/, /o/, /u/, /õ/, /ũ/. **Exemplos:** s**ó**, am**o**r, n**u**, p**õe**, m**un**do.

CLASSIFICAÇÃO DAS CONSOANTES

QUANTO AO MODO DE ARTICULAÇÃO

Dependendo do obstáculo que a corrente de ar encontra em sua produção, as consoantes podem ser:

OCLUSIVAS

Em sua produção, o obstáculo é total e seguido de uma abertura rápida: /p/, /t/, /k/, /b/, /d/, /g/. **Exemplos:** **p**ato, **t**ato, **c**ato, **b**ato, **d**ata, **g**ato.

> **OBSERVAÇÃO**
>
> As consoantes nasais /**m**/, /**n**/ e /**ñ**/ não são totalmente oclusivas, pois parte do ar escapa pelas fossas nasais, havendo oclusão apenas bucal.

CONSTRITIVAS

Produzidas com um obstáculo parcial, podem ser:

- **fricativas**: provocam um ruído comparável a uma fricção: /f/, /s/, /ʃ/, /v/, /z/, /ʒ/. **Exemplos:** **f**ato, **c**ebola, **x**ícara, **v**aso, ca**s**a, **j**eito.
- **laterais**: o obstáculo é formado pela língua no centro da boca, fazendo o ar sair pelas laterais: /l/, /ʎ/. **Exemplos:** **l**eite, pa**lh**a.
- **vibrantes**: há um movimento vibratório rápido da língua ou do véu palatino. Subdividem-se em: **vibrante branda** – /r/ – e **vibrante forte** – /R/. **Exemplos:** ca**r**o, pe**r**a; ca**rr**o, **r**oda.

QUANTO AO PONTO DE ARTICULAÇÃO

Dependendo do lugar da boca em que se dá o obstáculo para a saída do ar, as consoantes podem ser:

BILABIAIS

São produzidas pelo contato dos lábios superior e inferior: /p/, /b/, /m/. **Exemplos:** ca**p**a, **b**ola, **m**ato.

LABIODENTAIS

São produzidas pelo contato do lábio inferior com os dentes incisivos: /f/, /v/. **Exemplos:** **f**aca, **v**aso.

LINGUODENTAIS

São produzidas pelo contato ou pela aproximação da língua com os dentes superiores: /t/, /d/, /n/. **Exemplos:** **t**ela, **d**ado, **n**ada.

ALVEOLARES

São produzidas pelo contato ou pela aproximação da língua com os alvéolos: /s/, /z/, /l/, /r/. **Exemplos: s**ala, ca**s**a, **l**ado, a**r**a**r**a.

PALATAIS

São produzidas pelo contato ou pela aproximação do dorso da língua com o palato duro (céu da boca): /ʃ/, /ʒ/, /ʎ/, /ñ/. **Exemplos: ch**eiro, **g**ente, pa**lh**a, ma**nh**a.

VELARES

São produzidas pela aproximação da parte posterior da língua com o palato mole (véu palatino): /k/, /g/, /R/. **Exemplos:** ma**c**a, fi**g**o, **r**ato.

QUANTO AO PAPEL DAS PREGAS VOCAIS: SONORIDADE

Dependendo de a corrente de ar fazer vibrar ou não as pregas vocais na sua produção, as consoantes podem ser:

SURDAS

A corrente de ar encontra a glote aberta e passa sem fazer vibrar as pregas vocais: /p/, /t/, /k/, /f/, /s/, /ʃ/. **Exemplos: p**ato, **t**ela, **c**aso, **f**ada, **c**edo, pi**ch**e.

SONORAS

A corrente de ar encontra a glote fechada e, ao forçar a passagem, faz vibrar as pregas vocais: /b/, /d/, /g/, /v/, /z/, /ʒ/, /l/, /ʎ/, /r/, /R/, /m/, /n/, /ñ/. **Exemplos: b**ala, **d**ata, **g**ado, **v**ela, ca**s**a, **g**ema, **l**ata, pa**lh**a, ago**r**a, **r**eto, **m**ala, **n**eto, u**nh**a.

QUANTO AO PAPEL DAS CAVIDADES BUCAL E NASAL

Dependendo de a corrente de ar passar somente pela boca ou ressoar também na cavidade nasal, as consoantes podem ser:

NASAIS

O ar ressoa na cavidade nasal: /m/, /n/, /ñ/. **Exemplos: m**ar, **n**ariz, ga**nh**o.

> **OBSERVAÇÃO**
>
> As letras **m** e **n**, além de representarem sons consonantais, aparecem também como sinais de nasalização quando estão em final de sílaba. Nesse caso, formam dígrafos.
> **Exemplos:** ca**m** – po, ta**n** – to.

ORAIS

O ar sai somente pela boca. Todas as consoantes são orais, com exceção de /m/, /n/ e /ñ/. **Exemplos: b**orboleta, **c**olega, **l**ua, **g**alo, **c**o**rr**eia, **p**ião.

ATIVIDADES

1. Leia um trecho do livro **O perigo de uma história única**, uma adaptação da palestra proferida pela escritora nigeriana Chimamanda Ngozi Adichie, na série de conferências TED Talk, em 2009.

[...]

Como eu só tinha lido livros nos quais os personagens eram estrangeiros, tinha ficado convencida de que os livros, por sua própria natureza, precisavam ter estrangeiros e ser sobre coisas com as quais eu não podia me identificar. Mas tudo mudou quando descobri os livros africanos. Não havia muitos disponíveis e eles não eram tão fáceis de ser encontrados quanto os estrangeiros, mas, por causa de escritores como Chinua Achebe e Camara Laye, minha percepção da literatura passou por uma mudança. Percebi que pessoas como eu, meninas com pele cor de chocolate, cujo cabelo crespo não formava um rabo de cavalo, também podiam existir na literatura. Comecei, então, a escrever sobre coisas que eu reconhecia.

[...]

ADICHIE, Chimamanda Ngozi. **O perigo de uma história única**. Tradução de Julia Romeu. São Paulo: Companhia das Letras, 2019. p. 13-14.

a) Indique as vogais orais e as vogais nasais nas palavras **percepção** e **mudança**.

b) Identifique a vogal átona e a vogal tônica na palavra **livro**.

c) Como se classificam as consoantes da palavra **cabelo**, segundo seu modo e ponto de articulação?

d) De acordo com o papel das cavidades bucal e nasal, qual a classificação das consoantes da palavra **meninas**?

e) Copie do texto palavras com consoante constritiva fricativa surda.

f) Como se classificam as consoantes representadas pelas letras destacadas nas palavras a seguir:

> li**t**eratura   mu**d**ou   **p**or   perce**b**i

- Qual é o único traço articulatório que diferencia /**t**/ e /**d**/ e /**p**/ e /**b**/?

2. Identifique as vogais das palavras e classifique-as quanto à intensidade e quanto ao timbre.

a) cego

b) pulôver

c) tricô

d) abertamente

3. Preencha as lacunas com uma palavra parecida com outra da frase, alterando apenas a vogal tônica para átona.

a) Eu sou fotógrafo e ■ muito bem as paisagens da cidade.

b) A secretária da escola demitiu-se; agora os responsáveis pela ■ estão buscando outro profissional.

c) O professor quase sempre ■ seus alunos. Essa influência precisa, portanto, ser positiva.

4. Identifique a consoante destacada que difere do grupo quanto ao modo de articulação. Justifique sua resposta.

a) **f**igo – en**x**oval – fa**lh**a – a**j**eitar

b) **b**elo – **t**ela – **c**aso – **c**aro

c) me**s**a – **l**aço – pa**lh**oça – **s**ala

d) **r**iso – ce**r**a – **c**adeira – mo**rr**o

5. Agora classifique quanto ao ponto de articulação as consoantes destacadas na atividade anterior.

EM SÍNTESE

Classificação das vogais
- quanto ao **papel das cavidades bucal e nasal**: orais e nasais.
- quanto à **intensidade**: tônicas, átonas e subtônicas.
- quanto ao **timbre**: abertas, fechadas e reduzidas.
- quanto à **zona de articulação**: anteriores, médias e posteriores.

Classificação das consoantes
- quanto ao **modo de articulação**: oclusivas e constritivas: fricativas, laterais e vibrantes.
- quanto ao **ponto de articulação**: bilabiais, labiodentais, linguodentais, alveolares, palatais e velares.
- quanto ao **papel das pregas vocais**: surdas e sonoras.
- quanto ao **papel das cavidades bucal e nasal**: orais e nasais.

NO TEXTO

Leia o poema do poeta português Almeida Garrett (1799-1854).

Barca bela

Pescador da barca bela,
Onde vás pescar com ela,
Que é tão bela,
Ó pescador?

Não vês que a última estrela
No céu nublado se vela?
Colhe a vela,
Ó pescador!

Deita o lanço com cautela,
Que a sereia canta bela...
Mas cautela,
Ó pescador!

Não se enrede a rede nela,
Que perdido é remo e vela
Só de vê-la,
Ó pescador.

Pescador da barca bela,
Inda é tempo, foge dela,
Foge dela,
Ó pescador!

GARRETT, Almeida. Barca bela. *In:* GARRETT, Almeida. **Folhas caídas**. 2. ed. Mem Martins: Europa-América, [1987]. p. 22-23. Disponível em: http://www.dominiopublico.gov.br/download/texto/bv000011.pdf. Acesso em: 2 fev. 2021.

1. O eu lírico se dirige a um pescador. Onde o pescador se encontra e que conselho o eu lírico dá a ele?

2. Liste as palavras da primeira estrofe que contêm consoantes oclusivas bilabiais.

3. No primeiro verso, que efeito a sucessão de oclusivas bilabiais provoca em relação ao ritmo de leitura?

4. Releia estes versos.

    Não se enrede a rede nela,
    Que perdido é remo e vela

    - Em ambos os versos, ocorre uma sucessão de vogais /e/ e /ɛ/ finalizada com a vogal /a/. Classifique essas vogais quanto ao timbre.

FONOLOGIA

A pronúncia das palavras

UM PRIMEIRO OLHAR

Leia esta tirinha da Turma do Xaxado, criada pelo cartunista baiano Antonio Cedraz. Nela, o personagem Arturzinho conversa com um trabalhador de sua fazenda.

CEDRAZ, Antonio. [Turma do Xaxado]. **Tiras em quadrinhos**, 31 jul. 2011. Blogue. Disponível em: http://tirasemquadrinhos.blogspot.com/2011/07/blog-post_31.html. Acesso em: 4 fev. 2021.

1. No segundo quadrinho, aparece a palavra **mermo**, na fala do personagem Tião. Explique o desvio de pronúncia dessa palavra em relação à norma-padrão da língua portuguesa.

2. Na expressão "qué dizê", o personagem também pronuncia as palavras em desacordo com a norma-padrão da língua. Explique em que consiste tal desvio.

3. É possível identificar outro desvio de pronúncia na fala desse personagem?

4. Qual é a sílaba tônica da palavra **digno**?
   - De que forma essa sílaba deve ser pronunciada, de acordo com a norma-padrão da língua?

5. Indique, dentre as palavras a seguir, aquela que apresenta a sílaba tônica na mesma posição que a da palavra **digno**.

   | pneu | apto | opção |

   - Classifique as demais palavras em relação ao número de sílabas e à posição da sílaba tônica.

ORTOÉPIA

A **ortoépia** (ou **ortoepia**) trata da pronúncia das palavras segundo a norma-padrão da língua. Veja alguns cuidados que precisam ser tomados.

a) Pronunciar claramente as consoantes sem omitir nenhuma nem trocá-las.

Exemplos: can**t**ar, falamo**s**, pró**p**rio, frus**t**rado, **p**roblema, re**t**ró**g**rado, sal**s**icha (/s/), super**s**tição, tó**x**ico (/ks/).

b) Pronunciar claramente as vogais, sem trocar ou acrescentar fonemas.

Exemplos: dez**e**nove, d**o**ze, estrip**u**lia, d**i**gladiar, **e**mpecilho, irr**e**quieto, pr**i**vilégio, fr**ea**r, praz**e**rosamente, eu s**u**o/ele s**u**a (verbo *suar*), arr**a**balde, mend**i**go, r**ei**vindicar, benefi**c**ente.

c) Pronunciar claramente os grupos vocálicos.

Exemplos: r**ou**bo, al**ei**ja, est**ou**ra, p**ou**sa, afr**ou**xar, int**ei**rar.

d) Respeitar o timbre da vogal.

Exemplos:
alm**e**jo, esp**e**lha: timbre fechado
b**o**das, contr**o**le (substantivo): timbre fechado
soc**o**rros, m**o**lho (coletivo de chaves): timbre aberto

PROSÓDIA

A **prosódia** trata da pronúncia das palavras quanto à posição da sílaba tônica. À pronúncia que desvia da norma-padrão dá-se o nome de **silabada**.

Veja a seguir a pronúncia de algumas palavras segundo a norma-padrão da língua.

a) São **oxítonas**:

con**dor**	o**bus**	su**til**
mis**ter**	re**cém**	ure**ter**
ru**im**	re**fém**	No**bel**

b) São **paroxítonas**:

ambro**si**a	filan**tro**po	**ô**nix
a**va**ro	for**tui**to	pe**ga**das
a**zi**ago	gra**tui**to	pu**di**co
ciclo	i**be**ro	ru**bri**ca
de**ca**no	**lá**tex	**têx**til
li**bi**do	misan**tro**po	**flui**do

c) São **proparoxítonas**:

ae**ró**dromo	a**zá**fama	**ín**terim
ae**ró**lito	**brâ**mane	**lê**vedo
álibi	cri**sân**temo	mu**ní**cipe
ar**qué**tipo	no**tí**vago	pro**tó**tipo

OBSERVAÇÕES

1. Há palavras que admitem mais de uma pronúncia.

Exemplos:
ac**ró**bata ou acro**ba**ta
el**é**trodo ou ele**tro**do (ô)
hie**ró**glifo ou hiero**gli**fo
Oce**â**nia ou Oce**a**nia
ortoépia ou ortoe**pi**a
sóror ou so**ror**
xérox ou xe**rox**
zângão ou zan**gão**

2. Atenção à pronúncia adequada de palavras com a letra **u** depois de **g** ou **q**. Ela **deve ser pronunciada** em: aguentar, ambiguidade, linguista, frequência, tranquilo, delinquir etc. **Não deve ser pronunciada** em: distinguir, extinguir, adquirir, questão, extorquir etc. Algumas palavras permitem as duas pronúncias: sanguíneo, antiguidade, liquidificador, antiquíssimo etc.

ATIVIDADES

1. Leia o poema de Machado de Assis (1839-1908).

   Livros e flores

   Teus olhos são meus livros.
   Que livro há aí melhor,
   Em que melhor se leia
   A página do amor?
   Flores me são teus lábios.
   Onde há mais bela flor,
   Em que melhor se beba
   O bálsamo do amor?

   ASSIS, Machado de. Livros e flores. *In:* ASSIS, Machado de. **Falenas**. Rio de Janeiro: Nova Aguilar, 1994. (Obra completa, v. 2). Disponível em: http://machado.mec.gov.br/obra-completa-lista/itemlist/category/25-poesia. Acesso em: 5 fev. 2021.

   - Em qual dos pares abaixo há alteração no timbre da vogal da palavra no plural?

   a) olho – olhos
   b) amor – amores
   c) flor – flores
   d) dor – dores

2. Complete as lacunas com as palavras grafadas conforme a norma-padrão.

   a) Não houve ■ na escolha dos melhores profissionais de Medicina; foi uma classificação justa. (previlégio / privilégio)

   b) A ■ por melhores salários só acontecerá, infelizmente, no próximo mês de agosto. (reivindicação / reinvindicação)

   c) Amanhã, provavelmente enfrentaremos muitos ■ para a realização da assembleia. (empecilhos / empecílios / impecilhos)

   d) O ■ vagava pelas ruas quando foi reconhecido por um de seus familiares. (mendingo / mendigo)

   e) A ■ do cachorro-quente da lanchonete do bairro é grande e o lanche vem com bastante molho. (salchicha / salsicha / salcicha)

   f) Meu novo colega de classe parece muito ■. (irriquieto / irrequieto)

3. Leia as palavras em voz alta e identifique o timbre das vogais destacadas.

   a) inod**o**ro
   b) m**o**lho (coletivo de chaves)
   c) b**o**das
   d) f**o**sso
   e) inter**e**sse (verbo)
   f) ac**e**rvo
   g) alm**e**jo
   h) b**o**la
   i) p**o**ça

4. Relacione as colunas e indique a alternativa correta.

   A. hieróglifo
   B. palíndromo
   C. zangado
   D. sanguíneo
   E. liquidificador
   F. sangue

   1. Admite mais de uma pronúncia.
   2. Admite apenas uma pronúncia.

   a) A2 – B2 – C2 – D2 – E1 – F2
   b) A1 – B1 – C1 – D2 – E1 – F2
   c) A1 – B2 – C2 – D1 – E1 – F2
   d) A1 – B2 – C2 – D2 – E2 – F1

FONOLOGIA

EM SÍNTESE

Ortoépia: trata da pronúncia segundo a norma-padrão da língua, sem omissões ou trocas de fonemas e timbre.

Prosódia: trata da pronúncia quanto à posição da sílaba tônica conforme a norma-padrão da língua, sem silabada (ou seja, sem troca da posição da sílaba tônica).

NO TEXTO

Leia o trecho da letra de uma canção popular.

Viola quebrada

Quando da brisa
No açoite
A frô da noite
Se acurvou
Fui s'incontrá
Com a Maroca, meu amô,
Eu tive n'arma
Um choque duro
Quando ao muro
Já no escuro
Meu oiá
Andou buscando
A cara dela
E num achô!

[refrão]
Minha viola gemeu
Meu coração estremeceu,
Minha viola quebrou
Teu coração me deixou!

Minha Maroca
Arresorveu
Por gosto seu
Me abandoná
Pruquê os fadista
Nunca sabe
Trabaiá,
Isso é bestera
Que das frô
Que bria e chera
A noite intera
Vem apois
As fruita
Que dá gosto
Saboreá!
[...]

ANDRADE, Mário de. Viola quebrada. São Paulo, [1926?]. Arquivo Mário de Andrade, Instituto de Estudos Brasileiros/Universidade de São Paulo (IEB-USP), MA-MMA-116-1-2. [Domínio público. Transcrito com base em documento composto de partitura e letra da música, manuscritos a lápis pelo autor.]

LUCIANO TASSO

1. A letra da canção evidencia um jeito bem popular de se pronunciar as palavras da língua portuguesa. Reduzir as palavras pela omissão de fonemas é uma prática bastante comum na fala popular. Cite exemplos do texto em que ocorre:

    a) redução de fonemas no final da palavra.

    b) redução de fonemas no meio da palavra.

2. A palavra **oiá** é um registro informal de que palavra? Informe a classe gramatical a que ela pertence.

3. Identifique outros registros do português popular no texto.

4. Elabore uma hipótese coerente com o contexto para o registro da pronúncia típica da variante popular do português na letra da canção.

Exames e concursos

(Prefeitura de Cacimbinhas – AL) Auxiliar de merenda escolar

1. A palavra **fonologia** vem do grego e tem como significado o estudo dos sons da voz. Daí a origem da palavra **fonema**, que é o menor elemento sonoro capaz de estabelecer uma diferenciação de significado entre as palavras. Assim, analisando a palavra **pássaro**, podemos constatar que existem _____ fonemas na mesma.

   Assinale a alternativa que preenche corretamente a lacuna do texto acima.

   a. seis b. cinco c. quatro d. três e. sete

(Prefeitura de Santa Mercedes – SP) Professor

2. Coloque (V) para as afirmações verdadeiras ou (F) para as falsas e, em seguida, marque a sequência correta.

   ( ) Todo som é um fonema.

   ( ) Todo fonema é um som.

   ( ) Duas letras juntas podem representar um só fonema.

   ( ) A letra **h** é um fonema.

   ( ) Os fonemas são emitidos pelo aparelho fonador.

   a. V – V – V – F – F
   b. F – V – F – F – F
   c. V – F – F – F – F
   d. F – V – V – F – V

(Prefeitura de Mozarlândia – GO) Agente de fiscalização municipal

CUSTÓDIO. [Anjo torto]. **Tiras para livros didáticos**, 15 dez. 2014. Blogue. Disponível em: https://tirasdidaticas.wordpress.com/2014/12/15/anjo-torto/. Acesso em: 2 mar. 2021.

3. Sobre a palavra **nasci**, encontrada no primeiro quadrinho, não se pode dizer que:

   a. possui um dígrafo consonantal.
   b. possui 4 fonemas.
   c. possui 5 letras.
   d. possui um dígrafo vocálico.

(Prefeitura de Araranguá – SC) Advogado

4. Analise as palavras abaixo quanto à presença de encontros vocálicos, encontros consonantais e dígrafos:

> quaisquer   glicose   mosquito   gravidade   piscina

Sobre essas palavras, é **correto** afirmar:

a. Há presença de tritongo e ditongo na palavra **quaisquer**.
b. Há um exemplo de ditongo e dois dígrafos.
c. **Glicose** e **gravidade** contêm dígrafos.
d. Apenas a palavra **mosquito** é exemplo de encontro consonantal.
e. Nenhuma delas apresenta hiato ou ditongo.

(Enem – MEC)

> PINHÃO sai ao mesmo tempo que BENONA entra.
>
> BENONA: Eurico, Eudoro Vicente está lá fora e quer falar com você.
>
> EURICÃO: Benona, minha irmã, eu sei que ele está lá fora, mas não quero falar com ele.
>
> BENONA: Mas Eurico, nós lhe devemos certas atenções.
>
> EURICÃO: Você, que foi noiva dele. Eu, não!
>
> BENONA: Isso são coisas passadas.
>
> EURICÃO: Passadas para você, mas o prejuízo foi meu. Esperava que Eudoro, com todo aquele dinheiro, se tornasse meu cunhado. Era uma boca a menos e um patrimônio a mais. E o peste me traiu. Agora, parece que ouviu dizer que eu tenho um tesouro. E vem louco atrás dele, sedento, atacado de verdadeira hidrofobia. Vive farejando ouro, como um cachorro da molest'a, como um urubu, atrás do sangue dos outros. Mas ele está muito enganado. Santo Antônio há de proteger minha pobreza e minha devoção.
>
> SUASSUNA, Ariano. **O santo e a porca**. Rio de Janeiro: J. Olympio, 2013. (Fragmento).

5. Nesse texto teatral, o emprego das expressões "o peste" e "cachorro da molest'a" contribui para

a. marcar a classe social das personagens.
b. caracterizar usos linguísticos de uma região.
c. enfatizar a relação familiar entre as personagens.
d. sinalizar a influência do gênero nas escolhas vocabulares.
e. demonstrar o tom autoritário da fala de uma das personagens.

(Prefeitura Municipal de Cocalinho – MT) Técnico de enfermagem

6. Assinale a alternativa na qual todas as palavras da sentença apresentam um encontro consonantal:

a. abacate – pote – atleta
b. beijo – básico – vaso
c. certa – bicicleta – sacola
d. trator – atleta – pedra

(Prefeitura de Santa Fé do Sul – SP) Professor de Educação Básica

7. Nas palavras **gratuito – podia – quadra – meeiro – Uruguai**, há, respectivamente,

a. ditongo crescente – hiato – ditongo decrescente – tritongo – hiato
b. ditongo decrescente – ditongo crescente – tritongo – tritongo – hiato
c. ditongo decrescente – hiato – ditongo crescente – hiato – tritongo
d. hiato – ditongo crescente – ditongo decrescente – hiato – tritongo

(Câmara de Belém do São Francisco – PE) Agente administrativo

8. Analise os itens a seguir:

I. Hiato é a sequência de vogal com vogal em sílabas separadas. Ex.: po-e-ta.
II. Ditongo é a sequência de vogal com semivogal (decrescente) ou semivogal com vogal (crescente) na mesma sílaba. Ex.: vai-da-de, tê-nue.
III. Tritongo é a sequência de semivogal com vogal e outra semivogal na mesma sílaba. Ex.: i-guais.

Quantos itens estão corretos?

a. zero
b. um
c. dois
d. três

(Prefeitura Municipal de Doutor Ulysses – PR) Técnico administrativo

9. Em qual das opções há somente palavras paroxítonas?

a. toldo – cáfila
b. papel – técnico
c. carta – dedo
d. bordô – casca

(Prefeitura de Arapiraca – AL) Auxiliar

ANEDOTA

Um músico mambembe resolve ganhar algum dinheiro tocando sanfona no meio da praça. Aparece um fiscal e o interrompe:
— Você tem licença?
— Não.
— Então me acompanhe.
— Claro. E que música o senhor vai cantar?

ANEDOTA. **Brasil**: almanaque de cultura popular, São Paulo, n. 97, maio 2007.

10. Quanto aos aspectos formais, pode-se afirmar que a palavra **interrompe** apresenta:

a. três dígrafos
b. tonicidade na última sílaba
c. dez letras e dez fonemas
d. um encontro consonantal
e. estrutura trissilábica

(Prefeitura Municipal de Itatiaiuçu – MG) Professor

11. Sabe-se que alguns ditongos em certos ambientes linguísticos são quase categoricamente reduzidos mesmo em estilos formais da língua padrão urbana, não sendo, portanto, variação estigmatizada.
Assinale a alternativa que apresenta exemplos do fenômeno descrito.

a. privilégio > privilejo; direito > direto
b. primeira > primera; areia > area
c. queira > quera; leitura > letura
d. outro > otro; peixe > pexe

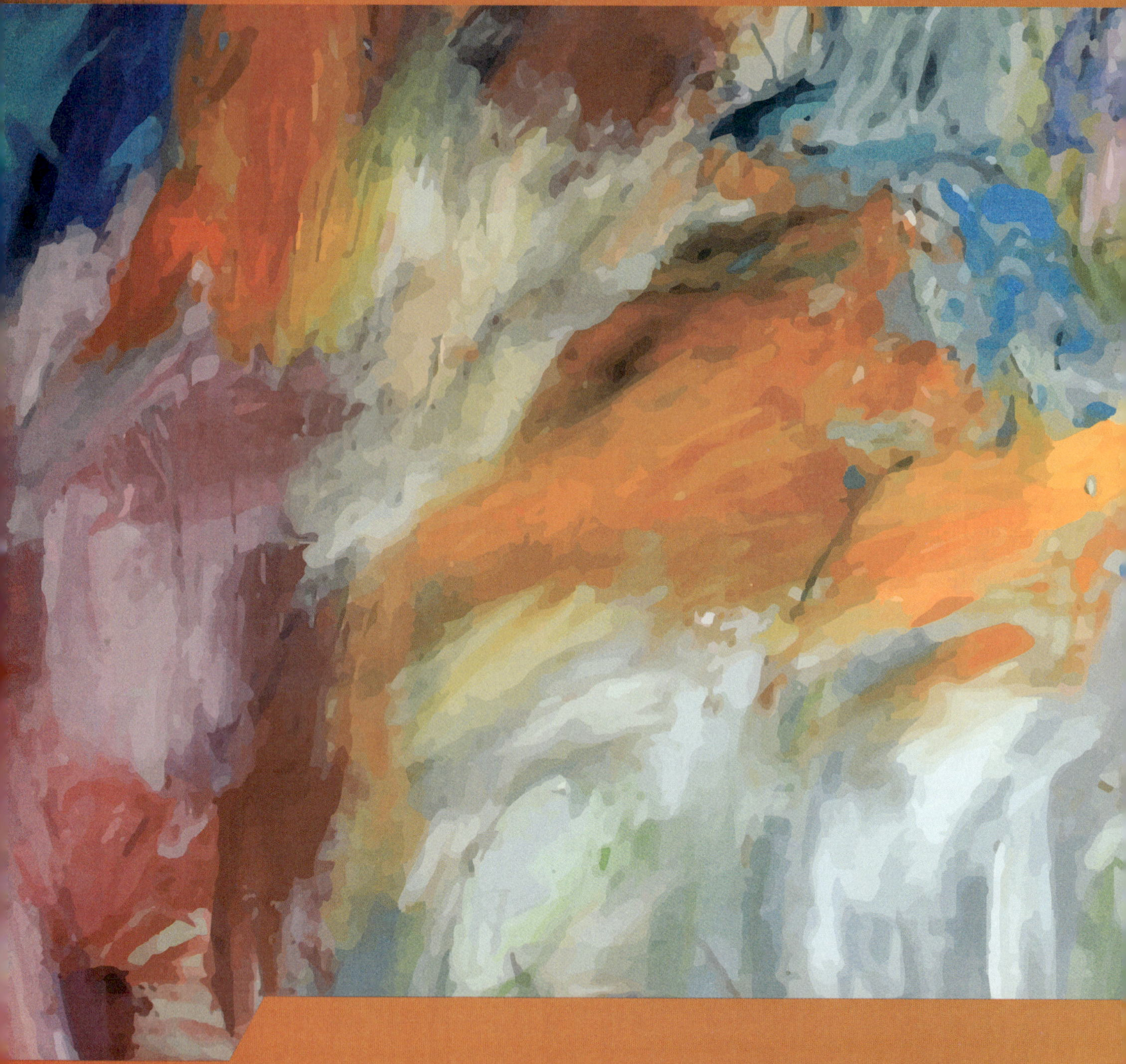

DRAFTER123/DIGITALVISION VECTORS/GETTY IMAGES

MORFOLOGIA

MORFOLOGIA

Estrutura das palavras

UM PRIMEIRO OLHAR

Leia a tirinha a seguir, do cartunista brasileiro Fernando Gonsales.

GONSALES, Fernando. [Mundo *fashion* das joaninhas]. **Folha de S.Paulo**, São Paulo, 5 mar. 2014. Ilustrada, p. C8.

1. As palavras **bolinhas** e **bolonas**, presentes na tirinha, podem ser divididas de acordo com suas unidades mínimas portadoras de sentido.

   Observe:
   Bolinhas = bol – inh – a – s
   Bolonas = bol – ona – s

   a) A partir de qual elemento da palavra **bola** essas palavras foram formadas?

   b) Dê outros exemplos.

2. Observe agora os seguintes elementos:

   -inh   -ona

   - Que sentido eles conferem a essas palavras?

3. As palavras **bolinhas** e **bolonas** apresentam a terminação **-s**. Que tipo de informação essa terminação acrescenta a essas palavras?

4. O que indica o elemento **-a** em **bolinhas**?

CONCEITO

PREÇOS IMPERDÍVEIS!
INGRESSOS COM DESCONTOS PROMOCIONAIS.

Observe as pequenas partes que formam a palavra **imperdíveis**:

im + perd + í + ve + is

Essas pequenas partes são denominadas **morfemas**: elementos formadores da palavra ou **elementos mórficos**.

> **Morfemas** são as unidades mínimas de significação que formam a palavra.

São vários os **tipos de morfemas** que uma palavra pode apresentar.

RADICAL

Morfema que contém o significado básico da palavra. A ele são acrescidos os demais morfemas.

Exemplos:

- **perd** (radical) + er — **perd**er
- **perd** + edor — **perd**edor
- **perd** + ido — **perd**ido

- im + **perd** (radical) + ível — im**perd**ível
- im + **perd** + íveis — im**perd**íveis

VOGAL TEMÁTICA

É a vogal que aparece imediatamente após o radical, preparando-o para receber os outros morfemas.

Exemplo:

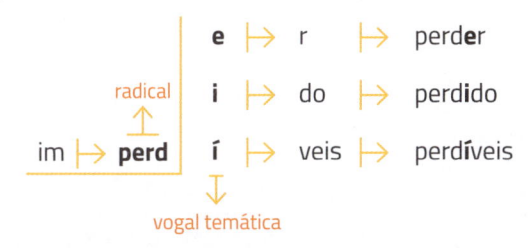

im → **perd** (radical) → e (vogal temática) → r → perd**e**r
　　　　　　　　　　　→ i → do → perd**i**do
　　　　　　　　　　　→ í → veis → perd**í**veis

OBSERVAÇÕES

1. As várias palavras formadas de um mesmo radical são denominadas **palavras cognatas** ou simplesmente **cognatos**.

2. Há palavras formadas apenas de radical. É o caso dos nomes terminados em vogal tônica ou em consoante. **Exemplos:** sofá, amor, café, cipó, tatu, sucuri, animal, dor, paz etc.

- **Vogais temáticas dos verbos**: **-a**, **-e**, **-i**, vogais que caracterizam as conjugações verbais.

    Exemplos:

    cantar   vogal temática **a**   1ª conjugação

    perder   vogal temática **e**   2ª conjugação

    partir   vogal temática **i**   3ª conjugação

    > **OBSERVAÇÃO**
    >
    > A vogal temática do verbo **pôr** é o **e**, presente no seu infinitivo arcaico *poer*.

- **Vogais temáticas dos nomes**: **-a**, **-e**, **-o**, quando em posição final e átona.

    Exemplos:

    banan**a**, mes**a**, laranj**a**, cobr**a**

    leit**e**, verd**e**, estudant**e**, mestr**e**

    banc**o**, son**o**, bel**o**, menin**o**

TEMA

É o radical acrescido da vogal temática, pronto para receber outros morfemas.

Exemplo:

im ⟼ **perd** (radical)
- e ⟼ **perde** r
- i ⟼ **perdi** do
- í ⟼ **perdí** veis

(vogal temática / tema)

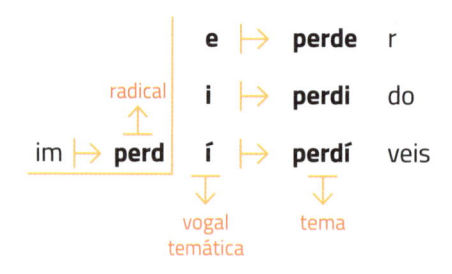

DESINÊNCIA

Morfema que indica **gênero** e **número** dos nomes e **pessoa**, **número**, **tempo** e **modo** dos verbos. Há, portanto, dois tipos de desinências.

- **Desinências nominais**: **-a** e **-s**, que indicam, respectivamente, o feminino e o plural dos nomes (substantivos, adjetivos, numerais e pronomes).

    Exemplo:

    meninas ⟼ menin (radical) + **a** (desinência de gênero) + **s** (desinência de número)

- **Desinências verbais**: são as desinências que indicam número e pessoa (desinências número-pessoais – DNP) e modo e tempo (desinências modo-temporais – DMT) dos verbos.

    Exemplo:

    cantávamos ⟼ cant (radical) + á (vogal temática) + **va** (desinência modo-temporal (DMT)) + **mos** (desinência número-pessoal (DNP))

    (radical + vogal temática = tema)

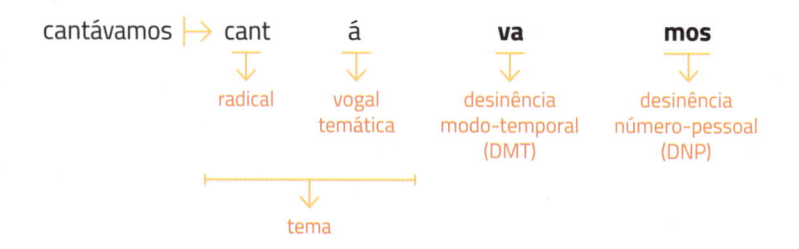

OBSERVAÇÕES

1. A vogal final átona **-o** de palavras que possuem dois gêneros (menino/menina; belo/bela etc.) pode não ser tomada como desinência de masculino, mas como vogal temática. Nessa concepção, **menino** e **belo** possuem desinência **zero** de gênero, tratando-se o masculino de forma não marcada.

2. Também o singular pode ser tomado como uma forma não marcada, com desinência zero de número, pela ausência do -**s**, que é a desinência de plural.

3. A vogal final átona **-a** dos nomes é **desinência de gênero** na oposição masculino/feminino: gato/gat**a**, belo/bel**a** etc. Quando não há essa oposição, trata-se de vogal temática apenas: mes**a**, cadeir**a** etc.

AFIXO

Morfema acrescentado ao radical para a formação de palavras novas. Há, também, dois tipos de afixos.

- **Prefixos**: são os afixos colocados antes do radical.

    Exemplo:

    in (prefixo) + feliz (radical) ↦ **in**feliz (palavra nova)

- **Sufixos**: são os afixos colocados após o radical.

    Exemplo:

    feliz (radical) + **mente** (sufixo) ↦ feliz**mente** (palavra nova)

VOGAL E CONSOANTE DE LIGAÇÃO

São morfemas usados por motivos de eufonia, isto é, para facilitar a pronúncia de certas palavras.

Exemplos:

café (radical) + **i** (vogal de ligação) + cultura (radical) ↦ café**i**cultura (palavra nova)

chá (radical) + **l** (consoante de ligação) + eira (sufixo) ↦ chá**l**eira (palavra nova)

OBSERVAÇÃO

Modernamente, a vogal e a consoante de ligação têm sido anexadas ao radical ou ao afixo, gerando, assim, formas variantes: **-zinho** = variante de **-inho**.

ATIVIDADES

1. Identifique os tipos de morfemas destacados das palavras a seguir.

    a) **conhec**imento

    b) **canta**va

    c) nas**c**er

    d) **desconheci**do

    e) **estud**o

    f) com**e**stível

    g) in**controlá**vel

    h) **flor**

2. Leia o título do livro de Erico Verissimo.

a) Como se classifica a vogal **a** no verbo **olhai**?

b) Qual é o radical desse verbo?

c) Identifique duas palavras que contenham desinência de número. Essas ocorrências se referem ao grupo das desinências verbais ou nominais?

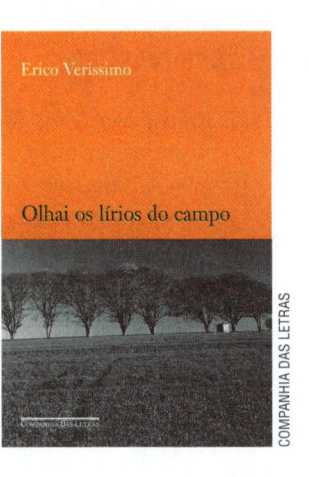

Capa do livro **Olhai os lírios do campo**, de Erico Verissimo, Companhia das Letras.

3. Classifique cada elemento estrutural das formas verbais, conforme exemplo a seguir.

precisaríamos: radical – vogal tem. – des. modo-temporal (DMT) – des. número-pessoal (DNP) – tema

precis   a   ría   mos   precisa

a) **falaremos:** radical – vogal tem. – DMT – DNP – tema

b) **conversava:** radical – vogal tem. – DMT – DNP – tema

c) **carregaríamos:** radical – vogal tem. – DMT – DNP – tema

d) **declarássemos:** radical – vogal tem. – DMT – DNP – tema

e) **gostei:** radical – vogal tem. – DMT – DNP – tema

4. Leia a manchete de uma notícia veiculada em um portal eletrônico.

Acesso à internet gera insatisfação

Disponível em: https://valor.globo.com/empresas/noticia/2020/10/20/acesso-a-internet-gera-insatisfacao.ghtml. Acesso em: 28 jan. 2021.

a) Identifique uma palavra derivada na manchete da notícia.

b) Como essa palavra é formada?

c) Que outras palavras podem ser formadas da mesma maneira?

> **TIRE DE LETRA**
>
> A palavra internet é um **estrangeirismo**, termo que se refere à incorporação de palavras e expressões estrangeiras à língua. Palavras como *show*, *lockdown*, *home office* e *coworking* foram incorporadas ao português; já outras, como deletar e blecaute, ganharam versões aportuguesadas.

5. Em cada item, indique a palavra que difere do grupo quanto aos afixos. Justifique sua resposta.

a) esverdeado – despreocupadamente – imprudente – deslealdade – incompreensível

b) loucamente – casualidade – compreensível – indispensável – pobreza – sonífero

c) descaso – preconceito – irreal – desamor – impróprio – resto

6. Descubra quais das seguintes palavras contêm vogal ou consoante de ligação e destaque essas letras.

a) escolaridade

b) rascunho

c) margem

d) pobre

e) inseticida

f) parisiense

g) paulada

h) tricotar

i) cajazeira

7. Forme verbos acrescentando ao mesmo tempo prefixos e sufixos às palavras.

a) tarde   b) gesso   c) rico   d) pobre   e) verde

EM SÍNTESE

Morfema – unidade mínima de significação na formação da palavra.

Tipos de morfemas

- **Radical** – morfema que contém o significado básico da palavra.
- **Vogal temática** – vogal que aparece imediatamente após o radical.
- **Tema** – radical acrescido da vogal temática.
- **Desinência** – morfema que indica *gênero* e *número* dos nomes ou *pessoa*, *número*, *tempo* e *modo* dos verbos.
- **Afixo** – morfema que se junta ao radical para formar novas palavras.
  - **Prefixo** – antes do radical.
  - **Sufixo** – depois do radical.

NO TEXTO

Leia, com atenção, o poema de Yasmin Nigri e responda às questões.

Mudez
meu amor
não se engane
essa mudez
é mudança

NIGRI, Yasmin. Mudez. *In*: NIGRI, Yasmin. **Bigornas**. São Paulo: 34, 2018. p. 110.

1. Os dois primeiros versos sugerem que o eu lírico, isto é, a voz que fala no poema, parece responder ou mesmo explicar algo a um interlocutor. Ao ler a última palavra da estrofe, como, possivelmente, o interlocutor pode interpretar o silêncio do eu lírico?

2. Em qual verso é possível identificar uma ação do eu lírico capaz de provocar estranhamento no interlocutor?

3. Elabore uma hipótese: você considera que o possível efeito de estranhamento põe em risco uma relação humana?

4. No poema, a autora explora os possíveis significados básicos inscritos nos radicais da dupla de palavras **mudez** e **mudança**.
   a) No contexto do poema, que sentido se pode depreender das palavras destacadas?
   b) Identifique o radical de cada uma delas.
   c) Forme pelo menos duas palavras para cada termo citado, considerando a família de palavras da qual cada um faz parte.
   d) Observe os elementos em destaque nas palavras mud**ez** e mud**ança** e classifique-os de acordo com a estrutura das palavras.

5. Identifique, no verso "não se engane", uma desinência de número-pessoa e modo.

6. Que morfema deveria ser acrescentado, caso a palavra que você identificou estivesse no plural?

7. No poema, a autora explorou a estrutura das palavras para criar poesia. Comente o efeito de sentido que essa estratégia literária promoveu.

MORFOLOGIA

Formação das palavras

UM PRIMEIRO OLHAR

Observe a capa da revista **Superinteressante**, publicada em novembro de 2020.

O SUPERTRANSGÊNICO. [Capa]. **Superinteressante**, São Paulo, ed. 421, nov. 2020. Disponível em: https://super.abril.com.br/superarquivo/421. Acesso em: 22 fev. 2021.

1. Destaca-se nessa capa a palavra **supertransgênico**.
   a) Quais elementos entram na composição dessa palavra?
   b) Qual desses elementos acrescenta-lhe o sentido de "em posição acima de", "abundância" ou "extremamente"?
   c) Qual desses elementos possibilita a formação de outras palavras cujo sentido mantém relação com a palavra primitiva? Exemplifique.

2. Dê exemplos de outras palavras da nossa língua formadas de maneira semelhante à da palavra em destaque na capa.

3. Refletindo sobre os exemplos que você citou, como se pode definir basicamente o processo de formação de palavras em nossa língua?

PROCESSOS DE FORMAÇÃO

O léxico de uma língua é dinâmico. Há palavras que caem em desuso, outras adquirem novos significados e há ainda aquelas que vão sendo criadas de acordo com novas necessidades. Na formação de palavras, a língua portuguesa obedece, basicamente, a dois processos: **derivação** e **composição**.

DERIVAÇÃO

> **Derivação** é o processo pelo qual palavras novas são criadas a partir de outras já existentes na língua. As palavras novas são denominadas **derivadas** e as que lhes dão origem, **primitivas**.

Há vários tipos de derivação.

DERIVAÇÃO PREFIXAL OU POR PREFIXAÇÃO

Ocorre com acréscimo de **prefixo** à palavra primitiva.

Exemplo:

in (prefixo) + feliz (palavra primitiva) → **in**feliz (palavra nova (derivada))

DERIVAÇÃO SUFIXAL OU POR SUFIXAÇÃO

Ocorre com acréscimo de **sufixo** à palavra primitiva.

Exemplo:

feliz (palavra primitiva) + **mente** (sufixo) → feliz**mente** (palavra nova (derivada))

DERIVAÇÃO PREFIXAL E SUFIXAL

Ocorre com acréscimo de **prefixo** e **sufixo**.

Exemplo:

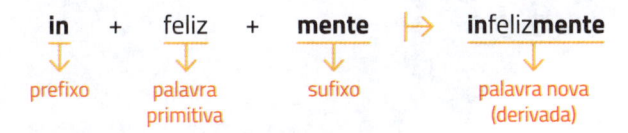

in (prefixo) + feliz (palavra primitiva) + **mente** (sufixo) → **in**feliz**mente** (palavra nova (derivada))

DERIVAÇÃO PARASSINTÉTICA OU PARASSÍNTESE

Ocorre com acréscimo simultâneo de **prefixo** e **sufixo** a um nome. Não existe a palavra só com prefixo ou só com sufixo, como no processo anterior.

Exemplo:

em (prefixo) + pobr(e) (palavra primitiva) + **ecer** (sufixo) → **em**pobr**ecer** (palavra nova, derivada (existe apenas com os dois afixos: prefixo e sufixo))

DERIVAÇÃO REGRESSIVA

Ocorre com redução da palavra primitiva, pela retirada de elementos finais.

Exemplos:

ajudar – (a) ajuda   debater – (o) debate   atrasar – (o) atraso
perder – (a) perda   cortar – (o) corte   chorar – (o) choro
vender – (a) venda   atacar – (o) ataque   apelar – (o) apelo

OBSERVAÇÕES

1. Pelos exemplos, percebe-se que este processo é muito usado para formar **substantivos abstratos** derivados de verbos: são os substantivos **deverbais** ou **pós-verbais**.

2. No caso de substantivos concretos, como **casa**, **planta**, **perfume** etc., e dos respectivos verbos **casar**, **plantar**, **perfumar**, ocorre **derivação por sufixo** (casa + **ar** = *casar*, planta + **ar** = *plantar*, perfume + **ar** = *perfumar*): os verbos é que são derivados dos substantivos.

DERIVAÇÃO IMPRÓPRIA

Ocorre quando se emprega uma palavra com valor de uma classe gramatical que não é propriamente a sua.

Exemplos:

Os **bons** têm suas recompensas!
     ↓
adjetivo substantivado

O professor explicou bem **claro** o tema da redação.
                              ↓
                       adjetivo adverbializado

OBSERVAÇÃO

A derivação imprópria é mais um processo estilístico ou semântico do que morfológico.

ATIVIDADES

1. Leia o poema de Carlos Drummond de Andrade e responda às questões.

No meio do caminho

No meio do caminho tinha uma pedra
tinha uma pedra no meio do caminho
tinha uma pedra
no meio do caminho tinha uma pedra.

Nunca me esquecerei desse acontecimento
na vida de minhas retinas tão fatigadas.
Nunca me esquecerei que no meio do caminho tinha uma pedra
tinha uma pedra no meio do caminho
no meio do caminho tinha uma pedra.

DRUMMOND DE ANDRADE, Carlos. No meio do caminho. *In:* DRUMMOND DE ANDRADE, Carlos. **Alguma poesia**. São Paulo: Companhia das Letras, 2013.

a) Forme palavras pelo processo de derivação sufixal a partir de **caminho** e **pedra**.
b) Localize no texto duas palavras formadas pelo processo de derivação sufixal.
c) Escreva um substantivo composto que contenha a palavra **pedra**.
d) **Apedrejar** é uma palavra derivada de *pedra*. Escreva por qual processo de formação ela foi criada.

2. Identifique nos itens a seguir a palavra que difere do grupo quanto ao tipo de derivação.

   a) descontente – imperfeito – desleal – indireto – comerciante – compatriota

   b) vendedor – terrestre – amável – orgulhoso – perfumado – desigualdade

   c) entardecer – envelhecimento – amaldiçoar – atualizar – descampado

3. Destaque os prefixos e os sufixos das palavras da atividade anterior e reescreva-os.

4. Por derivação regressiva, forme substantivos a partir dos verbos em destaque. Reescreva as frases, fazendo as adaptações necessárias.

   a) É proibido **atacar** os animais.

   b) **Respeitar** o idoso é um dever de todo cidadão.

   c) Não é conveniente **atrasar** nas reuniões.

   d) **Faltar** um dia à escola significa **perder** conteúdos essenciais ao conhecimento.

5. Em cada frase a seguir, identifique o processo de derivação imprópria. Mencione a palavra e a mudança de classe gramatical ocorrida.

   a) O jantar foi servido aos convidados.

   b) Ela cativou-nos com a beleza do olhar.

   c) Ele falava alto na reunião.

   d) Os maus serão punidos.

   e) Seu mal é não saber perdoar.

   f) Meu viver é cheio de alegria.

   g) Ele anda rápido demais.

PREFIXOS

ALGUNS PREFIXOS LATINOS		
Prefixos	**Sentido**	**Exemplos**
ab-, abs-	afastamento, separação, intensidade	abdicar, abuso, abster-se, abscesso
a-, ad-	aproximação, direção, mudança de estado	abeirar, achegar, apodrecer, adjunto, adjacente
ambi-	duplicidade	ambivalência, ambíguo, ambidestro
ante-	anterioridade	antebraço, antessala, antepor
bene-, bem-, ben-	bem, muito bom	bem-vindo, benquerença, benfeitor
bis-, bi-	repetição, duas vezes	bisavô, bisneto, bienal, bimestre
circum-, circun-	em redor, em torno	circum-ambiente, circundar, circunferência
cis-	do lado de cá, aquém	cisplatino, cisalpino, cisatlântico
com-, con-, co-	companhia, concomitância	compactuar, compatriota, conter, contemporâneo, coautor
contra-	oposição, direção contrária	contrarrevolução, contrapor, contramarcha
de-	de cima para baixo, separação	decair, declive, depenar, decrescer
des-	negação, ação contrária	desleal, desonra, desfazer, desumano

Prefixos	Sentido	Exemplos
dis-, di-	separação, movimento para diversos lados, negação	dissociar, distender, dilacerar, dirimir
ex-, es-, e-	para fora, estado anterior	exportar, ex-aluno, estender, emergir, emigrar, emanar
extra-	posição exterior, fora de	extraoficial, extraterreno, extraviar, extraordinário
in- (im-), i- (ir-), em- (en-)	movimento para dentro	ingerir, inalar, incorporar, importar, imigrar, irromper, embarcar, enterrar
in- (im-), i- (ir-)	negação, privação	incapaz, imperfeito, ilegal, irreal
intra-	posição interior	intravenoso, intrauterino, intramuros
intro-	movimento para dentro	introvertido, introduzir
justa-	ao lado	justapor, justamarítimo
ob-, o-	em frente, oposição	objeto, obstáculo, opor, opressor
per-	movimento através	percorrer, perfurar, perpassar, perdurar
pos-	depois	póstumo, posteridade, pós-guerra
pre-	antes	prefácio, prefixo, pré-escolar, predizer
pro-	para a frente, em lugar de	progresso, prosseguir, pronome, pró-africano
re-	repetição, para trás, intensidade	recomeçar, repor, redobrar, regredir
retro-	para trás	retroceder, retroativo, retrocesso
sub-, sob-, so-, sus-	inferior, de baixo para cima	subalimentado, sobpor, soterrar, suspender
super-, sobre-, supra-	em cima, superior, excesso	super-homem, sobreviver, sobreloja, supracitado
trans-, tras-, tres-	através de, além de	transatlântico, transeunte, trasladar, trespassar
ultra-	além de, excesso	ultrapassar, ultrassom
vice-, vis-	no lugar de, inferior a	vice-presidente, vice-campeão, visconde

ALGUNS PREFIXOS GREGOS		
Prefixos	Sentido	Exemplos
an-, a-	privação, negação	anarquia, anônimo, analgésico
aná-	ação ou movimento inverso, repetição	anagrama, anacrônico, analisar, anáfora
anfi-	de um e outro lado, em torno, duplicidade	anfíbio, anfiteatro
anti-	oposição, ação contrária	antiaéreo, antípoda, antidemocrático
apó-	afastamento, separação	apogeu, apócrifo
arqui-, arc- arque-, arce-	superioridade	arquiduque, arquipélago, arcanjo, arquétipo, arcebispo

Prefixos	Sentido	Exemplos
cata-	de cima para baixo, oposição	catálogo, catástrofe, catarata
dia-, di-	através de, afastamento	diâmetro, diocese
dis-	dificuldade, mau estado	dispneia, disenteria
ec-, ex-	para fora	eclipse, êxodo, exorcismo
en-, em-, e-	interior, dentro	encéfalo, emplastro, elipse
endo-, end-	interior, movimento para dentro	endosmose, endovenoso
epi-	superior, movimento para, posterioridade	epiderme, epitáfio, epígrafe
eu-, ev-	bem, bom	eufonia, euforia, evangelho
hiper-	superior, excesso	hipérbole, hipertensão
hipo-	inferior, escassez	hipodérmico, hipotensão, hipocrisia
meta-, met-	posterioridade, mudança	metacarpo, metátese, metamorfose
pará-, par-	proximidade, ao lado de	paradigma, parasita, parábola
peri-	em torno de	perímetro, perífrase, periscópio
pro-	posição em frente, anterior	prólogo, prognóstico, programa
sin-, sim-, si-	simultaneidade, companhia	sinfonia, simpatia, sílaba

SUFIXOS

Há três tipos de sufixos:

- **sufixos nominais**, usados para formar substantivos e adjetivos.
- **sufixos verbais**, usados para formar verbos.
- um **sufixo adverbial (-mente)**, usado para formar advérbios.

ALGUNS SUFIXOS NOMINAIS	
Indicações	Exemplos
profissão, nome de agente ou de instrumento	vende**dor**, inspe**tor**, profes**sor**, maquin**ista**, estuda**nte**, bibliotec**ário**, aquece**dor** etc.
nome de ação ou resultado dela	cabeç**ada**, aprendiz**agem**, poup**ança**, pirat**aria**, selvag**eria**, passe**ata**, do**ação**, molhad**ela**, descr**ença**, virul**ência**, casa**mento**, tem**or**, format**ura** etc.
qualidade, estado	cruel**dade**, paci**ência**, pequen**ez**, bel**eza**, meigu**ice**, calv**ície**, patriot**ismo**, fresc**or**, alt**itude**, azed**ume**, doç**ura** etc.
diminutivo	ri**acho**, corpú**sculo**, lugar**ejo**, rapaz**elho**, vi**ela**, papel**ete**, cart**ilha**, flaut**im**, menin**inho**, rapaz**ito**, sac**ola**, velh**ota**, caix**ote**, animal(z)**inho**, poem**eto**, burr**ico**, pe(z)**ito**, hom**únculo**, cruz**eta** etc.
doença, inflamação	cefal**eia**, anem**ia**, reumat**ismo**, apendic**ite**, tubercul**ose** etc.
aumentativo	menin**ão**, pe(z)**ão**, cas**arão**, can(z)**arrão**, voz**eirão**, grand**alhão**, mur**alha**, barc**aça**, ric**aço**, cop**ázio**, mulher**ona**, cabeç**orra**, corp**anzil** etc.
lugar	princip**ado**, orfan**ato**, livr**aria**, bebe**douro**, dormi**tório** etc.

Indicações	Exemplos
ciência, técnica, doutrina	geolog**ia**, cristian**ismo**, fís**ica**, cibernét**ica**, estét**ica** etc.
coleção, aglomeração	cafe(z)**al**, plum**agem**, carneir**ada**, dinheir**ama**, vasilh**ame**, mobili**ário**, grit**aria**, arvor**edo**, formigu**eiro**, cabel**eira**, dez**ena** etc.
relação	caus**al**, espirit(u)**al**, terr**estre**, afrodis**íaco**, natal**ício**, bél**ico**, arom**ático**, bov**ino**, óss**eo** etc.
abundância	pedr**ento**, corp(u)**lento**, fam**into**, ferr**enho**, med**onho**, jeit**oso**, narig**udo** etc.
origem	austr**íaco**, hebr**aico**, pernambuc**ano**, coimbr**ão**, hondur**enho**, madril**eno**
procedência	catarin**ense**, portugu**ês**, europ**eu**, argent**ino**, paul**ista**, moscov**ita**, cipri**ota** etc.
possibilidade, tendência	am**ável**, comest**ível**, m**óvel**, sol**úvel**, moved**iço**, lucrat**ivo** etc.

ALGUNS SUFIXOS VERBAIS	
Indicações	Exemplos
ação que se repete (verbos frequentativos)	espern**ear**, got**ejar**, apedr**ejar** etc.
ação diminutiva e repetida (verbos diminutivos)	beber**icar**, adoc**icar**, pin**icar**, salt**itar**, dorm**itar**, mord**iscar**, chuv**iscar**, pet**iscar**, cusp**inhar**, escrev**inhar** etc.
ação que principia (verbos incoativos)	amanh**ecer**, amadur**ecer**, embranqu**ecer**, flor**escer**, rejuven**escer** etc.
ação causadora (verbos causativos)	canal**izar**, human**izar**, civil**izar**, esquent**ar**, afugent**ar** etc.

SUFIXOS ADVERBIAIS	
Indicações	Exemplos
de modo	bondosa**mente**, feliz**mente** etc.
de afirmação	certa**mente**
de intensidade	extrema**mente**

ATIVIDADES

1. Leia a primeira estrofe de um soneto de Antero de Quental.

Mais luz!

Amem a noite os magros crapulosos,
E os que sonham com virgens impossíveis,
E os que se inclinam, mudos e impassíveis,
À borda dos abismos silenciosos...
[...]

QUENTAL, Antero de. Mais luz!. *In:* GRUNEWALD, José Lino (org.). **Antologia**. Rio de Janeiro: Nova Fronteira, 1991. (Poesia de todos os tempos). Disponível em: http://www.dominiopublico.gov.br/download/texto/bv000027.pdf. Acesso em: 9 fev. 2021.

a) Identifique no poema quatro palavras que contenham sufixos.

b) E duas palavras com prefixos.

2. Classifique as seguintes palavras de acordo com o processo de formação.

   a) silenciosos
   b) impossíveis
   c) crapulosos
   d) impossibilidade

3. Escreva o significado de cada prefixo latino a seguir e dê um exemplo.

   a) **ambi-**
   b) **bis-**, **bi-**
   c) **contra-**
   d) **extra-**
   e) **intra-**
   f) **justa-**
   g) **per-**
   h) **pre-**

4. Escreva o prefixo grego que corresponde a cada significado a seguir e dê um exemplo.

   a) Privação, negação.
   b) Oposição, ação contrária.
   c) Dificuldade, mau estado.
   d) Movimento para fora.
   e) Movimento para dentro.
   f) Superior, excesso.
   g) Inferior, escassez.
   h) Em torno de.
   i) Posição em frente, anterior.
   j) Simultaneidade.

5. Identifique os prefixos das palavras a seguir e indique sua origem (gregos ou latinos).

   a) ambíguo
   b) arquiduque
   c) encéfalo
   d) percorrer
   e) intravenoso
   f) eufonia
   g) opressor

   TIRE DE LETRA

   Ao analisar morfemas de origem grega ou latina, realizamos um estudo etimológico da palavra. A **etimologia** investiga a origem das palavras. Na língua portuguesa, podemos encontrar, além de palavras de origem latina e grega, palavras de origem árabe (álgebra, Jamil), indígena (Ubirajara, beiju), africana (mandinga, acarajé) etc.

6. Indique o par de palavras do quadro que contém prefixo grego e latino com sentidos iguais e escreva seu significado.

Palavras com prefixos latinos	Palavras com prefixos gregos
incapaz	arquipélago
retroceder	prognóstico
supracitado	anarquia
ingerir	endoscopia
prefácio	apogeu

COMPOSIÇÃO

Composição é o processo pelo qual palavras novas são formadas pela junção de duas ou mais palavras, ou seja, de dois ou mais radicais. Essas palavras são denominadas **compostas** em oposição às **simples**, que possuem um só radical.

A junção das palavras, no processo da composição, pode ocorrer basicamente de duas maneiras: por **justaposição** ou por **aglutinação**.

COMPOSIÇÃO POR JUSTAPOSIÇÃO

É a junção em que as palavras não sofrem alteração fonética.

Exemplos:

ponta + **pé** ↦ pontapé

gira + **sol** ↦ girassol

porta + **bandeira** ↦ porta-bandeira

COMPOSIÇÃO POR AGLUTINAÇÃO

É a junção em que as palavras sofrem alteração fonética, isto é, perdem um ou mais fonemas.

Exemplos:

plan(o) + **alto** ↦ planalto (queda do **o**)

águ(a) + **ardente** ↦ aguardente (queda do **a**)

pern(a) + **alta** ↦ pernalta (queda do **a**)

CASOS ESPECIAIS DE COMPOSIÇÃO

Há palavras compostas que não são formadas a partir de outras palavras da língua portuguesa, mas de radicais pertencentes a outras línguas.

São dois os tipos de composição com esses radicais.

COMPOSTOS ERUDITOS

São palavras compostas de radicais apenas **latinos** ou apenas **gregos**.

Exemplos:

agrícola	**agri-** (latim)	+	**-cola** (latim)
piscicultura	**pisci-** (latim)	+	**-cultura** (latim)
pentágono	**penta-** (grego)	+	**-gono** (grego)
odontologia	**odonto-** (grego)	+	**-logia** (grego)

HIBRIDISMOS

São palavras compostas de radicais de línguas diferentes.

Exemplos:

monocultura	**mono-** (grego)	+	**-cultura** (latim)
burocracia	**buro-** (francês)	+	**-cracia** (grego)
abreugrafia	**abreu-** (português)	+	**-grafia** (grego)
alcoômetro	**alcool-** (árabe)	+	**-metro** (grego)

RADICAIS

ALGUNS RADICAIS LATINOS
Primeiro elemento da composição

Forma	Significado	Exemplos
agri-	campo	agricultura, agrícola
alvi-	branco	alvinegro
api-	abelha	apicultura
arbori-	árvore	arborícola, arborizar
auri-	ouro	auriflama
avi-	ave	avícola, avicultura
bel-, beli-	guerra	belígero
calori-	calor	calorífero, caloria
cent-	cem	centena, centopeia
cruci-	cruz	crucifixo
curvi-	curvo	curvilíneo
equi-	igual	equilátero, equivalência
ferri-, ferro-	ferro	ferrífero, ferrovia
loco-	lugar	locomotiva, locomoção
maxi-	muito grande	maxidesvalorização
mini-	muito pequeno	minissaia
morti-	morte	mortífero
multi-	muito	multicelular
nocti-	noite	noctívago
olei-, oleo-	azeite, óleo	oleígeno, oleoduto
oni-	todo	onipotente
pisci-	peixe	piscicultor, pisciforme
pluri-	vários	pluricelular
quadri-	quatro	quadriculado, quadrúpede
reti-	reto	retilíneo, retângulo
semi-	metade	semicírculo
sesqui-	um e meio	sesquicentenário
vermi-	verme	vermífugo, vermicida

ALGUNS RADICAIS LATINOS
Segundo elemento da composição

Forma	Significado	Exemplos
-cida	que mata	regicida, suicida
-cola	que cultiva ou habita	vitícola, arborícola
-cultura	ato de cultivar	apicultura, piscicultura
-fero	que contém ou produz	aurífero, flamífero
-fico	que faz ou produz	benéfico, frigorífico
-forme	que tem forma de	cuneiforme, uniforme
-fugo	que foge ou faz fugir	centrífugo, febrífugo
-paro	que produz	multíparo, ovíparo
-pede	pé	palmípede, velocípede
-sono	que soa	uníssono
-vago	que anda	noctívago
-voro	que come	carnívoro, herbívoro

ALGUNS RADICAIS GREGOS
Primeiro elemento da composição

Forma	Significado	Exemplos
acro-	alto	acrópole, acrofobia
aero-	ar	aerofagia, aeronave
agro-	campo	agronomia, agrônomo
antropo-	homem	antropófago, antropocentrismo
arqueo-	antigo	arqueografia, arqueologia
aster-	estrela	asteroide, asterisco
astro-	astro	astrofísica, astronave
auto-	de si mesmo	autobiografia, autógrafo
biblio-	livro	bibliografia, biblioteca
bio-	vida	biografia, biologia
caco-	mau, desagradável	cacofonia, cacografia
cali-	belo	califasia, caligrafia
cosmo-	mundo	cosmógrafo, cosmologia
cromo-	cor	cromático, cromossomo
crono-	tempo	cronologia, cronômetro
datilo-	dedo	datilografia, datiloscopia
deca-	dez	decassílabo, decalitro
demo-	povo	democracia, demagogo
di-	dois	dígrafo, dissílabo
eletro-	eletricidade	eletroímã, eletroscopia
enea-	nove	eneágono, eneassílabo
entero-	intestino	enterite, enterologia
etno-	raça, povo	etnografia, étnico
farmaco-	medicamento	farmacologia, farmacopeia
filo-	amigo	filologia, filarmônica
fisio-	natureza	fisiologia, fisionomia
fono-	voz, som	fonógrafo, fonologia
foto-	fogo, luz	fotômetro, fotosfera
geo-	terra	geografia, geologia
hemi-	metade	hemisfério, hemistíquio
hemo-	sangue	hemoglobina, hemorragia
hepta-	sete	heptágono, heptassílabo
hetero-	outro, diferente	heterossexual, heterogêneo
hexa-	seis	hexâmetro, hexacampeão
hidro-	água	hidrogênio, hidrografia
hipo-	cavalo	hipódromo, hipofagia
hipno-	sono	hipnose, hipnofobia
iso-	igual	isócrono, isósceles, isonomia
lito-	pedra	litografia, litogravura

Primeiro elemento da composição		
Forma	Significado	Exemplos
macro-	grande, longo	macróbio, macrodáctilo
mega-, megalo-	grande	megascópio, megalomania
melo-	canto	melodia, melopeia
meso-	meio	mesóclise, Mesopotâmia
micro-	pequeno	micróbio, microscópio
miso-	ódio, aversão	misógino, misantropo
mito-	fábula	mitologia, mitômano
mono-	um só	monarca, monótono
necro-	morto	necrópole, necrotério
neo-	novo	neolatino, neologismo
octo-	oito	octossílabo, octaedro
odonto-	dente	odontologia, odontalgia
oftalmo-	olho	oftalmologia, oftálmico
onomato-	nome	onomatologia, onomatopeia
ornito-	ave	ornitologia, ornitorrinco
orto-	reto, justo	ortografia, ortopedia
oxi-	agudo, penetrante	oxígono, oxítono
paleo-	antigo	paleografia, paleontologia
pan-	todos, tudo	panteísmo, pan-americano
pato-	sentimento, doença	patogenético, patologia
penta-	cinco	pentacampeão, pentágono
piro-	fogo	pirosfera, pirotécnica
pluto-	riqueza	plutocrata, plutomania
pneum(o)-	pulmão	pneumonia, pneumopatia
pneumat(o)-	ar, sopro	pneumático, pneumatose
poli-	muito	poliglota, polígono
proto-	primeiro	protótipo, protozoário
pseudo-	falso	pseudônimo, pseudoesfera
psico-	alma, espírito	psicologia, psicanálise
quilo-	mil	quilograma, quilômetro
quiro-	mão	quiromancia, quirologia
rino-	nariz	rinoceronte, rinoplastia
rizo-	raiz	rizófilo, rizotônico
tecno-	arte	tecnografia, tecnologia
tele-	longe	telefone, telegrama
termo-	calor	termômetro, termoquímica
tetra-	quatro	tetrarca, tetraedro
tipo-	figura, marca	tipografia, tipologia
topo-	lugar	topografia, toponímia
tri-	três	tríade, trissílabo
xeno-	estrangeiro	xenomania, xenofobia
zoo-	animal	zoógrafo, zoologia

ALGUNS RADICAIS GREGOS
Segundo elemento da composição

Forma	Significado	Exemplos
-agogo	que conduz, que leva	demagogo, pedagogo
-algia	dor	cefalalgia, nevralgia
-arca	que comanda	heresiarca, monarca
-arquia	comando, governo	anarquia, monarquia
-cicl(o)	círculo	triciclo, encíclica
-cracia	poder	democracia, plutocracia
-doxo	que opina	heterodoxo, ortodoxo
-dromo	lugar para correr	hipódromo, autódromo
-edro	base, face	pentaedro, poliedro
-fagia	ato de comer	aerofagia, antropofagia
-fago	que come	antropófago, necrófago
-filia	amizade	bibliofilia, lusofilia
-fobia	inimizade, aversão, temor	fotofobia, hidrofobia
-fobo	que odeia, inimigo	xenófobo, necrófobo
-gamia	casamento	monogamia, poligamia
-gamo	que casa	bígamo, polígamo
-geneo	que gera	heterogêneo, homogêneo
-glota, -glossa	língua	poliglota, isoglossa
-gono	ângulo	pentágono, polígono
-grafia	escrita, descrição	ortografia, geografia
-grafo	que escreve	calígrafo, polígrafo
-grama	escrita, letra	telegrama, anagrama
-logo	palavra, estudo, ciência	diálogo, psicólogo
-mancia	adivinhação	cartomancia, quiromancia
-mania	loucura, tendência	megalomania, monogamia
-mano	louco, inclinado	bibliômano, mitômano
-maquia	combate	logomaquia, tauromaquia
-metro	que mede	termômetro, pentâmetro
-morfo	que tem a forma de	antropomorfo, polimorfo
-nomia	lei, regra	agronomia, astronomia
-nomo	que regula	autônomo, metrônomo
-peia	ato de fazer	melopeia, onomatopeia
-polis, -pole	cidade	Petrópolis, metrópole
-ptero	asa	díptero, helicóptero
-scop	ato de ver, examinar	macroscopia, microscópio
-sofia	sabedoria	filosofia, teosofia
-stico	verso	dístico, monóstico
-teca	lugar onde se guarda	biblioteca, discoteca
-terapia	cura	fisioterapia, psicoterapia
-tomia	corte, divisão	dicotomia, nevrotomia
-tono	tensão, tom	barítono, monótono

OUTROS MEIOS USADOS PARA CRIAR PALAVRAS NOVAS

Além dos dois processos básicos de formação das palavras – derivação e composição –, há palavras formadas por outros meios.

ABREVIAÇÃO VOCABULAR

Trata-se da abreviação de uma palavra.

Exemplos:

auto, por *automóvel*
cine, por *cinema*
extra, por *extraordinário*
foto, por *fotografia*

moto, por *motocicleta*
pneu, por *pneumático*
quilo, por *quilograma*
tevê, por *televisão*

SIGLONIMIZAÇÃO

Trata-se da formação de uma sigla.

Exemplos:

CPF – **C**adastro de **P**essoas **F**ísicas
SESI – **Se**rviço **S**ocial da **I**ndústria
PIB – **P**roduto **I**nterno **B**ruto

FGTS – **F**undo de **G**arantia por **T**empo de **S**erviço
ONU – **O**rganização das **N**ações **U**nidas
MAM – **M**useu de **A**rte **M**oderna

ONOMATOPEIA

Trata-se da formação de palavras que imitam sons.

Exemplos:

tique-taque	zum-zum	blá-blá-blá
cocorocó	plaft	chuá-chuá
reco-reco	zás-trás	atchim

FLEXÃO DAS PALAVRAS

PALAVRA VARIÁVEL E PALAVRA INVARIÁVEL

Uma palavra é **variável** quando sofre flexão. A rigor, sofre flexão a palavra que admite alteração em sua forma pela presença das **desinências nominais**, de gênero e número, ou das **desinências verbais**, de modo, tempo, número e pessoa.

As classes gramaticais que recebem as desinências nominais são o **substantivo** e as que também são tomadas como nomes porque ao substantivo se relacionam: *artigo*, *adjetivo*, *numeral* e *pronome*.

Exemplos:

Tenho um filho educado. (gênero masculino – ausência de desinência)

Tenho um**a** filh**a** educad**a**. (gênero feminino – presença da desinência **-a**)

Tenho um filho educado. (número singular – ausência de desinência)

Tenho un**s** filho**s** educado**s**. (número plural – presença da desinência **-s**)

As desinências verbais são próprias do **verbo**: desinências de modo e tempo (DMT) e desinências de número e pessoa (DNP).

Exemplos:

Encontrávamos os amigos todos os dias na porta da escola.

encontrá-**va**-**mos**:

va = DMT (indica pretérito imperfeito do modo indicativo)

mos = DNP (indica 1ª pessoa do plural)

É **invariável** a palavra que não sofre **flexão**. Dessa forma, as classes gramaticais podem ser variáveis e invariáveis. Observe:

variáveis	invariáveis
substantivo	advérbio
artigo	preposição
adjetivo	conjunção
numeral	interjeição
pronome	
verbo	

OBSERVAÇÃO

O **grau** – do substantivo, do adjetivo ou do advérbio – é formado por meio de sufixos, e não de desinências. A rigor, trata-se de derivação, e não de flexão. No entanto, é tradição estudá-lo como flexão.

ATIVIDADES

1. Leia a tirinha do personagem Garfield, de Jim Davis.

DAVIS, Jim. [Garfield]. **Folha de S.Paulo**, São Paulo, 2 mar. 2014. Ilustrada.

a) Escreva novas palavras usando o substantivo **respeito**, de acordo com os processos de derivação:

prefixal   sufixal   prefixal e sufixal

b) Altere a forma verbal da frase do segundo quadrinho empregando outras desinências de número e pessoa ao substituir o pronome **eu** por **nós** e **eles**.

c) Muitas vezes, palavras estrangeiras são incorporadas ao léxico de uma língua. Elas também passam por processos de formação, dando origem a outras palavras. Localize na tirinha um exemplo desse fenômeno e escreva palavras derivadas que se formaram a partir dela.

2. Descubra se estas palavras foram formadas por justaposição ou aglutinação. Justifique sua resposta.

a) amor-perfeito
b) beija-flor
c) hidrelétrico
d) mandachuva
e) mancheia
f) boquiaberta

3. Junte o primeiro e o segundo elemento dos radicais latinos a seguir e forme compostos eruditos. Mencione o significado de cada radical.

   a) api-
   b) multi-
   c) nocti-
   d) vermi-
   e) arbori-

   I) -cida
   II) -vago
   III) -cola
   IV) -cultura
   V) -paro

4. Nas palavras a seguir, destaque os radicais gregos e dê o significado de cada um.

   a) cronômetro
   b) microscópio
   c) calígrafo
   d) poliglota
   e) díptero

   f) hipódromo
   g) quiromancia
   h) plutomania
   i) filosofia

5. Faça a correspondência entre as palavras e seus processos de composição.

   a) fidalgo
   b) poliglota
   c) plaft
   d) auto
   e) ONU

   I) abreviação
   II) composto erudito
   III) aglutinação
   IV) onomatopeia
   V) siglonimização

6. Identifique nas frases as palavras que sofreram variações por meio de desinências nominais e classifique-as.

   a) As crianças saíram cedo da escola.
   b) Meus amigos irão ao parque amanhã.
   c) Os primeiros raios solares foram suficientes para um ótimo bronzeamento.

7. Agora destaque as palavras invariáveis que apareceram nas frases da atividade anterior e classifique-as.

EM SÍNTESE

Na língua portuguesa, há dois processos de formação das palavras.
Derivação – palavras novas criadas a partir de outras palavras.
- **Derivação prefixal** – acréscimo de prefixo à palavra primitiva.
- **Derivação sufixal** – acréscimo de sufixo à palavra primitiva.
- **Derivação prefixal e sufixal** – acréscimo de prefixo e sufixo à palavra primitiva.
- **Derivação parassintética** – acréscimo simultâneo de prefixo e sufixo à palavra primitiva.
- **Derivação regressiva** – redução da palavra primitiva.
- **Derivação imprópria** – emprego da palavra em uma classe gramatical que não é a sua.

Composição – palavras novas criadas pela junção de dois ou mais radicais.
- **Composição por justaposição** – as palavras não sofrem alteração fonética.
- **Composição por aglutinação** – as palavras sofrem alteração fonética.

- Casos especiais de composição:
  - **Compostos eruditos** – palavras compostas de radicais apenas latinos ou apenas gregos.
  - **Hibridismos** – palavras compostas de radicais de línguas diferentes.
- Outros meios usados para criar palavras novas:
  - **Abreviação vocabular** – abreviação de uma palavra.
  - **Siglonimização** – formação de uma sigla.
  - **Onomatopeia** – formação de palavras que imitam sons.

Flexão das palavras
- **Palavra invariável** – não sofre flexão.
  - **Classes invariáveis** – advérbio, preposição, conjunção, interjeição.
- **Palavra variável** – sofre flexão, admitindo desinências nominais e verbais.
  - **Classes variáveis** – substantivo, artigo, adjetivo, numeral, pronome, verbo.
  - **Desinências nominais** – de gênero (masculino/feminino) e número (singular/plural).
  - **Desinências verbais** – de modo e tempo (DMT) e de número e pessoa (DNP).

NO TEXTO

Leia esta tirinha do Calvin.

WATTERSON, Bill. [Calvin e Haroldo]. [S. l.: s. n.], c1992. Disponível em: https://ficcaoenaoficcao.files.wordpress.com/2012/03/calvin-e-haroldo-direito-inalienavel.jpg. Acesso em: 23 fev. 2021.

1. O personagem Calvin encontra-se em um contexto escolar. Entretanto, em seus argumentos na conversa com a professora, utiliza-se de linguagem presente em outro contexto de atividade humana. Qual é ele?

2. Dentre outros elementos que criam o humor na tirinha está a palavra **inalienável**. Pelo contexto, que sentido se pode atribuir a essa palavra?

3. Como foi formada a palavra **inalienável**? Explique o sentido dessa palavra, a partir de sua formação.

4. Essa palavra e outras da esfera judicial contrastam com uma afirmação de Calvin, no terceiro quadrinho, que produz efeito humorístico. Qual é a função do sufixo diminutivo em uma das palavras dessa afirmação?

5. Cite duas outras palavras formadas pelo processo de derivação que colaboram para constituir o vocabulário sofisticado de Calvin e contribuem para acentuar o tom humorístico da tirinha.

6. No último quadrinho foi empregada uma palavra que sofreu derivação regressiva. Qual? Por que a fala final de Calvin torna a tirinha ainda mais engraçada?

MORFOLOGIA

Substantivo

UM PRIMEIRO OLHAR

Leia a seguir um poema de Sérgio Capparelli.

Os dedos do artista

Dos dedos do artista
Saem pássaros, peixes,
Casas, montes, cata-ventos
E também um burrinho
Feito de papel-crepom.

Dos dedos do artista
Saem colinas, montanhas
E nuvens de algodão
E também um sol laranja
Brilhando no laranjal.

E quando tudo está pronto
E o sol já vai se pondo,
Sai também um menino espevitado
Que agarra pássaros, peixes,
Casas, montanhas, laranjal,
E voa com um chapéu de nuvens.

Só fica o burrinho,
Com olhos de papel-crepom,
Zurrando, zurrando, zurrando,
Tão triste que dá dó.

CAPPARELLI, Sérgio. Os dedos do artista. In: CAPPARELLI, Sérgio. **Tigres no quintal**. São Paulo: Global, 2014. p. 82. *E-book.*

1. Para representar o que é retratado pelo artista, o poeta utilizou palavras que nomeiam seres. Identifique as palavras que nomeiam:

    a) objetos.
    b) animais.
    c) elementos da natureza.

2. As duas primeiras estrofes apresentam uma estrutura semelhante. Que elemento novo surge na terceira estrofe e qual é sua ação no poema?

3. Na última estrofe, qual palavra representa o som produzido pelo burrinho?

CONCEITO

Tainá registrou a **erosão** com um *smartphone*.

As palavras destacadas representam seres. Podemos conceber como **ser** tudo aquilo que existe ou imaginamos existir.

Todo ser tem um nome que o distingue dos demais seres.

Tainá	erosão	smartphone
nome de pessoa	nome de fenômeno natural	nome de objeto

Essas palavras que representam os seres pertencem à classe gramatical chamada **substantivo**.

> **Substantivo** é a palavra que nomeia os seres.

O substantivo representa todos os tipos de seres.

Observe:

- *Seres materiais* – Lucas, criança, árvore, água.
- *Seres espirituais* ou *religiosos* – Deus, anjo, Satanás, alma.
- *Seres mitológicos* ou *fictícios* – Cupido, saci, fada, Branca de Neve.

Expressa, também, os nomes das qualidades, dos estados e das ações dos seres.

Exemplos:

Qualidades	Estados	Ações
sinceridade	alegria	abraço
tolerância	tristeza	mímica

CLASSIFICAÇÃO DOS SUBSTANTIVOS

Os substantivos classificam-se em:

COMUNS

São aqueles que nomeiam seres da mesma espécie.

Exemplos: criança, rio, cidade, estado, país.

PRÓPRIOS

São aqueles que nomeiam um ser específico da espécie.

Exemplos: João, Tietê, Recife, Ceará, Brasil.

Possuem nomes próprios:
- *pessoas* – Bruna, Flávio, Fernando.
- *localidades* – Londrina (cidade), XV de Novembro (rua), Ipanema (praia, bairro).
- *instituições financeiras* – Caixa Econômica Federal, Banco do Brasil S/A.
- *acidentes geográficos* – Itaparica (ilha), Amazonas (rio).
- *animais domésticos* – Lulu, Túti, Tina.

CONCRETOS

São aqueles que nomeiam seres de existência real ou criados pela imaginação.

Exemplos: mulher, Rodrigo, computador, alma, anjo, saci, lobisomem etc.

ABSTRATOS

São aqueles que nomeiam seres de existência dependente de seres concretos.

Exemplos: beleza (existe no ser que é **belo**), tristeza (existe no ser que está **triste**), juventude (existe no ser que é **jovem**), corrida (existe no ser que **corre**).

São, portanto, abstratos os substantivos que expressam nomes de:

- *qualidades* – **Exemplos:** beleza (de **belo**), meiguice (de **meigo**), doçura (de **doce**).
- *estados* – **Exemplos:** tristeza (de **triste**), alegria (de **alegre**), cansaço (de **cansado**).
- *ações* – **Exemplos:** beijo (de **beijar**), abraço (de **abraçar**), correria / corrida (de **correr**).

COLETIVOS

O **coletivo** é um substantivo comum que, no singular, nomeia o conjunto de seres de uma mesma espécie.

Veja no quadro a seguir alguns coletivos de uso frequente em nossa língua, acompanhados dos seres que formam os respectivos conjuntos.

Coletivos	Seres que os formam	Coletivos	Seres que os formam
acervo	bens materiais, obras de arte	**cardume**	peixes
álbum	fotografias, selos, figurinhas	**código**	leis
alcateia	lobos	**colmeia**	abelhas
antologia	textos literários, flores	**conselho**	professores, ministros
armada	navios de guerra	**constelação**	estrelas
arquipélago	ilhas	**corja**	vadios, ladrões
arsenal	armas e munições	**coro**	cantores
assembleia	pessoas reunidas com fim comum	**discoteca**	discos
atlas	mapas	**elenco**	atores
baixela	utensílios de mesa	**enxame**	abelhas, marimbondos
banca	examinadores	**enxoval**	roupas
bando	pessoas ou animais	**esquadra**	navios de guerra
batalhão	soldados	**esquadrilha**	aviões
biblioteca	livros	**fauna**	animais de uma região
boiada	bois	**feixe**	lenha, capim
cacho	bananas, uvas, cabelos	**flora**	plantas de uma região
cáfila	camelos	**frota**	navios, aviões, ônibus, táxis
cambada	malandros, desordeiros	**girândola**	fogos de artifício
cancioneiro	canções, poemas	**horda**	desordeiros, bandidos, invasores
caravana	viajantes, peregrinos	**junta**	bois, médicos, examinadores

Coletivos	Seres que os formam	Coletivos	Seres que os formam
júri	jurados	plêiade	poetas, artistas, escritores
legião	soldados, anjos, demônios	pomar	árvores frutíferas
leva	prisioneiros, recrutas	quadrilha	ladrões, malfeitores
malta	desordeiros, malfeitores	ramalhete	flores
manada	animais de grande porte: búfalos, bois, porcos	rebanho	gado em geral: ovelhas, cabras
matilha	cães de caça	repertório	peças de teatro, músicas
molho	chaves, verduras	réstia	cebolas, alhos
multidão	pessoas	revoada	pássaros voando
ninhada	filhotes de aves	súcia	desordeiros, malfeitores
nuvem	insetos em geral: gafanhotos, mosquitos	tertúlia	amigos, parentes, intelectuais
orquestra	músicos	turma	pessoas em geral
penca	frutos, flores	vara	porcos
pinacoteca	quadros	vocabulário	palavras

OBSERVAÇÃO

Os substantivos coletivos podem ser classificados em:
- **específicos** – referem-se a uma única espécie de seres. **Exemplos:** cardume, arquipélago, discoteca etc.
- **não específicos** – referem-se a várias espécies de seres, por isso são seguidos dos nomes dos seres que os formam. **Exemplos:** cacho de bananas, de uvas; frota de táxis, de caminhões etc.
- **numéricos** – expressam o número exato de seres. **Exemplos:** década, dúzia, século etc. Alguns gramáticos consideram-nos numerais.

FORMAÇÃO DOS SUBSTANTIVOS

Quanto à formação, os substantivos podem ser classificados em: **primitivos**, **derivados**, **simples** e **compostos**.

PRIMITIVOS

São aqueles que não derivam de nenhuma outra palavra da língua.

Exemplos: pedra, ferro, rosa.

DERIVADOS

São aqueles formados a partir de uma palavra já existente na língua.

Exemplos: pedreira, pedregulho, pedrada, pedraria (derivados de **pedra**); terreno, terreiro, terráqueo, subterrâneo (derivados de **terra**).

pedr ↓ radical	eira egulho ada aria	**terr** ↓ radical	eno eiro áqueo âneo
		sub	

SIMPLES

São aqueles formados por apenas um radical.
Exemplos: flor, maçã, banana, tempo.

COMPOSTOS

São aqueles formados por dois ou mais radicais.
Exemplos:
couve-flor (couve + flor), banana-maçã (banana + maçã)
passatempo (passa + tempo – sem hífen e sem alteração sonora e gráfica)
planalto (plano + alto – sem hífen e com alteração sonora e gráfica)

ATIVIDADES

1. Leia a notícia a seguir.

   Porco-espinho é resgatado em fio de rede elétrica em MT

   [...]
   Um ouriço-cacheiro, conhecido popularmente como porco-espinho, foi resgatado pelo Corpo de Bombeiros de um fio da rede de energia elétrica da cidade em Lucas do Rio Verde, a 360 km de Cuiabá, durante a manhã de quarta-feira (15).
   O pedido de resgate foi feito por um morador que passava pela região.
   [...]
   Para resgatar o animal, os bombeiros solicitaram o desligamento da rede de energia para que a captura fosse realizada de forma segura, para o animal e para a equipe.
   O Corpo de Bombeiros informou que o resgate foi realizado sem nenhuma complicação.
   [...]

   PORCO-ESPINHO é resgatado em fio de rede elétrica em MT. **G1**, Mato Grosso, 17 jul. 2020. Disponível em: https://g1.globo.com/mt/mato-grosso/noticia/2020/07/17/porco-espinho-e-resgatado-em-fio-de-rede-eletrica-em-mt.ghtml. Acesso em: 8 fev. 2021.

   a) Identifique, na notícia, dois substantivos compostos.

   b) A palavra **resgate**, no segundo parágrafo, é um substantivo abstrato. Identifique outro substantivo abstrato no terceiro parágrafo.

   c) O substantivo **desligamento** é primitivo ou derivado? Justifique sua resposta.

   d) Localize e transcreva da notícia um substantivo coletivo que designa um conjunto de pessoas reunidas por um objetivo comum.

   e) Identifique, na notícia, substantivos próprios que denominam lugares.

2. Escreva um substantivo próprio para especificar cada substantivo comum a seguir.

   a) autor
   b) livro
   c) região
   d) país
   e) animal
   f) homem

3. Para cada palavra a seguir, escreva o substantivo abstrato correspondente e informe se ele expressa nome de qualidade, estado ou ação.

   a) feliz
   b) dançar
   c) honesto
   d) arrogante
   e) velho
   f) conversar

4. Preencha as lacunas com o substantivo coletivo adequado.

a) Muitos livros foram doados à ■ da escola.

b) O concerto musical foi executado pela ■ sinfônica.

c) A ■ era composta de ladrões muito perigosos.

d) Os quadros foram expostos na ■ da cidade.

e) Os mapas fazem parte do ■ geográfico.

f) Há muitas plantas exóticas que compõem a ■ brasileira.

5. Identifique os substantivos das frases a seguir e classifique-os em primitivo ou derivado.

a) O pedreiro trabalhou muito.

b) Esqueci a chave na porta.

c) O casarão é muito antigo.

d) O terreno não foi vendido.

e) A terra está seca.

f) O porteiro anunciou o visitante.

6. Leia os trechos da crônica a seguir e responda às questões.

Cibergugu

Uma de minhas filhas, matriculada numa escola moderna e "alternativa" no Rio, em 1977, chegou aos seis anos sem ter aprendido a ler, e não por qualquer deficiência pessoal. Em compensação, subia em árvores como um mico e, idem, não por uma particular aptidão atlética. Era o estilo da escola: pouco bê-a-bá e muita liberdade para brincar. [...]

CASTRO, Ruy. Cibergugu. *In*: CASTRO, Ruy. **Crônicas para ler na escola**. Seleção de Sylvia Cyntrão. Rio de Janeiro: Objetiva, 2010. p. 137-138.

Hoje é o contrário. Em escolas de São Paulo, bebês de dois anos, recém-saídos do gugu-dadá e mal entrados no minimaternal, sentam-se ao computador e produzem complexos desenhos de ursinhos, bolinhas e florzinhas digitais. Imagino que, aos três anos, estarão compondo óperas-*rock* por um programa criado por eles próprios e, aos quatro, irão propor ao mundo um sistema de busca que engolirá o Google: o Gugugle.

Alguns educadores mais severos do Rio e de São Paulo alertam para os riscos dessa precocidade. As crianças precisam brincar com coisas simples, dizem eles, para desenvolver a observação, o aprendizado, a imaginação e até a coordenação motora. O computador entrega tudo pronto, e sua tela faz mal à vista, principalmente para quem ainda não tem os órgãos de visão formados. Sem contar que horas diante do aparelho criarão uma geração de inermes e balofos. Que nunca aprenderão a subir em árvores.

CASTRO, Ruy. Cibergugu. *In*: CASTRO, Ruy. **Crônicas para ler na escola**. Seleção de Sylvia Cyntrão. Rio de Janeiro: Objetiva, 2010. p. 137-138.

a) A palavra usada como título é um neologismo. Explique sua formação e por que ela foi usada como título da crônica.

b) Identifique, na crônica, mais um neologismo e explique como o autor criou essa palavra.

c) Localize no texto e transcreva dois substantivos derivados.

> **TIRE DE LETRA**
>
> O **neologismo** consiste na criação de uma palavra ou expressão nova, ou na atribuição de um novo sentido a uma palavra já existente.

7. Forme substantivos compostos utilizando as palavras a seguir.

   a) tempo

   b) assinado

   c) flor

   d) perna

   e) vai

   f) tatu

8. Classifique cada substantivo em comum ou próprio, concreto ou abstrato, coletivo, primitivo ou derivado, simples ou composto.

   a) amizade

   b) casa

   c) bem-me-quer

   d) cafezal

   e) cacho

   f) Jundiaí

FLEXÃO DOS SUBSTANTIVOS

O substantivo é uma classe gramatical variável. A palavra é variável quando sofre **flexão**, ou seja, admite variação na sua estrutura.

Veja, por exemplo, algumas variações da palavra **garoto**:

garot**a** – indicação de **feminino**

garoto**s** – indicação de **plural**

garot**ão** – indicação de **aumentativo**

No caso do substantivo, essas variações ocorrem para indicar flexões de **gênero**, **número** e **grau**.

Exemplos:

flexão de **gênero**   garoto – substantivo **masculino**

garot**a** – substantivo **feminino**

flexão de **número**   garoto – substantivo **singular**

garoto**s** – substantivo **plural**

flexão de **grau**   garoto – substantivo com significação **normal**

garot**ão** – substantivo com significação **aumentada**

FLEXÃO DE GÊNERO

O gênero é relativo à palavra. Nada tem a ver com os seres biologicamente sexuados. Por isso, todos os substantivos possuem gênero, mesmo os que representam seres inanimados.

Na língua portuguesa, há dois gêneros: o **masculino** e o **feminino**. A maneira mais fácil para se identificar o gênero dos substantivos é pela anteposição do artigo.

- São **masculinos** os substantivos que admitem o artigo **o**.

  Exemplos: o ovo, **o** armário, **o** sol, **o** menino.

- São **femininos** os substantivos que admitem o artigo **a**.

  Exemplos: a janela, **a** caneta, **a** lua, **a** menina.

Há substantivos que possuem uma forma para cada gênero (biformes), e outros que possuem uma única forma para ambos os gêneros (uniformes).

SUBSTANTIVOS BIFORMES

São **biformes** os substantivos que possuem duas formas: uma que indica o gênero masculino e outra, o gênero feminino.

Exemplos:

menino – para indicar o gênero masculino
menina – para indicar o gênero feminino
cidadão – para indicar o gênero masculino
cidadã – para indicar o gênero feminino

FORMAÇÃO DO FEMININO

O feminino pode ser formado:

- pela substituição da terminação **-o** por **-a**.

    menino / menin**a**   gato / gat**a**   pombo / pomb**a**

- pela substituição da terminação **-e** por **-a**.

    mestre / mestr**a**   elefante / elefant**a**   parente / parent**a**

- pelo acréscimo da terminação **-a**.

    juiz / juíz**a**   pastor / pastor**a**
    autor / autor**a**   embaixador / embaixador**a** (funcionária chefe de embaixada)

- pela mudança da terminação **-ão** para **-ã**, **-oa**.

    cidadão / cidad**ã**   patrão / patr**oa**
    irmão / irm**ã**   leão / le**oa**

- pelo acréscimo das terminações **-esa**, **-essa**, **-isa**, **-ina**, **-triz**.

    cônsul / consul**esa**   conde / cond**essa**
    poeta / poet**isa**   maestro / maestr**ina**
    embaixador / embaixa**triz** (esposa do embaixador)

- de maneira irregular.

    frade / freira   réu / ré
    rei / rainha   avô / avó

- de radicais diferentes.

    javali / gironda   cavalo / égua
    cavaleiro / amazona   bode / cabra
    pai / mãe   macho / fêmea
    frei / soror ou sóror   boi, touro / vaca
    padrinho / madrinha   padrasto / madrasta
    zangão ou zângão / abelha   carneiro / ovelha
    cavalheiro / dama   homem / mulher
    genro / nora   compadre / comadre

> **OBSERVAÇÃO**
>
> São exceções: barão / baronesa, cão / cadela, ladrão / ladra, lebrão / lebre, maganão / magana, perdigão / perdiz, sultão / sultana.

SUBSTANTIVOS UNIFORMES

São **uniformes** os substantivos que possuem única forma para indicar ambos os gêneros. Há três tipos de substantivos uniformes. Veja a seguir.

COMUNS DE DOIS GÊNEROS

São **comuns de dois gêneros** os substantivos que possuem forma única e variam em gênero. Essa variação ocorre por meio de outras palavras, como artigos, adjetivos, pronomes e numerais.

Exemplos:

gênero masculino – **o** colega, **bom** cliente, **meu** fã, **dois** estudantes

gênero feminino – **a** colega, **boa** cliente, **minha** fã, **duas** estudantes

Outros exemplos de substantivos comuns de dois gêneros:

o/a artista	**o/a** jornalista	**o/a** dentista
o/a intérprete	**o/a** pianista	**o/a** imigrante
o/a agente	**o/a** jovem	**o/a** mártir
o/a balconista	**o/a** presidente	**o/a** gerente

SOBRECOMUNS

São **sobrecomuns** os substantivos que possuem uma única forma e um único gênero para representar seres humanos de ambos os sexos.

Exemplos:

a criança (gênero feminino)
  para homem
  para mulher

o indivíduo (gênero masculino)
  para homem
  para mulher

A identificação do sexo é fornecida pelo contexto.

Observe:

> [...] Atravessei. Na soleira, encolhida, estava **uma criança**. Com as picadas da bengala ela ergueu apressadamente o rosto, descobrindo-o para a tênue claridade da luminária distante. Era **uma menina**. [...]
>
> FARACO, Sergio. A touca de bolinha. *In*: BORDINI, Maria da Glória (sel.). **35 melhores contos do Rio Grande do Sul**. Porto Alegre: IEL: Corag, 2003.

Outros exemplos de substantivos sobrecomuns:

a criatura	**a** vítima	**o** cônjuge
o carrasco	**a** pessoa	**a** testemunha

EPICENOS

São **epicenos** os substantivos que, assim como os sobrecomuns, possuem uma só forma e um só gênero para representar animais e plantas sexuados. A identificação do sexo ocorre por meio das palavras **macho** e **fêmea**.

Exemplos:

o jacaré (gênero masculino)
  o **macho** do jacaré / o jacaré **macho**
  a **fêmea** do jacaré / o jacaré **fêmea** ou **fêmeo**

a mosca (gênero feminino)
  o **macho** da mosca / a mosca **macho** ou **macha**
  a **fêmea** da mosca / a mosca **fêmea**

Outros exemplos de substantivos epicenos:
a águia, **a** borboleta, **a** onça, **a** cobra, **a** baleia, **a** palmeira
o tatu, **o** besouro, **o** crocodilo, **o** rouxinol, **o** gavião, **o** mamoeiro

PARTICULARIDADES DE GÊNERO

O GÊNERO DE ALGUNS SUBSTANTIVOS

Alguns substantivos, mesmo na variedade padrão, costumam causar dúvidas quanto ao gênero. Veja uma relação de alguns deles.

Tradicionalmente, são considerados **masculinos**:

o apêndice	o telefonema	o formicida
o eclipse	o gengibre	o decalque
o clã	o dó	o guaraná
o herpes	o sósia	o grama (unidade de medida de massa)
o champanha	o eczema	o ultrassom

São considerados **femininos**:

a alface	a dinamite	a derme
a agravante	a ênfase	a gênese
a apendicite	a sucuri	a matinê
a cal	a libido	a omoplata
a couve-flor	a comichão	a sentinela

Admitem os **dois gêneros**:

o/a ágape	o/a avestruz	o/a caudal
o/a laringe	o/a personagem	o/a xerox ou xérox

SIGNIFICADOS DIFERENTES PARA GÊNEROS DIFERENTES

Há substantivos que possuem formas idênticas e cujos significados estão relacionados ao gênero.

Exemplos:

A capital do Brasil é Brasília.
feminino – cidade onde se localiza a sede do Poder Executivo

O capital de Guilherme não foi suficiente para a abertura da firma.
masculino – recursos monetários, riqueza, conjunto de bens

É preciso cuidar d**a grama** das praças.
feminino – do latim *gramen*: erva, relva, gramíneas

Comprei duzent**os gramas** de queijo.
masculino – do grego *grámma*: unidade de medida de massa

Outros exemplos:

a cabeça
feminino – parte do corpo; certas extremidades arredondadas de objetos; pessoa muito inteligente

o/a cabeça
comum de dois gêneros – líder, dirigente, chefe

a caixa
feminino – recipiente; seção de pagamentos em bancos, casas comerciais etc.

o caixa
masculino – livro comercial em que se registram créditos e débitos

o/a caixa
comum de dois gêneros – pessoa que trabalha na seção de pagamentos

a cisma
feminino, derivado do verbo *cismar* – preocupação, suspeita, sonho, devaneio

o cisma
masculino, do grego *schísma* – dissidência de uma ou de várias pessoas de uma coletividade especialmente religiosa; separação

a crisma
feminino – cerimônia do sacramento de confirmação da graça do batismo

o crisma
masculino – óleo perfumado que se usa no sacramento da crisma e em outros sacramentos

a cura
feminino – ato ou efeito de curar ou curar-se

o cura
masculino – pároco, sacerdote, vigário

a guarda
feminino – ato ou efeito de guardar; vigilância, cuidado; destacamento militar

o guarda
masculino – sentinela

a guia
feminino – documento, formulário; limite da calçada

o guia
masculino – livro ou qualquer publicação destinada a orientar sobre algo específico

a/o guia
comum de dois gêneros – pessoa que guia ou orienta outras

a lente
feminino, do latim *lente* – instrumento óptico

a/o lente
comum de dois gêneros, do latim *legente* – professor

a moral
feminino – conjunto de regras de conduta válidas para a comunidade; conclusão moral de uma história

o moral
masculino – conjunto das faculdades morais de cada pessoa; vergonha, brio, ânimo

a rádio
feminino – estação emissora de programas de radiodifusão

o rádio
masculino – aparelho receptor de radiodifusão; osso do antebraço; elemento químico

ATIVIDADES

1. Leia esta manchete de notícia.

> **Estudante pernambucano de 17 anos é admitido pela Universidade de Harvard**
>
> Disponível em: https://educacao.uol.com.br/noticias/2021/01/18/jovem-harvard-recife-aprovado.htm. Acesso em: 8 fev. 2021.

a) Como se classifica o substantivo **estudante** quanto ao gênero?

b) De que modo é possível descobrir se a notícia refere-se a um ou uma estudante?

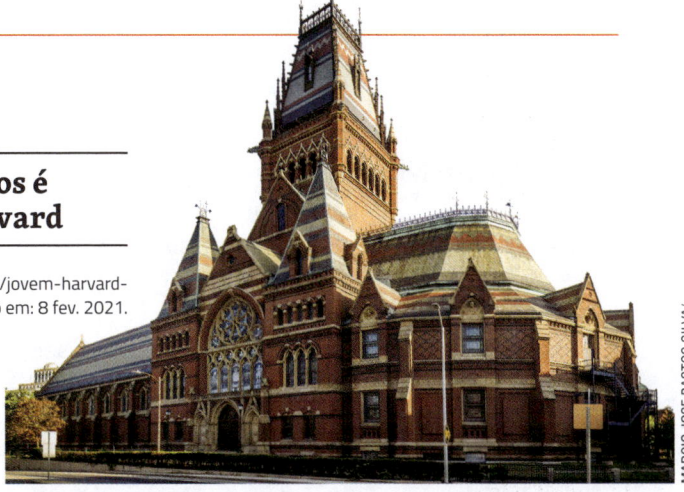

2. Passe os substantivos a seguir para o feminino e explique a regra utilizada na formação de cada um deles.

a) garoto

b) pai

c) mestre

d) autor

e) poeta

f) leão

3. Classifique os substantivos destacados nas frases a seguir em comum de dois gêneros, sobrecomuns ou epicenos.

a) O **cliente** reclamou do atendimento.

b) A **onça** é um animal feroz.

c) Ninguém viu a **criança** sair.

d) A **vítima** foi socorrida a tempo.

e) A apresentação do **artista** comoveu o público.

4. Identifique em cada grupo o substantivo que não se apresenta de acordo com a gramática normativa quanto ao gênero, alterando-o.

   a) o sósia – o herpes – o clã – o alface – o guaraná

   b) a libido – a matinê – a sentinela – a cal – a eclipse

   c) o/a avestruz – o/a telefonema – o/a laringe – o/a personagem – o/a xerox ou xérox

5. Encontre no quadro a opção correspondente a cada definição.

a cabeça	a crisma	a rádio	o/a cabeça	o crisma	o rádio
a lente	a guarda	a moral	a/o lente	o guarda	o moral

   a) Líder, dirigente, chefe.

   b) Aparelho receptor de programas de radiodifusão; osso do antebraço; elemento químico.

   c) Conjunto das faculdades morais de cada pessoa; vergonha, brio, ânimo.

   d) Sentinela.

   e) Parte do corpo; certas extremidades arredondadas de objetos; pessoa muito inteligente.

   f) Ação ou efeito de guardar; vigilância, cuidado; destacamento militar.

   g) Conjunto de regras de conduta válidas para a comunidade; conclusão moral de uma história.

   h) Estação emissora de programas de radiodifusão.

FLEXÃO DE NÚMERO

O substantivo possui dois números: **singular** e **plural**.

No **singular**, o substantivo indica um único ser.

Exemplo: O **jogador** acenou para a torcida. (um ser)

No **plural**, o substantivo indica dois ou mais seres.

Exemplo: Os **jogadores** acenaram para a torcida. (mais de um ser)

> **OBSERVAÇÃO**
>
> O substantivo coletivo, embora indique vários seres, pode aparecer no singular ou no plural. **Exemplo:** O **time** acenou para a torcida. / Os **times** acenaram para a torcida.

PLURAL DOS SUBSTANTIVOS SIMPLES

REGRA GERAL

Acrescenta-se **-s** ao singular. Seguem essa regra:

- os substantivos terminados em vogal.

   casa / casa**s**   café / café**s**   ipê / ipê**s**

   saci / saci**s**   jiló / jiló**s**   solo / solo**s**

   peru / peru**s**   maçã / maçã**s**   irmã / irmã**s**

- os substantivos terminados em **ditongo oral** e **ditongo nasal -ãe**.

   pai / pai**s**   herói / herói**s**

   céu / céu**s**   mãe / mãe**s**

REGRAS ESPECIAIS

- Substantivos terminados em **-r** e **-z**: acréscimo de **-es**.

    pomar / pomar**es**   vez / vez**es**   rapaz / rapaz**es**
    cor / cor**es**   açúcar / açúcar**es** cruz / cruz**es**

- Substantivos terminados em **-m**: substituição do **-m** por **-ns**.

    homem / home**ns**   som / so**ns**   fim / fi**ns**   álbum / álbu**ns**

- Substantivos terminados em **-n**: acréscimo de **-s** ou de **-es**.

    abdômen / abdomen**s** ou abdômen**es**   hífen / hifen**s** ou hífen**es**
    gérmen / germen**s** ou gérmen**es**   líquen / liquen**s** ou líquen**es**

- Substantivos terminados em **-al**, **-el**, **-ol** e **-ul**: substituição do **-l** por **-is**.

    sinal / sina**is**   hotel / hoté**is**   farol / faró**is**   paul / pau**is**

- Substantivos terminados em **-il**:

    a) **oxítonos**: substituição do **-l** por **-s**.

    funil / funi**s**   fuzil / fuzi**s**   barril / barri**s**

    b) **paroxítonos**: substituição do **-il** por **-eis**.

    réptil / répt**eis**   fóssil / fóss**eis**   projétil / projét**eis**

- Substantivos terminados em **-s**:

    a) os **oxítonos** e os **monossílabos**: acréscimo de **-es**.

    francês / frances**es**   gás / gas**es**
    país / país**es**   mês / mes**es**

    b) os **paroxítonos** e os **proparoxítonos** são **invariáveis**.

    o vírus / os vírus   um pires / dois pires   um ônibus / vários ônibus

- Substantivos terminados em **-x** são **invariáveis**.

    um tórax / dois tórax   o clímax / os clímax

- Substantivos terminados em **-ão** fazem o plural de três maneiras:

    a) em **-ões** (a maioria).

    balão / bal**ões**   leão / le**ões**   coração / coraç**ões**

    b) em **-ães**.

    pão / p**ães**   cão / c**ães**   tabelião / tabeli**ães**
    alemão / alem**ães**   escrivão / escriv**ães** capitão / capit**ães**

    c) em **-ãos**.

    bênção / bênç**ãos**   órfão / órf**ãos**   órgão / órg**ãos**
    sótão / sót**ãos**   cidadão / cidad**ãos**   cristão / crist**ãos**
    irmão / irm**ãos**   pagão / pag**ãos**   mão / m**ãos**
    grão / gr**ãos**   chão / ch**ãos**   vão / v**ãos**

> **OBSERVAÇÃO**
>
> Alguns substantivos terminados em **-ão** admitem mais de um plural. **Exemplos:**
> cirurgião – cirurgiões / cirurgiães
> anão – anões / anãos
> ancião – anciões / anciães / anciãos
> verão – verões / verãos
> ermitão – ermitões / ermitães / ermitãos
> vilão – vilões / vilãos / vilães

PLURAL DOS SUBSTANTIVOS COMPOSTOS

SUBSTANTIVOS COMPOSTOS NÃO LIGADOS POR HÍFEN

Fazem o plural como os substantivos simples.

Exemplos:

pontapé / pontapé**s**, mandachuva / mandachuva**s**, girassol / girassó**is**

SUBSTANTIVOS COMPOSTOS LIGADOS POR HÍFEN

Podem ir para o plural os dois elementos, apenas um ou nenhum. Observe:

- Os dois elementos vão para o plural se representados por:

    a) substantivo e substantivo – couve-flor / couves-flores

    b) substantivo e adjetivo – amor-perfeito / amores-perfeitos

    c) adjetivo e substantivo – má-língua / más-línguas

    d) numeral e substantivo – segunda-feira / segundas-feiras

- Apenas o primeiro elemento vai para o plural:

    a) se o segundo elemento indicar finalidade ou limitar a ideia do primeiro.

    pombo-correio / pombos-correio   café-concerto / cafés-concerto
    banana-maçã / bananas-maçã   salário-família / salários-família

    b) se os elementos forem ligados por preposição.

    dragão-do-mar / drag**ões**-do-mar   banana-da-terra / bananas-da-terra
    cobra-d'água / cobras-d'água   porquinho-da-índia / porquinhos-da-índia

- Apenas o segundo elemento vai para o plural:

    a) se o primeiro elemento for:

    verbo – guarda-chuva / guarda-chuvas

    advérbio – abaixo-assinado / abaixo-assinados

    forma reduzida (como **bel**, **grã**, **grão**) – grão-duque / grão-duques

    b) se os elementos forem:

    palavras repetidas – tico-tico / tico-tico**s**

    palavras onomatopaicas – tique-taque / tique-taque**s**

> **OBSERVAÇÕES**
>
> **1.** A palavra **guarda** pode aparecer também como substantivo, caso em que varia: guarda-noturno / guarda**s**-noturno**s**, guarda-civil / guarda**s**-civi**s**.
>
> **2.** Alguns substantivos formados de verbos repetidos, como **corre-corre**, **pisca-pisca**, admitem também a variação dos dois elementos: corre**s**-corre**s**, pisca**s**-pisca**s**.
>
> **3.** O plural dos substantivos **bem-te-vi** e **bem-me-quer** é, respectivamente, bem-te-vi**s** e bem-me-quer**es**.

- Nenhum dos elementos vai para o plural:
    a) se o primeiro for verbo e o segundo, palavra invariável.
        o bota-fora / os bota-fora – o topa-tudo / os topa-tudo
    b) se forem verbos de sentidos opostos.
        o abre-e-fecha / os abre-e-fecha – o ganha-perde / os ganha-perde

> **OBSERVAÇÃO**
>
> Outros substantivos compostos em que nenhum elemento varia: **o** *louva-a-deus* / **os** *louva-a-deus*, **o** *abre-alas* / **os** *abre-alas*, **o** *arco-íris* / **os** *arco-íris*, **o** *porta-luvas* / **os** *porta-luvas*.

PARTICULARIDADES DE NÚMERO

ALGUMAS FORMAS ESPECIAIS

A forma plural de alguns substantivos merece comentários. Veja:
- A forma **avôs** corresponde a avô + avô; a forma **avós**, a avó + avó e avô + avó.
- No plural de **caráter (caracteres)**, **júnior (juniores)** e **sênior (seniores)** ocorre o deslocamento da sílaba tônica.
- A forma plural **-ens** não tem acento gráfico: hífen / **hifens**, gérmen / **germens**.
- O substantivo **cânon** admite uma só forma plural: **cânones**.
- Pelos mecanismos de nossa língua, o plural de **gol** é **gois** ou **goles**, mas o uso consagrou a forma **gols**.
- O plural de **mal** é **males** e de **cônsul** é **cônsules**.
- Os substantivos **réptil** e **projétil** possuem também a forma oxítona no singular e no plural: reptil/**reptis**, projetil/**projetis**.
- O substantivo **cálice** possui também a forma **cálix**. Sua forma plural é **cálices**.
- O substantivo **fax** pode manter-se invariável ou fazer o plural em **faxes**.

PLURAL DOS SUBSTANTIVOS PRÓPRIOS

O plural dos substantivos próprios segue as mesmas regras do plural dos substantivos comuns.

Exemplos:

os Antônio**s**	os Rui**s**	os Luí**ses**
as Raqué**is**	as Carme**ns**	os Lucas

PLURAL METAFÔNICO OU METAFONIA

O **o** tônico fechado (**ô**) de certos substantivos, no singular, sofre mudança de timbre, ou seja, muda para **o** aberto (**ó**) quando a palavra passa para o plural. A essa mudança de som dá-se o nome de **plural metafônico** ou **metafonia**. Veja alguns exemplos no quadro a seguir.

Exemplos de metafonia

Singular (ô)	Plural (ó)	Singular (ô)	Plural (ó)
caroço	caroços	osso	ossos
corpo	corpos	ovo	ovos
destroço	destroços	poço	poços
esforço	esforços	porco	porcos
fogo	fogos	porto	portos
forno	fornos	posto	postos
imposto	impostos	povo	povos
jogo	jogos	reforço	reforços
miolo	miolos	socorro	socorros
olho	olhos	tijolo	tijolos

Não é, porém, com todos os substantivos desse tipo que ocorre plural metafônico. Veja alguns substantivos em que a vogal **o** fechada do singular mantém-se fechada também no plural:

almoços	cocos	estojos	repolhos
bolos	dorsos	globos	rolos
bolsos	encostos	gostos	rostos
cachorros	esposos	pescoços	subornos

SUBSTANTIVOS DE UM SÓ NÚMERO

Há substantivos que são usados normalmente no plural. As palavras modificadoras que se referem a esses substantivos devem concordar com eles.

Exemplos:

os afazeres	**nossas** bodas	**minhas** olheiras
as algemas	**as** cócegas	**os** parabéns
os anais (só plural)	**as** fezes	**os** pêsames
os arredores	**longas** núpcias (só plural)	**os** víveres (só plural)

Há também substantivos que, habitualmente, são usados apenas no singular.

Exemplos:

bondade	lealdade	oxigênio	lenha
caridade	ouro	hidrogênio	sede
falsidade	prata	brisa	fome
sinceridade	cobre	neve	costa

SIGNIFICADOS DIFERENTES PARA NÚMEROS DIFERENTES

Alguns substantivos têm um significado para o singular e outro para o plural.

Exemplos:

bem – benefício, virtude, propriedade, valor

bens – propriedades, valores

costa – litoral

costas – dorso, lombo, encosto

féria – renda diária

férias – período de descanso

letra – sinal gráfico

letras – cultivo da literatura e/ou da língua

óculo – luneta

óculos – armação com lentes usadas em frente dos olhos para, geralmente, corrigir a visão

ATIVIDADES

1. Leia a tirinha de Fernando Gonsales.

   GONSALES, Fernando. [Em vez de papagaio, eu tenho um macaco-prego!]. **Níquel Náusea**, 19 nov. 2020. Blogue. Disponível em: http://www.niquel.com.br/. Acesso em: 25 jan. 2021.

   a) Copie o substantivo simples do primeiro quadrinho e passe-o para o plural.
   b) Escreva no plural os substantivos **macaco-prego** e **tubarão-martelo**. Justifique.
   c) Agora passe para o plural os substantivos compostos que nomeiam animais.

   beija-flor
   bem-te-vi
   cavalo-marinho
   estrela-do-mar

2. Identifique em cada grupo o substantivo que difere dos demais quanto à regra de formação do plural. Justifique sua resposta.

   a) sacis – ipês – solos – fins – jilós – casas – perus
   b) açúcares – cores – cruzes – vezes – rapazes – pomares – mães
   c) pais – sinais – céus – véus – heróis – réus – ilhéus
   d) projéteis – barris – fuzis – funis – anis – redis

3. Leia a lista dos substantivos terminados em **-ão** e passe-os para o plural.

   a) balão
   b) irmão
   c) chão
   d) pão
   e) cirurgião
   f) leão
   g) alemão
   h) vilão
   i) ancião
   j) grão
   k) verão
   l) tabelião
   m) órfão
   n) mão
   o) coração
   p) capitão
   q) pagão
   r) anão

4. Identifique, na atividade **3**, os substantivos que admitem mais de uma forma no plural e escreva-as.

5. Explique a regra de formação do plural aplicada a cada um dos substantivos compostos.

   a) couve**s**-flore**s**
   b) salário**s**-família
   c) porquinho**s**-da-índia
   d) guarda-chuva**s**
   e) abaixo-assinado**s**
   f) grão-duque**s**

6. Explique por que os elementos que formam estes substantivos compostos não se alteram ao formar o plural.

    a) os topa-tudo

    b) os ganha-perde

7. Dê o plural dos substantivos a seguir e indique a alternativa em que há plural metafônico.

    a) gérmen

    b) mal

    c) Luís

    d) júnior

    e) esforço

    f) rosto

8. Dê exemplos de substantivos usados normalmente no plural e substantivos empregados habitualmente no singular.

9. Explique o significado dos substantivos destacados nas frases a seguir.

    a) O paciente queixou-se de dor nas **costas**.

    b) Toda a **costa** é repleta de belas praias.

    c) A **letra** da professora é muito bonita.

    d) O curso de **Letras** forma profissionais capacitados.

> **TIRE DE LETRA**
>
> Na língua, há substantivos que designam elementos **contáveis**, como *pessoa* e *moeda*, apresentando formas no plural. Já os substantivos que se referem a elementos **não contáveis**, como *gente* e *dinheiro*, são geralmente empregados no singular.

FLEXÃO DE GRAU

Os graus do substantivo são dois: **aumentativo** e **diminutivo**.

O **grau aumentativo** intensifica a significação do substantivo pelo aumento das proporções normais do ser.

Observe:

boca (significação normal)

boca **enorme**

boc**arra** (significações intensificadas)

O **grau diminutivo** atenua a significação do substantivo pela diminuição das proporções normais do ser.

Observe:

boca (significação normal)

boca **pequena**

boqu**inha** (significações atenuadas)

FORMAÇÃO DO GRAU DO SUBSTANTIVO

São dois os graus do substantivo para indicar variação do tamanho: **aumentativo** e **diminutivo**.

Tanto o grau aumentativo quanto o diminutivo possuem duas formas de representação: a **analítica** e a **sintética**.

GRAU AUMENTATIVO

Aumentativo analítico – O aumento das proporções é obtido com o auxílio de adjetivos.

Exemplos:

dente | **grande**
       | **enorme**

fogo | **imenso**
     | **forte**

Aumentativo sintético – O aumento das proporções é obtido com a inclusão de sufixos que exprimem aumento.

Exemplos:

dente + **-ão** = dent**ão**   fogo + **-aréu** = fog**aréu**

radical	sufixo
dent	**ão**
fog	**aréu**
cas	**arão**
bal	**aço**

Sufixos com sentido aumentativo	
-ão – dent**ão**, pez**ão**	**-orra** – cabe**çorra**, man**zorra**
-aço – unh**aço**, animal**aço**	**-arra** – boc**arra**, navi**arra**
-aça – barc**aça**, barb**aça**	**-aréu** – fog**aréu**
-(z)arrão – homen**zarrão**, can**zarrão**	**-ázio** – cop**ázio**
-anzil – corp**anzil**	**-ona** – crianç**ona**

GRAU DIMINUTIVO

Diminutivo analítico – A diminuição das proporções é obtida por meio de características, ou adjetivos, que dão a ideia de tamanho.

Exemplos:

dente | pequeno / minúsculo   fogo | fraco / baixo

Diminutivo sintético – A diminuição das proporções é obtida por meio de sufixos que exprimem diminuição.

Exemplos:

dente + **-inho** = dent**inho**   fogo + **-inho** = fogu**inho**

Sufixos com sentido diminutivo	
-inho – carr**inho**, bol**inha**	**-eto** – poem**eto**, mal**eta**
-(z)inho – pe**zinho**, flor**zinha**	**-ico** – burr**ico**
-ito – rapaz**ito**, cas**ita**	**-im** – flaut**im**, espad**im**
-(z)ito – cão**zito**, pe**zito**	**-ola** – alde**ola**, bandeir**ola**
-acho – ri**acho**	**-ota** – ilh**ota**
-ejo – vilar**ejo**	**-ote** – menin**ote**
-ela – ru**ela**	**-isco** – chuv**isco**
-eco – livr**eco**	**-ucho** – papel**ucho**

OBSERVAÇÕES

1. Nos textos, as formas sintéticas nem sempre visam exprimir as dimensões do ser que representam. Muitas vezes expressam carinho, admiração – mãezinha, filhinho, paizão, amigão – ou grosseria, brutalidade, desprezo, ironia – gentinha, jornaleco, beiçorra, mulherzinha.

2. Muitas formas sintéticas, com o tempo, perdem o sentido de aumentativo ou diminutivo de seu substantivo de origem e adquirem significações próprias. **Exemplos:** cartão, portão, folhinha (calendário) etc.

PLURAL DOS DIMINUTIVOS EM -(Z)INHO E -(Z)ITO

O uso do diminutivo com o sufixo **-(z)inho** é bastante comum; já com o sufixo **-(z)ito** é raro. Veja a formação do plural nesses casos:

- Flexiona-se o substantivo no seu grau normal.

    Exemplos: limão / lim**ões**, cão / c**ães**, colher / colher**es**.

- Suprime-se o **-s** do plural e acrescenta-se o sufixo no plural (**-zinhos** ou **-zitos**).

    Exemplos: limõe**zinhos**, cãe**zitos**, colhere**zinhas** (os plurais **colherzinhas** e **florzinhas** são formas de registro informal, não previstos na gramática normativa).

Outros exemplos:

animal – animai(s) – animaizinhos
nuvem – nuven(s) – nuvenzinhas
farol – farói(s) – faroizinhos
pão – pãe(s) – pãezinhos

flor – flore(s) – florezinhas
papel – papéi(s) – papeizinhos
funil – funi(s) – funizinhos
túnel – túnei(s) – tuneizinhos

ATIVIDADES

1. Leia os versos.

> Contente, alegre, ufano Passarinho,
> Que enchendo o bosque todo de harmonia,
> Me está dizendo a tua melodia,
> Que é maior tua voz, que o teu biquinho.
>
> Como da pequenez desse corpinho
> Sai tamanho tropel de vozeria?
> [...]

MATOS, Gregório de. [À suave harmonia de um passarinho cantando em um bosque]. *In*: WISNIK, José Miguel (org.). **Poemas escolhidos**. São Paulo: Cultrix, 1981. p. 318.

a) Identifique os substantivos presentes nos versos.
b) Alguns desses substantivos estão no grau diminutivo. Identifique-os.
c) Como são formados esses diminutivos?

2. Dê exemplos de substantivos no grau aumentativo sintético que contenham estes sufixos.

a) -aréu
b) -orra
c) -ulho
d) -alha

3. Utilize os sufixos do quadro para formar o diminutivo sintético dos substantivos a seguir.

-ete	-inho	-ico	-íolo
-úsculo	-ejo	-ota	-únculo

a) animal
b) filho
c) corpo
d) burro
e) folha
f) fio
g) ilha
h) homem

4. Leia o texto a seguir retirado de um portal de notícias.

Cachorro ajuda gatinho assustado a se adaptar ao lar temporário

A dupla de quatro patas protagonizou o que, para muitos, poderia ser uma amizade improvável. […]

A gatinha Betty e o cachorro Truvy provam que aquela teoria de "inimigos mortais" não passa de história de desenho animado. Os dois se conheceram quando a felina foi passar uns tempos na casa do grandão, na Califórnia, nos Estados Unidos. O período de adaptação no lar temporário foi difícil, mas não demorou muito para se tornarem grandes amigos. […]

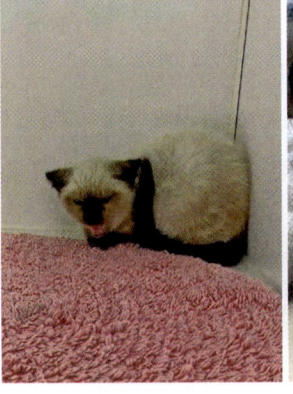

CACHORRO ajuda gatinho assustado a se adaptar ao lar temporário. **R7**, 21 jan. 2021. Disponível em: https://lifestyle.r7.com/bichos/fotos/cachorro-ajuda-gatinho-assustado-a-se-adaptar-ao-lar-temporario-22012021#!/foto/1. Acesso em: 30 jan. 2021.

a) Identifique no texto um substantivo empregado no grau diminutivo e um no grau aumentativo.

b) O substantivo **amizade** é concreto ou abstrato? Justifique sua resposta.

c) A expressão "grandes amigos" representa um aumentativo analítico ou indica afetividade? Justifique sua resposta.

d) Copie os substantivos que tenham a mesma classificação que **Califórnia** e classifique-os.

> **TIRE DE LETRA**
>
> Além de indicar diminuição de tamanho, o emprego do diminutivo pode assumir diferentes sentidos, como **afetividade** (Comidinha de mãe é inesquecível) ou **depreciação** (Aquele jornalzinho noticiou o fato).

5. Identifique o aumentativo ou o diminutivo, na forma analítica ou sintética, de cada substantivo das frases a seguir.

   a) O pescador levou para casa um peixe enorme.

   b) Moramos em uma casa pequena.

   c) A ilhota ficava invisível no mar.

   d) O animalaço amedrontou a todos.

6. Indique o sentimento expresso pelo substantivo em destaque nas frases.

   a) Essa **gentinha** não tem mesmo o que fazer.

   b) Tenho saudades da minha **mãezinha**.

   c) Meu professor é um **amigão**!

   d) Ninguém consegue se divertir com esse **filminho**.

7. Escreva os substantivos que não expressam ideia de diminuição ou aumento de tamanho.

> meninote   barcaça   ruela   cartão   pezão
> florzinha   portão   bocarra   cartilha   poemeto

EM SÍNTESE

Substantivo é a palavra que nomeia os seres.

Classificação dos substantivos

- **Comuns** – nomeiam seres da mesma espécie.
- **Próprios** – nomeiam um ser específico da espécie.
- **Concretos** – nomeiam seres de existência real ou imaginária.
- **Abstratos** – nomeiam seres que dependem de seres concretos.
- **Coletivos** – nomeiam um conjunto de seres.

Formação dos substantivos

- **Primitivos** – não derivam de outra palavra da língua.
- **Derivados** – formados a partir de palavra já existente.
- **Simples** – formados por apenas um radical.
- **Compostos** – formados por mais de um radical.

Flexão dos substantivos

- **Flexão de gênero** – masculino e feminino.
- **Flexão de número** – singular e plural.
- **Flexão de grau** – aumentativo e diminutivo.

NO TEXTO

Leia o haicai de Guilherme de Almeida.

O pensamento

O ar. A folha. A fuga.
No lago, um círculo vago.
No rosto, uma ruga.

ALMEIDA, Guilherme de. O pensamento. *In*: GUTTILLA, Rodolfo Witzig (org.). **Haicai:** boa companhia. São Paulo: Companhia das Letras, 2009. p. 85.

1. Com base nos dois primeiros versos, qual é o cenário descrito no haicai?

2. Quais substantivos concretos representam essa imagem?

3. No terceiro verso, surge a presença humana. Que substantivos confirmam essa presença?

4. O título é formado por um substantivo concreto ou abstrato? De que modo o uso desse substantivo resume o poema?

MORFOLOGIA

Artigo

UM PRIMEIRO OLHAR

Leia a seguir o cartaz de um filme dirigido por Selton Mello.

Cartaz do filme **O filme da minha vida**, dirigido por Selton Mello, Globo Filmes, 2017.

1. Em relação ao título do filme, a que palavra o vocábulo **o** se refere?

2. Que informações pode-se depreender do vocábulo **o**?

3. Que mudança de sentido ocorreria, caso a palavra **o** fosse substituída por **um**?

4. O que o diretor quis enfatizar ao usar o vocábulo **o**?

CONCEITO

Na imensa floresta há **um** rio.

O rio corta a grande floresta tropical.

As palavras destacadas acima são **artigos**. O artigo refere-se ao substantivo, indicando tratar-se de um ser específico ou genérico de sua espécie.

Nos exemplos lidos, observe que:
- em **um rio**, o substantivo representa um ser qualquer da espécie, não específico.
- em **o rio**, o substantivo representa um ser conhecido, já mencionado, portanto específico.

Os artigos **um** e **o** estão indicando respectivamente que, no primeiro caso, trata-se de um rio qualquer e, no segundo, de um rio específico.

> **Artigo** é a palavra variável que se antepõe ao substantivo, definindo-o ou indefinindo-o.

CLASSIFICAÇÃO DOS ARTIGOS

Os artigos são classificados conforme o ser é representado em relação à sua espécie. Veja:

DEFINIDOS

Indicam que se trata de um ser específico da espécie: um ser conhecido do falante e do ouvinte. São definidos os artigos: **o**, **a**, **os**, **as**.

Exemplo:

O professor de História foi ao teatro. (Trata-se de um professor conhecido ou único naquela situação.)

INDEFINIDOS

Indicam que se trata de um ser qualquer da espécie: um ser não conhecido do falante nem do ouvinte, ou conhecido apenas do falante.

São indefinidos os artigos: **um**, **uma**, **uns**, **umas**.

Exemplos:

Um professor de História foi ao teatro. (Trata-se de um professor qualquer entre outros existentes naquela situação.)

Ontem encontrei **um** amigo de infância. (Trata-se de um amigo conhecido apenas do falante.)

FLEXÃO DOS ARTIGOS

O artigo é uma classe gramatical variável. Possui formas distintas em **gênero** e **número** para concordar com o substantivo a que se refere.

Exemplos:

o menin**o** (masculino singular)   **a** menin**a** (feminino singular)

os menin**os** (masculino plural)   **as** menin**as** (feminino plural)

um menin**o** (masculino singular)   **uma** menin**a** (feminino singular)

uns menin**os** (masculino plural)   **umas** menin**as** (feminino plural)

> **OBSERVAÇÃO**
>
> Outras classes de palavras são substantivadas quando precedidas de artigo. **Exemplos:**
> - Com **o** raiar do sol, o grupo retomou a trilha que levava à montanha. (verbo substantivado)
> - **Os** jovens adoram **o** novo! (adjetivos substantivados)

ATIVIDADES

1. Leia este cartaz do Ministério da Saúde.

SEJA SOLIDÁRIO, DOE SANGUE.
DOAR é UM ATO DE AMOR

Cartaz da campanha Seja solidário, doe sangue. Doar é um ato de amor 2021.

a) Copie do cartaz o artigo e classifique-o.

b) Na frase "Doar é um ato de amor", o uso do artigo indefinido propõe a existência de outros atos de amor. Justifique.

c) Acrescente um artigo em "Seja solidário" e comente o processo de derivação que ocorre na frase.

2. Leia agora uma receita de maçãs gelatinadas.

Ingredientes
- 6 unidades de maçã
- 1 xícara e ½ de água
- 1 xícara de açúcar
- Canela em pau a gosto
- 1 caixa de gelatina sabor morango

Modo de preparo

1. Lave e descasque as maçãs.

2. Disponha as maçãs em uma panela de pressão, acrescente a água, o açúcar, a canela e, por cima das maçãs, o pó da gelatina.

3. Tampe a panela e leve ao fogo.

4. A partir do momento em que pegar pressão, marque 3 minutos e desligue [o fogo da] a panela.

5. Deixe esfriar, coloque em um refratário, tampe e leve para gelar.

FADINI, Rayanne. Maçã gelatinada. **Tudogostoso**, c2001-2021. Disponível em: https://www.tudogostoso.com.br/receita/12525-maca-gelatinada.html. Acesso em: 12 abr. 2021.

a) Costuma-se empregar o artigo definido diante de seres anteriormente mencionados. Cite exemplos desse emprego no "Modo de preparo" e justifique a presença do artigo.

b) Por que a palavra **refratário** está antecedida de um artigo indefinido?

3. Identifique os artigos nas frases a seguir e classifique-os.

a) O rapaz pediu uma informação ao dono da casa.

b) O dia está agradável hoje.

c) A manhã começou com uma reunião da diretoria.

d) Os livros estão sobre as bancadas.

e) Uma funcionária da cantina avisou o professor sobre o acidente ocorrido com um aluno.

4. Indique as palavras que estão substantivadas por estarem precedidas de artigo.

a) Não o trate como se ele fosse um qualquer.

b) Muitas vezes é necessário ouvir um não.

c) O hoje nunca deve ser adiado.

d) O falar e o ouvir devem sempre estar em sintonia.

e) Tanto o estudar como o brincar são importantes.

> **TIRE DE LETRA**
>
> O **artigo indefinido** é frequentemente usado para indicar aproximação ("O desfile durou umas cinco horas"; "Ele deve ter uns trinta anos") e reforçar expressões exclamativas ("A apresentação foi um horror!"; "Foi um prazer reencontrar você!").

EM SÍNTESE

Artigo – palavra que se antepõe ao substantivo, determinando-o ou indeterminando-o.

Classificação dos artigos

- **Definido** – indica que se trata de um ser específico da espécie.
- **Indefinido** – indica que se trata de um ser qualquer da espécie.

Flexão dos artigos – classe gramatical variável, flexiona-se em gênero e número para concordar com o substantivo a que se refere.

NO TEXTO

Leia com atenção a tirinha do cartunista Fernando Gonsales e responda às questões.

GONSALES, Fernando. [Ratazana infecta]. **Níquel Náusea**, [2014]. Blogue.
Disponível em: http://www.niquel.com.br/seletas.shtml. Acesso em: 3 jun. 2014.

1. No primeiro balão, em "a terrível ratazana infecta", há o artigo definido **a** antes do substantivo **ratazana**, e no segundo, o artigo indefinido **um** antes de **ratinho**. Justifique os respectivos empregos desses artigos, considerando o contexto geral da tirinha.

2. Com base nesse contexto, por que o uso de diferentes tipos de artigo (definido e indefinido) pode contribuir para a reação da personagem no último quadrinho?

MORFOLOGIA

Adjetivo

UM PRIMEIRO OLHAR

Observe as capas dos livros a seguir e leia os títulos das obras.

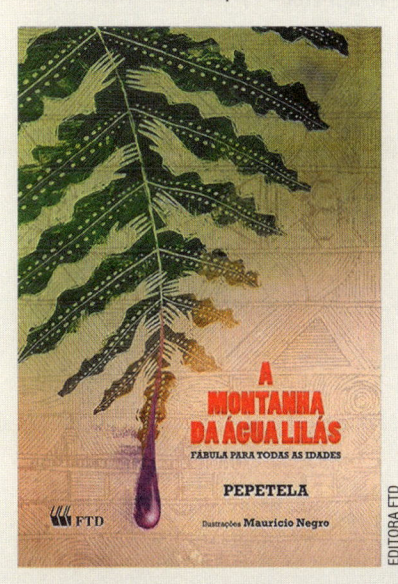

1. Identifique, nos títulos, palavras que foram utilizadas para caracterizar os substantivos indicados a seguir.

    a) água

    b) mágico

    c) monstros

2. As palavras que caracterizam os substantivos podem ajudar o leitor a antecipar o enredo dos livros? Justifique sua resposta.

3. Observe novamente a capa do livro do autor angolano Pepetela. Qual elemento do título pode provocar um estranhamento no leitor? Por quê?

4. Observe o desenho reproduzido na capa do livro de Luiz Galdino. Que elemento da imagem remete ao termo **errado** do título?

5. A ilustração da capa do livro de Luiz Antonio Aguiar confirma o uso do termo **mitológicos** para especificar os monstros que serão abordados na obra? Por quê?

109

CONCEITO

Considere o título de notícia a seguir.

> "O racismo é sutil, magoa muito", diz estilista baiano Isaac Silva

Disponível em: https://www.correio24horas.com.br/noticia/nid/o-racismo-e-sutil-magoa-muito-diz-estilista-baiano-isaac-silva/. Acesso em: 13 jan. 2021.

As palavras destacadas são adjetivos. O **adjetivo** refere-se ao substantivo e é empregado para descrevê-lo.

Observe que, nesse título, a palavra **sutil** qualifica o substantivo *racismo*, enquanto **baiano** especifica a origem do estilista.

> **Adjetivo** é a palavra que indica uma característica do ser representado pelo substantivo.

As características indicadas por adjetivos consistem, basicamente, em:

- **qualidades** (boas ou más) – Existem políticos **honestos** e políticos **desonestos**.
- **estados** – Minha irmã está **preocupada** com a chegada de seu bebê.
- **aspectos** (interiores ou exteriores) – Meu pai é um homem **alto** e **simpático**.
- **locais de origem** – Tenho muitos amigos **cearenses**.

FORMAÇÃO DOS ADJETIVOS

Como os substantivos, os adjetivos também podem ser divididos em:

ADJETIVOS PRIMITIVOS

São aqueles que não provêm de nenhuma outra palavra da língua.
Exemplos:
A capa do caderno era **azul**.
Meu pai é uma criatura **meiga**.

ADJETIVOS DERIVADOS

São aqueles formados com base em uma palavra já existente na língua.
Exemplos:
Meu gato é muito **preguiçoso**. (adjetivo derivado do substantivo *preguiça*)
Na sua ausência, fico com o coração **partido**. (adjetivo derivado do verbo *partir*)

ADJETIVOS SIMPLES

São aqueles formados de apenas um radical.
Exemplos:
As águas **claras** do rio cortavam as montanhas.
Os cabelos **escuros** de meu avô acentuavam a severidade de seu semblante.

ADJETIVOS COMPOSTOS

São aqueles formados de dois ou mais radicais.
Exemplos:
Os cabelos **castanho-escuros** ressaltavam os olhos azuis da menina.
Em ano de eleição, as questões **socioeconômicas** são as preferidas pelos candidatos.

ATIVIDADES

1. Leia o anúncio publicitário reproduzido a seguir.

> NOVO ALFAJOR KOPENHAGEN.
> DELICIOSO, INCOMPARÁVEL E
> IRRESISTÍVEL. ISSO É SÓ O COMEÇO.

KOPENHAGEN lança alfajor como sugestão de acompanhamento para as bebidas de cafeteria. **Grandes Nomes da Propaganda**, 1 ago. 2014. Disponível em: https://grandesnomesdapropaganda.com.br/anunciantes/kopenhagen-lanca-alfajor-como-sugestao-de-acompanhamento-para-bebidas-de-cafeteria/. Acesso em: 1 mar. 2021.

   a) Identifique e transcreva os adjetivos utilizados no anúncio.
   b) A que substantivo esses adjetivos se referem?
   c) Os adjetivos identificados são primitivos ou derivados? Justifique sua resposta.

2. Identifique os adjetivos nas frases a seguir e informe se eles indicam qualidade, estado, aspecto ou local de origem.

   a) A mãe ficou muito feliz com a conquista da filha.
   b) O cidadão brasileiro deve lutar pelos seus direitos.
   c) As pessoas persistentes sempre vencem.
   d) Um homem alto e magro afastou-se do grupo.
   e) Os estudantes educados esperam a vez de falar.

3. Complete as lacunas nas frases a seguir com o adjetivo derivado da palavra destacada.

   a) O atleta tem muita **saúde**. Ele é uma pessoa ▪ .
   b) As crianças fizeram muita **bagunça** na festa. Elas são muito ▪ .
   c) A beleza do amanhecer na praia era de **encantar** qualquer visitante. Os turistas ficaram ▪ com a bela paisagem.
   d) O espectador deixou-se **comover** pelo filme. É uma obra repleta de cenas ▪ .
   e) Os estudantes fizeram **silêncio** quando o diretor entrou na sala. Toda a classe ficou ▪ .

> **TIRE DE LETRA**
>
> Em textos diversos, o **adjetivo** pode funcionar como **estratégia argumentativa**, inserindo marcas apreciativas e valores ideológicos assumidos pelo locutor. Na publicidade, por exemplo, muitas vezes o uso de adjetivos serve para qualificar um produto ou serviço, mobilizar uma mudança de atitude ou marcar uma avaliação social.

4. Leia os versos a seguir.

Tarde de verão

[...]

Como cheirosa e doce a tarde expira!
De amor e luz inunda a praia bela...
E o sol já roxo e trêmulo desdobra
Um íris furta-cor na fronte dela.

[...]

AZEVEDO, Álvares de. Tarde de verão. *In*: AZEVEDO, Álvares de. **Lira dos vinte anos**. São Paulo: Martins Fontes, 1996. (Coleção Poetas do Brasil). Disponível em: http://www.dominiopublico.gov.br/download/texto/bv000021.pdf. Acesso em: 18 fev. 2021.

a) Identifique os adjetivos que caracterizam os substantivos **tarde**, **praia** e **sol**.

b) Localize nos versos e transcreva um adjetivo composto e o substantivo a que ele se refere.

c) Sem perder a essência do poema, atribua outras três características ao substantivo **praia** e represente-as com adjetivos.

5. Complete as lacunas nas frases a seguir com adjetivos compostos formados com as palavras do quadro.

| americano | de | marinho | cor | norte |
| rosa | político | sócio | azul | |

a) A advogada sempre usava terno ▇ para ir às audiências.

b) O problema ▇ de um país afeta a todos.

c) Quem nasce nos Estados Unidos é cidadão ▇.

d) A menina corria alegremente com seu casaco ▇.

LOCUÇÃO ADJETIVA

Em alguns casos, é preciso utilizar expressões formadas por mais de uma palavra para indicar uma característica de um ser.

Locução adjetiva é uma expressão representada por mais de uma palavra e que tem valor de adjetivo.

Exemplo:
As cidades seriam mais limpas se os cestos **de lixo** fossem utilizados.
　　　　　　　　　　　　　　　　　　　　　　　locução adjetiva

Muitas locuções adjetivas possuem adjetivos correspondentes.

Exemplos:
No acidente, o carro teve a sua parte **de trás** danificada.
　　　　　　　　　　　　　　　　　　locução adjetiva

No acidente, o carro teve a sua parte **traseira** danificada.
　　　　　　　　　　　　　　　　　　adjetivo

Veja a seguir algumas locuções adjetivas e os adjetivos correspondentes.

LOCUÇÃO ADJETIVA	ADJETIVOS
da audição	auditivo
da voz	vocal
de abdômen	abdominal
de abelha	apícola
de águia	aquilino
de aluno	discente
de anjo	angelical
de bispo	episcopal
de boca	bucal, oral
de boi	bovino
de cabelo	capilar
de cavalo	equino
de chumbo	plúmbeo
de chuva	pluvial
de cidade	citadino, urbano
de cobra	ofídico
de coração	cardíaco
de crânio	craniano
de diamante	diamantino
de estômago	estomacal, gástrico
de estrela	estelar
de face	facial
de família	familiar
de fígado	hepático
de filho	filial
de fogo	ígneo
de frente	frontal
de gato	felino
de gelo	glacial
de guerra	bélico
de idade	etário
de ilha	insular
de intestino	intestinal, entérico
de sonho	onírico
de tarde	vespertino
de tecido	têxtil
de tórax	torácico
de umbigo	umbilical
de veia	venoso
de velho	senil
de vento	eólio, eólico

LOCUÇÃO ADJETIVA	ADJETIVOS
de criança	pueril
de inverno	hibernal
de irmão	fraternal, fraterno
de junho	junino
de lago	lacustre
de lebre	leporino
de leite	lácteo
de macaco	simiesco
de mãe	maternal, materno
de manhã	matinal, matutino
de marfim	ebúrneo
de mestre	magistral
de morte	mortal, letal
de nariz	nasal
de neve	niveal, níveo
de nuca	occipital
de olho	ocular
de orelha	auricular
de osso	ósseo
de ouro	áureo
de ovelha	ovino
de pai	paternal, paterno
de paixão	passional
de pedra	pétreo
de pele	cutâneo, epidérmico
de pescoço	cervical
de porco	suíno
de prata	argênteo
de professor	docente
de proteína	proteico
de pulmão	pulmonar
de rim	renal
de rio	fluvial
de selva	silvestre
de verão	estival
de vidro	vítreo
de visão	visual, ótico ou óptico
do campo	campestre, campesino, rural
do mar	marítimo
sem cheiro	inodoro
sem sabor	insípido

MORFOLOGIA

113

ADJETIVOS PÁTRIOS

São denominados **adjetivos pátrios** (ou **adjetivos gentílicos**) aqueles que indicam locais de origem, como continentes, países, estados, cidades etc.

Em sua grande maioria, são adjetivos derivados do nome do local com o acréscimo dos sufixos **-ês**, **-ense** e **-ano**.

Exemplos:

Tenho um amigo **francês**. (da França)

Curitiba é a capital **paranaense**. (do Paraná)

O carnaval **baiano** é animadíssimo. (da Bahia)

Veja a seguir alguns adjetivos pátrios e as localidades brasileiras correspondentes.

LOCALIDADE BRASILEIRA	ADJETIVOS PÁTRIOS
Acre	acriano, acreano
Alagoas	alagoano
Amapá	amapaense
Amazonas	amazonense
Aracaju	aracajuense, aracajuano
Bahia	baiano
Belém	belenense
Belo Horizonte	belo-horizontino
Boa Vista	boa-vistense
Brasília	brasiliense
Cabo Frio	cabo-friense
Campinas	campineiro
Campo Grande	campo-grandense
Ceará	cearense
Cuiabá	cuiabano
Curitiba	curitibano
Espírito Santo	espírito-santense, capixaba
Florianópolis	florianopolitano
Fortaleza	fortalezense
Foz do Iguaçu	iguaçuense
Goiânia	goianiense, goianense
Goiás	goiano
João Pessoa	pessoense
Juiz de Fora	juiz-forense, juiz-forano, juiz-de-forano

LOCALIDADE BRASILEIRA	ADJETIVOS PÁTRIOS
Macapá	macapaense
Maceió	maceioense
Manaus	manauense, manauara
Marajó	marajoara
Maranhão	maranhense
Mato Grosso	mato-grossense
Mato Grosso do Sul	mato-grossense-do-sul
Minas Gerais	mineiro
Natal	natalense
Niterói	niteroiense
Palmas	palmense
Pará	paraense, paroara, parauara
Paraíba	paraibano
Paraná	paranaense
Pernambuco	pernambucano
Petrópolis	petropolitano
Piauí	piauiense
Poços de Caldas	poços-caldense
Porto Alegre	porto-alegrense
Porto Velho	porto-velhense
Recife	recifense
Ribeirão Preto	ribeirão-pretense, ribeirão-pretano
Rio de Janeiro (cidade)	carioca
Rio de Janeiro (estado)	fluminense

LOCALIDADE BRASILEIRA	ADJETIVOS PÁTRIOS	LOCALIDADE BRASILEIRA	ADJETIVOS PÁTRIOS
Rio Branco	rio-branquense	São Luís	são-luisense, ludovicense
Rio Grande do Norte	rio-grandense-do-norte, norte-rio-grandense, potiguar	São Paulo (cidade)	paulistano
Rio Grande do Sul	rio-grandense-do-sul, sul-rio-grandense, gaúcho	São Paulo (estado)	paulista
Rondônia	rondoniense, rondoniano	Sergipe	sergipano, sergipense
Roraima	roraimense	Teresina	teresinense
Salvador	salvadorense, soteropolitano	Tocantins	tocantinense
Santa Catarina	catarinense, santa-catarinense, catarineta, barriga-verde	Vitória	vitoriense

Veja a seguir alguns adjetivos pátrios e as localidades estrangeiras correspondentes.

LOCALIDADE ESTRANGEIRA	ADJETIVOS PÁTRIOS	LOCALIDADE ESTRANGEIRA	ADJETIVOS PÁTRIOS
Afeganistão	afegão, afegane	Índia	indiano
Alemanha	alemão, germânico	Itália	italiano
Assunção	assuncionenho	Japão	japonês, nipônico
Bélgica	belga	Jerusalém	hierosolimitano, hierosolimita
Bogotá	bogotano	La Paz	pacenho
Boston	bostoniano, bostonense	Lima	limenho
Buenos Aires	buenairense, bonaerense, portenho	Lisboa	lisboeta, lisbonense, lisboês, lisbonês
Camarões	camaronês, camaronense	Madri	madrilense, madrileno, madrilês, matritense
Caracas	caraquenho	Malásia	malaio, malásio
Costa Rica	costa-riquenho, costa-riquense	Mônaco	monegasco
El Salvador	salvadorenho	Nova Iorque	nova-iorquino
Estados Unidos	norte-americano, estadunidense, ianque	Nova Zelândia	neozelandês
Etiópia	etíope	Parma	parmesão, parmense
Grécia	grego, helênico	Patagônia	patagão
Guatemala	guatemalteco, guatemalense	Pequim	pequinês
Honduras	hondurenho	Tirol	tirolês

ADJETIVOS PÁTRIOS COMPOSTOS

Alguns adjetivos pátrios compostos possuem uma forma reduzida para representar o primeiro elemento.

Exemplos:

línguas **indo**-europeias   literatura **luso**-brasileira   cultura **greco**-romana

Veja, a seguir, algumas formas reduzidas dos adjetivos pátrios.

ADJETIVOS PÁTRIOS	FORMAS REDUZIDAS
africano	afro-
alemão, germânico	germano-, teuto-
asiático	ásio-
austríaco	austro-
chinês	sino-
espanhol	hispano-
europeu	euro-

ADJETIVOS PÁTRIOS	FORMAS REDUZIDAS
francês	franco-
grego	greco-
indiano	indo-
inglês	anglo-
italiano	ítalo-
japonês	nipo-
português	luso-

OBSERVAÇÃO

Na formação de adjetivos pátrios compostos, as palavras com menor número de sílabas aparecem primeiro. **Exemplos:** afro-brasileiro, luso-brasileiro, greco-romano etc.
Quando há coincidência de número de sílabas, segue-se a ordem alfabética. **Exemplos:** anglo-francês, franco-grego etc.

ATIVIDADES

1. Leia a charge a seguir.

ALPINO. [**Tempos modernos**]. [201?]. Pinterest: Cartuns Alpino. Disponível em: https://br.pinterest.com/pin/606508274801623023/. Acesso em: 4 fev. 2021.

a) Identifique, no título da charge, o substantivo e o adjetivo que o compõem.

b) Quais elementos da imagem ilustram esse adjetivo.

c) Na fala do pai, há uma locução adjetiva. Identifique-a.

d) Qual é o adjetivo equivalente a essa locução adjetiva?

2. Nas frases a seguir, identifique as locuções adjetivas e informe os adjetivos correspondentes a cada uma.

a) Os flocos de neve sobre os pinheiros formam uma linda paisagem.

b) Toda a parte de trás da escultura ficou danificada.

c) A expressão da face do atleta era de indignação.

d) Os raios de sol iluminavam o quarto.

e) As águas dos rios correm para o mar.

3. Explique o significado dos adjetivos pátrios nas frases.

   a) Sou paulista de nascimento e paulistano de residência.

   b) Ele é um português lisboeta.

   c) Meu irmão nasceu no Rio de Janeiro, mas não é carioca.

   d) Tiago é soteropolitano e não salvadorenho.

   e) Os times de futebol são potiguares, capixabas e gaúchos.

4. Indique as localidades referentes aos adjetivos pátrios a seguir e se são brasileiras ou estrangeiras.

   a) pessoense
   b) pacenho
   c) cabo-friense
   d) tocantinense
   e) etíope
   f) patagão

5. Identifique nas frases a seguir os adjetivos pátrios compostos e explique os significados em cada contexto.

   a) A língua indo-europeia é muito antiga.

   b) O acordo franco-italiano foi assinado em Roma, em 1935.

   c) As cidades greco-romanas foram importantes para a cultura ocidental.

   d) A relação anglo-francesa é de rivalidade.

   e) Traços da cultura afro-brasileira estão presentes em todas as regiões do país.

FLEXÃO DOS ADJETIVOS

O adjetivo é uma classe variável com flexões iguais às do substantivo: de **gênero**, **número** e **grau**. Na flexão, o adjetivo varia para concordar com o substantivo a que se refere.

Observe:
- **variação de gênero**: menin**o** *aplicad**o*** (masculino); menin**a** *aplicad**a*** (feminino)
- **variação de número**: menin**o** *aplicad**o*** (singular); menino**s** *aplicado**s*** (plural)
- **variação de grau**: menino *aplicado* (característica normal); menino *aplicad**íssimo*** (característica intensificada)

FLEXÃO DE GÊNERO

Para concordar com o substantivo, o adjetivo toma as formas **masculino** ou **feminino**.

GÊNERO DOS ADJETIVOS SIMPLES

Como os substantivos, os adjetivos simples podem ser **uniformes** ou **biformes**.

São **uniformes** os adjetivos que possuem uma única forma para ambos os gêneros.

Exemplos:

interesse **comum**   homem *feliz*   momento *anterior*
causa **comum**   mulher *feliz*   hora *anterior*

São **biformes** os adjetivos que possuem duas formas, uma para o masculino e outra para o feminino.

Exemplos:

amigo *sincero*   homem *honesto*   olhar *sedutor*
amiga *sincera*   mulher *honesta*   voz *sedutora*

FORMAÇÃO DO FEMININO

O feminino pode ser formado:

- pela substituição da terminação **-o** por **-a**.

  Exemplos:

  garoto *educado*   professor *ativo*

  garota *educada*   professora *ativa*

- pelo acréscimo da terminação **-a**.

  Exemplos:

  amigo *francês*   legume *cru*

  amiga *francesa*   carne *crua*

- pela substituição da terminação **-ão** por **-ona** ou **-ã**.

  Exemplos:

  menino *comilão*   corpo *são*

  menina *comilona*   mente *sã*

- pela substituição da terminação **-eu** por **-eia** e de **-éu** por **-oa**.

  Exemplos:

  homem *ateu*   homem *ilhéu*

  mulher *ateia*   mulher *ilhoa*

> **OBSERVAÇÃO**
>
> Não seguem essas regras: menino **mau** / menina **má**, homem **judeu** / mulher **judia**, o **réu** / a **ré**.

GÊNERO DOS ADJETIVOS COMPOSTOS

Também os adjetivos compostos podem ser **uniformes** ou **biformes**.

São **uniformes** aqueles que têm como último elemento um substantivo que não varia.

Exemplos:

vestido *verde-***limão**   terno *verde-***garrafa**   cabelo *amarelo-***ouro**

blusa *verde-***limão**   gravata *verde-***garrafa**   saia *amarelo-***ouro**

São **biformes** aqueles que têm como último elemento um adjetivo, em que ocorre a variação.

Exemplos:

olho *castanho-***claro**   atendimento *médico-***cirúrgico**

pele *castanho-***clara**   clínica *médico-***cirúrgica**

> **OBSERVAÇÃO**
>
> Não segue essa regra: surd**o**-mud**o** / surd**a**-mud**a** (variam os dois elementos).

FLEXÃO DE NÚMERO

Para concordar com o substantivo, o adjetivo toma as formas **singular** e **plural**.

PLURAL DOS ADJETIVOS SIMPLES

Em geral, os adjetivos simples fazem o plural seguindo as mesmas regras do plural dos substantivos.

Exemplos:

casa *bonita*   criança *dócil*   jovem *colaborador*   pessoa *jovem*

casas *bonitas*   crianças *dóceis*   jovens *colaboradores*   pessoas *jovens*

PLURAL DOS ADJETIVOS COMPOSTOS

A formação do plural dos adjetivos compostos segue o mesmo processo da variação de gênero.

- Se o último elemento for um **substantivo**, não há variação.

    Exemplos:
    vestido *verde-**limão***
    vestido**s** *verde-**limão***
    gravata *amarelo-**ouro***
    gravata**s** *amarelo-**ouro***

- Se o último elemento for um **adjetivo**, apenas ele varia.

    Exemplos:
    olho *castanho-**claro***
    olho**s** *castanho-**claros***
    clínica *médico-**cirúrgica***
    clínica**s** *médico-**cirúrgicas***

> **OBSERVAÇÕES**
>
> **1.** Em *surdo-mudo*, os dois elementos variam: *surdos--mudos*.
>
> **2.** Em *azul-marinho* e *azul--celeste*, nenhum elemento varia: sapato**s** *azul-marinho*, saia**s** *azul-celeste*.

FLEXÃO DE GRAU

Os graus do adjetivo são dois: **comparativo** e **superlativo**.

GRAU COMPARATIVO

A comparação de uma ou mais características pode ocorrer de duas maneiras.

- Entre seres diferentes.

    Exemplo:

    A *garota* é tão **simpática** quanto seu *irmão*.
    ser — característica — ser

- Nos mesmos seres.

    Exemplo:

    A *garota* é tão **simpática** quanto **estudiosa**.
    ser — característica — característica

O **grau comparativo** pode ser de três tipos.

GRAU COMPARATIVO DE IGUALDADE

Formado com: **tão** + *adjetivo* + **quanto** (ou **como**).

Exemplos:
Henrique é **tão** *amoroso* **quanto** (ou **como**) Natália.
Henrique é **tão** *amoroso* **quanto** (ou **como**) educado.

GRAU COMPARATIVO DE INFERIORIDADE

Formado com: **menos** + *adjetivo* + **que** (ou **do que**).

Exemplos:
Henrique é **menos** *amoroso* (**do**) **que** Natália.
Henrique é **menos** *amoroso* (**do**) **que** educado.

GRAU COMPARATIVO DE SUPERIORIDADE

Formado com: **mais** + *adjetivo* + **que** (ou **do que**).

Exemplos:

Henrique é **mais** *amoroso* **(do) que** Natália.

Henrique é **mais** *amoroso* **(do) que** educado.

O grau comparativo de superioridade dos adjetivos **bom**, **mau**, **pequeno** e **grande** é expresso, respectivamente, com as palavras **melhor**, **pior**, **menor** e **maior**.

Exemplos:

O café de hoje está **melhor** do que o de ontem. (*mais bom*)

Minhas mãos são **menores** do que as suas. (*mais pequenas*)

O novo chefe é **pior** do que o anterior. (*mais mau*)

No entanto, ao comparar essas qualidades ou ações no mesmo ser, são admitidas as expressões **mais bom**, **mais mau**, **mais pequeno** e **mais grande**.

Exemplos:

O café de hoje está **mais bom** do que mau.

Minhas mãos são **mais grandes** do que gordas.

GRAU SUPERLATIVO

O **grau superlativo** pode ser **relativo** ou **absoluto**.

GRAU SUPERLATIVO RELATIVO

A característica é ressaltada na relação com outros seres.

Exemplos:

Marcelo é **o mais** *estudioso* **dos irmãos**.

Guilherme e Lucas são **os mais** *altos* **da família**.

Essa relação pode ser de:

- **superioridade**: a intensidade é para mais: **o (a) mais** + *adjetivo* + **de**.

    Exemplos:

    Aquela garota era **a mais** *simpática* **da** turma.

    Aquelas garotas eram **as mais** *simpáticas* **da** turma.

    O grau superlativo relativo de superioridade dos adjetivos **bom**, **mau**, **grande** e **pequeno** é expresso, respectivamente, por **o melhor**, **o pior**, **o maior** e **o menor**.

    Exemplos:

    Caio é **o melhor** dos jogadores.

    Este é **o pior** momento para isso acontecer.

    Aquela estátua é **a menor** deste museu.

- **inferioridade**: a intensidade é para menos: **o (a) menos** + *adjetivo* + **de**.

    Exemplos:

    Aquela garota era **a menos** *simpática* **da** turma.

    Aquelas garotas eram **as menos** *simpáticas* **da** turma.

GRAU SUPERLATIVO ABSOLUTO

A característica é ressaltada sem relação com outros seres.

Exemplos:

Marcelo é **muito** estudioso.

Lucas e Guilherme são **altíssimos**.

Esse grau possui dois tipos de estrutura, classificando-se em:

- **analítico**: é o superlativo absoluto formado com a adição de palavras que exprimem intensidade: **muito**, **extremamente**, **demasiadamente**, **excessivamente** etc.

    Exemplos:

    Valéria é **muito** simpática.

    Estou **extremamente** feliz com essa notícia!

- **sintético**: é o superlativo absoluto formado com o acréscimo de sufixos.

    Exemplos:

    Beatriz é simpat**icíssima**.

    Estou fel**icíssimo** com essa notícia!

O grau superlativo absoluto sintético dos adjetivos **bom**, **mau**, **grande** e **pequeno** é expresso, respectivamente, por **ótimo**, **péssimo**, **máximo** e **mínimo**.

A maioria dos superlativos absolutos sintéticos é formada com o acréscimo do sufixo **-íssimo(a)** ao radical da palavra na forma latina.

Veja a seguir a relação de alguns adjetivos com seus superlativos absolutos sintéticos.

ADJETIVO	SUPERLATIVOS ABSOLUTOS SINTÉTICOS	ADJETIVO	SUPERLATIVOS ABSOLUTOS SINTÉTICOS
acre	acérrimo	difícil	dificílimo
ágil	agílimo	doce	dulcíssimo
agradável	agradabilíssimo	dócil	docílimo
agudo	acutíssimo, agudíssimo	eficaz	eficacíssimo
alto	altíssimo, supremo	fácil	facílimo
amargo	amaríssimo	feio	feiíssimo
amável	amabilíssimo	feliz	felicíssimo
amigo	amicíssimo	feroz	ferocíssimo
antigo	antiquíssimo	fiel	fidelíssimo
áspero	aspérrimo	frágil	fragílimo
audaz	audacíssimo	frio	frigidíssimo
baixo	baixíssimo, ínfimo	geral	generalíssimo
benéfico	beneficentíssimo	grande	máximo, grandíssimo
benévolo	benevolentíssimo	humilde	humílimo
bom	boníssimo, ótimo	jovem	juveníssimo
capaz	capacíssimo	livre	libérrimo
célebre	celebérrimo	magro	macérrimo, magríssimo, magérrimo
cruel	crudelíssimo, cruelíssimo	mau	péssimo

ADJETIVO	SUPERLATIVOS ABSOLUTOS SINTÉTICOS
miserável	miserabilíssimo
miúdo	minutíssimo
negro	nigérrimo
nobre	nobilíssimo
notável	notabilíssimo
pequeno	mínimo
pobre	paupérrimo
possível	possibilíssimo
provável	probabilíssimo
respeitável	respeitabilíssimo
sábio	sapientíssimo

ADJETIVO	SUPERLATIVOS ABSOLUTOS SINTÉTICOS
sagrado	sacratíssimo
salubre	salubérrimo
sensível	sensibilíssimo
sério	seriíssimo
simpático	simpaticíssimo
simples	simplicíssimo, simplíssimo
terrível	terribilíssimo
veloz	velocíssimo
visível	visibilíssimo
volúvel	volubilíssimo
voraz	voracíssimo

OBSERVAÇÕES

1. As palavras **supremo** (ou **sumo**) e **ínfimo** correspondem, respectivamente, aos superlativos absolutos sintéticos de **alto** e **baixo**.

Exemplos:
Seu poder sobre nós é **supremo**.
O valor do objeto perdido era **ínfimo**.

2. Na linguagem informal, a tendência é usar o radical e o sufixo **-íssimo** para todos os adjetivos: **pobríssimo**, **amiguíssimo** etc.

3. É possível expressar graus do adjetivo com sufixos próprios do substantivo: **bonzinho**, **grandão** etc.

ATIVIDADES

1. Leia o poema a seguir.

   Lua

   Ó lua,
   sereníssima seda desfraldada
   neste painel de fim de tarde:
   sombra de um sol oculto
   — que arde.
   Rio, 23/6/86

   PELLEGRINO, Hélio. Lua. *In*: PELLEGRINO, Hélio. **Minérios domados**: poesia reunida. Rio de Janeiro: Rocco, 1993. p. 19.

   a) A que substantivo do poema as expressões "sereníssima seda desfraldada" e "sombra de um sol oculto" se referem?
   b) Identifique no poema um adjetivo flexionado no grau superlativo.
   c) Qual é a forma desse adjetivo sem flexão de grau?
   d) Reescreva esse adjetivo no grau comparativo.
   e) Reescreva o segundo verso substituindo o adjetivo que está no grau superlativo absoluto pelo adjetivo **agradável**, mantendo a mesma flexão.

2. Veja a seguir o título e a linha fina de uma notícia.

Cachorro nasce verde-limão e deixa dona chocada: "Comecei a surtar"

Fenômeno ocorre quando animal entra em contato com pigmento biliar encontrado na placenta

Disponível em: https://noticias.r7.com/hora-7/fotos/cachorro-nasce-verde-limao-e-deixa-dona-chocada-comecei-a-surtar-21012020#!/foto/1. Acesso em: 5 fev. 2021.

a) Reescreva o título da notícia flexionando o substantivo **cachorro** no plural.

b) Escreva a locução adjetiva correspondente ao adjetivo **biliar**.

3. Identifique os adjetivos simples e informe se eles são uniformes ou biformes quanto ao gênero.

a) Gosto de me cercar de pessoas honestas.

b) As crianças mostravam as carinhas alegres na festa.

c) Em dias quentes, tome muito líquido.

d) Amigos sinceros são muito valiosos.

e) Assisti a um filme muito interessante.

4. Indique os adjetivos compostos das frases a seguir, classifique-os em **uniformes** ou **biformes** e explique a regra de flexão de gênero em cada caso.

a) A túnica amarelo-ouro do aniversariante chamou a atenção dos convidados.

b) Questões socioeconômicas são discutidas no congresso.

c) O casaco verde-oliva da modelo estava rasgado.

d) A atriz usou uma saia verde-limão na festa de lançamento de seu filme.

e) A médica participou do congresso de pesquisas médico-cirúrgicas.

5. Classifique os adjetivos das frases a seguir quanto às flexões do grau comparativo.

a) O professor é tão competente quanto carismático.

b) Tecidos naturais são mais adequados ao calor do que os sintéticos.

c) As praias ficam mais lotadas no calor do que no inverno.

d) Os livros são tão interessantes quanto os filmes.

e) A França é muito menor do que o estado do Pará.

6. Nas frases a seguir, indique as flexões do grau superlativo dos adjetivos.

a) Nelson Mandela foi o líder mais importante da África do Sul.

b) O passeio foi divertidíssimo.

c) No seminário foram discutidos assuntos de grande importância.

d) Mercúrio é o menor planeta do Sistema Solar.

e) Visitei um casarão antiquíssimo.

7. Reescreva os adjetivos presentes nas frases a seguir no grau superlativo absoluto sintético.

a) Esta sobremesa é muito doce.

b) Nossa professora é muito sábia.

c) Esse tecido é muito áspero.

d) Seu trabalho foi muito eficiente.

EM SÍNTESE

Adjetivo – palavra que indica uma característica dos seres.

Formação dos adjetivos
- **Primitivos** – não provêm de outra palavra.
- **Derivados** – formados a partir de outra palavra.
- **Simples** – formados por apenas um radical.
- **Compostos** – formados por mais de um radical.

Locução adjetiva – expressão representada por mais de uma palavra e que tem valor de adjetivo.

Adjetivos pátrios – indicam locais de origem.

Flexão dos adjetivos
- **Flexão de gênero** – masculino e feminino.
- **Flexão de número** – singular e plural.
- **Flexão de grau** – comparativo e superlativo.

NO TEXTO

Leia o trecho de uma crônica do escritor Stanislaw Ponte Preta.

A nós o coração suplementar

Quem anuncia é um cientista chamado Adrian Kantrowitz. O homem se propõe a utilizar um tubo de borracha, ligado à corrente sanguínea, através do qual é automaticamente posto a funcionar um aparelho elétrico fora do corpo, que ajudará o funcionamento do coração, quando este começar a ratear, seja por falta de forças, seja por excesso de trabalho. A isto o cientista dá o nome de "coração suplementar".

Bonito nome, hem? Coração Suplementar! [...] E então a gente fica imaginando como seria bom se esse coração, além de ajudar o funcionamento do coração principal nas suas funções fisiológicas, ajudasse também nas suas funções sentimentais.

[...]

A nós o coração suplementar. *In*: **Dois amigos e um chato**, de Stanislaw Ponte Preta. Moderna, São Paulo. © By Herdeiras de Sergio Porto.

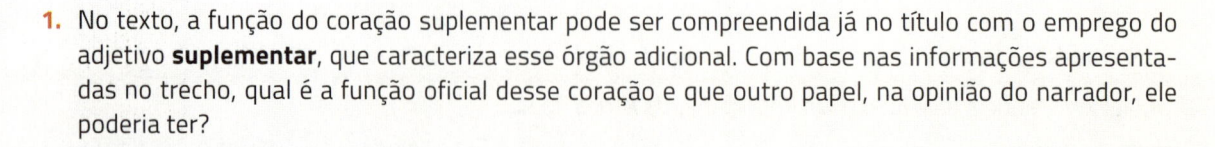

1. No texto, a função do coração suplementar pode ser compreendida já no título com o emprego do adjetivo **suplementar**, que caracteriza esse órgão adicional. Com base nas informações apresentadas no trecho, qual é a função oficial desse coração e que outro papel, na opinião do narrador, ele poderia ter?

2. Que outros adjetivos, presentes no segundo parágrafo, referem-se às funções desse novo coração?

3. Explique o que esses adjetivos significam no contexto para ampliar as informações dadas pelo narrador quanto a esse novo experimento.

4. No primeiro parágrafo, o texto apresenta informações sobre o "coração suplementar" citadas indiretamente, sem a reprodução da fala original do cientista. De que maneira essa explicação ajuda a entender a proposta feita no segundo parágrafo?

MORFOLOGIA

Numeral

UM PRIMEIRO OLHAR

Veja, a seguir, alguns dados sobre as matrículas na Educação Básica no Distrito Federal em 2019.

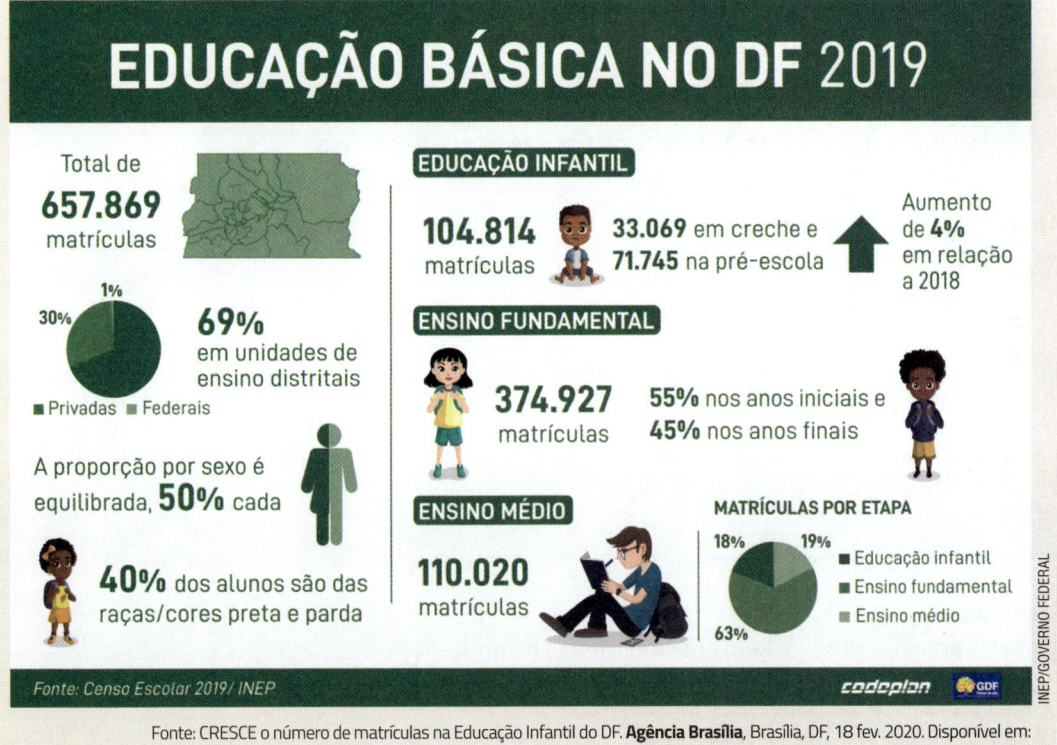

EDUCAÇÃO BÁSICA NO DF 2019

- Total de 657.869 matrículas
- 69% em unidades de ensino distritais (30% Privadas, 1% Federais)
- A proporção por sexo é equilibrada, 50% cada
- 40% dos alunos são das raças/cores preta e parda

EDUCAÇÃO INFANTIL
- 104.814 matrículas
- 33.069 em creche e 71.745 na pré-escola
- Aumento de 4% em relação a 2018

ENSINO FUNDAMENTAL
- 374.927 matrículas
- 55% nos anos iniciais e 45% nos anos finais

ENSINO MÉDIO
- 110.020 matrículas

MATRÍCULAS POR ETAPA
- 19% Educação infantil
- 63% Ensino fundamental
- 18% Ensino médio

Fonte: Censo Escolar 2019/ INEP

Fonte: CRESCE o número de matrículas na Educação Infantil do DF. **Agência Brasília**, Brasília, DF, 18 fev. 2020. Disponível em: https://www.agenciabrasilia.df.gov.br/2020/02/18/cresce-o-numero-de-matriculas-na-educacao-infantil-do-df/. Acesso em: 7 fev. 2021.

1. Qual é a função dos números representados no infográfico que você acabou de ler?

2. Observe o sinal de porcentagem (%) que acompanha alguns números. O que ele representa?

3. Considere as informações sobre o Ensino Fundamental.
   a) Em que etapa do Ensino Fundamental há mais matriculados: nos anos iniciais ou nos anos finais?
   b) Considerando o número total de matrículas no Ensino Fundamental, quantos jovens, aproximadamente, foram matriculados nos anos iniciais?

4. Em que segmento há menos estudantes matriculados? Que número representa essa informação?

CONCEITO

Leia a frase a seguir.

Glaucia comprou **três** pacotes de macarrão e **uma** caixa de biscoitos.

As palavras destacadas são **numerais**. O numeral liga-se ao substantivo e representa indicações numéricas dos seres.

Em "**três** *pacotes*" e "**uma** *caixa*", há a indicação da quantidade exata de cada produto comprado.

> **Numeral** é a palavra que se relaciona ao substantivo para indicar informações numéricas associadas aos seres.

As indicações numéricas dos seres referem-se à:

- **quantidade** – Em casa, somos **quatro** irmãos.
- **ordem** – Hélder é o **segundo** filho do casal.
- **multiplicação** – Minha irmã ganha o **dobro** do que eu.
- **fração** – Costumo tomar **meio** copo de leite antes de dormir.

CLASSIFICAÇÃO DOS NUMERAIS

Os numerais são classificados de acordo com as ideias que exprimem.

NUMERAIS CARDINAIS

Expressam **quantidades exatas** de seres.

Exemplo:
Hoje gastei **oitenta** reais em livros.

NUMERAIS ORDINAIS

Expressam a **ordem** dos seres em uma série.

Exemplo:
Sento na **primeira** carteira, bem próximo à mesa do professor.

NUMERAIS MULTIPLICATIVOS

Expressam **aumentos proporcionais** de uma quantidade, **multiplicações**.

Exemplo:
Neste mês exagerei: gastei em alimentação o **triplo** do que gastei no mês passado.

NUMERAIS FRACIONÁRIOS

Expressam **diminuições proporcionais** de uma quantidade, **divisões** ou **frações**.

Exemplo:
Neste mês economizei: gastei em vestuário um **terço** do que gastei no mês passado.

REPRESENTAÇÕES NUMÉRICAS

Em algarismos		Em numerais			
Romanos	Arábicos	Cardinais	Ordinais	Multiplicativos	Fracionários
I	1	um	primeiro	—	—
II	2	dois	segundo	dobro, duplo, dúplice	meio (ou metade)
III	3	três	terceiro	triplo, tríplice	terço
IV	4	quatro	quarto	quádruplo	quarto
V	5	cinco	quinto	quíntuplo	quinto
VI	6	seis	sexto	sêxtuplo	sexto
VII	7	sete	sétimo	séptuplo	sétimo
VIII	8	oito	oitavo	óctuplo	oitavo
IX	9	nove	nono	nônuplo	nono
X	10	dez	décimo	décuplo	décimo
XI	11	onze	décimo primeiro (ou undécimo)	undécuplo	onze avos
XII	12	doze	décimo segundo (ou duodécimo)	duodécuplo	doze avos
XIII	13	treze	décimo terceiro	—	treze avos
XIV	14	quatorze (ou catorze)	décimo quarto	—	quatorze avos
XV	15	quinze	décimo quinto	—	quinze avos
XVI	16	dezesseis	décimo sexto	—	dezesseis avos
XVII	17	dezessete	décimo sétimo	—	dezessete avos
XVIII	18	dezoito	décimo oitavo	—	dezoito avos
XIX	19	dezenove	décimo nono	—	dezenove avos
XX	20	vinte	vigésimo	—	vinte avos
XXX	30	trinta	trigésimo	—	trinta avos
XL	40	quarenta	quadragésimo	—	quarenta avos
L	50	cinquenta	quinquagésimo	—	cinquenta avos
LX	60	sessenta	sexagésimo	—	sessenta avos
LXX	70	setenta	septuagésimo (ou setuagésimo)	—	setenta avos
LXXX	80	oitenta	octogésimo	—	oitenta avos
XC	90	noventa	nonagésimo	—	noventa avos
C	100	cem	centésimo	cêntuplo	centésimo
CC	200	duzentos	ducentésimo	—	ducentésimo
CCC	300	trezentos	trecentésimo (ou tricentésimo)	—	trecentésimo
CD	400	quatrocentos	quadringentésimo	—	quadringentésimo
D	500	quinhentos	quingentésimo	—	quingentésimo
DC	600	seiscentos	seiscentésimo (ou sexcentésimo)	—	seiscentésimo
DCC	700	setecentos	septingentésimo (ou setingentésimo)	—	septingentésimo
DCCC	800	oitocentos	octingentésimo	—	octingentésimo

MORFOLOGIA

REPRESENTAÇÕES NUMÉRICAS

Em algarismos		Em numerais			
Romanos	Arábicos	Cardinais	Ordinais	Multiplicativos	Fracionários
CM	900	novecentos	nongentésimo (ou noningentésimo)	—	nongentésimo
M	1000	mil	milésimo	—	milésimo
M̄	1 000 000	milhão	milionésimo	—	milionésimo
M̿	1 000 000 000	bilhão (ou bilião)	bilionésimo	—	bilionésimo

OBSERVAÇÕES

1. Incluem-se nos numerais cardinais **zero** (0) e **ambos**, significando este último "os dois". **Exemplo:** *Pai* e *filho* procuravam emprego e, agora, **ambos** já estão trabalhando.

2. A indicação de séculos deve ser feita em algarismos romanos. Na leitura, os ordinais devem ser empregados até **décimo**, e, a partir de **onze**, emprega-se o numeral cardinal. **Exemplo:** em **século XXI**, lê-se "século vinte e um".

FUNÇÃO DOS NUMERAIS

O numeral liga-se ao substantivo de duas maneiras: acompanhando-o ou substituindo-o.

NUMERAL ADJETIVO

É aquele que acompanha o substantivo, indicando uma característica do ser.

Exemplo:

As crianças comeram **dez** *mangas* e eu comi duas.

NUMERAL SUBSTANTIVO

É aquele que substitui o substantivo.

Exemplo:

As crianças comeram dez mangas e eu comi **duas**.

DISTINÇÃO ENTRE *UM(A)* ARTIGO INDEFINIDO E NUMERAL

Um(a) é artigo indefinido quando a intenção do falante é indicar a espécie ou o tipo do ser. **Um(a)** é numeral quando se busca evidenciar a quantidade no texto.

Exemplos:

— *Que tipo* de livro você leu?

— Eu li **um** livro de ficção científica. (A pergunta pede a espécie do livro.)
↓
artigo indefinido

— *Quantos* livros você leu no mês passado?

— No mês passado, eu li **um** livro. (A pergunta pede a quantidade de livros.)
↓
numeral

> **OBSERVAÇÃO**
>
> A distinção entre artigo e numeral pode ser evidenciada pelo contexto. **Exemplos:**
> Quero ver se vejo **um** filme hoje que está muito bem recomendado. (**Um** é artigo)
> Quero ver se vejo **um** filme hoje, e, se estiver sem sono, verei **dois**. (**Um** é numeral)

FLEXÃO DOS NUMERAIS

Os numerais podem ser flexionados em **gênero** e **número**.

FLEXÃO DE GÊNERO

Apresentam variação de gênero:

- os cardinais **um (uma)**, **dois (duas)** e **ambos (ambas)**.
- os cardinais das centenas a partir de duzentos: **duzentos / duzentas**; **trezentos / trezentas**; **novecentos / novecentas**.
- todos os ordinais: **primeiro / primeira**; **segundo / segunda**; **terceiro / terceira**.
- os multiplicativos, somente quando empregados com valor de adjetivo.

    Exemplo:
    O atleta deu um *salto* **triplo**, depois tomou uma *dose* **dupla** de vitaminas.

- os fracionários **meio / meia**, ao concordarem com a palavra a que se referem.

    Exemplo:
    Saiu para o trabalho ao **meio**-*dia* e **meia** (*hora*).

- os demais fracionários, quando acompanhados da palavra *parte*: a **terça** *parte*, a **quinta** *parte*.

    Exemplo:
    Comi um *terço* (ou a **terça** *parte*) da barra de chocolate.

FLEXÃO DE NÚMERO

Apresentam variação de número:

- os cardinais terminados em **-ão**: **milhão / milhões**; **bilhão / bilhões**.
- os cardinais terminados em vogal, quando empregados com valor de substantivo.

    Exemplo:
    Fiquei com dois **oitos** e dois **noves** em Matemática.

- todos os ordinais: **primeiro / primeiros**; **centésimo / centésimos**; **milésimo / milésimos** etc.
- os multiplicativos, somente quando empregados com valor de adjetivo.

    Exemplo:
    Bebeu dois *copos* **duplos** de água.

- os fracionários **meio**, **metade**, **terço** e os representados pelos ordinais, que concordam com o número de partes em que se dividiu a quantidade: *um* **meio** / *dois* **meios**; *uma* **metade** / *duas* **metades**; *um* **terço** / *dois* **terços**; *um* **quarto** / *dois* **quartos**; *um* **quinto** / *dois* **quintos** etc.

    Exemplo:
    Já foram gastos *três* **quintos** da água da caixa.

ATIVIDADES

1. Leia a tirinha a seguir.

o tempo das coisas

— São quatro séculos de liberalismo.
— Com tanto tempo de vida, não pode ser algo tão ruim.
— E você? Nasceu quando?
— Ontem!

DAHMER, André. [Malvados]. **Folha de S.Paulo**, São Paulo, 24 fev. 2014. Ilustrada.

a) Identifique o numeral que aparece na tirinha, classificando-o.

b) Trata-se de um numeral adjetivo ou substantivo? Justifique.

c) Que efeito humorístico esse numeral provoca na tirinha?

d) Em outro contexto, caso esse numeral fosse utilizado após a palavra **século** para indicar data, ele seria cardinal ou ordinal? Como ele deveria ser representado?

2. Identifique os numerais das frases a seguir e classifique-os em **cardinais**, **ordinais**, **multiplicativos** ou **fracionários**.

a) Esta é a décima vez que ouço essa história.

b) Mais de quinhentas pessoas foram à passeata.

c) Mais de dois terços da superfície do globo terrestre estão cobertos de água.

d) O novo apartamento custa o triplo do anterior.

e) Há muitos estudos sobre as primeiras civilizações da Antiguidade.

> **TIRE DE LETRA**
>
> Alguns termos que indicavam números em grego e em latim continuam sendo empregados na língua portuguesa na formação de palavras, como ocorre com os prefixos *mono-*, *bi-*, *tri-*, *tetra-* (**mono**fásica, **bi**cama, **tri**campeão, **tetra**plégico) etc.

3. Indique as flexões de gênero e número ocorridas nos numerais do exercício anterior.

4. Classifique as palavras destacadas a seguir em **artigo indefinido**, **numeral adjetivo** ou **numeral substantivo**.

a) Há **seis** crianças brincando no pátio; **três** são meninas.

b) Assisti a **uns** filmes interessantes; somente **um** não me agradou muito.

c) O livro narra a história de **um** garoto que tem apenas **um** amigo.

d) **Cinco** pessoas foram à reunião e **duas** faltaram.

e) Falta apenas **uma** semana para o vestibular e os meninos não estudaram **uma** matéria sequer.

5. Escreva os números a seguir por extenso.

a) 59º

b) 657

c) 739

d) 2 311 269

e) 40 654

f) 138º

g) 1 040

h) 87º

EM SÍNTESE

Numeral – palavra que se liga ao substantivo para representar informações numéricas associadas aos seres.

Classificação dos numerais
- **Cardinais** – expressam quantidades exatas de seres.
- **Ordinais** – expressam a ordem dos seres em uma série.
- **Multiplicativos** – expressam aumentos proporcionais de uma quantidade.
- **Fracionários** – expressam diminuições proporcionais de uma quantidade.

Flexão dos numerais
- Variam em gênero: os cardinais **um**, **dois** e **ambos** e as centenas a partir de **duzentos**; todos os ordinais; os multiplicativos com função adjetiva; o fracionário **meio** e os demais, quando acompanhados da palavra **parte**.
- Variam em número: os cardinais terminados em **-ão** e os terminados em vogal com função substantiva; todos os ordinais; os multiplicativos com função adjetiva; os fracionários **meio**, **metade**, **terço** e aqueles representados por ordinais (que concordam com o número de partes).

NO TEXTO

Leia o texto a seguir, publicado em um *site* de notícias, e responda às questões.

38% dos estudantes adiam a universidade por medo da covid-19, diz pesquisa

[...]

A pandemia de covid-19 vai adiar para o segundo semestre de 2021 o sonho de 38% dos estudantes de ter um diploma universitário. Para 13%, a espera vai demorar mais, um ano. E para 24% ainda não está claro quando será possível entrar em uma universidade.

Os números fazem parte do Observatório da Educação Superior: análise dos desafios para 2021 – 1ª edição. O levantamento, publicado nesta terça-feira, 9, foi realizado pela empresa de pesquisas educacionais Educa Insights em parceria com a Associação Brasileira de Mantenedoras de Ensino Superior (ABMES).

A pesquisa é uma continuidade de outros estudos feitos pela entidade sobre os desafios do ensino superior no Brasil em meio ao coronavírus. Foram consultadas 1024 pessoas, de 17 a 50 anos, que desejam ingressar em cursos de graduação presenciais e EAD ao longo dos próximos 18 meses, em todas as regiões brasileiras.

[...]

GARRETT JUNIOR, Gilson. 38% dos estudantes adiam a universidade por medo da covid-19, diz pesquisa. **Exame**, São Paulo, 9 fev. 2021. Disponível em: https://exame.com/brasil/38-dos-estudantes-adiam-a-universidade-por-medo-da-covid-19-diz-pesquisa/. Acesso em: 10 fev. 2021.

1. No primeiro parágrafo, o autor apresenta alguns dados numéricos em porcentagem. No segundo parágrafo, ele informa o nome das instituições responsáveis pela divulgação desses dados. Qual é a importância dessa referência na notícia?

2. No último parágrafo, o autor expõe o número total de pessoas que participaram da pesquisa e a faixa etária consultada. Por que essas informações são relevantes para o leitor?

3. Que classes de numerais aparecem no trecho? Responda com exemplos.

4. As palavras que aparecem sublinhadas no texto pertencem à mesma classe gramatical?

MORFOLOGIA

Pronome

UM PRIMEIRO OLHAR

Leia, a seguir, a tirinha do cartunista estadunidense Charles Schulz. Nela, Sally Brown conversa com seu irmão Charlie Brown.

SCHULZ, Charles Monroe. [Minduim]. **O Estado de S.Paulo**, São Paulo, 9 mar. 2014. Caderno 2.

1. Observe algumas palavras que Sally utiliza em suas falas.

| isto | eu | isso |

- Ela usa essas palavras para referir-se a alguém ou alguma coisa. Indique a que ser cada uma dessas palavras se refere.

2. Ao dirigir-se ao irmão, Sally usa a palavra **você** no lugar de um substantivo.

a) Que substantivo é esse?

b) Classifique esse substantivo.

c) Por que Sally usou a palavra **você** em vez do substantivo identificado no item **a**?

3. Considere o último quadrinho da tirinha.

a) A palavra **eles** também se refere a alguém. A quem?

b) Considere o verbo **matar** e o termo **me**. De que maneira essas duas palavras se relacionam na construção de sentido?

c) Explique o medo de Sally com base no uso das palavras **matar**, **me** e **eles** e nas informações do terceiro quadrinho.

CONCEITO

Observe o diálogo a seguir.

— Priscila, **eu** preciso do dicionário de inglês. **Você** sabe onde **ele** está?

— **Eu** não tenho certeza, Carolina, mas acho que está no **meu** armário.

As palavras destacadas são **pronomes**. O pronome indica as relações existentes entre os seres e as pessoas do discurso.

Veja o esquema:

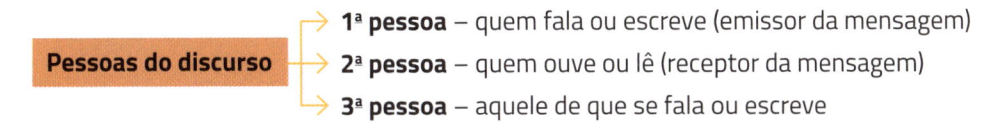

Pessoas do discurso
- **1ª pessoa** – quem fala ou escreve (emissor da mensagem)
- **2ª pessoa** – quem ouve ou lê (receptor da mensagem)
- **3ª pessoa** – aquele de que se fala ou escreve

O ato comunicativo envolve essas três pessoas do discurso, que alternam posições conforme as trocas nos turnos de fala.

Observe as relações entre os seres e as pessoas do discurso indicadas pelos pronomes destacados no diálogo entre Carolina e Priscila.

- Primeira fala:

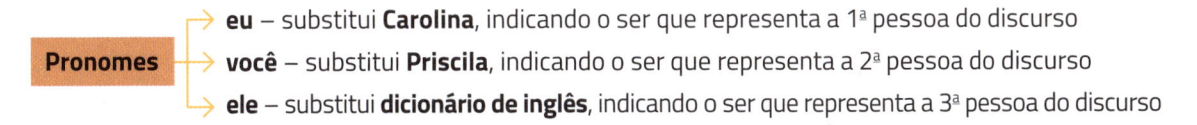

Pronomes
- **eu** – substitui **Carolina**, indicando o ser que representa a 1ª pessoa do discurso
- **você** – substitui **Priscila**, indicando o ser que representa a 2ª pessoa do discurso
- **ele** – substitui **dicionário de inglês**, indicando o ser que representa a 3ª pessoa do discurso

- Segunda fala:

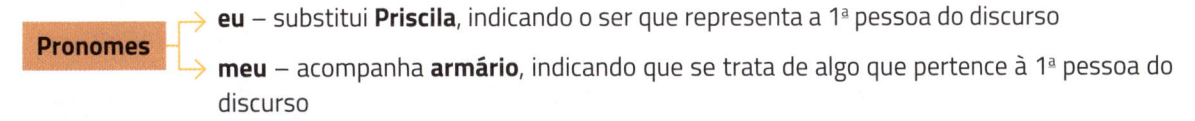

Pronomes
- **eu** – substitui **Priscila**, indicando o ser que representa a 1ª pessoa do discurso
- **meu** – acompanha **armário**, indicando que se trata de algo que pertence à 1ª pessoa do discurso

As palavras que **substituem** ou **acompanham** o substantivo, indicando relações com as pessoas do discurso, pertencem à classe gramatical dos **pronomes**.

> **Pronome** é a palavra que indica o tipo de relação existente entre o ser e a pessoa do discurso.

CLASSIFICAÇÃO DOS PRONOMES

Dependendo da relação que existe entre os seres e as pessoas do discurso, os pronomes classificam-se em **pessoais**, **possessivos**, **demonstrativos**, **indefinidos**, **interrogativos** e **relativos**.

PRONOMES PESSOAIS

Os **pronomes pessoais** são aqueles que indicam os seres que representam as pessoas do discurso. Eles podem ser de três tipos: **do caso reto**, **do caso oblíquo** e **de tratamento**.

		PRONOMES PESSOAIS DO CASO RETO E DO CASO OBLÍQUO		
	Pessoas do discurso	**Retos**	**Oblíquos**	
			Átonos	**Tônicos**
Singular	1ª pessoa	eu	me	mim, comigo
	2ª pessoa	tu	te	ti, contigo
	3ª pessoa	ele, ela	o, a, lhe, se	ele, ela, si, consigo
Plural	1ª pessoa	nós	nos	nós, conosco
	2ª pessoa	vós	vos	vós, convosco
	3ª pessoa	eles, elas	os, as, lhes, se	eles, elas, si, consigo

A divisão dos pronomes pessoais em **retos** e **oblíquos** é feita de acordo com a função que eles exercem nas orações.

- Os **pronomes pessoais do caso reto** funcionam como sujeito e como predicativo do sujeito.

    Exemplos:

    Nós vamos sempre ao cinema.
    ↓
    sujeito

    Eu não sou **ele**.
    ↓   ↓
    sujeito   predicativo do sujeito

- Os **pronomes pessoais do caso oblíquo** funcionam como complementos nas orações.

    Exemplos:

    Precisava do dinheiro naquele dia, mas **o** recebi somente no dia seguinte.
    ↓
    objeto direto

    Não atribuam **a mim** tamanha ofensa, pois não diria tais palavras.
    ↓
    objeto indireto

A divisão dos pronomes pessoais do caso oblíquo em **átonos** e **tônicos** é feita de acordo com a intensidade com que são pronunciados na frase.

- São **átonos** os pronomes pronunciados com menor intensidade.

    Exemplo:
    No meu aniversário, homenagearam-**me** com flores.

- São **tônicos** os pronomes pronunciados com maior intensidade.

    Exemplo:
    Nada mais existe *entre* **mim** e **ela**.

> **OBSERVAÇÃO**
>
> Os pronomes pessoais oblíquos tônicos são sempre precedidos de preposição. Da preposição *com*, combinada com o pronome oblíquo que a segue, é que se originam as formas **comigo**, **contigo**, **consigo**, **conosco** e **convosco**.

FORMAS PRONOMINAIS

Os pronomes pessoais oblíquos átonos **o**, **a**, **os**, **as**, quando colocados após os verbos, podem assumir outras formas:

- **lo**, **la**, **los**, **las** – se o verbo terminar em **r**, **s** ou **z**, após a supressão dessas terminações.

    Exemplos:
    É preciso defender os animais. / É preciso defendê-**los**. [defende(r) + os]
    Preservamos a natureza. / Preservamo-**la**. [preservamo(s) + a]
    Fiz meu trabalho ontem. / Fi-**lo** ontem. [fi(z) + o]

> **OBSERVAÇÃO**
>
> Se o verbo terminar em vogal ou semivogal oral, não há alteração nos pronomes: chamo-**o**, ponho-**a**, abraço-**os**, ajudo-**as**.

- **no**, **na**, **nos**, **nas** – se o verbo terminar em som nasal.

    Exemplos:

    Os jogadores inocentaram o técnico. / Os jogadores inocentaram-**no**.

    Põe as camisas na gaveta. / Põe-**nas** na gaveta.

DISTINÇÃO ENTRE ARTIGO E PRONOME PESSOAL

- **O**, **a**, **os**, **as**, quando artigos definidos, **acompanham** um substantivo, indicando tratar-se de um ser específico na espécie.

    Exemplo:
    Eu coloquei **o** *livro* na estante. (acompanha *livro*, indicando que é um ser específico)

- **O**, **a**, **os**, **as**, quando pronomes pessoais, **substituem** um substantivo, indicando tratar-se de um ser que representa a 3ª pessoa do discurso.

    Exemplo:
    Eu **o** coloquei na estante. (substitui *livro*, que representa a 3ª pessoa do discurso)

PRONOMES PESSOAIS DE TRATAMENTO

Os **pronomes pessoais de tratamento** são palavras ou expressões que indicam a pessoa com quem se fala, sugerindo o grau de intimidade ou proximidade ou a relação hierárquica: por exemplo, o emissor dirige-se ao receptor tratando-o por **você** (tratamento íntimo, familiar) ou por **senhor** (tratamento respeitoso, cerimonioso). Certas autoridades exigem tratamentos específicos.

Veja a seguir o quadro dos pronomes de tratamento mais usados.

PRONOMES DE TRATAMENTO	ABREVIATURAS		USADOS PARA DIRIGIR-SE A
	Singular	Plural	
Vossa Majestade	V. M.	VV. MM.	reis, imperadores
Vossa Alteza	V. A.	VV. AA.	príncipes, duques
Vossa Santidade	V. S.	–	papa
Vossa Eminência	V. Em.ª	V. Em.ᵃˢ	cardeais
Vossa Paternidade	V. P.	VV. PP.	superiores de ordens religiosas
Vossa Reverendíssima	V. Rev.ma	V. Rev.mas	sacerdotes em geral
Vossa Magnificência	V. Mag.ª	V. Mag.ᵃˢ	reitores de universidades
Vossa Excelência	V. Ex.ª	V. Ex.ᵃˢ	altas autoridades do Governo e das Forças Armadas, bispos, arcebispos
Vossa Senhoria	V. S.ª	V. S.ᵃˢ	funcionários públicos graduados, pessoas de cerimônia, oficiais até coronel

Apesar de referirem-se à 2ª pessoa do discurso, os pronomes de tratamento exigem o verbo e os outros pronomes que a eles se referem na 3ª pessoa.

Exemplo:

Vossa Excelência já *encerrou* o *seu* trabalho? (e não "o *vosso* trabalho")

> **OBSERVAÇÃO**
>
> Os pronomes de tratamento iniciados por **vossa** têm essa forma alterada para **sua** quando se referem à 3ª pessoa do discurso, isto é, à pessoa mencionada no ato comunicativo.
> **Exemplo:**
> "**Sua Excelência**, o Presidente da República, visitará, na próxima semana, algumas das regiões mais afetadas pelas chuvas recentes", informou o porta-voz.

Na maior parte do Brasil, os pronomes de 2ª pessoa **tu** e **vós** foram substituídos, no tratamento informal, pelos pronomes de tratamento **você** e **vocês** e, no tratamento respeitoso, por **senhor** e **senhora**. Nesses casos, os verbos associados a esses pronomes encontram-se na 2ª ou na 3ª pessoa.

Exemplos:

Tu *vais* ao encontro dela? *(forma usada em algumas regiões apenas)*

Você (ou **o senhor**) *vai* ao encontro dela? *(forma mais comum)*

ATIVIDADES

1. Leia a tirinha a seguir, criação da quadrinista Clara Gomes.

   GOMES, Clara. [Amor, belo amor]. **Bichinhos de Jardim**, 2 set. 2020. Blogue. Disponível em: http://bichinhosdejardim.com/amor-belo-amor/. Acesso em: 19 fev. 2021.

   a) Nos dois primeiros quadrinhos, as personagens usaram um mesmo pronome em suas falas. Informe que pronome é esse e classifique-o.

   b) Identifique e classifique os pronomes presentes no terceiro quadrinho.

   c) Se a fala do último quadrinho fosse "Ele nos torna belos idiotas", que substantivo o pronome **ele** estaria substituindo?

2. Classifique os pronomes pessoais destacados em reto ou oblíquo e indique a que pessoas do discurso eles se referem.

   a) **Ela** confiou a **mim** seu maior segredo.

   b) **Eu** trago **comigo** muitas lembranças da infância.

   c) **Eles** desejaram-**nos** boa sorte no vestibular.

   d) Contaram-**nos** muitas coisas sobre **ele**.

   e) Não quiseram dar a notícia a **ela**.

3. Substitua as palavras destacadas pelos pronomes **o**, **a**, **os**, **as**, ligando-os adequadamente aos verbos.

   a) É proibido maltratar **os animais**.

   b) Compramos **a barraca** na praia.

   c) Já fiz **meus trabalhos domésticos**.

   d) Esqueci de dar **seu presente de aniversário**.

4. Das palavras destacadas nas frases a seguir, identifique as que são artigos e as que são pronomes pessoais oblíquos.

   a) **Os** ponteiros do relógio moviam-se devagar, e **os** minutos pareciam não passar.

   b) Claudio seguiu-**a** com os olhos até que **a** compelisse a olhar de volta.

   c) Por todo **o** caminho, **a** estrada que **o** guiava era cercada de árvores.

   d) Chamei-**os** para **a** festa sabendo que não **os** queria aqui.

5. Complete as lacunas com os pronomes de tratamento adequados.

   a) O trono inglês é ocupado por ▨ .

   b) ▨ , o papa Francisco, foi muito homenageado em sua visita ao Brasil.

   c) As reformas ministeriais são propostas por ▨ , o presidente da República.

   d) "▨ é muito estimado por mim", disse a rainha ao príncipe.

PRONOMES POSSESSIVOS

Os **pronomes possessivos** indicam relações existentes entre as coisas possuídas e seus possuidores, que são as pessoas do discurso.

Exemplo:
De longe, viram **meu** *carro* sendo levado pela enxurrada.

1ª pessoa – possuidor   coisa possuída

Os pronomes possessivos podem também indicar aproximação, afeto ou respeito.

Exemplos:

Meu vizinho deve ter **seus** noventa anos já. (aproximação)
Por favor, **meu** amigo, não deixe de ligar contando as novidades. (afeto)
Boa tarde, **minha** senhora. Como posso lhe ajudar? (respeito)

Veja, a seguir, o quadro dos pronomes possessivos.

	PESSOAS DO DISCURSO	PRONOMES POSSESSIVOS
Singular	1ª pessoa	meu, minha, meus, minhas
	2ª pessoa	teu, tua, teus, tuas
	3ª pessoa	seu, sua, seus, suas
Plural	1ª pessoa	nosso, nossa, nossos, nossas
	2ª pessoa	vosso, vossa, vossos, vossas
	3ª pessoa	seu, sua, seus, suas

> **OBSERVAÇÃO**
>
> Os pronomes seu, seus, sua ou suas podem gerar ambiguidade nas frases. Para evitar dúvidas, usam-se **dele**, **deles**, **dela** ou **delas**, dependendo de quem é o possuidor do ser. **Exemplo:** Meu pai disse a minha mãe que não conseguiu achar **sua** mochila. (mochila do pai ou da mãe?) / Meu pai disse à minha mãe que não conseguiu achar a mochila **dele/dela**.

FLEXÃO DOS PRONOMES POSSESSIVOS

Os pronomes possessivos concordam:

- em **pessoa** com o possuidor.

   Exemplos:

   Guardei **meu** relatório numa gaveta.

   1ª pessoa do singular

   Guardei **nosso** relatório numa gaveta.

   1ª pessoa do plural

- em **gênero** e **número** com a coisa possuída.

    Exemplos:

    Guardei **minha** *pasta* na gaveta.
    ↓
    feminino singular

    Guardei **nossos** *relatórios* na gaveta.
    ↓
    masculino plural

PRONOMES DEMONSTRATIVOS

Os **pronomes demonstrativos** são aqueles que indicam a posição dos seres e das pessoas do discurso em determinado contexto.

Essa posição pode ser **geográfica**, **temporal** ou **linguística**.

- Indicação da posição **geográfica** ou **espacial** do ser em relação às pessoas do discurso.

    Exemplos:

    Lívia, **este** é o *livro* de que lhe falei.
    este: indica que o *livro* está próximo da 1ª pessoa do discurso

    Era **esse** de capa azul, Glauce? Pensei que fosse **aquele** de capa vermelha.
    esse: indica que o *livro* está próximo da 2ª pessoa do discurso
    aquele: indica que o *livro* está distante de ambas as pessoas do discurso (1ª e 2ª)

- Indicação da posição **temporal** do ser em relação ao momento em que a pessoa fala.

    Exemplos:

    Esta *semana* a escola está tranquila.
    esta: indica a semana em curso, presente

    Essa *semana* que passou a escola esteve cheia de atividades.
    essa: indica um passado próximo em relação ao momento da fala

    Muito tranquila foi **aquela** *semana* que teve dois feriados.
    aquela: indica um passado distante do momento da fala

- Indicação da posição **linguística**, ou seja, da posição dos termos no discurso.

    Exemplos:

    O meu desejo é **este**: ver de novo aquela garota.
    este: anuncia próximos termos ou informação seguinte

    Ver de novo aquela garota. **Esse** é o meu desejo.
    esse: retoma termos ou informação já citada

    Não sei se vou a festas ou se me dedico só ao estudo. **Este** garante o futuro, **aquelas**, o prazer do momento.
    este: retoma o elemento próximo, dito por último (estudo)
    aquelas: retoma o elemento distante, dito anteriormente (festas)

Veja, a seguir, o quadro dos pronomes demonstrativos. Nele, é possível observar suas classificações em **variáveis** e **invariáveis**.

PRONOMES DEMONSTRATIVOS	
Variáveis	Invariáveis
este, esta, estes, estas	isto
esse, essa, esses, essas	isso
aquele, aquela, aqueles, aquelas	aquilo

Também podem aparecer empregadas como pronomes demonstrativos as seguintes palavras:

- **mesmo(s)**, **mesma(s)**, **próprio(s)**, **própria(s)**.

    Exemplos:
    Na entrevista, o político disse a **mesma** coisa o tempo todo. (significando "coisa idêntica")
    A **própria** filha explicou seu problema à mãe. (significando "a filha em pessoa")

- **semelhante(s)**, equivalendo a **tal** ou **tais**.

    Exemplo:
    Não faça **semelhantes** acusações sem conhecer a verdade dos fatos.

- **tal**, **tais**, equivalendo a **este**, **esse**, **aquele**, **isso** (e variações) ou a **semelhante**.

    Exemplos:
    Tal era a minha situação naquele momento: ridícula. (equivalendo a **esta**)
    Não acredito que você tenha feito **tal** pedido a seu pai. (equivalendo a **semelhante**)

- **o**, **a**, **os**, **as**, equivalendo a **isto**, **isso**, **aquilo**, **aquele** ou **tal** (e variações).

    Exemplos:
    O que você está afirmando sobre o assunto não é correto. (equivalendo a **isso**)
    Os que não participarem da gincana deverão compor as torcidas. (equivalendo a **aqueles**)

ATIVIDADES

1. Leia o trecho a seguir, extraído de um conto de Carlos Nejar.

    A coisa

    Aquela Coisa foi posta no terreno baldio, ao lado de minha casa. Era quadrada, com material que não identifiquei. O tamanho de uma grande pedra. Pela janela espiei: a Coisa se movia. Depois **me** dei conta de que se aproximando alguém ficava inanimada. [...]

    Muitos dias transcorreram sem mudança, salvo quando, numa tarde quente, um cavalo foi pastar no tal terreno sem muro. Bateu na Coisa. E **ela** de repente se moveu na direção do animal, que, assustado, fugiu, galopando sozinho pela rua.

    Depois parou em cima da calçada. Estática, como um monumento ao desconhecido. [...] Se os vizinhos não se preocupam com a Coisa, julgando-a inofensiva, eu me preocupei. Iria vigiá-**la**, ciente do mais elevado bem comum. E talvez minha própria segurança. Quanto mais próxima, mais vigiável. E consegui que a transportassem num caminhão da Prefeitura, para dentro de meu pátio. Imóvel. Não sabia o que fazer dela. [...]

    NEJAR, Carlos. A coisa. *In*: NEJAR, Carlos. **Contos inefáveis**. São Paulo: Nova Alexandria, 2012. p. 116-117.

    a) Classifique os pronomes destacados no texto e informe a que pessoa do discurso cada um deles se refere.

    b) Identifique dois pronomes possessivos no trecho.

    c) Considere o trecho "um cavalo foi pastar no **tal** terreno sem muro" e classifique o pronome em destaque.

2. Identifique os pronomes possessivos das frases a seguir e informe as respectivas pessoas do discurso.

    a) Faço minhas as suas palavras: temos de lutar por nossos objetivos.

    b) Ao sair, meu colega de classe confundiu-se: levou meu material e deixou o dele.

    c) Tu já não sabes que tudo o que é meu também é teu?

    d) Fomos dar nossos parabéns aos formandos pela sua conquista.

    e) Não queremos que vossos filhos sofram como os nossos.

3. Leia, a seguir, o trecho de um poema de Fernando Pessoa.

[...]
O maestro sacode a batuta,
E lânguida e triste a música rompe...

Lembra-me a minha infância, **aquele** dia
Em que eu brincava ao pé dum muro de quintal

Atirando-lhe com uma bola que tinha dum lado
O deslizar dum cão verde, e do outro lado
Um cavalo azul a correr com um *jockey* amarelo,
[...]

PESSOA, Fernando. Chuva oblíqua. *In*: PESSOA, Fernando. **Poesias**. Lisboa: Ática, 1942. Nota explicativa de João Gaspar Simões e Luiz de Montalvor. Disponível em: http://arquivopessoa.net/textos/873. Acesso em: 19 fev. 2021.

a) Copie desse trecho dois pronomes pessoais do caso oblíquo e um possessivo.

b) Classifique o pronome destacado no trecho. Esse pronome indica proximidade ou distanciamento temporal?

4. Preencha as lacunas com os pronomes demonstrativos adequados.

a) Acabamos de chegar e já estamos adorando ■ festa. Mas ■ do ano passado não foi muito divertida.

b) O Dia da Criança foi comemorado com gincana e muita festa na escola. ■ foi um dia muito divertido!

c) Uma senhora muito simpática aproximou-se do professor. Acho que já vi ■ senhora no dia em que houve ■ reunião dos pais.

d) Admiro ■ amor que demonstras aos teus semelhantes.

e) Algumas pessoas querem morar no campo e outras preferem a cidade grande. ■ oferece mais oportunidade de trabalho e ■, mais oportunidade de descanso.

5. Identifique as palavras empregadas como pronomes demonstrativos nas frases a seguir.

a) O convidado é o mesmo que estava no outro casamento.

b) Jamais cometa semelhante falha diante de seu superior.

c) Ele próprio escolheu os presentes que queria ganhar.

d) Você não deve cometer tal loucura.

e) O que você sabe é apenas uma parte da verdade.

f) Não conheço todos os sabores de torta disponíveis, apenas o que foi servido na festa.

6. Classifique as palavras destacadas em artigos ou pronomes demonstrativos.

a) No trabalho, **as** pessoas deveriam fazer **o** que gostam para se sentirem realizadas.

b) Tudo **o** que fizemos foi esperar **a** tempestade passar.

c) **Os** que não comparecerem à assembleia não poderão escolher **os** candidatos.

d) **O** que **o** professor explicou foi suficiente para resolver **os** testes.

e) Muitos não conseguem **o** que almejam porque não persistem.

f) Se precisasse escolher entre **as** duas pinturas, **a** de que mais gostei foi esta.

PRONOMES INDEFINIDOS

Os **pronomes indefinidos** são aqueles que se referem de maneira vaga, imprecisa, ou com quantidades indeterminadas a seres da 3ª pessoa do discurso.

Exemplos:

Conheci **alguém** muito especial. (3ª pessoa do discurso sem identificação precisa)
Vários estudantes não compareceram à aula. (3ª pessoa do discurso de quantidade indeterminada)

Veja, a seguir, o quadro dos pronomes indefinidos.

PRONOMES INDEFINIDOS	
Variáveis	Invariáveis
algum, alguma, alguns, algumas	alguém
nenhum, nenhuma, nenhuns, nenhumas	algo
todo, toda, todos, todas	ninguém
muito, muita, muitos, muitas	nada
pouco, pouca, poucos, poucas	tudo
vário, vária, vários, várias	cada
tanto, tanta, tantos, tantas	outrem
quanto, quanta, quantos, quantas	mais
outro, outra, outros, outras	menos
certo, certa, certos, certas	demais
bastante, bastantes	
qualquer, quaisquer	

Há pronomes indefinidos que se opõem pelo sentido.

Exemplos:

Vimos **alguém** na sala. (sentido afirmativo)
Não vimos **ninguém** na sala. (sentido negativo)
Tem **tudo** a ver comigo. (sentido de totalidade afirmativa)
Não tem **nada** a ver comigo. (sentido de totalidade negativa)

LOCUÇÕES PRONOMINAIS INDEFINIDAS

São **locuções pronominais indefinidas** duas ou mais palavras que equivalem a um pronome indefinido, como **alguma coisa**, **cada um**, **cada qual**, **quem quer que**, **todo aquele que**, **qualquer um** etc.

Exemplos:
Quem quer que visitasse aquela praia ficava encantado com ela.
Qualquer um tinha acesso aos ingressos para assistir àquele espetáculo.

PRONOMES INTERROGATIVOS

Os **pronomes interrogativos** são empregados na formulação de perguntas, diretas ou indiretas.

Exemplos:

Que barulho é esse? (pergunta direta)
Diga-me **que** barulho é esse. (pergunta indireta)

Quem é você? (pergunta direta)
Quero saber **quem** é você. (pergunta indireta)

Veja, a seguir, o quadro dos pronomes interrogativos.

PRONOMES INTERROGATIVOS	
Variáveis	Invariáveis
qual, quais	que
quanto, quanta, quantos, quantas	quem

PRONOMES RELATIVOS

Os **pronomes relativos** são aqueles que retomam um termo citado anteriormente, dando início a uma nova oração.

Observe as duas estruturas:

Resolvi um *problema* sério. O *problema* foi criado por mim mesmo.

Resolvi um *problema* sério **que** eu mesmo criei.

Na segunda estrutura, o pronome relativo **que** substitui o substantivo *problema* e inicia a oração seguinte: "**que** eu mesmo criei".

Veja, a seguir, o quadro dos pronomes relativos.

PRONOMES RELATIVOS	
Variáveis	Invariáveis
o qual, a qual, os quais, as quais	que
cujo, cuja, cujos, cujas	quem
quanto, quantos, quantas	onde

OBSERVAÇÕES

1. O pronome relativo variável concorda com seu antecedente (termo que vem antes dele), com exceção de **cujo**, que concorda com o consequente (termo que aparece depois dele).
Exemplos:
Este é o *livro* sobre **o qual** lhe falei. (concorda com o antecedente *livro*)
Este é o livro **cuja** *história* é emocionante. (concorda com o consequente *história*)

2. Quanto, quantos e **quantas** são pronomes relativos quando empregados após os pronomes indefinidos *tudo, todo, todos, todas, tanto*.
Exemplos:
Trouxeram *tudo* **quanto** haviam prometido.
Procure saber a verdade com *todos* **quantos** assistiram à discussão.

3. O pronome relativo **quem** refere-se a pessoas e sempre aparece precedido de preposição.
Exemplos:
Trata-se de uma colega *de* **quem** gostamos muito.
A vitória será *de* **quem** alcançar primeiro a linha de chegada.

4. Os pronomes relativos **onde** e **quem**, quando usados sem antecedente, costumam ser classificados como pronome relativo indefinido.
Exemplos:
Moro **onde** consigo pagar.
Quem avisa amigo é.

PRONOMES SUBSTANTIVOS E PRONOMES ADJETIVOS

Os pronomes que substituem os substantivos são denominados **pronomes substantivos** e os que os acompanham, **pronomes adjetivos**.

Exemplos:

Não entendo o motivo de **meu** vizinho não aparecer, se **ele** prometeu que viria.
↓ ↓
pronome adjetivo   pronome substantivo

Poucos conhecem o **nosso** trabalho com artesanato.
↓ ↓
pronome substantivo   pronome adjetivo

ATIVIDADES

1. Leia o trecho a seguir extraído do conto "Um desejo e dois irmãos", de Marina Colasanti.

Dois príncipes, um louro, e um moreno. Irmãos, mas os olhos de um azuis, e os do outro verdes. E tão diferentes nos gostos e nos sorrisos, que ninguém os diria filhos do mesmo pai, rei que igualmente os amava.

Uma coisa porém tinham em comum: cada um deles queria ser o outro. Nos jogos, nas poses, diante do espelho, tudo o que um queria era aquilo que o outro tinha. E de alma sempre cravada nesse desejo insatisfeito, esqueciam-se de olhar para si, de serem felizes. [...]

COLASANTI, Marina. Um desejo e dois irmãos. *In*: COLASANTI, Marina. **Doze reis e a moça do labirinto do vento**. São Paulo: Global, 2000.

a) Retire do texto os seguintes elementos:
- três pronomes indefinidos.
- uma locução pronominal indefinida.
- três pronomes demonstrativos.
- um pronome pessoal do caso oblíquo tônico.

b) A quem se refere o pronome **outro** usado no primeiro parágrafo? E nas duas ocorrências do segundo parágrafo? Explique.

2. Identifique os pronomes indefinidos nas frases a seguir.

a) O professor falava alto, mas ninguém o ouvia.

b) Várias pessoas foram à reunião, mas nenhuma relatou o assunto discutido.

c) Qualquer pessoa podia candidatar-se à vaga.

d) Certo dia encontrei um amigo que não via há muito tempo.

3. Classifique os pronomes indefinidos da atividade **2** em variáveis e invariáveis.

4. Identifique as locuções pronominais indefinidas nas frases a seguir.

    a) Todo aquele que ajudar o próximo será recompensado.

    b) Os brindes serão distribuídos a cada um que participar do sorteio.

    c) Quem quer que assista ao espetáculo fica fascinado.

    d) Qualquer um gostaria de ter uma vida confortável.

    e) Cada qual deve cuidar de sua saúde.

5. Para cada pergunta direta a seguir, formule uma pergunta indireta.

    a) Quantos anos você tem?

    b) A que horas você acorda?

    c) Quem são seus pais?

    d) Em qual escola você estuda?

6. Una cada par de frases por meio de um pronome relativo. Faça as alterações necessárias.

    a) Buscávamos uma solução para o problema. Essa solução não deveria afetar os menos favorecidos.

    b) A Amazônia é uma vasta área verde. O mundo necessita dela.

    c) Veja os obstáculos da vida. Você se opõe a eles.

    d) Depois do jantar, houve uma reunião. Na reunião, muitas pessoas permaneceram em silêncio.

    e) Essas poesias são de autores mineiros. Gosto dessas poesias.

    f) Meu vizinho faz pães deliciosos. Meu vizinho mora no andar de baixo.

7. Identifique os pronomes relativos e interrogativos nas frases a seguir e classifique-os.

    a) De que momentos da infância você se recorda?

    b) Fale-me sobre os filmes a que você assistiu.

    c) Diga-me quantas pessoas faltaram à aula.

    d) Este é o menino de quem falávamos?

    e) As famílias recolheram tudo quanto puderam.

    f) Quem faltou hoje?

    g) Que cheiro é esse?

8. Identifique os pronomes nas frases a seguir e classifique-os em pronomes substantivos ou pronomes adjetivos.

    a) Muitos não conhecem a nossa escola.

    b) Alguém fez uma pergunta, mas ninguém respondeu.

    c) Ninguém falou a respeito do assunto, mas várias pessoas já sabiam.

    d) Vou devolver este livro à biblioteca e pegar outro.

    e) Muito foi dito sobre o assunto, mas pouco foi feito para colocar o plano em ação.

    f) Seu trabalho com os animais é muito importante.

    g) Meus dias são todos iguais.

EM SÍNTESE

Pronome – palavra que indica o tipo de relação existente entre o ser e a pessoa do discurso.

Classificação dos pronomes

- **Pronomes pessoais** – indicam os seres que representam as pessoas do discurso.
  - Pronomes pessoais do caso reto – funcionam como sujeito ou predicativo do sujeito.
  - Pronomes pessoais do caso oblíquo – funcionam como complementos.
  - Pronomes pessoais de tratamento – sugerem o grau de formalidade ou proximidade ou a relação hierárquica entre as pessoas do discurso.
- **Pronomes possessivos** – indicam relações de posse.
- **Pronomes demonstrativos** – indicam a posição dos seres e das pessoas do discurso.
- **Pronomes indefinidos** – referem-se à 3ª pessoa do discurso de maneira vaga ou com quantidades indeterminadas.
- **Pronomes interrogativos** – empregados na formulação de perguntas, diretas ou indiretas.
- **Pronomes relativos** – retomam um termo citado anteriormente e dão início a uma nova oração.
- **Pronomes substantivos** e **pronomes adjetivos** – substituem ou acompanham um substantivo.

NO TEXTO

Leia um trecho de um conto do autor indígena Daniel Munduruku.

Tempo de aprender

Quando cheguei pela primeira vez à cidade fiquei com muito medo de **algumas** coisas. Estranhei os prédios — caixas de fósforos empinhocadas umas sobre as outras. Achava estranho o elevador — uma caixa dentro de **outra** caixa que levava as pessoas para cima e para baixo. O que me causava maior espanto, porém, era o chuveiro. Achava engraçado **alguém** conseguir aprisionar a chuva e levá-la para cima por meio de canos. Para mim, era como se **alguém** tivesse descoberto o grande segredo da chuva e agora disponibilizasse para todo o mundo. E, em **alguns** lugares, a chuva poderia ser quente ou fria! [...]

MUNDURUKU, Daniel. Tempo de aprender. *In*: MUNDURUKU, Daniel. **Tempo de histórias**: antologia de contos indígenas de ensinamento. São Paulo: Salamandra, 2005. p. 33.

1. Como o narrador imagina a pessoa representada duas vezes no trecho pelo pronome **alguém**?

2. O pronome indefinido **algumas**, na primeira frase do texto, já antecipa alguma informação sobre a relação do narrador com as coisas da cidade. Que informação é essa?

3. No trecho "Achava engraçado alguém conseguir aprisionar a chuva e levá-**la** para cima por meio de canos", indique a que se refere o pronome pessoal destacado e por que houve essa substituição.

4. Ao usar o pronome indefinido **alguns**, a que lugares o narrador se refere e qual é o motivo de seu espanto?

MORFOLOGIA

Verbo

UM PRIMEIRO OLHAR

Leia a tirinha do personagem Armandinho e responda às questões a seguir.

ARMANDINHO (Brasil). **12 de março, Dia do Bibliotecário**. 12 mar. 2017. Facebook: Armandinho. Disponível em: https://www.facebook.com/tirasarmandinho/photos/a.488361671209144.113963.488356901209621/1481626491882652/?type=3&theater. Acesso em: 15 mar. 2021.

1. Armandinho usa três palavras que expressam ações. Identifique-as.

2. Explique a fala presente no último quadrinho.

3. Que outras palavras que expressam ação poderiam ser inseridas no trecho "para aventuras em lugares distantes..."?

4. Nos quadrinhos, há uma espécie de conselho ao leitor.
    a) Em qual deles o conselho dirige-se diretamente a um interlocutor? Como você descobriu?
    b) Quais palavras, na tirinha, indicam ação propriamente dita, sem situá-la no tempo nem atribuí-la especificamente a uma pessoa gramatical?

5. Altere as falas do personagem de modo que ele relate as ações como experiências dele.
    a) Que pronome pessoal ele usaria?
    b) Que palavras ele utilizaria se essas ações tivessem ocorrido no passado?
    c) E se ele ainda fosse realizá-las?

6. Altere o pronome pessoal da questão anterior para o plural. Qual seria esse pronome?

CONCEITO

Chovia e **ventava** muito. De vez em quando **trovejava**. O placar **era** 0 a 0. Os jogadores **corriam** desesperados pelo gramado. O juiz **apitou** o fim da partida. Nenhum gol, pouca técnica, mas muita garra. A tarde de domingo **esteve** ótima: as crianças **brincaram** muito e os pais **ficaram** felizes.

As palavras destacadas são **verbos**.

> **Verbo** é a palavra que exprime **ação**, **estado** e **fenômenos naturais**.

Observe:

ações		**estados**		**fenômenos naturais**	
	corriam		era		chovia
	apitou		esteve		ventava
	brincaram		ficaram		trovejava

ESTRUTURA DOS VERBOS

O verbo é uma palavra constituída, basicamente, de duas partes: **radical** e **terminação** (ou **desinência**). **Exemplo:**

radical	/ terminações
apit	*ei*
apit	*aste*
apit	*ou*
apit	*amos*
apit	*astes*
apit	*aram*

> **OBSERVAÇÃO**
>
> Além de expressar ação, estado e fenômeno da natureza, o **verbo** pode apresentar outros valores semânticos: **experiência** — quando o sujeito experimenta estados afetivos, aspectos de natureza perceptiva ("Mãe sabe cada coisa!"); **posse** — indicando que alguém possui algo ("A menina tem uma bicicleta."); **lugar** — localizando o sujeito num determinado espaço ("O carro está na rua.").

O **radical** é a parte que contém a significação básica do verbo. As **terminações** contêm as indicações de pessoa, número, tempo e modo – dependendo da forma verbal. Assim, a palavra **brincaram**, por exemplo, além de exprimir ação, apresenta determinadas indicações sobre essa ação:

- Quem pratica a ação? As crianças – **elas**: 3ª pessoa do discurso – indicação de **pessoa**.
- Quantas crianças? Mais de uma – **elas**: plural – indicação de **número**.
- Quando? É uma ação ocorrida no **passado** – indicação de **tempo**.
- A ação é expressa com certeza? Sim: modo indicativo – indicação de **modo**.

Veja outros exemplos:

- apit**ou**: **ele/ela** – 3ª pessoa do singular do tempo passado do modo indicativo
- brinc**aremos**: **nós** – 1ª pessoa do plural do tempo futuro do modo indicativo
- corr**iam**: **eles/elas** – 3ª pessoa do plural do tempo passado do modo indicativo

Há, no entanto, algumas formas do verbo cujas terminações não fazem indicação de **pessoa**, **número**, **tempo** e **modo**. Uma delas é o **infinitivo impessoal**. Essa forma é uma espécie de nome do verbo, por isso é usada para representar os verbos no dicionário.

O **infinitivo impessoal** termina sempre em **-r**, que, com a vogal que vem antes dele, a **vogal temática**, forma a terminação do infinitivo. Veja:

cant **ar**
vend **er**
part **ir**

radical   terminações

Para se obter o radical de uma forma verbal qualquer, basta colocá-la no infinitivo e retirar a terminação **-ar**, **-er** ou **-ir**.

Exemplos:

FORMA VERBAL	INFINITIVO	RADICAL
corriam	corr**er**	**corr-**
brincaram	brinc**ar**	**brinc-**
apitou	apit**ar**	**apit-**
partimos	part**ir**	**part-**

OBSERVAÇÃO

O verbo **pôr** e seus derivados (compor, repor, depor, propor etc.) pertencem à **segunda conjugação** em razão da forma antiga desse verbo: **poer**. Apesar de a vogal temática **-e-** haver desaparecido do infinitivo, ela permanece em outras formas desse verbo e de seus derivados: põe, pões, põem etc.

CONJUGAÇÕES VERBAIS

Conjugação verbal é o nome que se dá ao conjunto das diferentes formas que o verbo adquire no seu uso, de acordo com o contexto, pela variação de suas terminações.

Na língua portuguesa, há **três conjugações verbais**, de acordo com as vogais temáticas **-a-**, **-e-**, **-i-**, que, junto com o **-r** final, formam as terminações do infinitivo: **-ar**, **-er**, **-ir**. Observe:

1ª CONJUGAÇÃO (verbos terminados em **-ar**) (vogal temática **-a-**)	2ª CONJUGAÇÃO (verbos terminados em **-er**) (vogal temática **-e-**)	3ª CONJUGAÇÃO (verbos terminados em **-ir**) (vogal temática **-i-**)
cant**ar**	vend**er**	part**ir**
am**ar**	chov**er**	sorr**ir**
sonh**ar**	corr**er**	abr**ir**

Cada uma das conjugações verbais da língua portuguesa possui terminações específicas, que são usadas para flexionar seus respectivos verbos. Conjugar um verbo significa juntar a seu radical as terminações de sua conjugação, de acordo com o contexto em que é empregado.

VERBOS PARADIGMAS

São **paradigmas** os verbos tidos como modelos de sua conjugação. São verbos que não apresentam nenhuma alteração no radical e suas terminações são as previstas para a sua conjugação.

Alguns exemplos de verbos paradigmas:

1ª CONJUGAÇÃO	2ª CONJUGAÇÃO	3ª CONJUGAÇÃO
cant**ar**	vend**er**	part**ir**
am**ar**	bat**er**	divid**ir**
sonh**ar**	sofr**er**	permit**ir**
fal**ar**	corr**er**	repart**ir**

FLEXÃO DOS VERBOS

O verbo flexiona-se em **pessoa**, **número**, **tempo**, **modo** e **voz**, por isso é a classe de palavras da língua portuguesa que apresenta o maior número de flexões.

As flexões de **pessoa** e **número** são indicadas pelas desinências **número-pessoais** e as de **tempo** e **modo** são indicadas pelas desinências **modo-temporais**.

FLEXÃO DE PESSOA E NÚMERO

O verbo flexiona-se em **pessoa** e **número** de acordo com as pessoas do discurso. Veja:

NÚMERO	PESSOAS DO DISCURSO	
Singular	1ª pessoa	brinquei
Singular	2ª pessoa	brincaste
Singular	3ª pessoa	brincou
Plural	1ª pessoa	brincamos
Plural	2ª pessoa	brincastes
Plural	3ª pessoa	brincaram

ATIVIDADES

1. Identifique os verbos e informe se eles exprimem **ação**, **estado** ou **fenômeno natural**.

   a) Chovia tanto que não se enxergava um palmo à frente. A estrada parecia interminável.

   b) Os jovens declamaram seus textos no concurso de poesia e estavam ansiosos pelo resultado.

   c) Abri a janela e olhei a rua. Lá fora, estava escuro e frio.

   d) Estava extasiada com a beleza do mar. Primeiro molhei os pés, depois avancei mar adentro, lentamente, e por fim mergulhei.

   e) Relampejava a todo instante. Em seguida, trovejou e, finalmente, choveu.

2. Indique a estrutura das formas verbais conforme o modelo.

   revelaremos
   ↓ ↓
   radical terminação

   a) compraríamos

   b) compreendestes

   c) permitimos

   d) desistíssemos

   e) precisais

   f) estudaste

3. Indique o infinitivo das formas verbais e a conjugação a que pertence cada uma.

   a) determinaremos

   b) consentíamos

   c) poremos

   d) pesquisei

   e) comerás

   f) partiu

4. Informe a pessoa do discurso a que se refere cada forma verbal destacada.
   a) O eleitor **votou** no 1º turno das eleições, mas **justificou** a ausência à votação no 2º turno.
   b) As crianças **demoraram** a voltar para casa, por isso a mãe **ficou** preocupada.
   c) **Olho** para você e me **lembro** de quando **éramos** crianças.
   d) Da janela do apartamento, o morador **avistou** pessoas que **caminhavam** apressadas para o trabalho.
   e) **Perguntei** qual seria a solução do problema, mas ninguém **conseguiu** explicar.

5. Reescreva as frases, passando para o plural as formas verbais destacadas. Observe as pessoas do discurso e faça as adequações necessárias.
   a) O aluno **avisou** que seu pai não **podia** ir à reunião.
   b) Você **comprou** o livro que eu **indiquei**?
   c) Eu **fico** feliz quando meu filho me **procura** para conversar.
   d) **Sugiro** que ele **assista** ao espetáculo que lhe **recomendei**.
   e) O jovem **pulou** de alegria quando o professor **anunciou** seu nome como vencedor do concurso.

FLEXÃO DE TEMPO E MODO

TEMPOS DO VERBO

Tempo verbal é a indicação do momento em que ocorrem as ações, os fenômenos naturais e os estados expressos pelo verbo. É determinado pela relação que se estabelece entre o momento em que a pessoa fala e a ocorrência do fato expresso pelo verbo.

Os tempos do verbo são três:

- **presente** – indica que o fato expresso pelo verbo se passa no momento em que se fala dele ou se estende a esse momento.
  Exemplos: Eu **estudo**.

  Faço minhas lições de casa à noite.

- **pretérito** – indica que, no momento em que se fala do fato expresso pelo verbo, ele já ocorreu.
  Exemplo: **Fiz** minhas lições de casa à noite.

- **futuro** – indica que, no momento em que se fala do fato expresso pelo verbo, ele ainda vai ocorrer.
  Exemplo: **Farei** minhas lições de casa à noite.

> **OBSERVAÇÃO**
>
> Dependendo da situação comunicativa, os **tempos verbais** também podem apresentar diferentes valores semânticos. Por exemplo, o tempo presente pode ser usado como genérico, como representação de verdades eternas, sendo denominado **presente universal**. Pode-se, ainda, relatar um fato passado utilizando verbos no presente, caracterizando o **presente histórico**.

MODOS DO VERBO

Modo verbal é a indicação da atitude de quem fala em relação ao fato expresso pelo verbo.

- **indicativo** – é aquele que indica **certeza**.
  Exemplo: **Faço** minhas lições de casa à noite.

- **subjuntivo** – é aquele que indica **incerteza, dúvida, hipótese**.
  Exemplo: Talvez eu **faça** minhas lições de casa à noite.

- **imperativo** – é aquele que indica **ordem, pedido, súplica, conselho**.
  Exemplo: E se você também preferir, **faça** suas lições de casa à noite!

MODO INDICATIVO

No modo indicativo, há três tempos: **presente**, **pretérito** e **futuro**. Os tempos pretérito e futuro subdividem-se em:

Pretérito: imperfeito, perfeito, mais-que-perfeito

Futuro: do presente, do pretérito

Veja, no quadro, a conjugação dos verbos **cantar**, **vender** e **partir**, que são paradigmas, nos tempos do modo indicativo.

MODO INDICATIVO			
Tempos simples	**1ª conjugação** cantar	**2ª conjugação** vender	**3ª conjugação** partir
Presente Expressa um fato atual.	canto cantas canta cantamos cantais cantam	vendo vendes vende vendemos vendeis vendem	parto partes parte partimos partis partem
Pretérito imperfeito Expressa um fato passado não concluído.	cantava cantavas cantava cantávamos cantáveis cantavam	vendia vendias vendia vendíamos vendíeis vendiam	partia partias partia partíamos partíeis partiam
Pretérito perfeito Expressa um fato passado concluído.	cantei cantaste cantou cantamos cantastes cantaram	vendi vendeste vendeu vendemos vendestes venderam	parti partiste partiu partimos partistes partiram
Pretérito mais-que-perfeito Expressa um fato passado anterior a outro fato passado.	cantara cantaras cantara cantáramos cantáreis cantaram	vendera venderas vendera vendêramos vendêreis venderam	partira partiras partira partíramos partíreis partiram
Futuro do presente Expressa um fato futuro em relação ao momento presente.	cantarei cantarás cantará cantaremos cantareis cantarão	venderei venderás venderá venderemos vendereis venderão	partirei partirás partirá partiremos partireis partirão
Futuro do pretérito Expressa um fato futuro em relação a um momento passado.	cantaria cantarias cantaria cantaríamos cantaríeis cantariam	venderia venderias venderia venderíamos venderíeis venderiam	partiria partirias partiria partiríamos partiríeis partiriam

MODO SUBJUNTIVO

No modo subjuntivo, há três tempos: **presente**, **pretérito imperfeito** e **futuro**.

Veja, no quadro, a conjugação dos verbos paradigmas **cantar**, **vender** e **partir** nos tempos do modo subjuntivo.

MODO SUBJUNTIVO			
Tempos	1ª conjugação cantar	2ª conjugação vender	3ª conjugação partir
Presente Expressa a possibilidade de um fato atual.	cante cantes cante cantemos canteis cantem	venda vendas venda vendamos vendais vendam	parta partas parta partamos partais partam
Pretérito imperfeito Expressa um fato passado dependente de outro fato passado.	cantasse cantasses cantasse cantássemos cantásseis cantassem	vendesse vendesses vendesse vendêssemos vendêsseis vendessem	partisse partisses partisse partíssemos partísseis partissem
Futuro Expressa a possibilidade de um fato futuro.	cantar cantares cantar cantarmos cantardes cantarem	vender venderes vender vendermos venderdes venderem	partir partires partir partirmos partirdes partirem

MODO IMPERATIVO

Há duas formas de imperativo:

- **imperativo negativo**
  Não **falem** alto.
- **imperativo afirmativo**
  Falem mais alto.

> **OBSERVAÇÃO**
>
> O imperativo não possui a 1ª pessoa do singular porque não se pode prever ordem, pedido ou conselho a si mesmo.

Veja, no quadro, a conjugação dos verbos paradigmas **cantar**, **vender** e **partir** nas formas do imperativo.

MODO IMPERATIVO			
Tempos	1ª conjugação cantar	2ª conjugação vender	3ª conjugação partir
Imperativo negativo É formado do presente do subjuntivo.	— não cantes tu não cante você não cantemos nós não canteis vós não cantem vocês	— não vendas tu não venda você não vendamos nós não vendais vós não vendam vocês	— não partas tu não parta você não partamos nós não partais vós não partam vocês
Imperativo afirmativo A 2ª pessoa do singular e do plural é formada com base no presente do indicativo sem o **-s** final; as outras são formadas com base no presente do subjuntivo.	— canta tu cante você cantemos nós cantai vós cantem vocês	— vende tu venda você vendamos nós vendei vós vendam vocês	— parte tu parta você partamos nós parti vós partam vocês

ATIVIDADES

1. Leia a tirinha de Garfield, personagem criado por Jim Davis, e responda às questões.

DAVIS, Jim. [Garfield]. **Folha de S.Paulo**, São Paulo, ano 93, n. 31.002, p. E7, 18 fev. 2014. Ilustrada.

a) No lugar de **vou mostrar**, use apenas o verbo **mostrar** e informe o tempo e o modo em que se encontra.

b) Informe a pessoa e o modo em que se encontra a forma verbal **volte**.

c) A frase "Vou lhe mostrar o meu mundo." cria uma expectativa que é quebrada pela sequência idêntica das imagens e pela frase "Volte sempre.". Crie um balão de pensamento para o segundo quadrinho empregando um verbo no modo indicativo que amenize um pouco a frustração do leitor.

2. Informe o tempo e o modo das formas verbais destacadas.

a) Se **fores** embora, **perderás** a apresentação do espetáculo.

b) Quando eu **estive** aqui, ainda **era** criança.

c) A mãe já **dormira** quando a filha **chegou** da festa.

d) Se o jovem **estudasse** bastante, não **ficaria** de recuperação.

e) Não **digas** nada que **possa** te prejudicar.

3. Agora, explique o que indicam o modo e o tempo de cada forma verbal destacada na atividade **2**.

4. Preencha as lacunas com as formas verbais indicadas nos parênteses.

a) Quando eu ■ (**chegar**, pretérito perfeito do indicativo) em casa, já ■ (**estar**, pretérito imperfeito do indicativo) amanhecendo.

b) Se eu ■ (**faltar**, pretérito imperfeito do subjuntivo) à aula, não ■ (**aprender**, futuro do pretérito do indicativo) a lição sobre verbos.

c) ■ (**esperar**, presente do indicativo) que ■ (**haver**, presente do subjuntivo) tempo para que eu ■ (**fazer**, presente do subjuntivo) a inscrição para o concurso.

d) Quando eu ■ (**terminar**, futuro do subjuntivo) de ler este livro, ■ (**fazer**, futuro do presente do indicativo) uma doação à biblioteca da escola.

e) ■ (**fazer**, imperativo afirmativo) o possível para que ■ (**ficar**, presente do subjuntivo) em paz contigo mesmo.

5. As formas verbais das frases a seguir estão no pretérito perfeito do indicativo. Reescreva-as com os verbos no pretérito imperfeito e no pretérito mais-que-perfeito. Depois explique as diferenças de sentido entre esses três tempos verbais.

a) Eu avisei a ele do ocorrido.

b) Esquecemos o livro na sala.

c) As pessoas conversaram animadamente na festa.

d) Tu trouxeste a minha encomenda?

6. Leia o poema de Mário de Andrade.

Momento

O vento corta os seres pelo meio.
Só um desejo de nitidez ampara o mundo...
Faz sol. Fez chuva. E a ventania
Esparrama os trombones das nuvens no azul.
[...]

ANDRADE, Mário de. Momento. In: ANDRADE, Mário de. **Lira Paulistana**. São Paulo: Oficina das Letras, 2020. p. 137.

a) Indique o tempo e o modo dos verbos no poema.

b) Qual a relação de sentido que o emprego desses tempos verbais estabelece com o título do poema?

- Substitua o título por **Ontem** e, depois, por **Antigamente** e faça as alterações necessárias.

c) Indique o infinitivo e a conjugação a que pertencem esses verbos.

d) No contexto, que sentido expressa o tempo verbal de **fez**?

7. Complete a conjugação do verbo **deixar** no imperativo afirmativo e no afirmativo negativo preenchendo as lacunas. Depois explique como é formado esse modo verbal.

a) Imperativo afirmativo

deixa tu
■ ele
deixemos nós
■ vós
■ eles

b) Imperativo negativo

não ■ tu
não deixe ele
não ■ nós
não ■ vós
não deixem eles

8. Sobre os pares a seguir, identifique quais formas verbais representam tempo passado e quais representam tempo futuro. Identifique também a diferença de tonicidade entre elas.

a) pedira – pedirá
b) sofreram – sofrerão
c) marcaras – marcarás
d) correram – correrão
e) saíras – sairás
f) sonhara – sonhará

9. Leia a tirinha do personagem Hagar, de Chris Browne.

BROWNE, Chris. [Hagar]. **Folha de S.Paulo**, São Paulo, ano 94, n. 31.021, 9 mar. 2014. Ilustrada.

a) Copie as formas verbais presentes no texto da tirinha e identifique os tempos e os modos em que se encontram.

b) Que pronome ficou implícito em: "... que os seguíssemos"?

c) Reescreva a última fala substituindo as pessoas do discurso que estão no plural pelas respectivas pessoas do discurso no singular.

d) Nas alterações realizadas na resposta do item **c**, que tipo de flexão ocorreu com o verbo?

10. As formas verbais das frases a seguir estão no presente do indicativo. Escreva-as no futuro do presente e no futuro do pretérito. Depois, explique a diferença de sentido entre esses três tempos verbais.

a) Saio cedo todos os dias e volto tarde.

b) Os estudantes querem aula de reforço.

c) Educação é fundamental para a vida em sociedade.

d) As crianças brincam felizes no jardim.

FORMAS NOMINAIS DO VERBO

Formas nominais do verbo são aquelas cujas terminações não apresentam flexão de *pessoa* e *número* nem de *tempo* e *modo*, com exceção do infinitivo pessoal, que possui indicações de pessoa e número.

São três as formas nominais do verbo:
- **infinitivo** (impessoal e pessoal)
- **gerúndio**
- **particípio**

Formas nominais dos verbos paradigmas **cantar** (1ª conjugação), **vender** (2ª conjugação) e **partir** (3ª conjugação).

	CANTAR	VENDER	PARTIR
Infinitivo impessoal	cantar	vender	partir
Infinitivo pessoal possui indicações de pessoa e número	cantar	vender	partir
	cantares	venderes	partires
	cantar	vender	partir
	cantarmos	vendermos	partirmos
	cantardes	venderdes	partirdes
	cantarem	venderem	partirem
Gerúndio	cantando	vendendo	partindo
Particípio	cantado	vendido	partido

Essas formas são denominadas **nominais** porque podem ser empregadas também como: **substantivo**, **adjetivo** e **advérbio**. **Exemplos:**

Vamos **jantar**?
↓
verbo

O **jantar** está servido.
↓
substantivo

Já haviam **arrumado** a mesa.
↓
verbo

A mesa já estava **arrumada**.
↓
adjetivo

Ele estava **cantando**.
↓
verbo

Ele chegou **cantando**.
↓
advérbio

TEMPOS COMPOSTOS

São **compostos** os tempos representados por mais de um verbo. O tempo composto é formado de um **verbo auxiliar** — flexionado em pessoa, número, tempo e modo — seguido do **verbo principal** — no **particípio**. **Exemplos:**

Os alunos **tinham estudado** muito para a prova de Língua Portuguesa.

       ↓   ↓
  verbo auxiliar verbo principal
  (flexionado)   (no particípio)

A garota não **havia encontrado** ainda a sua vocação profissional.

       ↓   ↓
  verbo auxiliar verbo principal
  (flexionado)   (no particípio)

Conjugação dos verbos paradigmas **cantar**, **vender** e **partir** nos tempos compostos.

MODO INDICATIVO			
Pretérito perfeito composto		**Pretérito mais-que-perfeito composto**	
presente do verbo auxiliar **ter** + *particípio* do verbo principal		*imperfeito* do verbo auxiliar **ter** (ou **haver**) + *particípio* do verbo principal	
tenho	**cantado vendido partido**	tinha / havia	**cantado vendido partido**
tens		tinhas / havias	
tem		tinha / havia	
temos		tínhamos / havíamos	
tendes		tínheis / havíeis	
têm		tinham / haviam	
Futuro do presente composto		**Futuro do pretérito composto**	
futuro do presente simples do verbo auxiliar **ter** (ou **haver**) + *particípio* do verbo principal		*futuro do pretérito simples* do verbo auxiliar **ter** (ou **haver**) + *particípio* do verbo principal	
terei / haverei	**cantado vendido partido**	teria / haveria	**cantado vendido partido**
terás / haverás		terias / haverias	
terá / haverá		teria / haveria	
teremos / haveremos		teríamos / haveríamos	
tereis / havereis		teríeis / haveríeis	
terão / haverão		teriam / haveriam	

MODO SUBJUNTIVO			
Pretérito perfeito composto		**Pretérito mais-que-perfeito composto**	
presente simples do verbo auxiliar **ter** (ou **haver**) + *particípio* do verbo principal		*imperfeito simples* do verbo auxiliar **ter** (ou **haver**) + *particípio* do verbo principal	
tenha / haja	**cantado vendido partido**	tivesse / houvesse	**cantado vendido partido**
tenhas / hajas		tivesses / houvesses	
tenha / haja		tivesse / houvesse	
tenhamos / hajamos		tivéssemos / houvéssemos	
tenhais / hajais		tivésseis / houvésseis	
tenham / hajam		tivessem / houvessem	

MODO SUBJUNTIVO	
Futuro composto	
futuro simples do verbo auxiliar **ter** (ou **haver**) + *particípio* do verbo principal	
tiver / houver	**cantado** **vendido** **partido**
tiveres / houveres	
tiver / houver	
tivermos / houvermos	
tiverdes / houverdes	
tiverem / houverem	

Formas nominais compostas dos verbos paradigmas **cantar**, **vender** e **partir**.

Infinitivo pessoal composto		Infinitivo impessoal composto	
infinitivo pessoal simples do verbo auxiliar **ter** (ou **haver**) + *particípio* do verbo principal		*infinitivo impessoal simples* do verbo auxiliar **ter** (ou **haver**) + *particípio* do verbo principal	
		ter / haver	**cantado, vendido, partido**
ter / haver	**cantado** **vendido** **partido**	**Gerúndio composto**	
teres / haveres		*gerúndio simples* do verbo auxiliar **ter** (ou **haver**) + *particípio* do verbo principal	
ter / haver			
termos / havermos		tendo / havendo	**cantado** **vendido** **partido**
terdes / haverdes			
terem / haverem			

FLEXÃO DE VOZ

Algumas ações verbais permitem estruturas com diferentes atuações do sujeito. São os casos em que o verbo sofre **flexão de voz**.

> **Voz verbal** é a indicação de como o *sujeito* está relacionado à ação expressa pelo verbo.

São três as vozes verbais:

VOZ ATIVA

O sujeito é **agente** da ação verbal, ou seja, ele pratica a ação.

Exemplo:

Lara **atingiu** Luís com a bola.
↓ ↓
sujeito verbo na
agente   voz ativa

VOZ PASSIVA

O sujeito é **paciente** da ação verbal, ou seja, ele recebe ou sofre a ação.

Exemplo:

Luís **foi atingido** por Lara com a bola.
↓ ↓
sujeito   verbo na
paciente voz passiva

VOZ REFLEXIVA

O sujeito é **agente** e **paciente** da ação verbal, ou seja, ele pratica e, ao mesmo tempo, sofre a ação verbal.

Exemplo:

Toninho **machucou-se** com a bola.
↓ ↓
sujeito agente / verbo na voz
e paciente / reflexiva

> **OBSERVAÇÃO**
>
> A voz reflexiva pode indicar reciprocidade da ação.
> Os amigos **abraçaram-se**. (um abraçou o outro)
> ↓
> voz reflexiva recíproca

LOCUÇÃO VERBAL

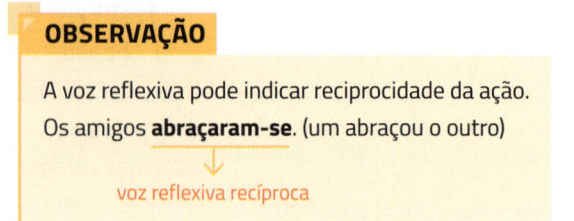

Locução verbal é a combinação de um *verbo auxiliar* com uma das formas nominais (infinitivo, gerúndio ou particípio) de um *verbo principal*, podendo aparecer entre eles uma preposição. **Exemplos:**

Terei de estudar muito para ser aprovado no curso que desejo.
↓ ↓
verbo / verbo principal
auxiliar / (infinitivo)
↓
preposição

Estou estudando muito para ser aprovado no curso que desejo.
↓ ↓
verbo auxiliar / verbo principal
(gerúndio)

Tenho estudado muito para ser aprovado no curso que desejo.
↓ ↓
verbo auxiliar / verbo principal
(particípio)

Observe que a locução desse último exemplo é um **tempo composto**. O tempo composto é um tipo de locução verbal em que o verbo principal aparece sempre no particípio. Veja outro exemplo:

Tenho pensado nos meus estudos.
↓ ↓
verbo / verbo principal
auxiliar / (particípio)

FORMAS VERBAIS RIZOTÔNICAS E ARRIZOTÔNICAS

Em uma forma verbal flexionada, a sílaba tônica — ou apenas a sua vogal — pode ocorrer no radical ou na terminação, determinando se a forma verbal será **rizotônica** ou **arrizotônica**.

FORMAS RIZOTÔNICAS

São aquelas cuja sílaba tônica (ou sua vogal) ocorre no **radical**. **Exemplos:**

radical / terminação	radical / terminação	radical / terminação
am o	**cresc** o	**par**t o
am as	**cresc** es	**par**t es
am a	**cresc** e	**par**t e
am am	**cresc** em	**par**t em

FORMAS ARRIZOTÔNICAS

São aquelas cuja sílaba tônica (ou sua vogal) ocorre na **terminação**. Exemplos:

radical / terminação	radical / terminação	radical / terminação
a**m** **a**mos	cres**c** **ê**ssemos	sor**r** **io**
a**m** a**rei**	cresc e**ri**a	sorr **is**
a**m** **a**ram	cresc e**rão**	sorr **i**riam
a**m** **ei**	cresc **eu**	sorr **iu**

ATIVIDADES

1. Leia a tirinha de Liniers para responder às questões.

> ESTAVA ASSISTINDO AO JORNAL.
>
> PELO VISTO TEM ALGUMA COISA QUE ESTÁ FALTANDO NESTE MUNDO E QUE PROVOCA CRISES E VIOLÊNCIA POR TODO LADO.
>
> PETRÓLEO?
>
> EMPATIA.

LINIERS, Ricardo. **Macanudo**. Campinas: Zarabatana Books, 2014. p. 92. v. 7.

a) Identifique a pessoa, o número, o tempo e o modo nas duas ocorrências do verbo **estar** na tirinha.

b) Na tirinha, o verbo **estar** aparece em duas locuções verbais. Identifique e classifique morfologicamente os elementos que as compõem.

c) Como se pode saber o número e a pessoa da forma verbal **estava** presente na fala da menina?

2. Identifique as formas nominais dos verbos e informe se estão no gerúndio, infinitivo ou particípio.

a) Fui ao parque e vi pessoas andando de bicicleta.

b) Os alunos querem cantar no coral da escola.

c) Os convidados já tinham se despedido antes de o baile começar.

d) É perigoso as pessoas falarem ao celular enquanto dirigem.

e) Estava esperando o ônibus quando começou a chover.

3. Identifique as formas verbais das frases a seguir e informe se são simples ou compostas.

a) Recebi muitas mensagens, mas não tenho respondido a nenhuma.

b) O corretor teria vendido a casa se o cliente pagasse o valor combinado.

c) Se o filho não tivesse partido, a mãe teria lhe apresentado os parentes que ele não conhecia.

d) Havendo terminado o curso superior, o estudante participará do concurso.

e) Os alunos têm estudado muito para não ficarem em recuperação.

4. Informe o tempo e o modo das formas verbais da atividade **3**.

5. Identifique as locuções verbais e indique as que também são tempos compostos.

   a) Estamos fazendo o possível para atender melhor aos clientes.

   b) As crianças têm aproveitado muito as férias no sítio.

   c) Os turistas tiveram de escolher entre praia e campo.

   d) O paciente foi andando até chegar ao consultório.

   e) Mesmo tendo vendido toda a mercadoria, o comerciante permaneceu na loja.

6. Identifique se as formas verbais destacadas estão na voz ativa, passiva ou reflexiva. Justifique sua resposta.

   a) A professora **escolheu** o representante da classe.

   b) Muitos peixes **são mortos** pela poluição dos rios.

   c) Os amigos **encontraram-se** na festa.

   d) O público **aplaudiu** o apresentador.

   e) A criança **feriu-se** quando passeava no parque.

7. Identifique a sílaba tônica de cada forma verbal a seguir. Depois separe essas formas verbais em dois grupos: rizotônicas e arrizotônicas.

   > revidam   estranhei   veste   emprestem   perdi   quero
   > viverei   aposto   amavam   sabes   ficou   estamos

TEMPOS PRIMITIVOS E DERIVADOS

São **primitivos** os tempos que não se originam de outros tempos ou de formas nominais. É o caso do presente e do pretérito perfeito do modo indicativo e do infinitivo impessoal.

São **derivados** os demais tempos e formas nominais, porque se originam desses dois tempos e dessa forma nominal, que são os primitivos.

Veja:

TEMPOS PRIMITIVOS		TEMPOS DERIVADOS	
Presente do indicativo	Presente do subjuntivo	Modo imperativo	
		Afirmativo	Negativo
perco	**perc**a	–	–
perdes	**perc**as	**perde** (tu)	não **perc**as
perde	**perc**a	**perc**a	não **perc**a
perdemos	**perc**amos	**perc**amos	não **perc**amos
perdeis	**perc**ais	**perde**i (vós)	não **perc**ais
perdem	**perc**am	**perc**am	não **perc**am
	Forma-se com base na 1ª pessoa do presente do indicativo (menos o **-o** final).	Forma-se com base no presente do subjuntivo, menos a 2ª pessoa do singular e do plural (**tu** e **vós**), que se formam com base nas respectivas formas do presente do indicativo (menos o **-s** final).	Forma-se com base nas formas do presente do subjuntivo.

TEMPOS PRIMITIVOS	TEMPOS DERIVADOS		
Pretérito perfeito do indicativo	Pretérito mais-que--perfeito do indicativo	Imperfeito do subjuntivo	Futuro do subjuntivo
perdi	**perde**ra	**perde**sse	**perde**r
perdeste	**perde**ras	**perde**sses	**perde**res
perdeu	**perde**ra	**perde**sse	**perde**r
perdemos	**perdê**ramos	**perdê**ssemos	**perde**rmos
perdestes	**perdê**reis	**perdê**sseis	**perde**rdes
perderam	**perde**ram	**perde**ssem	**perde**rem
	Esses tempos são formados retirando-se a terminação **-ste** da 2ª pessoa do singular do pretérito perfeito do indicativo.		
Infinitivo impessoal	Pretérito imperfeito do indicativo	Futuro do presente do indicativo	Futuro do pretérito do indicativo
perder	**perd**ia	**perde**rei	**perde**ria
	perdias	**perde**rás	**perde**rias
	perdia	**perde**rá	**perde**ria
	perdíamos	**perde**remos	**perde**ríamos
	perdíeis	**perde**reis	**perde**ríeis
	perdiam	**perde**rão	**perde**riam
	Forma-se retirando a terminação **-ar**, **-er** ou **-ir** do infinitivo impessoal.	Formam-se retirando apenas a terminação **-r** do infinitivo impessoal.	

TEMPOS DERIVADOS		
Formas nominais		
Infinitivo pessoal	Gerúndio	Particípio
perder	**perde**ndo	**perd**ido
perderes		
perder		
perdermos		
perderdes		
perderem		
Forma-se com o acréscimo das terminações de pessoa e número ao infinitivo impessoal.	Formam-se substituindo a terminação **-r** do infinitivo impessoal por **-ndo**, para formar o gerúndio, e **-do**, para o particípio. No particípio, /**e**/ muda para /**i**/.	

ATIVIDADES

1. Leia a tirinha de André Dahmer.

DAHMER, André. **Quadrinhos dos anos 10**. São Paulo: Quadrinhos na Cia., 2016. p. 137.

a) Copie dos quadrinhos quatro verbos no infinitivo impessoal. Depois passe-os para o modo imperativo.

b) Considerando o objetivo do texto em que esses verbos aparecem, a troca prejudica a construção da mensagem? Justifique sua resposta.

2. Observe o quadro com quatro conjugações do verbo **dizer** e responda aos itens a seguir.

> I. eu digo, tu dizes, ele diz, nós dizemos, vós dizeis, eles dizem.
>
> II. eu diga, tu digas, ele diga, nós digamos, vós digais, eles digam.
>
> III. dize tu, diga ele, digamos nós, dizei vós, digam eles.
>
> IV. não digas tu, não diga ele, não digamos nós, não digais vós, não digam eles.

a) Em quais tempo e modo o verbo está conjugado no grupo **I**?

b) Observando o radical dos grupos **I** e **II**, qual tempo é primitivo e qual é derivado?

c) Em qual tempo e modo o verbo está conjugado no grupo **II**?

d) Qual é o radical do verbo no grupo **II**? Explique como é formado esse tempo verbal.

e) Em que modo e tempo o verbo está conjugado nos grupos **III** e **IV**?

f) Observando os radicais e as formas de conjugação, esses grupos são primitivos ou derivados?

g) Explique como são formados os tempos verbais dos grupos **III** e **IV**.

3. Informe os tempos verbais dos itens a seguir e explique como foram formados, observando a conjugação verbal apresentada no quadro.

> **Pretérito perfeito do indicativo**: vendi, vendeste, vendeu, vendemos, vendestes, venderam.

a) vendera, venderas, vendera...

b) se eu vendesse, se tu vendesses, se ele vendesse...

c) quando eu vender, quando tu venderes, quando ele vender...

4. Informe os tempos verbais dos itens a seguir e explique como foram formados.

   a) comemorarei, comemorarás, comemorará, comemoraremos, comemorareis, comemorarão.

   b) comemoraria, comemorarias, comemoraria, comemoraríamos, comemoraríeis, comemorariam.

   c) comemorar, comemorares, comemorar, comemorarmos, comemorardes, comemorarem.

   d) comemorando

   e) comemorado

CLASSIFICAÇÃO DOS VERBOS

Os verbos classificam-se em: **regulares**, **irregulares**, **anômalos**, **defectivos**, **abundantes** e **auxiliares**.

VERBOS REGULARES

São **regulares** os verbos que:

- não apresentam alterações no radical em sua conjugação.

   Exemplos:

cantar	**sonh**ar	**vend**er	**sofr**er	**part**ir	**divid**ir
canto	**sonh**o	**vend**o	**sofr**o	**part**o	**divid**o
cantei	**sonh**ei	**vend**i	**sofr**i	**part**i	**divid**i
cantarei	**sonh**arei	**vend**erei	**sofr**erei	**part**irei	**divid**irei

- admitem as terminações próprias de sua conjugação.

   Exemplos:

cant**o**	sonh**o**	vend**o**	sofr**o**	part**o**	divid**o**
cant**ei**	sonh**ei**	vend**i**	sofr**i**	part**i**	divid**i**
cant**arei**	sonh**arei**	vend**erei**	sofr**erei**	part**irei**	divid**irei**

Todo verbo regular é verbo paradigma de sua conjugação.

VERBOS REGULARES QUE MERECEM DESTAQUE

Alguns verbos regulares apresentam certas particularidades na pronúncia e/ou na escrita.

1. Mobiliar

Diferentemente da maioria dos verbos terminados em **-iliar**, cuja sílaba tônica é **li** (auxi**li**o, conci**li**o etc.), em algumas das formas do verbo **mobiliar**, a sílaba tônica é **bi**.

Eu mo**bí**lio	que eu mo**bí**lie
Tu mo**bí**lias	que tu mo**bí**lies
Ele mo**bí**lia	que ele mo**bí**lie
Eles mo**bí**liam	que eles mo**bí**liem

2. Aguar, enxaguar, desaguar, averiguar, apaziguar, minguar

Esses verbos apresentam duas possibilidades de pronúncia em algumas de suas formas. Veja os exemplos com a sílaba tônica destacada.

a**gu**o / **á**guo	averi**gu**o / ave**rí**guo	a**gu**e / **á**gue	averi**gu**e / ave**rí**gue
a**gu**as / **á**guas	averi**gu**as / ave**rí**guas	a**gu**es / **á**gues	averi**gu**es / ave**rí**gues
a**gu**a / **á**gua	averi**gu**a / ave**rí**gua	a**gu**e / **á**gue	averi**gu**e / ave**rí**gue
a**gu**am / **á**guam	averi**gu**am / ave**rí**guam	a**gu**em / **á**guem	averi**gu**em / ave**rí**guem

3. Optar, obstar

É importante pronunciar adequadamente algumas formas desses verbos: a sílaba tônica é a destacada.

Eu **op**to	Que eu **op**te	Eu **obs**to	Que eu **obs**te
Tu **op**tas	Que tu **op**tes	Tu **obs**tas	Que tu **obs**tes
Ele **op**ta	Que ele **op**te	Ele **obs**ta	Que ele **obs**te
Eles **op**tam	Que eles **op**tem	Eles **obs**tam	Que eles **obs**tem

4. Verbos que apresentam formas em que o mesmo fonema pode ser representado por letras diferentes

Há verbos cuja representação na escrita varia de acordo com a forma verbal flexionada. Observe a pronúncia e a escrita de algumas formas dos seguintes verbos:

- a**g**ir: a**j**o, a**g**es, a**g**e; a**j**a, a**j**amos (antes das vogais /a/ e /o/, o fonema /ʒ/ é representado pela letra **j**).

- to**c**ar: to**c**o, to**c**as; to**qu**e, to**qu**emos (antes da vogal /e/, o fonema /k/ é representado pelo dígrafo **qu**).

- pe**g**ar: pe**g**o, pe**g**as; pe**gu**e, pe**gu**emos (antes da vogal /e/, o fonema /g/ é representado pelo dígrafo **gu**).

- er**gu**er: er**g**o, er**gu**es; er**g**a, er**g**amos (antes das vogais /a/ e /o/, o fonema /g/ é representado pela letra **g**).

- cre**sc**er: cre**sç**o, cre**sc**es; cre**sç**a, cre**sç**amos (antes das vogais /a/ e /o/, o fonema /s/ é representado pelo dígrafo **sç**).

- ca**ç**ar: ca**ç**o, ca**ç**as; ca**c**e, ca**c**emos (antes da vogal /e/, o fonema /s/ é representado pela letra **c**).

ATIVIDADES

1. Leia este poema de Roseana Murray.

   Receita de inventar presentes
   colher braçadas de flores
   bambus folhas e ventos
   e as sete cores do arco-íris
   quando pousam no horizonte
   juntar tudo por um instante
   num caldeirão de magia
   e então inventar um pássaro louco
   um novo passo de dança
   uma caixa de poesia

   MURRAY, Roseana. Receita de inventar presentes. *In*: MURRAY, Roseana. **Receitas de olhar**. São Paulo: FTD, 1997. p. 22.

   a) Identifique em que forma nominal se encontram os verbos **colher**, **juntar** e **inventar**.

   b) Explique a importância da escolha dessa forma nominal para a expressão do tempo no poema.

   c) Escreva esses verbos no modo imperativo.

   d) Que efeito de sentido essa mudança verbal provoca no poema?

2. Preencha as lacunas com as formas verbais indicadas entre parênteses.

   a) É importante que eles ■ o apartamento respeitando as dimensões reduzidas do imóvel. (**mobiliar**, presente do subjuntivo)

   b) Antes de fechar o negócio, ■ se não há qualquer irregularidade no contrato. (**averiguar**, imperativo afirmativo)

   c) A divisão das tarefas já foi decidida: eu ■ a louça e meu irmão ■ as plantas. (**enxaguar** e **aguar**, presente do indicativo)

   d) Falta de tudo neste vilarejo: ■ a carne, ■ o pão, ■ até o leite. (**minguar**, presente do indicativo)

   e) Entre um grande amor e uma aventura passageira, eu ■ pelo primeiro. (**optar**, presente do indicativo)

   f) O prefeito não é capaz de tomar nenhuma medida que ■ a população. (**apaziguar**, presente do subjuntivo)

   g) Este rio ■ no mar, mas há rios que ■ em lagos. (**desaguar**, presente do indicativo)

3. Flexione os verbos a seguir nas formas solicitadas.

   a) **agir**: 1ª pessoa do singular do presente do indicativo
   3ª pessoa do singular do presente do indicativo

   b) **pegar**: 1ª pessoa do singular do pretérito perfeito do indicativo
   1ª pessoa do plural do presente do indicativo

   c) **crescer**: 2ª pessoa do singular do imperativo afirmativo
   3ª pessoa do singular do imperativo afirmativo

   d) **tocar**: 3ª pessoa do singular do presente do indicativo
   3ª pessoa do singular do presente do subjuntivo

   e) **caçar**: 1ª pessoa do plural do presente do subjuntivo
   1ª pessoa do plural do presente do indicativo

4. Reescreva as formas verbais preenchendo as lacunas com as letras adequadas.

   a) **marcar** (pretérito perfeito do indicativo): mar■ei, mar■aste, mar■ou, mar■amos, mar■astes, mar■aram

   b) **abraçar** (imperativo afirmativo): abra■a, abra■e, abra■emos, abra■ai, abra■em

   c) **esfregar** (presente do subjuntivo): esfre■e, esfre■es, esfre■e, esfre■emos, esfre■eis, esfre■em

5. Reescreva as frases, preenchendo as lacunas com as formas adequadas dos verbos entre parênteses.

   a) As medidas da instituição têm sido eficazes para evitar que a espécie se ■. (extinguir)

   b) O que podemos fazer para que a porta da sala não ■ mais? (ranger)

   c) Vovó ■ que você a acompanhasse ao passeio de hoje. (gostar)

   d) Naquele momento, logo após a entrevista, eu estava certo de que ■ o emprego. (conseguir)

   e) Nós ■ a pesquisa com antecedência. (concluir)

   f) Por favor, ■ o(s) braço(s) todos os alunos que vão participar da excursão ao museu. (erguer)

   g) É recomendável evitar que os alunos ■ chuva durante o passeio. (pegar)

   h) Hoje, ■ meu filho antes de sair. (abraçar)

6. Identifique os verbos nas frases e informe o tempo, o modo ou a forma nominal em que se encontram.

   a) O aluno concluía a lição antes do jantar.
   b) Ao chegar a minha casa, encontrei a família reunida.
   c) Esfregava as mãos, limpando toda a sujeira.
   d) Vim embora no mesmo dia em que ele chegaria.
   e) Não se esqueçam de trazer o lanche para o passeio ao museu.
   f) Se todos os alunos forem ao museu, a visita será mais interessante.
   g) Cantar é uma diversão! Cantemos todos!

VERBOS IRREGULARES

São **irregulares** os verbos que:

- apresentam alterações no radical em sua conjugação.

   Exemplo:

   verbo **sentir**: radical **sent-**

   1ª pessoa do singular do presente do indicativo: **sint**o

   3ª pessoa do plural do presente do indicativo: **sent**em

- não admitem as desinências próprias de sua conjugação.

   Exemplos:

	paradigma	verbo irregular
1ª pessoa do presente do modo indicativo	cant**o**	est**ou**
1ª pessoa do pretérito perfeito do modo indicativo	cant**ei**	est**ive**

- apresentam alterações tanto no radical como nas desinências.

   Exemplo:

	paradigma	verbo irregular
	vender	**traz**er
1ª pessoa do pretérito perfeito do modo indicativo	vend**i**	***troux*e**

VERBOS IRREGULARES DA 1ª CONJUGAÇÃO

DAR			
Modo indicativo			Formas nominais
Presente	Pretérito imperfeito	Pretérito perfeito	Infinitivo impessoal
dou	dava	dei	dar
dás	davas	deste	
dá	dava	deu	
damos	dávamos	demos	
dais	dáveis	destes	
dão	davam	deram	

DAR

Modo indicativo			Formas nominais
Pretérito mais-que-perfeito	Futuro do presente	Futuro do pretérito	Infinitivo pessoal
dera	darei	daria	dar
deras	darás	darias	dares
dera	dará	daria	dar
déramos	daremos	daríamos	darmos
déreis	dareis	daríeis	dardes
deram	darão	dariam	darem

Modo subjuntivo			Gerúndio
Presente	Pretérito imperfeito	Futuro	
dê	desse	der	dando
dês	desses	deres	
dê	desse	der	
demos	déssemos	dermos	
deis	désseis	derdes	
deem	dessem	derem	

Modo imperativo		Particípio
Afirmativo	Negativo	
dá	não dês	dado
dê	não dê	
demos	não demos	
dai	não deis	
deem	não deem	

O verbo **circundar** é regular e não se conjuga como **dar**, que é irregular.

ESTAR

Modo indicativo			Formas nominais
Presente	Pretérito imperfeito	Pretérito perfeito	Infinitivo impessoal
estou	estava	estive	estar
estás	estavas	estiveste	
está	estava	esteve	
estamos	estávamos	estivemos	
estais	estáveis	estivestes	
estão	estavam	estiveram	
Pretérito mais-que-perfeito	Futuro do presente	Futuro do pretérito	Infinitivo pessoal
estivera	estarei	estaria	estar
estiveras	estarás	estarias	estares
estivera	estará	estaria	estar
estivéramos	estaremos	estaríamos	estarmos
estivéreis	estareis	estaríeis	estardes
estiveram	estarão	estariam	estarem

ESTAR				Formas nominais
Modo subjuntivo				Gerúndio
Presente	Pretérito imperfeito	Futuro		
esteja	estivesse	estiver		estando
estejas	estivesses	estiveres		
esteja	estivesse	estiver		
estejamos	estivéssemos	estivermos		
estejais	estivésseis	estiverdes		
estejam	estivessem	estiverem		
Modo imperativo				Particípio
Afirmativo		Negativo		
está		não estejas		estado
esteja		não esteja		
estejamos		não estejamos		
estai		não estejais		
estejam		não estejam		

VERBOS TERMINADOS EM -EAR

PASSEAR			
Presente do indicativo	Presente do subjuntivo	Imperativo	
		Afirmativo	Negativo
passeio	**passei**e	–	–
passeias	**passei**es	**passei**a	não passeies
passeia	**passei**e	passeie	não passeie
passeamos	passeemos	passeemos	não passeemos
passeais	passeeis	**passea**i	não passeeis
passeiam	**passei**em	passeiem	não passeiem

Nesses verbos é acrescentado /i/ depois de /e/ nas formas rizotônicas (aquelas cuja sílaba tônica está no radical).

Como **passear** são conjugados os demais verbos terminados em **-ear**: *apear, arear, atear, bloquear, cear, folhear, recear, semear* etc.

VERBOS TERMINADOS EM -IAR

ANSIAR			
Presente do indicativo	Presente do subjuntivo	Imperativo	
		Afirmativo	Negativo
anseio	**ansei**e	–	–
anseias	**ansei**es	**ansei**a	não anseies
anseia	**ansei**e	anseie	não anseie
ansiamos	ansiemos	ansiemos	não ansiemos
ansiais	ansieis	**ansia**i	não ansieis
anseiam	**ansei**em	anseiem	não anseiem

Nesses verbos é acrescentado /**e**/ antes de /**i**/ nas formas rizotônicas, o que faz coincidir suas vogais finais com as dos verbos terminados em -**ear**.

Dos verbos terminados em -**iar**, cinco seguem esse modelo de conjugação: *ansiar, incendiar, mediar, odiar* e *remediar*. Os demais são regulares, não possuem o /**e**/ antes do /**i**/: aprecio, aprecias, aprecia; sacio, sacias, sacia.

> **OBSERVAÇÃO**
>
> Os verbos terminados em -**iar** formados de substantivos podem admitir as duas formas: negocio/negoceio, negocias/negoceias, negocia/negoceia; premio/premeio, premias/premeias.

ATIVIDADES

1. Escolha as formas verbais entre parênteses que preencham adequadamente as lacunas.

   a) Comprei dois bilhetes para a peça que ■ ontem. (estreou / estreiou)

   b) Por favor, não ■ fogo na floresta! (atee / ateie)

   c) O carro da frente ■ bruscamente, mas conseguimos evitar a colisão. (freou / freiou)

   d) Este ano, como sempre, ■ na casa do tio Mário. (ceiaremos / cearemos)

   e) Nunca havia ■ um quindim tão delicioso quanto este. (saboreado / saboreiado)

2. Flexione os verbos nas formas solicitadas.

   a) **remediar**: presente do indicativo

   b) **espiar**: presente do subjuntivo

   c) **odiar**: presente do indicativo

   d) **negociar**: presente do indicativo

   e) **variar**: imperativo afirmativo

   f) **mediar**: presente do subjuntivo

3. Preencha as lacunas com as formas verbais corretas do presente do indicativo.

   a) É preciso punir exemplarmente aqueles que ■ nossas matas. (incendiar)

   b) Ele ■ por dias melhores, assim como todos nós. (ansiar)

   c) Meu humor não ■ com frequência. (variar)

   d) Marta e Sara ■ não chegar a tempo para o nascimento do bebê. (recear)

   e) Ela ■ as discussões familiares porque é a mais sensata. (intermediar)

4. Informe o tempo e o modo em que se encontram as formas verbais destacadas.

   a) Será que todo mundo **odeia** jiló?

   b) Os jovens **anseiam** uma oportunidade no mercado de trabalho.

   c) Eu **estava** precisando falar com meus colegas.

   d) A jovem **deu** atenção ao amigo.

5. Passe para o plural as formas verbais destacadas.

   a) Desde cedo, **dei** valor aos conselhos de meu pai.

   b) Espero que eu **passeie** por muitos lugares bonitos nestas férias.

   c) O aluno **copiou** todas as informações corretamente.

   d) O ideal é que o professor **medeie** o debate.

   e) Tu **anseias** por notícias como eu?

6. Complete as lacunas com as formas que faltam do verbo **passear**.

   a) Presente do indicativo: passeio, ■, passeia, passeamos, ■, ■
   b) Pretérito imperfeito do indicativo: passeava, passeavas, ■, ■, passeáveis, passeavam
   c) Presente do subjuntivo: ■, passeies, passeie, ■, passeeis, ■
   d) Imperativo afirmativo: –, passeia, ■, ■, passeai, ■
   e) Imperativo negativo: –, ■, não passeie, ■, não passeeis, ■
   f) Pretérito perfeito do indicativo: ■, passeaste, passeou, ■, ■, passearam

VERBOS IRREGULARES DA 2ª CONJUGAÇÃO

TER			
Modo indicativo			Formas nominais
Presente	Pretérito imperfeito	Pretérito perfeito	Infinitivo impessoal
tenho	tinha	tive	ter
tens	tinhas	tiveste	
tem	tinha	teve	
temos	tínhamos	tivemos	
tendes	tínheis	tivestes	
têm	tinham	tiveram	
Pretérito mais-que-perfeito	Futuro do presente	Futuro do pretérito	Infinitivo pessoal
tivera	terei	teria	ter
tiveras	terás	terias	teres
tivera	terá	teria	ter
tivéramos	teremos	teríamos	termos
tivéreis	tereis	teríeis	terdes
tiveram	terão	teriam	terem
Modo subjuntivo			Gerúndio
Presente	Pretérito imperfeito	Futuro	
tenha	tivesse	tiver	tendo
tenhas	tivesses	tiveres	
tenha	tivesse	tiver	
tenhamos	tivéssemos	tivermos	
tenhais	tivésseis	tiverdes	
tenham	tivessem	tiverem	
Modo imperativo			Particípio
Afirmativo		Negativo	
tem		não tenhas	tido
tenha		não tenha	
tenhamos		não tenhamos	
tende		não tenhais	
tenham		não tenham	

O acento circunflexo na 3ª pessoa do plural (eles **têm**) é a marca gráfica que a diferencia da 3ª pessoa do singular (ele **tem**).

Como o verbo **ter** conjugam-se os seus derivados: *ater, obter, deter, conter, manter, reter, suster, entreter*. Nos verbos derivados, no entanto, a distinção pelo acento gráfico ocorre de maneira diferente: ele obtém / eles obtêm; ele detém / eles detêm; ele mantém / eles mantêm.

HAVER			
Modo indicativo			**Formas nominais**
Presente	**Pretérito imperfeito**	**Pretérito perfeito**	**Infinitivo impessoal**
hei	havia	houve	haver
hás	havias	houveste	
há	havia	houve	
havemos	havíamos	houvemos	
haveis	havíeis	houvestes	
hão	haviam	houveram	
Pretérito mais-que-perfeito	**Futuro do presente**	**Futuro do pretérito**	**Infinitivo pessoal**
houvera	haverei	haveria	haver
houveras	haverás	haverias	haveres
houvera	haverá	haveria	haver
houvéramos	haveremos	haveríamos	havermos
houvéreis	havereis	haveríeis	haverdes
houveram	haverão	haveriam	haverem
Modo subjuntivo			**Gerúndio**
Presente	**Pretérito imperfeito**	**Futuro**	
haja	houvesse	houver	havendo
hajas	houvesses	houveres	
haja	houvesse	houver	
hajamos	houvéssemos	houvermos	
hajais	houvésseis	houverdes	
hajam	houvessem	houverem	
Modo imperativo			**Particípio**
Afirmativo		**Negativo**	
há		não hajas	havido
haja		não haja	
hajamos		não hajamos	
havei		não hajais	
hajam		não hajam	

CABER			
Modo indicativo			**Formas nominais**
Presente	**Pretérito imperfeito**	**Pretérito perfeito**	**Infinitivo impessoal**
caibo	cabia	coube	caber
cabes	cabias	coubeste	
cabe	cabia	coube	
cabemos	cabíamos	coubemos	
cabeis	cabíeis	coubestes	
cabem	cabiam	couberam	

CABER

Modo indicativo			Formas nominais
Pretérito mais-que-perfeito	Futuro do presente	Futuro do pretérito	Infinitivo pessoal
coubera	caberei	caberia	caber
couberas	caberás	caberias	caberes
coubera	caberá	caberia	caber
coubéramos	caberemos	caberíamos	cabermos
coubéreis	cabereis	caberíeis	caberdes
couberam	caberão	caberiam	caberem
Modo subjuntivo			Gerúndio
Presente	Pretérito imperfeito	Futuro	
caiba	coubesse	couber	cabendo
caibas	coubesses	couberes	
caiba	coubesse	couber	
caibamos	coubéssemos	coubermos	
caibais	coubésseis	couberdes	
caibam	coubessem	couberem	
Modo imperativo			Particípio
Não possui o modo imperativo.			cabido

CRER

Modo indicativo			Formas nominais
Presente	Pretérito imperfeito	Pretérito perfeito	Infinitivo impessoal
creio	cria	cri	crer
crês	crias	creste	
crê	cria	creu	
cremos	críamos	cremos	
credes	críeis	crestes	
creem	criam	creram	
Pretérito mais-que-perfeito	Futuro do presente	Futuro do pretérito	Infinitivo pessoal
crera	crerei	creria	crer
creras	crerás	crerias	creres
crera	crerá	creria	crer
crêramos	creremos	creríamos	crermos
crêreis	crereis	creríeis	crerdes
creram	crerão	creriam	crerem
Modo subjuntivo			Gerúndio
Presente	Pretérito imperfeito	Futuro	
creia	cresse	crer	crendo
creias	cresses	creres	
creia	cresse	crer	
creiamos	crêssemos	crermos	
creiais	crêsseis	crerdes	
creiam	cressem	crerem	

CRER			
Modo imperativo			**Particípio**
Afirmativo	Negativo		
crê	não creias		
creia	não creia		
creiamos	não creiamos		crido
crede	não creiais		
creiam	não creiam		

Como o verbo **crer** conjugam-se o seu derivado **descrer** e os verbos **ler** e **reler**. No pretérito perfeito, esses verbos são regulares: cri / descri; creu / descreu; li / reli; leu / releu.

DIZER			
Modo indicativo			**Formas nominais**
Presente	Pretérito imperfeito	Pretérito perfeito	Infinitivo impessoal
digo	dizia	disse	
dizes	dizias	disseste	
diz	dizia	disse	dizer
dizemos	dizíamos	dissemos	
dizeis	dizíeis	dissestes	
dizem	diziam	disseram	
Pretérito mais-que-perfeito	**Futuro do presente**	**Futuro do pretérito**	**Infinitivo pessoal**
dissera	direi	diria	dizer
disseras	dirás	dirias	dizeres
dissera	dirá	diria	dizer
disséramos	diremos	diríamos	dizermos
disséreis	direis	diríeis	dizerdes
disseram	dirão	diriam	dizerem
Modo subjuntivo			**Gerúndio**
Presente	Pretérito imperfeito	Futuro	
diga	dissesse	disser	
digas	dissesses	disseres	
diga	dissesse	disser	dizendo
digamos	disséssemos	dissermos	
digais	dissésseis	disserdes	
digam	dissessem	disserem	
Modo imperativo			**Particípio**
Afirmativo	Negativo		
dize (ou diz)	não digas		
diga	não diga		
digamos	não digamos		dito
dizei	não digais		
digam	não digam		

Como o verbo **dizer** conjugam-se os seus derivados: *bendizer, contradizer, maldizer* etc.

FAZER				
Modo indicativo				Formas nominais
Presente	Pretérito imperfeito	Pretérito perfeito	Infinitivo impessoal	
faço	fazia	fiz	fazer	
fazes	fazias	fizeste		
faz	fazia	fez		
fazemos	fazíamos	fizemos		
fazeis	fazíeis	fizestes		
fazem	faziam	fizeram		
Pretérito mais-que-perfeito	Futuro do presente	Futuro do pretérito	Infinitivo pessoal	
fizera	farei	faria	fazer	
fizeras	farás	farias	fazeres	
fizera	fará	faria	fazer	
fizéramos	faremos	faríamos	fazermos	
fizéreis	fareis	faríeis	fazerdes	
fizeram	farão	fariam	fazerem	
Modo subjuntivo				Gerúndio
Presente	Pretérito imperfeito	Futuro		
faça	fizesse	fizer	fazendo	
faças	fizesses	fizeres		
faça	fizesse	fizer		
façamos	fizéssemos	fizermos		
façais	fizésseis	fizerdes		
façam	fizessem	fizerem		
Modo imperativo				Particípio
Afirmativo		Negativo		
faze (ou faz)		não faças	feito	
faça		não faça		
façamos		não façamos		
fazei		não façais		
façam		não façam		

Como o verbo **fazer** conjugam-se os seus derivados: *desfazer, perfazer, refazer, satisfazer* etc.

TRAZER				
Modo indicativo				Formas nominais
Presente	Pretérito imperfeito	Pretérito perfeito	Infinitivo impessoal	
trago	trazia	trouxe	trazer	
trazes	trazias	trouxeste		
traz	trazia	trouxe		
trazemos	trazíamos	trouxemos		
trazeis	trazíeis	trouxestes		
trazem	traziam	trouxeram		

TRAZER

Pretérito mais-que-perfeito	Futuro do presente	Futuro do pretérito	Infinitivo pessoal
trouxera	trarei	traria	trazer
trouxeras	trarás	trarias	trazeres
trouxera	trará	traria	trazer
trouxéramos	traremos	traríamos	trazermos
trouxéreis	trareis	traríeis	trazerdes
trouxeram	trarão	trariam	trazerem

Modo subjuntivo			Gerúndio
Presente	Pretérito imperfeito	Futuro	
traga	trouxesse	trouxer	trazendo
tragas	trouxesses	trouxeres	
traga	trouxesse	trouxer	
tragamos	trouxéssemos	trouxermos	
tragais	trouxésseis	trouxerdes	
tragam	trouxessem	trouxerem	

Modo imperativo		Particípio
Afirmativo	Negativo	
traze (ou traz)	não tragas	trazido
traga	não traga	
tragamos	não tragamos	
trazei	não tragais	
tragam	não tragam	

SABER

Modo indicativo			Formas nominais
Presente	Pretérito imperfeito	Pretérito perfeito	Infinitivo impessoal
sei	sabia	soube	saber
sabes	sabias	soubeste	
sabe	sabia	soube	
sabemos	sabíamos	soubemos	
sabeis	sabíeis	soubestes	
sabem	sabiam	souberam	

Pretérito mais-que-perfeito	Futuro do presente	Futuro do pretérito	Infinitivo pessoal
soubera	saberei	saberia	saber
souberas	saberás	saberias	saberes
soubera	saberá	saberia	saber
soubéramos	saberemos	saberíamos	sabermos
soubéreis	sabereis	saberíeis	saberdes
souberam	saberão	saberiam	saberem

SABER

Modo subjuntivo			Gerúndio
Presente	**Pretérito imperfeito**	**Futuro**	
saiba	soubesse	souber	sabendo
saibas	soubesses	souberes	
saiba	soubesse	souber	
saibamos	soubéssemos	soubermos	
saibais	soubésseis	souberdes	
saibam	soubessem	souberem	

Modo imperativo		Particípio
Afirmativo	**Negativo**	
sabe	não saibas	sabido
saiba	não saiba	
saibamos	não saibamos	
sabei	não saibais	
saibam	não saibam	

PODER

Modo indicativo			Formas nominais
Presente	**Pretérito imperfeito**	**Pretérito perfeito**	**Infinitivo impessoal**
posso	podia	pude	poder
podes	podias	pudeste	
pode	podia	pôde	
podemos	podíamos	pudemos	
podeis	podíeis	pudestes	
podem	podiam	puderam	
Pretérito mais-que-perfeito	**Futuro do presente**	**Futuro do pretérito**	**Infinitivo pessoal**
pudera	poderei	poderia	poder
puderas	poderás	poderias	poderes
pudera	poderá	poderia	poder
pudéramos	poderemos	poderíamos	podermos
pudéreis	podereis	poderíeis	poderdes
puderam	poderão	poderiam	poderem

Modo subjuntivo			Gerúndio
Presente	**Pretérito imperfeito**	**Futuro**	
possa	pudesse	puder	podendo
possas	pudesses	puderes	
possa	pudesse	puder	
possamos	pudéssemos	pudermos	
possais	pudésseis	puderdes	
possam	pudessem	puderem	

Modo Imperativo	Particípio
Não possui o modo imperativo.	podido

O acento circunflexo diferencia, na escrita, a forma presente **pode** (timbre aberto) da passada **pôde** (timbre fechado).

PÔR (ANTIGO POER)

Modo indicativo			Formas nominais
Presente	**Pretérito imperfeito**	**Pretérito perfeito**	**Infinitivo impessoal**
ponho	punha	pus	pôr
pões	punhas	puseste	
põe	punha	pôs	
pomos	púnhamos	pusemos	
pondes	púnheis	pusestes	
põem	punham	puseram	
Pretérito mais-que-perfeito	**Futuro do presente**	**Futuro do pretérito**	**Infinitivo pessoal**
pusera	porei	poria	pôr
puseras	porás	porias	pores
pusera	porá	poria	pôr
puséramos	poremos	poríamos	pormos
puséreis	poreis	poríeis	pordes
puseram	porão	poriam	porem
Modo subjuntivo			**Gerúndio**
Presente	**Pretérito imperfeito**	**Futuro**	
ponha	pusesse	puser	pondo
ponhas	pusesses	puseres	
ponha	pusesse	puser	
ponhamos	puséssemos	pusermos	
ponhais	pusésseis	puserdes	
ponham	pusessem	puserem	
Modo imperativo			**Particípio**
Afirmativo		**Negativo**	
põe		não ponhas	posto
ponha		não ponha	
ponhamos		não ponhamos	
ponde		não ponhais	
ponham		não ponham	

Como o verbo **pôr** conjugam-se os seus derivados: *antepor, compor, contrapor, decompor, depor, dispor, expor, impor, indispor, opor, pospor, predispor, pressupor, propor, recompor, repor, sobrepor, supor, transpor.*

VER

Modo indicativo			Formas nominais
Presente	**Pretérito imperfeito**	**Pretérito perfeito**	**Infinitivo impessoal**
vejo	via	vi	ver
vês	vias	viste	
vê	via	viu	
vemos	víamos	vimos	
vedes	víeis	vistes	
veem	viam	viram	

VER				
Modo indicativo				**Formas nominais**
Pretérito mais-que-perfeito	**Futuro do presente**		**Futuro do pretérito**	**Infinitivo pessoal**
vira	verei		veria	ver
viras	verás		verias	veres
vira	verá		veria	ver
víramos	veremos		veríamos	vermos
víreis	vereis		veríeis	verdes
viram	verão		veriam	verem
Modo subjuntivo				**Gerúndio**
Presente	**Pretérito imperfeito**		**Futuro**	
veja	visse		vir	vendo
vejas	visses		vires	
veja	visse		vir	
vejamos	víssemos		virmos	
vejais	vísseis		virdes	
vejam	vissem		virem	
Modo imperativo				**Particípio**
Afirmativo		**Negativo**		
vê		não vejas		
veja		não veja		
vejamos		não vejamos		visto
vede		não vejais		
vejam		não vejam		

Como o verbo **ver** conjugam-se os seus derivados: *antever, entrever, prever, rever*.

QUERER				
Modo indicativo				**Formas nominais**
Presente	**Pretérito imperfeito**		**Pretérito perfeito**	**Infinitivo impessoal**
quero	queria		quis	
queres	querias		quiseste	
quer	queria		quis	querer
queremos	queríamos		quisemos	
quereis	queríeis		quisestes	
querem	queriam		quiseram	
Pretérito mais-que-perfeito	**Futuro do presente**		**Futuro do pretérito**	**Infinitivo pessoal**
quisera	quererei		quereria	querer
quiseras	quererás		quererias	quereres
quisera	quererá		quereria	querer
quiséramos	quereremos		quereríamos	querermos
quiséreis	querereis		quereríeis	quererdes
quiseram	quererão		quereriam	quererem

QUERER

Modo subjuntivo			Gerúndio
Presente	**Pretérito imperfeito**	**Futuro**	
queira	quisesse	quiser	
queiras	quisesses	quiseres	
queira	quisesse	quiser	querendo
queiramos	quiséssemos	quisermos	
queirais	quisésseis	quiserdes	
queiram	quisessem	quiserem	
Modo Imperativo			**Particípio**
Não possui o modo imperativo.			querido

Os verbos **bem-querer** e **malquerer** (ambos irregulares) seguem a mesma conjugação do verbo **querer**, mas têm os particípios irregulares **benquisto** e **malquisto**, respectivamente.

REQUERER

Modo indicativo			Formas nominais
Presente	**Pretérito imperfeito**	**Pretérito perfeito**	**Infinitivo impessoal**
requeiro	requeria	requeri	
requeres	requerias	requereste	
requer (ou requere)	requeria	requereu	requerer
requeremos	requeríamos	requeremos	
requereis	requeríeis	requerestes	
requerem	requeriam	requereram	
Pretérito mais-que-perfeito	**Futuro do presente**	**Futuro do pretérito**	**Infinitivo pessoal**
requerera	requererei	requereria	requerer
requereras	requererás	requererias	requereres
requerera	requererá	requereria	requerer
requerêramos	requereremos	requereríamos	requerermos
requerêreis	requerereis	requereríeis	requererdes
requereram	requererão	requereriam	requererem

Modo subjuntivo			Gerúndio
Presente	**Pretérito imperfeito**	**Futuro**	
requeira	requeresse	requerer	
requeiras	requeresses	requereres	
requeira	requeresse	requerer	requerendo
requeiramos	requerêssemos	requerermos	
requeirais	requerêsseis	requererdes	
requeiram	requeressem	requererem	

Modo imperativo		Particípio
Afirmativo	**Negativo**	
requere (ou requer)	não requeiras	
requeira	não requeira	
requeiramos	não requeiramos	requerido
requerei	não requeirais	
requeiram	não requeiram	

OUTROS VERBOS DA 2ª CONJUGAÇÃO QUE MERECEM DESTAQUE

1. **Escrever**

    Esse verbo e seus derivados — *descrever, inscrever, prescrever, proscrever, sobrescrever, subscrever* — são irregulares apenas no particípio: escrito, descrito, inscrito, prescrito, proscrito, sobrescrito, subscrito.

2. **Moer**

    É irregular somente na 2ª e 3ª pessoas do presente do indicativo e na 2ª pessoa do singular do imperativo afirmativo.

    Presente do indicativo: moo, **móis**, **mói**, moemos, moeis, moem.

    Imperativo afirmativo: **mói** (tu).

    Como o verbo **moer** conjugam-se: *remoer, roer, corroer, doer-se, condoer-se*.

3. **Perder** e **valer**

    São irregulares na 1ª pessoa do singular do presente do indicativo e, consequentemente, nos tempos derivados dessa forma: presente do subjuntivo e modo imperativo.

    Presente do indicativo: **perc**o, perdes, perde, perdemos, perdeis, perdem; **valh**o, vales, vale, valemos, valeis, valem.

    Presente do subjuntivo: **perc**a, percas, perca, percamos, percais, percam; **valh**a, valhas, valha, valhamos, valhais, valham.

ATIVIDADES

1. A intervenção urbana a seguir foi criada pelo Coletivo Transverso, um grupo envolvido com arte urbana e poesia. Leia-a.

    "A formiga só trabalha pra se fantasiar de cigarra no carnaval"

    CALMAÊ. Enfeitando Santa Teresa para o carnaval 2013. **Coletivo Transverso**, 30 jan. 2013. Blogue. Disponível em: http://coletivotransverso.blogspot.com/2013/01/enfeitando-santa-teresa-para-o-carnaval.html. Acesso em: 8 fev. 2021.

a) Observe a frase:

Se a formiga não **pudesse** fantasiar-se de cigarra no carnaval, ela não **trabalharia**.

- Em que tempo e modo estão os verbos em destaque?

b) Para entender a brincadeira proposta pela mensagem dessa intervenção urbana, o que o leitor deverá conhecer?

c) Em geral as intervenções urbanas têm como objetivo romper a rotina dos cidadãos e provocar uma reflexão. Nesse caso, qual foi a intenção do grupo Coletivo Transverso? Qual a função do verbo **fantasiar** nessa intenção?

d) O verbo **fantasiar** pertence a qual conjugação? Ele é regular ou irregular? Como você descobriu?

2. Flexione os verbos nas formas solicitadas.

   a) **valer**: presente do indicativo
   b) **repor**: pretérito perfeito do indicativo
   c) **requerer**: presente do indicativo
   d) **reler**: presente do subjuntivo
   e) **desfazer**: presente do indicativo
   f) **pôr**: imperativo afirmativo
   g) **haver**: presente do indicativo

3. Reescreva no singular as formas verbais destacadas.

   a) As indústrias **moem** o trigo para obter farinha.
   b) Nós não **cabemos** nas poltronas deste cinema.
   c) Neste restaurante, nós nos **satisfazemos** com apenas uma porção.
   d) Moramos perto do trabalho, então não **perdemos** tempo com o trânsito.
   e) É importante que eles **tenham** calma no momento da prova.

4. Informe o tempo e o modo em que se encontram as formas verbais destacadas.

   a) Eu disse que já **punha** os livros na estante.
   b) Conheci uma pessoa que **diz** a verdade.
   c) É preciso que **haja** união entre os alunos da escola.
   d) **Queira** incentivar a participação de todos no projeto.

5. Preencha as lacunas com as formas verbais entre parênteses.

   a) É provável que o artista ■ suas obras em Paris e Barcelona. (**expor**, presente do subjuntivo)
   b) É preciso que você ■ e ■ o contrato, até encontrar a irregularidade apontada pelo advogado. (**ler** e **reler**, imperativo afirmativo)
   c) Nós ■ quando o ônibus da excursão chegou. (**ver**, pretérito perfeito do indicativo)
   d) Que eles ■ que eu nunca me ■. (**saber**, presente do subjuntivo; **contradizer**, presente do indicativo)
   e) Eu ■ que o mais prudente seja procurar presentes cujos preços ■ no nosso orçamento. (**crer**, presente do indicativo; **caber**, presente do subjuntivo)
   f) Os brasileiros ■ mais do que ■ os especialistas. (**ler**, presente do indicativo; **supor**, presente do indicativo)
   g) Dedique-se a uma causa que ■ a pena. (**valer**, presente do subjuntivo)

6. Escolha as formas verbais entre parênteses que preenchem corretamente as lacunas.

a) Meu pai ■ aposentadoria este ano. (requereu / requeriu)

b) Se tomar café agora, é provável que eu ■ o sono. (perda / perca)

c) Mesmo emprestado, o vestido ■ perfeitamente. (coube / cabeu)

d) Espero que eles não ■ a cabeça durante a audiência. (percam / perdam)

e) Tenho certeza de que ela faz o que ■. (pode / pôde)

VERBOS IRREGULARES DA 3ª CONJUGAÇÃO

FERIR			
Modo indicativo			**Formas nominais**
Presente	**Pretérito imperfeito**	**Pretérito perfeito**	**Infinitivo impessoal**
firo	feria	feri	ferir
feres	ferias	feriste	
fere	feria	feriu	
ferimos	feríamos	ferimos	
feris	feríeis	feristes	
ferem	feriam	feriram	
Pretérito mais-que-perfeito	**Futuro do presente**	**Futuro do pretérito**	**Infinitivo pessoal**
ferira	ferirei	feriria	ferir
feriras	ferirás	feririas	ferires
ferira	ferirá	feriria	ferir
feríramos	feriremos	feriríamos	ferirmos
feríreis	ferireis	feriríeis	ferirdes
feriram	ferirão	feririam	ferirem
Modo subjuntivo			**Gerúndio**
Presente	**Pretérito imperfeito**	**Futuro**	
fira	ferisse	ferir	ferindo
firas	ferisses	ferires	
fira	ferisse	ferir	
firamos	feríssemos	ferirmos	
firais	ferísseis	ferirdes	
firam	ferissem	ferirem	
Modo imperativo			**Particípio**
Afirmativo		**Negativo**	
fere		não firas	ferido
fira		não fira	
firamos		não firamos	
feri		não firais	
firam		não firam	

Como **ferir** conjugam-se os verbos: *aderir, advertir, aferir, assentir, compelir, competir, conferir, conseguir, consentir, convergir, deferir, desferir, desmentir, despir, digerir, discernir, divergir, divertir, expelir, gerir, impelir, ingerir, inserir, interferir, investir, mentir, perseguir, preferir, pressentir, preterir, proferir, prosseguir, referir, refletir, repelir, repetir, ressentir, revestir, seguir, sentir, servir, sugerir, transferir, vestir* etc.

VIR				Formas nominais
Modo indicativo				
Presente	Pretérito imperfeito	Pretérito perfeito	Infinitivo impessoal	
venho	vinha	vim	vir	
vens	vinhas	vieste		
vem	vinha	veio		
vimos	vínhamos	viemos		
vindes	vínheis	viestes		
vêm	vinham	vieram		
Pretérito mais-que-perfeito	Futuro do presente	Futuro do pretérito	Infinitivo pessoal	
viera	virei	viria	vir	
vieras	virás	virias	vires	
viera	virá	viria	vir	
viéramos	viremos	viríamos	virmos	
viéreis	vireis	viríeis	virdes	
vieram	virão	viriam	virem	
Modo subjuntivo				Gerúndio
Presente	Pretérito imperfeito	Futuro		
venha	viesse	vier	vindo	
venhas	viesses	vieres		
venha	viesse	vier		
venhamos	viéssemos	viermos		
venhais	viésseis	vierdes		
venham	viessem	vierem		
Modo imperativo				Particípio
Afirmativo		Negativo		
vem		não venhas	vindo	
venha		não venha		
venhamos		não venhamos		
vinde		não venhais		
venham		não venham		

Como o verbo **vir** conjugam-se os derivados: *advir, convir, intervir, provir* e *sobrevir*.

OUTROS VERBOS DA 3ª CONJUGAÇÃO QUE MERECEM DESTAQUE

1. Atribuir

É irregular somente na 2ª e 3ª pessoas do singular do presente do indicativo e na 2ª pessoa do singular do imperativo afirmativo.

Presente do indicativo: atribuo, atribu**is**, atribu**i**, atribuímos, atribuís, atribuem. Imperativo afirmativo: atribu**i** (tu).

Como **atribuir** conjugam-se os demais verbos terminados em **-uir**: *possuir, concluir, contribuir, constituir, destituir, instruir, arguir* etc. Excetuam-se o verbo **construir** e seu derivado **reconstruir**.

2. Construir

Presente do indicativo: construo, constr**ói**s, constr**ói**, construímos, construís, constroem.
Imperativo afirmativo: constr**ói** (tu).

3. Cair

É irregular na 1ª, 2ª e 3ª pessoas do singular do presente do indicativo, consequentemente no presente do subjuntivo e no modo imperativo.

Presente do indicativo: ca**io**, ca**is**, ca**i**, caímos, caís, caem.

Presente do subjuntivo: ca**ia**, ca**ias**, ca**ia**, ca**iamos**, ca**iais**, ca**iam**.

Como **cair** conjugam-se os demais verbos terminados em **-air**: *abstrair, atrair, contrair, decair, distrair, esvair, extrair, recair, retrair, sair, sobressair, trair* etc.

4. Rir

É irregular no presente do indicativo, consequentemente no presente do subjuntivo e no modo imperativo.

Presente do indicativo: r**io**, r**is**, r**i**, rimos, r**ides**, r**iem**.

Presente do subjuntivo: r**ia**, r**ias**, r**ia**, r**iamos**, r**iais**, r**iam**.

Como **rir** conjuga-se o verbo **sorrir**.

5. Ouvir

É irregular no presente do indicativo e do subjuntivo e no modo imperativo.

Presente do indicativo: ou**ço**, ou**ves**, ou**ve**, ou**vimos**, ou**vis**, ou**vem**.

Presente do subjuntivo: ou**ça**, ou**ças**, ou**ça**, ou**çamos**, ou**çais**, ou**çam**.

6. Pedir e medir

São irregulares no presente do indicativo e do subjuntivo e no modo imperativo.

Presente do indicativo: **peç**o / **meç**o; pedes / medes; pede / mede; pedimos / medimos; pedis / medis; pedem / medem.

Presente do subjuntivo: **peç**a / **meç**a; **peç**as / **meç**as; **peç**a / **meç**a; **peç**amos / **meç**amos; **peç**ais / **meç**ais; **peç**am / **meç**am.

Como **pedir** e **medir** conjugam-se: *desimpedir, despedir, expedir, impedir* etc.

VERBOS ANÔMALOS

São **anômalos** os verbos que apresentam irregularidades profundas tanto no radical quanto nas terminações, como os verbos **ir** e **ser**.

IR			
Modo indicativo			Formas nominais
Presente	Pretérito imperfeito	Pretérito perfeito	Infinitivo impessoal
vou	ia	fui	ir
vais	ias	foste	
vai	ia	foi	
vamos	íamos	fomos	
ides	íeis	fostes	
vão	iam	foram	
Pretérito mais-que-perfeito	Futuro do presente	Futuro do pretérito	Infinitivo pessoal
fora	irei	iria	ir
foras	irás	irias	ires
fora	irá	iria	ir
fôramos	iremos	iríamos	irmos
fôreis	ireis	iríeis	irdes
foram	irão	iriam	irem

IR

Modo subjuntivo			Gerúndio
Presente	**Pretérito imperfeito**	**Futuro**	
vá	fosse	for	
vás	fosses	fores	
vá	fosse	for	indo
vamos	fôssemos	formos	
vades	fôsseis	fordes	
vão	fossem	forem	

Modo imperativo		Particípio
Afirmativo	**Negativo**	
vai	não vás	
vá	não vá	
vamos	não vamos	ido
ide	não vades	
vão	não vão	

SER

Modo indicativo			Formas nominais
Presente	**Pretérito imperfeito**	**Pretérito perfeito**	**Infinitivo impessoal**
sou	era	fui	
és	eras	foste	
é	era	foi	ser
somos	éramos	fomos	
sois	éreis	fostes	
são	eram	foram	
Pretérito mais-que-perfeito	**Futuro do presente**	**Futuro do pretérito**	**Infinitivo pessoal**
fora	serei	seria	ser
foras	serás	serias	seres
fora	será	seria	ser
fôramos	seremos	seríamos	sermos
fôreis	sereis	seríeis	serdes
foram	serão	seriam	serem

Modo subjuntivo			Gerúndio
Presente	**Pretérito imperfeito**	**Futuro**	
seja	fosse	for	
sejas	fosses	fores	
seja	fosse	for	sendo
sejamos	fôssemos	formos	
sejais	fôsseis	fordes	
sejam	fossem	forem	

Modo imperativo		Particípio
Afirmativo	**Negativo**	
sê	não sejas	
seja	não seja	
sejamos	não sejamos	sido
sede	não sejais	
sejam	não sejam	

ATIVIDADES

1. Leia as duas primeiras estrofes de um poema de Carlos Drummond de Andrade.

Carrego comigo

Carrego comigo
há dezenas de anos
há centenas de anos
o pequeno embrulho.

Serão duas cartas?
será uma flor?
será um retrato?
um lenço talvez?
[...]

DRUMMOND DE ANDRADE, Carlos. Carrego comigo. *In*: DRUMMOND DE ANDRADE, Carlos. **Reunião**: 10 livros de poesia. Rio de Janeiro: J. Olympio, 1977. p. 79.

a) Observe, no título do poema, a forma verbal **carrego** e comente a flexão de tempo, modo e pessoa. Qual sua importância?

b) O verbo **carregar** é regular, mas algumas formas de sua conjugação têm uma particularidade na escrita. Explique-a.

c) Quanto às alterações que ocorrem em sua estrutura, como se classificam os verbos **haver** e **ser**?

d) Que outro verbo da língua apresenta irregularidades semelhantes às do verbo **ser**?

2. Flexione os verbos nas formas solicitadas.

a) ferir: presente do indicativo

b) construir: pretérito perfeito do indicativo

c) sorrir: presente do indicativo

d) vestir: presente do subjuntivo

e) cair: pretérito perfeito do indicativo

3. Preencha as lacunas com as formas verbais indicadas nos parênteses.

a) Quando eu ▪ novamente ao Brasil, o bebê já terá nascido. (**vir**, futuro do subjuntivo)

b) Nós ▪ a faculdade no mesmo ano, em 2010. (**concluir**, pretérito perfeito do indicativo)

c) O dentista recomendou que eu ▪ meus quatro dentes de siso. (**extrair**, presente do subjuntivo)

d) Para que o aplicativo funcione, ▪ os dados corretamente. (**inserir**, imperativo afirmativo)

e) A culpa das atitudes inadequadas do meu irmão sempre ▪ sobre mim. (**recair**, pretérito imperfeito do indicativo)

f) Eu ▪, por favor, que tu ▪ neste caso. (**pedir**, presente do indicativo; **intervir**, presente do subjuntivo)

g) Ela é uma criança alegre e que ▪ com muita facilidade. (**rir**, presente do indicativo).

h) ▪ que sair de casa com este mau tempo não é uma boa ideia. (**convir**, presente do subjuntivo)

i) O novo gerente ainda não mostrou a que ▪. (**vir**, pretérito perfeito do indicativo)

4. Flexione o verbo **ir** nos modos e tempos indicados.

   a) presente do indicativo

   b) pretérito perfeito do indicativo

   c) presente do subjuntivo

   d) futuro do presente do indicativo

5. Informe o tempo e o modo em que se encontram as formas verbais destacadas.

   a) "Quem com ferro **fere**, com ferro será **ferido**." (ditado popular)

   b) Não me **convém** discutir com meus colegas.

   c) **Convirás** que estudar é o melhor a fazer.

   d) **Sinto**-me bem.

6. Escolha as formas verbais entre parênteses que completam corretamente as lacunas.

   a) Quando ela ■ , a reforma já estará finalizada. (vir / vier)

   b) Ela não ■ em nenhum momento, embora tivesse total interesse no resultado da disputa judicial. (interveio / interviu)

   c) Eu sempre ■ muito bem minhas palavras. (meço / mido)

   d) A fofoca é algo que nunca ■ . (convém / convêm)

   e) É com muita tristeza que me ■ de todos vocês nesta noite. (despido / despeço)

VERBOS DEFECTIVOS

São **defectivos** os verbos que não possuem todas as formas de conjugação. Eles dividem-se, basicamente, em dois grupos:

1. Verbos que não possuem a 1ª pessoa do presente do indicativo e, por isso, não possuem também o presente do subjuntivo nem todo o imperativo.

   Exemplo:

COLORIR			
Presente do indicativo	**Presente do subjuntivo**	**Modo imperativo**	
		Afirmativo	Negativo
–	–	–	–
colores	–	colore	–
colore	–	–	–
colorimos	–	–	–
coloris	–	colori	–
colorem	–	–	–

Nos demais tempos e formas nominais, é conjugado normalmente: colori, coloria, colorira, colorisse, colorido etc.

Seguem esse modelo os verbos: *abolir, aturdir, banir, carpir, demolir, emergir, explodir, extorquir, imergir* etc.

2. Verbos que possuem apenas a 1ª e a 2ª pessoas do plural do presente do indicativo porque são conjugados apenas nas formas arrizotônicas (formas cuja sílaba ou vogal tônica se encontra na terminação).

Exemplo:

PRECAVER-SE			
Presente do indicativo	**Presente do subjuntivo**	**Modo imperativo**	
		Afirmativo	**Negativo**
–	–	–	–
–	–	–	–
–	–	–	–
precavemo-nos	–	–	–
precaveis-vos	–	precavei-vos	–
–	–	–	–

Nos demais tempos e formas nominais, segue o modelo de sua conjugação: precavi-me, precavia-me, precavera-me, precavesse-me etc.

Seguem esse modelo de conjugação os verbos: *adequar, combalir, comedir-se, falir* etc.

Veja o quadro de conjugação do verbo **reaver**.

REAVER			
Modo indicativo			**Formas nominais**
Presente	**Pretérito imperfeito**	**Pretérito perfeito**	**Infinitivo impessoal**
–	reavia	reouve	reaver
–	reavias	reouveste	
–	reavia	reouve	
reavemos	reavíamos	reouvemos	
reaveis	reavíeis	reouvestes	
–	reaviam	reouveram	
Pretérito mais-que-perfeito	**Futuro do presente**	**Futuro do pretérito**	**Infinitivo pessoal**
reouvera	reaverei	reaveria	reaver
reouveras	reaverás	reaverias	reaveres
reouvera	reaverá	reaveria	reaver
reouvéramos	reaveremos	reaveríamos	reavermos
reouvéreis	reavereis	reaveríeis	reaverdes
reouveram	reaverão	reaveriam	reaverem
Modo subjuntivo			**Gerúndio**
Presente	**Pretérito imperfeito**	**Futuro**	
–	reouvesse	reouver	reavendo
–	reouvesses	reouveres	
–	reouvesse	reouver	
–	reouvéssemos	reouvermos	
–	reouvésseis	reouverdes	
–	reouvessem	reouverem	
Modo imperativo			**Particípio**
Afirmativo		**Negativo**	
–		–	reavido
–		–	
–		–	
reavei		–	
–		–	

VERBOS ABUNDANTES

São **abundantes** os verbos que possuem duas ou mais formas equivalentes. **Exemplos:** constróis / construis, constrói / construi, constroem / construem (**construir**); vamos / imos (**ir**); havemos / hemos (**haver**); apiedo-me / apiado-me (**apiedar-se**).

Na quase totalidade dos verbos abundantes, as formas equivalentes encontram-se no particípio. Ao lado do *particípio regular* (com terminação **-ado** ou **-ido**), esses verbos possuem também um *particípio irregular*.

Infinitivo impessoal	Particípio regular	Particípio irregular
Primeira conjugação		
aceitar	aceit**ado**	aceito
anexar	anex**ado**	anexo
cozinhar	cozinh**ado**	cozido
dispersar	dispers**ado**	disperso
entregar	entreg**ado**	entregue
enxugar	enxug**ado**	enxuto
expressar	express**ado**	expresso
expulsar	expuls**ado**	expulso
findar	find**ado**	findo
ganhar	ganh**ado**	ganho
gastar	gast**ado**	gasto
isentar	isent**ado**	isento
limpar	limp**ado**	limpo
matar	mat**ado**	morto
pagar	pag**ado**	pago
pegar	peg**ado**	pego
salvar	salv**ado**	salvo
segurar	segur**ado**	seguro
soltar	solt**ado**	solto
Segunda conjugação		
acender	acend**ido**	aceso
benzer	benz**ido**	bento
eleger	eleg**ido**	eleito
envolver	envolv**ido**	envolto
morrer	morr**ido**	morto
prender	prend**ido**	preso
suspender	suspend**ido**	suspenso
Terceira conjugação		
emergir	emerg**ido**	emerso
expelir	expel**ido**	expulso
exprimir	exprim**ido**	expresso
extinguir	extingu**ido**	extinto
incluir	inclu**ído**	incluso
imergir	imerg**ido**	imerso
imprimir	imprim**ido**	impresso
inserir	inser**ido**	inserto
omitir	omit**ido**	omisso
submergir	submerg**ido**	submerso

Normalmente, os particípios regulares são usados com os verbos auxiliares **ter** e **haver** e os particípios irregulares com os auxiliares **ser** e **estar**.

Exemplos:

O menino **havia prendido** o dedo na porta.
↓
particípio regular

O dedo do menino **estava preso** na porta.
↓
particípio irregular

> **OBSERVAÇÃO**
>
> Há verbos (e seus derivados) que possuem apenas o particípio irregular: **abrir** (aberto), **cobrir** (coberto), **dizer** (dito), **escrever** (escrito), **fazer** (feito), **pôr** (posto), **ver** (visto), **vir** (vindo).
> Na linguagem coloquial, há certa preferência pelos particípios irregulares de alguns verbos, como **gastar** (gasto), **ganhar** (ganho), **pagar** (pago), **pegar** (pego, com timbre fechado ou aberto).

VERBOS AUXILIARES

São **auxiliares** os verbos que antecedem o verbo principal nas locuções verbais. Enquanto o verbo principal é apresentado em uma de suas formas nominais — particípio, gerúndio ou infinitivo —, o auxiliar é flexionado em tempo, modo, número e pessoa.

Exemplos:

Já terminei a tarefa que me **foi** *atribuída*.
↓   ↓
verbo auxiliar   verbo principal no particípio

Estamos em outubro e as lojas já **estão** *fazendo* propaganda para o Natal.
↓   ↓
verbo auxiliar   verbo principal no gerúndio

Essa criança, quando **começa** a *correr*, não para mais.
↓   ↓
verbo auxiliar   verbo principal no infinitivo

> **OBSERVAÇÃO**
>
> São vários os verbos que podem ser empregados como auxiliares, mas os de uso mais frequente são: **ser**, **estar**, **ter** e **haver**.

OUTROS TIPOS DE VERBOS

VERBOS PRONOMINAIS

São **pronominais** os verbos conjugados com pronome pessoal oblíquo átono como parte intrínseca. Ambos se referem à mesma pessoa do discurso.

Exemplos:

Não **me arrependo** do que fiz. (pronome e verbo – 1ª pessoa do singular)

O paciente **queixou-se** de dor de cabeça. (verbo e pronome – 3ª pessoa do singular)

Há verbos pronominais que não admitem outro tipo de emprego, são sempre pronominais, como **queixar-se**, **arrepender-se**, **apiedar-se**, **suicidar-se**.

Há, no entanto, outros verbos que podem ser ou não pronominais, o que vai depender do sentido em que são empregados.

Exemplos:

O barulho da moto **agitou** o bebê. (**agitar**, **perturbar** – verbos não pronominais)

A criança **agitou-se** com o barulho da moto. (**agitar-se**, **debater-se** – verbos pronominais)

Veja a conjugação do verbo pronominal **queixar-se**.

QUEIXAR-SE			
Modo indicativo			**Formas nominais**
Presente	**Pretérito imperfeito**	**Pretérito perfeito**	**Infinitivo impessoal**
queixo-me	queixava-me	queixei-me	queixar-se
queixas-te	queixavas-te	queixaste-te	
queixa-se	queixava-se	queixou-se	
queixamo-nos	queixávamo-nos	queixamo-nos	
queixais-vos	queixáveis-vos	queixastes-vos	
queixam-se	queixavam-se	queixaram-se	
Pretérito mais-que-perfeito	**Futuro do presente**	**Futuro do pretérito**	**Infinitivo pessoal**
queixara-me	queixar-me-ei	queixar-me-ia	queixar-me
queixaras-te	queixar-te-ás	queixar-te-ias	queixares-te
queixara-se	queixar-se-á	queixar-se-ia	queixar-se
queixáramo-nos	queixar-nos-emos	queixar-nos-íamos	queixarmo-nos
queixáreis-vos	queixar-vos-eis	queixar-vos-íeis	queixardes-vos
queixaram-se	queixar-se-ão	queixar-se-iam	queixarem-se
Modo subjuntivo			**Gerúndio**
Presente	**Pretérito imperfeito**	**Futuro**	
que me queixe	se me queixasse	quando me queixar	queixando-se
que te queixes	se te queixasses	quando te queixares	
que se queixe	se se queixasse	quando se queixar	
que nos queixemos	se nos queixássemos	quando nos queixarmos	
que vos queixeis	se vos queixásseis	quando vos queixardes	
que se queixem	se se queixassem	quando se queixarem	
Modo imperativo			**Particípio**
Afirmativo	**Negativo**		
queixa-te	não te queixes		Não se usa o pronome oblíquo com o particípio.
queixe-se	não se queixe		
queixemo-nos	não nos queixemos		
queixai-vos	não vos queixeis		
queixem-se	não se queixem		

> **OBSERVAÇÃO**
>
> A 1ª pessoa do plural perde o **-s** final de sua terminação quando o pronome é colocado depois do verbo: queixemo-nos, queixávamo-nos.

VERBOS REFLEXIVOS

Os verbos **reflexivos** também são conjugados com pronome pessoal oblíquo átono. No entanto, diferentemente do verbo pronominal, o pronome que acompanha o verbo reflexivo não é parte dele, mas um complemento indicando que a ação praticada pelo sujeito acontece ao próprio sujeito.

Exemplos:

O garoto **feriu-se**. (feriu *a si mesmo*)

O jovem caiu e **machucou-se**. (machucou *a si mesmo*)

Um verbo pode ser ou não reflexivo. Quando a ação não acontece ao próprio sujeito, mas em outro ser, o verbo não é reflexivo.

Exemplos:

O garoto **feriu** *o amigo* sem querer.

O jovem **machucou** *o irmão*.

> **OBSERVAÇÃO**
>
> Com o verbo reflexivo pode ocorrer o acréscimo das expressões **a mim mesmo** (Feri-me *a mim mesmo*) e **a si mesmo** (Feriu-se *a si mesmo*). Já com o verbo pronominal, essa estrutura não tem sentido: "queixei-me a mim mesma", "agitou-se consigo mesmo".

VERBOS UNIPESSOAIS

São **unipessoais** os verbos que possuem sujeito em uma única pessoa do discurso: **3ª pessoa**, tanto do singular (ele, ela) quanto do plural (eles, elas).

Exemplos:

O gato **miava** em cima do telhado e *os cães* **latiam** no quintal.

O gado **mugia** no pasto.

Aconteceram *muitos acidentes aéreos* ultimamente.

A liberação da estrada não **ocorrerá** na data prevista.

Os verbos unipessoais exprimem ações próprias de animais (*latir, miar, ladrar, relinchar, rosnar* etc.) e indicam acontecimento, necessidade (*acontecer, ocorrer, suceder, convir, urgir* etc.).

VERBOS IMPESSOAIS

São **impessoais** os verbos que não possuem sujeito em nenhuma pessoa do discurso e são conjugados em uma única forma: **3ª pessoa do singular**.

Exemplos:

Antes da chuva, **ventou** e **trovejou** muito. (**ventar** e **trovejar** indicam fenômenos da natureza)

Na festa a que fui, só **havia** meninas. (**haver** significando **existir**)

Na turma **havia** meninos e meninas.

Já **faz** um ano que saí de casa para estudar. (**fazer** indicando tempo decorrido)

Faz uma década que me formei.

> **OBSERVAÇÃO**
>
> O verbo **ser**, na indicação de tempo, também é *impessoal*. Só que ele concorda com o predicativo.
> **Exemplos:**
> **É** uma hora.
> **São** duas horas.

ATIVIDADES

1. Leia o trecho de uma nota jornalística publicada no jornal **Correio do Lago**.

> **Homem furta viatura da Polícia Civil, se arrepende e chama a PM em Maringá**
>
> Um homem furtou uma viatura da Polícia Civil no pátio da Delegacia de Maringá. O carro não tem identificação da polícia e é usado por investigadores em diligências.
>
> O homem se arrependeu do crime e minutos após o furto ligou para a Polícia Militar (PM) avisando que queria se entregar e devolver o veículo.
>
> [...]

HOMEM furta viatura da Polícia Civil, se arrepende e chama a PM em Maringá. **Correio do Lago**, 26 jan. 2021. Disponível em: http://www.correiodolago.com.br/noticia/homem-furta-viatura-da-policia-civil-se-arrepende-e-chama-a-pm-em-maringa/126937/. Acesso em: 5 fev. 2021.

a) Identifique um verbo reflexivo e um verbo pronominal no fragmento.

b) Qual a forma do particípio do verbo **entregar**?

c) Reescreva a frase a seguir substituindo o verbo **ter** por um verbo impessoal. Faça as adaptações necessárias no texto.

O carro não tem identificação da polícia.

2. Escolha o verbo entre parênteses que melhor preenche a lacuna e flexione-o adequadamente.

a) É provável que o arquiteto ■ a antiga casa para aproveitar melhor o terreno. (demolir / derrubar)

b) Tomara que eu ■ os documentos que perdi. (reaver / recuperar)

c) Não entendo por que ela ■ do nosso convívio todos os vizinhos. (banir / excluir)

d) Eles sempre ■ nas palavras e nos gestos. (comedir-se / moderar-se)

e) É possível que os pais dos alunos ■ contra o fechamento da escola. (definir / manifestar-se)

3. Preencha as lacunas com a forma adequada do particípio.

a) O inseto foi ■ na dedetização. (matado / morto)

b) Cecília nunca havia ■ uma barata antes. (matado / morto)

c) O conselho do pai tinha ■ uma luz em sua mente. (acendido / aceso)

d) A luz da sala está ■ sem necessidade. (acendida / acesa)

e) Antes de aplicar o verniz, verifique se o piso está ■. (limpado / limpo)

f) Jorge havia ■ toda a casa durante a manhã. (limpado / limpo)

4. Flexione os verbos nas formas solicitadas.

a) **queixar-se**: presente do indicativo

b) **arrepender-se**: pretérito imperfeito do indicativo

c) **precaver-se**: presente do indicativo

d) **colorir**: presente do indicativo

e) **apiedar-se**: imperativo afirmativo

5. Leia o poema de Gabriel Machiaveli.

Tornar-se

Esse estranho caminho que ando ainda há de me causar felicidade.
Para isso, é preciso:
Tornar-se melhor.
Tornar-se feliz.
Tornar-se alegre.
Tornar-se resignado.
Tornar-se aberto.
Tornar-se justo.
Tornar-se amando.
Tornar-se amado.
Tornar-se hábil.
Tornar-se sábio.
Tornar-se resiliente.
Tornar-se.
Vivendo.

MACHIAVELI, Gabriel. Tornar-se. **Poemas de Gabriel Machiaveli**, 25 jul. 2017. Blogue. Disponível em: https://poemasdegabrielmachiaveli.wordpress.com/category/poema. Acesso em: 8 fev. 2021.

a) Classifique a forma verbal **tornar-se**.
b) Que outra forma nominal ocorre no texto? Como ela se classifica?
c) Identifique no primeiro verso um verbo da primeira conjugação e outro da segunda.
d) No contexto do poema, pode-se afirmar que o verbo **haver** é impessoal? Justifique.
e) Transcreva o verso em que o verbo **ser** aparece flexionado e identifique pessoa, número, tempo e modo do verbo nesse contexto.

6. Preencha as lacunas com o particípio dos verbos entre parênteses.
a) Não seríamos ▪ sem o rápido atendimento dos bombeiros. (salvar)
b) Àquela altura, eu já tinha ▪ toda a lição de casa. (refazer)
c) Fui pontual, mas o médico ainda não havia ▪ ao consultório. (chegar)
d) Nunca havia ▪ na vida, mas a receita ficou deliciosa. (cozinhar)
e) Depois da investigação, estava claro que o funcionário havia ▪ informações estratégicas para a empresa. (omitir)
f) Meu filho nunca tinha ▪ catapora. (pegar)

7. Classifique os verbos destacados em impessoais, unipessoais, pronominais, reflexivos e auxiliares.
a) Meu cachorro só **late** para estranhos.
b) De acordo com a previsão do tempo, é provável que **chova** durante a tarde.
c) Não **há** nada que o faça mudar de ideia.
d) **Considero-me** um bom pianista.
e) Vera **está** aprendendo alemão.
f) **Preparem-se**: nosso trem **deve** chegar dentro de 30 minutos.
g) Nos últimos dois anos, o jovem **dedicou-se** a trabalhos assistenciais.

8. Identifique as locuções verbais presentes no diálogo a seguir.

— Clara, você quer ir comigo ao cinema?

— Claro que quero, amiga! E podemos convidar seu irmão?

— Sim, mas acho que ele não vai poder, pois está estudando.

EM SÍNTESE

Verbo – palavra variável que exprime ação, estado, fatos e fenômenos naturais.
Estrutura – o verbo é constituído de **radical** e **terminações** (também chamadas de **desinências**).
Conjugação – há três **conjugações** verbais na língua portuguesa, de acordo com as terminações: **-ar** (1ª), **-er** (2ª) e **-ir** (3ª).
Verbos paradigmas – mantêm o mesmo radical nas conjugações e apresentam terminações regulares.
Formas rizotônicas (a sílaba tônica ou sua vogal recai no radical) e **formas arrizotônicas** (a sílaba tônica ou sua vogal recai na terminação).
Flexão dos verbos – o verbo pode flexionar-se em **número**, **pessoa**, **tempo**, **modo** e **voz**.

- **Flexão de número e pessoa** – singular (1ª, 2ª e 3ª pessoas) / plural (1ª, 2ª e 3ª pessoas).
- **Flexão de tempo** (localiza a ação no tempo) **e modo** (atitude do falante em relação ao fato ou ação expressos pela forma verbal).
- **Tempos:**
    - **Presente**: a ação ocorre no momento em que se fala.
    - **Pretérito**: no momento em que se fala, a ação já ocorreu.
    - **Futuro**: a ação ainda ocorrerá.
- **Modos:**
    - **Indicativo**: atitude de certeza do falante diante do fato. *Tempos*: presente, pretérito imperfeito, pretérito perfeito, pretérito mais-que-perfeito, futuro do presente, futuro do pretérito.
    - **Subjuntivo**: atitude de incerteza do falante diante do fato ou de hipótese. *Tempos*: presente, pretérito imperfeito, futuro.
    - **Imperativo**: negativo e afirmativo.
- **Flexão de voz** – ativa, passiva, reflexiva.

Formas nominais – infinitivo (pessoal e impessoal), gerúndio e particípio.
Locução verbal – verbo auxiliar + verbo principal em uma das formas nominais.
Tempos compostos – verbo auxiliar (**ter** ou **haver**) flexionado + verbo principal no particípio.

TEMPOS PRIMITIVOS (dão origem aos demais)	TEMPOS DERIVADOS (formam-se com base nos tempos primitivos)
presente do indicativo →	presente do subjuntivo e imperativos afirmativo e negativo
pretérito perfeito do indicativo →	pretérito mais-que-perfeito do indicativo, pretérito imperfeito e futuro do subjuntivo
infinitivo impessoal →	pretérito imperfeito do indicativo, futuro do presente e futuro do pretérito do indicativo e formas nominais

Tipos de verbos

- **Regulares** – não apresentam alterações no radical nem nas terminações.
- **Irregulares** – apresentam alterações tanto no radical como nas terminações.
- **Anômalos** – apresentam irregularidades profundas (verbos **ir** e **ser**).
- **Defectivos** – não apresentam todas as formas de conjugação.
- **Abundantes** – apresentam duas ou mais formas equivalentes.
- **Auxiliares** – antecedem os verbos principais nas locuções verbais e nos tempos compostos.
- **Pronominais** – são conjugados juntamente com pronomes pessoais oblíquos como parte integrante da forma verbal.
- **Reflexivos** – podem ser conjugados com pronomes pessoais oblíquos que indicam reflexividade.
- **Unipessoais** – conjugados em uma única pessoa.
- **Impessoais** – as ações não são atribuídas às pessoas do discurso, apenas declaram um fato.

NO TEXTO

Responda às questões referentes ao fragmento de um *post* publicado em um blogue.

Escrever e coçar é só começar?

Durante muito tempo, mantive neste *blog* uma seção chamada Começos Inesquecíveis, dedicada a aberturas especialmente brilhantes — sobretudo de romances, embora um ou outro conto tenha comparecido também. (Um desses começos, aliás, faz coro com as palavras iniciais deste *post*: "Durante muito tempo, costumava deitar-me cedo", escreveu Marcel Proust na primeira linha de "No caminho de Swann".)

A seção não tinha dia fixo, mas era atualizada com grande frequência por exigência dos próprios leitores, que a transformaram na mais visitada do **Todoprosa**. Nunca parei para contar, mas imagino que no fim das contas o número de começos contemplados se aproximasse da casa dos três dígitos.

A popularidade dos grandes começos da literatura é um tema curioso. Parece existir em nós, leitores, e principalmente nos leitores que também escrevem ou gostariam de escrever, uma crença irracional no poder mágico das palavras de abertura de um livro. Como se elas já contivessem em miniatura tudo o que importa saber, certo espírito geral da obra. Como se, acertando no começo, o resto viesse naturalmente ao autor.

A realidade é mais complicada do que isso. Um bom início tem a responsabilidade de introduzir um certo tom, uma certa voz, e o desafio nada banal de fazer o leitor seguir em frente. Com perdão da obviedade, porém, vale lembrar que, se uma narrativa deve começar bem, não é menos importante que continue bem e termine bem. Continuar, sobretudo, é um verbo que geralmente parece não ter fim quando se escreve um romance — e às vezes não tem mesmo. [...]

[...]

RODRIGUES, Sérgio. Escrever e coçar é só começar? **Todoprosa**, 25 jan. 2014. Blogue. Disponível em: https://todoprosa.com.br/escrever-e-cocar-e-so-comecar/. Acesso em: 10 fev. 2021.

1. No título do *post*, o jornalista escolheu verbos para ilustrar o aprendizado e o ato de produzir textos literários. Indique-os.

2. Nessa escolha de formas verbais, o jornalista estabeleceu uma relação intertextual com um provérbio. Qual? Qual é o sentido da relação construída nesse processo de aproximação entre o dito popular e o ato de escrever textos literários?

3. No último parágrafo, o jornalista reconhece que escrever textos literários não parece ser tão simples assim. Para comprovar sua percepção, ele utiliza o verbo **continuar**. Explique o efeito de sentido pretendido pelo jornalista ao escolher essa forma verbal para justificar a tarefa de escritor literário.

4. O jornalista estruturou seu texto com verbos no infinitivo impessoal. Justifique essa escolha, considerando a discussão proposta pelo *post*.

MORFOLOGIA

Advérbio

UM PRIMEIRO OLHAR

Observe estes cartazes de campanhas de trânsito.

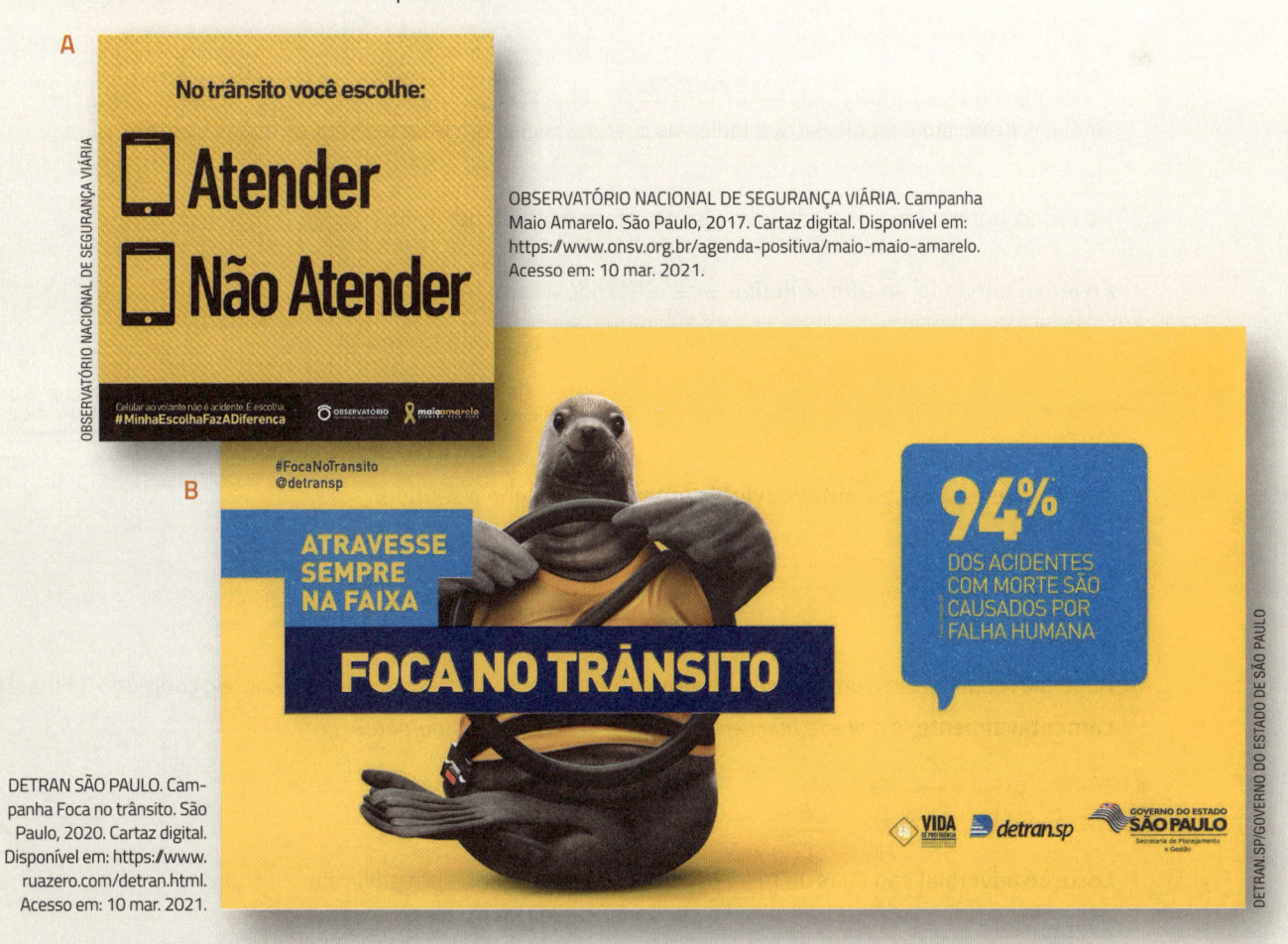

A

No trânsito você escolhe:
☐ Atender
☐ Não Atender

Celular ao volante não é acidente. É escolha.
#MinhaEscolhaFazADiferenca

OBSERVATÓRIO NACIONAL DE SEGURANÇA VIÁRIA. Campanha Maio Amarelo. São Paulo, 2017. Cartaz digital. Disponível em: https://www.onsv.org.br/agenda-positiva/maio-maio-amarelo. Acesso em: 10 mar. 2021.

B

#FocaNoTransito
@detransp

ATRAVESSE SEMPRE NA FAIXA

FOCA NO TRÂNSITO

94% DOS ACIDENTES COM MORTE SÃO CAUSADOS POR FALHA HUMANA

DETRAN SÃO PAULO. Campanha Foca no trânsito. São Paulo, 2020. Cartaz digital. Disponível em: https://www.ruazero.com/detran.html. Acesso em: 10 mar. 2021.

1. Na campanha **A**, identifique a palavra que indica uma circunstância ligada à palavra **atender**.

2. Na campanha **B**, identifique as expressões que indicam uma circunstância relacionada às seguintes palavras:

   foca   atravesse

3. O que essas circunstâncias indicam em cada caso?

CONCEITO

Leia a frase a seguir e observe a palavra destacada.

Um pássaro quando plana parece viver **suavemente**.

A palavra destacada é um **advérbio**. Advérbio é a palavra que modifica, principalmente, o verbo, indicando a circunstância em que ocorre a ação por ele expressa.

Exemplos:

Um pássaro quando plana parece *viver* **suavemente**.
circunstância de modo

Vá, que *ficarei esperando* **aqui**.
circunstância de lugar

As crianças *voltaram* **cedo** do passeio.
circunstância de tempo

> **Advérbio** é a palavra que indica as circunstâncias em que ocorrem as ações verbais.

Há casos, porém, em que o advérbio **não** se refere a um verbo.

1. Advérbio referindo-se a um **adjetivo**, intensificando a característica do ser.

Nas festas de jovens, o som costuma ser **muito** *alto*.
advérbio de intensidade / adjetivo

2. Advérbio referindo-se a **outro advérbio**, intensificando-lhe o sentido.

Há pessoas que escrevem **muito** *bem*.
advérbio de intensidade / advérbio de modo

3. Advérbio referindo-se a uma **oração inteira**, exprimindo o parecer de quem fala sobre o conteúdo da oração.
Lamentavelmente, *o dinheiro não deu para pagar a conta do restaurante.*

LOCUÇÃO ADVERBIAL

Locução adverbial são duas ou mais palavras que equivalem a um advérbio.

Exemplos:

Saímos **às pressas** para o teatro, porque estávamos atrasados.

De repente, sem que ninguém esperasse, caiu uma forte chuva.

O caminho era tão deserto, que parecia que ninguém havia passado **por ali**.

A escola fica em uma esquina e o estudante mora **ao lado**.

Vejo novela **de vez em quando**.

Algumas locuções adverbiais possuem advérbios correspondentes.

Veja:

Com certeza chegaremos cedo ao cinema. / **Certamente** chegaremos cedo ao cinema.

O céu escureceu **de repente**. / O céu escureceu **repentinamente**.

Saíram **às pressas**. / Saíram **apressadamente**.

CLASSIFICAÇÃO DOS ADVÉRBIOS

A classificação dos advérbios e das locuções adverbiais é a mesma. Eles representam diversos tipos de circunstâncias.

Tempo	**Advérbios**: ontem, hoje, amanhã, anteontem, cedo, tarde, antes, depois, logo, agora, já, jamais, nunca, sempre, outrora, ainda, antigamente, brevemente, atualmente etc.
	Locuções adverbiais: de manhã, à tarde, à noite, pela manhã, de dia, de noite, em breve, de repente, às vezes, de vez em quando etc.
Lugar	**Advérbios**: aqui, ali, aí, lá, cá, acolá, perto, longe, atrás, além, aquém, acima, abaixo, adiante, dentro, fora, defronte, detrás, onde, algures (em algum lugar), alhures (em outro lugar) etc.
	Locuções adverbiais: à direita, à esquerda, ao lado, a distância, de dentro, de cima, em cima, por ali, por aqui, por perto, por dentro, por fora etc.
Modo	**Advérbios**: bem, mal, assim, melhor, pior, depressa, devagar, rapidamente, lentamente, calmamente (e quase todos os terminados em *-mente*) etc.
	Locuções adverbiais: à toa, ao léu, às pressas, às claras, em vão, em geral, gota a gota, passo a passo, frente a frente, por acaso, de cor etc.
Afirmação	**Advérbios**: sim, certamente, realmente, efetivamente etc.
	Locuções adverbiais: com certeza, sem dúvida, por certo.
Negação	**Advérbios**: não, absolutamente, tampouco.
	Locuções adverbiais: de modo nenhum, de jeito nenhum, de forma alguma etc.
Intensidade	**Advérbios**: bem, bastante, assaz, mais, menos, muito, pouco, demais, tão, tanto, quase, quanto etc.
	Locuções adverbiais: de todo, de pouco, de muito etc.
Dúvida	**Advérbios**: talvez, acaso, quiçá, provavelmente, possivelmente, porventura etc.
	Locuções adverbiais: quem sabe, por ventura etc.

ADVÉRBIOS INTERROGATIVOS

São **interrogativos** os advérbios empregados em interrogações diretas e indiretas.

- **Onde** – expressa ideia de *lugar*.

    Exemplos:

    Onde estão suas coisas, Paula?

    Paula, não sei **onde** estão suas coisas.

- **Como** – expressa ideia de *modo*.
  Exemplos:
  Como está seu irmão?
  Diga-me **como** está seu irmão.

- **Quando** – expressa ideia de *tempo*.
  Exemplos:
  Quando você voltará da viagem?
  Quero saber **quando** você voltará da viagem.

- **Por que** – expressa ideia de *causa*.
  Exemplos:
  Por que você não compareceu ao encontro?
  Gostaria de saber **por que** você não compareceu ao encontro.

GRAU DOS ADVÉRBIOS

Apesar de os advérbios serem palavras invariáveis, alguns deles, principalmente os de modo, variam em grau. Eles possuem os graus **comparativo** e **superlativo**, formados por processos semelhantes aos do adjetivo.

GRAU COMPARATIVO

O grau comparativo é de três tipos: **igualdade**, **superioridade** e **inferioridade**.

IGUALDADE

É formado de **tão** + *advérbio* + **quanto** (ou **como**).

Exemplo:
A criança andava **tão** *depressa* **quanto** o pai.

SUPERIORIDADE

É formado de **mais** + *advérbio* + **que** (ou **do que**).

Exemplo:
A criança andava **mais** *depressa* (**do**) **que** o pai.

Para os advérbios **bem** e **mal** há, respectivamente, as formas **melhor** e **pior**.

Exemplos:
A garota se expressava **melhor** (**do**) **que** o irmão. (*mais bem*)
A garota se expressava **pior** (**do**) **que** o irmão. (*mais mal*)

INFERIORIDADE

É formado de **menos** + *advérbio* + **que** (ou **do que**).

Exemplo:
A criança andava **menos** *depressa* (**do**) **que** o pai.

> **OBSERVAÇÃO**
>
> Na oração, são empregados **mais bem** e **mais mal** antes de formas verbais no particípio. **Exemplos:**
> Teresa foi **mais bem** orientada do que Elisa sobre a situação.
> Os móveis **mais mal** construídos deverão ser refeitos.

GRAU SUPERLATIVO ABSOLUTO

O advérbio possui apenas o superlativo absoluto, que se classifica em **analítico** e **sintético**.

ANALÍTICO

O advérbio é acompanhado de um **advérbio de intensidade**.

Exemplos:

O parque de diversões ficava **extremamente** *perto* da minha casa.

A menina caminhava **muito** *lentamente* pela rua deserta.

SINTÉTICO

Ao advérbio é acrescentado o sufixo **-íssimo**.

Exemplos:

O parque de diversões ficava **pertíssimo** da minha casa.

A menina caminhava **lentissimamente** pela rua deserta.

OBSERVAÇÕES

1. Com o sufixo *-mente*, formam-se advérbios derivados de adjetivos: **lentamente** (lento + mente), **calmamente** (calmo + mente), **tristemente** (triste + mente) etc.

2. Para se formar o superlativo sintético dos advérbios terminados em *-mente*, toma-se a forma feminina do superlativo sintético dos adjetivos e acrescenta-se *-mente*:
lentíssima + mente – **lentissimamente**
calmíssima + mente – **calmissimamente**
tristíssima + mente – **tristissimamente**

3. Para se exprimir o limite de possibilidade, antepõe-se ao advérbio *o mais* ou *o menos*.
Fique **o mais** *longe* que puder de pessoas invejosas.
Voltarei **o menos** *tarde* possível.

4. Os advérbios empregados com sufixos nominais diminutivos, como *pertinho, cedinho, agorinha, depressinha* etc., são comuns na linguagem informal.
O menino gostava de estar sempre **pertinho** da namorada.

ADJETIVOS ADVERBIALIZADOS

São considerados adverbializados os adjetivos empregados com valor de advérbio, ou seja, indicando circunstância. Nesse caso, eles se mantêm invariáveis.

Exemplos:

Os estudantes terminaram **rápido** as lições. (rapidamente)

Os funcionários foram **direto** ao chefe pedir apoio. (diretamente)

DISTINÇÃO ENTRE ADVÉRBIO E PRONOME INDEFINIDO

Diante de palavras como *muito*, *bastante*, *pouco* etc., que ora são empregadas como advérbios, ora como pronomes indefinidos, é importante ter em mente as diferenças básicas entre essas duas classes gramaticais.

O **advérbio** refere-se a *verbo*, *adjetivo* ou a outro *advérbio* e não admite flexão de gênero nem de número.

Exemplos:
Meu amigo *caminha* **muito**. (intensifica a ação verbal)
Meu amigo caminha **muito** *despreocupado*. (intensifica o adjetivo)
Meu amigo caminha **muito** *lentamente*. (intensifica outro advérbio)

O **pronome indefinido** refere-se a *substantivo* e com ele concorda em gênero e número.

Exemplos:
Meu amigo caminha **muitas** *horas*.
Meu amigo caminha **muitos** *quilômetros*.

ATIVIDADES

1. Leia estas manchetes de notícias.

A Micróbios da Terra poderiam sobreviver temporariamente em Marte

Disponível em: https://revistagalileu.globo.com/Ciencia/Espaco/noticia/2021/02/microbios-da-terra-poderiam-sobreviver-temporariamente-em-marte.html. Acesso em: 24 fev. 2021.

B Quase 300 árvores caíram em Guarulhos do ano passado até 2021

Disponível em: https://www.guarulhoshoje.com.br/2021/02/09/foram-quase-300-arvores-que-cairam-em-guarulhos-do-ano-passado-ate-2021/. Acesso em: 13 fev. 2021.

C As praias mais vazias no Brasil para aproveitar o verão sem aglomeração

Disponível em: https://oglobo.globo.com/boa-viagem/as-praias-mais-vazias-no-brasil-para-aproveitar-verao-sem-aglomeracao-24880163. Acesso em: 13 fev. 2021.

a) Identifique nas manchetes os advérbios e classifique-os.

b) Transcreva dos títulos as locuções adverbiais e classifique-as.

c) Reelabore a manchete **A**, acrescentando a ela um advérbio de dúvida.

2. Informe o grau dos advérbios destacados.

a) Paula sempre praticou **menos** exercícios **que** a irmã.

b) Durante o jantar, os Campos trataram-nos **agradabilissimamente**.

c) Por causa de sua timidez, o menino falava **muito baixo**.

d) Lucas dirige **tão bem quanto** a irmã.

e) A farinha integral nutre **melhor que** a refinada.

TIRE DE LETRA

Analisar o emprego dos **advérbios** pode contribuir para interpretar a posição de um autor, já que eles funcionam como **modalizadores**, para enfatizar que algo é **verdadeiro** (realmente, certamente, inegavelmente), **duvidoso** (talvez, provavelmente, possivelmente), **obrigatório** (necessariamente, obrigatoriamente), ou ainda **marcar avaliação** sobre algo (felizmente, sinceramente, espantosamente).

3. Indique se as palavras destacadas são advérbios ou pronomes indefinidos.

   a) Chovia **bastante** àquela hora, e a Defesa Civil emitiu sinal de alerta contra enchentes.

   b) No caminho, teve de descansar **muitas** vezes antes de chegar à igreja.

   c) Há pessoas que, **pouco** pacientes com o erro alheio, exigem paciência quando erram.

   d) Ele fala **poucas** verdades e ouve **bastantes** mentiras.

   e) Hoje foi duro, **pouco** dormi, **poucas** horas de descanso eu tive.

4. Leia um poema de Ulisses Tavares.

   Levando a vida

   sou novo demais pra saber

   o que tem no fim desse

   túnel escuro.

   não dá pra ver nada ainda,

   só pode ser o futuro.

   "Levando a vida". *In*: TAVARES, Ulisses. **Viva a poesia viva**. 9. ed. São Paulo: Saraiva, 2009. p. 43. @ Ulisses Tavares

   a) Identifique e circule os advérbios presentes no poema.

   b) Classifique os advérbios identificados no poema.

5. Identifique e classifique os advérbios e as locuções adverbiais.

   a) Tivemos que deixar o apartamento de repente.

   b) Nosso esforço não foi em vão e vai ser reconhecido em breve.

   c) Ele canta mal e certamente não será aprovado na audição.

   d) Provavelmente Lara chegará amanhã, não hoje.

   e) O atleta não perdera a motivação e se aproximava rapidamente da linha de chegada.

   f) Ela joga bem tanto no ataque quanto na posição de defesa.

6. Preencha as lacunas com **bastante** ou **bastantes**.

   a) Fiz ▮ amigos durante minha vida.

   b) Fico ▮ sozinho neste apartamento.

   c) Ganhamos ▮ presentes nas nossas Bodas de Prata.

   d) Estamos ▮ certos de que fizemos a melhor escolha.

   e) Gisele come ▮ frutas todos os dias, seja em casa ou na escola.

   f) Meus avós viveram ▮ e puderam ver ▮ mudanças.

EM SÍNTESE

Advérbio – indica as circunstâncias em que ocorrem as ações verbais.
Locução adverbial – duas ou mais palavras com valor de advérbio.
Classificação dos advérbios – tempo, lugar, modo, afirmação, negação, intensidade, dúvida.
Advérbios interrogativos – empregados em interrogações diretas ou indiretas.
Adjetivos adverbializados – adjetivos empregados com valor de advérbio.

Grau dos advérbios

- **Comparativo** de igualdade, de superioridade e de inferioridade.
- **Superlativo** analítico e sintético.

NO TEXTO

Leia o texto a seguir.

5 dicas para ouvir música sem detonar o ouvido

O som alto altera a vascularização do ouvido, provocando a falta de oxigênio, que causa a morte das células auditivas. Saiba o que fazer para não prejudicar a audição.

[...]

1. Regule o volume de seu fone de ouvido em um local silencioso e mantenha-o em um nível agradável. Não aumente o som, mesmo se depois você for para um lugar mais barulhento.

2. Não durma com a televisão ligada. Esse é o momento de sua audição também descansar.

3. Se o barulho na academia – ou até mesmo o ronco do marido – a incomoda demais, não hesite em usar um protetor auricular.

4. Alguns aplicativos que simulam um decibelímetro (aparelho usado para medir o nível de ruído do ambiente) podem ser baixados gratuitamente no celular. É uma boa para você checar a intensidade dos barulhos à sua volta.

5. Se sentir um zumbido no ouvido, procure um especialista para uma avaliação mais cuidadosa.

ACHÔA, Yara. Abaixe o som. **Boa Forma**, São Paulo, ed. 328, p. 66, 1 fev. 2014.

1. Identifique as cinco estruturas gramaticais utilizadas nas dicas e justifique-as.

2. O uso de advérbios também costuma estar presente em textos desse tipo. Informe quais são os advérbios nas cinco dicas do texto e as palavras a que se referem.

3. Em "podem ser baixados gratuitamente" e "à sua volta", qual o sentido criado pelo uso do advérbio **gratuitamente** e da expressão adverbial **à sua volta** considerando o tema abordado no texto?

MORFOLOGIA

Preposição

UM PRIMEIRO OLHAR

Observe o cartaz de uma campanha contra a poluição do ar.

DEIXE A POLUIÇÃO EM CASA!

Vá a pé, de bicicleta ou de **ônibus**.

Carros transportam apenas 30% das pessoas e emitem 71% dos gases de efeito estufa.

PENSE NISSO: Ser sustentável é **ser coletivo!**

ONU MEIO AMBIENTE (Brasil); ASSOCIAÇÃO NACIONAL DAS EMPRESAS DE TRANSPORTES URBANOS. Deixe a poluição em casa. **SPUrbanuss**, São Paulo, 2019. Cartaz digital. Disponível em: http://www.spurbanuss.com.br/comunicacao/visualizar/releases/onu-meio-ambiente. Acesso em: 10 mar. 2021.

1. Identifique expressões cujo significado indique:

   a) lugar.

   b) meios ou recursos para ir a algum lugar.

   c) especificação do tipo de gás poluente.

2. Que palavras introduzem essas expressões?

3. O que essas palavras têm em comum?

CONCEITO

Observe o exemplo a seguir.

Paula viajou **para** Maceió **com** alguns amigos.

As palavras destacadas nessa frase são **preposições**.

Observe:

       verbo
       ↓
Paula *viajou* – 1º termo

para *Maceió* – 2º termo
      ↓
lugar para onde viajou

com *alguns amigos.* – 3º termo
        ↓
com quem viajou

> **Preposição** é a palavra que liga dois termos de uma oração, estabelecendo relações entre eles.

TERMO REGENTE E TERMO REGIDO

Quando dois termos são ligados por uma preposição, um deles torna-se **dependente** do outro, **subordinado** a ele. Nessa dependência, são estabelecidas, também, relações de significado entre os termos.

Veja:

O professor *chegou* **de** *Belém*, onde fez uma *palestra* **sobre** *preservação do meio ambiente*.

1º termo (termo regente ou subordinante)	Preposição	2º termo (termo regido ou subordinado)	Significado
chegou	de	Belém	lugar
palestra	sobre	preservação do meio ambiente	assunto

Uma mesma preposição pode estabelecer diferentes relações de significado.

Exemplos:

Adoro as *músicas* **de** *Chico Buarque*. (indica autoria)

Perdi meu *anel* **de** *ouro*. (indica matéria)

Este é o *livro* **de** *Guilherme*. (indica posse)

Sandra gosta de *viajar* **de** *ônibus*. (indica meio)

ALGUNS SIGNIFICADOS ESTABELECIDOS PELAS PREPOSIÇÕES	
assunto – Discutir **sobre** educação.	**limite** – Correr **até** se cansar.
autoria – Livro **de** Drummond. Tela **de** Portinari.	**lugar** – Colocar algo **sobre** a mesa. Morar **em** Araçatuba. Viajar **para** Salvador. Ir **a** Manaus. (lugar de destino). Ser **de** São Paulo. (lugar de origem)
causa – Morrer **de** fome. Promovido **por** mérito.	**matéria** – Casa **de** madeira. Massa feita **com** ovos.

ALGUNS SIGNIFICADOS ESTABELECIDOS PELAS PREPOSIÇÕES	
companhia – Passear **com** os irmãos.	**meio** – Passear **de** carro. Andar **a** cavalo.
conteúdo – Copo **de** água.	**modo** – Ele faz tudo **com** tranquilidade.
distância – Estudar **a** uma quadra de casa.	**oposição** – Argumentou **contra** as ideias do irmão.
fim ou **finalidade** – Viajar **a** trabalho. Sair **para** o almoço. Vir **em** socorro.	**posse** – Camisa **de** Roberto. Quarto **de** Mariana.
instrumento – Ferir-se **com** a tesoura. Escrever **a** lápis.	

Há preposições que estabelecem significados opostos.

Exemplos:

Yuri enfrentou o primeiro dia de aula **com** medo. Yuri enfrentou o primeiro dia de aula **sem** medo.

O gato dormia **sobre** a cadeira. O gato dormia **sob** a cadeira.

CLASSIFICAÇÃO DAS PREPOSIÇÕES

Há preposições propriamente ditas e há palavras de outras classes gramaticais que, às vezes, são empregadas como preposições. As primeiras são denominadas preposições **essenciais** e as outras, **acidentais**.

ESSENCIAIS

São as preposições propriamente ditas: **a**, **ante**, **após**, **até**, **com**, **contra**, **de**, **desde**, **em**, **entre**, **para**, **perante**, **por**, **sem**, **sob**, **sobre**, **trás**.

Exemplos:

Nada mais há **entre** mim e ele.

Amanhã irei **até** sua casa **para** pegar um livro.

Não parei **de** chorar **desde** sua partida.

ACIDENTAIS

São as palavras de outras classes gramaticais que, às vezes, aparecem como preposições. As mais comuns são: **como**, **conforme**, **consoante**, **durante**, **fora**, **mediante**, **salvo**, **segundo** e **senão**.

Exemplos:

Atuei **como** representante da escola na festa beneficente. (= na qualidade de)

Resolvi o exercício **conforme** a orientação do professor. (= de acordo com)

Minha mãe ficou muito nervosa **durante** a consulta médica. (= no decorrer de)

LOCUÇÃO PREPOSITIVA

> **Locuções prepositivas** são duas ou mais palavras que equivalem e têm função de preposição.

Exemplos:

Conseguimos estacionar o carro bem **em frente a**o teatro.

Chegamos a uma cabana abandonada **através de** um pequeno rio.

ALGUMAS LOCUÇÕES PREPOSITIVAS			
abaixo de	a par de	embaixo de	graças a
acerca de	a respeito de	em cima de	junto a
acima de	de acordo com	em frente a	junto de
além de	dentro de	em redor de	perto de
ao lado de	diante de	em vez de	por cima de

OBSERVAÇÃO

A última palavra de uma locução prepositiva é sempre uma preposição, o que não ocorre com a locução adverbial. O acréscimo de uma preposição, após um advérbio ou após uma locução adverbial, forma uma **locução prepositiva**.
perto – advérbio
por perto – locução adverbial
perto de e **por perto de** – locuções prepositivas

COMBINAÇÃO E CONTRAÇÃO DAS PREPOSIÇÕES

As preposições **a**, **de**, **em** e **por**, nas frases, podem unir-se a palavras de outras classes gramaticais, formando com elas uma só palavra. Essa união ocorre por meio de dois processos: **combinação** e **contração**.

COMBINAÇÃO

Na união das palavras, a preposição não sofre perda de som ou fonema.

A combinação ocorre com:

- a preposição **a** + os artigos definidos **o**, **os**.

    Fomos **ao** parque fazer uma caminhada. (**a** + *o*)

- a preposição **a** + o advérbio **onde**.

    Eu costumo ir **aonde** vão meus irmãos. (**a** + *onde*)

OBSERVAÇÃO

O **a** pode ser:
- **preposição** – liga termos (dá ideia de *lugar, meio, modo, instrumento, distância*).
Meus irmãos foram **a** Goiás.
Gosto de andar **a** cavalo.
Moro **a** um quarteirão do trabalho.
- **pronome pessoal** – substitui um substantivo (significa *ela*).
Eu concluí *a tarefa* no prazo.
Eu **a** concluí no prazo.
- **artigo** – acompanha um substantivo, definindo-o.
Eu concluí **a** tarefa no prazo.

CONTRAÇÃO

Na união das palavras, a preposição sofre perda de som (fonema).

A contração ocorre com:

- as preposições **a**, **de**, **em** e **por** (na forma antiga **per**) em diversas situações.

    Gosto **do** jeito como ele trata a irmã. (**de** + *o*)

    Foi aqui mesmo, **neste** lugar, que nos conhecemos. (**em** + *este*)

    Só foi estudar **pelo** motivo de sempre: passar no teste. (**per** + *lo*)

QUADRO DAS CONTRAÇÕES

de + artigos	em + artigos
o(s), a(s): **do**(s), **da**(s) um(ns), uma(s): **dum**(ns), **duma**(s)	o(s), a(s): **no**(s), **na**(s) um(ns), uma(s): **num**(ns), **numa**(s)
de + pronomes demonstrativos	**em + pronomes demonstrativos**
este(s), esse(s): **deste**(s), **desse**(s) esta(s), essa(s): **desta**(s), **dessa**(s) aquele(s), aquela(s): **daquele**(s), **daquela**(s) isto, isso, aquilo: **disto**, **disso**, **daquilo** o(s), a(s): **do**(s), **da**(s)	este(s), esta(s): **neste**(s), **nesta**(s) esse(s), essa(s): **nesse**(s), **nessa**(s) aquele(s), aquela(s): **naquele**(s), **naquela**(s) isto, isso, aquilo: **nisto**, **nisso**, **naquilo**
de + pronome pessoal	**em + pronome indefinido**
ele(s), ela(s): **dele**(s), **dela**(s)	outro(s), outra(s): **noutro**(s), **noutra**(s)
de + pronome indefinido	**per + artigos**
outro(s), outra(s): **doutro**(s), **doutra**(s)	o(s), a(s): **pelo**(s), **pela**(s)
de + advérbios	**a + artigo definido feminino**
aqui, aí, ali: **daqui**, **daí**, **dali**	a(s): **à**(s)
a + pronomes demonstrativos	
aquele(s), aquela(s), aquilo: **àquele**(s), **àquela**(s), **àquilo**	

ATIVIDADES

1. Leia este trecho de uma reportagem.

> *Num paraíso despovoado, onde tudo se colhia, doces bárbaros viviam em paz e europeus eram inéditos. Assim Pero Vaz de Caminha descreveu nossa terra em uma carta para seu rei quando esteve aqui com Pedro Álvares Cabral em 1500.*
>
> *Mas o escrivão da certidão de nascimento do Brasil ficou aqui uma semana, mal conheceu o recém-nascido.*
>
> *Hoje sabemos que nosso futuro território possuía aldeias com milhares de índios, agricultura intensiva, comércio internacional e guerra permanente movida a canibalismo. Além disso, já tinha recebido três navegadores — dois espanhóis, inclusive. [...]*

URBIM, Emiliano. 1499: o Brasil antes de Cabral. **Superinteressante**, São Paulo, ed. 329, p. 31, fev. 2014. Disponível em: https://super.abril.com.br/especiais/1499-o-brasil-antes-de-cabral. Acesso em: 8 mar. 2021.

a) Transcreva do texto as preposições e as contrações.

b) No início do texto, uma mesma preposição é empregada para expressar diferentes relações de sentido. Cite-a e explique os sentidos que estabelece.

c) Os numerais que aparecem no último período do texto são substantivos ou adjetivos?

2. Indique as relações de significado estabelecidas pelas preposições destacadas nas frases.

   a) A porta **de** madeira está rangendo.
   b) Trabalhei muito **durante** minha juventude.
   c) Nunca viajei **de** avião.
   d) Preciso economizar **para** comprar roupas novas.
   e) Saí para jantar **com** meus pais na noite de ontem.
   f) Sempre dirija **com** segurança.
   g) Já morei **em** Tóquio, Paris e Berlim.

> **TIRE DE LETRA**
>
> As **preposições** são **conectivos textuais**, pois a relação estabelecida entre termos ligados por elas é responsável pela construção do sentido de um texto. Sem o uso correto das preposições, as ideias ficam dissociadas e o texto torna-se incoerente. A preposição, mais do que ligar elementos, vincula sentidos.

3. Identifique as contrações e as combinações.

   a) Naquele tempo, parece que tudo era mais fácil.
   b) Espero nunca ser obrigada a me mudar daqui.
   c) Não estou gostando nada disso.
   d) Nasci no interior, lá pelas bandas de Rio Claro.
   e) Estou perdido; não sei aonde ir agora.
   f) Chegamos à cidade ao entardecer.
   g) Estou metido numa encrenca daquelas!

4. Classifique as preposições destacadas em **essenciais** ou **acidentais**.

   a) Lutarei **contra** tudo e todos.
   b) Prepare a gelatina **conforme** as instruções da embalagem.
   c) **Desde** o ano passado, treino corrida três vezes por semana.
   d) Não conseguimos mais viver **sob** o mesmo teto.
   e) Não foi fácil ficar longe da minha família **durante** todo o intercâmbio.
   f) A manifestação foi pacífica, **salvo** alguns incidentes isolados.
   g) Não há nada **com** o que se preocupar!

5. Escolha a preposição entre parênteses que melhor preenche a lacuna.

   a) Não há nada que se compare a tirar um cochilo ▮ a sombra das árvores. (sob / sobre)
   b) Minhas meias novas foram parar ▮ algum lugar fora de casa. (em / a)
   c) Sempre escreva o rascunho ▮ lápis. (a / de)
   d) Ontem à noite ouvi os gatos do vizinho andando ▮ o nosso telhado. (sob / sobre)
   e) Raquel é especialista ▮ francês. (de / em)
   f) Comprei um bolo ▮ 30 reais. (por / de)

6. Identifique as locuções prepositivas nas frases a seguir.

   a) Você já está a par de toda a situação?

   b) Sempre agimos de acordo com as regras do condomínio.

   c) Graças a você, não fomos prejudicados na divisão dos bens.

   d) Apesar de todo o nosso esforço, não foi possível concluir o trabalho a tempo.

   e) Por que não pedimos uma *pizza* em vez de sairmos para jantar?

   f) Discursou horas acerca do tema proposto.

7. Complete as frases com as preposições adequadas.

   a) Todos, sem exceção, são iguais ▪ a lei.

   b) Vamos dispor as cadeiras ▪ fileiras para aproveitar melhor o espaço.

   c) Faltam quantos semestres ▪ você se formar?

   d) Daniel sempre teve muito respeito ▪ com seus avós.

   e) A ordem das apresentações foi determinada ▪ sorteio.

   f) Vou ao banco e à farmácia antes de voltar ▪ casa.

   g) Adotamos um cãozinho e decidimos chamá-lo ▪ Faísca.

8. Leia o início de um texto escrito por Júlio Verne e preencha as lacunas com as preposições e contrações adequadas.

   Questão ▪ prioridade máxima!

   ▪ ano ▪ 1866, um fenômeno inexplicável e aterrorizante perturbava uns enquanto fascinava outros. Profissionais ▪ navegação ▪ Europa e ▪ América, políticos e pessoas ▪ geral tentavam desvendar o enigma que desafiava o imaginário: o que seria aquele objeto longo, ▪ leve fosforescência e cuja velocidade superava a ▪ uma baleia ou ▪ um tubarão?

   Os registros ▪ aparição constavam ▪ vários diários ▪ bordo, destacando a rapidez sobrenatural ▪ seu deslocamento. Se fosse uma baleia, ultrapassaria ▪ tamanho todas as criaturas classificadas cientificamente. Nenhum cientista admitiria tratar-se ▪ alguma espécie ▪ dragão ou outra criatura lendária.

   [...]

   VERNE, Júlio. **Vinte mil léguas submarinas**. Tradução e adaptação: Heloisa Prieto e Victor Scatolin. São Paulo: FTD, 2014. p. 33.

9. Substitua a locução prepositiva destacada por outra de sentido equivalente.

   a) Fiquei três dias de cama **por causa de** uma forte gripe.

   b) Jaime e seu avô passavam tardes inteiras discutindo **acerca de** literatura.

   c) **Em vez de** brincar, ele preferiu ler.

10. Indique a alternativa que completa adequadamente a frase.

    ▪ as refeições, costumo tomar chá-mate ▪ gelo e ▪ açúcar.

    a) Por – com – para

    b) Com – sem – por

    c) Durante – com – sem

    d) Para – durante – com

CRASE

> **Crase** é a fusão de duas vogais idênticas, isto é, são dois sons vocálicos iguais que se juntam formando um só. Na escrita, cada um desses sons pode ter a sua letra correspondente ou os dois sons podem ser representados por apenas uma letra.

Exemplos:

Os jovens não gostam d**e e**sperar muito por aquilo que desejam. (duas letras)
↓
e + e

A forte chuv**a a**lagou muitas áreas da cidade. (duas letras)
↓
a + a

Fui **à** cidade natal de Cândido Portinari, Brodósqui. (apenas uma letra)
↓
a + a

Os casos típicos de crase são as contrações da preposição **a** com o artigo **a**.

Compare as duas estruturas:

| 1º termo | 2º termo | | 1º termo | 2º termo |

Ontem, *fomos* **ao** *cinema* do *shopping*.
↓
a + o (combinação: **a + o = ao**)
preposição + artigo

Ontem, *fomos* **à** *livraria* do *shopping*.
↓
a + a (contração: **a + a = à**)
preposição + artigo

De maneira geral, esse tipo de crase ocorre quando o 1º termo (termo regente) exige a preposição (**a**), e o 2º (termo regido) é uma palavra feminina que admite artigo definido. Na escrita, essa crase é indicada pelo **acento grave** (`): **a + a = à**.

CASOS EM QUE OCORRE A CRASE

1. Antes de palavra feminina que admite artigo.

   Exemplos:

   Todos nós gostamos de ir **à** praia. (ir **a** + **a** praia)
   ↓ ↓
   preposição + artigo

   Devemos obedecer **às** leis. (obedecer **a** + **as** leis)
   ↓ ↓
   preposição + artigo

   Nem sempre é simples identificar se a palavra admite ou não artigo, principalmente quando se trata de nomes próprios. No caso de nomes de lugar, empregados com o verbo **ir**, uma maneira prática de perceber a presença do artigo é construir a frase com o verbo *voltar*.

   Voltei **de** Campinas.
   ↓
   preposição
   (não admite artigo)

   Voltei **da** Bahia.
   ↓
   de + a
   preposição + artigo

   Fui **a** Campinas.
   ↓
   só preposição (não há crase)

   Fui **à** Bahia.
   ↓
   a + a
   preposição + artigo (há crase)

2. Com os pronomes demonstrativos iniciados com a vogal **a**: **a**quele, **a**queles, **a**quela, **a**quelas e **a**quilo.

   Exemplos:

   Domingo, iremos **à**quele teatro recém-inaugurado.

   As pessoas costumam dar atenção somente **à**quilo que lhes interessa.

3. Com os pronomes demonstrativos **a**, **as** (= aquela, aquelas).

   Exemplos:

   Hoje, assisti a uma cena igual **à** que vi ontem.

   As suas cenas de hoje foram idênticas **às** da semana passada.

4. Antes dos pronomes relativos **a qual**, **as quais**.

   Exemplos:

   A moça **à qual** me referi há pouco está chegando.

   As moças **às quais** me referi há pouco estão chegando.

5. Na indicação de horas.

   Exemplos:

   Chegamos **à** uma hora.   Saímos **às** dez horas.

6. Nas locuções adverbiais femininas.

   Exemplos:

   Saímos **à noite**.   Sentou-se **à direita**.

   Sentiu-se **à vontade**.   Respondeu **às pressas**.

7. Nas locuções prepositivas formadas por palavras femininas, como **à beira de**, **à custa de**, **à força de**, **à sombra de**, **à moda de** etc.

   Exemplos:

   Era bonito o entardecer **à beira d**o lago.

   A menina gostava de se vestir **à moda d**a mãe.

8. Nas locuções conjuntivas **à medida que**, **à proporção que**.

   Exemplos:

   À medida que caminhava pelas ruas de sua cidade natal, recordava-se da infância.

   A experiência aumenta **à proporção que** os anos passam.

> **OBSERVAÇÃO**
>
> Na locução prepositiva **à moda de**, as palavras **moda** e **de** podem ficar subentendidas, mantendo-se a crase.
> **Exemplo:**
> Os sapatos com saltos altos e finos são **à** Luís XV. (à moda de Luís XV)

CASOS EM QUE NÃO OCORRE A CRASE

1. Antes de palavras masculinas.

   Exemplo:

   O esporte preferido de Guilherme e Lucas é andar **a** cavalo.

2. Antes de verbo.

   Exemplo:

   Todos precisam estar dispostos **a** colaborar com o meio ambiente.

> **OBSERVAÇÃO**
>
> Antes de palavra masculina, a crase só aparece quando a locução prepositiva **à moda de** estiver subentendida.
> **Exemplo:**
> O professor tentou elaborar um texto **à** Graciliano Ramos. (à moda de Graciliano Ramos)

3. Antes da maioria dos pronomes.

   Exemplos:

   Na reunião, nenhum professor referiu-se **a** elas, alunas do 6º ano.

   O prefeito dirigiu-se **a** Sua Excelência, o governador do estado, para solicitar mais verba aos municípios.

   > **OBSERVAÇÃO**
   >
   > Excetuam-se, no entanto, os pronomes de tratamento **senhora** e **senhorita**, porque admitem artigo.
   > **Exemplo:**
   > As crianças pediram **à** senhora que contasse mais uma história.

4. Antes de palavras no plural que não estejam definidas pelo artigo.

   Exemplos:

   O chefe está discutindo **a** portas fechadas com os funcionários.

   Alguns moradores de prédio não têm o hábito de ir **a** reuniões de condomínio.

5. Antes das palavras **casa** e **terra** sem elementos modificadores.

   Exemplos:

   Após o acontecido, o filho retornaria **a** casa somente com a autorização do pai.

   Depois de um mês em alto-mar, os turistas voltaram **a** terra.

   > **OBSERVAÇÃO**
   >
   > No entanto, acompanhadas de elementos modificadores, essas palavras admitem crase.
   > **Exemplos:**
   > Após o acontecido, o filho retornaria **à casa do pai** com autorização deste.
   > Depois de um mês em alto-mar, os turistas voltaram **à terra de origem**.

6. Nas locuções adverbiais formadas com elementos repetidos.

   Exemplo:

   Gota a gota a água caía no balde.

7. Na expressão **a distância,** sem elemento modificador.

   Exemplo:

   Os pais observavam os filhos **a distância**.

   > **OBSERVAÇÃO**
   >
   > Com elemento modificador, no entanto, ocorre a crase.
   > **Exemplo:**
   > Os pais observavam os filhos **à** distância de uns cem metros.

CASOS EM QUE A CRASE É FACULTATIVA

1. Antes de nomes femininos referentes a pessoas.

   Exemplos:

   Quando questiono problemas sobre escola, refiro-me **a** Luísa.

   Quando questiono problemas sobre excesso de passeios, refiro-me **à** Fernanda.

2. Antes de pronomes possessivos femininos.

   Exemplos:

   A humildade é relacionada **a** nossa capacidade de aceitação do outro.

   A humildade é relacionada **à** nossa capacidade de aceitação do outro.

ATIVIDADES

1. Leia o trecho a seguir, extraído da introdução da obra **Os cavaleiros do Graal**, de Luiz Galdino.

   ### A cavalaria e o Graal

   Os cavaleiros eram jovens da nobreza que colocavam suas armas a serviço do direito e da justiça. Para chegar a tanto, enfrentavam uma verdadeira iniciação, submetendo-se a uma rigorosa disciplina. Aos sete anos, eram admitidos como pajens; aos doze, passavam à condição de escudeiros; e, por fim, à sonhada sagração de cavaleiro.

   [...]

   GALDINO, Luiz. **Os cavaleiros do Graal**. São Paulo: Quinteto Editorial, 2000. *E-book*.

   Justifique a ocorrência ou não da crase nas orações a seguir.

   a) "Os cavaleiros eram jovens da nobreza que colocavam suas armas **a** serviço do direito e da justiça."

   b) "aos doze, passavam **à** condição de escudeiros."

   c) "passavam [...] à sonhada sagração de cavaleiro."

2. Siga o modelo e indique a combinação ou a contração que explicam as formas destacadas.

   Ontem fui **ao** cinema. → *Combinação: a + o = ao.*

   a) Fomos **à** praia **à** noite.

   b) É obrigatório obedecer **ao** Código de Trânsito.

   c) Você já foi **à** cidade do México?

   d) Paulo sempre gostou de ir **aos** treinos de futebol.

3. Reescreva as frases, substituindo a palavra destacada pelo termo entre parênteses. Faça as adaptações necessárias.

   a) Ontem fomos ao **apartamento** da tia Marina. (casa)

   b) Este é o **livro** ao qual me referi na nossa conversa de ontem. (biografia)

   c) Por favor, peço aos **senhores** que me acompanhem. (senhoras)

   d) Todos os convidados compareceram ao **encontro**. (reunião)

   e) Cheguei ao local e caminhei em direção ao **portão**. (porta)

   f) Por que não vamos ao **sítio** do vovô no sábado? (fazenda)

4. Indique qual forma, entre parênteses, completa corretamente a lacuna.

   a) O consultório médico funciona apenas de segunda ▪ sexta. (a / à)

   b) A jornada de trabalho é das 8 h ▪ 17 h. (as / às)

   c) Eu nunca andei ▪ cavalo. (a / à)

   d) Tomara que sua viagem corra ▪ mil maravilhas. (as / às)

   e) Eu juro que não contei seu segredo ▪ ninguém. (a / à)

   f) Não estou disposta ▪ sair de casa hoje. (a / à)

   g) Não serão corrigidos textos escritos ▪ lápis. (a / à)

   h) Minha irmã tem uma saia igual ▪ sua. (a / à)

5. Complete as frases a seguir corretamente com **a**, **as**, **à** ou **às**.

   a) Saí de casa ▇ pressas e não trouxe meu guarda-chuva.

   b) Hoje ▇ noite terei um encontro ▇ cegas.

   c) Quebre os ovos, separe as gemas e bata ▇ claras em neve.

   d) Vamos fazer tudo ▇ claras.

   e) Não gosto de ficar ▇ toa.

   f) Ele foi muito gentil todas ▇ vezes em que nos encontramos.

   g) ▇ vezes, tenho dúvidas se escolhi a profissão certa.

   h) Fomos embora da praia só ▇ noitinha.

6. Use o acento grave quando for necessário.

   a) Nunca dei importância as opiniões alheias.

   b) Com o mar tão agitado, a tripulação não via a hora de voltar a terra.

   c) Ainda não acredito que estive frente a frente com meu ídolo.

   d) Meu sonho é ter uma casa a beira de uma lagoa.

   e) Irei a Itália no próximo verão.

   f) Depois da curva, vire a esquerda.

   g) Nunca fui a Buenos Aires.

   h) Depois de vários anos, voltei a cidade na qual nasci.

7. A crase ocorreu pelo mesmo motivo em todas as frases abaixo. Justifique essa ocorrência.

   a) Meus avós gostavam de aparecer às vezes sem nenhum aviso, como uma boa surpresa.

   b) À tarde, depois de chegar da escola, meu irmão só pensa em dormir, mas tem de fazer as tarefas de casa.

   c) A rotina de estudos: de manhã cedo ao meio-dia, à noite, sempre, sempre... Lenita só parou depois de gabaritar no teste.

   d) O Corpo de Bombeiros, chamado às pressas, não conseguiu evitar que o fogo consumisse toda a fábrica.

8. Escolha a alternativa que preenche de forma correta todas as lacunas.

   Para chegar ▇ praça principal da cidade, daqui ▇ um quilômetro, vire ▇ esquerda. Depois do semáforo, ▇ direita, ▇ uma estátua em homenagem ▇ primeira-dama. A praça estará logo ▇ frente.

   a) a / a / à / à / há / a / à
   b) à / à / à / a / a / há / à
   c) à / a / à / à / há / à / à
   d) a / à / à / a / há / há / à
   e) à / a / à / a / há / a / à

9. Indique a alternativa que completa adequadamente as lacunas.

   João disse ▇ Lurdes que prefere ir ▇ cinema. Então, combinaram de se encontrar ▇ 19 h em frente ▇ lanchonete.

   a) a – a – às – a
   b) a – ao – às – a
   c) à – à – à – a
   d) a – ao – às – à

EM SÍNTESE

Preposição – palavra que liga dois termos de uma oração, estabelecendo relações entre eles.

Termo regente e termo regido – termos ligados por preposição e entre os quais ocorre relação de dependência – o termo regido depende do regente.

Classificação das preposições

- **Essenciais** – preposições propriamente ditas: **a**, **de**, **em**, **para**, **por** etc.
- **Acidentais** – palavras de outras classes que atuam como preposições: **como**, **segundo**, **salvo** etc.
- **Locução prepositiva** – expressões com função de preposição.

Combinação e contração das preposições

- **Combinação** – união de preposição com outras classes gramaticais, sem perda de som ou fonema: **ao**, **aos**, **aonde**.
- **Contração** – união de preposição com outras classes de palavras na qual há perda de som ou fonema: **dele** (de + ele), **nestas** (em + estas) etc.
- **Crase** – fusão de duas vogais idênticas. A contração da preposição **a** com outro **a** é marcada na escrita com o acento grave: **à**, **às**, **àqueles**, **àquilo**.
- **Crase facultativa** – antes de nomes femininos referentes a pessoas e antes de pronomes possessivos.

NO TEXTO

Leia esta tirinha.

LAERTE. [Volta ao mundo]. **Manual do Minotauro**, 11 out. 2019. Blogue. Disponível em: https://manualdominotauro.blogspot.com/2020/12/11-10-2019.html. Acesso em: 15 fev. 2021.

1. A tirinha apresenta certa intertextualidade com um romance bastante conhecido na cultura juvenil. Que romance é esse e quem é seu autor?

2. Explique o sentido que as preposições estabelecem em:

   a) **de** navio.　　　b) **de** balão.　　　c) **de** graça.　　　d) **em** transe.

3. A expressão **em transe** cria, no último quadrinho, um efeito de sentido diferente do sentido das expressões dos quadrinhos anteriores. Qual é esse sentido?

4. Nos três primeiros quadrinhos aparecem, respectivamente, uma cabeça, pés e mãos. De que forma, no último quadrinho, a expressão **em transe** reforça esse sentido?

MORFOLOGIA

Conjunção

UM PRIMEIRO OLHAR

Leia o cartaz de uma campanha sobre cuidados no trânsito.

PERCEBA O RISCO, PROTEJA A VIDA

O VOLUME DE ENTREGAS AUMENTOU E A RESPONSABILIDADE NO TRÂNSITO TAMBÉM

☞ Não transite por vias proibidas para chegar mais rápido.
☞ O pedido do cliente é importante, mas sua vida é muito mais!

BRASIL. Ministério da Infraestrutura. DENATRAN. Perceba o risco, proteja a vida. **Cedetran**, 2020. Cartaz digital. Disponível em: http://cedetran.org/?p=905. Acesso em: 10 mar. 2021.

1. Releia o período abaixo para responder às perguntas.

> O volume de entregas aumentou e a responsabilidade no trânsito também.

a) Quantas orações há nesse período? Escreva-as separadamente.

b) Identifique os verbos dessas orações.

c) De que forma essas orações foram unidas no período?

2. Sobre o período "Não transite por vias proibidas para chegar mais rápido.", responda:

a) Que palavra expressa uma ideia de finalidade?

b) Qual é a função dessa palavra no período?

3. Das palavras a seguir, qual substitui o vocábulo destacado no período "O pedido do cliente é importante, **mas** sua vida é muito mais!", sem que seu sentido seja alterado?

a) pois   **b)** porém   **c)** logo

CONCEITO

A professora juntou os livros **e** o celular **e** partiu **quando** finalizou a aula.

As palavras destacadas são **conjunções**. A conjunção, como a preposição, é um elemento de ligação, **um conectivo**.

Na frase acima há três verbos, e, a cada verbo, corresponde uma oração.
Observe:

1ª oração – A professora *juntou* os livros e o celular

2ª oração – e *partiu* (conjunção **e** liga a 2ª oração à 1ª)

3ª oração – quando *finalizou* a aula (conjunção **quando** liga a 3ª oração à 2ª)

Observe, ainda:

1ª oração – A professora
juntou
os livros
e (conjunção **e** liga complementos de um mesmo verbo)
o celular

> **Conjunção** é a palavra que liga duas orações ou dois termos semelhantes de uma oração.

LOCUÇÃO CONJUNTIVA

> São **locuções conjuntivas** duas ou mais palavras que equivalem a uma conjunção.

Algumas locuções conjuntivas: **à medida que, à proporção que, logo que, desde que, ainda que, para que, a fim de que, assim que** etc.

Exemplos:
Farei a prova de Matemática, **ainda que** minha gripe não tenha melhorado.
Assim que terminei a prova, tocou o sinal.

CLASSIFICAÇÃO DAS CONJUNÇÕES

As conjunções ligam termos de uma oração, coordenando um ao outro; e ligam orações, coordenando ou subordinando umas às outras, podendo ser, então, **coordenativas** ou **subordinativas**.

CONJUNÇÕES COORDENATIVAS

São **coordenativas** as conjunções que ligam:

- termos semelhantes de uma mesma oração.

    Exemplo:

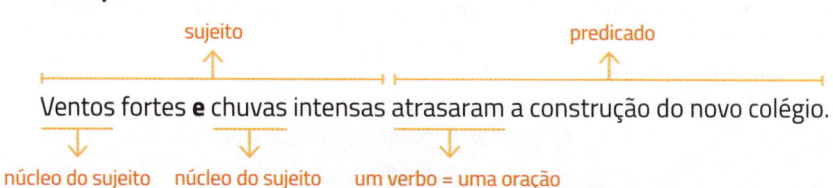

    sujeito — predicado

    Ventos fortes **e** chuvas intensas atrasaram a construção do novo colégio.

    núcleo do sujeito — núcleo do sujeito — um verbo = uma oração

- duas orações independentes ou coordenadas.

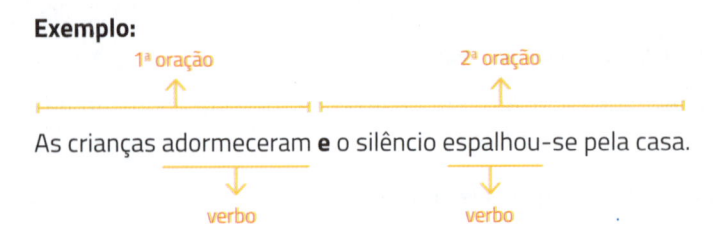

Exemplo:

As crianças adormeceram **e** o silêncio espalhou-se pela casa.
(1ª oração — verbo: adormeceram; 2ª oração — verbo: espalhou-se)

Essas orações são independentes ou coordenadas porque nenhuma é exigida por um termo da outra, podendo cada uma, sozinha, formar uma frase.

Exemplo:

As crianças adormeceram. O silêncio espalhou-se pela casa.

As conjunções coordenativas são nomeadas de acordo com o sentido que estabelecem entre as orações que ligam.

Veja os exemplos a seguir.

CONJUNÇÕES COORDENATIVAS	
Aditivas	Sentido de adição, soma: **e**, **nem** (= e não), **mas** (ou **como**) **também** (depois de **não só**) etc. Fala **e** gesticula sem parar. Não estuda **nem** (e não) trabalha. Não só estuda, **mas** (**como**) **também** trabalha.
Adversativas	Sentido de adversidade, contraste, oposição: **mas**, **porém**, **todavia**, **contudo**, **no entanto**, **entretanto**, **não obstante** etc. Gritou por socorro, **mas** ninguém o ouviu. A batida do carro foi violenta, **porém** ninguém se machucou. Pensava em viajar, **no entanto** faltou-lhe dinheiro.
Alternativas	Sentido de alternância ou exclusão: **ou**, **ou**... **ou**, **ora**... **ora**, **quer**... **quer**, **seja**... **seja** etc. (**Ou**) Fico eu na sala **ou** você. **Ora** aparece, **ora** desaparece, sem nenhuma explicação. **Quer** faça sol, **quer** chova, irei à praia nesta semana.
Explicativas	Sentido de explicação: **que**, **porque**, **pois** (anteposto ao verbo), **porquanto**. Vamos embora, **que** estou com muita pressa. Cuidado com o sol, **porque** ele está muito quente. Deve estar com anemia, **pois** vive cansado.
Conclusivas	Sentido de conclusão: **logo**, **assim**, **portanto**, **por isso**, **por conseguinte**, **pois** (posposto ao verbo). Conheciam-se muito bem; **logo**, um sabia de que o outro gostava. Amavam-se muito, **por isso** um sempre estava ao lado do outro. A filha, doente, solicitou a presença do pai; ele ficou ao lado dela, **pois**.

CONJUNÇÕES SUBORDINATIVAS

São subordinativas as conjunções que ligam duas orações, uma dependente da outra.

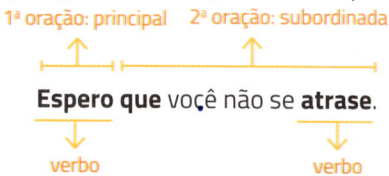

1ª oração: principal   2ª oração: subordinada

Espero que você não se **atrase**.

verbo   verbo

A primeira oração – "Espero" – precisa da segunda para completar seu sentido. A segunda é, portanto, uma oração dependente da primeira, ou seja, uma **oração subordinada**. A oração da qual depende uma oração subordinada é denominada **oração principal**.

As conjunções subordinativas iniciam orações adverbiais e orações substantivas. Elas são nomeadas de acordo com as circunstâncias que exprimem (adverbiais) ou com a função sintática que exercem (substantivas).

CONJUNÇÕES SUBORDINATIVAS	
Temporais	Iniciam *orações adverbiais* que exprimem *tempo*: **quando, enquanto, logo que, depois que, antes que, desde que, sempre que, até que, assim que** etc. Saímos **quando** a festa acabou. **Assim que** a festa acabou, saímos. Visita-me **sempre que** vem à cidade. Não o vejo **desde que** esteve em minha casa, no ano passado.
Causais	Iniciam *orações adverbiais* que exprimem *causa*: **porque, como** (= porque), **uma vez que, já que, visto que** etc. Não compareceu ao serviço **porque** estava doente. **Como** estava doente, não compareceu ao serviço. **Uma vez que** não recebera o salário, não comprou o remédio. **Já que** não pôde ir ao baile, foi ao cinema.
Condicionais	Iniciam *orações adverbiais* que exprimem *condição*: **se, caso, contanto que, salvo se, desde que** etc. **Se** o professor não vier, alguém o substituirá. Exponho o problema, **contanto que** ninguém me interrompa. Sairei com você, **desde que** eu termine meu trabalho.
Proporcionais	Iniciam *orações adverbiais* que exprimem *proporção*: **à proporção que, à medida que, ao passo que, quanto mais, quanto menos** etc. As ilusões diminuem **à proporção que** o tempo passa. As dúvidas aumentam **à medida que** se aprende. **Quanto mais** aprendemos, mais conhecemos nossa ignorância.
Finais	Iniciam *orações adverbiais* que exprimem *finalidade*: **para que, a fim de que** etc. As leis existem **para que** sejam respeitadas. Cuidamos da alimentação, **a fim de que** possamos ter uma vida mais saudável.
Consecutivas	Iniciam *orações adverbiais* que exprimem *consequência*: **que** (combinada com **tal, tanto, tão, tamanho**), **de sorte que, de forma que** etc. *Tamanho* foi o susto, **que** desmaiou. *Tanta* era a claridade, **que** nada vi.

CONJUNÇÕES SUBORDINATIVAS

Concessivas	Iniciam *orações adverbiais* que exprimem *concessão*: **embora**, **conquanto**, **ainda que**, **mesmo que**, **se bem que**, **apesar de que** etc. **Embora** a situação esteja ruim, alimentamos esperanças. A plantação está de pé, **ainda que** não chova há meses. Não lhe farei a vontade, **mesmo que** chore.
Comparativas	Iniciam *orações adverbiais* que exprimem *comparação*: **como**, **mais**... (**do**) **que**, **menos**... (**do**) **que**, **maior**... (**do**) **que**, **menor**... (**do**) **que** etc. A sala era ampla e livre **como** uma pista de dança. A cena foi **mais** engraçada (**do**) **que** trágica. Seus pés eram **maiores** (**do**) **que** os sapatos comprados pelo pai.
Conformativas	Iniciam *orações adverbiais* que exprimem *conformidade*: **conforme**, **segundo**, **como**, **consoante** etc. A casa foi construída **conforme** o arquiteto a projetou. Procura levar sua vida **segundo** o que os pais lhe ensinaram. Fizemos a pesquisa **como** o professor pediu.
Integrantes	Iniciam *orações substantivas* que representam *sujeito*, *objeto direto* etc.: **que** e **se**. Espero **que** me visite. (Espero *sua visita*. – objeto direto) Não sei **se** vai me visitar. (Não sei *de sua visita*. – objeto indireto) É imprescindível **que** você esteja presente. (*Sua presença* é imprescindível. – sujeito)

OBSERVAÇÃO

Uma mesma conjunção ou locução conjuntiva pode iniciar orações que exprimem sentidos diferentes. Por isso, o estudo das conjunções deve voltar-se para o sentido em que estão empregadas na frase, e não à simples memorização classificatória. **Exemplos:**
Sou *como* você. (*como* – estabelecendo comparação – ... *assim como* você é.)
Faço *como* você pede. (*como* – indicando conformidade – ... *conforme* você pede.)
Como você não veio, saí sozinho. (*como* – exprimindo causa – *Porque* você não veio...)

ATIVIDADES

1. Leia a tirinha a seguir.

DAVIS, Jim. [Garfield]. **Folha de S.Paulo**, São Paulo, 13 mar. 2014. © 2014 PAWS, INC. ALL RIGHTS RESERVED/DIST. BY ANDREWS MCMEEL SYNDICATION.

a) Transcreva uma conjunção.

b) Escreva a ideia expressa por essa conjunção e classifique-a de acordo com essa ideia.

c) Substitua essa conjunção por outra, sem mudar o sentido expresso.

d) Garfield está gostando da música? Justifique sua resposta usando uma conjunção conclusiva.

2. Una os pares de orações em apenas uma frase, utilizando conjunções coordenativas.

   a) O aluno foi aprovado. O aluno conseguiu o 1º lugar.

   b) O professor começou a falar. Ninguém o escutava.

   c) Não fui à praia. Estava chovendo.

   d) O aluno era muito estudioso. Sempre tirava boas notas.

   e) Vou ao cinema. Vou ao teatro.

3. Classifique as orações encontradas no exercício **2**.

4. Substitua as lacunas pelas conjunções subordinativas e indique o sentido que elas estabelecem entre as orações.

   a) O frio era tanto ■ ficamos resfriados.

   b) O filho fazia tudo ■ sua mãe lhe ensinara.

   c) ■ tenha sido convocado, o pai do aluno não compareceu à reunião.

   d) ■ esperamos, mais aprendemos a ser pacientes.

   e) Devemos estudar ■ possamos garantir nosso futuro.

5. Observe o sentido da conjunção **pois** em cada frase e classifique-a em coordenativa explicativa ou conclusiva.

   a) Os professores ficam exaustos no final do ano; merecem, pois, viajar nas férias.

   b) Leve o guarda-chuva, pois poderá chover.

   c) Não vá embora, pois vou ficar com saudades.

   d) O paciente não está se sentindo bem; o médico deverá acompanhá-lo, pois.

6. Indique o sentido atribuído à conjunção **como** em cada frase a seguir.

   a) Assinaremos o contrato como combinamos.

   b) Como o candidato estudou muito, foi aprovado no concurso.

   c) Há crianças que se comportam como adultos.

   d) A menina não só falava como também sorria.

7. Classifique a conjunção **desde que** em subordinativa condicional ou temporal, observando o sentido estabelecido em cada frase.

   a) Você poderá ir ao cinema, desde que termine sua lição de casa.

   b) Desde que você foi embora, esta casa não é mais a mesma.

   c) Desde que não atrapalhe, eu ficarei aqui.

   d) Não vejo minha amiga desde que me mudei de cidade.

8. Em que frases há conjunções subordinativas integrantes?

   a) Pedi a ele que não implicasse com a irmã.

   b) Ela era tão animada, que alegrava quem estivesse por perto.

   c) Trata-se da pessoa mais esperta que conheço.

   d) Não sei se a explicação ficou clara.

9. Leia um trecho do conto "O homem que sabia javanês", do escritor Lima Barreto.

O homem que sabia javanês

[...]

— Eu tinha chegado havia pouco ao Rio estava literalmente na miséria. Vivia fugido de casa de pensão em casa de pensão, sem saber onde e como ganhar dinheiro, quando li no Jornal do Comércio o anúncio seguinte:

"Precisa-se de um professor de língua javanesa. Cartas, etc." Ora, disse cá comigo, está ali uma colocação que não terá muitos concorrentes; se eu capiscasse quatro palavras, ia apresentar-me. Saí do café e andei pelas ruas, sempre a imaginar-me professor de javanês, ganhando dinheiro, andando de bonde e sem encontros desagradáveis com os "cadáveres". Insensivelmente dirigi-me à Biblioteca Nacional. Não sabia bem que livro iria pedir; mas, entrei, entreguei o chapéu ao porteiro, recebi a senha e subi. Na escada, acudiu-me pedir a *Grande Encyclopédie*, letra J, a fim de consultar o artigo relativo a Java e a língua javanesa. Dito e feito. Fiquei sabendo, ao fim de alguns minutos, que Java era uma grande ilha do arquipélago de Sonda, colônia holandesa, e o javanês, língua aglutinante do grupo maleo-polinésico, possuía uma literatura digna de nota e escrita em caracteres derivados do velho alfabeto hindu.

[...]

LIMA BARRETO, Afonso Henriques de. O homem que sabia javanês. *In*: LIMA BARRETO, Afonso Henriques de. **O homem que sabia javanês e outros contos**. Curitiba: Polo Editorial do Paraná, 1997. Disponível em: http://www.dominiopublico.gov.br/download/texto/bv000153.pdf. Acesso em: 9 mar. 2021.

TIRE DE LETRA

As **conjunções** são importantes **operadores argumentativos**. Na construção de um texto argumentativo, a seleção de uma relação lógico-semântica de causa e consequência, de condição ou de oposição, por exemplo, pode introduzir argumentos em defesa de um ponto de vista.

a) Identifique e classifique a conjunção subordinativa presente no primeiro parágrafo do texto.

b) Reescreva a oração "**se** eu capiscasse quatro palavras, ia apresentar-me", substituindo a conjunção destacada por outra de mesmo sentido.

c) Sublinhe no texto o período em que há uma conjunção que expressa a finalidade de uma ação e circule-a.

10. Leia a notícia publicada no *site* da ONU e, em seguida, responda às questões.

Famílias no Brasil plantam 200 mil árvores em memória das vítimas da covid-19

[...]

Uma ação para plantar 200 mil árvores em memória de pelo menos 200 mil vítimas da covid-19 no Brasil deve continuar até 5 de junho, quando a ONU marca o Dia Mundial do Meio Ambiente.

As mudas são semeadas por familiares das vítimas em vários estados brasileiros. Um dos participantes, Rafael da Silva de Lima, de São Paulo, perdeu o pai e a prima para a pandemia. **Segundo** ele, a iniciativa é cheia de significado, **pois** as árvores representam vida **e** ligação com a natureza.

[...]

FAMÍLIAS no Brasil plantam 200 mil árvores em memória das vítimas da covid-19. **ONU *News***, 19 jan. 2021. Disponível em: https://news.un.org/pt/story/2021/01/1739092. Acesso em: 6 abr. 2021.

a) Classifique as palavras destacadas no texto.

b) Que palavra pode substituir **pois** na oração sem que seu sentido seja alterado?

EM SÍNTESE

Conjunção – palavra que liga orações ou termos semelhantes de uma oração.
Locução conjuntiva – duas ou mais palavras que equivalem a uma conjunção.

Classificação das conjunções

- **Coordenativas** – ligam termos semelhantes de uma oração ou duas orações independentes: aditivas, adversativas, alternativas, explicativas e conclusivas.
- **Subordinativas** – ligam duas orações, sendo uma dependente da outra: temporais, causais, condicionais, proporcionais, finais, consecutivas, concessivas, comparativas, conformativas e integrantes.

NO TEXTO

Leia o texto e responda às questões.

Como se forma um furacão?

Como qualquer chuvinha, o furacão se forma a partir da evaporação de água para a atmosfera.

Óbvio que o furacão não é uma chuvinha qualquer: é uma megatempestade, com torós que podem durar uma semana e ventos que ultrapassam os 200 km/h. A evaporação de água também ocorre em grandes proporções, numa área de centenas de quilômetros, e em condições especiais: no meio dos oceanos, em regiões de águas muito quentes e ventos calmos. Por isso, os furacões são fenômenos tipicamente tropicais.

No Brasil, os cientistas achavam que era impossível ocorrer algum furacão – as águas do Atlântico Sul têm temperatura inferior aos 27 °C necessários para gerar o fenômeno. Mas muitos pesquisadores mudaram de opinião quando a tempestade Catarina atingiu o sul do país [...].

TIZIANI, Giovana. **Mundo Estranho**, 17 jul. 2018. Disponível em: http://mundoestranho.abril.com.br/materia/como-se-forma-um-furacao. Acesso em: 9 mar. 2021.

1. No início do texto, a autora utiliza uma palavra em oposição à força do furacão. Identifique-a.

2. Embora o texto tenha como objetivo abordar a formação de um furacão, a autora procura se aproximar do leitor, utilizando uma linguagem coloquial. Localize, no segundo parágrafo, uma palavra que reforça essa afirmação.

3. Nesse texto, a jornalista cria relações de sentido, conectando informações sobre a formação dos furacões. Essas conexões são feitas com algumas conjunções ou locuções conjuntivas. No trecho "Por isso, os furacões são fenômenos tipicamente tropicais.", ao utilizar a locução **por isso**, a autora acrescenta essa informação a outras anteriores. Quais são essas informações e qual o sentido construído nessa relação?

4. Considerando o tema abordado no texto jornalístico, em duas passagens percebe-se o uso da conjunção subordinativa integrante **que**, cuja função, nesse contexto, é a de acrescentar novos dados a respeito dos furacões. Indique quais são essas passagens e quais são essas novas informações.

MORFOLOGIA

Interjeição

UM PRIMEIRO OLHAR

Leia esta história em quadrinhos com um diálogo entre Isaura e Linus.

> **Quadrinho 1:** TOMA, ISAURA... FELIZ DIA DOS NAMORADOS...
>
> **Quadrinho 3:** AAAAAH!
>
> **Quadrinho 4:** PERDÃO... ME VEIO UMA LÁGRIMA AOS OLHOS!

SCHULZ, Charles M. **Snoopy, eu te amo!**: o amor em forma de tirinhas apaixonadas. São Paulo: Conrad Editora do Brasil, 2004. p. 24.

1. Que palavra representa uma reação da personagem? A princípio, que sentido ela parece indicar?

2. Que palavra, no último quadrinho, indica um pedido de desculpa?

3. Por que, provavelmente, Isaura pede desculpa a Linus?

4. O que a expressão facial do personagem Linus indica no último quadrinho?

CONCEITO

Leia o diálogo a seguir.

— **Nossa!** Está se formando um temporal horrível!

— **Credo!** Vamos correndo para casa.

— **Ufa!** Ainda bem que chegamos antes da chuva!

As palavras destacadas são **interjeições**. A interjeição expressa uma reação espontânea a determinadas situações. Ela é de caráter emocional, exprimindo diferentes tipos de sentimento.

Observe:

Nossa! – exprime sentimento de *admiração, espanto*.

Credo! – exprime sentimento de *aflição, medo*.

Ufa! – exprime sentimento de *alívio*.

> **Interjeição** é a palavra que exprime um estado emotivo, um sentimento repentino.

Como tem sentido completo, a interjeição costuma ser denominada *palavra-frase*; e, por ser ligada à situação em que ocorre, seu significado depende do momento em que é expressa e da entonação de voz do emissor.

Por se tratar de uma frase situacional:

- uma mesma interjeição pode exprimir sentimentos diferentes.

  Exemplos:

  Ah! Machuquei meu dedo... (exprimindo *dor*)

  Ah! Que coisa linda! (exprimindo *admiração*)

  Ah! Não era isso que eu queria... (exprimindo *desapontamento*)

  Ah! Então é você o autor da travessura! (exprimindo *reprovação*)

- diferentes interjeições podem exprimir sentimentos semelhantes.

  Exemplos de expressão de *alegria*:

  Oba! Nosso time ganhou!

  Oh! Que delícia estar com você!

  Viva! O pessoal chegou!

> **OBSERVAÇÃO**
>
> Na escrita, a interjeição geralmente é seguida de ponto de exclamação. Com essa estrutura linguística própria da frase, a maioria dos gramáticos considera que seria mais coerente tratá-la como frase, e não como uma classe gramatical à parte (palavra-frase).

LOCUÇÃO INTERJETIVA

> **Locução interjetiva** são duas ou mais palavras com valor de interjeição.

São locuções interjetivas: *Santo Deus!, Puxa vida!, Meu Deus!, Valha-me Deus!, Cruz-credo!, Que pena!, Ai de mim!, Alto lá!, Macacos me mordam!* etc.

Exemplos:

Santo Deus! Você vai cair daí, menino!

Até que enfim você chegou!... **Puxa vida!**

Que pena! Acabaram todas as possibilidades.

CLASSIFICAÇÃO DAS INTERJEIÇÕES

As interjeições, assim como as locuções interjetivas, são classificadas conforme os sentimentos que exprimem.

Veja:

De alegria: Ah!, Eh!, Oh!, Oba!, Viva!

De dor: Ai!, Ui!

De animação: Vamos!, Coragem!

De chamamento: Alô!, Olá!, Psiu!, Ô!, Oi!

De desejo: Tomara!, Quem me dera!, Oxalá!

De silêncio: Psiu!, Boca fechada!, Quieto!

De aplauso: Bis!, Viva!, Bravo!, Muito bem!

De medo: Ui!, Uh!, Ai!, Credo!, Que horror!

De espanto, surpresa: Ah!, Oh!, Nossa!, Ih!, Xi!

De alívio: Ufa!, Ah!, Uf!, Arre!, Meu Deus!, Uai!

De afugentamento: Fora!, Xô!, Passa!

De impaciência: Arre!, Puxa vida!, Afe!

ATIVIDADES

1. Leia a tira e responda às perguntas.

GOMES, Clara. [Caixa de pandora]. **Bichinhos de Jardim**, 10 nov. 2019. Blogue. Disponível em: http://bichinhosdejardim.com/caixa-pandora/. Acesso em: 9 mar. 2021.

   a) Identifique e informe quais interjeições aparecem na tirinha.

   b) Que sentimento é expresso pela interjeição no segundo quadrinho?

   c) Qual palavra, de mesmo sentido, pode substituir essa interjeição?

2. Identifique as interjeições e locuções interjetivas nas frases a seguir.

   a) Quando te vi pela primeira vez... Nossa! Fiquei completamente apaixonado!

   b) Cruz-credo! Essa casa parece ser mal-assombrada!

   c) Não me venha com suas mentiras, ora bolas!

   d) Não desistiremos diante dos desafios. Avante, companheiros!

   e) Graças a Deus, todos estão fora de perigo!

   f) Ufa! Conseguimos chegar a tempo para o espetáculo.

   g) Você acertou todas as questões da prova. Muito bem!

3. Elabore uma frase com cada uma das interjeições da atividade **2**.

4. Identifique as interjeições e as locuções interjetivas e classifique-as de acordo com os sentimentos ou emoções que expressam.

   a) Ai! Não me machuque!
   b) Muito bem! Você conseguiu!
   c) Puxa vida, como você demorou!
   d) Oba! Vamos comemorar o seu aniversário!
   e) Tomara que não chova amanhã!
   f) Ufa! Nem acredito que terminei o trabalho!
   g) Bravo! Você se saiu muito bem!
   h) Fora! Não me perturbe mais!

5. Substitua a interjeição em cada frase por outra de mesmo sentido.

   a) Oba! A mamãe fez minha comida preferida para o almoço.
   b) Ui! Bati o dedinho no pé do sofá.
   c) O que vocês estão fazendo aqui? Fora!
   d) Cuidado! Piso molhado.

EM SÍNTESE

Interjeição – palavra que exprime um estado emotivo, um sentimento repentino.
Locução interjetiva – duas ou mais palavras com valor de interjeição.
Classificação das interjeições – de alegria, de dor, de animação, de chamamento, de desejo, de silêncio, de aplauso, de medo, de espanto, de surpresa, de alívio, de afugentamento, de impaciência.

NO TEXTO

Observe a tira a seguir e responda às questões.

GONSALES, Fernando. [Tiras seletas rurais]. **Níquel Náusea**, 1995. Blogue. Disponível em: http://www.niquel.com.br/seletas.shtml. Acesso em: 10 mar. 2021.

1. Considerando o contexto da tirinha, como devem ser interpretadas as duas frases do primeiro quadrinho?

2. Observe o segundo quadrinho e explique a mudança de humor representada tanto pela expressão do homem quanto pelo uso da interjeição **UÊBA**!

3. Ainda no segundo quadrinho, o humor da tirinha é obtido com a atitude do homem de trocar o cavalo por coelhos para conduzir a carroça. Explique.

Exames e concursos

(Enem – MEC)

As alegres meninas que passam na rua, com suas pastas escolares, às vezes com seus namorados. As alegres meninas que estão sempre rindo, comentando o besouro que entrou na classe e pousou no vestido da professora; essas meninas; essas coisas sem importância.

O uniforme as despersonaliza, mas o riso de cada uma as diferencia. Riem alto, riem musical, riem desafinado, riem sem motivo; riem.

Hoje de manhã estavam sérias, era como se nunca mais voltassem a rir e falar coisas sem importância. Faltava uma delas. O jornal dera notícia do crime. O corpo da menina encontrado naquelas condições, em lugar ermo. A selvageria de um tempo que não deixa mais rir.

As alegres meninas, agora sérias, tornaram-se adultas de uma hora para outra; essas mulheres.

DRUMMOND DE ANDRADE, Carlos. Essas meninas. In: DRUMMOND DE ANDRADE, Carlos. **Contos plausíveis**. Rio de Janeiro: José Olympio, 1985.

1. No texto, há recorrência do emprego do artigo **as** e do pronome **essas**. No último parágrafo, esse recurso linguístico contribui para:

   a. intensificar a ideia do súbito amadurecimento.
   b. indicar a falta de identidade típica da adolescência.
   c. organizar a sequência temporal dos fatos narrados.
   d. complementar a descrição do acontecimento trágico.
   e. expressar a banalidade dos assuntos tratados na escola.

(Tribunal de Justiça – SP) Escrevente técnico judiciário

Ei-lo agora, adolescente recluso em seu quarto, diante de um livro que não lê. Todos os seus desejos de estar longe erguem, entre ele e as páginas abertas, uma tela esverdeada que perturba _____ linhas. Ele está sentado diante da janela, a porta fechada _____ costas. Página 48. Ele não tem coragem de contar as horas passadas para chegar _____ essa quadragésima oitava página. O livro tem exatamente quatrocentas e quarenta e seis. Pode-se dizer 500 páginas! Se ao menos tivesse uns diálogos, vai. Mas não! Páginas completamente cheias de linhas apertadas entre margens minúsculas, negros parágrafos comprimidos uns sobre os outros e, aqui e acolá, a caridade de um diálogo — um travessão, como um oásis, que indica que um personagem fala _____ outro personagem. Mas o outro não responde. E segue-se um bloco de doze páginas! Doze páginas de tinta preta! Falta de ar! Ufa, que falta de ar! Ele xinga. Muitas desculpas, mas ele xinga. Página quarenta e oito... Se ao menos conseguisse lembrar do conteúdo dessas primeiras quarenta e oito páginas!

Fonte de pesquisa: PENNAC, Daniel. **Como um romance**. Rio de Janeiro: Rocco, 1993.

2. Em conformidade com a norma-padrão, as lacunas do texto devem ser preenchidas, respectivamente, com:

   a. as – às – a – a
   b. às – às – à – à
   c. as – às – à – à
   d. às – as – a – a
   e. as – as – à – à

3. Com a passagem "O livro tem exatamente quatrocentas e quarenta e seis. Pode-se dizer 500 páginas!", entende-se que a página "500" do livro seria a:

   a. quinquagésima, minimizando a importância da obra.
   b. quinquagésima, questionando a importância da obra.
   c. quinhentésima, evidenciando o tamanho da obra.
   d. quingentésima, reforçando a extensão da obra.
   e. quingentésima, enaltecendo o conteúdo da obra.

(Fuvest)

> O povo que chupa o caju, a manga, o cambucá e a jabuticaba, pode falar uma língua com igual pronúncia e o mesmo espírito do povo que sorve o figo, a pera, o damasco e a nêspera?
>
> ALENCAR, José de. **Bênção paterna**. Organização de Augusto de Sênior. Joinville: Clube de Autores, 2016. Prefácio de **Sonhos d'ouro**, 1872.

> A graciosa ará, sua companheira e amiga, brinca junto dela. Às vezes sobe aos ramos da árvore e de lá chama a virgem pelo nome, outras remexe o uru de palha matizada, onde traz a selvagem seus perfumes, os alvos fios do crautá, as agulhas da juçara com que tece a renda, e as tintas de que matiza o algodão.
>
> ALENCAR, José de. **Iracema**. São Paulo: Fundação Biblioteca Nacional, 2012. *E-book*. Disponível em: http://objdigital.bn.br/Acervo_Digital/Livros_eletronicos/iracema.pdf. Acesso em: 11 mar. 2021.

Glossário:

ará: periquito; *uru*: cesto; *crautá*: espécie de bromélia; *juçara*: tipo de palmeira espinhosa.

4. No trecho "outras remexe o uru de palha matizada", a palavra sublinhada expressa ideia de:

   a. concessão.
   b. finalidade.
   c. adição.
   d. tempo.
   e. consequência.

(Enem – MEC)

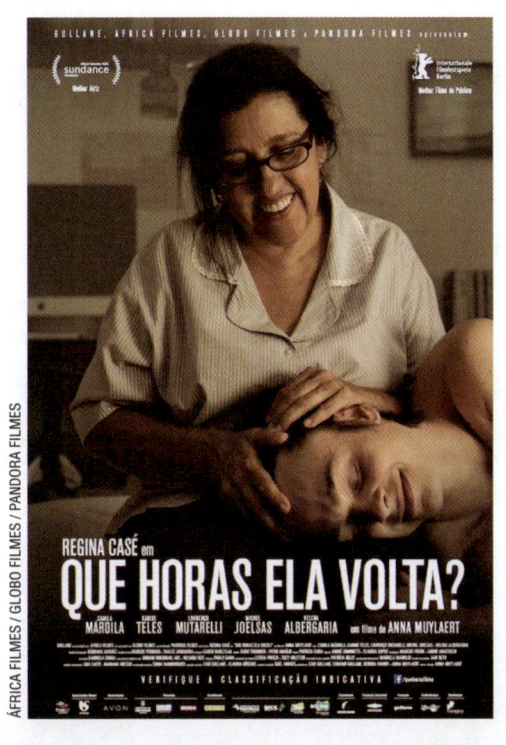

5. A frase, título do filme, reproduz uma variedade linguística recorrente na fala de muitos brasileiros. Essa estrutura caracteriza-se pelo(a)

   a. uso de uma marcação temporal.
   b. imprecisão do referente de pessoa.
   c. organização interrogativa da frase.
   d. utilização de um verbo de ação.
   e. apagamento de uma preposição.

QUE horas ela volta? **Globo Filmes**, 2015. Cartaz. Disponível em: https://globofilmes.globo.com. Acesso em: 13 dez. 2017.

(Tribunal de Justiça – RS) Oficial de justiça

1 Quase todo mundo conhece a história original (grega) sobre Narciso: um belo rapaz que, todos os dias, ia
2 contemplar seu rosto num lago. Era tão fascinado por si mesmo que, certa manhã, quando procurava admirar-
3 -se mais de perto, caiu na água e terminou morrendo afogado. No lugar onde caiu, nasceu uma flor, que
4 passamos a chamar de Narciso.

5 O escritor Oscar Wilde, porém, tem uma maneira diferente de terminar esta história. Ele diz que, quando
6 Narciso morreu, vieram as Oréiades – deusas do bosque – e viram que a água doce do lago havia se transformado
7 em lágrimas salgadas.

8 "Por que você chora?", perguntaram as Oréiades.

9 "Choro por Narciso".

10 "Ah, não nos espanta que você chore por Narciso", continuaram elas. "Afinal de contas, todas nós sempre
11 corremos atrás dele pelo bosque, mas você era o único que tinha a oportunidade de contemplar de perto _____
12 sua beleza".

13 "Mas Narciso era belo?", quis saber o lago.

14 "Quem melhor do que você poderia saber?", responderam, surpresas, as Oréiades. "Afinal de contas, era em
15 suas margens que ele se debruçava todos os dias".

16 O lago ficou algum tempo quieto. Por fim, disse: "eu choro por Narciso, mas jamais havia percebido que era
17 belo. Choro por ele porque, todas _____ vezes que ele se deitava sobre minhas margens, eu podia ver, no fundo
18 dos seus olhos, _____ minha própria beleza refletida".

Fonte de pesquisa: COELHO, Paulo. O lago e Narciso. **Paulo Coelho**: histórias e reflexões, 2 jan. 2010. Blogue.
Disponível em: https://paulocoelhoblog.com/2010/01/02/o-lago-e-narciso/. Acesso em: 10 maio. 2021.

6. Assinale a alternativa que preenche, correta e respectivamente, as lacunas das linhas 11, 17 e 18 do texto.
   a. a – às – a
   b. à – às – à
   c. a – as – a
   d. à – as – à
   e. a – às – à

7. Os pronomes **seu** (l. 2) e **sua** (l. 12) estabelecem uma relação entre um elemento possuidor e um elemento possuído. Assinale a alternativa que apresenta corretamente o elemento possuidor seguido pelo elemento possuído na relação estabelecida por esses dois pronomes, respectivamente.
   a. Narciso – lago / lago – beleza
   b. rosto – Narciso / beleza – Narciso
   c. um belo rapaz – lago / beleza – lago
   d. um belo rapaz – rosto / Narciso – beleza
   e. rosto – um belo rapaz / oportunidade – lago

(Prefeitura de Poção – PE) Advogado

Oceanos

Pesquisadores chineses e dos EUA constataram que a temperatura dos oceanos em 2018 foi a mais quente já registrada nos últimos 60 anos. O estudo, com base nos dados mais recentes do Instituto de Física Atmosférica, na China, foi publicado nesta quarta (16) na revista científica "Advances in Atmospheric Sciences".

Fonte de pesquisa: PINHEIRO, Lara. Aquecimento dos oceanos bateu recorde em 2018, dizem cientistas. **G1**, 16 jan. 2019. Disponível em: https://g1.globo.com/natureza/noticia/2019/01/16/aquecimento-dos-oceanos-bateu-recorde-em-2018-dizem-cientistas.ghtml. Acesso em: 11 mar. 2021.

8. Com base no texto "Oceanos", leia as afirmativas a seguir:

   I. O vocábulo **estudo** é um substantivo.
   II. O vocábulo **revista** é um pronome.

   Marque a alternativa **correta**:
   a. As duas afirmativas são verdadeiras.
   b. A afirmativa I é verdadeira, e a II é falsa.
   c. A afirmativa II é verdadeira, e a I é falsa.
   d. As duas afirmativas são falsas.

(Prefeitura Municipal de Cariacica – ES) Guarda Municipal I

Leia o texto abaixo e responda ao que se pede.

O anjo da noite

O guarda-noturno caminha com delicadeza, para não assustar, para não acordar ninguém. Lá vão seus passos vagarosos, cadenciados, cosendo a sua sombra com a pedra da calçada. Vagos rumores de bondes, de ônibus, os últimos veículos, já sonolentos, que vão e voltam quase vazios. O guarda-noturno, que passa rente às casas, pode ouvir ainda a música de algum rádio, o choro de alguma criança, um resto de conversa, alguma risada. Mas vai andando. A noite é serena, a rua está em paz, o luar põe uma névoa azulada nos jardins, nos terraços, nas fachadas: o guarda-noturno para e contempla.

À noite, o mundo é bonito, como se não houvesse desacordos, aflições, ameaças. Mesmo os doentes parecem que são mais felizes: esperam dormir um pouco à suavidade da sombra e do silêncio. Há muitos sonhos em cada casa. É bom ter uma casa, dormir, sonhar. O gato retardatário que volta apressado, com certo ar de culpa, num pulo exato galga o muro e desaparece; ele também tem o seu cantinho para descansar. O mundo podia ser tranquilo. As criaturas podiam ser amáveis. No entanto, ele mesmo, o guarda-noturno, traz um bom revólver no bolso, para defender uma rua...

E se um pequeno rumor chega ao seu ouvido e um vulto parece apontar da esquina, o guarda-noturno torna a trilar longamente, como quem vai soprando um longo colar de contas de vidro. E recomeça a andar, passo a passo, firme e cauteloso, dissipando ladrões e fantasmas. É a hora muito profunda em que os insetos do jardim estão completamente extasiados, ao perfume da gardênia e à brancura da lua. E as pessoas adormecidas sentem, dentro de seus sonhos, que o guarda-noturno está tomando conta da noite, a vagar pelas ruas, anjo sem asas, porém armado.

MEIRELES, Cecília. O anjo da noite. *In*: MEIRELES, Cecília. **Ilusões do mundo**. São Paulo: Global, 2013.

9. No trecho "O mundo podia ser tranquilo. As criaturas podiam ser amáveis.", os termos que traduzem que esses fatos **não** ocorrem são os:

  a. adjetivos **tranquilo** e **amáveis**.

  b. substantivos **mundo** e **criaturas**.

  c. verbos no pretérito perfeito e imperfeito do indicativo.

  d. verbos no pretérito imperfeito do indicativo.

  e. verbos no pretérito perfeito do indicativo.

10. Em "...o **guarda-noturno** para e contempla." e "E **recomeça** a andar, passo a passo...", as palavras destacadas sofreram, respectivamente, o mesmo processo de formação que em:

  a. malmequer – submarino

  b. passatempo – ultravioleta

  c. porco-espinho – infelizmente

  d. planalto – cafezal

  e. burocracia – tique-taque

11. No trecho "E as pessoas adormecidas sentem, dentro de seus sonhos, **que** o guarda-noturno...", o termo destacado tem o seguinte valor gramatical:

  a. pronome relativo.

  b. pronome indefinido.

  c. conjunção integrante.

  d. conjunção consecutiva.

  e. advérbio de afirmação.

(Prefeitura de Porto de Moz – PA) Médico cirurgião geral

12. Todas as alternativas apresentam um coletivo, um aumentativo e um diminutivo de palavras, exceto:

   a. casario – rapagão – passarinho

   b. constelação – dramalhão – sineta

   c. tropa – barcaça – saleta

   d. casaréu – monção – frangote

   e. enxame – balaço – casebre

(Prefeitura de Poção – PE) Professor de Língua Portuguesa

13. Leia as afirmativas a seguir:

   I. O adjetivo é a palavra que expressa uma qualidade ou característica do ser, objeto etc.

   II. Em linguística, morfologia é o estudo da estrutura, da formação e da classificação dos verbos, apenas.

   Marque a alternativa **correta**:

   a. As duas afirmativas são verdadeiras.

   b. A afirmativa I é verdadeira, e a II é falsa.

   c. A afirmativa II é verdadeira, e a I é falsa.

   d. As duas afirmativas são falsas.

(Serviço Social Autônomo Hospital Alcides Carneiro – RJ) Médico do trabalho

14. Na frase "Dicas **para que** emagreça **mesmo que** coma de tudo", as conjunções destacadas indicam, respectivamente:

   a. consecução e conformidade.

   b. causa e condição.

   c. finalidade e condição.

   d. causa e conformidade.

   e. finalidade e concessão.

(Prefeitura de Cachoeira Paulista – SP) Médico

15. Assinale a alternativa em que os substantivos compostos foram flexionados de maneira correta, segundo a norma culta:

   a. os guarda-chuvas – os abaixo-assinados – as má-formações

   b. os guardas-noturnos – as palavras-chaves – os alto-falantes

   c. os recos-recos – os bota-fora – os girassóis

   d. as bombas-relógio – os gentil-homens – os amores-perfeitos

(Prefeitura de Olivença – AL) Fiscal de obras

Explosão

Três estudantes morreram nesta quarta-feira em uma explosão em um laboratório na Universidade Jiaotong de Pequim. O acidente provocou um incêndio e os bombeiros demoraram quase uma hora e meia para controlar o fogo. As autoridades locais anunciaram uma investigação para esclarecer as causas do acidente.

Fonte de pesquisa: EXPLOSÃO em laboratório mata três estudantes na China. **Tilt**, 26 dez. 2018.
Disponível em: https://www.uol.com.br/tilt/ultimas-noticias/afp/2018/12/26/explosao-em-laboratorio-mata-tres-estudantes-na-china.htm. Acesso em: 11 mar. 2021.

16. Com base no texto "Explosão", leia as afirmativas a seguir:

    I. O vocábulo **Pequim** é um substantivo.

    II. O vocábulo **três** é um pronome.

    Marque a alternativa **correta**:

    a. As duas afirmativas são verdadeiras.
    b. A afirmativa I é verdadeira, e a II é falsa.
    c. A afirmativa II é verdadeira, e a I é falsa.
    d. As duas afirmativas são falsas.

(Prefeitura de Lucélia – SP) Médico clínico

Assim, jogando a lançadeira de um lado para outro e batendo os grandes pentes do tear para frente e para trás, a moça passava os seus dias.

COLASANTI, Marina. **A moça tecelã**. São Paulo: Global, 2004.

17. No trecho do conto, o termo **e** é classificado como:

    a. conjunção coordenativa aditiva na primeira e na segunda ocorrências.
    b. preposição na primeira ocorrência e conjunção coordenativa alternativa na segunda.
    c. conjunção subordinativa comparativa na primeira ocorrência e preposição na segunda.
    d. Nenhuma das alternativas.

18. O termo **lançadeira** é formado por:

    a. prefixação.
    b. aglutinação.
    c. sufixação.
    d. Nenhuma das alternativas.

19. Na oração "Gostaria que todos viessem à festa", o termo em destaque é classificado como:

    a. pronome relativo invariável.
    b. conjunção subordinativa integrante.
    c. preposição essencial.
    d. Nenhuma das alternativas.

(Unicamp)

Leia o texto a seguir e responda às questões **20** e **21**.

  O telejornalismo é um dos principais produtos televisivos. Sejam as notícias boas ou ruins, ele precisa garantir uma experiência esteticamente agradável para o espectador. Em suma, ser um "infotenimento", para atrair prestígio, anunciante e rentabilidade. Porém, a atmosfera pesada do início do ano baixou nos telejornais: Brumadinho, jovens atletas mortos no incêndio do CT do Flamengo, notícias diárias de feminicídios e de valentões armados matando em brigas de trânsito e supermercados. Conjunções adversativas e adjuntos adverbiais já não dão mais conta de neutralizar o *tsunami* de tragédias e violência, e de amenizar as más notícias para garantir o "infotenimento".

  No jornal, é apresentada matéria sobre uma mulher brutalmente espancada, internada com diversas fraturas no rosto. Em frente ao hospital, uma repórter fala: "mas a boa notícia é que ela saiu da UTI e não precisará mais de cirurgia reparadora na face...". Agora, repórteres repetem a expressão "a boa notícia é que...", buscando alguma brecha de esperança no "outro lado" das más notícias.

Fonte de pesquisa: FERREIRA, Wilson. Globo adota "a boa notícia é que..." para tentar se salvar do baixo-astral nacional. **Revista Fórum**, 25 fev. 2019. Disponível em: https://revistaforum.com.br/blogs/cinegnose/globo-adota-a-boa-noticia-e-que-para-tentar-se-salvar-do-baixo-astral-nacional/. Acesso em: 11 mar. 2021.

20. Considerando a matéria apresentada no jornal, o uso da conjunção adversativa seguida da expressão "a boa notícia é que" permite ao jornalista:

 a. apontar a gravidade da notícia e compensá-la.

 b. expor a neutralidade da notícia e reforçá-la.

 c. minimizar a relevância da notícia e acentuá-la.

 d. revelar a importância da notícia e enfatizá-la.

21. Para se referir a matérias jornalísticas televisivas que informam e, ao mesmo tempo, entretêm os espectadores, o autor cria um neologismo por meio de:

 a. derivação prefixal.

 b. composição por justaposição.

 c. composição por aglutinação.

 d. derivação imprópria.

22. Leia atentamente o seguinte parágrafo, extraído da crônica "E a bolsa masculina?", de Walcyr Carrasco.

  O vestuário masculino tornou-se obsoleto, essa é a verdade. As sortudas das mulheres têm as bolsas. A bolsa feminina equivale à caixa-preta do avião. Só se sabe o que há lá dentro após uma investigação minuciosa. São itens variados, que vão de maquiagem a tíquetes de passagens antigas e fotos de entes queridos amassadas. Mas é confortável. A proprietária de uma bolsa enfia o que quiser lá dentro. Resgata quando houver necessidade. Mesmo se for preciso espalhar o conteúdo no sofá. E, em casos extremos, chamar o Corpo de Bombeiros!

CARRASCO, Walcyr. E a bolsa masculina? **Veja São Paulo**, 5 dez. 2016. Disponível em: https://vejasp.abril.com.br/cidades/e-bolsa-masculina/. Acesso em: 11 mar. 2021.

Assinale a alternativa que indica **apenas** adjetivos que aparecem no texto.

 a. amassadas – verdade – caixa-preta – dentro

 b. masculino – feminina – proprietária – sofá

 c. obsoleto – sortudas – minuciosa – confortável

 d. vestuário – antigas – resgata – necessidade

(Prefeitura de São Pedro – SP) Professor de Ensino Fundamental

23. A palavra **recriar** tem como prefixo **re-**, que dá ideia de:
   a. abastecer.
   b. divertir.
   c. atravessar.
   d. criar novamente.

24. "Trata-se de **uma** notícia interessante." O termo destacado é:
   a. uma interjeição.
   b. um substantivo.
   c. um artigo indefinido.
   d. um adjetivo.

25. "**Eles** não foram ao cinema." O pronome em destaque na oração é classificado como:
   a. pessoal reto.
   b. pessoal oblíquo.
   c. indefinido.
   d. possessivo.

26. Na palavra **partíssemos**, o elemento mórfico em destaque é:
   a. o prefixo.
   b. o radical.
   c. o sufixo.
   d. a vogal temática.

27. Identifique a alternativa que exprime a relação **correta** da preposição em destaque na frase: "Dizem que o rapaz morreu **de** pneumonia.".
   a. causa
   b. finalidade
   c. lugar
   d. oposição

28. "Os convidados já comeram **meio** bolo." O termo em destaque é um numeral:
   a. ordinal.
   b. cardinal.
   c. fracionário.
   d. multiplicativo.

29. Analise os itens a seguir.

   I. A **quadragésima quinta** Feira do Livro foi um sucesso. (45ª)

   II. Pela **milésima** vez ele acenou positivamente. (1000ª)

   III. Há uma **década** que não o vejo. (10 anos)

   Os numerais entre parênteses foram **corretamente** grafados, conforme apresentados em destaque, em:
   a. I e II, apenas.
   b. II e III, apenas.
   c. I e III, apenas.
   d. I, II e III.

(Prefeitura de Toledo – PR) Advogado

30. No período "Preocupava-se _____ o futuro e, por isso, dedicava-se _____ diversos tipos de trabalhos.", as preposições que complementam o sentido dos verbos **preocupar-se** e **dedicar-se**, respectivamente, são:
   a. com – a
   b. sob – para
   c. com – para
   d. sobre – com
   e. para – a

31. Assinale a alternativa que tenha uma expressão adverbial em que o sinal indicador de crase foi empregado **incorretamente**:
   a. à tarde
   b. às escuras
   c. às vezes
   d. à vista
   e. à esmo

(Conselho Regional de Farmácia – SP) Desenvolvedor Web

WATTERSON, Bill. **Os dias estão todos ocupados**: as aventuras de Calvin e Haroldo. São Paulo: Conrad, 2011.

32. Tal como utilizada no primeiro quadro, a palavra **socorro** atua como uma palavra de qual classe gramatical?

    a. verbo   **b.** adjetivo   **c.** advérbio   **d.** interjeição

33. Analise as afirmativas a seguir.

    I. As formas verbais **olha** (2º quadro) e **esquece** (4º quadro), tal como utilizadas no texto, estão, respectivamente, na forma afirmativa do imperativo e no presente do indicativo.

    II. As formas **virado** (1º quadro), **conseguindo** (2º quadro) e **vendo** (2º quadro) são formas nominais dos verbos **virar**, **conseguir** e **ver**, respectivamente.

    III. Tanto a forma **acho** (3º quadro) quanto a forma **pus** (3º quadro) estão no pretérito perfeito do modo indicativo.

Está(ão) **correta(s)** apenas a(s) afirmativa(s):

    a. II   **b.** III   **c.** I e II   **d.** II e III

(Prefeitura de Glorinha – RS) Agente Fiscal

ARMANDINHO (Brasil). [**Pode detonar o patrimônio público, pai?**]. 23 jul. 2017. Facebook: Armandinho. Disponível em: https://tirasarmandinho.tumblr.com/post/163371911854/tirinha-original. Acesso em: 12 mar. 2021.

34. O vocábulo **Quê?!** (quadro 1), no contexto em que se encontra, é classificado como:

    a. advérbio.   **c.** preposição.   **e.** substantivo.

    b. interjeição.   **d.** pronome.

(Polícia Civil do Estado de São Paulo – SP) Agente de telecomunicações policial

O exorcismo

Rosário, a feiticeira andaluza, estava há muitos anos lutando contra os demônios. O pior dos satanases tinha sido seu sogro. Aquele malvado tinha morrido estendido na cama, na noite em que blasfemou*, e o crucifixo de bronze soltou-se da parede e quebrou-lhe o crânio.

Rosário se ofereceu para desendemoniar-nos. Jogou no lixo a nossa bela máscara mexicana de Lúcifer e esparramou uma fumaçarada de arruda, manjerona e louro bendito. Depois pregou na porta uma ferradura com as pontas para fora, pendurou alguns alhos e derramou, aqui e acolá, punhadinhos de sal e montões de fé.

— Ao mau tempo, cara boa, e para a fome, viola — disse.

E disse que dali para a frente era conosco, porque a sorte não ajuda quem não a ajuda a ajudar.

Fonte de pesquisa: GALEANO, Eduardo. **O livro dos abraços**. Porto Alegre: L&PM, 2005.

*Proferiu palavras ofensivas à divindade.

35. É correto afirmar que o termo **a**, no trecho "não a ajuda", é:
   a. um artigo, que identifica o gênero da palavra **ajuda**.
   b. uma preposição, exigida pelo substantivo **ajuda**.
   c. uma preposição, exigida pelo verbo **ajudar**.
   d. um pronome, que se refere à palavra **sorte**.
   e. um pronome, que se refere à palavra **conosco**.

36. A criação da palavra *fumaçarada* associa **fumaçada** e **fumarada**, formadas a partir de **fumaça**. É correto afirmar que a palavra criada produz efeito estilístico compatível com a ideia de:
   a. comparativo, grande quantidade.
   b. diminutivo, pequena intensidade.
   c. diminutivo, pouca qualidade.
   d. aumentativo, grande quantidade.
   e. aumentativo, média intensidade.

(Prefeitura de Paraibuna – SP) Fiscal de posturas

37. O verbo conjugado no pretérito perfeito do modo indicativo está presente em:
   a. Eu fui professor.
   b. Eu sou professor.
   c. Eu fora professor.
   d. Eu serei professor.
   e. Eu era professor.

38. Marque a alternativa em que a relação de interjeições com os sentimentos expressos está **incorreta**:
   a. Alegria: oh!, ah!, oba!, viva!, opa!
   b. Dor: ui!, ai!
   c. Silêncio: psiu!, pchiu!, chiu!, silêncio!
   d. Indignação: salve!, olá!, ora viva!
   e. Impaciência: arre!, diabo!, hum!, diacho!, raios!

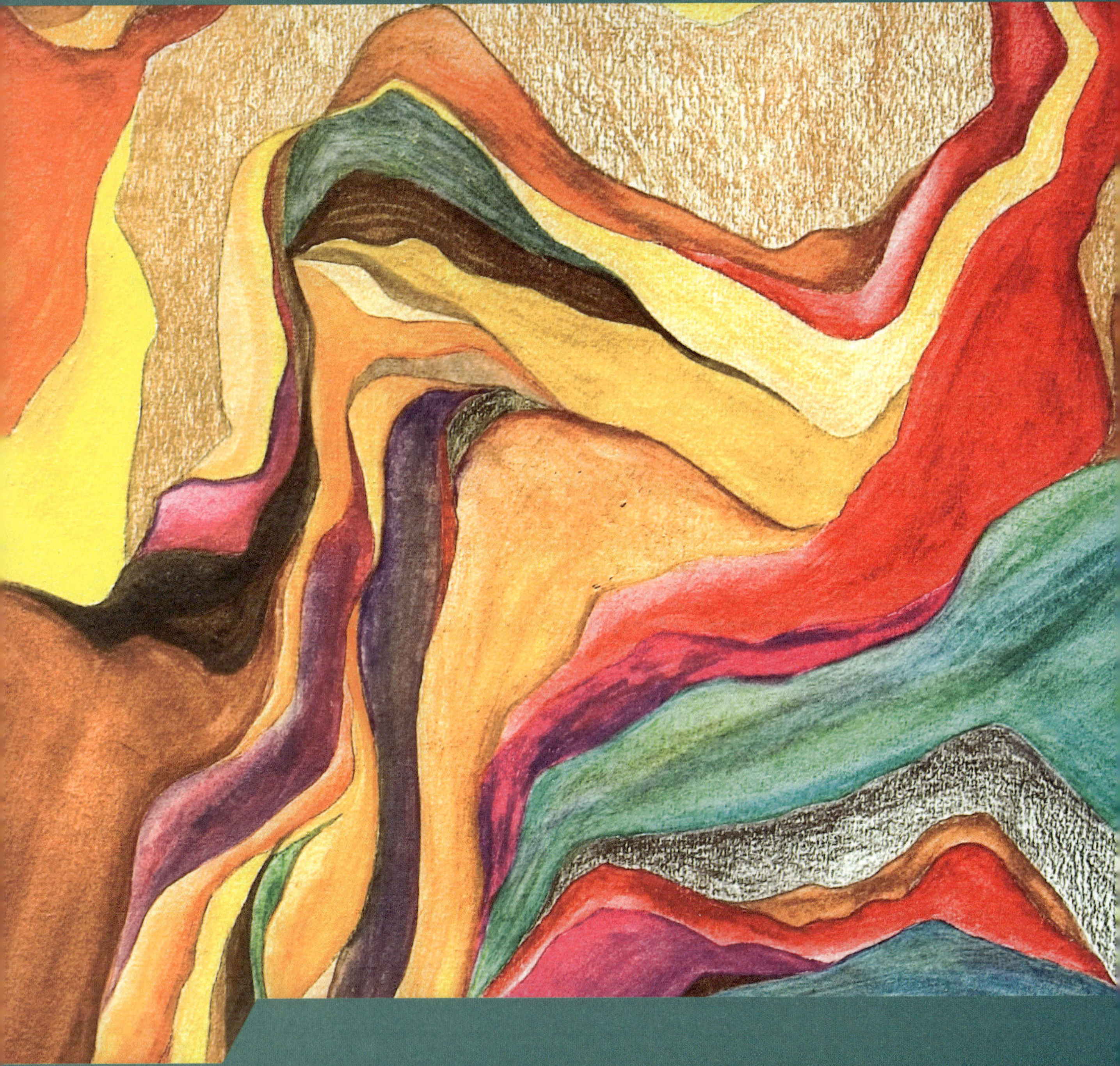

MARTHADAVIES/E+/GETTY IMAGES

SINTAXE

SINTAXE

Frase, oração e período

UM PRIMEIRO OLHAR

Leia esta sinopse de um livro publicada na internet.

A volta ao mundo em 80 dias

Um inglês metódico, Phileas Fogg, diz aos seus colegas de clube que é capaz de completar a volta ao mundo em apenas 80 dias. Nessa época (1872), estimava-se que ninguém poderia realizar a proeza em menos de três meses, e mesmo assim se nenhum imprevisto acontecesse. Como todos duvidam, Fogg propõe uma aposta e parte para a viagem, acompanhado de seu empregado Jean Passepartout. O livro narra as inúmeras aventuras dessa viagem.

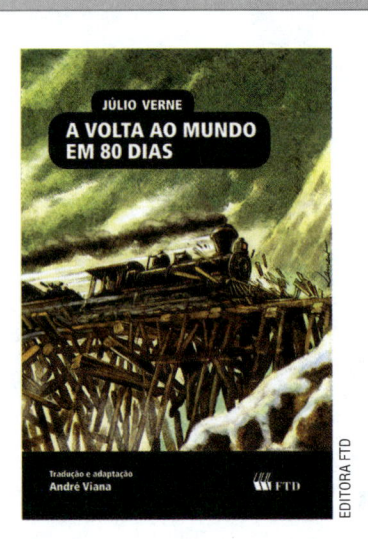

A VOLTA ao mundo em 80 dias. **FTD Educação**, 2011-2021. Disponível em: https://ftd.com.br/detalhes/?id=5501. Acesso em: 19 mar. 2021.

1. Quantas frases há na sinopse do livro? Identifique-as.

2. Compare as frases a seguir e identifique uma diferença estrutural entre elas.

    "A volta ao mundo em 80 dias"

    "Um inglês metódico, Phileas Fogg, diz aos seus colegas de clube que é capaz de completar a volta ao mundo em apenas 80 dias."

3. As frases a seguir também podem ser chamadas de **períodos**.

    "Como todos duvidam, Fogg propõe uma aposta e parte para a viagem, acompanhado de seu empregado Jean Passepartout."

    "O livro narra as inúmeras aventuras dessa viagem."

- Qual dessas frases constitui um período simples e qual constitui um período composto? Explique.

FRASE

O parágrafo a seguir é formado por cinco conjuntos de palavras, demarcados por pausas – pontos-finais e ponto de interrogação. Cada um desses conjuntos expressa uma ideia, um sentido. Cada um deles é uma **frase**.

> Depois do jantar fui para a prancheta da sala de casa e fiquei rabiscando. Mas estava difícil me concentrar. Com 2 anos e meio, Mônica não parava quieta, implicando com as irmãs, fazendo birra, arrastando pela casa um coelho amarelo de pelúcia que eu tinha dado de presente para ela. Cheguei a me virar na cadeira para pedir silêncio, mas de repente veio o estalo. Peraí, como não pensei nisso antes?
>
> SOUSA, Mauricio de. **Mauricio**: a história que não está no gibi. Rio de Janeiro: Primeira Pessoa, 2017. p. 87.

Frase é a palavra ou o conjunto organizado de palavras que exprime sentido.

A palavra e o conjunto de palavras que formam frases variam de muito simples a complexos.

Exemplos:

- Frases muito simples – Legal!
  Que nada!

- Frases simples – Voltei mais cedo da escola.
  Ao me aproximar, ouvi o som do rádio.

- Frase complexa – A realidade pode ser entendida como um todo formado por dois universos distintos: de um lado, a natureza, constituída de elementos naturais que o ser humano encontra já prontos; de outro, o universo da cultura, ao qual pertencem as ações humanas e seus produtos.

OBSERVAÇÃO

O sentido da frase depende do contexto. As frases muito simples possuem sentido extremamente ligado à situação em que são proferidas, por isso são denominadas **frases situacionais**. A frase "Oi!", por exemplo, dependendo da situação, pode ser um *cumprimento*, um *chamado* ou uma *resposta* a um chamado. As interjeições e locuções interjetivas são exemplos típicos de frases situacionais.

TIPOS DE FRASE

Existem alguns tipos de frase, na língua portuguesa, cuja entonação é relacionada ao sentido que exprimem. Veja a seguir.

TIPOS DE FRASE		
Declarativas	Expressam declaração ou informação. Podem ser: - afirmativas **Exemplo:** Meu pai foi jogar bola.	- negativas **Exemplo:** Meu pai não foi jogar bola.
Interrogativas	Expressam pergunta, indagação. A interrogação pode ser: - direta **Exemplo:** Meu pai foi jogar bola?	- indireta **Exemplo:** Quero saber se meu pai foi jogar bola.

TIPOS DE FRASE

Exclamativas	Expressam admiração, indignação, surpresa, espanto. **Exemplos:** Meu pai foi jogar bola! Meu pai jogando bola!
Imperativas	Expressam ordem, pedido. **Exemplos:** Faça o dever de casa. Não saia agora, por favor.
Optativas	Expressam desejo. **Exemplos:** Até breve! Tomara que dê tudo certo!

As frases também se distinguem por possuir ou não verbo.

TIPOS DE FRASE

Nominais	São as frases construídas sem verbo. **Exemplos:** Fogo! Cuidado! Belo desenho o seu, criança!
Verbais	São as frases construídas com verbo ou locução verbal. **Exemplos:** **Corra**, que a chuva **está chegando**. **Quero** que você **cuide** dessa planta, por favor. Menino, como essa planta **está** linda!

ORAÇÃO

A frase verbal pode conter um verbo, uma forma verbal ou uma locução verbal. Para cada verbo, forma verbal ou locução verbal da frase, tem-se uma oração. Veja:

Que belo desenho você **fez**, criança! (um verbo, uma oração)
                         ↓
                         verbo

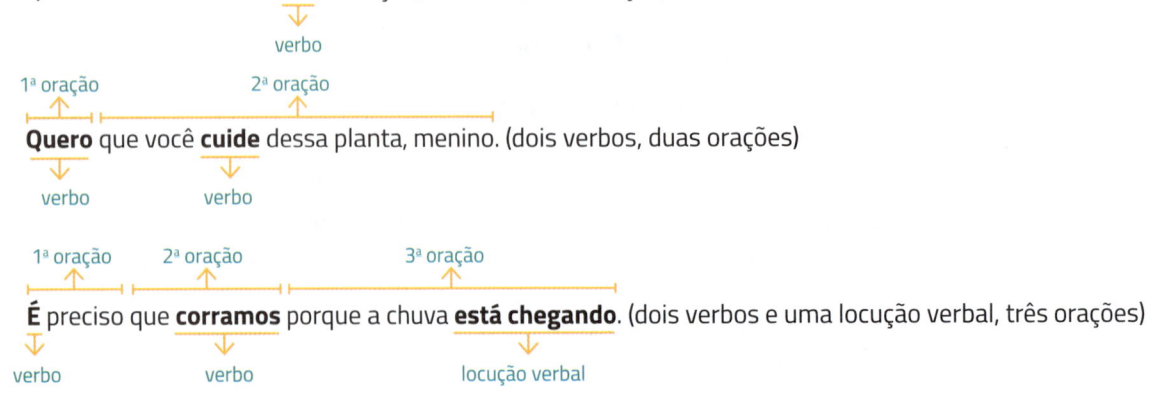

1ª oração   2ª oração
   ↑   ↑
Quero que você **cuide** dessa planta, menino. (dois verbos, duas orações)
  ↓   ↓
verbo   verbo

1ª oração   2ª oração   3ª oração
   ↑   ↑   ↑
É preciso que **corramos** porque a chuva **está chegando**. (dois verbos e uma locução verbal, três orações)
↓   ↓   ↓
verbo   verbo   locução verbal

> **Oração** é um enunciado organizado em torno de um verbo, de uma forma verbal ou de uma locução verbal, que pode ter ou não sentido completo.

DISTINÇÃO ENTRE FRASE E ORAÇÃO

Considerando que a característica fundamental da **frase** é o *sentido* e que a da **oração** é a presença de *verbo*, podemos afirmar que nem toda frase é oração. Um exemplo é a frase nominal.

Veja:

Belo desenho o seu, criança! (É frase e não oração.)

A oração pode ser apenas uma parte da frase e, por isso, não ter sentido completo; nesse caso, não equivale a uma frase. Logo nem toda oração é frase.

Exemplo disso é a frase que contém mais de uma oração.

1ª oração   2ª oração

Quero que você **cuide** dessa planta, menino! (Cada oração é só uma parte da frase.)

Frase e oração são estruturas equivalentes quando possuem a mesma extensão, ou seja, quando a frase contém apenas uma oração.

Exemplo:

Que belo desenho você **fez**, criança! (É frase e também oração.)

PERÍODO

Toda frase verbal é também chamada de **período**.

Exemplos:

O vento forte **engrossava** as ondas do mar. (frase com uma oração = período)

Não **imaginei** que **fosse gostar** tanto assim de você! (frase com duas orações = período)

> **Período** é a frase organizada com uma ou mais orações.

O período classifica-se em **simples** e **composto**.

PERÍODO SIMPLES

É o período formado por apenas uma oração.

Exemplo:

verbo

Uma forte chuva **pegou**-nos na volta do passeio. (uma oração – período simples)

PERÍODO COMPOSTO

É o período formado por mais de uma oração.

Exemplo:

verbo   verbo   verbo

Quando **saímos**, já **era** tarde e não **havia** ninguém na rua. (três orações – período composto)

> **OBSERVAÇÕES**
>
> **1.** A oração que forma o período simples, por ser única, é denominada **oração absoluta**.
>
> **2.** Todo período simples ou oração absoluta corresponde a uma **frase**.

PERÍODO SIMPLES

O período simples é composto pelas **partes** ou **termos** que formam uma oração. Os termos principais ou essenciais da oração são o **sujeito** e o **predicado**.

SUJEITO

É o termo da oração com o qual o verbo concorda em número e pessoa.

Exemplo:

sujeito
↑
A pequena flor recebia feliz os raios do sol.
↓
verbo

PREDICADO

É o termo da oração que declara algo sobre o sujeito.

Exemplo:

predicado
↑
A pequena flor **recebia feliz os raios do sol.**
↓
verbo

> **OBSERVAÇÕES**
>
> **1.** Os demais termos da oração, integrantes e acessórios, encontram-se dentro destes dois termos essenciais: sujeito e predicado.
>
> **2.** O verbo pertence sempre ao predicado, e, como não existe oração sem verbo, não existe oração sem predicado.

ATIVIDADES

1. Leia o trecho extraído de um livro e responda às questões.

> — [...] Imagina que perdi uma pipa por causa daqueles meninos? E imagina que fui convidada pela equipe das meninas e bastou eu entrar que o vento sumiu? Ah, assim não dá! Prefiro plantar beterrabas!
>
> [...]
>
> CAPPARELLI, Sérgio. A vaca de morro Reuter. *In*: CAPPARELLI, Sérgio. **Uma colcha muito curta**. 3. ed. Porto Alegre: L&PM, 2011. p. 116.

a) Releia as frases interrogativas. O objetivo dessas perguntas é obter uma resposta? Justifique.

b) O que revelam as frases exclamativas?

TIRE DE LETRA

Perguntas, respostas, promessas, solicitações, ordens, declarações são **atos de comunicação** constituídos por **frases**, nominais ou verbais. Em situações formais e informais, nossa comunicação ocorre pelo uso de palavras organizadas em frases. Analisá-las em diferentes contextos possibilita aprimorar nossas habilidades de leitura e interpretação.

2. Leia esta tirinha.

LAERTE. [Venho de uma civilização superior]. **Manual do Minotauro**, 16 jan. 2020. Blogue. Disponível em: http://manualdominotauro.blogspot.com/2021/03/16-01-2020.html. Acesso em: 23 mar. 2021.

- Leia as frases do segundo quadrinho em voz alta e classifique-as.

3. Classifique as frases a seguir em declarativa, interrogativa, exclamativa, imperativa ou optativa.

   a) Preste atenção!
   b) Quero saber se você vai jantar comigo.
   c) Fui ao teatro ontem.
   d) Que dia lindo!
   e) Desejo que você se recupere logo!
   f) Os alunos não compareceram à reunião.
   g) A que horas começa a apresentação?
   h) Feche a porta.

4. Leia a anedota.

   O diretor da empresa pergunta ao novo funcionário:
   — O contador já lhe disse qual é sua tarefa?
   — Sim. Acordá-lo quando eu perceber que o senhor está vindo.

   PIADA: coletânea de piadas de salão. **Tudo Por Email**, [2021]. Disponível em: https://www.tudoporemail.com.br/content.aspx?emailid=14770. Acesso em: 24 mar. 2021.

   a) Identifique um período simples.
   b) Quantas orações há na pergunta feita pelo diretor?

5. Leia esta tirinha e responda às atividades a seguir.

   GOMES, Clara. [Gentileza gera Partido Gentileza]. **Bichinhos de Jardim**, 20 nov. 2020. Blogue. Disponível em: http://bichinhosdejardim.com/gentileza-gera-partido-gentileza/. Acesso em: 23 mar. 2021.

   a) Identifique duas interjeições.
   b) Identifique uma frase nominal.
   c) A fala do terceiro quadrinho é formada por um período composto. Justifique.

6. Identifique as formas verbais e classifique os períodos a seguir em simples ou composto.
   a) O orador discursou sobre sustentabilidade.
   b) Os turistas passearam tanto que voltaram exaustos para o hotel.
   c) Pai e filho saíram cedo.

7. Releia os períodos da atividade anterior e separe o sujeito do predicado.

> **EM SÍNTESE**
>
> **Frase** – palavra ou conjunto organizado de palavras com sentido.
> **Oração** – enunciado organizado em torno de um verbo, uma forma verbal ou uma locução verbal.
> **Período** – frase organizada com uma ou mais orações.
> - **Período simples** – formado por apenas uma oração.
> - **Período composto** – formado por mais de uma oração.
>
> **Período simples** – oração composta por dois termos principais ou essenciais.
> - **Sujeito** – termo da oração com o qual o verbo concorda em número e pessoa.
> - **Predicado** – termo da oração que declara algo sobre o sujeito.

NO TEXTO

Leia o texto a seguir.

Cachorros, por que eles viraram gente?

Ele escolheu deixar a natureza para viver entre nós. Aprendeu a falar com a gente, enganou nossos instintos e virou nosso filho. [...]

Atualizado em 31 out. 2016, 18h31 - Publicado em 24 jan. 2011, 22h00
Alexandre Versignassi, Bruno Garattoni, Emiliano Urbim, Karin Hueck, Larissa Santana

[...]

Mas por quê, entre os bilhões de espécies que existem no planeta, justamente o cachorro ganhou o nosso coração? A resposta é simples: porque ele nos entende. Cães são animais muito bem qualificados para interpretar gestos e sinais humanos. Cientistas chegaram à conclusão de que eles entendem o que um dedo apontado quer dizer, e sabem seguir uma indicação humana. O teste é simples: basta esconder um pedaço de comida debaixo de dois potes e dar a dica para o animal. Quando a pessoa aponta com o braço, com a perna ou olha fixamente para o lugar, o cão entende e escolhe o pote certo. Pode parecer banal, mas lobos, gatos e macacos não passaram nesse teste. Só os cachorros. "Os cachorros imitam naturalmente ações humanas e podem ser treinados para milhares de tarefas diferentes com poucas instruções", diz Ádám Miklósi, biólogo da Universidade Eötvös, na Hungria, e especialista em inteligência canina. Em 2006, ele conduziu um estudo provando que os cachorros não apenas sabem nos imitar como também preferem fazer isso a tomar suas próprias decisões. Por isso é tão fácil educá-los para conduzir cegos, comandar ovelhas ou dar a patinha – eles adoram ter alguém que lhes diga o que fazer.

[...]

VERSIGNASSI, Alexandre et al. Cachorros, por que eles viraram gente? **Superinteressante**, 31 out. 2016. Disponível em: https://super.abril.com.br/ciencia/cachorros-por-que-eles-viraram-gente. Acesso em: 23 mar. 2021.

1. Explique a função da frase interrogativa presente no título, considerando o contexto da reportagem.

2. Releia o trecho a seguir, composto por três períodos.
   "Quando a pessoa aponta com o braço, com a perna ou olha fixamente para o lugar, o cão entende e escolhe o pote certo. Pode parecer banal, mas lobos, gatos e macacos não passaram nesse teste. Só os cachorros."
   a) Classifique o segundo período do trecho. Quantas orações o compõem?
   b) Qual o efeito de sentido criado pela frase nominal no final do período?

SINTAXE

Estudo do sujeito

UM PRIMEIRO OLHAR

Leia, a seguir, o título e a linha fina de uma reportagem publicada no portal Ciclo Vivo. Depois, observe a imagem e sua legenda.

Estudos comprovam benefícios da caminhada

Caminhar pode literalmente somar anos à nossa vida, além de prevenir e combater doenças crônicas

Incluir a caminhada na sua rotina pode trazer muitos benefícios.

OLSEN, Natasha. Estudos comprovam benefícios da caminhada. **CicloVivo**, 2 mar. 2021. Disponível em: https://ciclovivo.com.br/vida-sustentavel/bem-estar/estudos-comprovam-beneficios-da-caminhada/. Acesso em: 29 mar. 2021.

1. Identifique as formas verbais flexionadas no título, na linha fina e na legenda.
2. Identifique nesses verbos as flexões de número e pessoa.
3. Por que, entre os verbos identificados, há diferença na flexão de número?
4. Reescreva o título, substituindo a palavra **estudos** por **estudo**.
   - Do ponto de vista do uso da língua, que mudanças ocorreram e por quê?
5. Identifique a locução verbal presente no subtítulo.
6. Na legenda da foto, a que se refere a locução verbal **pode trazer**? Por que ela está no singular?

POSIÇÕES DO SUJEITO NA ORAÇÃO

Na língua portuguesa, os termos de uma oração são dispostos naturalmente na ordem direta, ou seja, seguem a estrutura: sujeito – verbo – complemento. No entanto, a língua oferece a possibilidade de alguns termos aparecerem em outra sequência, isto é, em ordem indireta.

O sujeito, por exemplo, pode aparecer em três posições na oração.

Observe:

- **Antes** do predicado – sequência natural dos termos: **ordem direta**.

    Exemplo:

    sujeito | predicado
    O aluno estudava atentamente.
    verbo

- **Depois** do predicado – sequência não natural dos termos: **ordem indireta**.

    Exemplo:

    predicado | sujeito
    Estudava atentamente, **o aluno**.
    verbo

    > **OBSERVAÇÃO**
    >
    > Na ordem indireta, a ausência de pausa na fala ou de sinal gráfico de pausa na escrita pode provocar ambiguidade.

- **No meio** do predicado – sequência não natural dos termos: **ordem indireta**.

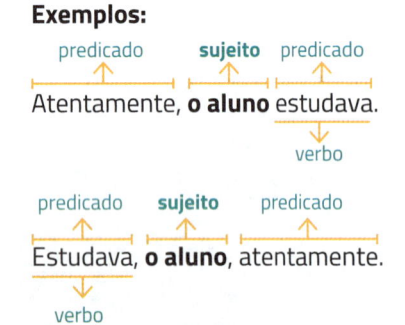

    Exemplos:

    predicado | sujeito | predicado
    Atentamente, **o aluno** estudava.
    verbo

    predicado | sujeito | predicado
    Estudava, **o aluno**, atentamente.
    verbo

NÚCLEO DO SUJEITO

O núcleo de qualquer termo é sempre sua palavra principal. No caso do sujeito, o núcleo é a palavra que está diretamente relacionada ao conteúdo do predicado – mais especificamente, ao verbo.

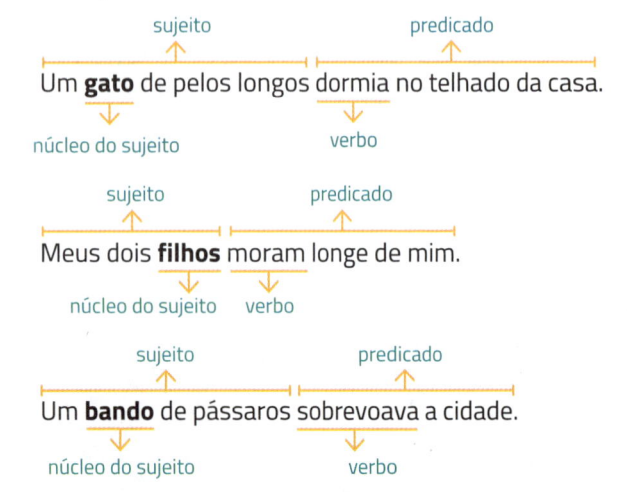

Exemplos:

sujeito | predicado
Um **gato** de pelos longos dormia no telhado da casa.
núcleo do sujeito | verbo

sujeito | predicado
Meus dois **filhos** moram longe de mim.
núcleo do sujeito | verbo

sujeito | predicado
Um **bando** de pássaros sobrevoava a cidade.
núcleo do sujeito | verbo

Como o sujeito representa aquilo sobre o que se diz algo, o núcleo do sujeito é sempre um substantivo ou qualquer outra palavra com *valor de substantivo*.

Exemplos:

sujeito | predicado
Os **patinhos** corriam alegremente atrás da mãe.
substantivo
núcleo do sujeito

sujeito | predicado
Eles corriam bastante.
pronome substantivo
núcleo do sujeito

sujeito | predicado
Correr é bom.
verbo substantivado
núcleo sujeito

TIPOS DE SUJEITO

SUJEITO DETERMINADO

O sujeito da oração é determinado quando se pode identificar o termo – palavra ou expressão – que o representa.
O sujeito determinado pode ser:

SUJEITO SIMPLES

Quando possui apenas um núcleo.

sujeito simples | predicado
As **crianças** tomaram o pote todo de sorvete.
núcleo do sujeito

sujeito simples | predicado
Alguém tomou o pote todo de sorvete.
núcleo do sujeito

SUJEITO COMPOSTO

Quando possui dois ou mais núcleos.

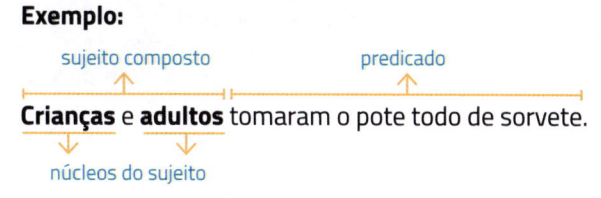

Exemplo:

sujeito composto | predicado
Crianças e **adultos** tomaram o pote todo de sorvete.
núcleos do sujeito

SUJEITO ELÍPTICO

Quando é identificado apenas pela desinência verbal. O termo que representa o sujeito está presente na oração, mas não de maneira explícita.

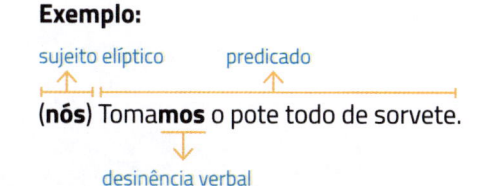

Exemplo:

sujeito elíptico | predicado
(**nós**) Toma**mos** o pote todo de sorvete.
desinência verbal

> **OBSERVAÇÃO**
>
> O *sujeito elíptico* também é chamado de **sujeito oculto** ou **implícito**.

SUJEITO INDETERMINADO

O sujeito da oração é indeterminado quando sua existência é evidente, mas não há nenhum termo que o represente, nem mesmo em orações anteriores.

O falante indetermina o sujeito por dois motivos: por desconhecê-lo realmente ou por não querer determiná-lo. A língua oferece, então, dois recursos para indeterminar o sujeito.

- Flexionar o verbo na **3ª pessoa do plural**. Essa estrutura ocorre em frases isoladas ou nos casos em que o sujeito não esteja determinado em orações anteriores.

    Exemplos:

    Tomaram o pote todo de sorvete.
    (predicado / sujeito indeterminado)

    A festa estava ótima! *Tomaram* o pote todo de sorvete.

- Flexionar o verbo na **3ª pessoa do singular** e acrescentar o pronome *se*.

    Exemplo:

    Precisou-se de mais sorvete.
    (predicado / sujeito indeterminado)

> **OBSERVAÇÕES**
>
> **1.** Em "*Tomaram* o pote todo de sorvete.", não cabe o pronome **eles**, que somente será o sujeito se estiver explícito na própria oração (*Eles* tomaram o pote todo de sorvete.) ou em orações anteriores (Na festa, as crianças se deliciaram com as guloseimas. Tomaram o pote todo de sorvete. – sujeito elíptico **elas**, retomando o sujeito **as crianças**).
>
> **2.** No caso de "*Precisou-se* de mais sorvete", o pronome *se* que acompanha o verbo para indeterminar o sujeito atua como **índice de indeterminação do sujeito**.

ORAÇÃO SEM SUJEITO

Apesar de o sujeito ser um termo essencial da oração, há casos em que a oração é formada somente de predicado. Isso ocorre com os **verbos impessoais**.

- Verbos que exprimem **fenômenos da natureza.**

    Exemplos:

    Choveu muito ontem à noite.

    No inverno, **anoitece** bem cedo.

    Está **chovendo** pouco no Sul do país.

- Verbo **haver**, significando "existir" ou "acontecer".

    Exemplos:

    Havia poucas pessoas na reunião de pais.

    Houve algum problema com você?

    Na minha cidade, está **havendo** uma exposição de artes.

- Verbos **haver** e **fazer**, indicando tempo decorrido.

    Exemplos:

    Há anos que não o vejo.

    Faz meses que não me telefona.

    Deve fazer décadas que se casaram.

> **OBSERVAÇÃO**
>
> Quando usados em sentido figurado, os verbos que exprimem fenômenos da natureza podem ter sujeito. **Exemplo:** Dos edifícios, *choviam* **papéis picados**.

- Verbos **fazer**, **estar** e **ser**, na indicação de fenômeno natural ou de tempo.

    Exemplos:

    Faz muito calor no Norte do Brasil.

    Naquela manhã, **fazia** um frio intenso!

    Já **está** tarde.

    É cedo ainda.

    É uma hora.

    São duas horas.

> **OBSERVAÇÃO**
>
> Apenas o verbo **ser** pode aparecer na 3ª pessoa do plural, concordando com o predicativo; os demais verbos impessoais aparecem sempre na 3ª pessoa do singular, estendendo a sua impessoalidade para o verbo auxiliar da locução.

ATIVIDADES

1. Leia o trecho extraído de um conto da escritora Marina Colasanti.

    De suave canto

    No céu da aldeia uma garça, duas garças, nuvem de garças encobrem o sol. Desliza o bando branco para longe. — Será que elas voltam? — Na aldeia todos se perguntam.

    _{COLASANTI, Marina. De suave canto. In: COLASANTI, Marina. **Doze reis e a moça no labirinto do vento**. São Paulo: Global, 2000. p. 59.}

    a) Quantos períodos há nesse trecho?

    b) Quantas orações formam o primeiro período? Justifique.

    c) Identifique e classifique os sujeitos dos verbos: **encobrir**, **deslizar**, **voltar** e **perguntar**.

    d) Reescreva a oração que compõe o segundo período de forma que os termos fiquem na ordem direta. Compare as orações: por que a autora inverteu os termos?

2. Identifique o sujeito, indique sua posição quanto ao predicado e informe se a oração está na ordem direta ou indireta.

    a) Todos assistiram comovidos ao espetáculo.

    b) Depois da longa viagem, saíram exaustos do avião, um a um, os passageiros.

    c) Reclamaram os clientes, insatisfeitos.

    d) A aniversariante agradeceu aos convidados.

    e) Decididamente, subiu ao palco o orador.

3. Identifique o núcleo do sujeito e indique a forma verbal de cada oração.

    a) Muitos artistas brasileiros expõem suas obras no exterior.

    b) As pessoas otimistas aproveitam melhor a vida.

    c) Nenhum dos atletas foi homenageado.

    d) Aquelas duas mulheres estavam presentes na reunião.

    e) Este homem é mestre em lutas marciais.

4. Leia a tirinha e responda.

> **Quadrinho 1:** AS PLANTAS LIMPAM O AR E PROTEGEM OS RIOS!
>
> **Quadrinho 2:** PRECISAMOS PRESERVÁ-LAS!
>
> **Quadrinho 3:** VOLTE PRA MESA E COMA TODA A SALADA!

BECK, Alexandre. **Armandinho**: zero. 1. ed. Curitiba: Arte & Letra, 2013. p. 36.

a) Identifique e classifique os sujeitos das formas verbais **limpam** e **protegem** do primeiro quadrinho.

b) Classifique o sujeito da oração presente no segundo quadrinho.

c) Classifique os sujeitos das orações do último quadrinho.

5. Identifique o sujeito das orações, classifique-os em simples ou composto e identifique seus núcleos.

a) As profissões ligadas à arte são muito valorizadas.

b) Todos os professores e os pais dos alunos compareceram à reunião.

c) Um grupo de estudantes participou do seminário.

d) Um casal de idosos descansava no banco da praça.

e) Teatro e cinema são expressões singulares de arte.

6. Classifique o sujeito de cada oração a seguir em elíptico ou indeterminado. Justifique sua resposta.

a) Queremos mais crianças na escola.

b) Não se sabe de nada ilegal sobre ele.

c) Estávamos encantados com a apresentação dos bailarinos.

d) Depois da invasão, levaram tudo que havia de valor.

e) Comentou-se muito a péssima atuação do time.

> **TIRE DE LETRA**
>
> Na leitura de diferentes textos, identificar e analisar o **sujeito** das orações auxilia-nos a interpretar **procedimentos de referenciação**, ou seja, a entender os modos de designar ou expressar diferentes sujeitos. A referência ao sujeito ocorre pelo emprego de substantivos próprios ou comuns e de pronomes.

7. Observe as formas verbais destacadas e explique o sentido que cada uma indica na oração.

a) **Havia** poucas pessoas naquela festa.

b) **Fez** muito calor no verão passado.

c) Já **está** tarde. Vamos dormir.

d) **Faz** meses que não vou ao teatro.

e) Muitas vezes **neva** no Sul do Brasil.

8. Leia novamente as orações da atividade **7** para responder aos itens a seguir.

a) Em todas as orações, há um mesmo tipo de estrutura em relação ao sujeito. Qual a característica dessa estrutura?

b) Como são chamados os verbos destacados nas orações? Por que recebem esse nome?

c) Reescreva a oração "Havia poucas pessoas naquela festa.", substituindo o verbo **haver** pelo verbo **existir**.

d) O que ocorreu ao fazer a troca de verbo?

e) Classifique o sujeito da oração após a troca de verbos.

9. Leia a tirinha para responder ao que será solicitado a seguir.

> ESTÃO DESAPARECENDO OS ELEFANTES, OS GORILAS, OS TIGRES, AS BALEIAS, OS PANDAS, OS BISÕES...
>
> ABRACADABRA!

LINIERS. **Macanudo**. Tradução de Claudio R. Martini. Campinas: Zarabatana Books, 2008. p. 55. n. 1.

a) Identifique e classifique o sujeito da primeira oração.

b) Reescreva a oração, substituindo o sujeito por um pronome. Faça as adaptações necessárias.

c) Ao usar o pronome, a classificação do sujeito permanece a mesma? Explique.

10. Leia o poema de Alice Ruiz e responda ao que se pede.

> minha voz
> não chega aos teus ouvidos
>
> meu silêncio
> não toca teus sentidos
>
> sinto muito
> mas isso é tudo que sinto

RUIZ S., Alice. **Dois em um**. São Paulo: Iluminuras, 2008. p. 103.

a) Identifique e classifique os sujeitos das formas verbais **chega** e **toca** das duas primeiras estrofes.

b) Qual o sujeito do penúltimo verso do poema? Qual a sua classificação?

c) Identifique e classifique o sujeito da forma verbal **é** do último verso.

EM SÍNTESE

Posições do sujeito na oração – antes, depois ou no meio do predicado.
Núcleo do sujeito – palavra principal, de maior importância significativa dentro do sujeito.

Tipos de sujeito

- **Determinado** – é possível identificar o termo que o representa.
    - Simples – possui apenas um núcleo.
    - Composto – possui dois ou mais núcleos.
    - Elíptico (ou oculto, ou implícito) – é identificado pela desinência verbal.
- **Indeterminado** – não é possível (ou não se deseja) identificar o termo que o representa.
    - Verbo aparece na 3ª pessoa do plural sem referências anteriores.
    - Verbo na 3ª pessoa do singular, seguido do pronome **se**.
- **Oração sem sujeito** – declaração do predicado não faz referência a um sujeito.
    - Verbos impessoais que expressam fenômenos da natureza.
    - Verbos *haver* (indicando existência ou tempo decorrido), *fazer*, *estar* e *ser* (indicando fenômenos naturais ou tempo).

NO TEXTO

Leia a notícia e responda às questões.

Estudo sueco diz que gostar de cachorros pode ser genético

Pesquisadores estudaram 35.035 pares de gêmeos para entender a influência dos genes no ato de ter cachorros como animais de estimação

Um time de pesquisadores britânicos e suecos da universidade de Uppsala, Suécia, realizou um estudo em 35.035 pares de gêmeos que analisou a presença de um fator genético no ato de ter cachorros como animais de estimação. Este tipo de método científico é bem comum para determinar a influência do ambiente e dos genes na biologia e em comportamentos. A pesquisa foi publicada na última sexta-feira, dia 17 de maio, e está disponível no site da Nature.

Já que gêmeos idênticos possuem o mesmo genoma e gêmeos fraternos têm, em média, metade da variação genética, é possível analisar similaridades entre irmãos para determinar influências ambientais e genéticas no ato de ter ou não um cão.

Por sorte, o país mantém esses dados contabilizados no Registro de Gêmeos da Suécia, e o número de donos de cachorros no Conselho Sueco de Agricultura. O estudo chegou à conclusão de que é muito mais comum a correlação de cães entre irmãos idênticos do que em gêmeos fraternos. Estes genes também são mais herdados por mulheres (57%) do que por homens (51%).

[...]

ESTUDO sueco diz que gostar de cachorros pode ser genético. **Terra**, 26 maio 2019. Disponível em: https://www.terra.com.br/vida-e-estilo/comportamento/estudo-sueco-diz-que-gostar-de-cachorros-pode-ser-genetico,e0f0276d64fd9b57e0fee90790c90b9dmk1hoyha.html. Acesso em: 30 mar. 2021.

1. Observe as formas verbais **diz** e **pode** presentes no título da notícia. Quais são os sujeitos atribuídos a elas? Como eles são classificados?

2. Na linha fina, qual o sujeito da forma verbal **estudaram**? Qual a sua classificação?

3. Releia o primeiro parágrafo e responda:

   a) Qual o sujeito para a forma verbal **realizou** presente no primeiro período?

   b) Qual o núcleo desse sujeito?

   c) Reescreva a oração flexionando o verbo no plural. Faça as adaptações necessárias.

   d) Embora o verbo esteja no plural, o sujeito continua a ser classificado da mesma maneira. Por quê?

4. No trecho "Por sorte, o país mantém esses dados contabilizados no Registro de Gêmeos da Suécia, e o número de donos de cachorros no Conselho Sueco de Agricultura.", sabe-se que há duas orações, embora haja somente uma forma verbal explícita.

   a) Qual é essa forma verbal? Explique a ocorrência.

   b) Por que o autor usou esse recurso linguístico?

SINTAXE

Estudo do predicado

UM PRIMEIRO OLHAR

> ELA É BEM VELHINHA... ...E VIVE DE RENDA!
>
> ENTÃO ELA É RENTISTA...
>
> NÃO, NÃO...
>
> ...RENDEIRA!

BECK, Alexandre. [Ela é bem velhinha...]. **Armandinho**, 13 jun. 2017. Blogue. Disponível em: https://tirasarmandinho.tumblr.com/post/162053637564/tirinha-original. Acesso em: 23 mar. 2021.

1. Transcreva as formas verbais empregadas na tirinha.

2. Em qual oração do primeiro quadrinho o verbo liga o sujeito a uma característica atribuída a ele?

3. Analise a oração "E vive de renda!" e responda:
   a) Quem é o sujeito dessa oração e como ele se classifica?
   b) Qual o sentido do verbo nessa oração?
   c) O que aconteceria caso a preposição **de** fosse retirada da oração?

4. Leia a oração analisada na atividade anterior reescrita de formas diferentes.
   I. E vive feliz.
   II. E vive em uma casa grande.
   a) Nessas orações, o verbo tem o mesmo significado? Explique.
   b) Por que foi necessário o emprego da preposição na segunda oração?

5. Qual é a função do verbo na oração do segundo quadrinho?

6. Reescreva a oração do último quadrinho de forma completa.

CLASSIFICAÇÃO DOS VERBOS QUANTO À PREDICAÇÃO

O ponto de partida para a análise do predicado é identificar o sentido que exprime o verbo ou a locução verbal nele presente. O verbo pode exprimir um **processo** (algo em curso, em desenvolvimento, como *ação, acontecimento, desejo, atividade mental, fenômeno da natureza*) ou um **estado**.

Em função desses sentidos que adquirem no predicado, os verbos são divididos em dois grupos.

1. Verbos **significativos** ou **nocionais**, quando exprimem **processos**.

    Exemplos:

    Você anda **muito** devagar, tem passos curtos. (ação)

    Ontem **houve** um excelente espetáculo musical na minha cidade. (acontecimento)

    Espero seu convite para um próximo jantar. (desejo)

    Penso muito em você. (atividade mental)

    Amanheceu muito frio hoje. (fenômeno natural)

2. Verbos **não significativos** ou **não nocionais**, quando exprimem **estados**.

    Exemplos:

    A vida na cidade pequena **é** muito tranquila.

    A garota **esteve** agitada durante a aula.

    O choro da criança **parecia** de fome.

    Os verbos **significativos**, aqueles que exprimem processos, são de dois tipos: **intransitivos** e **transitivos**.

> **OBSERVAÇÃO**
>
> Dependendo do seu emprego, um mesmo verbo pode exprimir processo ou estado. **Exemplos:**
> Você **anda** muito devagar, tem passos curtos. (indica ação – *caminha*)
> Você **anda** muito devagar nas suas decisões. (indica estado – *tem estado lento*)

VERBOS INTRANSITIVOS

São aqueles cujo processo envolve apenas o sujeito: *não transitam* para outro termo do predicado.

Exemplos:

sujeito simples predicado
A flor **nasceu**.
verbo intransitivo

sujeito simples predicado
O menino **chorou**.
verbo intransitivo

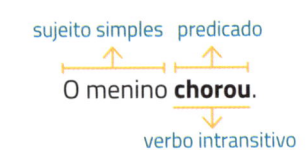

As ações *nascer* e *chorar* desenvolvem-se por inteiro no sujeito, permitindo que a frase termine no próprio verbo. O verbo intransitivo encerra em si mesmo um sentido completo, por isso ele pode, sozinho, formar o predicado.

Quando outros termos compõem o predicado juntamente com o verbo intransitivo, eles são, normalmente, expressões que indicam lugar, tempo, modo, característica do sujeito etc.

Exemplos:

O menino **chorou** à noite. (*à noite*, ideia de tempo)

A flor **nasceu** linda. (*linda*, característica da flor)

VERBOS TRANSITIVOS

São aqueles cujo processo envolve o sujeito e, necessariamente, outro termo do predicado; *transitam* do sujeito para um complemento.

Exemplos:

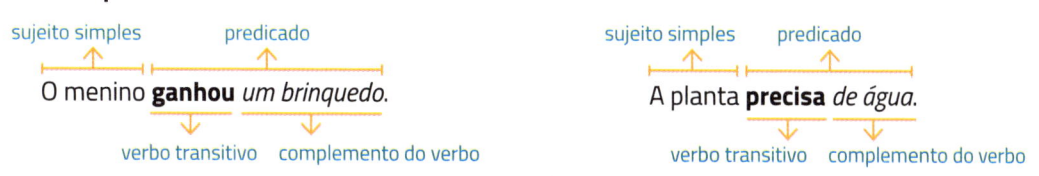

O menino **ganhou** *um brinquedo*.
(sujeito simples / predicado; verbo transitivo / complemento do verbo)

A planta **precisa** *de água*.
(sujeito simples / predicado; verbo transitivo / complemento do verbo)

As ações *ganhar* e *precisar* desenvolvem-se partindo do sujeito ("aquele que" *ganhou*, "aquele que" *precisa*) e terminam num complemento ("o que" *ganhou*, "de que" *precisa*). O verbo transitivo precisa de um complemento para que seu sentido fique completo.

> **OBSERVAÇÃO**
>
> Há verbos transitivos que não têm sujeito, como o verbo **haver** significando "existir". **Exemplo:** **Há** vários livros sobre a mesa.

VERBOS TRANSITIVOS E SEUS COMPLEMENTOS

Os termos que completam o sentido dos verbos transitivos são complementos verbais denominados **objetos**.

A classificação dos verbos transitivos e de seus respectivos objetos é feita conforme a relação que se estabelece entre o verbo e seu objeto. De acordo com essa relação, existem três tipos de verbos transitivos: direto, indireto, e direto e indireto.

VERBO TRANSITIVO DIRETO

A relação entre o verbo e seu complemento – **objeto direto** – é direta, pois o verbo não exige preposição.

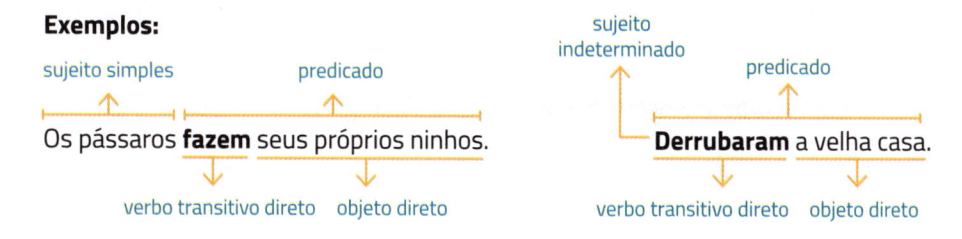

Exemplos:

Os pássaros **fazem** seus próprios ninhos.
(sujeito simples / predicado; verbo transitivo direto / objeto direto)

Derrubaram a velha casa.
(sujeito indeterminado / predicado; verbo transitivo direto / objeto direto)

VERBO TRANSITIVO INDIRETO

A relação entre o verbo e seu complemento – **objeto indireto** – não é direta, pois o verbo pede preposição.

Exemplos:

A natureza está **necessitando** *de* mais respeito.
(sujeito simples / predicado; verbo transitivo indireto / objeto indireto / preposição)

(eu) **Acredito** *em* dias melhores.
(sujeito elíptico / predicado; verbo transitivo indireto / preposição / objeto indireto)

VERBO TRANSITIVO DIRETO E INDIRETO

Estabelece simultaneamente as duas relações, direta e indireta, possuindo os dois complementos, **objeto direto** e **objeto indireto**.

Exemplos:

Os alunos **receberam** elogios **de** seus mestres.
- sujeito simples / predicado
- verbo transitivo direto e indireto / objeto direto / objeto indireto / preposição

(nós) **Demos a** Cauê um belo presente.
- sujeito elíptico / preposição
- verbo transitivo direto e indireto / objeto indireto / objeto direto / preposição

Os verbos não significativos, aqueles que exprimem estado, são denominados **verbos de ligação**.

VERBOS DE LIGAÇÃO

Ligam o sujeito a uma característica dele contida no predicado.

Exemplos:

A estrada **estava** escura.
- sujeito simples / predicado
- verbo de ligação / característica do sujeito

Pela manhã, o mar **parecia** bravíssimo.
- predicado / sujeito simples / predicado
- verbo de ligação / característica do sujeito

Os verbos de ligação usados com mais frequência são: **ser, estar, parecer, permanecer, ficar, continuar, andar** (no sentido de "estar"), **viver, virar, tornar-se, fazer-se, achar-se, encontrar-se** etc.

Ao ligarem uma característica ao sujeito, esses verbos expressam diferentes estados:

- estado permanente: verbos **ser, viver**. **Exemplos:**

  Vitória **é** bonita.
  Vitória **vive** bonita.

- estado transitório: verbos **estar, andar, encontrar-se, achar-se**. **Exemplos:**

  O tempo **estava** chuvoso.
  O tempo **encontrava-se** chuvoso.

- estado aparente: verbo **parecer**. **Exemplo:**

  A cidade **parecia** desabitada.

- mudança de estado: verbos **ficar, virar, tornar-se, fazer-se**. **Exemplos:**

  A moça **ficou** bonita.
  A moça **fez-se** bonita.

- continuidade de estado: verbos **continuar, permanecer**. **Exemplos:**

  As ruas **continuam** limpas.
  As ruas **permanecem** limpas.

> **OBSERVAÇÃO**
>
> Os verbos não têm classificação fixa: dependem de como são empregados.
> **Exemplos:**
> O menino **chorou** à noite. (verbo intransitivo)
> O menino **chorou** lágrimas intensas. (verbo transitivo)
> Os alunos **estão** na escola. (verbo intransitivo)
> Os alunos **estão** agitados. (verbo de ligação)

ATIVIDADES

1. Leia a tirinha e responda às questões que seguem.

GONSALES, Fernando. [Níquel Náusea]. **Folha de S.Paulo**, São Paulo, 14 mar. 2021. Disponível em: https://www1.folha.uol.com.br/ilustrada/cartum/cartunsdiarios/#14/3/2021. Acesso em: 31 mar. 2021.

a) Identifique e classifique o sujeito das orações da tirinha.
b) Indique as formas verbais das orações.
c) Classifique essas formas verbais quanto à predicação.

2. Classifique os verbos das orações a seguir em significativos ou não significativos e indique o tipo de processo ou de estado que exprimem.

a) Choveu muito pela manhã.
b) A criança andava doente.
c) O pai andava com o filho no parque.
d) Os alunos permaneceram calados na reunião.
e) O ator é ótimo.
f) A cidade vive suja ultimamente.

3. Identifique os verbos das orações a seguir, classifique-os e indique seus complementos.

a) O corretor entregou a chave ao proprietário.
b) As crianças brincavam no jardim.
c) O professor elogiou o trabalho do aluno.
d) Assistimos a um ótimo espetáculo.
e) O aniversariante estava feliz.

4. Leia os pares de orações.

a) Os alunos permaneceram na sala durante todo o dia.
b) Os alunos permaneceram calados durante todo o dia.
c) Estamos na cidade de São Paulo há um mês.
d) Estamos felizes na cidade de São Paulo.
e) Os turistas andaram muito pela praia neste fim de semana.
f) Os turistas andaram cansados neste fim de semana.

- Em cada par, há um mesmo verbo. Observe o emprego desse verbo em cada oração e classifique-o.

5. Leia a tirinha.

    Quadrinho 1: GARFIELD, ESTOU TENDO UM PENSAMENTO PROFUNDO.
    Quadrinho 3: FUGIU. FECHA A PORTA, POR FAVOR.

    DAVIS, Jim. [Garfield]. **Folha de S.Paulo**, São Paulo, 30 mar. 2014. Ilustrada.

    a) Classifique a locução verbal e as formas verbais quanto à predicação: **estou tendo**, **fugiu** e **fecha**.

    b) Escreva os complementos dos verbos transitivos da atividade anterior.

    c) Apesar de não estar explícito no balão, o sujeito da forma verbal **fugiu** está evidente na tirinha. Identifique-o.

6. Leia um trecho do poema de Cora Coralina para responder às questões.

    Menor abandonado

    De onde vens, criança?

    Que mensagem trazes de futuro?

    Por que tão cedo esse batismo impuro que mudou teu nome?

    Em que galpão, casebre, invasão, favela, ficou esquecida tua mãe?...

    E teu pai, em que selva escura se **perdeu**, **perdendo** o caminho do

    barraco humilde?...

    [...]

    CORALINA, Cora. Menor abandonado. *In*: CORALINA, Cora. **Poemas dos becos de Goiás e estórias mais**. São Paulo: Global, 2012. p. 164.

    a) Identifique e classifique o sujeito e o predicado da oração no segundo verso do poema.

    b) Qual o núcleo do predicado dessa oração?

    c) Classifique os verbos destacados no quinto verso quanto à predicação.

7. Leia esta manchete e linha fina de um jornal.

    Navio encalhado no Canal de Suez mostra que os cargueiros gigantes podem ser um problema

    À medida que o comércio global cresceu, as companhias de navegação aumentaram constantemente o tamanho dos navios, mas o bloqueio do Canal de Suez mostrou que maior nem sempre é melhor

    Disponível em: https://economia.estadao.com.br/noticias/geral,como-os-cargueiros-cresceram-tanto-ao-ponto-de-se-tornarem-navios-colossais,70003667215. Acesso em: 13 abr. 2021

    a) Identifique as formas verbais que constam na manchete e classifique-as segundo sua predicação.

    b) Identifique um verbo intransitivo na linha fina.

TIPOS DE PREDICADO

De acordo com o tipo de informação que dá sobre o sujeito, o predicado pode ser: **verbal** – quando informa *processo* (ação, acontecimento etc.); **nominal** – quando informa *estado* (característica); ou **verbonominal** – quando informa *processo* e *estado* (ação e característica).

PREDICADO VERBAL

Como informa um *processo*, o predicado verbal contém verbo *significativo* – **intransitivo** ou **transitivo** –, que é o seu **núcleo**.

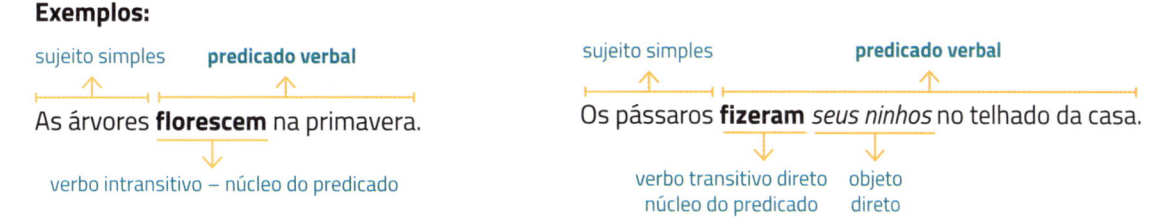

Exemplos:

As árvores **florescem** na primavera.
(sujeito simples / predicado verbal / verbo intransitivo – núcleo do predicado)

Os pássaros **fizeram** *seus ninhos* no telhado da casa.
(sujeito simples / predicado verbal / verbo transitivo direto – núcleo do predicado / objeto direto)

O predicado verbal é, portanto, formado de **verbo intransitivo** ou **verbo transitivo**, tendo o **verbo** como **núcleo**.

PREDICADO NOMINAL

Como informa um *estado*, o predicado nominal contém um verbo *não significativo* – **verbo de ligação** –, cuja função é ligar o sujeito a uma **característica** deste.

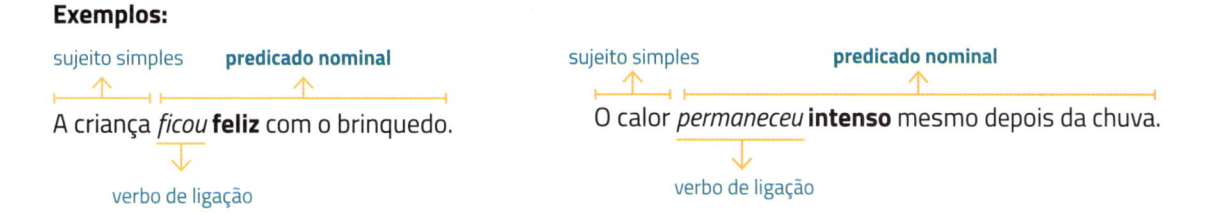

Exemplos:

A criança *ficou* **feliz** com o brinquedo.
(sujeito simples / predicado nominal / verbo de ligação)

O calor *permaneceu* **intenso** mesmo depois da chuva.
(sujeito simples / predicado nominal / verbo de ligação)

PREDICATIVO DO SUJEITO

É a característica do sujeito ligada a ele por meio de verbo: o **predicativo do sujeito** é, portanto, um termo que fica no predicado, funcionando como seu **núcleo**.

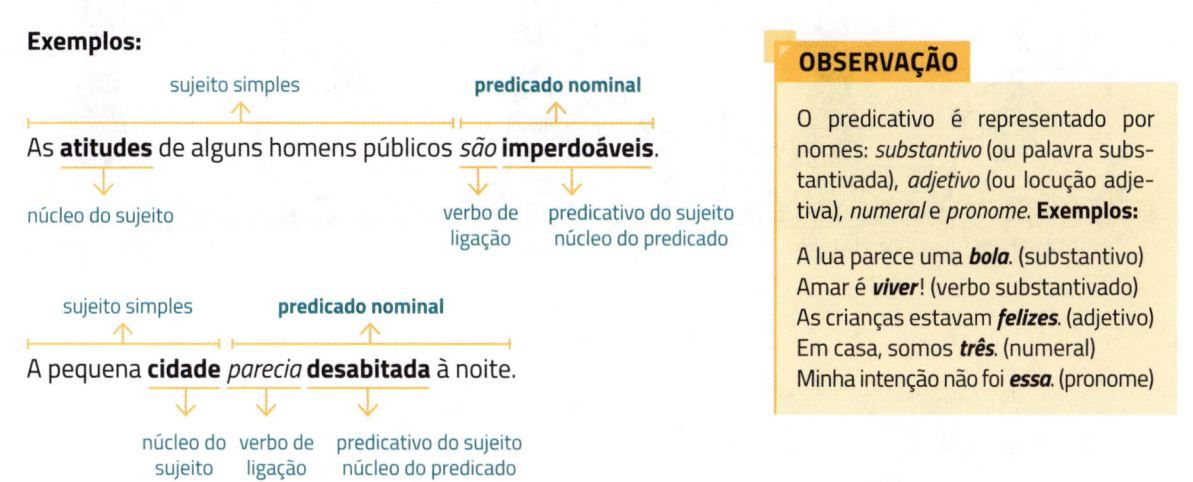

Exemplos:

As **atitudes** de alguns homens públicos *são* **imperdoáveis**.
(sujeito simples / núcleo do sujeito / predicado nominal / verbo de ligação / predicativo do sujeito – núcleo do predicado)

A pequena **cidade** *parecia* **desabitada** à noite.
(sujeito simples / núcleo do sujeito / predicado nominal / verbo de ligação / predicativo do sujeito – núcleo do predicado)

> **OBSERVAÇÃO**
>
> O predicativo é representado por nomes: *substantivo* (ou palavra substantivada), *adjetivo* (ou locução adjetiva), *numeral* e *pronome*. **Exemplos:**
>
> A lua parece uma **bola**. (substantivo)
> Amar é **viver**! (verbo substantivado)
> As crianças estavam **felizes**. (adjetivo)
> Em casa, somos **três**. (numeral)
> Minha intenção não foi **essa**. (pronome)

O predicado nominal é, então, formado por **verbo de ligação** e **predicativo do sujeito**, sendo o predicativo o seu núcleo, e não o verbo.

ATIVIDADES

1. Leia o trecho extraído de uma crônica de Carlos Eduardo Novaes.

O sonho do feijão

[...]

Existem algumas donas de casa que têm uma atração toda especial por fila. Para muitas há qualquer coisa de heroico numa fila: a espera, a paciência e o que é mais importante, a entrada triunfal em casa sobraçando o tão disputado produto. [...]

NOVAES, Carlos Eduardo. O sonho do feijão. *In*: NOVAES, Carlos Eduardo *et al*. **Crônicas**. São Paulo: Ática, 1981. p. 19. (Para gostar de ler, 7).

a) Classifique o sujeito da primeira oração: "Existem algumas donas de casa".

b) Reescreva a primeira oração substituindo o verbo **existir** pelo verbo **haver**. Em seguida, classifique o sujeito.

c) Classifique o predicado da oração que você reescreveu e identifique seu núcleo.

2. Identifique o predicado de cada oração a seguir e indique seu núcleo.

a) Os professores convocaram os pais para a reunião.

b) Os artistas receberam muitos aplausos.

c) Os alunos falavam alto.

d) Toda criança precisa de carinho.

3. Releia as orações da atividade **2** e responda.

a) O que há de comum nas orações quanto aos predicados e seus núcleos?

b) Classifique os verbos dessas orações.

4. Leia a tirinha a seguir e responda às questões.

BROWNIE, Dik. [Hagar]. **Planeta Tirinha**, 27 nov. 2009. Disponível em: https://planetatirinha.wordpress.com/2009/11/27/hagar-o-horrivel-2711. Acesso em: 28 maio 2021.

a) Classifique, quanto à predicação, o verbo presente na fala do segundo quadrinho.

b) Agora classifique o predicado.

c) Identifique o núcleo do predicado.

d) Qual é o sujeito dessa oração?

e) Observe o último quadrinho e classifique, quanto à predicação, o verbo da forma **batia**.

5. Leia um trecho do livro **Eu sou Malala** e responda à atividade proposta.

[...]

Para a maioria dos pachtuns, o dia em que nasce uma menina é considerado sombrio. O primo de meu pai, Jehan Sher Khan Yousafzai, foi um dos poucos a nos visitar para celebrar meu nascimento e até mesmo nos deu uma boa soma em dinheiro. Levou uma grande árvore genealógica que remontava até meu trisavô, e que mostrava apenas as linhas de descendência masculina. Meu pai, Ziauddin, é diferente da maior parte dos homens pachtuns. Pegou a árvore e riscou uma linha a partir de seu nome, no formato de um pirulito. Ao fim da linha escreveu "Malala". O primo riu, atônito. Meu pai não se importou. Disse que olhou nos meus olhos assim que nasci e se apaixonou. Comentou com as pessoas: "Sei que há algo diferente nessa criança". Também pediu aos amigos para jogar frutas secas, doces e moedas em meu berço, algo reservado somente aos meninos.

[...]

YOUSAFZAI, Malala; LAMB, Christina. **Eu sou Malala**: a história da garota que defendeu o direito à educação e foi baleada pelo Talibã. Tradução de Caroline Chang *et al*. São Paulo: Companhia das Letras, 2013. p. 21-22.

a) Sublinhe o predicado da oração abaixo, classifique-o e informe qual o seu núcleo.

O dia em que nasce uma menina.

b) O verbo da oração acima é intransitivo. Cite outro verbo do texto que apresenta essa predicação.

c) Releia a oração a seguir e identifique o predicado.

Meu pai, Ziauddin, é diferente da maior parte dos homens pachtuns.

d) Informe como se denomina esse tipo de predicado e qual é o seu núcleo.

e) Que outra função o núcleo desse predicado desempenha?

6. Elabore duas orações em que haja predicado nominal. Use os verbos **ser** e **tornar-se**.

PREDICADO VERBONOMINAL

Como informa *processo* e *estado*, o predicado verbonominal contém um *verbo significativo* e um *verbo de ligação* subentendido, ou seja, contém os outros dois tipos de predicado, o **verbal** e o **nominal**.

Observe:

1. sujeito: Os profissionais — predicado verbal: **voltaram** para casa.
   - **voltaram**: verbo intransitivo / núcleo do predicado

   sujeito: Eles — predicado nominal: *estavam* **cansados**.
   - *estavam*: verbo de ligação
   - **cansados**: predicativo do sujeito / núcleo do predicado

2. sujeito: Os profissionais — predicado verbonominal: **voltaram** para casa **cansados**.
   - **voltaram**: verbo intransitivo / núcleo do predicado
   - **cansados**: predicativo do sujeito / núcleo do predicado

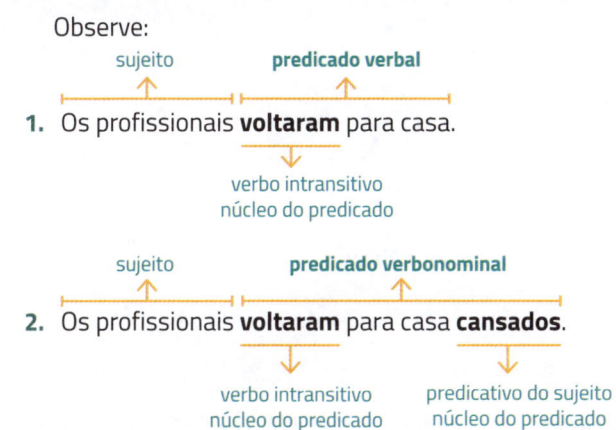

Ocorreu a transformação dos dois predicados em apenas um, sendo que, no predicado verbonominal, o verbo de ligação ficou subentendido.

No exemplo, os profissionais voltaram para casa (e *estavam*) cansados.

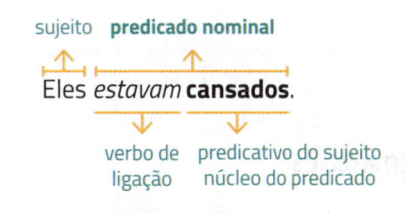

OBSERVAÇÃO

O **predicado** relaciona-se ao sujeito atribuindo-lhe uma propriedade. Por isso, é associado no texto a uma **estrutura argumental**, uma vez que a seleção de verbos, complementos, especificadores já revela um ponto de vista do enunciador ou falante. No texto de Malala, os predicativos do sujeito denotam apreciações da narradora sobre sua biografia.

PREDICATIVO DO OBJETO

Não só ao sujeito, mas também ao objeto pode ser atribuído um **predicativo**.

Exemplo:

O rapaz **julgava** *o amigo* **sincero**.
- O rapaz → sujeito
- julgava *o amigo* sincero → predicado verbonominal
- julgava → verbo transitivo direto / núcleo do predicado
- o amigo → objeto direto
- sincero → predicativo do objeto / núcleo do predicado

Os verbos mais comumente empregados admitindo esse predicativo são: **julgar**, **considerar**, **achar**, **eleger**, **proclamar**, **chamar** etc.

Como é formado por dois predicados, o predicado verbonominal possui dois núcleos – **verbo** e **predicativo** –, podendo ser estruturado com:

- **verbo intransitivo** e **predicativo do sujeito**.

  Os lavradores **retornaram cansados**.
  - Os lavradores → sujeito simples
  - retornaram cansados → predicado verbonominal
  - retornaram → verbo intransitivo / núcleo do predicado
  - cansados → predicativo do sujeito / núcleo do predicado

- **verbo transitivo** e **predicativo do sujeito**.

  Os alunos **fizeram** *a prova* **tranquilos**.
  - Os alunos → sujeito simples
  - fizeram *a prova* tranquilos → predicado verbonominal
  - fizeram → verbo transitivo direto / núcleo do predicado
  - a prova → objeto direto
  - tranquilos → predicativo do sujeito / núcleo do predicado

- **verbo transitivo** e **predicativo do objeto**.

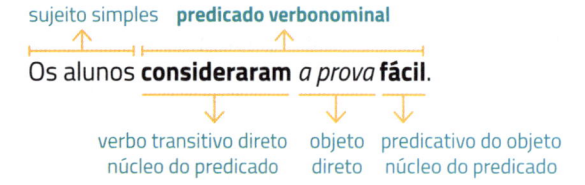

  Os alunos **consideraram** *a prova* **fácil**.
  - Os alunos → sujeito simples
  - consideraram *a prova* fácil → predicado verbonominal
  - consideraram → verbo transitivo direto / núcleo do predicado
  - a prova → objeto direto
  - fácil → predicativo do objeto / núcleo do predicado

OBSERVAÇÕES

1. Às vezes, a posição do predicativo do objeto dá ao verbo um sentido duplo, ambíguo.

Exemplos:

Meu filho **achou** *a calça* **suja**. (encontrou, localizou)

Meu filho **achou suja** *a calça*. (considerou, julgou)

2. O predicativo do objeto refere-se, via de regra, a um *objeto direto*. Mas o verbo **chamar** admite também predicativo do objeto indireto.

Exemplo:

Chamei-lhe de desatento.
- lhe → objeto indireto
- de desatento → predicativo do objeto indireto

ATIVIDADES

1. Leia esta tirinha da personagem Mafalda e responda às questões a seguir.

QUINO. **Toda Mafalda**. São Paulo: Martins Fontes, 2001.

a) Informe o sujeito e o predicado da oração do primeiro quadrinho.

b) Como se classificam o verbo e o predicado dessa oração?

c) Releia o segundo quadrinho, identifique a segunda oração da fala da personagem e destaque o predicado.

d) Classifique o predicado da oração e informe seu núcleo.

e) Quanto à predicação, como se classificam os verbos do segundo quadrinho?

2. Leia as orações.

I. Os empresários saíram da sala de negociações. Os empresários foram vitoriosos nas negociações.

II. Os alunos fizeram a prova. Os alunos pareciam felizes.

III. Os prisioneiros gritavam das celas. Os prisioneiros estavam apavorados.

IV. Os turistas voltaram da viagem à Argentina. Os turistas ficaram insatisfeitos com a viagem.

a) Para cada item, forme apenas uma oração e separe o sujeito do predicado.

b) Identifique os núcleos dos predicados das orações formadas e classifique-os.

c) Classifique os predicativos dessas orações.

3. Identifique os predicados das orações e indique seus núcleos.

a) Os convidados acharam a festa divertida.

b) Os torcedores consideravam o time invencível.

c) A plateia julgou surpreendente o espetáculo.

d) Elegeram-no representante da classe.

4. Releia as orações da atividade **3** e responda aos itens a seguir.

a) Qual é a característica comum a esses verbos quanto à predicação?

b) Qual é o tipo de predicado dessas orações? Quantos núcleos há em cada um?

c) A qual complemento verbal é atribuído o predicativo? Cite o complemento presente em cada oração.

d) Elabore duas orações com o verbo **chamar**: uma oração com predicativo do objeto direto e outra com predicativo do objeto indireto.

5. Leia as orações a seguir e responda ao que se pede.

I. Lúcia sentou-se animada à mesa de trabalho.

II. As pernas fraquejaram, cansadas da jornada.

III. A neta ouviu as histórias do avô deslumbrada.

IV. O menino correu assustado.

a) Identifique os predicados das orações.

b) Classifique os verbos quanto à predicação.

c) Identifique e classifique os predicativos.

d) Indique os núcleos dos predicados.

e) Classifique os predicados.

6. Transforme o predicado verbal em verbonominal acrescentando um predicativo do sujeito a cada oração.

a) A criança brincava ■.

b) O aluno saiu ■ da sala.

c) O paciente entrou ■ no hospital.

d) O cliente saiu da loja ■.

e) Os trabalhadores voltaram ■ para casa.

EM SÍNTESE

Classificação dos verbos quanto à predicação

- **Verbos intransitivos**
- **Verbos transitivos**
    - Transitivo direto.
    - Transitivo indireto.
    - Transitivo direto e indireto.
- **Verbos de ligação**

Verbos transitivos e seus complementos

- Transitivo direto + objeto direto.
- Transitivo indireto + objeto indireto.
- Transitivo direto e indireto + objeto direto e objeto indireto.

Tipos de predicado

- **Verbal:** verbo intransitivo ou verbo transitivo + complemento (núcleo = o verbo).
- **Nominal:** verbo de ligação + predicativo do sujeito (núcleo = o predicativo).
    - Predicativo do sujeito – característica ligada ao sujeito por meio de verbo.
- **Verbonominal:** verbo intransitivo + predicativo do sujeito ou verbo transitivo + predicativo do sujeito ou predicativo do objeto (núcleos = o verbo e o predicativo).
    - Predicativo do objeto – característica ligada ao objeto direto de alguns verbos.

NO TEXTO

Leia o texto da escritora Marina Colasanti.

A moça tecelã

Acordava ainda no escuro, como se ouvisse o sol chegando atrás das beiradas da noite. E logo sentava-se ao tear.

Linha clara, para começar o dia. Delicado traço de luz, que ela ia passando entre os fios estendidos, enquanto lá fora a claridade da manhã desenhava o horizonte.

Depois lãs mais vivas, quentes lãs iam tecendo hora a hora, em longo tapete que nunca acabava.

Se era forte demais o sol, e no jardim pendiam as pétalas, a moça colocava na lançadeira grossos fios cinzentos do algodão mais felpudo. Em breve, na penumbra trazida pelas nuvens, escolhia um fio de prata, que em pontos longos rebordava sobre o tecido. Leve, a chuva vinha cumprimentá-la à janela.

Mas se durante muitos dias o vento e o frio brigavam com as folhas e espantavam os pássaros, bastava a moça tecer com seus belos fios dourados, para que o sol voltasse a acalmar a natureza.

Assim, jogando a lançadeira de um lado para outro e batendo os grandes pentes do tear para a frente e para trás, a moça passava seus dias.

Nada lhe faltava. Na hora da fome tecia um lindo peixe, com cuidado de escamas. E eis que o peixe estava na mesa, pronto para ser comido. Se sede vinha, suave era a lã cor de leite que entremeava o tapete. E à noite, depois de lançar seu fio de escuridão, dormia tranquila.

Tecer era tudo o que fazia. Tecer era tudo o que queria fazer.

[...]

COLASANTI, Marina. A moça tecelã. *In*: COLASANTI, Marina. **Doze reis e a moça no labirinto do vento**. Rio de Janeiro: Nórdica, 1982. p. 126.

1. Identifique no quarto parágrafo do texto um verbo de ligação. Informe qual é o predicativo do sujeito e o tipo de predicado.

2. Os verbos de ligação reaparecem somente nos dois últimos parágrafos, os demais verbos do texto são significativos. O que esses verbos significativos expressam e que tipo de predicado formam?

3. Com esse tipo de verbo predominante, a autora cria dois cenários que se movimentam ao mesmo tempo. Que cenários são esses?

4. Como esses cenários se desenvolvem: isoladamente ou um interferindo no outro? Justifique.

SINTAXE

Vozes do verbo

UM PRIMEIRO OLHAR

Leia o cartaz da campanha de conscientização sobre a prevenção do câncer de mama.

QUALI MMA

**MOVIMENTO OUTUBRO ROSA
A GENTE APOIA!**

Segundo o Instituto Nacional de Câncer (INCA), cerca de 30% dos casos de câncer de mama podem ser evitados com a adoção de hábitos saudáveis como:

- Praticar atividade física regularmente;
- Alimentar-se de forma saudável;
- Manter o peso corporal adequado;
- Evitar o consumo de bebidas alcoólicas;
- Amamentar.

Para um melhor entendimento desse assunto, está disponível no Portal da Qualidade de Vida um quiz, produzido pelo INCA.

Descubra o que é mito e o que é verdade sobre o tema.
Clique aqui para fazer o quiz.

MINISTÉRIO DO MEIO AMBIENTE/GOVERNO FEDERAL

BRASIL. Ministério do Meio Ambiente. **Campanha Movimento Outubro Rosa**. 2018. Cartaz digital. Disponível em: http://qualidadedevida.mma.gov.br/praticas-de-saude. Acesso em 30: mar. 2021.

1. Releia a oração a seguir e responda ao que se pede.

[...] cerca de 30% dos casos de câncer de mama podem ser evitados com a adoção de hábitos saudáveis [...]

a) Informe o sujeito e o predicado da oração.

b) O sujeito da oração pratica ou sofre a ação expressa pelo verbo?

c) Se a oração fosse escrita da seguinte forma: "A adoção de hábitos saudáveis pode evitar cerca de 30% dos casos de câncer de mama", quem seria o executor da ação verbal?

2. Sobre o tópico "Alimentar-se de forma saudável", informe:

a) quem realiza e quem sofre a ação verbal.

b) que termo da oração permite identificar os elementos da questão anterior?

VOZES DO VERBO

As vozes do verbo são três: **ativa**, **passiva** e **reflexiva**. Ocorre flexão de voz nos verbos porque o verbo transitivo direto e o verbo transitivo direto e indireto permitem estruturas em que o **sujeito** pode aparecer como **agente**, como **paciente** ou como **agente** e **paciente** da ação verbal.

SUJEITO AGENTE – VOZ ATIVA DO VERBO

Sujeito agente é aquele que *pratica* a ação expressa pelo verbo, é o **agente** do processo verbal.

Exemplo:

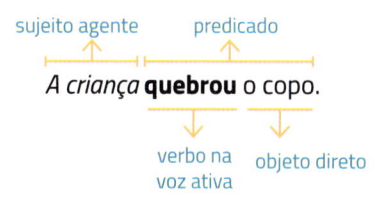

sujeito agente | predicado
A criança **quebrou** o copo.
verbo na voz ativa | objeto direto

Com **sujeito agente**, o verbo encontra-se na **voz ativa**.

Nessa estrutura, o *objeto* recebe a ação, que é praticada pelo *sujeito*.

SUJEITO PACIENTE – VOZ PASSIVA DO VERBO

Sujeito paciente é aquele que *sofre* a ação expressa pelo verbo, é o **paciente** do processo verbal.

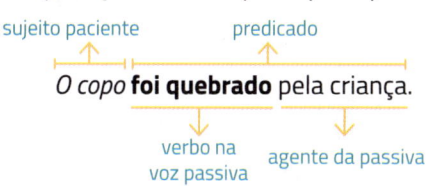

sujeito paciente | predicado
O copo **foi quebrado** pela criança.
verbo na voz passiva | agente da passiva

Com **sujeito paciente**, o verbo encontra-se na **voz passiva**.

Nessa estrutura, o *sujeito* recebe a ação, que é praticada pelo *agente da passiva*.

SUJEITO AGENTE E PACIENTE – VOZ REFLEXIVA DO VERBO

Sujeito agente e paciente é aquele que, ao mesmo tempo, *pratica* e *sofre* a ação expressa pelo verbo, é **agente** e **paciente** do processo verbal.

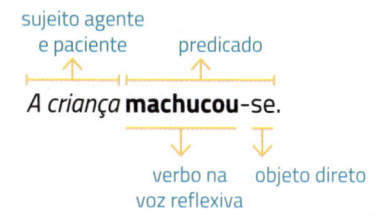

sujeito agente e paciente | predicado
A criança **machucou**-se.
verbo na voz reflexiva | objeto direto

Com **sujeito agente e paciente**, o verbo encontra-se na voz **reflexiva**.

Nessa estrutura, o *sujeito* recebe uma ação praticada por *ele mesmo*.

> **OBSERVAÇÃO**
>
> Na voz reflexiva, **se** é um **pronome reflexivo** e possui função sintática: no caso, **objeto direto**. Também são pronomes reflexivos *te, me, nos, vos, você(s)*.
>
> Tu *te* machucaste?
> Eu não *me* machuquei.

ESTUDO DA VOZ PASSIVA

PASSAGEM DA VOZ ATIVA PARA A VOZ PASSIVA

É possível passar para a voz passiva uma oração que, na voz ativa, tenha **sujeito** (determinado ou indeterminado) e **objeto direto**.

Observe a transformação.

- **Voz ativa**

  sujeito agente | predicado
  A justiça **condenou** *os culpados.*
  verbo transitivo direto / forma verbal simples | objeto direto

- **Voz passiva**

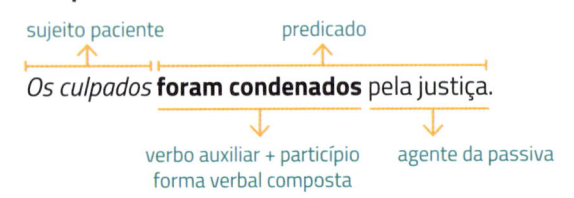

  sujeito paciente | predicado
  Os culpados **foram condenados** *pela justiça.*
  verbo auxiliar + particípio / forma verbal composta | agente da passiva

O esquema de passagem da voz ativa para a voz passiva é fixo. Na conversão, ocorrem as seguintes alterações:

- o **objeto direto** da voz ativa passa a ser **sujeito paciente** da voz passiva;
- o **sujeito agente** da voz ativa passa a ser **agente da passiva**, pois continua sendo ele o agente da ação verbal;
- a forma verbal, que é **simples** na voz ativa, passa a ser **composta** na voz passiva;
- o verbo concorda com o **sujeito paciente**.

> **OBSERVAÇÕES**
>
> **1.** O *agente da passiva* é sempre precedido de preposição, normalmente da preposição **por** (e suas combinações) e com menor frequência da preposição **de**.
>
> **2.** O sujeito implícito da voz ativa torna-se explícito como agente da passiva. **Exemplo:**
> (nós) **Condenamos** os culpados. / *Os culpados* **foram condenados** por nós.
>
> **3.** O sujeito indeterminado da voz ativa permanece indeterminado como agente da passiva. **Exemplo:**
> **Condenaram** o culpado. / *O culpado* **foi condenado**.
> **Condenaram** os culpados. / *Os culpados* **foram condenados**.

TIPOS DE VOZ PASSIVA

A voz passiva possui dois tipos de estrutura: passiva analítica e passiva sintética.

VOZ PASSIVA ANALÍTICA

Quando elaborada por **forma verbal composta** (ou locução verbal).

Exemplos:

As casas **foram construídas** pelos moradores do local.
↓
forma verbal composta

As casas **foram construídas**. (agente da passiva indeterminado)
↓
forma verbal composta

> **OBSERVAÇÕES**
>
> **1.** A forma verbal composta da voz passiva analítica possui um **verbo auxiliar** (geralmente o verbo *ser*), seguido do particípio do **verbo principal**.
>
> **2.** Além do verbo **ser**, outros verbos podem aparecer como auxiliares na voz passiva analítica.
>
> **Exemplos:**
> A casa *estava protegida* pelas grades. / O filho *vinha acompanhado* pela mãe.
> O carro do governador *ia escoltado* pelos batedores. / O edifício *ficou deteriorado* com o tempo.

VOZ PASSIVA SINTÉTICA

Quando elaborada por **forma verbal simples** acompanhada do pronome **se**.

Exemplos:

Construiu-se a casa.
forma verbal simples + **se**

Construíram-se as casas.
forma verbal simples + **se**

A passiva sintética é uma maneira de construir a voz passiva com agente indeterminado e forma verbal simples. Compare:

- **Voz passiva analítica**

   sujeito paciente   predicado

   O melhor aluno **foi premiado**. (agente da passiva indeterminado)
                    forma verbal composta

- **Voz passiva sintética**

   predicado   sujeito paciente

   Premiou-se o melhor aluno. (agente da passiva indeterminado)
   forma verbal simples + **se**

> **OBSERVAÇÕES**
>
> **1.** O pronome **se** que acompanha o verbo na voz passiva sintética é denominado **pronome apassivador**.
>
> **2.** Na voz passiva, analítica ou sintética, o sujeito paciente é explícito; por isso o termo que acompanha o verbo na voz passiva sintética deve concordar com ele em número e pessoa – porque é seu sujeito.
>
> **Exemplos:**
> **Condenou-se** *o culpado.*   **Condenaram-se** *os culpados.*
> **Premiou-se** *o melhor aluno.*   **Premiaram-se** *os melhores alunos.*

DISTINÇÃO ENTRE VOZ PASSIVA SINTÉTICA E SUJEITO INDETERMINADO

Voz passiva sintética e *sujeito indeterminado* com o verbo na 3ª pessoa do singular seguido de **se** possuem estruturas bem próximas.

Veja alguns exemplos e as características de cada um.

VOZ PASSIVA SINTÉTICA	SUJEITO INDETERMINADO
predicado sujeito paciente **Cortou-se** a madeira. verbo transitivo direto	predicado **Precisa-se** de madeira. sujeito indeterminado objeto indireto verbo transitivo indireto
predicado sujeito paciente **Cortaram-se** as madeiras. verbo transitivo direto	predicado **Precisa-se** de madeiras. sujeito indeterminado objeto indireto verbo transitivo indireto
predicado sujeito paciente **Vende-se** uma casa de campo. verbo transitivo direto	predicado **Vive-se** bem numa casa de campo. sujeito indeterminado verbo intransitivo
predicado sujeito paciente predicado **Deram-se** presentes às crianças. verbo transitivo direto e indireto	predicado Nunca **se está** livre de perguntas indiscretas. sujeito indeterminado verbo de ligação
CARACTERÍSTICAS DA VOZ PASSIVA SINTÉTICA	**CARACTERÍSTICAS DO SUJEITO INDETERMINADO**
• O verbo é transitivo direto. • O sujeito é determinado e explícito. • O verbo concorda com o sujeito, ficando no singular ou no plural. • O **se** é pronome apassivador. • É possível passar para a passiva analítica. **Exemplos:** Presentes **foram dados** às crianças. Uma casa de campo **foi vendida**.	• Tem outro tipo de verbo. • O sujeito não é determinado. • O verbo está sempre na 3ª pessoa do singular. • O **se** é índice de indeterminação do sujeito. • A transformação é impossível. **Exemplos:** Trata-se de uma situação delicada. Trabalha-se exageradamente hoje.

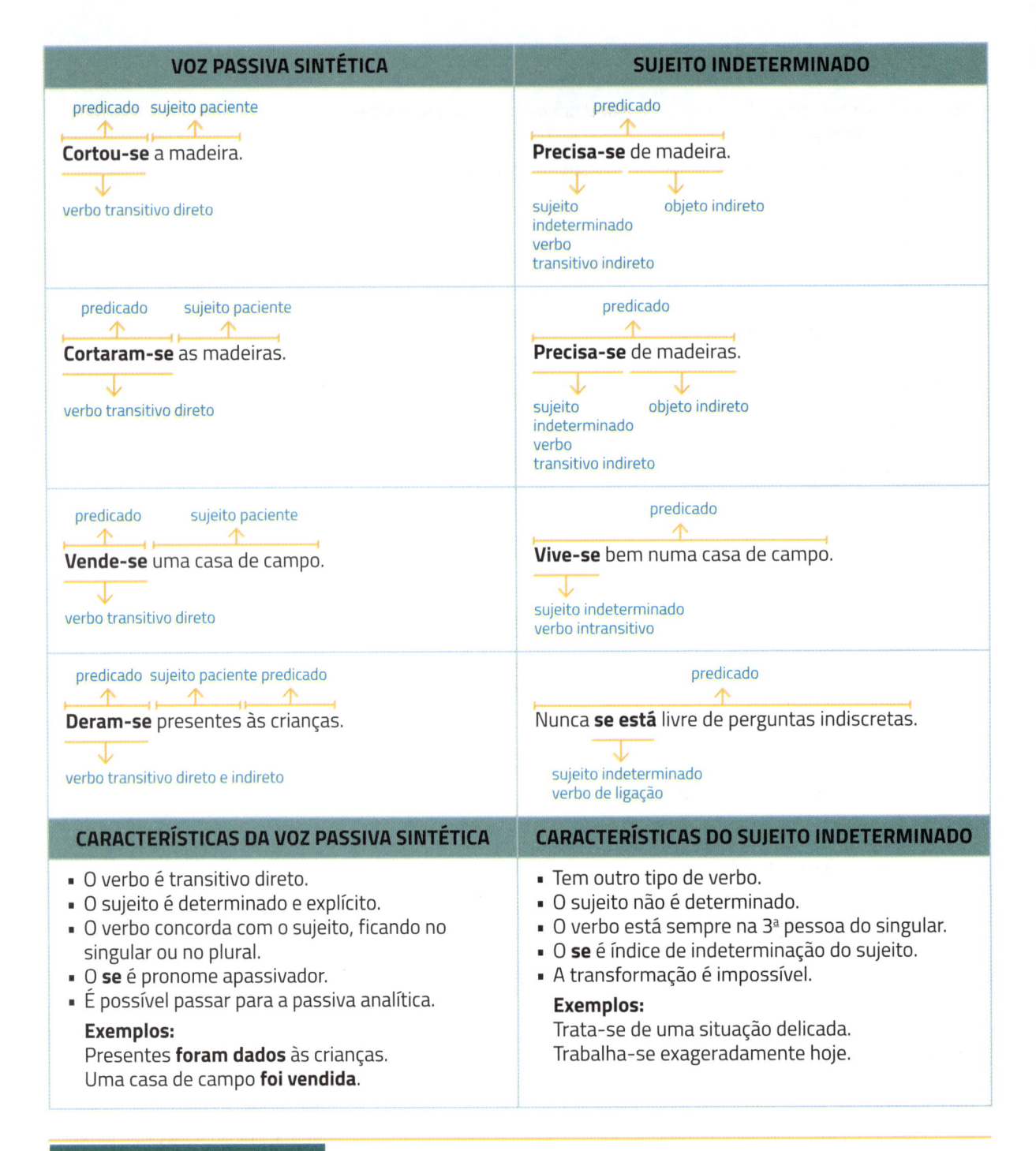

AGENTE DA PASSIVA

Como já vimos, **agente da passiva** é o termo que representa quem pratica a ação verbal quando o verbo está na voz passiva, caso em que o sujeito é paciente.

O agente da passiva aparece determinado apenas na voz *passiva analítica*. Mesmo assim, não necessariamente em todas as orações de voz passiva. Quando aparece, normalmente é introduzido pela preposição **por** e, com menor frequência, por outras preposições.

Exemplos:

sujeito paciente
A grama *foi cortada* **por Renata**.
agente da passiva

sujeito paciente
O cantor *estava rodeado* **de fãs**.
agente da passiva

ATIVIDADES

1. Leia a primeira estrofe do poema de Vinicius de Moraes.

Poema de Natal

Para isso fomos feitos:

Para lembrar e ser lembrados

Para chorar e fazer chorar

Para enterrar os nossos mortos –

Por isso temos braços longos para os adeuses

Mãos para colher o que foi dado

Dedos para cavar a terra.

[...]

MORAES, Vinicius de. Poema de Natal. **Vinicius de Moraes**, [1946]. Disponível em: http://www.viniciusdemoraes.com.br/pt-br/poesia/poesias-avulsas/poema-de-natal. Acesso em: 31 mar. 2021.

a) Identifique o sujeito do primeiro verso do poema e informe se ele pratica ou sofre a ação verbal.

b) Qual é a voz verbal presente nessa oração?

c) Indique outro verso do poema que apresenta uma oração com a mesma voz verbal que a do primeiro verso.

d) Quem pratica a ação verbal no quinto verso do poema? O sujeito é agente ou paciente?

2. Informe se os verbos das orações a seguir estão na voz ativa, passiva ou reflexiva.

a) Felizmente, ninguém se feriu no acidente.

b) Os livros didáticos foram organizados por disciplina.

c) A notícia foi dada com pesar pelo jornalista.

d) O professor corrigiu todas as provas dos alunos.

e) Várias lojas foram abertas no centro da cidade neste ano.

f) Os primos olharam-se com desconfiança.

g) Joana e Caio amam-se muitíssimo.

h) O time jogou mal todo o campeonato.

3. Substitua a lacuna pelo pronome reflexivo adequado.

a) Ele ■ feriu na queda?

b) A menina sujou-■ toda brincando no quintal.

c) Pai e filho abraçaram-■ calorosamente.

d) Olhei-■ demoradamente no espelho e nada notei de diferente.

e) Nós não ■ preparamos bem para a prova.

4. Reescreva as orações a seguir colocando-as na voz passiva.

   a) O restaurante serviu massa e quiche no jantar de casamento.

   b) Seu José podava as árvores do nosso jardim.

   c) Todos os alunos entregaram o trabalho final.

   d) Mamãe é quem tomará esta decisão.

   e) Todos elogiavam Pedro.

5. Reescreva as orações a seguir colocando-as na voz ativa.

   a) Os sucos serão comprados pelas meninas.

   b) O serviço foi realizado por uma empresa terceirizada.

   c) A casa foi atingida por um raio durante a tempestade.

   d) A decisão foi tomada em comum acordo.

   e) Com ternura, a criança foi abraçada pela avó.

6. Substitua a lacuna por uma das formas verbais entre parênteses.

   a) ■ discos de vinil raros. (vende-se/vendem-se)

   b) ■ meio terreno no bairro do Bonfim. (compra-se/compram-se)

   c) Ao final do espetáculo, ■ as cortinas. (fechou-se/fecharam-se)

   d) ■ de caixa e estoquista. (precisa-se/precisam-se)

   e) Subitamente, todas as luzes da rua ■. (apagou-se/apagaram-se)

7. Informe se nestas orações o verbo está na voz passiva ou reflexiva.

   a) Vende-se bolo gelado.

   b) Cortei-me picando os legumes para a sopa.

   c) Ouviu-se o rumor de uma greve dos bancários.

   d) Curioso, o bebê admirava-se pela primeira vez no espelho.

   e) Consertam-se cadeiras de praia.

8. Leia a tirinha e responda às questões.

GALHARDO, Caco. [Daiquiri]. **Folha de S.Paulo**, São Paulo, 6 mar. 2014. Ilustrada.

   a) Qual é a voz verbal usada na primeira fala da tirinha?

   b) Reescreva a primeira fala, transformando a voz verbal usada sem modificar seu sentido. Faça as alterações necessárias.

9. Leia um trecho extraído de um conto de Carlos Drummond de Andrade.

O sorvete

[...] O centro da aglomeração social, concentrando todos os prestígios, impondo-se pelas seduções que emanavam de cartazes coloridos, que nos pareciam rutilantes e gigantescos, e beneficiando-se à noite (contavam-nos) com a irradiação dos focos luminosos dispostos em fileira na fachada, era o cinema. Para ele convergiam, nas matinês de domingo, rapazes e moças de boa família, facilmente reconhecíveis pelo apuro do vestuário como pela distinção e superioridade naturais da atitude. A um simples olhar de meninos do interior, como éramos nós, identificava-se a substância particular de que se teciam as suas vidas, roupas, hábitos e, se não fosse muita imaginação, o seu próprio enchimento físico. [...]

DRUMMOND DE ANDRADE, Carlos. O sorvete. *In*: DRUMMOND DE ANDRADE, Carlos. **Poesia e prosa**. Rio de Janeiro: Nova Aguilar, 1988. p. 1151.

a) Qual era o centro da aglomeração social, de acordo com esse trecho?

b) No trecho "[...] identificava-se a substância particular de que se teciam as suas vidas, roupas, hábitos [...]" há duas orações. Classifique a voz verbal de cada uma delas.

10. Leia o título da notícia a seguir.

Sem IFA, vacinação pode ser afetada a partir de junho, alerta diretor do Butantan
---

Disponível em: https://gauchazh.clicrbs.com.br/coronavirus-servico/noticia/2021/05/sem-ifa-vacinacao-pode-ser-afetada-a-partir-de-junho-alerta-diretor-do-butantan-ckoiom7bw001r01i46l8ae980.html. Acesso em: 10 maio 2021.

- Os verbos empregados no título estão na:

a) voz passiva sintética e voz ativa.
b) voz ativa e voz passiva analítica.
c) voz passiva sintética e voz reflexiva.
d) voz reflexiva e voz ativa.

TIRE DE LETRA

No texto, o uso das vozes verbais está relacionado ao **ponto de vista** que se quer destacar. A voz ativa, em ordem direta, destaca **sujeito agente** e **complemento verbal**. A voz passiva sintética põe em evidência **sujeitos pacientes**, omitindo o objeto. O conhecimento dessas relações contribui para o aprimoramento da comunicação escrita, pois ajuda a torná-la mais concisa.

EM SÍNTESE

Vozes do verbo

- **Voz ativa** – o sujeito é agente, pratica a ação expressa pelo verbo.
- **Voz passiva** – o sujeito é paciente, sofre a ação expressa pelo verbo.
- **Voz reflexiva** – o sujeito pratica e sofre a ação expressa pelo verbo.

Estudo da voz passiva

- **Passagem da voz ativa para a voz passiva** – sujeito agente da voz ativa passa a ser o agente da passiva; o objeto direto passa a ser o sujeito paciente do verbo na voz passiva.
- **Tipos de voz passiva**
    - **Voz passiva analítica** – forma verbal composta (verbo auxiliar + particípio do verbo principal).
    - **Voz passiva sintética** – forma verbal simples + pronome **se**.
- **Agente da passiva** – agente da ação verbal na voz passiva.

NO TEXTO

Leia a notícia para responder às atividades propostas.

Braçadeira de capitão jogada por Cristiano Ronaldo no gramado vai a leilão para ajudar bebê doente

Escrito por Redação, 20h50 – 30 de março de 2021.
Atualizado às 20h58 – 30 de março de 2021.

O último lance feito no *site* de leilões da Sérvia equivale a mais de R$ 5,8 milhões

Jogada no chão por Cristiano Ronaldo após um gol invalidado durante partida entre Portugal e Sérvia, a braçadeira de capitão será leiloada para ajudar no tratamento de uma criança doente. O caso foi revelado pela agência de notícias AFP.

Um funcionário do estádio Rajko Mitic, em Belgrado, na Sérvia, que se manterá anônimo, contou à agência que guardou a braçadeira quando percebeu que ninguém ia apanhá-la. O jogo aconteceu no último sábado (27) pelas eliminatórias europeias para a Copa do Mundo 2022.

"Ronaldo atirou a braçadeira a três metros de mim e, quando vi que ninguém a apanhava, tive a ideia de colocá-la à venda, pois poderia ser uma boa ideia para ajudar o pequeno", relatou o profissional.

[...]

O capitão do time de Portugal se irritou com gol anulado e jogou a braçadeira no gramado.

BRAÇADEIRA de capitão jogada por Cristiano Ronaldo no gramado vai a leilão para ajudar bebê doente. **Diário do Nordeste**, 30 mar. 2021. Disponível em: https://diariodonordeste.verdesmares.com.br/jogada/bracadeira-de-capitao-jogada-por-cristiano-ronaldo-no-gramado-vai-a-leilao-para-ajudar-bebe-doente-1.3067177. Acesso em: 30 mar. 2021.

1. Qual o sujeito da oração "a braçadeira de capitão será leiloada"?

2. Esse sujeito pratica ou sofre a ação verbal?

3. Em que voz está o verbo dessa oração?

4. Sobre a oração "O caso foi revelado pela agência de notícias AFP.", informe:

    a) o sujeito.

    b) quem pratica a ação verbal.

    c) qual a importância de enunciar o agente da passiva nessa oração.

5. O que é possível inferir pelo emprego da voz reflexiva na oração "que se manterá anônimo", referente ao funcionário que guardou a braçadeira do jogador?

SINTAXE

Complemento verbal e complemento nominal

UM PRIMEIRO OLHAR

Observe a seguir o material de uma campanha de conscientização para a doação de órgãos e tecidos.

MINAS GERAIS. Secretaria de Estado de Saúde de Minas Gerais. **Campanha Doe órgãos, doe vida**. Belo Horizonte, 2020. Cartaz digital. Disponível em: https://www.saude.mg.gov.br/doeorgaos. Acesso em: 5 abr. 2021.

1. Considere o *slogan* "Doe órgãos / doe vida" e classifique a forma verbal quanto à predicação.

2. Identifique os complementos dessa forma verbal e responda: por que não se ligam a ela por meio de uma preposição?

3. A que palavra o termo **de órgãos** se refere e qual é sua classe gramatical?

4. O que aconteceria se o termo **de órgãos** fosse retirado da frase em que se encontra?

5. Pode-se afirmar que esse termo tem a mesma função gramatical que os complementos identificados na atividade **2**? Justifique sua resposta.

COMPLEMENTOS VERBAIS

Como já vimos, são **complementos verbais** os termos da oração que completam o sentido dos verbos transitivos diretos e dos verbos transitivos indiretos: o **objeto direto** e o **objeto indireto**, respectivamente.

OBJETO DIRETO

Objeto direto é o termo que completa o sentido do verbo transitivo direto, ligando-se a ele **sem** a presença obrigatória da preposição.

Exemplos:

O perfume das flores *contaminava* **a casa**.
(sujeito simples / predicado verbal; verbo transitivo direto / objeto direto)

Nós *vimos* **você** ontem no cinema.
(sujeito simples / predicado verbal; verbo transitivo direto / objeto direto)

OBJETO INDIRETO

Objeto indireto é o termo que completa o sentido do verbo transitivo indireto, ligando-se a ele **com** a presença obrigatória da preposição, exigida pelo verbo.

Exemplos:

O casal de namorados *assistiu* **ao filme**.
(sujeito simples / predicado verbal; verbo transitivo indireto / objeto indireto; preposição **a** + artigo **o**)

Os alunos *assistiram* **à peça de teatro**.
(sujeito simples / predicado verbal; verbo transitivo indireto / objeto indireto; preposição **a** + artigo **a**)

> **OBSERVAÇÕES**
>
> **1.** Em "assistiu *ao* filme", há a combinação da preposição **a** (exigida pelo verbo: **assistir a** alguma coisa) com o artigo **o** (que acompanha o substantivo masculino **filme**).
>
> **2.** Em "assistiram *à* peça de teatro", ocorre crase, fusão da preposição **a** (exigida pelo verbo) com o artigo **a** (que acompanha o substantivo feminino **peça**).

OBJETOS DIRETO E INDIRETO COM PRONOME PESSOAL OBLÍQUO

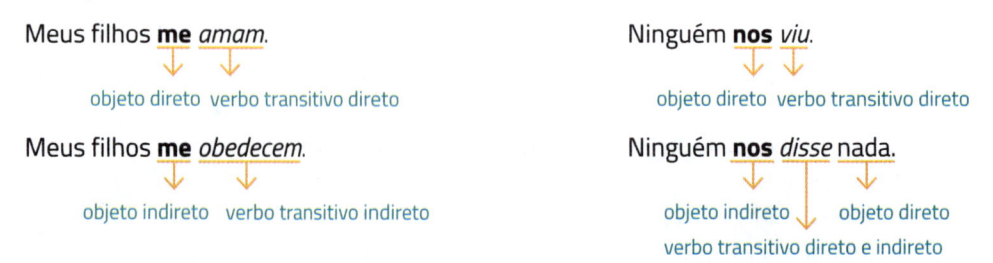

Os pronomes pessoais oblíquos podem, em sua maioria, ser empregados como objeto direto ou como objeto indireto, dependendo da transitividade do verbo.

Exemplos:

Meus filhos **me** *amam*.
(objeto direto / verbo transitivo direto)

Ninguém **nos** *viu*.
(objeto direto / verbo transitivo direto)

Meus filhos **me** *obedecem*.
(objeto indireto / verbo transitivo indireto)

Ninguém **nos** *disse* nada.
(objeto indireto / objeto direto / verbo transitivo direto e indireto)

Alguns pronomes pessoais oblíquos, no entanto, possuem funções específicas.

- Os pronomes **o**, **a**, **os**, **as** e suas variantes **lo**, **la**, **los**, **las**, **no**, **na**, **nos**, **nas** funcionam apenas como **objeto direto**.

    Exemplo:

    Qualquer resposta negativa *abalava*-**o** profundamente.
    (verbo transitivo direto / objeto direto)

- O pronome **lhe** funciona sempre como **objeto indireto**.

    Exemplo:

    Diante da situação, nada **lhe** *respondi*.
    (objeto direto / verbo transitivo direto e indireto / objeto indireto)

NÚCLEOS DOS OBJETOS DIRETO E INDIRETO

O núcleo dos objetos direto e indireto é sempre um substantivo ou palavra com valor de substantivo.

Exemplos:

Enviamos lindos **presentes** às **crianças**. (substantivos como núcleos)
(objeto direto / objeto indireto)

O dramaturgo uniu o **belo** ao **trágico**. (adjetivos substantivados como núcleos)
(objeto direto / objeto indireto)

> **OBSERVAÇÃO**
>
> Os objetos direto e indireto podem apresentar mais de um núcleo. **Exemplos:**
>
> Visitamos **museus** e **universidades**.
> (verbo transitivo direto / núcleos do objeto direto)
>
> Obedeça aos **pais** e aos **irmãos** mais velhos.
> (verbo transitivo indireto / núcleos do objeto indireto)

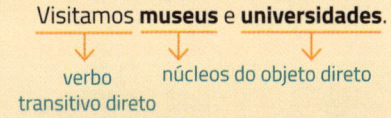

OBJETO DIRETO PREPOSICIONADO

O **objeto direto preposicionado**, como o próprio nome diz, consiste na presença de uma preposição entre o verbo transitivo direto e o objeto direto.

Isso pode ocorrer nos casos a seguir.

1. Com objeto direto formado por:

    - pronome pessoal oblíquo tônico.

        Exemplo:

        Não *julgues* **a mim**.
        (verbo transitivo direto / objeto direto preposicionado)

    - pronome indefinido.

        Exemplo:

        A mudança de local *atrapalhou* **a todos**.
        (verbo transitivo direto / objeto direto preposicionado)

    - substantivo que remete a pessoas.

        Exemplo:

        Não *prejudique* **ao próximo**.
        (verbo transitivo direto / objeto direto preposicionado)

2. Quando se quer passar a ideia de parte, porção.

Exemplo:

Bebi **de seu suco**.
↓ ↓
verbo   objeto direto
transitivo direto   preposicionado

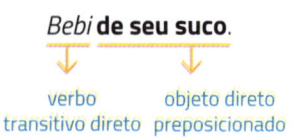

3. Para evitar ambiguidade.

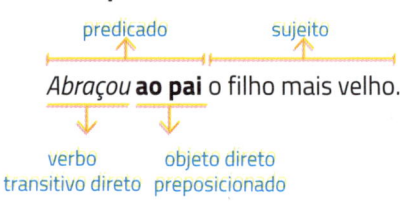

Exemplo:

    predicado   sujeito
Abraçou **ao pai** o filho mais velho.
↓ ↓
verbo   objeto direto
transitivo direto   preposicionado

> **OBSERVAÇÃO**
>
> Em "Abraçou o pai o filho mais velho.", não se distinguem sujeito e objeto direto: tanto o pai pode ter abraçado o filho como o filho ter abraçado o pai. O sentido que se pretende dar fica esclarecido colocando-se preposição no objeto direto.
>
> Abraçou **a**o pai o filho mais velho.
> ↓ ↓
> objeto direto   sujeito
> preposicionado
>
> Abraçou o pai **a**o filho mais velho.
> ↓ ↓
> sujeito   objeto direto
>   preposicionado

DISTINÇÃO ENTRE OBJETO INDIRETO E OBJETO DIRETO PREPOSICIONADO

O **objeto indireto** é o complemento de um verbo transitivo indireto, verbo que exige, obrigatoriamente, uma preposição.

Exemplo:

Confiamos **em** sua inteligência.
↓ ↓
verbo   objeto indireto
transitivo indireto

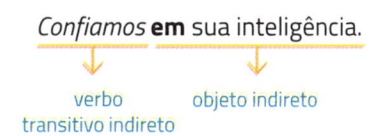

O verbo **confiar** exige a preposição **em**: confiar em alguém ou alguma coisa.

O **objeto direto preposicionado** é o complemento de um verbo transitivo direto, verbo que não exige preposição. Portanto, ainda que o objeto seja introduzido por preposição, continua sendo objeto direto, só que preposicionado.

Exemplo:

Ofendemos **a** todos.
↓ ↓
verbo   objeto direto
transitivo direto   preposicionado

O importante na distinção desses objetos é verificar a transitividade do verbo.

OBJETO DIRETO E OBJETO INDIRETO PLEONÁSTICOS

São denominados **pleonásticos** o objeto direto e o objeto indireto quando, por motivo de ênfase, aparecem repetidos na frase.

Exemplos:

- de objeto direto pleonástico.

    Meus amigos, *respeito-***os** muito.
    ↓ ↓
    objeto direto   objeto direto

    Suas roupas, *passei-***as** ontem.
    ↓ ↓
    objeto direto   objeto direto

- de objeto indireto pleonástico.

    Aos gatos, *davam-***lhes** ração.
    ↓ ↓ ↓
    objeto   objeto   objeto
    indireto indireto direto

    A mim, *ensinaram-***me** belas lições.
    ↓ ↓ ↓
    objeto   objeto   objeto
    indireto indireto direto

ATIVIDADES

1. Leia a seguir o trecho de um romance.

Iracema

[...]
O sono da manhã pousava nos olhos do Pajé como névoas de bonança **pairam** ao romper do dia sobre as profundas cavernas da montanha.

Martim **parou** indeciso; mas o rumor de seu passo penetrou no ouvido do ancião e abalou seu corpo decrépito.

— Araquém **dorme**! **murmurou** o guerreiro devolvendo o passo.

O velho ficou imóvel:

— O Pajé dorme porque já Tupã voltou o rosto para a terra e a luz correu os maus espíritos da treva.
[...]

ALENCAR, José de. **Iracema**. 24. ed. São Paulo: Ática, 1991. Disponível em: http://www.dominiopublico.gov.br/download/texto/bv000136.pdf. Acesso em: 30 mar. 2021.

a) Identifique e justifique a predicação das formas verbais **pairam**, **parou**, **dorme** e **murmurou** no trecho lido.

b) Considere o trecho "[...] e abalou seu corpo decrépito." e classifique o verbo quanto à transitividade e o complemento correspondente.

c) Indique o núcleo do complemento da questão anterior.

d) Classifique sintaticamente a expressão destacada em "[...] devolvendo **o passo**.".

2. Complete as frases com os pronomes **me**, **la**, **lo** ou **lhe**.

a) O médico ▪ assegurou que a doença não era grave.

b) Os pais de Ivan sempre fizeram de tudo para agradá-▪.

c) Ganhou uma medalha na corrida e não se cansa de mostrá-▪.

d) Ainda não ▪ conformo com o resultado do jogo.

e) Eles ▪ perdoaram por ter esquecido a reunião.

3. Leia a tirinha de Fernando Gonsales.

GONSALES, Fernando. [Mundo cão]. **Níquel Náusea**, [2021]. Blogue. Disponível em: http://www.niquel.com.br/seletas_mundocao.shtml. Acesso em: 10 jun. 2021.

a) No segundo quadrinho da tira, há um verbo transitivo direto. Identifique-o.

b) Qual é o complemento desse verbo? E o seu núcleo?

4. Classifique sintaticamente os termos e as expressões destacados nos enunciados a seguir, apontando, inclusive, os casos de objeto direto preposicionado ou pleonástico.

   a) Cheguei ao local no horário combinado, mas não vi **ninguém**.

   b) Fique tranquilo, pois acredito **em você**.

   c) Tomei coragem e contei-**lhe** toda a verdade.

   d) O relato do acidente sensibilizou **a todos**.

   e) As chaves, ninguém **as** vê desde ontem.

   f) Hoje vi **um gato** correndo pelo quintal.

5. Informe a função sintática (objeto direto ou objeto indireto) dos pronomes oblíquos presentes nas frases.

   a) Nós **lhe** telefonamos no fim de semana.

   b) O professor **o** respeitava bastante.

   c) A plateia **me** olhava com admiração.

   d) Quis mostrar-**te** o quadro.

   e) Perdoou-**lhe** sem dificuldade.

   f) Mirou-**se** no vidro da janela, na falta de espelho.

COMPLEMENTO NOMINAL

Complemento nominal é o termo que completa o sentido de um nome (substantivo ou adjetivo) ou de um advérbio, ligando-se a ele por meio de preposição.

Exemplos:

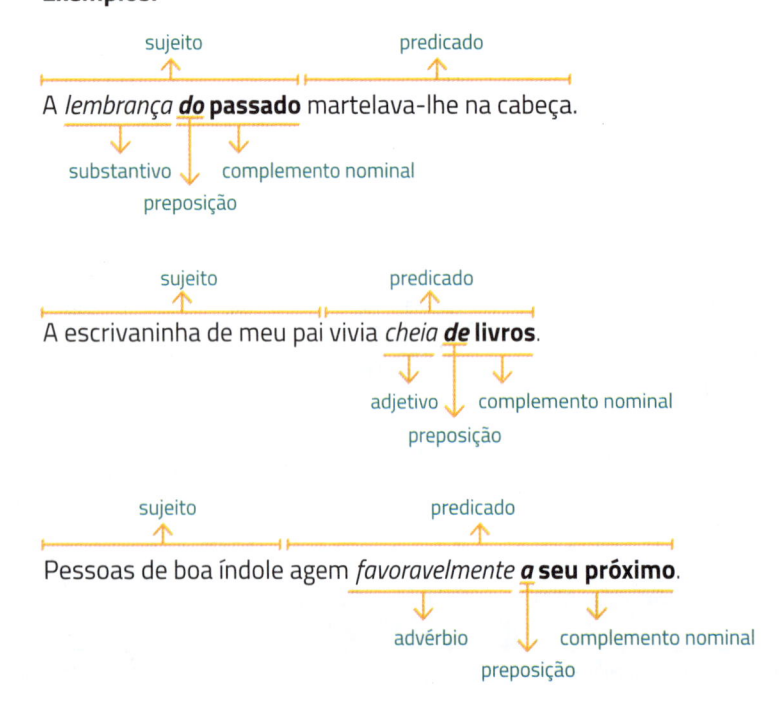

A *lembrança **do** passado* martelava-lhe na cabeça.
- sujeito: A lembrança do passado
- predicado: martelava-lhe na cabeça
- substantivo: lembrança
- preposição: do
- complemento nominal: passado

A escrivaninha de meu pai vivia *cheia **de** livros*.
- sujeito: A escrivaninha de meu pai
- predicado: vivia cheia de livros
- adjetivo: cheia
- preposição: de
- complemento nominal: livros

Pessoas de boa índole agem *favoravelmente **a** seu próximo*.
- sujeito: Pessoas de boa índole
- predicado: agem favoravelmente a seu próximo
- advérbio: favoravelmente
- preposição: a
- complemento nominal: seu próximo

Alguns dos nomes que pedem complemento são substantivos abstratos derivados de verbos significativos, intransitivos e transitivos.

Veja alguns exemplos:

- do verbo *queimar*: queima **de fogos**
- do verbo *amar*: amor **ao próximo**
- do verbo *voltar*: volta **à casa dos pais**
- do verbo *regressar*: regresso **ao lar**
- do verbo *respeitar*: respeito **aos mais velhos**

- do verbo *obedecer*: obediência **às leis**
- do verbo *remeter*: remessa **de lucros**
- do verbo *resistir*: resistência **ao medo**
- do verbo *confiar*: confiança **na justiça**
- do verbo *necessitar*: necessidade **de amor**

DISTINÇÃO ENTRE OBJETO INDIRETO E COMPLEMENTO NOMINAL

Tanto o objeto indireto quanto o complemento nominal são introduzidos por preposição. Para distingui-los, é preciso observar a palavra que está pedindo o complemento.

- Quando a palavra que pede o complemento é um verbo transitivo indireto, trata-se de **objeto indireto**.

   Exemplos:

   Confio *em você.*
   - verbo transitivo indireto
   - objeto indireto

   Necessito *de você.*
   - verbo transitivo indireto
   - objeto indireto

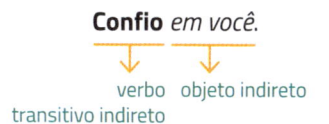

- Quando a palavra que pede o complemento é um nome (substantivo ou adjetivo) ou advérbio, trata-se de **complemento nominal**.

   Exemplos:

   Tenho **confiança** *em você.*
   - verbo
   - nome
   - complemento nominal

   Tenho **necessidade** *de você.*
   - verbo
   - nome
   - complemento nominal

ATIVIDADES

1. Leia a seguir o trecho de um poema.

Canção de nuvem e vento

Medo da nuvem

Medo Medo

Medo da nuvem que vai crescendo

Que vai se abrindo

Que não se sabe

O que vai saindo

[...]

QUINTANA, Mario. Canção de nuvem e vento. *In*: QUINTANA, Mario. **Poesia completa**. Rio de Janeiro: Nova Aguilar, 2006. p. 135.

a) De que o eu lírico tem medo?

b) A expressão "da nuvem" completa o sentido de um verbo ou de um nome?

c) Como se classifica esse complemento?

2. Identifique os complementos nominais nas frases a seguir.

   a) A cerimônia foi encerrada com uma queima de fogos.

   b) A resistência às mudanças atrapalhava seu crescimento profissional.

   c) O quarto estava cheio de livros antigos.

   d) As lembranças do passado torturavam o pobre rapaz.

   e) Não temos necessidade de um apartamento maior.

   f) Saibam que tenho muita confiança em vocês.

   g) A volta à cidade natal deixou Walter muito emocionado.

   h) Minha prima tem medo do escuro.

   i) Meu amor por ele cresce diariamente.

   j) Este remédio é importante para você.

3. Informe se o termo destacado é objeto indireto ou complemento nominal.

   a) A população reagiu **contra o aumento dos preços**.

   b) O menino não gostava **de doces**.

   c) Sandra precisa **de apoio** neste momento difícil.

   d) O relato **da viagem** empolgou a todos.

   e) Tenho plena confiança **na justiça**.

   f) Carlinhos sempre obedeceu **aos pais**.

   g) Nosso país enfrenta sérias dificuldades na obediência **às leis**.

   h) Nunca me traia, pois confio muito **em você**.

   i) Devemos ensinar aos alunos o respeito **aos professores**.

   j) Minha irmã ainda não devolveu o colar **a nossa mãe**.

EM SÍNTESE

Complementos verbais

- **Objeto direto (OD)** – completa o sentido de um verbo transitivo direto.
- **Objeto indireto (OI)** – completa o sentido de um verbo transitivo indireto.
- **Objetos direto e indireto com pronome pessoal oblíquo** – de maneira geral, dependem da transitividade do verbo.
    - **O, a, os, as, lo, la, los, las, no, na, nos, nas** – sempre como objeto direto.
    - **Lhe, lhes** – sempre como objeto indireto.
- **Objeto direto preposicionado** – objeto direto antecedido, em casos específicos, por uma preposição.
- **Objeto direto e objeto indireto pleonásticos** – objeto direto e objeto indireto repetidos para dar ênfase.

Complemento nominal

Termo que completa o sentido de um nome (substantivo ou adjetivo) ou advérbio, ligando-se por meio de preposição.

NO TEXTO

Leia a seguir trechos de dois artigos da nossa Constituição federal de 1988. Eles tratam dos objetivos da educação e de seus princípios, apresentados por meio de incisos numerados com algarismos romanos.

CONSTITUIÇÃO DA REPÚBLICA FEDERATIVA DO BRASIL DE 1988

[...]

Seção I

DA EDUCAÇÃO

Art. 205. A educação, direito de todos e dever do Estado e da família, será promovida e incentivada com a colaboração da sociedade, visando ao pleno desenvolvimento da pessoa, seu preparo para o exercício da cidadania e sua qualificação para o trabalho.

Art. 206. O ensino será ministrado com base nos seguintes princípios:

I - igualdade de condições para o acesso e permanência na escola;

II - liberdade de aprender, ensinar, pesquisar e divulgar o pensamento, a arte e o saber;

III - pluralismo de ideias e de concepções pedagógicas, e coexistência de instituições públicas e privadas de ensino;

IV - gratuidade do ensino público em estabelecimentos oficiais;

V - valorização dos profissionais da educação escolar, garantidos, na forma da lei, planos de carreira, com ingresso exclusivamente por concurso público de provas e títulos, aos das redes públicas;

VI - gestão democrática do ensino público, na forma da lei;

VII - garantia de padrão de qualidade.

VIII - piso salarial profissional nacional para os profissionais da educação escolar pública, nos termos de lei federal.

[...]

BRASIL. [Constituição (1988)]. **Constituição da República Federativa do Brasil de 1988**. Brasília, DF: Presidência da República, [2020]. Disponível em: http://www.planalto.gov.br/ccivil_03/constituicao/constituicao.htm. Acesso em: 5 abr. 2021.

---

1. Considere a redação do inciso II.

  a) Qual é a função sintática do trecho "o pensamento, a arte e o saber"?

  b) A qual dos verbos do inciso esse trecho se refere?

  c) Considerando sua resposta para o item anterior, reflita sobre os efeitos de sentido produzidos nesse inciso.

2. A expressão "dos profissionais da educação escolar" refere-se a que termo?

3. Por que foi necessária essa expressão para acompanhar esse termo?

4. Justifique o uso de substantivos, e não de verbos, no início dos incisos do artigo 206.

SINTAXE

Adjunto adnominal e adjunto adverbial

UM PRIMEIRO OLHAR

1. Leia, a seguir, a charge do cartunista Cazo.

SEMANA DO MEIO AMBIENTE...

— DEMOROU A SEMANA INTEIRINHA, MAS FINALMENTE ENCONTREI A ÁRVORE IDEAL PRA MONTARMOS O NOSSO NINHO DE AMOR!

— DROGA! VAMOS TORCER PRA TERMOS MAIS SORTE NA PRÓXIMA SEMANA!

CAZO. [Semana do meio ambiente...]. *Blog* do **AFTM**, 15 jun. 2019. Blogue. Disponível em: https://blogdoaftm.com.br/charge-semana-do-meio-ambiente/. Acesso em: 5 abr. 2021.

a) Considere as palavras **semana**, **árvore** e **amor**, do primeiro quadro. Que classe de palavras elas representam?

b) Que termos ou expressões se ligam a essas palavras?

c) A que classes gramaticais pertencem as palavras e/ou expressões identificadas no item anterior?

2. Observe a palavra destacada em "mas **finalmente** encontrei a árvore ideal".

a) O advérbio **finalmente** se refere a qual palavra do período?

b) Que circunstância essa palavra indica na oração?

3. Releia a fala do segundo quadro.

a) O verbo **ter** é transitivo direto. Identifique o objeto direto da forma verbal **termos** nessa fala.

b) Que palavra intensifica o núcleo desse objeto direto? A que classe gramatical ela pertence?

ADJUNTO ADNOMINAL

Adjuntos são termos da oração denominados acessórios porque não aparecem como núcleos de outros termos. São de dois tipos: **adjunto adnominal** e **adjunto adverbial**.

> **Adjunto adnominal** é todo termo que se liga a um núcleo representado por um **nome**.

Exemplo:

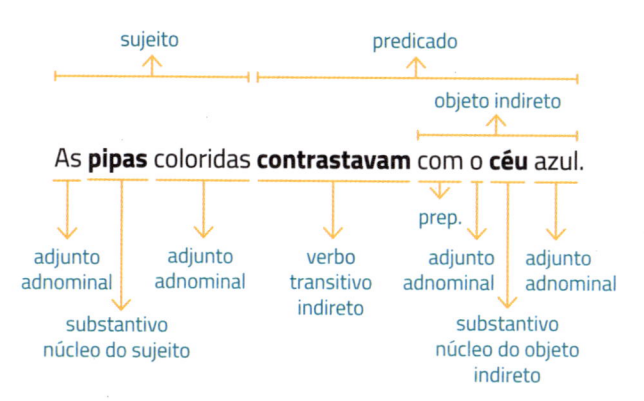

As **pipas** coloridas **contrastavam** com o **céu** azul.

- As → adjunto adnominal
- pipas → substantivo, núcleo do sujeito
- coloridas → adjunto adnominal
- contrastavam → verbo transitivo indireto
- com → prep.
- o → adjunto adnominal
- céu → substantivo, núcleo do objeto indireto
- azul → adjunto adnominal

O adjunto adnominal pode ser representado por:

- **artigo**.

Os *fogos* iluminaram **a** *praia*.

- Os → artigo, adjunto adnominal
- a → artigo, adjunto adnominal

- **adjetivo** e **locução adjetiva**.

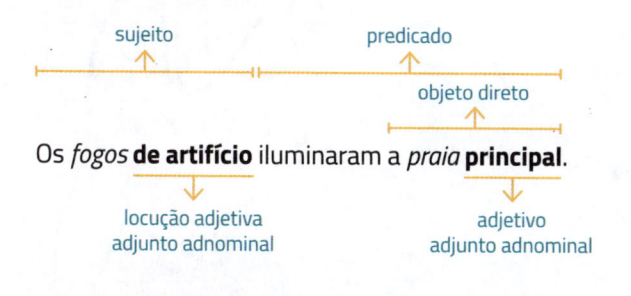

Os *fogos* **de artifício** iluminaram a *praia* **principal**.

- de artifício → locução adjetiva, adjunto adnominal
- principal → adjetivo, adjunto adnominal

- **pronome** e **numeral adjetivo**.

Muitos *fogos* de artifício iluminaram as **duas** *praias* principais.

- Muitos → pronome, adjunto adnominal
- duas → numeral, adjunto adnominal

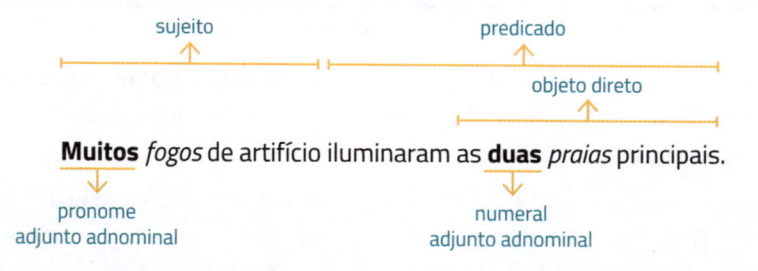

OBSERVAÇÕES

1. São também classificados como adjuntos adnominais os pronomes pessoais oblíquos empregados com sentido possessivo. **Exemplo:**

Pisou-**me** o pé.
(**me**: adjunto adnominal = *meu* pé)

2. Nos casos das combinações e contrações, o adjunto adnominal aparece ligado à preposição. **Exemplos:**

Dirija-se **ao** lado!

preposição **a** + artigo **o** = adjunto adnominal

É proibida a entrada **nesta** sala.

preposição **em** + pronome **esta** = adjunto adnominal

DISTINÇÃO ENTRE ADJUNTO ADNOMINAL E COMPLEMENTO NOMINAL

Para distinguir adjunto adnominal de complemento nominal, há duas análises possíveis.

1. Se o termo estiver ligado a um substantivo concreto, trata-se de **adjunto adnominal**.
   Exemplo:
   As *casas* **de tijolos** são mais resistentes.

2. Se o termo estiver ligado a um adjetivo ou advérbio, trata-se de **complemento nominal**.
   Exemplo:
   Moro *longe* **da escola**. (*longe* = advérbio)

Além disso, essa dúvida pode ocorrer quando o adjunto adnominal se liga, por meio de preposição, a um substantivo derivado de verbo (um nome de ação). Para distingui-los, deve-se observar o seguinte:

- se o termo expressar ideia de agente dessa ação, trata-se de **adjunto adnominal**.
  Exemplo:
  A *visita* **dos pais** deixou os filhos felizes.

  quem visitou – agente = adjunto adnominal

- se o termo expressar ideia de alvo, de destino dessa ação, ele é **complemento nominal**.
  Exemplo:
  A *visita* **aos pais** deixou os filhos felizes.

  quem foi visitado – alvo = complemento nominal

ATIVIDADES

1. Leia a charge a seguir.

   — O que o fabricante deste suco quer dizer com "aroma e sabores idênticos aos naturais"?

   — Que o suco deles é idêntico a uma bebida saudável, mas não é.

   MANDRADE. [Hora do café]. **Folha de S.Paulo**, São Paulo, 12 mar. 2014. Mercado.

   a) Indique os adjuntos adnominais que acompanham os substantivos **fabricante**, **suco**, **aroma** e **sabores**, da primeira fala, e **bebida**, da segunda fala.

   b) Identifique a que classes gramaticais pertencem essas palavras.

   c) Caso a garota tivesse dito "A bebida é saudável", qual seria a função sintática do adjetivo **saudável**? Justifique.

2. Identifique os adjuntos adnominais dos substantivos destacados nas frases a seguir.

a) Descobri que a **água** da chuva não é potável.

b) Meu **pai** decidiu que nossa antiga **casa** não será vendida.

c) Os dois **irmãos** mais velhos sempre se deram bem.

3. Reescreva os períodos a seguir, adicionando adjunto(s) adnominal(is) aos substantivos destacados, conforme as classes gramaticais entre parênteses.

a) **Professora** (artigo definido – adjetivo) traz **livros** (adjetivo) para a turma.

b) **Meninas** (numeral) chegaram atrasadas à escola.

c) **Crianças** (pronome indefinido) gostam de brincar.

d) **Caixas** (artigo indefinido) a mais no porta-malas não sobrecarregarão **carro** (artigo definido).

ADJUNTO ADVERBIAL

Adjunto adverbial é o termo que acompanha, principalmente, o verbo para indicar circunstâncias de tempo, lugar, modo etc.

Exemplos:

Meu pai *entrou* **subitamente na sala**.
- *entrou*: verbo intransitivo
- **subitamente**: adjunto adverbial de modo
- **na sala**: adjunto adverbial de lugar

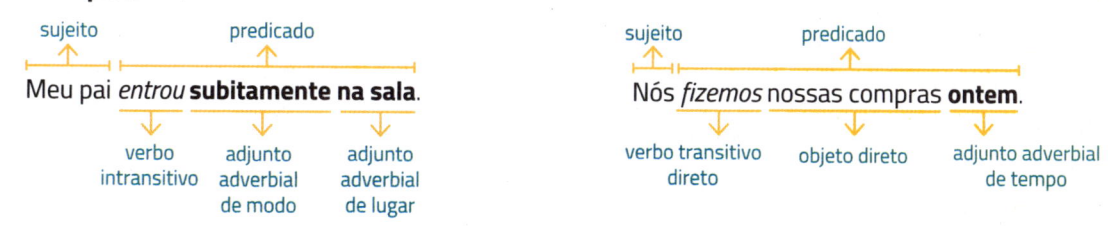

Nós *fizemos* nossas compras **ontem**.
- *fizemos*: verbo transitivo direto
- nossas compras: objeto direto
- **ontem**: adjunto adverbial de tempo

O adjunto adverbial pode ser representado por *advérbio*, *locução adverbial* ou *expressão adverbial*.

Exemplo:

Ontem à noite, ninguém *saiu* **de casa devido ao frio**.
- Ontem: advérbio → adjunto adverbial de tempo
- à noite: locução adverbial → adjunto adverbial de tempo
- saiu: verbo intransitivo
- de casa: expressão adverbial → adjunto adverbial de lugar
- devido ao frio: expressão adverbial → adjunto adverbial de causa

Além de acompanhar o verbo, o adjunto adverbial pode referir-se também a um *adjetivo* e a um *advérbio*.

Exemplos:

O professor *falava* **muito**. (intensifica o verbo)
- falava: verbo intransitivo
- muito: adj. adverbial de intensidade

O professor falava **muito** *alto*. (intensifica o adjetivo *alto*)
- muito: adj. adverbial de intensidade
- alto: adjetivo

O professor falava **muito** *bem*. (intensifica o advérbio *bem*)
- muito: adj. adverbial de intensidade
- bem: advérbio

CLASSIFICAÇÃO DOS ADJUNTOS ADVERBIAIS

Os adjuntos adverbiais são classificados de acordo com as circunstâncias que indicam. Veja algumas dessas circunstâncias:

- *de tempo*: **Naquele ano**, trabalhei **doze horas por dia**.
- *de lugar*: Adoro ir **ao teatro**.
- *de modo*: Falou **com entusiasmo** sobre o livro.
- *de afirmação*: **Sim**, ele virá **com certeza**.
- *de negação*: **Não** aceitarei a proposta **em hipótese alguma**.
- *de dúvida*: **Talvez** eu seja perdoado por ele.
- *de intensidade*: Falou **muito pouco**.
- *de meio*: Quando criança, viajava **de trem**.
- *de instrumento*: Podavam-se as plantas **com uma grande tesoura**.
- *de companhia*: Eu ia ao cinema **com minha tia**.
- *de causa*: **Com a seca**, meu jardim acabou.
- *de fim, finalidade*: Viajo sempre **a negócio**.
- *de matéria*: Fez um vaso **com jornal**.
- *de preço*: Não compro mercadoria pirata nem **por um real**.
- *de concessão*: **Apesar da chuva**, saímos.
- *de assunto*: Aqui se fala muito **sobre política**.

ATIVIDADES

1. Leia, a seguir, o fragmento de um texto de Mario Quintana.

O morador distante

Sempre me deu vontade de morar numa dessas antigas ruazinhas pintadas numa tela. Se, porém, me mostrassem o original, ficaria indiferente, creio eu. Dizeres que no mundo da tela não há poluição sonora etc. seria um motivo demasiadamente óbvio. [...]

QUINTANA, Mario. O morador distante. *In*: QUINTANA, Mario. **A vaca e o hipogrifo**. São Paulo: Globo, 1995. p. 80.

a) Identifique, no trecho, um exemplo de adjunto adverbial:
- de tempo;
- de negação;
- de intensidade;
- de lugar.

b) Reescreva o título do texto iniciando-o com um adjunto adverbial de lugar.

2. Identifique e classifique os adjuntos adverbiais das frases a seguir.

   a) Por que você não veio à festa no sábado?

   b) Carla fez uma palestra sobre Direito Constitucional em uma renomada universidade federal.

   c) Para evitar o trânsito, vá pela ponte.

   d) Telefonei ontem, mas acho que ela não me atendeu de propósito.

   e) Voltamos de ônibus, já que ninguém sabia dirigir.

   f) Resolvi com atenção todas as questões da prova.

3. Leia o trecho a seguir.

   [...]

   Quando Professor estava começando a história, João Grande chegou e sentou-se ao lado deles. A noite era chuvosa. Na história que Professor lia, a noite era chuvosa também e o navio estava em grande perigo. Os marinheiros apanhavam de chicote, o capitão era um malvado. O barco à vela parecia soçobrar a cada momento, o chicote dos oficiais caía sobre as costas nuas dos marinheiros. João Grande tinha uma expressão de dor no rosto. Volta Seca chegou com um jornal, mas não interrompeu a história, ficou ouvindo. Agora o marinheiro John apanhava chibatadas, porque escorregara e caíra no meio do temporal. [...]

   Lá fora chovia. Chovia na história também, era a história de um temporal e de uma revolta. Um dos oficiais ficou do lado dos marinheiros.

   — É do balacobaco... – disse João Grande.

   Amavam o heroísmo. Volta Seca espiou Dora. Os olhos dela brilhavam, ela amava o heroísmo também. Isso agradou ao sertanejo. Depois o marinheiro James sustentou uma luta feroz. Volta Seca assoviou como um passarinho de tanto contentamento. Dora riu também, satisfeita. Riram os dois juntos, logo foi uma gargalhada dos quatro, como era costume dos Capitães da Areia. Gargalharam alguns minutos, outros se aproximaram, a tempo de ouvir o resto da história.

   [...]

   AMADO, Jorge. **Capitães da Areia**. São Paulo: Martins, [1944]. p. 199.

   a) Considere o trecho "Quando Professor estava começando a história, João Grande chegou e sentou-se ao lado deles." Identifique o adjunto adverbial nesse fragmento, classificando-o.

   b) Identifique os adjuntos adnominais em "O barco à vela parecia soçobrar a cada momento [...]".

   c) Qual é a função sintática da expressão "a cada momento"?

   d) As palavras em destaque no trecho "João Grande tinha **uma** expressão **de dor** no rosto." exercem, respectivamente, qual função sintática? Identifique-as.

   e) A que classe gramatical pertencem os termos destacados no item anterior?

EM SÍNTESE

Adjunto adnominal – termo que se liga a um núcleo formado por nome.

Adjunto adverbial – termo que acompanha um verbo, um adjetivo ou um advérbio para indicar circunstância.

- **Classificação dos adjuntos adverbiais** – indicam, entre outras, circunstâncias de tempo, lugar, modo, afirmação, negação, dúvida, intensidade, meio, instrumento, companhia, causa, finalidade, matéria, preço, concessão e assunto.

NO TEXTO

Leia o texto a seguir.

Asteroide "potencialmente perigoso" passará **diante da Terra em março**

Embora classificação dada pela Nasa possa assustar, não há motivo para temer o objeto, cuja órbita não apresenta grandes riscos ao nosso planeta; entenda

Para um asteroide ser considerado potencialmente perigoso, seu diâmetro precisa ter mais de 140 metros e sua distância durante a passagem pela Terra não deve exceder 7,5 milhões de quilômetros, segundo a Nasa. Chamado oficialmente de 2001 FO32, o maior asteroide a passar **pelo nosso planeta em 2021** tem cerca de 1 quilômetro de diâmetro e atravessará a órbita terrestre **a aproximadamente 2 milhões de quilômetros de distância**.

No entanto, não há motivo para pânico. De acordo com o Escritório de Coordenação de Defesa Planetária da Nasa (PDCO, na sigla em inglês), nenhum asteroide conhecido representa risco significativo de impacto com a Terra pelos próximos 100 anos. A agência espacial norte-americana prevê que o maior risco de colisão por um asteroide está previsto para 2185, quando o objeto designado 2009 FD terá uma probabilidade 0,2% de nos atingir.

Embora não devamos temer o 2001 FO32, os cientistas estão atentos para sua velocidade. **Às 13h03 do dia 21 de março, no ponto mais próximo da Terra**, ele viajará a cerca de 124 mil km/h.

Descoberto há 20 anos pelo projeto Lincoln Near-Earth Asteroid Research (LINEAR), sediado no estado norte-americano do Novo México, o asteroide 2001 FO32 passará novamente **pela Terra em março de 2052**, segundo o site EarthSky.

Mas, **ao menos pelos próximos 200 anos**, não haverá um encontro tão próximo quanto este, que só poderá ser visto por telescópios de, no mínimo, 20 centímetros de abertura.

ASTEROIDE "potencialmente perigoso" passará diante da Terra em março. **Galileu**, 1 mar. 2021. Disponível em: https://revistagalileu.globo.com/Ciencia/Espaco/noticia/2021/03/asteroide-potencialmente-perigoso-passara-diante-da-terra-em-marco.html. Acesso em: 5 abr. 2021.

1. Que tipo de informação é transmitida pelos termos destacados? Qual é a importância dessas informações?

2. Como são classificados esses termos e expressões sintaticamente?

3. No título, indica-se entre aspas a expressão "**potencialmente** perigoso". Qual é o efeito de sentido que o termo em destaque e toda a expressão oferecem ao título?

4. Como se classifica sintaticamente o termo **perigoso** nesse título?

5. Releia: "nenhum asteroide conhecido representa risco significativo de impacto com a Terra".

    a) Identifique os adjuntos adnominais referentes ao substantivo **asteroide**.

    b) Qual desses termos contribui para que o leitor não tenha receio da aproximação do asteroide?

SINTAXE

Aposto e vocativo

UM PRIMEIRO OLHAR

Leia a tirinha a seguir.

Quadrinho 1: ESTIMA-SE QUE O UNIVERSO TENHA ENTRE 100 E 200 MIL GALÁXIAS

Quadrinho 2: NOSSA GALÁXIA, A VIA LÁCTEA, TEM 400 BILHÕES DE ESTRELAS

Quadrinho 3: DENTRO DELA, EXISTE UM PLANETA ONDE MORAM 7 BILHÕES DE PESSOAS

Quadrinho 4: ALGUMAS DELAS, BILIONÁRIAS.

ITO, Carol. [Novo anormal #8]. **Salsicha em conserva**, 7 dez. 2020. Blogue. Disponível em: https://salsichaemconserva.wordpress.com/2020/12/07/novo-anormal-8/. Acesso em: 12 abr. 2021.

1. No segundo quadrinho, a expressão "a Via Láctea" refere-se a qual termo da oração?

2. Qual é a função sintática desse termo?

3. Em relação ao termo ao qual essa expressão se refere, responda: ela completa o sentido dele ou apresenta uma explicação sobre ele?

4. Identifique e classifique o verbo e o objeto dessa oração.

295

APOSTO

> **Aposto** é um termo que retoma outro termo da oração para explicá-lo, ampliá-lo, desenvolvê-lo ou resumi-lo.

O **aposto** se refere a substantivos (ou outros termos nominais) e possui o mesmo valor sintático do termo a que se refere.

Exemplos:

Mário de Andrade, **poeta modernista**, era um grande pesquisador de nossa cultura.
- *Mário de Andrade* → substantivo (sujeito)
- **poeta modernista** → aposto (no sujeito, dando informações sobre ele)

Trouxemos o seu *material* escolar: **lápis, caderno, livro e borracha**. (sujeito elíptico **nós**)
- *material* → substantivo (objeto direto)
- **lápis, caderno, livro e borracha** → aposto (no objeto direto, enumerando os itens do material)

A criança estava ansiosa por *tudo*, **todos os detalhes de sua festa de aniversário**.
- *tudo* → pronome (complemento nominal)
- **todos os detalhes de sua festa de aniversário** → aposto (no complemento nominal, desenvolvendo o sentido de *tudo*)

Músicas, livros, roupas, fotos, **tudo** lembrava o filho ausente.
- *Músicas, livros, roupas, fotos* → substantivos (sujeito)
- **tudo** → aposto (no sujeito, resumindo seus itens)

Minha *amiga* **Júlia** é muito divertida.
- *amiga* → substantivo
- **Júlia** → aposto (no sujeito, especificando a amiga com seu nome próprio)

OBSERVAÇÕES

1. Como o aposto costuma ser destacado na fala por pausas, na escrita é separado por vírgulas, dois-pontos ou travessões. Há casos, porém, em que não ocorre pausa. **Exemplo:**
O meu *filho* **Edson** está sempre lendo alguma coisa.

2. Em alguns casos (no objeto indireto, no complemento nominal e no adjunto adverbial), o aposto pode aparecer precedido de preposição. **Exemplo:**
A mãe cuidava de *tudo*, ***dos*** **afazeres da casa ao atendimento a clientes na mercearia**.

3. O aposto pode aparecer precedido de expressões explicativas. **Exemplo:**
Alguns ecologistas, *a saber*, **biólogos, humanistas, políticos**, lutam pela preservação da natureza.

VOCATIVO

Enquanto o aposto é um termo acessório da oração, o vocativo é um termo independente: não se liga nem mantém relação sintática com nenhum outro termo da oração. Portanto, ele não pertence nem ao sujeito nem ao predicado.

> **Vocativo** é um nome usado quando se quer atrair a atenção da pessoa do discurso, da pessoa com quem se fala.

Exemplos:

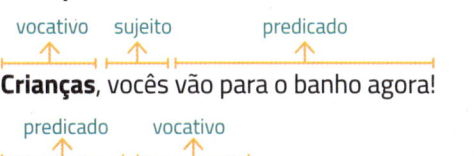

vocativo   sujeito   predicado
Crianças, vocês vão para o banho agora!

predicado   vocativo
Perdoe-me, **meu amor**. (sujeito elíptico **você**)

OBSERVAÇÃO

Na escrita, o **vocativo** é sempre separado dos demais termos da oração por vírgulas.

ATIVIDADES

1. Leia a tirinha a seguir.

Quadrinho 1: — E AÍ, AMIGÃO!
Quadrinho 2: — TOMA PUDIM, AMIGÃO!
Quadrinho 3: (pensamento) TEM UM COMPRIMIDO AÍ DENTRO, NÃO TEM?

DAVIS, Jim. [Garfield]. **Folha de S.Paulo**, São Paulo, 26 mar. 2014. Ilustrada.

    a) Nessa tirinha há um vocativo. Transcreva-o.

    b) Classifique o sujeito do verbo **tomar** na segunda fala.

    c) Qual é a função sintática da expressão "aí dentro"?

2. Identifique o aposto nas frases a seguir.

    a) Minha avó, dona Beatriz, sempre gostou muito de ler.

    b) Tarsila do Amaral, a grande pintora brasileira, nasceu em Capivari.

    c) Se for a Belém, capital do Pará, não deixe de conhecer o Mercado Ver-o-Peso.

    d) Compramos todos os ingredientes que você nos pediu: farinha, fermento e leite em pó.

    e) Minha amiga Mariana está grávida de gêmeos!

    f) Roupas, móveis, livros, tudo foi doado depois da mudança.

    g) Machado de Assis, autor de **Dom Casmurro**, é um dos ícones da literatura brasileira.

3. Leia o trecho de reportagem apresentado a seguir.

> **O que é proibido em uma guerra?**
>
> Apesar da violência, as guerras não são um vale-tudo. Desde as Convenções de Genebra, em 1949, há uma série de regras para uso de armas, tratamento dos prisioneiros, feridos e civis.
>
> Há dezenas de proibições. Desde a concepção das Convenções de Genebra em 1949, a comunidade internacional formalizou o fato de que certas coisas estão vetadas em uma guerra. Em 1998, foi criado o Estatuto de Roma, que entrou em vigor em 2002 e estabeleceu o Tribunal Penal Internacional, que julga crimes de guerra. Atualmente, 123 países são signatários do Estatuto, incluindo o Brasil. Todas essas instituições servem para assegurar o tratamento humano em casos de conflito.
>
> "Os principais pontos das Convenções de Genebra dizem respeito, principalmente, a três coisas: o tratamento dos prisioneiros, o tratamento dos doentes e feridos e o tratamento dos civis", afirma Maurizio Giuliano, diretor do Centro de Informação da Organização das Nações Unidas (ONU).
>
> [...]

RANGEL, Natália. O que é proibido em uma guerra? **Superinteressante**, 5 fev. 2021. Disponível em: https://super.abril.com.br/especiais/o-que-e-proibido-numa-guerra/. Acesso em: 14 maio 2021.

a) Observe os trechos destacados nos fragmentos a seguir. Que papel eles exercem em relação aos termos aos quais se referem?

   I. "Os principais pontos das Convenções de Genebra dizem respeito, principalmente, a três coisas: **o tratamento dos prisioneiros, o tratamento dos doentes e feridos e o tratamento dos civis**" [...].

   II. [...] Maurizio Giuliano, **diretor do Centro de Informação da Organização das Nações Unidas (ONU)**.

b) Como se classificam esses trechos destacados?

> **TIRE DE LETRA**
>
> O **aposto** tem várias funções: reiterar, explicar ou introduzir comentário; esclarecer algo; particularizar uma designação genérica; detalhar e resumir dados e informações.

4. Leia os versos a seguir.

   O velho do espelho

   Por acaso, surpreendo-me no espelho: quem é esse
   Que me olha e é tão mais velho do que eu?
   [...]
   Meu Deus, Meu Deus... Parece
   Meu velho pai – que já morreu!
   [...]

   QUINTANA, Mario. O velho do espelho. *In*: QUINTANA, Mario. **Poesia completa**. Rio de Janeiro: Nova Aguilar, 2006. p. 409.

   a) Qual é a função sintática da expressão **tão mais** no segundo verso?

   b) No trecho, a expressão **Meus Deus** aparece duas vezes. Identifique sua função sintática.

   c) No último verso, qual é a função sintática do pronome **meu**?

   d) Qual é o sujeito do verbo **ser** na primeira estrofe? Classifique-o.

EM SÍNTESE

Aposto – retoma outro termo da oração para explicá-lo, ampliá-lo, desenvolvê-lo ou mesmo resumi-lo.

Vocativo – termo usado para atrair a atenção da pessoa do discurso com quem se fala. Não mantém relação sintática com nenhum outro termo da oração, portanto não pertence a nenhum dos termos essenciais da oração, que são o sujeito e o predicado.

NO TEXTO

Leia o trecho de uma letra de canção.

Respeitem meus cabelos, brancos

Respeitem meus cabelos, brancos

Chegou a hora de falar

Vamos ser francos

Pois quando um preto fala

O branco cala ou deixa a sala

[...]

RESPEITEM meus cabelos, brancos. Chico César. *In*: RESPEITEM meus cabelos, brancos. Rio de Janeiro: MZA, 2002. Faixa 1. Disponível em: http://letras.mus.br/chico-cesar/134011/. Acesso em: 7 abr. 2021.

1. O texto acima é trecho da letra de uma canção composta e interpretada pelo cantor paraibano Chico César. Com base nesse fragmento, identifique o apelo de ordem social contido na canção.

2. Qual termo presente no trecho permite identificar a canção como um pedido, um apelo direcionado a um grupo específico?

3. Classifique sintaticamente esse termo.

4. Caso a vírgula fosse suprimida nesse trecho, haveria prejuízo de sentido à canção? Justifique sua resposta.

SINTAXE

Período composto e período composto por coordenação

UM PRIMEIRO OLHAR

Leia, a seguir, o cartaz da campanha do Governo do Paraná de combate ao racismo institucional e responda às questões propostas.

RACISMO É CRIME
CHEGA DE FINGIR QUE É NORMAL.

Testemunhou ou sofreu preconceito?
Denuncie. Disque 100.

PARANÁ. Secretaria da Justiça, Trabalho e Direitos Humanos. Departamento de Direitos Humanos e Cidadania. **Racismo é crime**: chega de fingir que é normal. Curitiba, 2016. Cartaz digital. Disponível em: http://www.dedihc.pr.gov.br/modules/noticias/article.php?storyid=3942. Acesso em: 9 abr. 2021.

1. Releia a pergunta feita na campanha:

   Testemunhou ou sofreu preconceito?

   a) Identifique as formas verbais que há nela.
   b) Separe as orações desse período.
   c) Qual termo une essas orações?
   d) Ao ligar essas orações, que relação de sentido esse termo estabelece entre elas?
   e) Analise separadamente essas orações e responda: elas são independentes ou uma depende da outra para ter sentido completo?

2. Agora, analise o período a seguir.

   Chega de fingir que é normal.

   - Quantas orações ele apresenta? Indique-as.

CONCEITO DE PERÍODO COMPOSTO

Estudar o período composto consiste em separar as orações que o formam e identificar as relações que se estabelecem entre elas.

> Um **período composto** terá tantas orações quantos forem os seus **verbos** ou **locuções verbais**. Essas orações poderão ou não ter elemento de ligação, isto é, um **conectivo**, entre elas.

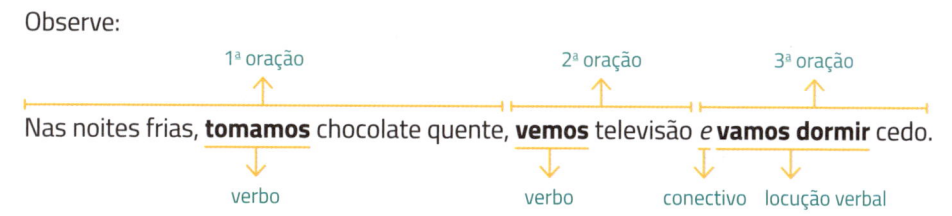

Observe:

Nas noites frias, **tomamos** chocolate quente, **vemos** televisão *e* **vamos dormir** cedo.
(1ª oração — verbo; 2ª oração — verbo; conectivo; 3ª oração — locução verbal)

Esse é um período composto de três orações, em que a segunda está ligada à primeira sem conectivo e à terceira pelo conectivo **e**.

AS ORAÇÕES E SUAS RELAÇÕES

Entre as orações organizadas no período composto são estabelecidas relações sintáticas. A primeira e mais ampla relação que se estabelece é a de **independência** ou **dependência** entre uma oração e outra.

Compare as orações de cada período:

Eu **amo** você *e* você **sabe** disso.
(1ª oração: objeto direto — você; conectivo — e; 2ª oração: objeto indireto — disso)

Você **sabe** *que* eu amo você.
(1ª oração; 2ª oração — conectivo + objeto direto)

- No primeiro exemplo, os objetos estão nas suas respectivas orações: **você** – na 1ª; **disso** – na 2ª.
- Há uma relação de **independência** entre as orações.
- No segundo exemplo, o objeto do verbo **saber** não está presente na 1ª oração: é a 2ª oração toda.
- A 2ª oração depende do verbo da 1ª oração.
- Há uma relação de **dependência** entre as orações: a 2ª depende da 1ª.

TIPOS DE ORAÇÃO

Com base nas relações de independência e dependência, as orações classificam-se em **coordenadas**, **subordinadas** e **principais**.

ORAÇÃO COORDENADA

É a oração que se junta a uma outra de modo que ambas se mantenham **independentes** entre si.

Exemplo:

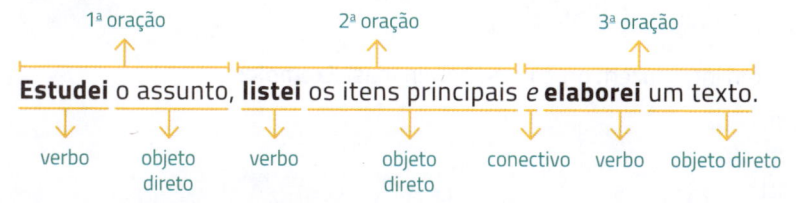

Estudei o assunto, **listei** os itens principais *e* **elaborei** um texto.
(1ª oração — verbo + objeto direto; 2ª oração — verbo + objeto direto; conectivo; 3ª oração — verbo + objeto direto)

São três **orações coordenadas**, estando a segunda ligada à primeira sem conectivo, e a terceira ligada à segunda por meio do conectivo **e**.

Por apresentarem independência sintática, as orações coordenadas equivalem a orações absolutas dos períodos simples.

Veja:

    período simples   *período simples*   *período simples*

Estudei o assunto. **Listei** os itens principais. **Elaborei** um texto.

    oração absoluta   *oração absoluta*   *oração absoluta*

ORAÇÃO SUBORDINADA

É a oração que se junta a uma outra de modo que seja **dependente** dela. **Exemplo:**

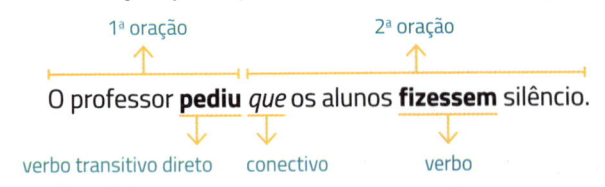

         1ª oração   2ª oração

O professor **pediu** *que* os alunos **fizessem** silêncio.

verbo transitivo direto   conectivo   verbo

A segunda oração é o objeto direto da forma verbal **pediu** da primeira oração. A segunda oração é, portanto, uma **oração subordinada** à primeira e a ela está ligada por meio do conectivo **que**.

ORAÇÃO PRINCIPAL

É a oração da qual depende a oração subordinada. **Exemplo:**

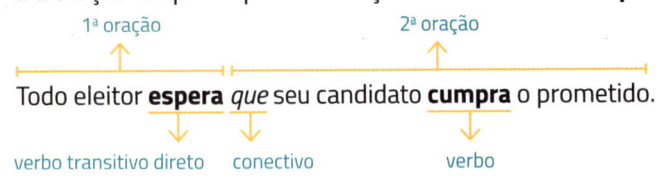

         1ª oração   2ª oração

Todo eleitor **espera** *que* seu candidato **cumpra** o prometido.

verbo transitivo direto   conectivo   verbo

Como a segunda oração é subordinada, a oração de que ela depende, que é a primeira, é a **oração principal**. Desse modo, toda oração que tem outra a ela subordinada é principal em relação a esta.

CONECTIVOS E ORAÇÕES

Nem todas as orações se ligam por meio de conectivos. Nos casos em que há conectivos, eles podem ser:

- **conjunções coordenativas**: que introduzem orações coordenadas. **Exemplo:**

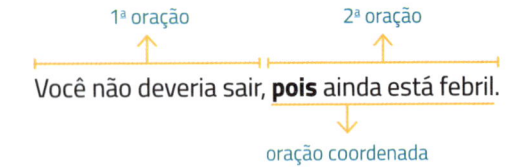

         1ª oração   2ª oração

Você não deveria sair, **pois** ainda está febril.

         oração coordenada

- **conjunções subordinativas**: que introduzem orações subordinadas. **Exemplo:**

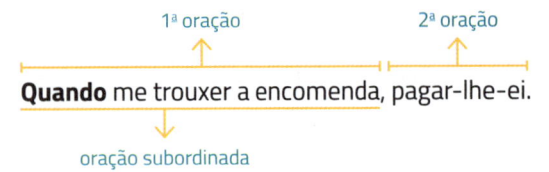

         1ª oração   2ª oração

Quando me trouxer a encomenda, pagar-lhe-ei.

         oração subordinada

- **pronomes relativos**: que também introduzem orações subordinadas. **Exemplo:**

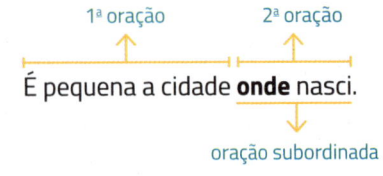

         1ª oração   2ª oração

É pequena a cidade **onde** nasci.

         oração subordinada

PERÍODO COMPOSTO POR COORDENAÇÃO

O período composto é classificado de acordo com os tipos de oração que o formam.

> O **período composto por coordenação** é formado por **orações coordenadas**.

ORAÇÕES COORDENADAS

As orações coordenadas podem ser introduzidas ou não por conectivos. Dependendo da presença ou da ausência desse elemento, elas podem ser:

- **coordenadas assindéticas:** são coordenadas que não possuem conectivo. Oralmente, elas são delimitadas por pausas; na escrita, as pausas são representadas por vírgulas. **Exemplo:**

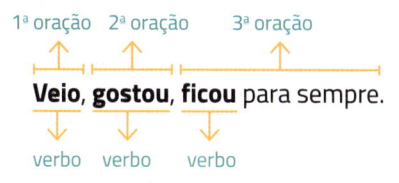

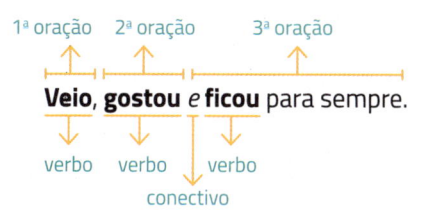

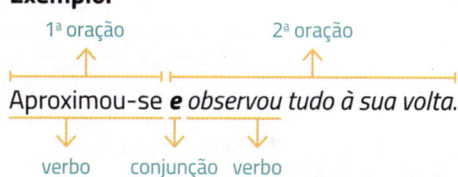

1ª oração   2ª oração   3ª oração
Veio, **gostou**, **ficou** para sempre.
verbo   verbo   verbo

Nesse período composto por coordenação, há três orações:
1ª – oração coordenada assindética (ou coordenada inicial)
2ª – oração coordenada assindética
3ª – oração coordenada assindética

- **coordenadas sindéticas:** são coordenadas que possuem conectivo. **Exemplo:**

1ª oração   2ª oração   3ª oração
Veio, **gostou** *e* **ficou** para sempre.
verbo   verbo   verbo
      conectivo

Nesse período composto por coordenação, há três orações:
1ª – oração coordenada assindética (ou coordenada inicial)
2ª – oração coordenada assindética
3ª – oração coordenada sindética (presença do conectivo **e**)

CLASSIFICAÇÃO DAS ORAÇÕES COORDENADAS SINDÉTICAS

As conjunções coordenativas, que introduzem as orações coordenadas sindéticas, são classificadas conforme o sentido que exprimem: *adição, adversidade, alternância, explicação* e *conclusão*.

ADITIVAS

As orações coordenadas sindéticas aditivas exprimem adição, soma.

Conjunções (e locuções) coordenativas aditivas: **e**, **nem** (= e + não), **mas também**, **como também**...
Exemplo:

1ª oração   2ª oração
Aproximou-se **e** *observou tudo à sua volta*.
verbo   conjunção   verbo

Nesse período composto por coordenação, há duas orações:

1ª – oração coordenada assindética (ou coordenada inicial)

2ª – oração coordenada sindética aditiva (o 2º fato é adicionado ao 1º)

Outros exemplos:

Não veio **nem** telefonou.

Chico Buarque não só compõe, **mas também** canta.

O garoto não só estudava, **como também** trabalhava.

ADVERSATIVAS

As orações coordenadas sindéticas adversativas exprimem oposição, contraste, compensação.

Conjunções (e locuções) coordenativas adversativas: **mas**, **porém**, **todavia**, **contudo**, **no entanto**, **entretanto**...

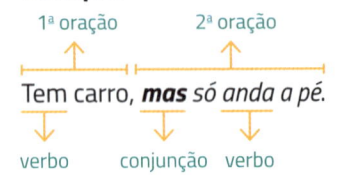

Exemplo:

1ª oração | 2ª oração

Tem carro, **mas** só anda a pé.

verbo | conjunção | verbo

Nesse período composto por coordenação, há duas orações:

1ª – oração coordenada assindética (ou coordenada inicial)

2ª – oração coordenada sindética adversativa (a 2ª oração contraria a "lógica" da 1ª oração)

Outros exemplos:

Tem emprego, **porém** não trabalha.

Os brasileiros viajam muito, **no entanto** poucos conhecem bem o Brasil.

Não ficou para a reunião, **todavia** deixou suas opiniões comigo.

ALTERNATIVAS

As orações coordenadas sindéticas alternativas exprimem alternância, escolha.

Conjunções (e locuções) coordenativas alternativas: **ou**, **ou... ou**, **ora... ora**, **já... já**, **quer... quer**...

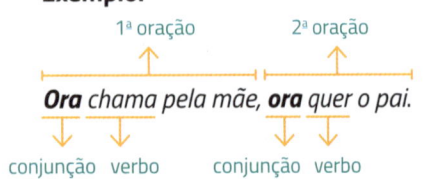

Exemplo:

1ª oração | 2ª oração

Ora chama pela mãe, **ora** quer o pai.

conjunção | verbo | conjunção | verbo

Nesse período composto por coordenação, há duas orações:

1ª – oração coordenada sindética alternativa (possui conjunção)

2ª – oração coordenada sindética alternativa (possui conjunção)

Outros exemplos:

O cliente queria a mercadoria perfeita, **ou** o dinheiro de volta.

Ou fique de uma vez, **ou** vá para sempre!

Este é o nosso horário de trabalho, **quer** você concorde, **quer** você não concorde.

> **TIRE DE LETRA**
>
> Apenas a conjunção **ou** pode ser empregada isoladamente; as demais são usadas aos pares, fazendo que as duas orações sejam sindéticas.

EXPLICATIVAS

As orações coordenadas sindéticas explicativas exprimem explicação, justificativa.

Conjunções (e locuções) coordenativas explicativas: **que**, **porque**, **pois** (anterior ao verbo).

Exemplo:

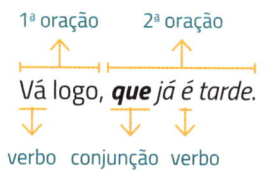

1ª oração | 2ª oração

Vá logo, **que** já é tarde.

verbo — conjunção — verbo

Nesse período composto por coordenação, há duas orações:

1ª – oração coordenada assindética (ou coordenada inicial)

2ª – oração coordenada sindética explicativa (justifica a ordem expressa na 1ª oração)

OBSERVAÇÃO

Nesses casos, uma ordem, suposição ou sugestão é expressa na oração coordenada assindética e explicada ou justificada na oração coordenada explicativa.

Outros exemplos:

Não deve ter chovido aqui, **porque** a grama está seca. (justifica a suposição)

Leve um agasalho, **pois** deverá esfriar. (justifica a sugestão)

CONCLUSIVAS

As orações coordenadas sindéticas conclusivas exprimem conclusão.

Conjunções (e locuções) coordenativas conclusivas: **logo**, **por isso**, **portanto**, **pois** (posterior ao verbo).

Exemplo:

1ª oração | 2ª oração

É um bom profissional, **logo** fará um bom trabalho.

verbo — conjunção — verbo

1ª – oração coordenada assindética (ou coordenada inicial)

2ª – oração coordenada sindética conclusiva (conclui, seguindo o raciocínio da 1ª oração)

Outros exemplos:

Está sempre com problemas, **por isso** vive mal-humorado.

Não estuda, **portanto** não se sai bem nas provas.

OBSERVAÇÕES

1. Também são coordenados os termos semelhantes de uma mesma oração.
Exemplo: O *avô* **e** o *neto* estavam sempre juntos. (coordenam-se os núcleos do sujeito)

2. Os verbos transitivos direto e indireto, quando coordenados, devem estar seguidos de seus respectivos objetos.
Exemplo: Precisamos *do seu voto* **e** contamos *com ele*. (e não: Precisamos e contamos com o seu voto.)

3. Embora haja conjunções específicas para cada sentido que se estabelece entre as orações coordenadas, nem sempre essa correspondência ocorre.
Exemplo: Era trabalhador, **mas** era principalmente honesto. (nesse caso, o **mas** tem sentido aditivo)

4. Há estruturas coordenadas assindéticas cuja relação de sentido as coloca na classificação de sindéticas.
Exemplo: O artista chegou disfarçado; ninguém o reconheceu. (assindética com sentido conclusivo)

ATIVIDADES

1. Leia a tirinha.

Quadrinho 1:
— Que é' isso, mãe?
— Estou fazendo a lista do supermercado!

Quadrinho 2:
— Compra bala e chocolate?
— Nesta lista só entram produtos de primeira necessidade!

Quadrinho 3:
— Tudo bem... Agora eu finjo que sou o Congresso e faço um monte de emendas!

ZIRALDO. [Menino Maluquinho]. **Espaço Educar**, ago. 2010. Disponível em: https://www.espacoeducar.net/2010/08/45-tirinhas-do-menino-maluquinho.html. Acesso em: 9 abr. 2021.

a) Transcreva o período composto que há na tirinha e informe quantas orações ele apresenta.

b) Classifique a última oração desse período composto.

c) Informe o número de orações e o tipo de período em cada fala da mãe do Menino Maluquinho.

2. Leia o primeiro parágrafo de um conto do escritor Carlos Drummond de Andrade.

Maneira de amar

O jardineiro conversava com as flores, e elas se habituaram ao diálogo. Passava manhãs contando coisas a uma cravina ou escutando o que lhe confiava um gerânio. O girassol não ia muito com sua cara, ou porque não fosse homem bonito, ou porque os girassóis são orgulhosos de natureza.

[...]

DRUMMOND DE ANDRADE, Carlos. Maneira de amar. *In*: DRUMMOND DE ANDRADE, Carlos. **Poesia e prosa**. Rio de Janeiro: Nova Aguilar, 1988. p. 1 274.

a) Identifique e classifique o primeiro período do trecho.

b) Classifique as orações desse período.

c) No segundo período, o autor comenta o desenvolvimento do diálogo citado no período anterior. Como ele representa esse diálogo?

d) O terceiro período é iniciado com a oração "O girassol não ia muito com sua cara". Em seguida, o autor explica sua afirmação por meio de duas orações coordenadas entre si. Considerando a relação que se estabelece entre essas orações, classifique-as.

3. Nos itens a seguir, identifique as formas e locuções verbais, informe o número de orações e classifique o período em simples ou composto.

a) Estudamos para garantir nosso futuro.

b) A água é essencial a todos os seres vivos do planeta.

c) Logo que amanheceu, deixamos o hotel e continuamos nossa viagem.

d) O professor entrou, cumprimentou a classe, começou a aula, mas foi interrompido pelo aluno que chegou atrasado.

e) Todos ouviam atentamente as explicações do palestrante.

4. Complete as orações com as conjunções coordenativas adequadas.

    a) O convidado entrou na casa ■ cumprimentou os moradores.

    b) O turista visitou a cidade ■ tirou muitas fotos, ■ ficou encantado com o lugar.

    c) Fui visitar minha amiga, ■ ela não estava em casa.

    d) O aluno estudou bastante, ■ conseguirá passar de ano.

    e) O filho ■ ficava com a mãe, ■ ia embora com o pai.

5. Leia um trecho de um conto de Marina Colasanti.

    ### O último rei

    Todos os dias Kublai-Khan, último rei da dinastia Mogul, subia no alto da muralha de sua fortaleza para encontrar-se com o vento.

    O vento vinha de longe e tinha o mundo todo para contar.

    Kublai-Khan nunca tinha saído de sua fortaleza, não conhecia o mundo. Ouvia as palavras do vento e aprendia.

    — A Terra é redonda e fácil, disse o vento. Ando sempre em frente, e passo pelo mesmo lugar de onde saí. Dei tantas voltas na Terra, que ela está enovelada no meu sopro.

    [...]

    COLASANTI, Marina. O último rei. In: COLASANTI, Marina. **Uma ideia toda azul**. São Paulo: Global, 1999.

    a) Classifique sintaticamente o termo "último rei da dinastia Mogul".

    b) Quantos períodos formam o 3º parágrafo?

    c) Classifique as orações que formam cada período do 3º parágrafo.

6. Classifique as conjunções e locuções coordenativas destacadas nas frases a seguir e informe se estão ligando orações ou termos de uma mesma oração. Justifique sua resposta.

    a) O artista **não só** canta **como também** dança muito bem.

    b) O filho **e** o pai conversam animadamente na sala.

    c) Vamos dormir, **pois** amanhã acordaremos cedo.

    d) O turista escolherá praia **ou** campo.

    e) **Quer** você queira **quer** não, teremos de partir amanhã.

7. Separe as orações e classifique-as.

    a) O operário trabalhou horas ininterruptas; estava, pois, exausto.

    b) O filme tem cenas bonitas, porém é muito cansativo.

    c) As cortinas se abriram, o artista entrou em cena e a plateia vibrou.

    d) A criança, feliz da vida, ora corria para a mãe, ora se juntava aos novos amiguinhos.

    e) Os turistas foram correndo para o hotel, pois o ônibus já ia partir.

8. Leia a tirinha a seguir.

Balão 1: A VIDA PASSA LÁ FORA...
Balão 2: E EU AQUI COMENDO DONUTS E VENDO DESENHOS.
Balão 3: AS PESSOAS SUPERVALORIZAM A VIDA LÁ FORA.

DAVIS, Jim. [Garfield]. **Folha de S.Paulo**, São Paulo, 13 abr. 2014. Ilustrada.

a) Sabendo que as falas dos dois primeiros balões fazem parte do mesmo enunciado, escreva quantas orações as compõem. Justifique sua resposta.

b) Classifique a conjunção que une essas orações.

c) Classifique as orações usadas nesse enunciado.

d) Quantas orações e quantos períodos compõem a última fala da tira? Que nome recebe esse período? Justifique.

9. Separe e classifique as orações.

a) Este é um salário justo; no entanto, não é suficiente para as minhas necessidades.

b) Há falta de motivação da turma, pois muitos participantes ainda não conseguiram se entrosar.

c) Ele é um excelente escritor; seu novo texto deve ser, pois, bem interessante.

TIRE DE LETRA

As conjunções coordenativas são importantes **articuladores argumentativos**. Sua classificação semântica permite a elaboração de ideias argumentativas, como conclusão, explicação, contraposição etc. Essa articulação de ideias é importante para o estabelecimento da **coesão textual**, ou seja, para que, no decorrer da organização do texto, as orações sejam ligadas de forma a garantir unidade de sentido.

EM SÍNTESE

Período composto – formado por duas ou mais orações. As orações serão tantas quantos forem os verbos ou locuções verbais no período.

Tipos de oração

- **Oração coordenada** – sintaticamente independente.
- **Oração subordinada** – sintaticamente dependente de outra.
- **Oração principal** – oração da qual a subordinada depende.

Período composto por coordenação – formado por orações coordenadas.

- **Orações coordenadas** – assindéticas (não possuem conectivo) e sindéticas (possuem conectivo).
- **Classificação das orações coordenadas sindéticas** – aditivas, adversativas, alternativas, explicativas, conclusivas.

NO TEXTO

Leia o texto a seguir.

Por que as roupas usadas por cirurgiões são azuis ou verdes?

Porque eles passam muito tempo olhando para o vermelho – e precisam dar um descanso para a retina.

Porque são cores opostas ao vermelho. Os médicos e enfermeiros passam muito tempo olhando para sangue e órgãos, o que tira a sensibilidade da visão para as nuances róseas do interior do corpo.

Olhar para o verde ou o azul de vez em quando dá uma calibrada nas retinas e aumenta o contraste.

Antes de 1900, o padrão era branco. Ajuda com a limpeza, é claro, mas caiu em desuso porque, após encarar o vermelho por muito tempo, os profissionais enxergam a cor oposta – um verde meio turquesa chamado ciano – quando olham para o branco.

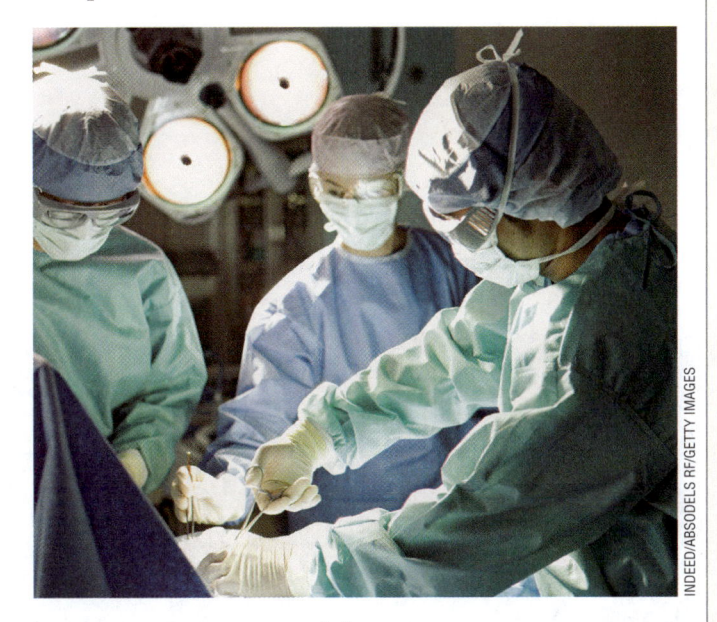

Essa mancha de cor oposta é chamada de pós-imagem negativa. [...]

A pós-imagem negativa tem uma explicação interessante. As células da retina responsáveis por captar cor, chamadas "cones", vêm em três tipos.

Esses três tipos são especialistas, respectivamente, em captar ondas eletromagnéticas do espectro visível com baixa frequência (as cores próximas do vermelho), média frequência (as cores próximas do verde) e alta frequência (cores próximas do azul).

Eis o sistema de cores primárias RGB (*red*, *green*, *blue*), usado em toda tela de TV e computador.

[...]

ROSSINI, Maria Clara. Por que as roupas usadas por cirurgiões são azuis ou verdes? **Superinteressante**, 14 jan. 2021. Disponível em: https://super.abril.com.br/blog/oraculo/por-que-as-roupas-usadas-por-cirurgioes-sao-azuis-ou-verdes/. Acesso em: 9 abr. 2021.

1. Após a leitura do texto, reflita: na sua opinião, qual é a importância desse tipo de texto para a divulgação de conhecimento?

2. Identifique e classifique uma oração coordenada que se encontra no segundo parágrafo do texto.

3. Encontre, no texto, outra oração com a mesma classificação da identificada na questão anterior.

4. Explique o efeito de sentido produzido pelo emprego da conjunção **mas** no período "Ajuda com a limpeza, é claro, mas caiu em desuso".

SINTAXE

Período composto por subordinação

UM PRIMEIRO OLHAR

Leia, a seguir, um cartaz que faz parte da campanha "Sujeira não é legal", promovida pelo Tribunal Regional Eleitoral de Minas Gerais (TRE-MG) em 2016, sobre o que é e o que não é permitido em relação à propaganda eleitoral.

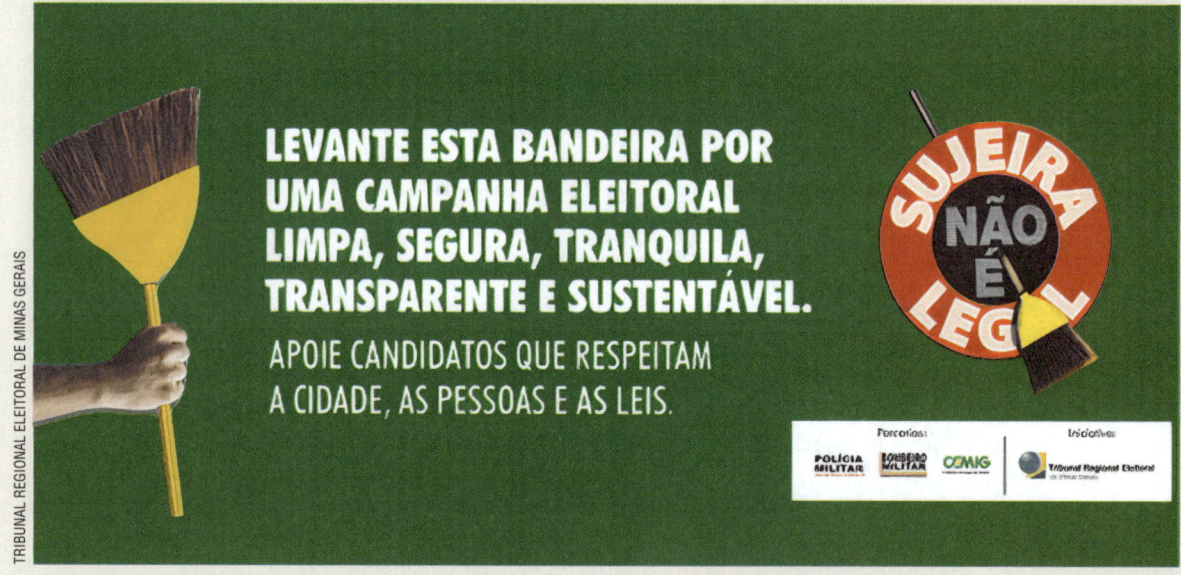

LEVANTE ESTA BANDEIRA POR UMA CAMPANHA ELEITORAL LIMPA, SEGURA, TRANQUILA, TRANSPARENTE E SUSTENTÁVEL.

APOIE CANDIDATOS QUE RESPEITAM A CIDADE, AS PESSOAS E AS LEIS.

SUJEIRA NÃO É LEGAL

Parceiros: POLÍCIA MILITAR, BOMBEIRO MILITAR, CEMIG   Iniciativa: Tribunal Regional Eleitoral

TRIBUNAL REGIONAL ELEITORAL DE MINAS GERAIS

TRIBUNAL SUPERIOR ELEITORAL. Levante esta bandeira por uma campanha eleitoral limpa, segura, tranquila, transparente e sustentável: apoie candidatos [...]. **Tribunal Superior Eleitoral**, 26 ago. 2016. Cartaz digital. Disponível em: https://www.tse.jus.br/imprensa/noticias-tse/2016/Agosto/tres-promovem-campanhas-ambientais-e-de-sustentabilidade-nas-eleicoes#galeria-1. Acesso em: 16 abr. 2021.

1. Quantos períodos há no cartaz acima?

2. Transcreva um período simples existente no cartaz.

3. Observe o período a seguir.

> Apoie candidatos que respeitam a cidade, as pessoas e as leis.

a) A primeira oração desse período apresenta sentido completo? Justifique sua resposta.

b) Que fragmento do período especifica o tipo de candidato que deve ser apoiado?

c) Que termo liga as orações desse período?

d) Como esse período é classificado? Justifique sua resposta.

CONCEITO

> O **período composto por subordinação** é formado por uma oração **principal** e uma ou mais orações **subordinadas**.

As orações subordinadas correspondem a um termo do período simples transformado em oração; por isso possuem as características morfológicas e sintáticas do termo que representam.

Do ponto de vista morfológico, equivalem a substantivos, adjetivos e advérbios, sendo, respectivamente, denominadas: **orações subordinadas substantivas**, **subordinadas adjetivas** e **subordinadas adverbiais**.

ORAÇÕES SUBORDINADAS SUBSTANTIVAS

> São **subordinadas substantivas** as orações que equivalem a **substantivos** dos períodos simples.

Exemplos:

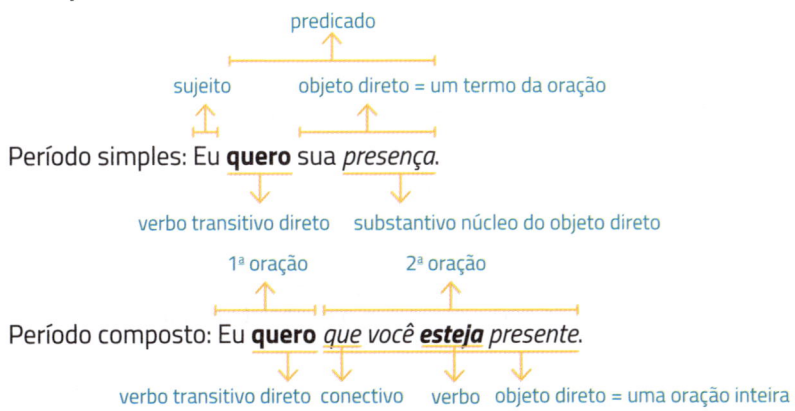

Período simples: Eu **quero** sua *presença*.
- sujeito: Eu
- verbo transitivo direto: quero
- objeto direto = um termo da oração: sua presença (substantivo núcleo do objeto direto)

Período composto: Eu **quero** *que você **esteja** presente*.
- 1ª oração: Eu quero (verbo transitivo direto)
- 2ª oração: que você esteja presente (conectivo + verbo, objeto direto = uma oração inteira)

- O objeto direto do período simples tem como núcleo o substantivo **presença**.
- A partir desse substantivo foi elaborada a oração subordinada substantiva do período composto.
- A oração subordinada substantiva foi introduzida pelo conectivo **que**.
- As estruturas ficaram diferentes, mas os sentidos se mantiveram semelhantes.

CLASSIFICAÇÃO DAS ORAÇÕES SUBORDINADAS SUBSTANTIVAS

As **orações subordinadas substantivas** exercem as funções sintáticas próprias do substantivo: sujeito, objeto direto, objeto indireto, complemento nominal, predicativo e aposto. Elas são introduzidas, principalmente, pelas conjunções subordinativas integrantes **que** e **se**.

Sua classificação é feita de acordo com as funções sintáticas que desempenham.

SUBJETIVAS

São as orações que funcionam como **sujeito** do verbo da oração principal. **Exemplo:**

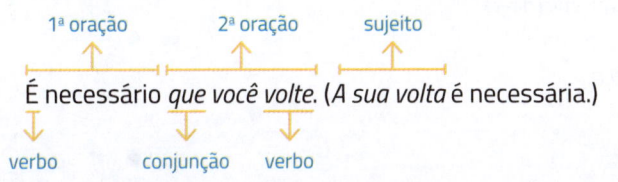

É necessário *que você volte*. (*A sua volta* é necessária.)
- 1ª oração: É necessário (verbo)
- 2ª oração: que você volte (conjunção + verbo)
- sujeito: que você volte

Nesse período composto por subordinação, há duas orações:

1ª – oração principal (o sujeito da forma verbal **é** não faz parte dessa oração)

2ª – oração subordinada substantiva subjetiva (é o sujeito da forma verbal **é** da oração principal)

A oração principal, de que depende a subordinada substantiva subjetiva, tem sempre o verbo na 3ª pessoa do singular, podendo ser:

- verbos de ligação seguidos de substantivo ou adjetivo: **é bom**..., **é claro**..., **é conveniente**..., **é necessário**..., **é verdade**..., **é urgente**..., **será preciso**..., **ficou certo**..., **parece claro**... etc.
  Exemplos:
  É certo *que ele virá à reunião.*
  Parece verdade *que votarão pelo "sim".*

- verbos como **convir**, **urgir**, **parecer**, **importar**, **constar**, **doer**, **acontecer**.
  Exemplos:
  Parece *que já estamos cansados.*
  Não importa *que você esteja sem tempo.*
  Não consta *que tenha feito o trabalho.*

- verbos na voz passiva sintética: **sabe-se**..., **sabia-se**..., **esperava-se**..., **comenta-se**..., **aprovou-se**... etc.
  Exemplos:
  Sabe-se *que foi você o líder do time.*
  Supunha-se *que todos apoiassem a decisão.*

- na voz passiva analítica: **foi decidido**..., **era esperado**..., **será comentado**... etc.
  Exemplos:
  Foi decidido *que todos os cantores deverão participar da audição.*

OBJETIVAS DIRETAS

São as orações que funcionam como **objeto direto** do verbo da oração principal. **Exemplo:**

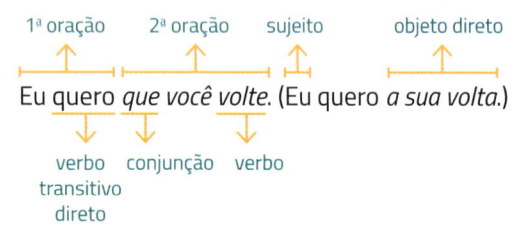

Eu quero *que você volte*. (Eu quero *a sua volta*.)

(1ª oração: Eu quero — verbo transitivo direto; 2ª oração: que você volte — conjunção + verbo; sujeito; objeto direto)

Nesse período composto por subordinação, há duas orações:

1ª – oração principal

2ª – oração subordinada substantiva objetiva direta (é o objeto direto do verbo **querer** contido na oração principal)

DISTINÇÃO ENTRE AS ORAÇÕES SUBORDINADAS SUBSTANTIVAS SUBJETIVA E OBJETIVA DIRETA

Uma maneira prática de distinguir a oração subordinada substantiva *objetiva direta* da *subjetiva* é observar o sujeito do verbo da oração principal.

- Se o sujeito do verbo da oração principal estiver nela, a subordinada terá função de objeto direto; logo será *objetiva direta*. **Exemplos:**

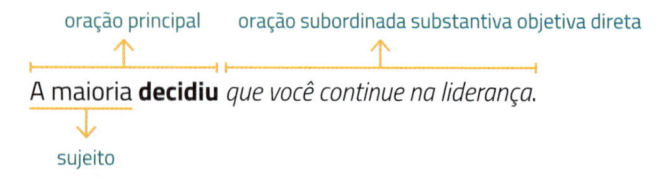

A maioria **decidiu** *que você continue na liderança.*
(oração principal / oração subordinada substantiva objetiva direta; sujeito)

oração principal | oração subordinada substantiva objetiva direta

Decidimos *que você continue na liderança.* (sujeito elíptico **nós**)

oração principal | oração subordinada substantiva objetiva direta

Decidiram *que você continue na liderança.* (sujeito indeterminado)

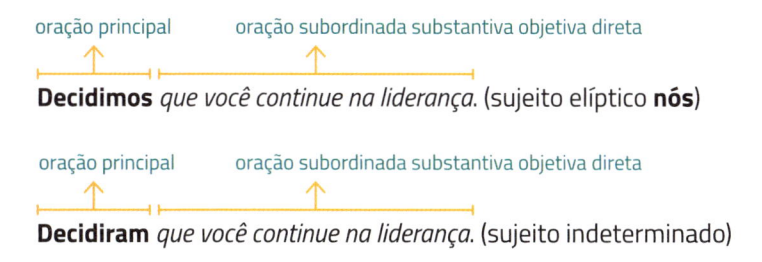

- Se o sujeito do verbo da oração principal não estiver nela, a oração subordinada será o sujeito, logo será denominada *subjetiva*. **Exemplos:**

oração principal | oração subordinada substantiva subjetiva

Decidiu-se *que você continue na liderança.* (verbo na voz passiva sintética)

oração principal | oração subordinada substantiva subjetiva

Foi decidido *que você continue na liderança.* (verbo na voz passiva analítica)

> **OBSERVAÇÃO**
>
> A oração principal é que determina a função da oração subordinada substantiva: uma mesma oração subordinada substantiva muda de função conforme a oração principal é alterada.

OBJETIVAS INDIRETAS

São as orações que funcionam como **objeto indireto** do verbo da oração principal. **Exemplo:**

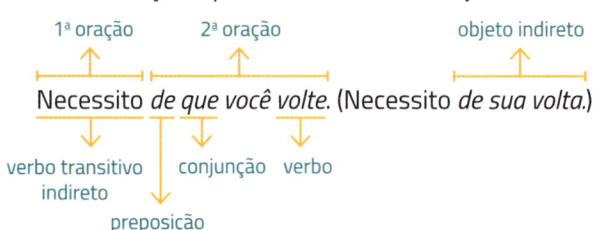

1ª oração — 2ª oração — objeto indireto

Necessito *de que você volte.* (Necessito *de sua volta.*)

verbo transitivo indireto | conjunção | verbo
preposição

Nesse período composto por subordinação, há duas orações:

1ª – oração principal (a forma verbal **necessito** pede objeto indireto introduzido pela preposição **de**)

2ª – oração subordinada substantiva objetiva indireta (é o objeto indireto do verbo **necessitar** contido na oração principal)

COMPLETIVAS NOMINAIS

São as orações que funcionam como **complemento nominal** de um substantivo, adjetivo ou advérbio contido na oração principal. **Exemplos:**

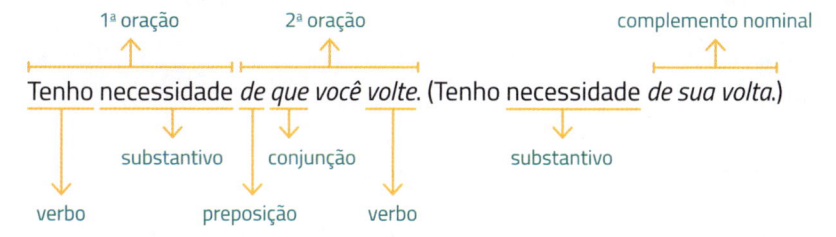

1ª oração — 2ª oração — complemento nominal

Tenho necessidade *de que você volte.* (Tenho necessidade *de sua volta.*)

substantivo | conjunção | substantivo
verbo | preposição | verbo

Nesse período composto por subordinação, há duas orações:

1ª – oração principal (o substantivo **necessidade** exige um complemento)

2ª – oração subordinada substantiva completiva nominal (é o complemento do substantivo **necessidade** da oração principal)

Torço favoravelmente *para que você volte*. (Torço favoravelmente *para sua volta*.)

- 1ª oração: Torço favoravelmente
- 2ª oração: para que você volte
- verbo: Torço
- advérbio: favoravelmente
- conjunção/preposição: para que
- verbo: volte
- complemento nominal / advérbio: para sua volta / favoravelmente

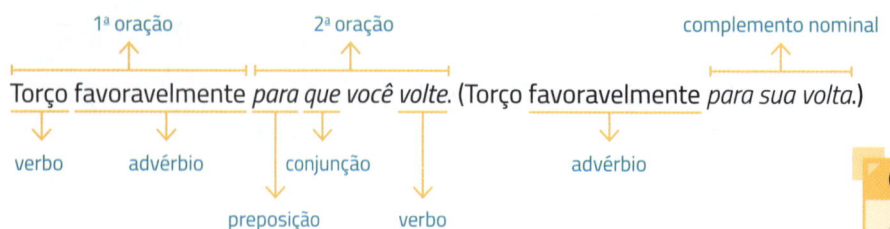

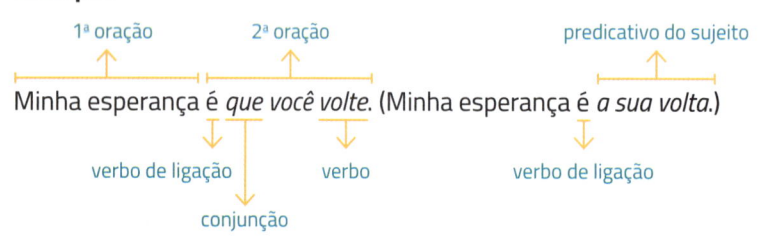

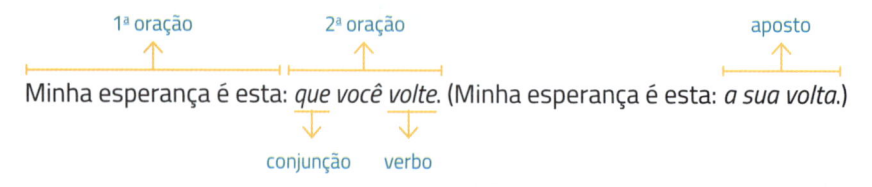

Nesse período composto por subordinação, há duas orações:

1ª – oração principal (o advérbio **favoravelmente** exige complemento)

2ª – oração subordinada substantiva completiva nominal (é o complemento do advérbio **favoravelmente** da oração principal)

> **OBSERVAÇÃO**
>
> Assim como as orações subordinadas objetivas indiretas, as completivas nominais também apresentam preposição antes da conjunção. Para não confundir uma com a outra, é importante verificar se o termo que está sendo complementado é um verbo ou um nome. Se for verbo, a subordinada será *objetiva indireta*; se for nome, a subordinada será *completiva nominal*.

PREDICATIVAS

São as orações que funcionam como **predicativo** do sujeito da oração principal, que apresenta verbo de ligação.

Exemplo:

Minha esperança é *que você volte*. (Minha esperança é *a sua volta*.)

- 1ª oração: Minha esperança é
- 2ª oração: que você volte
- verbo de ligação: é
- conjunção: que
- verbo: volte
- predicativo do sujeito / verbo de ligação: a sua volta / é

Nesse período composto por subordinação, há duas orações:

1ª – oração principal (com verbo de ligação **ser** na forma verbal **é**)

2ª – oração subordinada substantiva predicativa (é o predicativo do sujeito da oração principal)

> **OBSERVAÇÃO**
>
> Para diferenciar uma oração subordinada substantiva *subjetiva* de uma *predicativa*, é preciso atentar para a presença ou a ausência do sujeito na oração principal.
> **Exemplos:**
> **O ideal** é *que você espere*. (sujeito na oração principal = predicativa)
> É ideal *que você espere*. (sujeito ausente na oração principal = subjetiva)

APOSITIVAS

São as orações que funcionam como **aposto**, isto é, como explicação de um termo da oração principal.

Exemplo:

Minha esperança é esta: *que você volte*. (Minha esperança é esta: *a sua volta*.)

- 1ª oração: Minha esperança é esta:
- 2ª oração: que você volte
- conjunção: que
- verbo: volte
- aposto: a sua volta

Nesse período composto por subordinação, há duas orações:

1ª – oração principal (contém o termo **esta**, que precisa ser explicado, desenvolvido)

2ª – oração subordinada substantiva apositiva (é a explicação do termo **esta** da oração principal)

OBSERVAÇÕES

1. A conjunção integrante **se** é empregada para introduzir orações subordinadas substantivas nas frases interrogativas diretas e indiretas.
Exemplos:
Você sabe *se ele voltará?*
Ninguém sabe *se ele voltará.*

2. Além das conjunções integrantes **que** e **se**, as orações subordinadas substantivas também podem ser introduzidas por pronomes ou advérbios interrogativos.
Exemplos:
Você sabe **quem** *fez isso?* Ninguém sabe **quem** *fez isso.*
Você tem ideia *de* **quantos** *são os convidados?* Não se tem ideia *de* **quantos** *sejam os convidados.*
Alguém sabe **onde** *ele mora?* Ninguém sabe **onde** *ele mora.*
Você imagina **quando** *ele voltará?* Ninguém imagina **quando** *ele voltará.*
Todos sabem **como** *resolver a questão?* Poucos sabem **como** *resolver a questão.*

ATIVIDADES

1. Leia a tirinha a seguir para responder às questões.

Quadrinho 1: ACHAM QUE EU DEVERIA SER FELIZ...
Quadrinho 2: ...PORQUE MINHA VIDA É MELHOR QUE A DE MUITA GENTE!
Quadrinho 3: ELES NÃO ENTENDEM...
Quadrinho 4: ...QUE É ISSO QUE ME DEIXA TRISTE!

ARMANDINHO (Brasil). [**Acham que eu deveria ser feliz...**]. 6 jul. 2017. Facebook: tirasarmandinho. Disponível em: https://www.facebook.com/tirasarmandinho/photos/a.488361671209144/1603806609664639. Acesso em: 19 abr. 2021.

a) Classifique o verbo **achar** quanto à transitividade.

b) Identifique a classe gramatical do termo **que** no primeiro quadrinho.

c) Classifique as orações que formam a primeira fala da tirinha.

2. Leia os versos a seguir.

I.

[...]
Os camaradas não disseram
que havia uma guerra
e era necessário
trazer fogo e alimento.
[...]

DRUMMOND DE ANDRADE, Carlos. Sentimento do mundo. *In*: DRUMMOND DE ANDRADE, Carlos. **Sentimento do mundo**. São Paulo: Companhia das Letras, 2012. p. 9.

II.

[...]
É preciso que a tua ausência trescale
sutilmente, no ar, a trevo machucado,
as folhas de alecrim desde há muito guardadas
não se sabe por quem nalgum móvel antigo...
[...]

QUINTANA, Mario. Presença. *In*: QUINTANA, Mario. **A rua dos cataventos**. São Paulo: LP&M, 1997. p. 50.

- Classifique as orações subordinadas introduzidas pela conjunção **que** em cada trecho de poema.

3. Reescreva os períodos transformando as partes destacadas em orações subordinadas substantivas. Faça as alterações necessárias.

   a) Devemos ter consciência **da importância da sustentabilidade**.

   b) É fundamental **o respeito ao próximo**.

   c) Um dos problemas desta empresa é **a falta de verbas para benefícios**.

   d) O síndico exigiu **a participação dos condôminos na assembleia**.

   e) Nos afazeres domésticos, um parceiro precisa **da contribuição do outro**.

4. Agora classifique as orações subordinadas substantivas que você escreveu na atividade **3**.

5. Identifique as orações subordinadas substantivas e classifique-as em **subjetivas** ou **objetivas diretas**. Justifique sua resposta.

   a) Todos decidiram que a festa será adiada.

   b) Foi decidido que a reunião será na biblioteca.

   c) Esperamos que você seja aprovado.

   d) Espera-se que toda a equipe seja classificada para a final.

   e) Disseram que os candidatos à vaga seriam contratados.

6. Identifique as orações subordinadas substantivas e classifique-as em **objetivas indiretas** ou **completivas nominais**. Justifique sua resposta.

   a) Tenho certeza de que já o vi em algum lugar.

   b) Necessito de que você me ajude neste trabalho.

   c) Estamos certos de que ele será um excelente pai.

   d) A cura do jovem dependia principalmente de que ele seguisse as recomendações médicas.

   e) As condições eram favoráveis a que a atleta vencesse a competição.

7. Complete as frases a seguir com o termo que introduz cada oração subordinada substantiva. Depois, classifique-o.

   a) Você viu ■ pessoas compareceram à reunião? Muitas!

   b) Perguntou-me ■ eu morava.

   c) Vocês sabem ■ solucionar este problema?

   d) Gostaria de saber ■ você quer ir ao *shopping* comigo.

ORAÇÕES SUBORDINADAS ADJETIVAS

> São **subordinadas adjetivas** as orações que equivalem a **adjetivos** dos períodos simples geralmente na função de adjuntos adnominais.

A oração adjetiva pode aparecer em duas posições: após a oração principal ou intercalada a ela. **Exemplos:**

Período simples: O brasileiro é um povo *trabalhador*.

sujeito — predicado

substantivo — adjetivo – adjunto adnominal

Período composto: O brasileiro é um povo *que **trabalha***. (após a principal)

- oração principal / oração subordinada adjetiva
- verbo / conectivo / substantivo / verbo

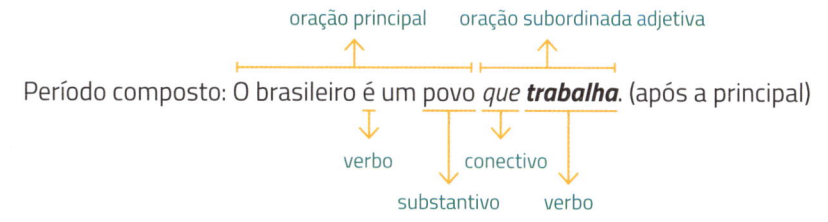

- O adjetivo **trabalhador** do período simples caracteriza o substantivo **povo**.
- No lugar desse adjetivo foi empregada a forma verbal **trabalha**, antecedida pelo conectivo **que**.
- A característica **trabalhador** passa a ser expressa por uma **oração subordinada adjetiva**.
- As estruturas ficaram diferentes, mas os sentidos mantiveram-se semelhantes.

Período simples: O político ***corrupto*** não merece nosso voto.
- sujeito / predicado
- substantivo / adjetivo – adjunto adnominal

Período composto: O político *que **é corrupto*** não merece nosso voto. (intercalada à principal)
- oração principal / oração subordinada adjetiva / continuação da oração principal
- substantivo / verbo / verbo

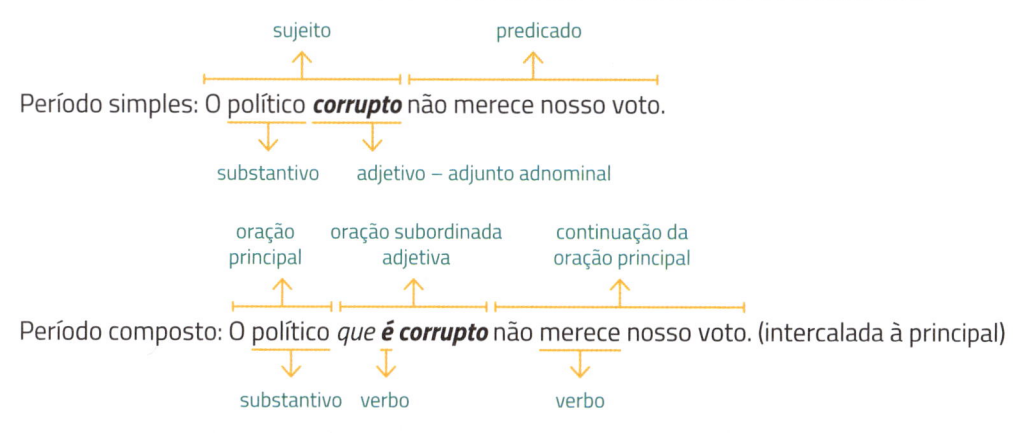

- O adjetivo **corrupto** do período simples caracteriza o substantivo **político**.
- Com o acréscimo do conectivo **que** e do verbo **ser** na forma verbal **é**, formou-se uma oração a partir do adjetivo **corrupto**.
- A característica **corrupto** passa a ser expressa por uma **oração subordinada adjetiva**.
- As estruturas ficaram diferentes, mas os sentidos mantiveram-se semelhantes.

CONECTIVOS DAS ORAÇÕES SUBORDINADAS ADJETIVAS

Os conectivos das orações subordinadas adjetivas são os **pronomes relativos**. O pronome relativo relaciona a oração adjetiva a um termo da oração principal.

Como já vimos, são pronomes relativos:

- **o qual, a qual, os quais, as quais**
- **que** (quando pode ser substituído pelos pronomes *o/a qual, os/as quais*)
- **quem**
- **onde**
- **cujo, cuja, cujos, cujas**

Exemplos:

Aqui estão os livros ***dos quais*** *lhe falei.* (de = preposição)

Há situações ***que*** *nos deprimem.* (que = as quais)

Este é o homem *a **quem*** *devo favores.* (a = preposição)

A casa ***onde*** *nasci* ainda está lá.

Existem problemas ***cujas*** *soluções são dadas pelo tempo.*

OBSERVAÇÃO

Quando a regência do verbo exige, o pronome relativo aparece precedido de preposição. **Exemplo:** Os lugares **por** *que passei* ficaram na lembrança.

DISTINÇÃO ENTRE *QUE* PRONOME RELATIVO E *QUE* CONJUNÇÃO INTEGRANTE

Uma maneira de distinguir o pronome da conjunção é tentar substituir o **que** por *o/a qual, os/as quais*. Se a substituição der certo, trata-se de um **pronome relativo** introduzindo uma oração subordinada adjetiva.

Exemplo:

A cozinheira *que fez o jantar* não comeu nada. (substituição possível: pronome relativo)

[oração principal | oração subordinada adjetiva | continuação da oração principal]

Se a substituição não der certo, trata-se de uma **conjunção integrante** introduzindo uma oração subordinada substantiva.

Exemplo:

A cozinheira disse *que não comeu nada*. (substituição impossível: conjunção integrante)

[oração principal | oração subordinada substantiva]

CLASSIFICAÇÃO DAS ORAÇÕES SUBORDINADAS ADJETIVAS

As orações subordinadas adjetivas podem ser de dois tipos: **restritivas** ou **explicativas**.

RESTRITIVAS

São as orações que caracterizam o termo antecedente, tomando o seu sentido de modo restrito, limitado.

Exemplo:

Os artistas *que se arriscam por suas artes* merecem aplausos.

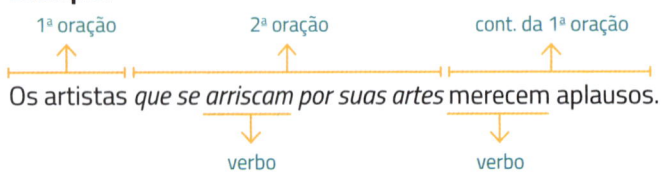

[1ª oração | 2ª oração | cont. da 1ª oração]
[verbo | verbo]

Nessa frase, o termo antecedente **artistas** foi tomado no sentido restrito, porque nem todos se arriscam por suas artes e, de acordo com o enunciado, somente aqueles que o fazem merecem aplausos.

Nesse período composto por subordinação, há duas orações:

1ª – oração principal

2ª – oração subordinada adjetiva restritiva

EXPLICATIVAS

São as orações que caracterizam o termo antecedente, tomando o seu sentido de modo amplo.

Exemplo:

Os artistas, *que se arriscam por suas artes,* merecem aplausos.

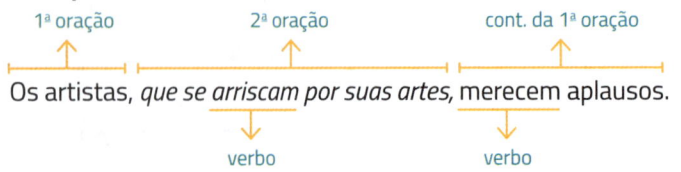

[1ª oração | 2ª oração | cont. da 1ª oração]
[verbo | verbo]

Expressa dessa forma, a frase tem outro sentido. Aqui, o termo antecedente **artistas** é tomado no sentido amplo: todos eles se arriscam por suas artes e, portanto, são merecedores de aplausos.

Nesse período composto por subordinação, há duas orações:

1ª – oração principal

2ª – oração subordinada adjetiva explicativa

> **OBSERVAÇÃO**
>
> A única diferença estrutural entre as duas orações expostas é que a explicativa é separada por pausas, que, na escrita, são representadas pelas vírgulas. De maneira geral, todo termo ou oração explicativa é expresso por meio de pausas. Veja outros exemplos em que somente as pausas fazem a diferença:
>
> Comprei um presente para minha irmã *que faz aniversário*.
> ↓
> oração subordinada adjetiva restritiva
>
> Sem pausa, indica-se que há mais de uma irmã, e a oração adjetiva individualiza uma delas: a que faz aniversário.
>
> Comprei um presente para minha irmã, *que faz aniversário*.
> ↓
> oração subordinada adjetiva explicativa
>
> Com pausa, indica-se que há somente uma irmã, e a oração adjetiva explica a razão do presente.

ATIVIDADES

1. Leia o texto do cartaz e, em seguida, responda ao que se pede.

   SOLTAR BALÃO QUE POSSA CAUSAR INCÊNDIO É CRIME.

   #DireitoFacil TJDFT

   TRIBUNAL DE JUSTIÇA DO DISTRITO FEDERAL E DOS TERRITÓRIOS. **Soltar balão que possa causar incêndio é crime**. Brasília, DF, [2017]. Cartaz digital. Disponível em: https://www.tjdft.jus.br/institucional/imprensa/campanhas-e-produtos/direito-facil/edicao-semanal/soltar-balao. Acesso em: 20 abr. 2021.

   a) Determine a classe gramatical a que pertence a palavra **que** nesse contexto.
   b) Classifique a oração que essa palavra introduz.

2. Reescreva os períodos transformando os adjetivos destacados em orações subordinadas adjetivas.

   a) Os namorados falavam coisas **agradáveis** um ao outro.

   b) A avó contou à neta uma história **emocionante**.

   c) O paciente sentia uma dor **incômoda**.

   d) A pianista tocava uma música **contagiante**.

   e) O funcionário **irresponsável** não compareceu à empresa no dia da reunião.

3. Use o pronome relativo adequado para unir os períodos e transformar a segunda oração em subordinada adjetiva. Faça as alterações necessárias.

   a) A mulher observava o marido. Os olhos do marido revelavam tristeza.

   b) Os turistas visitaram lugares. Eles nunca tinham imaginado passar por esses lugares.

   c) Esta é uma pequena rua. Ela não tem saída.

   d) Tenho saudades da cidade. Eu nasci nessa cidade.

   e) Os professores são os mestres. Devemos respeitá-los.

4. Leia os versos a seguir.

   > [...]
   >
   > Sei que há roseiras viçosas
   >
   > Porque, com os olhos em ti,
   >
   > Vejo cobrir-se de rosas
   >
   > Um lábio que me sorri.
   >
   > [...]
   >
   > CARVALHO, Vicente de. Cantigas praianas (VI). *In*: CARVALHO, Vicente de. **Poemas e canções**. São Paulo: Saraiva, 1965. p. 119.

   a) A palavra **que** aparece duas vezes nesses versos. Classifique-a em cada caso.

   b) Classifique a oração iniciada com a palavra **que** no primeiro verso.

   c) Classifique a oração "que me sorri".

5. Leia um trecho de um romance da escritora Lya Luft.

   > [...]
   >
   > No início achei **que** não ia dar certo, porque desde mocinha tinha começado várias coisas sem levar até o fim, como as aulas de canto. A voz era boa, todos se entusiasmavam e me encorajavam; menos minha mãe, **que** achava ridículo ensaiar as escalas no piano de casa. Sem estudar eu não progredia, de modo que desisti. [...]
   >
   > LUFT, Lya. **A sentinela**. Rio de Janeiro: Record, 2005. p. 15.

   a) Observe as ocorrências da palavra **que** em destaque no trecho. Classifique-as como pronome relativo ou conjunção integrante em cada caso.

   b) Classifique a primeira oração introduzida pelo **que**.

   c) Classifique a segunda oração introduzida pelo **que**.

6. Leia o fragmento a seguir.

Como filtros de café podem ser ótimos para suas plantas

Nos tempos atuais, em que muitas pessoas ficam mais tempo, ou todo o tempo, em casa, os seres vivos que nos fazem companhia, transmitem boas vibrações e nos acompanham no mais absoluto silêncio são nossas amigas plantas. Silenciosas e humildes, elas requerem poucos cuidados. [...]

[...]

MARIN, Jorge. Como filtros de café podem ser ótimos para suas plantas. **Megacurioso**, 13 abr. 2021. Disponível em: https://www.megacurioso.com.br/estilo-de-vida/118378-como-filtros-de-cafe-podem-ser-otimos-para-suas-plantas.htm. Acesso em: 20 abr. 2021.

a) Classifique morfologicamente a palavra **que** em suas duas ocorrências no trecho.

b) Que papel essa palavra exerce nas duas situações?

c) Classifique as orações iniciadas pela palavra **que**.

> **TIRE DE LETRA**
>
> Os **pronomes relativos** são **elementos de coesão referencial**, pois retomam termos anteriormente citados, substituindo-os.

7. Identifique as orações subordinadas adjetivas e classifique-as em restritivas ou explicativas.

   a) O aluno, cujo pai estava doente, foi dispensado da última aula.

   b) As crianças que vieram ao aniversário são comportadas.

   c) Este livro, do qual já lhe falei, tem contos maravilhosos.

   d) Todos aplaudiram o artista, que fez apresentações espetaculares.

   e) Os pais que não foram à reunião deverão entrar em contato com o diretor.

   f) Os pais, que não foram à reunião, agora querem saber quais decisões foram tomadas.

   g) Todos querem conhecer o menino que salvou o cachorrinho.

   h) A marceneira, cujos trabalhos foram finalizados no mês passado, ainda não recebeu pelo serviço.

ORAÇÕES SUBORDINADAS ADVERBIAIS

> São **subordinadas adverbiais** as orações que equivalem a **advérbios** ou **locuções adverbiais**. Essas orações funcionam como adjuntos adverbiais do verbo da oração principal.

Exemplos:

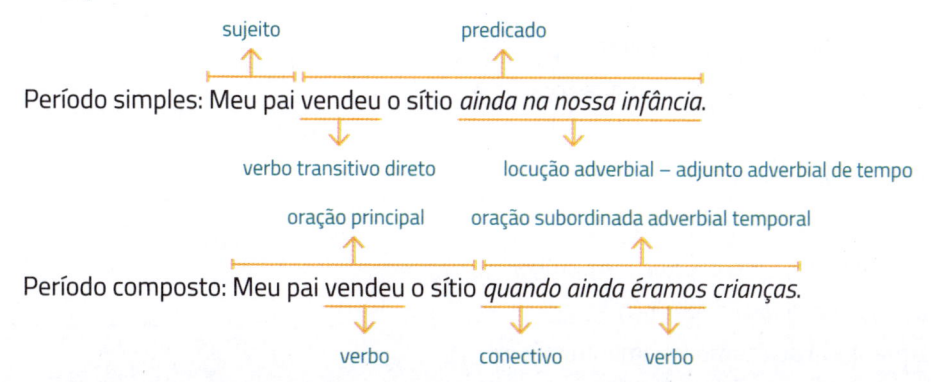

Período simples: Meu pai vendeu o sítio *ainda na nossa infância*.
- Meu pai: sujeito
- vendeu: predicado / verbo transitivo direto
- o sítio
- *ainda na nossa infância*: locução adverbial – adjunto adverbial de tempo

Período composto: Meu pai vendeu o sítio *quando ainda éramos crianças*.
- Meu pai vendeu o sítio: oração principal (verbo)
- *quando ainda éramos crianças*: oração subordinada adverbial temporal (conectivo + verbo)

- A locução adverbial do período simples indica a época em que a ação ocorreu, exercendo a função de adjunto adverbial de tempo.
- Com o acréscimo do verbo **ser** na forma verbal **éramos** e do conectivo **quando**, esse adjunto tornou-se uma oração.
- A época em que ocorreu a ação passou a ser expressa pela **oração subordinada adverbial temporal**.
- As estruturas ficaram diferentes, mas os sentidos mantiveram-se semelhantes.

CLASSIFICAÇÃO DAS ORAÇÕES SUBORDINADAS ADVERBIAIS

As orações subordinadas adverbiais são classificadas de acordo com a circunstância que exprimem. Os seus conectivos são as **conjunções** e **locuções conjuntivas subordinativas adverbiais**.

TEMPORAIS

Exprimem ideia de **tempo**: indicam uma circunstância de tempo em relação ao fato expresso na oração principal.

Conjunções e locuções conjuntivas: **quando**, **enquanto**, **logo que**, **assim que**, **até que**, **sempre que**, **mal**, **antes que**, **depois que**, **desde que**.

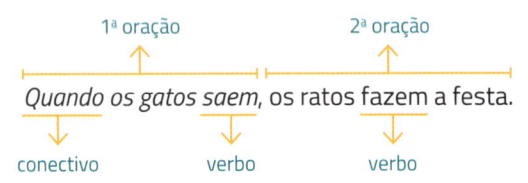

Exemplo:

1ª oração: *Quando os gatos saem* (conectivo: *Quando*; verbo: *saem*)
2ª oração: *os ratos fazem a festa* (verbo: *fazem*)

Quando os gatos saem, os ratos fazem a festa.

Nesse período composto por subordinação, há duas orações:
1ª – oração subordinada adverbial temporal
2ª – oração principal

Outros exemplos:

A antiga moradora reconheceu-me *logo que me viu*.

Eu leio *até que o sono chegue*.

Sempre que viajamos, os vizinhos cuidam de nossas plantas.

CAUSAIS

Exprimem ideia de **causa**: informam aquilo que provocou o fato expresso na oração principal.

Conjunções e locuções conjuntivas: **porque**, **já que**, **visto que**, **uma vez que**, **como**.

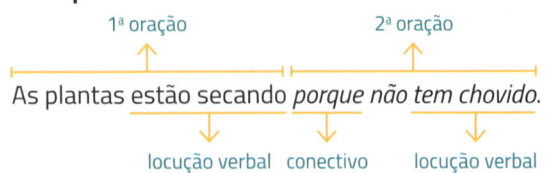

Exemplo:

1ª oração: *As plantas estão secando* (locução verbal: *estão secando*)
2ª oração: *porque não tem chovido* (conectivo: *porque*; locução verbal: *tem chovido*)

As plantas estão secando *porque não tem chovido*.

Nesse período composto por subordinação, há duas orações:
1ª – oração principal
2ª – oração subordinada adverbial causal

Outros exemplos:

Já que você não virá para o jantar, irei à casa de uma amiga.

Chegou cansado, *visto que seu trabalho fora intenso*.

Como estava doente, precisava de acompanhamento médico.

DISTINÇÃO ENTRE SUBORDINADA ADVERBIAL CAUSAL E COORDENADA SINDÉTICA EXPLICATIVA

A *oração subordinada adverbial causal* expressa um fato que causa um efeito.

Características:

- Como se trata de um fato que provoca outro, ocorre antes do fato expresso na oração principal.
- Relaciona-se a fatos que expressam "certeza", e não a fatos hipotéticos.
- De maneira geral, não é separada por vírgula.

Exemplo:

As plantas estão secando **porque** não tem chovido.
fato: não tem chovido
efeito: as plantas estão secando

A *oração coordenada sindética explicativa* dá uma explicação para justificar uma suposição.

Características:

- Como é um fato que explica outro, é posterior ao fato expresso na oração principal.
- Relaciona-se a fatos que exprimem suposição, ordem, sugestão.
- Costuma ser separada por vírgula.

Exemplo:

Não tem chovido, **porque** as plantas estão secando.
explicação: as plantas estão secando
suposição: não tem chovido

CONDICIONAIS

Exprimem ideia de **condição**: informam aquilo de que depende a realização do fato expresso na oração principal.

Conjunções e locuções conjuntivas: **se**, **caso**, **desde que**, **contanto que**, **sem que**, **a menos que**, **exceto se**, **salvo se**, **uma vez que**.

Exemplo:

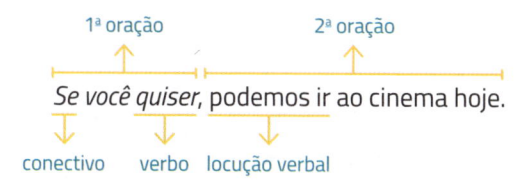

1ª oração — *Se você quiser*, (conectivo / verbo)
2ª oração — podemos ir ao cinema hoje. (locução verbal)

Nesse período composto por subordinação, há duas orações:

1ª – oração subordinada adverbial condicional
2ª – oração principal

Outros exemplos:

Iremos juntos a Manaus, **caso** você não se importe.

Viajaremos ainda hoje, **desde que** o tempo continue bom.

Não compre nada **sem que** eu saiba antes.

Não poderei viajar com a turma, **a menos que** me avisem com bastante antecedência.

Iremos à festa, sim, **exceto se** ele não chegar a tempo.

Uma vez que aceite as condições, pode levar o carro agora.

Vista da cidade de Manaus (AM), em 2019.

PROPORCIONAIS

Exprimem ideia de **proporção**: informam o que desencadeia, de maneira proporcional, o fato expresso na oração principal.

Conjunções e locuções conjuntivas: **à proporção que, à medida que, quanto mais, quanto menos**.

Exemplo:

À proporção que juntávamos algum dinheiro, comprávamos os móveis da casa.

- 1ª oração: *À proporção que juntávamos algum dinheiro* (conectivo + verbo + verbo)
- 2ª oração: *comprávamos os móveis da casa* (verbo)

Nesse período composto por subordinação, há duas orações:

1ª – oração subordinada adverbial proporcional
2ª – oração principal

Outro exemplo:

À medida que eu guardava os livros, as histórias vinham-me à memória.

FINAIS

Exprimem ideia de **finalidade**: informam o que motiva o fato expresso na oração principal.

Conjunções e locuções conjuntivas: **a fim de que, para que**.

Exemplo:

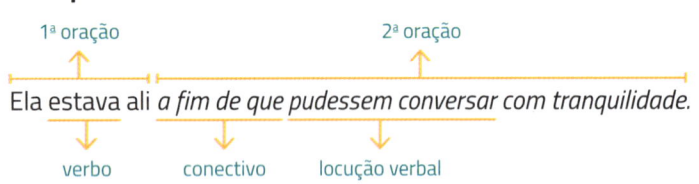

Ela estava ali a fim de que pudessem conversar com tranquilidade.

- 1ª oração: *Ela estava ali* (verbo)
- 2ª oração: *a fim de que pudessem conversar com tranquilidade* (conectivo + locução verbal)

Nesse período composto por subordinação, há duas frases:

1ª – oração principal
2ª – oração subordinada adverbial final

Outro exemplo:

Cumpra seus deveres **para que** possa exigir seus direitos.

CONSECUTIVAS

Exprimem ideia de **consequência**: informam o resultado do fato expresso na oração principal.

Conjunções e locuções conjuntivas: **que** (precedido, na oração principal, de *tal, tão, tanto, tamanho*).

Exemplo:

Expressou-se com tal firmeza que todos acreditaram.

- 1ª oração: *Expressou-se com tal firmeza* (verbo)
- 2ª oração: *que todos acreditaram* (conectivo + verbo)

Nesse período composto por subordinação, há duas orações:

1ª – oração principal
2ª – oração subordinada adverbial consecutiva

Outro exemplo:

Estávamos *tão* cansados na viagem **que** *víamos imagens duplas*.

CONFORMATIVAS

Exprimem ideia de **conformidade**: informam em que se baseia o fato expresso na oração principal.

Conjunções e locuções conjuntivas: **conforme, como, segundo, consoante**.

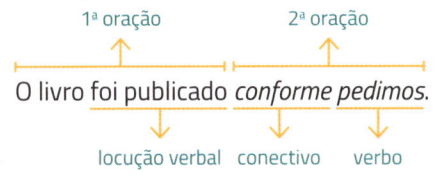

Exemplo:

O livro foi publicado *conforme pedimos*.

- 1ª oração: O livro foi publicado
- 2ª oração: conforme pedimos
- locução verbal: foi publicado
- conectivo: conforme
- verbo: pedimos

Nesse período composto por subordinação, há duas orações:

1ª – oração principal
2ª – oração subordinada adverbial conformativa

Outros exemplos:

Segundo dizem os cientistas, as formigas têm uma organização social perfeita.

Fizeram tudo *consoante o que fora combinado*.

CONCESSIVAS

Exprimem ideia de **concessão**: informam uma "anormalidade" em relação ao fato expresso na oração principal.

Conjunções e locuções conjuntivas: **embora, ainda que, mesmo que, apesar de que, se bem que**.

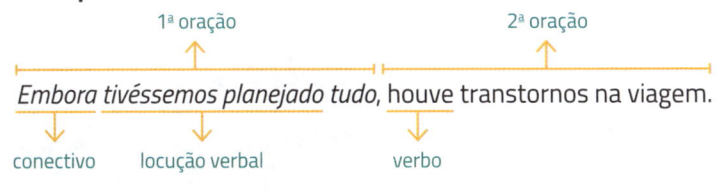

Exemplo:

Embora tivéssemos planejado tudo, houve transtornos na viagem.

- 1ª oração: Embora tivéssemos planejado tudo
- 2ª oração: houve transtornos na viagem
- conectivo: Embora
- locução verbal: tivéssemos planejado
- verbo: houve

Nesse período composto por subordinação, há duas orações:

1ª – oração subordinada adverbial concessiva
2ª – oração principal

Outros exemplos:

Não consegue visualizar sua casa própria, **ainda que** trabalhe muito.

Mesmo que não pareça, admiro muito você.

Apesar de que não ache sempre prazeroso, faço exercícios físicos regularmente.

COMPARATIVAS

Exprimem ideia de **comparação**: representam o segundo elemento em uma comparação iniciada com a oração principal.

Conjunções e locuções conjuntivas: **como, tão... como, tão... quanto, mais... (do) que, menos... (do) que**.

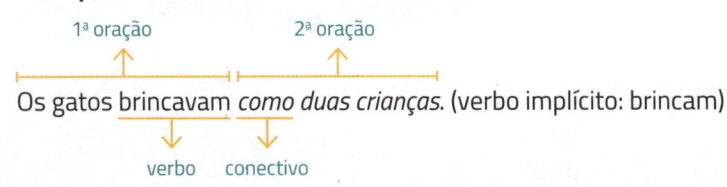

Exemplo:

Os gatos brincavam *como duas crianças*. (verbo implícito: brincam)

- 1ª oração: Os gatos brincavam
- 2ª oração: como duas crianças
- verbo: brincavam
- conectivo: como

Nas orações comparativas, para não repetir o verbo da oração principal, é comum que ele seja omitido, ficando implícito pelo contexto.

Desse modo, nesse período composto por subordinação, há duas orações:

1ª – oração principal

2ª – oração subordinada adverbial comparativa (com a forma verbal **brincam** implícita)

Outros exemplos:

O ciclista era **tão** rápido **quanto** (ou **como**) o pensamento. (verbo implícito: é)

A menina **mais** falava **do que** fazia.

Pouquíssimos programas de tevê são **mais** críticos **do que** informativos. (verbo implícito: são)

OBSERVAÇÕES

1. É preferível aprender a classificar as orações pelo sentido a classificá-las pela memorização de listas de conjunções.

2. A conjunção **como** introduz orações adverbiais dos seguintes tipos:
- **comparativa** – Arrumaram seu escritório **como** você. (como você arruma).
- **conformativa** – Arrumaram seu escritório **como** você mandou. (conforme você mandou).
- **causal** – **Como** você mandou, arrumaram seu escritório. (porque você mandou). Nesse caso, a subordinada vem sempre anteposta à principal.

ATIVIDADES

1. Leia a fábula a seguir e responda às questões propostas.

O ladrão e o cão de guarda

Um ladrão, desejando entrar à noite em uma casa para a roubar, deparou-se com um cão de guarda que a vigiava e protegia. O ladrão, que trazia consigo um pedaço de sanduíche, resolveu lançá-lo para que o cão de guarda se distraísse com o alimento. Mas o cão disse-lhe:

— Bem sei que me dás este pão para que eu me cale e te deixe roubar a casa, não porque tenhas algum cuidado comigo. Mas já que é o dono da casa que me sustenta toda a vida, não vou deixar de latir enquanto não te fores embora ou até que ele acorde e te venha afugentar. Não quero que este pedaço de pão me custe morrer de fome toda a minha vida.

Moral da história

Quem se fia em palavras lisonjeiras de desconhecidos acha-se no fim enganado. Mas quem suspeita de ofertas e das palavras lisonjeiras, não se deixa enganar.

ESOPO. **O ladrão e o cão de guarda**. Domínio público.

a) Sublinhe a oração subordinada adverbial no período a seguir e classifique-a: "Bem sei que me dás este pão para que eu me cale […]."

b) Como se classificam as orações que estão destacadas na fábula?

2. Identifique as orações subordinadas adverbiais e classifique-as.

a) A reforma dos banheiros foi concluída enquanto estávamos de férias.

b) Não vou ao cinema com vocês porque estou muito cansada.

c) Quanto mais ganhava, mais queria gastar.

d) Leia o contrato com bastante atenção, a fim de que não haja aborrecimentos no futuro.

e) Pedia tudo com tanta doçura que ninguém era capaz de lhe negar nada.

f) Preparamos a receita do bolo de fubá conforme vovó explicou.

3. Leia a tirinha a seguir para responder às questões.

DAVIS, Jim. [Garfield]. **Folha de S.Paulo**, 16 mar. 2014. Ilustrada.

a) Considere a segunda fala da tirinha. Esse período é classificado como simples ou composto?

b) Se essa fala fosse "O que aconteceria se a gente pudesse ver através das pálpebras?", qual seria a classificação da oração subordinada do período?

4. Acrescente, a cada oração principal, uma oração subordinada adverbial para formar um período composto.

a) ■, costumamos ir ao parque. (temporal)

b) Chegou atrasado ■. (causal)

c) Iremos ao teatro hoje ■. (condicional)

d) A revista foi publicada ■. (conformativa)

e) Não estou satisfeita com meu emprego atual, ■. (concessiva)

f) Esforçaram-se tanto para concluir a tarefa ■. (consecutiva)

g) Fiz tudo ■. (final)

5. Escolha a conjunção ou locução conjuntiva entre parênteses que melhor completa as frases.

a) Aceite logo a oferta de emprego, ■ você se arrependa. (antes que / visto que)

b) Haverá racionamento de energia ■ não chove há vários meses. (como / porque)

c) O paciente parou de tomar os medicamentos ■ o médico autorizasse. (salvo se / sem que)

d) Fizemos tudo ■ manda o figurino. (como / a fim de que)

e) Rogério se saiu bem em todas as provas, ■ não tenha estudado tanto quanto deveria. (ainda que / consoante)

f) Terei de voltar para casa de ônibus, ■ meu carro foi guinchado. (assim que / já que)

6. Complete as frases a seguir com as conjunções **que**, **como**, **enquanto** ou **para que**.

   a) Estava tão desgostoso com a situação ■ se recusava a falar sobre o assunto.

   b) ■ estava desempregado, precisava aceitar a ajuda financeira dos pais.

   c) Sigam as instruções dos monitores ■ tudo corra bem durante o passeio.

   d) ■ eu tranco o apartamento, vá chamando o elevador.

   e) Faltavam apenas duas voltas ■ o piloto brasileiro confirmasse a vitória.

   f) Fique aí estudando ■ eu trabalho.

7. Leia a tirinha a seguir.

   SOUSA, Mauricio de. [Importância dos meninos]. **Donas da rua**, c2021. Disponível em: http://turmadamonica.uol.com.br/donasdarua/hqs.php.
   Acesso em: 20 abr. 2021.

   a) Separe as orações do período que compõe o segundo quadrinho.

   b) Classifique essas orações.

   c) Quais palavras permitem identificar a ideia expressa pela oração subordinada nesse período?

   > **TIRE DE LETRA**
   >
   > As **conjunções subordinativas adverbiais** propiciam a articulação de orações com sentidos argumentativos pelas relações que expressam tempo, causa, consequência, condição, conformidade, finalidade e proporção. Seu emprego adequado é, portanto, um dos elementos fundamentais para garantir a **coesão sequencial** do texto.

8. Transforme o adjunto adverbial destacado em oração subordinada adverbial.

   a) O auditório ficou vazio **ao término do evento**.

   b) As crianças acalmaram-se **com a chegada da mãe**.

   c) A partida começou **ao sinal do árbitro**.

   d) Lucas não trabalhava **em razão de problemas de saúde**.

   e) Dispensaram os funcionários **por causa da greve nos transportes coletivos**.

   f) Ele ficou desapontado **ao término do curso**.

9. Informe o sentido da conjunção **como** em cada período.

   a) **Como** não havia todos os ingredientes em casa, resolveu adaptar a receita.

   b) Começo este projeto **como** se começasse uma nova fase de minha vida.

   c) **Como** dizia minha avó, o apressado come cru.

   d) **Como** não havia quem fizesse, as crianças arrumaram toda a casa.

   e) Os jogadores fizeram tudo **como** o técnico determinara.

   f) Fiz o bolo de chocolate **como** minha mãe fazia.

ORAÇÕES SUBORDINADAS REDUZIDAS

> São **reduzidas** as orações subordinadas que não são introduzidas por conectivos e cujo verbo se encontra em uma de suas formas nominais: **infinitivo**, **gerúndio** ou **particípio**.

Exemplos:

- **Reduzida de infinitivo**

oração principal — oração subord. subst. objetiva direta, reduzida de infinitivo

O professor aceitou **marcar** nova data para a prova.
↓
verbo no infinitivo

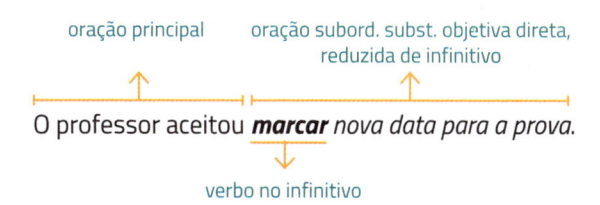

O professor aceitou **que** fosse marcada nova data para a prova.
↓
conectivo – introduz a oração desenvolvida

- **Reduzida de gerúndio**

oração subord. adv. condicional, reduzida de gerúndio — oração principal

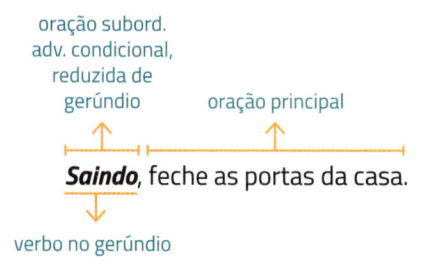

Saindo, feche as portas da casa.
↓
verbo no gerúndio

Caso você saia, feche as portas da casa.
↓
conectivo – introduz a oração desenvolvida

- **Reduzida de particípio**

oração subord. adv. temporal, reduzida de particípio — oração principal

Terminada a reunião, todos aplaudiram.
↓
verbo no particípio

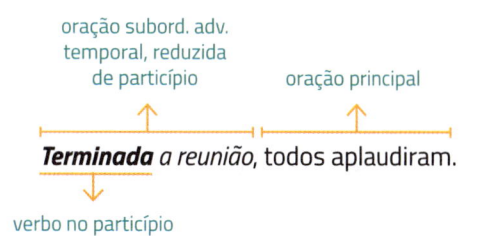

Quando a reunião terminou, todos aplaudiram.
↓
conectivo – introduz a oração desenvolvida

CLASSIFICAÇÃO DAS ORAÇÕES SUBORDINADAS REDUZIDAS

REDUZIDAS DE INFINITIVO

Podem ser reduzidas de infinitivo as orações subordinadas:

- **substantivas**.

    Exemplos:

    Subjetiva – Não é vergonhoso **errar**.

    Objetiva direta – Espero **desenvolvermos** um bom trabalho.

    Objetiva indireta – Tudo depende *de ele* **voltar** *para casa*.

    Completiva nominal – Temos medo *de* **ser** *abandonados*.

    Predicativa – Sua vontade era **voltar** *logo para seu país*.

    Apositiva – Faltava-lhe somente uma coisa: **ter** *confiança em si mesmo*.

- **adverbiais**.

    Exemplos:

    Temporal – Ao **sair** de casa, fechei portas e janelas.
    Condicional – Sem **ler**, você não melhorará seu vocabulário.
    Concessiva – Apesar de **jogar** bem, o time não venceu o campeonato.
    Causal – O motorista parou por **estar** o sinal fechado.
    Consecutiva – A vítima deveria estar com muito medo para não **falar** a verdade.
    Final – A sociedade está mobilizando-se para **melhorar** a qualidade do ensino.

- **adjetivas**.

    Exemplos:

    Rafael não era pessoa de **falar** muito.
    Esta é a ferramenta de se **cortar** a grama.

REDUZIDAS DE GERÚNDIO

Podem ser reduzidas de gerúndio as orações subordinadas:

- **adverbiais**.

    Exemplos:

    Temporal – **Descobrindo** a rua, localizei a casa do meu amigo.
    Condicional – Você poderá mudar de opinião **lendo** esse livro.
    Causal – **Percebendo** a má vontade do vendedor, deixei de comprar a camisa.
    Concessiva – Mesmo **sendo** parente, ele depôs contra o malfeitor.

- **adjetivas**.

    Exemplos:

    A São Paulo, chegam retirantes **trazendo** apenas esperanças.
    Pelas ruas, viam-se homens **carregando** fome e tristeza.

REDUZIDAS DE PARTICÍPIO

Podem ser reduzidas de particípio as orações subordinadas:

- **adverbiais**.

    Exemplos:

    Temporal – **Montada** a feira de artesanato, as pessoas entraram curiosas.
    Causal – **Preocupado** com a hora, esqueceu os documentos.
    Concessiva – Mesmo **vencido**, o lutador não se rendeu.

- **adjetivas**.

    Exemplos:

    Recebemos uma encomenda **vinda** do exterior.
    O menino usava roupas **feitas** pela mãe.
    A menina sonhava com as histórias **contadas** pelo irmão.

OBSERVAÇÕES

1. Nas orações reduzidas formadas com locução verbal, é o verbo auxiliar que indica o tipo de reduzida.
Exemplo:
Tendo saído cedo do trabalho, passou pela casa da mãe. (reduzida de gerúndio)

2. No caso de algumas orações reduzidas, é o contexto que aponta para a classificação adequada.
Exemplos:
Visitando as praças, você vai se encantar com o colorido das flores. (temporal ou condicional?)
Sentindo-se ameaçado, o homem pôs-se a correr. (temporal ou causal?)

ATIVIDADES

1. Leia um trecho do primeiro capítulo do romance **Memórias póstumas de Brás Cubas**.

Óbito do autor

Algum tempo hesitei se devia abrir estas memórias pelo princípio ou pelo fim, isto é, se poria em primeiro lugar o meu nascimento ou a minha morte. Suposto o uso vulgar seja começar pelo nascimento, duas considerações me levaram a adotar diferente método: a primeira é que eu não sou propriamente um autor defunto, mas um defunto autor, para quem a campa foi outro berço; a segunda é que o escrito ficaria assim mais galante e mais novo. [...]

ASSIS, Machado de. **Memórias póstumas de Brás Cubas**. Rio de Janeiro: Nova Aguilar, 1994.

a) Classifique a oração destacada no trecho "Suposto o uso vulgar seja **começar pelo nascimento** [...]".

b) Reescreva esse trecho de modo que a oração destacada seja introduzida por um conectivo.

c) Transcreva do texto uma oração que tenha essa mesma classificação, mas que seja desenvolvida.

2. Identifique as orações reduzidas e classifique-as.

a) Perdoar é uma virtude.

b) Com empenho, a banda ensaiava para participar do festival.

c) Paula não era mulher de fazer drama.

d) Constatando as más intenções do cliente, o advogado abandonou a causa.

e) Você poderá ter acesso à exposição preenchendo este formulário.

f) Distraído com outros afazeres, esqueceu o encontro.

3. Leia a tirinha a seguir.

DAHMER, André. [Malvados]. **Folha de S.Paulo**, São Paulo, 11 abr. 2014. Ilustrada.

a) Classifique a oração "que não pensam em dinheiro o tempo todo".

b) Dê a classe gramatical da palavra **que**.

c) Desenvolva a oração "para comprar uma nave espacial" e classifique-a.

d) Identifique a forma em que se encontra o verbo **comprar** no último quadrinho.

4. Identifique a oração subordinada do período a seguir e classifique-a.

Os estudantes deduzirão as respostas corretas analisando as atividades atentamente.

5. Transforme as orações destacadas em orações reduzidas.

   a) Dentro da fábrica, era obrigatório **que se usassem equipamentos de segurança**.

   b) Júlia sempre tinha pesadelos **quando dormia muito tarde**.

   c) **Assim que solucionou a crise**, abandonou o cargo.

   d) O ideal seria **que aceitassem nossa proposta**.

   e) Fui a única **que acatou as regras**.

6. Desenvolva as orações reduzidas em destaque.

   a) Você não vai chegar a lugar algum **se comportando assim**.

   b) Minha mãe não me deixa **ficar sozinho em casa**.

   c) **Saindo da escola**, fui ao cinema.

   d) Autorizaram-no **a sair antes da última aula**.

   e) Luiza, **preocupada com a situação do irmão**, recorreu aos pais.

7. Leia a tirinha a seguir para responder às questões.

   ARMANDINHO (Brasil). [**Embrulhei com jornal e fita, pra ninguém se ferir...**]. 5 jun. 2017. Facebook: tirasarmandinho. Disponível em: https://www.facebook.com/tirasarmandinho/photos/a.488361671209144/1567887873256513/. Acesso em: 20 abr. 2021.

   a) Classifique as orações do primeiro quadrinho da tira.

   b) Transforme a segunda oração do primeiro quadrinho em uma oração desenvolvida.

   c) Como se classificam as orações da primeira fala do segundo quadrinho?

EM SÍNTESE

Período composto por subordinação – formado por oração principal e oração subordinada (uma ou mais).
Orações subordinadas substantivas – equivalem a substantivos.
- **Classificação das orações subordinadas substantivas** – subjetivas, objetivas diretas, objetivas indiretas, completivas nominais, predicativas, apositivas.

Orações subordinadas adjetivas – equivalem a adjetivos.
- **Conectivos das orações adjetivas** – pronomes relativos.
- **Classificação das orações subordinadas adjetivas** – restritivas, explicativas.

Orações subordinadas adverbiais – equivalem a advérbios.
- **Classificação das orações subordinadas adverbiais** – temporais, causais, condicionais, proporcionais, finais, consecutivas, conformativas, concessivas, comparativas.

Orações subordinadas reduzidas – não são introduzidas por conectivos; o verbo se encontra em uma das formas nominais.
- **Classificação das orações subordinadas reduzidas** – de infinitivo, de gerúndio, de particípio.

NO TEXTO

Leia a notícia.

Laudo encomendado diz que acidente fatal no Itaquerão não foi culpa do solo

ALEX SABINO
DE SÃO PAULO
16/04/2014 16h40

Foto do estádio de futebol Neo Química Arena, conhecido como Itaquerão, em 2014.

A empresa Geocompany, contratada pela construtora Odebrecht para fazer um laudo técnico sobre o acidente que matou dois operários nas obras do Itaquerão em 27 de novembro do ano passado, concluiu que a razão da queda do guindaste não foi o deslizamento do solo.

Porém, o laudo encomendado pela construtora responsável pela obra do estádio do Corinthians não diz qual foi a causa do acidente fatal.

De acordo com Roberto Kochen, diretor da empresa e responsável pelo laudo, uma série de estudos do solo foi feita na região e conclui que o solo não cedeu e não foi o causador do acidente. O estudo diz que o solo cedeu de 4 a 5 vezes menos do que o aceitável.

Kochen disse que vai entregar o laudo para a polícia técnica e para o IPT (Instituto de Pesquisas Tecnológicas), que está fazendo um laudo para o Ministério do Trabalho.

Segundo laudo da UFRJ (Universidade Federal do Rio de Janeiro), o afundamento do solo que sustentava o guindaste foi a causa do acidente. O estudo foi encomendado pela empresa Liebherr, construtora do guindaste. A peça, orçada em R$ 40 milhões, teve perda total e virou sucata.

[...]

SABINO, Alex. Laudo encomendado diz que acidente fatal no Itaquerão não foi culpa do solo. **Folha de S.Paulo**, São Paulo, 16 abr. 2014. Disponível em: www1.folha.uol.com.br/esporte/folhanacopa/2014/04/1441588-laudo-encomendado-diz-que-acidente-fatal-no-itaquerao-nao-foi-culpa-do-solo.shtml. Acesso em: 20 abr. 2021.

1. Na notícia que você leu, as informações são explicitamente provenientes do laudo técnico e de comunicação com a construtora. Qual é a intenção do autor ao utilizar esse recurso?

2. No texto, essas informações estão apresentadas por meio de orações coordenadas ou subordinadas? Justifique a predominância de um dos tipos no trecho.

3. Essas orações poderiam ser substituídas por termos ou expressões simples ou reduzidas, sem prejuízo de sentido ao texto? Por quê?

SINTAXE

Período misto

UM PRIMEIRO OLHAR

Leia o cartaz de uma campanha sobre autismo.

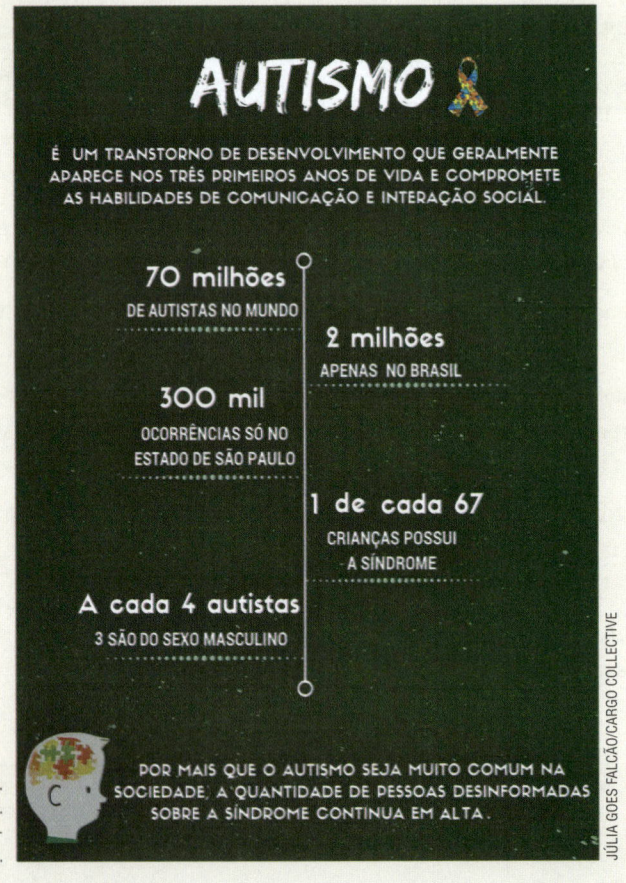

AUTISMO

É UM TRANSTORNO DE DESENVOLVIMENTO QUE GERALMENTE APARECE NOS TRÊS PRIMEIROS ANOS DE VIDA E COMPROMETE AS HABILIDADES DE COMUNICAÇÃO E INTERAÇÃO SOCIAL.

70 milhões
DE AUTISTAS NO MUNDO

2 milhões
APENAS NO BRASIL

300 mil
OCORRÊNCIAS SÓ NO ESTADO DE SÃO PAULO

1 de cada 67
CRIANÇAS POSSUI A SÍNDROME

A cada 4 autistas
3 SÃO DO SEXO MASCULINO

POR MAIS QUE O AUTISMO SEJA MUITO COMUM NA SOCIEDADE, A QUANTIDADE DE PESSOAS DESINFORMADAS SOBRE A SÍNDROME CONTINUA EM ALTA.

AUTISMO. Recife, 2016. Cartaz. Disponível em: https://cargocollective.com/juliagoesfalcao/Infograficos-AUTISMO. Acesso em: 18 abr. 2021.

1. A definição de autismo, que aparece no topo do cartaz, é formada por um único período, composto por algumas orações. Sobre esse período, responda ao que se pede.

    a) Quantas orações o compõem?

    b) Identifique nele uma oração subordinada adjetiva restritiva.

    c) Essa oração restritiva é subordinada a que outra oração?

2. Identifique e classifique a oração coordenada que compõe esse período.

CONCEITO

Há períodos compostos que são formados tanto por orações coordenadas como por orações subordinadas.

Chama-se **período misto** ou **período composto por coordenação e subordinação** o período formado por orações coordenadas e orações subordinadas.

ORAÇÃO COORDENADA E PRINCIPAL AO MESMO TEMPO

Exemplo:

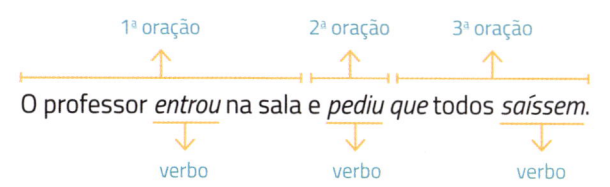

O professor *entrou* na sala e *pediu que* todos *saíssem*.
(1ª oração: *entrou* – verbo; 2ª oração: *pediu* – verbo; 3ª oração: *saíssem* – verbo)

Nesse período misto, há três orações:

1ª – oração coordenada assindética

2ª – **oração coordenada sindética aditiva** (em relação à 1ª) e **oração principal** (em relação à 3ª)

3ª – oração subordinada substantiva objetiva direta

ORAÇÕES SUBORDINADAS DE MESMA FUNÇÃO SINTÁTICA E COORDENADAS ENTRE SI

Exemplos:

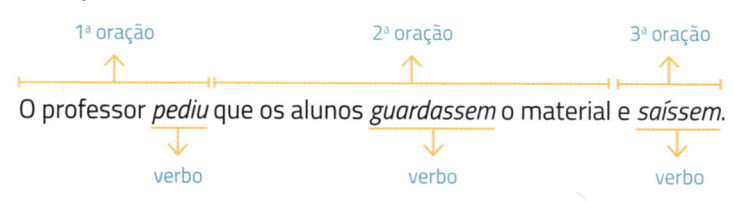

O professor *pediu* que os alunos *guardassem* o material e *saíssem*.
(1ª oração: *pediu* – verbo; 2ª oração: *guardassem* – verbo; 3ª oração: *saíssem* – verbo)

Nesse período misto, há três orações:

1ª – oração principal

2ª – oração subordinada substantiva objetiva direta

    e – conjunção coordenativa aditiva (**coordenando duas orações subordinadas**)

3ª – oração subordinada substantiva objetiva direta ("e *que* saíssem")

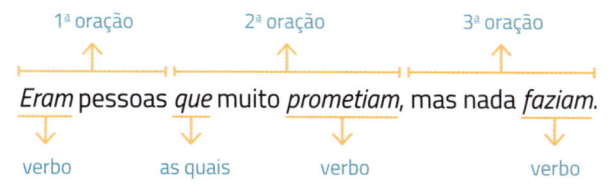

Eram pessoas *que* muito *prometiam*, mas nada *faziam*.
(1ª oração: *eram* – verbo; 2ª oração: *que* (as quais) *prometiam* – verbo; 3ª oração: *faziam* – verbo)

Nesse período, misto há três orações:

1ª – oração principal

2ª – oração subordinada adjetiva restritiva

    mas – conjunção coordenativa adversativa (**coordenando duas orações subordinadas**)

3ª – oração subordinada adjetiva restritiva ("*mas que* nada faziam")

ORAÇÕES PRINCIPAIS COORDENADAS ENTRE SI

Exemplo:

1ª oração — 2ª oração — 3ª oração — 4ª oração

Ele me *disse* que *viria*, mas *percebi* que *seria* difícil.

verbo — verbo — verbo — verbo

Nesse período misto, há quatro orações:

1ª – oração principal

2ª – oração subordinada substantiva objetiva direta

    mas – conjunção coordenativa adversativa (**coordenando duas orações principais**)

3ª – oração principal

4ª – oração subordinada substantiva objetiva direta

OUTROS TIPOS DE ORAÇÕES

Além das orações estudadas, há outros dois tipos que merecem ser mencionados: as orações **justapostas** e as orações **intercaladas**.

ORAÇÕES JUSTAPOSTAS

São denominadas **justapostas** as orações que não são desenvolvidas, porque não possuem conectivos, mas também não são reduzidas, porque seu verbo não aparece em uma de suas formas nominais.

Elas funcionam como **objeto direto** e como **aposto**, sendo, portanto, *subordinadas substantivas objetivas diretas* ou *apositivas*.

- **Orações substantivas objetivas diretas** – orações que representam as falas dos personagens no discurso direto.

  Exemplo:

  E o amigo *perguntou*:

  — **Você conseguiu emprego?** (oração subordinada substantiva objetiva direta **justaposta**)

- **Orações substantivas apositivas** – orações que, geralmente, esclarecem o sentido de uma palavra de significado amplo, vago.

  Exemplo:

      Não lhe dei *nada*: **vendi o carro**; **aluguei o apartamento**; **gastei todo o dinheiro**. (orações subordinadas substantivas apositivas **justapostas**)

ORAÇÕES INTERCALADAS

As orações **intercaladas**, também conhecidas como *interferentes*, são as que se interpõem a outras para *esclarecer, fazer ressalva, advertir* etc. São orações independentes, sem ligação sintática com outra do período.

Exemplos:

Em 1979, pela primeira vez na história da República, uma mulher entrou para o Senado – **seu nome era Eunice Michiles** –, o que representou um grande acontecimento.

Albert Sabin (**foi ele quem descobriu a vacina contra a poliomielite**) acusou o governo brasileiro de mentir sobre nossas condições de saúde.

ATIVIDADES

1. Leia o trecho de um conto do escritor brasileiro Machado de Assis.

   ### A chinela turca

   [...]

   Voava o tempo, e o ouvinte já não sabia a conta dos quadros. Meia-noite soara desde muito; o baile estava perdido. De repente, viu Duarte que o major enrolava outra vez o manuscrito, erguia-se, empertigava-se, cravava nele uns olhos odientos e maus, e saía arrebatadamente do gabinete. Duarte quis chamá-lo, mas o pasmo tolhera-lhe a voz e os movimentos. Quando pôde dominar-se, ouviu o bater do tacão rijo e colérico do dramaturgo na pedra da calçada.

   [...]

   MACHADO DE ASSIS, Joaquim Maria. A chinela turca. In: MACHADO DE ASSIS, Joaquim Maria. **Obra completa**. Rio de Janeiro: Nova Aguilar, 1994. v. 2. Disponível em: http://www.dominiopublico.gov.br/download/texto/bv000233.pdf. Acesso em: 20 abr. 2021.

   a) Quantas orações compõem o período "De repente, viu Duarte que o major enrolava outra vez o manuscrito, erguia-se, empertigava-se, cravava nele uns olhos odientos e maus, e saía arrebatadamente do gabinete."?

   b) Classifique-as.

2. Classifique os períodos em **simples**, **composto por coordenação**, **composto por subordinação** ou **misto**.

   a) Tinha muitas dúvidas, mas não as compartilhava com ninguém.

   b) Nós sempre insistimos para que ele se esforçasse mais e conseguisse logo um emprego.

   c) Quando Joana voltar da escola, vamos ao médico.

   d) É fundamental que você traga cópias de todos os documentos.

   e) Fez muito calor hoje de manhã.

   f) Arrumou o quarto, fez a lição de casa e depois brincou com o jogo que tinha ganhado da avó.

   g) Volte para casa e pegue um casaco.

3. Separe com uma barra (/) as orações que formam os períodos mistos a seguir.

   a) Entramos na casa abandonada e notamos que estava realmente vazia.

   b) Nós insistimos para que o médico fosse objetivo e nos dissesse o que de fato estava acontecendo.

   c) O sol brilhava forte e as crianças corriam pelos parques que estavam cheios de gente.

   d) Assim que chegamos ao aeroporto, despachamos nossas malas e nos dirigimos à sala de embarque que ficava próxima ao Terminal 1.

   e) Não havia dúvida de que o evento seria um sucesso, pois os fornecedores contratados eram conhecidos por sempre prestar um excelente serviço.

4. Identifique e classifique as orações que formam os períodos mistos a seguir.

   a) A tia pediu a Marina que fosse até a feira e comprasse laranjas e maçãs.

   b) Entrou no quarto, descalçou os sapatos e prostrou-se na cama como sempre fazia.

   c) Deslocou-se até o balcão da lanchonete e pediu ao atendente que seu pedido fosse substituído.

EM SÍNTESE

Período misto – formado por orações coordenadas e orações subordinadas.
Tipos de estruturas
- Oração coordenada e principal ao mesmo tempo.
- Orações subordinadas de mesma função sintática e coordenadas entre si.
- Orações principais coordenadas entre si.
- Orações justapostas.
- Orações intercaladas.

NO TEXTO

Leia o trecho do artigo de opinião a seguir e responda às questões.

Dia do Índio para quem?

Hoje é a data que os brancos chamam de Dia do Índio. Todo ano, é só em 19 de abril que somos lembrados. Nas escolas, falam de nós como se fôssemos algo apenas do passado, lamentando o mal que foi feito aos nossos povos, mas fazendo as crianças brancas se conformarem com nosso extermínio, acreditando que não haja mais espaço para nós, que os índios não existem nem devem mais existir.

Os governos, por sua vez, tentam promover festas neste dia nas nossas aldeias, querendo fazer a gente comemorar, quando não há motivo para isso. Não aceitaremos mais.

Não aceitaremos que lamentem o mal que fizeram aos nossos antepassados só neste dia e no resto do ano continuem a se orgulhar dos bandeirantes que nos massacraram e que dão nome a monumentos, estradas e até ao palácio do governador [do estado de São Paulo]. Não aceitaremos que finjam lamentar, enquanto tratam por santo um padre como José de Anchieta, que manifestava orgulho em colocar nossos parentes uns contra os outros e aprendia nossa língua para tentar destruir nossa cultura.

[...]

TUPÃ, Marcos. Dia do Índio para quem? **Folha de S.Paulo**, São Paulo, 19 abr. 2014. Disponível em: https://www1.folha.uol.com.br/opiniao/2014/04/1442629-marcos-dos-santos-tupa-dia-do-indio-para-quem.shtml. Acesso em: 20 abr. 2021.

1. O trecho acima é o início de um artigo de opinião, gênero textual em que o autor expõe seu ponto de vista sobre determinado assunto. Considerando essa característica, releia o período a seguir, identifique e comente a opinião do autor presente nele.

    Nas escolas, falam de nós como se fôssemos algo apenas do passado, lamentando o mal que foi feito aos nossos povos, mas fazendo as crianças brancas se conformarem com nosso extermínio, acreditando que não haja mais espaço para nós, que os índios não existem nem devem mais existir.

2. Compare o conteúdo do período destacado na atividade anterior com o dos demais períodos do texto. De modo geral, qual a diferença entre eles?

3. Ainda que não se faça uma análise detalhada das orações presentes no período destacado, é possível perceber que ele é formado de que tipos de oração?

4. Com base na análise desse período, o que é possível deduzir sobre a estrutura de períodos mais longos e com informações mais complexas?

SINTAXE

Sintaxe de concordância

UM PRIMEIRO OLHAR

Leia o anúncio de uma campanha publicitária da Ordem dos Advogados do Brasil (OAB).

ORDEM DOS ADVOGADOS DO BRASIL (Goiás). **As aparências enganam. A boa advocacia, não**. Goiânia, 2017. Cartaz. Disponível em: https://www.oabgo.org.br/oab/noticias/campanha/conselho-federal-adota-campanha-da-oab-go-em-todo-brasil/. Acesso em: 19 abr. 2021.

1. Numa oração, o verbo sempre deve concordar com o sujeito. Explique essa afirmação analisando o título do anúncio.

2. Se houvesse, no título, a repetição do verbo **enganar** constituindo o segundo período, como seria a sua forma flexionada em número e pessoa? Justifique.

3. Considere o fragmento a seguir.

    "Advocacia é uma profissão séria com profissionais sérios."

    a) A quais substantivos se referem os adjetivos **séria** e **sérios**?

    b) Por qual razão esses adjetivos sofreram variação de gênero e de número?

CONCORDÂNCIA VERBAL

O estudo da concordância verbal trata das relações de **número** e **pessoa** que se estabelecem entre o **verbo** e o **sujeito** a ele relacionado.

Exemplos:

sujeito na 3ª pessoa do singular = ele

O **garoto era** esperto.

verbo na 3ª pessoa do singular

sujeito na 3ª pessoa do plural = elas

As **garotas eram** espertas.

verbo na 3ª pessoa do plural

Nas relações entre o verbo e o sujeito, dois fatores são levados em conta: o tipo de sujeito e a sua posição em relação ao verbo.

REGRAS GERAIS

SUJEITO SIMPLES

O verbo concorda com o *sujeito simples* em **número** e **pessoa** em qualquer posição em que se encontre, **anteposto** ou **posposto** ao verbo.

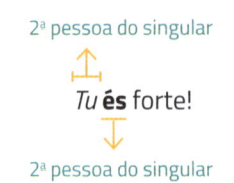

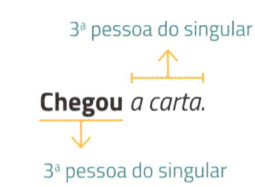

Exemplos:

3ª pessoa do plural

Os pássaros **migraram**.

3ª pessoa do plural

2ª pessoa do singular

Tu **és** *forte!*

2ª pessoa do singular

3ª pessoa do singular

Chegou *a carta*.

3ª pessoa do singular

SUJEITO COMPOSTO

A concordância do verbo com o *sujeito composto* depende da posição e da formação deste.

SUJEITO COMPOSTO ANTEPOSTO AO VERBO

O verbo é empregado na forma plural.

Exemplos:

Ouro Preto e Mariana **são** cidades marcadas pela antiga mineração.

A diretora e o secretário **chegaram** pontualmente à reunião.

SUJEITO COMPOSTO POSPOSTO AO VERBO

Nesse caso, o verbo pode:

- assumir a forma plural.

  Exemplos:

  Sobraram *refrigerantes e salgadinhos*.

  Faltaram *um pai e duas mães* à reunião.

- concordar com o núcleo do sujeito mais próximo.

  Exemplos:

  Sobrou *refrigerante e salgadinhos*.

  Faltou *um pai e duas mães* à reunião.

> **OBSERVAÇÃO**
>
> Se houver ideia de reciprocidade, o verbo é empregado na forma plural. **Exemplos:** **Discutiram** *cliente e vendedor.* **Abraçaram-se** *pai e filho.*

SUJEITO COMPOSTO FORMADO POR PESSOAS GRAMATICAIS DIFERENTES

O verbo é flexionado no plural na pessoa do discurso que prevalece sobre as outras.

- A *1ª pessoa* **prevalece** sobre a *2ª* e a *3ª*.
  Exemplos:
  Eu e *tu* **levaremos** a proposta ao professor.
  Carlos e *eu* **fotografamos** tudo naquele passeio.
  Eu, *tu* e *teus pais* **iremos** ao cinema amanhã.

- A *2ª pessoa* **prevalece** sobre a *3ª*.
  Exemplos:
  Tu e *ele* **levareis** a proposta ao professor.
  Carlos e *tu* **fotografastes** tudo naquele passeio.
  Tu e *teus pais* **ireis** ao cinema amanhã.

> **OBSERVAÇÃO**
> No caso de 2ª e 3ª pessoas, não é raro encontrar o verbo na 3ª pessoa do plural.
> **Exemplo:**
> *Tu* e *teus pais* **irão** ao cinema amanhã.

CASOS PARTICULARES DE CONCORDÂNCIA COM SUJEITO SIMPLES

SUBSTANTIVO *COLETIVO* COMO NÚCLEO DO SUJEITO

O verbo concorda com o núcleo.
Exemplos:
A *boiada* **atravessava** dois grandes rios.
As *boiadas* **atravessavam** dois grandes rios.
Um *bando* de andorinhas **alegrava** a praça.

> **OBSERVAÇÃO**
> No caso de haver um adjunto adnominal plural, admite-se também a concordância com o adjunto. **Exemplo:**
> Um *bando de andorinhas* **alegravam** a praça.

NOME PRÓPRIO PLURAL COMO NÚCLEO DO SUJEITO

- Não precedido de artigo, o verbo fica no singular.
  Exemplos:
  Com suas montanhas, *Minas Gerais* **aproxima** a gente do infinito.
  Campinas **é** um rico município paulista.

- Precedido de artigo, o verbo assume a forma plural.
  Exemplos:
  As *Minas Gerais* **possuem** excelentes escritores.
  Os *Estados Unidos* **são** uma grande potência.
  Os *Lusíadas* **narram** as conquistas portuguesas do século XVI.
  As *Minas de prata*, de José de Alencar, já **foram adaptadas** para a televisão.

> **OBSERVAÇÃO**
> No caso de título de obra que apresente artigo no plural, admite-se também o verbo no singular.
> **Exemplo:**
> *Os Lusíadas* **narra** as conquistas portuguesas do século XVI.

PRONOME DE TRATAMENTO COMO NÚCLEO DO SUJEITO

O verbo é empregado sempre na 3ª pessoa.
Exemplos:
Vossa Excelência não **pode concordar** com essa proposta dos colegas.
Vossas Excelências não **podem concordar** com essa proposta dos colegas.

PRONOME RELATIVO *QUE* COMO NÚCLEO DO SUJEITO

O verbo concorda em número e pessoa com o antecedente desse pronome.
Exemplos:

Fui **eu** *que* **paguei** a conta.
Foste **tu** *que* **pagaste** a conta.
Fomos **nós** *que* **pagamos** a conta.

PRONOME RELATIVO *QUEM* COMO NÚCLEO DO SUJEITO

O verbo toma a forma da 3ª pessoa do singular.

Exemplos:

Fui eu *quem* **pagou** a conta.

Fomos nós *quem* **pagou** a conta.

> **OBSERVAÇÃO**
>
> Na linguagem coloquial, é comum a ocorrência da concordância do verbo com o antecedente de **quem**. Exemplo: Fui **eu** *quem* **paguei** a conta.

PRONOME INDEFINIDO OU PRONOME INTERROGATIVO PLURAL + *DE NÓS* OU *DE VÓS* COMO NÚCLEO DO SUJEITO

O verbo pode ser empregado na 3ª pessoa do plural ou concordar com o pronome pessoal.

Exemplos:

Quais de vós **fazem** o bem?

Quantos de nós **são** felizes?

Muitos de nós **sabem** o que fazer.

Quais de vós **fazeis** o bem?

Quantos de nós **somos** felizes?

Muitos de nós **sabemos** o que fazer.

NÚMERO PERCENTUAL COMO NÚCLEO DO SUJEITO

O verbo concorda com o numeral ou com o substantivo que o segue, quando houver.

Exemplos:

1% não **entendeu** nada da aula.

80% **entenderam** perfeitamente o assunto.

1% dos alunos **fez** recuperação.

1% dos alunos **fizeram** recuperação.

20% do eleitorado não **compareceram** às urnas.

20% do eleitorado não **compareceu** às urnas.

SUJEITO FORMADO POR *EXPRESSÕES*

- **A maioria de**, **parte de**, **uma porção de** etc., seguidas de substantivo plural: o verbo toma a forma singular, destacando o conjunto, ou plural, destacando os elementos do conjunto.

    Exemplos:

    A maioria dos casos de infecção **ocorre** / **ocorrem** por falta de saneamento básico.

    A maior parte dos pesquisadores **precisa** / **precisam** de mais verbas.

    Uma porção de alunos **faltou** / **faltaram** à aula hoje.

- **Mais de**, **menos de**, **cerca de**, seguidas de numeral e substantivo: o verbo concorda com o substantivo.

    Exemplos:

    Mais de um tenista **representou** o Brasil nas Olimpíadas.

    Menos de cinco atores **participam** do espetáculo.

    Cerca de vinte pessoas **aguardavam** na fila do caixa.

- **Um dos que**, **uma das que**: o verbo assume a forma plural.

    Exemplos:

    Você é *um dos que* mais **gostam** de literatura.

    Antônio era *um dos* alunos *que* **faziam** lindos poemas.

    Eu fui *uma das que* mais **brincaram** na escola.

CASOS PARTICULARES DE CONCORDÂNCIA COM SUJEITO COMPOSTO

SUJEITO COMPOSTO *ANTEPOSTO* AO VERBO

a) Admite duas possibilidades de concordância:

- **com núcleos sinônimos**.

    Exemplos:

    Muita sinceridade e franqueza às vezes **soa / soam** mal.

    A casmurrice e a sisudez **marcava / marcavam** o rosto do velho senhor.

- **com núcleos dispostos de maneira gradativa**.

    Exemplos:

    A falta de companhia, a solidão, a angústia **levou**-o / **levaram**-no ao desespero.

    A picada, a coceira, o mal-estar **deixou**-a / **deixaram**-na tensa.

b) Mantém o verbo no singular:

- **se os núcleos se referirem à mesma pessoa ou coisa**.

    Exemplos:

    O cidadão brasileiro, o eleitor **espera** leis sociais mais justas.

    Os seres humanos, a humanidade **precisa** de paz.

- **se os núcleos forem resumidos por um aposto:** *tudo, nada, ninguém*.

    Exemplos:

    Leituras, pesquisas, provas, planos, **tudo é** trabalho do professor.

    Cara feia, beiço caído, **nada** me **fará** mudar de ideia.

    Pedro, Paulo, José, **ninguém** me **dirá** o que fazer.

SUJEITO COMPOSTO DE NÚCLEOS UNIDOS POR *OU* E *NEM*

- O verbo assume a forma plural se a informação do predicado for válida para todos os núcleos.

    Exemplos:

    Bebida *ou* fumo **prejudicam** a saúde.   Nem Brasil *nem* Argentina **venceram** o torneio.

- O verbo toma a forma singular se a informação do predicado for válida somente para um dos núcleos.

    Exemplos:

    Na fase final, França *ou* Itália **seria** o campeão.

    O ministro do Trabalho *ou* o da Justiça **anunciará** a nova medida.

    Nem o ministro do Trabalho *nem* o da Justiça **anunciou** novas medidas.

SUJEITO COMPOSTO DE NÚCLEOS UNIDOS POR *COM*

O verbo toma a forma plural quando se quer atribuir aos núcleos o mesmo grau de importância.

Exemplos:

César **com** *sua mãe* **abriram** uma livraria.

O pai **com** *o filho* **pintaram** a casa.

> **OBSERVAÇÃO**
>
> Admite-se o verbo no singular quando se quer enfatizar o primeiro núcleo.
> **Exemplos:**
> *César* **com** sua mãe **abriu** uma livraria.
> *O pai* **com** os filhos **pintou** a casa.

SUJEITO COM AS EXPRESSÕES *UM OU OUTRO, NEM UM NEM OUTRO, UM E OUTRO*

O verbo pode ser flexionado no singular ou plural; no entanto:

- com **um ou outro**, **nem um nem outro**, a preferência é pelo singular.

    Exemplos:

    Um ou outro **fez** (**fizeram**) a arte.

    Nem um nem outro **assumiu** (**assumiram**) o desvio do dinheiro público.

- com **um e outro**, a preferência é pelo plural.

    Exemplos:

    Um e outro **esculpiam** (**esculpia**) a madeira.

    Uma e outra **gostavam** (**gostava**) do mesmo rapaz.

> **OBSERVAÇÃO**
>
> Quando essas expressões forem seguidas de substantivo, este deve ficar no singular.
> **Exemplos:**
> *Um ou outro* **garoto** **fez** a arte.
> *Nem um nem outro* **político** **assumiu** o desvio do dinheiro público.
> *Uma e outra* **garota** **gostavam** do mesmo rapaz.

SUJEITO COM AS EXPRESSÕES *NÃO SÓ... MAS TAMBÉM, TANTO... QUANTO*

O verbo é empregado, de preferência, no plural.

Exemplos:

Não só sua chegada *mas também* seu humor me **abalaram** (**abalou**).

Tanto a irmã *quanto* o irmão **sentiam** (**sentia**) a falta do pai.

SUJEITO COM *INFINITIVOS*

- O verbo toma a forma singular se os infinitivos não estiverem determinados.

    Exemplos:

    Conversar e discutir **contribui** para o nosso amadurecimento.

    Refletir, lutar, analisar as situações **é** próprio do ser humano.

- O verbo toma a forma plural se os infinitivos estiverem determinados.

    Exemplos:

    O conversar e *o discutir* **contribuem** para nosso amadurecimento.

    O trabalhar e *o descansar* **são** necessidades vitais à saúde humana.

CONCORDÂNCIA DO VERBO COM SUJEITO ORACIONAL

O verbo que tem como sujeito uma oração, caso da *oração subordinada substantiva subjetiva*, assume sempre a forma **singular**.

Exemplos:

É importante que você participe da reunião.

Será necessário resolver todas as questões.

Não **adianta** eles esperarem mais.

Decidiu-se que viajaríamos bem cedo.

CONCORDÂNCIA DO VERBO ACOMPANHADO DO PRONOME *SE*

COM *SE* COMO PRONOME APASSIVADOR

O verbo (transitivo direto ou transitivo direto e indireto) concorda com o sujeito, que estará sempre presente.

Exemplos:
Vende-se *terreno*. (Terreno é vendido.)
Vendem-se *terrenos*. (Terrenos são vendidos.)
Elaborou-se *o plano do Ensino Médio*. (O plano do Ensino Médio foi elaborado.)
Elaboraram-se *os planos do Ensino Médio*. (Os planos do Ensino Médio foram elaborados.)

COM *SE* COMO ÍNDICE DE INDETERMINAÇÃO DO SUJEITO

O verbo (intransitivo ou transitivo indireto) toma, necessariamente, a forma singular.

Exemplos:
Descansa-se muito na praia de Peruíbe.
Precisa-se de homens e mulheres corajosos.
Assiste-se a belos espetáculos no Carnaval carioca.

CONCORDÂNCIAS ESPECÍFICAS DE ALGUNS VERBOS

CONCORDÂNCIA DOS VERBOS *BATER, DAR, SOAR*

Na indicação de horas, esses verbos concordam com o sujeito, que pode ser o número de horas ou um outro.

Exemplos:
Deu *uma hora* no relógio da matriz. (sujeito = uma hora)
Bateram *cinco horas* no relógio da matriz. (sujeito = cinco horas)
Soou cinco horas *o relógio da matriz*. (sujeito = o relógio da matriz)

CONCORDÂNCIA DOS VERBOS *FALTAR, SOBRAR, BASTAR*

Esses verbos concordam com o sujeito, que normalmente é posposto a eles.

Exemplos:
Falta *uma semana* para a viagem.
Sobraram-me apenas *alguns trocados*.
Basta *uma palavra* sua para a decisão final.

CONCORDÂNCIA DOS VERBOS *HAVER* E *FAZER*

- Esses dois verbos são **impessoais** (não apresentam sujeito), devendo ficar na 3ª pessoa do singular quando usados para indicar *tempo transcorrido*.

  Exemplos:
  Havia *três anos* que Ana se mudara para a França.
  Faz *cinco meses* que nos formamos.

- Com o verbo **fazer** ocorre impessoalidade também na indicação de fenômenos naturais.

  Exemplos:
  No Nordeste **faz** *invernos amenos*.
  Fez *calores intensos* no verão passado.

- O verbo **haver** é também impessoal quando usado com o sentido de "existir".

    Exemplos:

    Não **havia**, em outros jardins, flores mais belas.
    Há muitas pessoas à sua espera.

> **OBSERVAÇÃO**
>
> Os verbos impessoais transmitem sua impessoalidade para o verbo auxiliar da locução verbal.
> **Exemplos:**
> **Está fazendo** cinco meses que nos formamos.
> **Deve haver**, em outros jardins, flores mais belas.

CONCORDÂNCIAS DO VERBO *SER*

a) O verbo **ser** nem sempre concorda com o sujeito. Em alguns casos, sua concordância depende do tipo de palavra que forma o **sujeito** e o **predicativo do sujeito**.

- Ligando sujeito e predicativo de **números diferentes**, o verbo **ser** toma a forma **plural**:
    - se os dois termos forem formados de **nomes de coisas**.

        Exemplos:

        Essas dores **são** *o meu sofrimento.*   *A blusa* **são** *retalhos coloridos.*

    - se o sujeito for o pronome **quem** (interrogativo), **tudo**, **isto**, **isso** ou **aquilo**.

        Exemplos:

        Quem **são** *meus amigos?*
        Para mim, tudo ali **eram** *novidades.*
        Isto **são** *coisas importantes!*
        Isso **são** *problemas seus.*
        Aquilo **eram** *verdades puras.*

    - se o sujeito for uma expressão de sentido **coletivo** ou **partitivo**.

        Exemplos:

        O restante **eram** *verduras murchas.*   *O resto* **foram** *cenas de terror.*
        O mais **são** *justificativas sem fundamento.*   *A maioria da população* **são** *mulheres.*

> **OBSERVAÇÃO**
>
> Não é raro, no entanto, encontrar o verbo **ser**, nesses dois casos, concordando com o termo **singular**. **Exemplos:**
> *A vida* **é** *ilusões.*
> *Tudo* **era** *flores.*

- Ligando sujeito e predicativo formados de **substantivos**, sendo um deles referente a **pessoa**, o verbo **ser** concorda com a **pessoa**.

    Exemplos:

    Minha vaidade **são** *meus filhos.*   *O homem* **é** *suas ações.*

- Ligando sujeito e predicativo formados de **pronome pessoal** e **substantivo**, o verbo **ser** concorda com o **pronome pessoal**.

    Exemplos:

    Eu **sou** *o amigo dele.*   *O amigo dele* **sou** *eu.*

b) O verbo **ser** é impessoal na indicação de **horas**, **dias**, **distância** e, diferentemente dos outros verbos impessoais, ele varia para concordar com o **numeral**.

Exemplos:

É *uma* hora.   Hoje **são** *quatro* de novembro.
Eram *oito e quinze* da noite.   De casa até a praia, **são** *cinco* quarteirões.

c) O verbo **ser** é **invariável**, tomando apenas a forma da 3ª pessoa do singular nas expressões que indicam **quantidade** (peso, medida, valor), seguidas de *pouco, muito, mais do que, menos do que*.

Exemplos:

Cinco quilos de arroz **é** *pouco*.

Cem reais pela passagem **é** *muito*.

Seis litros de água **é menos do que** precisamos.

Oito metros de tecido **é mais do que** pedi.

CONCORDÂNCIA DO VERBO *PARECER*

O verbo **parecer** seguido de infinitivo admite duas estruturas:

- flexiona-se o verbo **parecer** e não se flexiona o infinitivo.

  Exemplos:

  As cenas do palhaço **pareciam** *alegrar* a criançada.
  As pescarias **pareciam** *dar* vida nova a meu pai.

- não se flexiona o verbo **parecer** e flexiona-se o infinitivo.

  Exemplos:

  As cenas do palhaço *parecia* **alegrarem** a criançada.
  As pescarias *parecia* **darem** vida nova a meu pai.

ATIVIDADES

1. Leia o cartaz de uma campanha do governo sobre viagens turísticas.

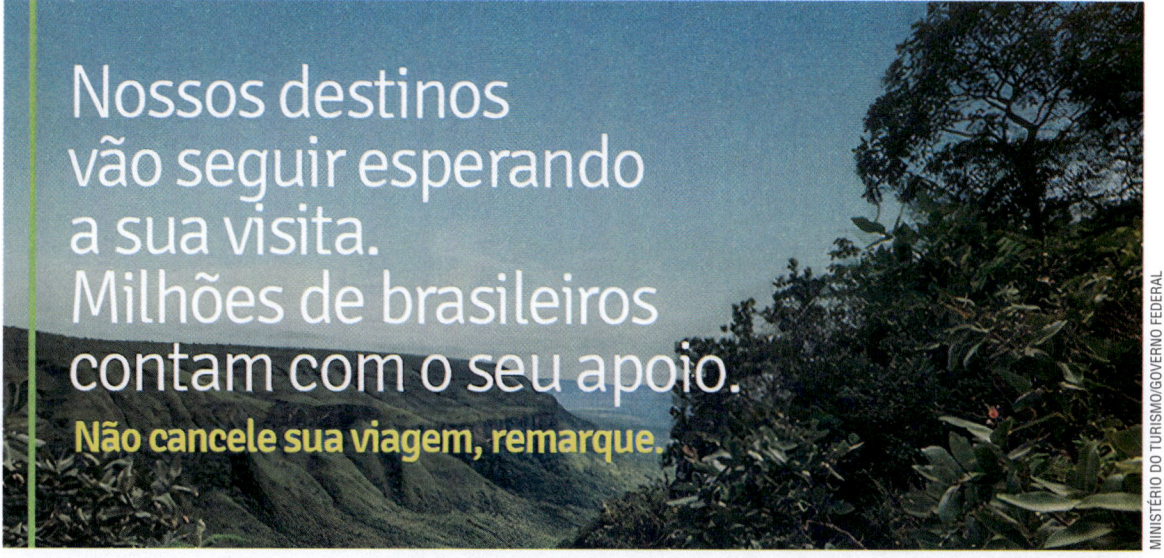

   > Nossos destinos vão seguir esperando a sua visita.
   > Milhões de brasileiros contam com o seu apoio.
   > **Não cancele sua viagem, remarque.**

   BRASIL. Ministério do Turismo. **Não cancele sua vigem, remarque**. Brasília, DF, 7 abr. 2020. Cartaz. Disponível em: http://antigo.turismo.gov.br/nao-cancele-remarque.html. Acesso em: 19 abr. 2021.

   a) Copie e classifique o sujeito das duas primeiras orações que compõem o título.

   b) Por que as formas verbais estão no plural nessas duas orações?

   c) Reescreva a segunda oração substituindo "Milhões de brasileiros" por "O Brasil". Faça os ajustes de concordância que forem necessários.

2. Corrija as frases que apresentam concordância verbal inadequada. Justifique sua resposta.

   a) As flores que a jovem ganhou do namorado pareciam estarem murchas.

   b) Parque, montanha, praia, campo, tudo é descanso e diversão.

   c) Fui eu que anotou o recado.

   d) Discutiram técnico e jogador no final do campeonato.

3. Leia o fragmento a seguir, extraído de um conto de Lourenço Diaféria.

O pardal

Era um pardal feio, escuro e pequeno. Cabia sem esforço na mão fechada. A filha mais velha o trouxe da rua — Olhem o que eu trouxe para vocês — como se fosse um bombom-surpresa. Estava caído na calçada. É cego, ela disse, como que se desculpando por tê-lo visto e apanhado. Aos domingos essas coisas acontecem. Um pardal na sala. Estava com os olhos fechados, depois abriu um deles, tornou a fechá-lo, abriu o outro. De fato, não queria ficar com os olhos abertos. Quem sabe desejasse apenas se inteirar do que estava acontecendo, quem eram aquelas pessoas indefinidas, opacas, que encostavam o rosto em suas penas molhadas. Estava molhado. Alguém fora lá dentro apanhar uma xícara com água e essas coisas que se dão a passarinho.

[...]

DIAFÉRIA, Lourenço. O pardal. *In*: DIAFÉRIA, Lourenço. **O imitador de gato**. São Paulo: Ática, 2001. p. 27. (Para gostar de ler, 30).

a) Reescreva os dois primeiros períodos, considerando como sujeito **dois pardais**.

b) Qual é a regra de concordância que justifica a alteração realizada nas formas verbais?

c) No trecho a seguir, substitua a palavra **pessoas** por **gente** e **penas** por **corpo**.

"[...] quem eram aquelas pessoas indefinidas, opacas, que encostavam o rosto em suas penas molhadas."

d) Justifique o uso do verbo **dar** no plural em "Alguém fora lá dentro apanhar uma xícara com água e essas coisas que se dão a passarinho".

4. Justifique a concordância das formas verbais destacadas nas orações a seguir.

a) Vossa Senhoria **convocou** os professores à assembleia?

b) Fomos nós quem **escreveu** o relatório.

c) Ele foi um dos artistas que mais **agradaram** ao público.

d) Não só sua delicadeza, mas também sua simpatia me **cativaram**.

e) Essa música **são** lembranças vivas.

TIRE DE LETRA

É muito frequente o desvio de concordância com o **sujeito posposto**, sobretudo na língua falada, sendo considerado erro na língua escrita padrão. As regras de concordância contribuem para a harmonia e clareza do texto, sendo um dos fatores responsáveis pelo estabelecimento da **coesão**.

---

5. Preencha as lacunas com as formas verbais adequadas.

a) ■ oito anos que me mudei de cidade. (Faz / Fazem)

b) Os Estados Unidos ■ um país desenvolvido. (é / são)

c) Tu e teus filhos ■ da festa do colégio. (participarão / participareis)

d) Nem dinheiro nem fama ■ o problema emocional do ator. (resolveu / resolveram)

e) Compreender e perdoar ■ amor ao próximo. (revela / revelam)

6. Agora, justifique as respostas da atividade anterior de acordo com as regras de concordância verbal.

7. Leia o trecho de uma notícia.

Após projetar avião, garoto de dez anos disputa título de gênio mirim

A maioria dos pais fica orgulhosa de seus filhos e acha secretamente que eles são mais inteligentes do que seus amigos. Mas alguns deles realmente são pais de gênios.

Hugo, de dez anos, é um dos participantes de um concurso da Mensa, a associação internacional que reúne pessoas que obtêm, em testes padrão de QI, um índice de acerto de 98% ou superior.

Ele é uma das 21 crianças entre 7 e 11 anos que estão competindo pelo título de gênio mirim da Grã-Bretanha.

[...]

APÓS projetar avião, garoto de dez anos disputa título de gênio mirim. **BBC News Brasil**, 11 jun. 2013. Disponível em: http://www.bbc.co.uk/portuguese/noticias/2013/06/130611_menino_genio_cc.shtml. Acesso em: 23 abr. 2021.

a) Justifique o emprego do verbo **ficar** no singular no início do texto. Haveria outra possibilidade de concordância, além da que foi empregada?

b) No caso do período "Ele é uma das 21 crianças entre 7 e 11 anos que **estão competindo** pelo título de gênio mirim da Grã-Bretanha.", haveria outra possibilidade de concordância?

c) Identifique nesse trecho da notícia uma forma verbal no singular que deveria ter sido empregada no plural. Justifique.

8. Escreva outra forma possível de concordância dos verbos destacados. Justifique sua resposta.

a) **Assistiu** um menino e seus pais ao espetáculo infantil.

b) Uma nuvem de gafanhotos **destruiu** a plantação.

c) Quais de vós participaram do evento?

d) A maioria dos trabalhadores **recebe** baixos salários.

e) A dedicação, a persistência, a força **levou** a jovem à aprovação.

9. Faça a correspondência das regras de concordância do quadro com as frases a seguir.

> **I.** Ao ligar sujeito e predicativo de números diferentes, o verbo **ser** é flexionado no plural quando o sujeito for uma expressão de sentido coletivo ou partitivo.
>
> **II.** Ao ligar sujeito e predicativo formados de substantivos, sendo um deles referente a pessoa, o verbo **ser** concorda com a pessoa.
>
> **III.** Ao ligar sujeito e predicativo formados de pronome pessoal e substantivo, o verbo **ser** concorda com o pronome pessoal.
>
> **IV.** Na indicação de horas, dias, distância, o verbo **ser** é flexionado para concordar com o numeral.
>
> **V.** O verbo **ser** fica na 3ª pessoa do singular nas expressões que indicam quantidade (peso, medida, valor) seguidas de *pouco, muito, mais do que, menos do que*.

a) Hoje são vinte de abril.

b) Minha mãe é lembranças e saudades.

c) O resto são histórias fictícias.

d) Trezentos reais é pouco para a viagem.

e) A aluna sou eu.

CONCORDÂNCIA NOMINAL

O estudo da concordância nominal trata das relações de **gênero** e **número** que se estabelecem entre o **substantivo** e as palavras que a ele se referem: *artigo, adjetivo, numeral* e *pronome*.

Exemplos:

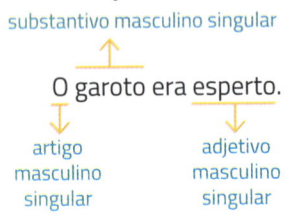

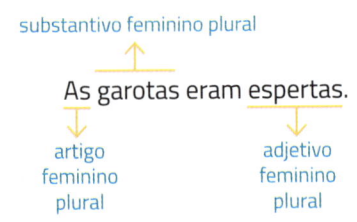

substantivo masculino singular

O garoto era esperto.

artigo masculino singular — adjetivo masculino singular

substantivo feminino plural

As garotas eram espertas.

artigo feminino plural — adjetivo feminino plural

REGRA GERAL

Como **adjuntos adnominais** de um **único substantivo**, as palavras que a ele se referem – *artigo, adjetivo, numeral, pronome* – concordam com o substantivo em **gênero** e **número**. Exemplo:

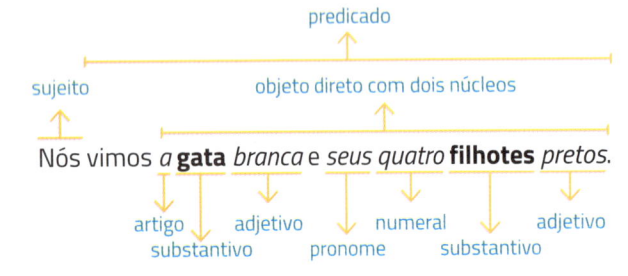

Nós vimos a **gata** branca e seus quatro **filhotes** pretos.

- artigo / substantivo
- adjetivo
- numeral / pronome
- substantivo
- adjetivo

(sujeito — objeto direto com dois núcleos — predicado)

REGRAS PARTICULARES

ADJETIVO COM SUBSTANTIVO

a) Um único **adjetivo** como *adjunto adnominal* de dois ou mais substantivos de gêneros diferentes ligados por **e** e **ou**.

- Se **anteposto**, o adjetivo concorda com o substantivo mais próximo.
  Exemplos:
  A funcionária deixava **limpo** o *escritório* e as *salas*.
  A funcionária deixava **limpas** as *salas* ou o *escritório*.

- Se **posposto**, o adjetivo pode:
  - concordar com o substantivo mais próximo.
    Exemplos:
    A funcionária deixava as *salas* e o ***escritório* limpo**.
    A funcionária deixava o *escritório* ou as ***salas* limpas**.
  - ser flexionado na forma masculina plural.
    Exemplo:
    A funcionária deixava o *escritório* e as *salas* **limpos**.

b) Dois ou mais **adjetivos** como *adjuntos adnominais* de um único substantivo.

- O **substantivo** fica no **singular** se o artigo for repetido para os adjetivos.
  Exemplos: Estudo **a língua** *espanhola* e **a** *inglesa*.   **O pecuarista** *mineiro*, **o** *paulista* e **o** *sulista* discutiram a crise no setor.

- O **substantivo** toma a forma **plural** se o artigo não for repetido para os adjetivos.
  Exemplos: Estudo **as línguas** *espanhola* e *inglesa*.   **Os pecuaristas** *mineiro*, *paulista* e *sulista* discutiram a crise no setor.

c) O **adjetivo** como *predicativo* do sujeito ou do objeto, sendo o sujeito ou o objeto compostos por núcleos de gêneros diferentes.

- Independentemente de sua posição, o adjetivo toma a forma masculina plural.

    Exemplos:

    A *pulseira* e **o** *anel* eram **falsos**.
    Consideraram **a** *pulseira* e **o** *anel* **falsos**.
    Consideraram **falsos a** *pulseira* e **o** *anel*.
    Eram **falsos a** *pulseira* e **o** *anel*.

- Se anteposto, o adjetivo pode também concordar com o núcleo mais próximo.

    Exemplos:

    Consideraram **falsa a** *pulseira* e **o** *anel*.
    Era **falso o** *anel* e **a** *pulseira*.

d) O **adjetivo** como *predicativo* de um sujeito formado de pronome de tratamento geralmente concorda com o gênero da pessoa a quem se refere.

    Exemplos:

    Sua Alteza ficou **revoltada** com os jornalistas. (referindo-se a uma princesa)

    Vossa Excelência precisa ser **honesto** com seu eleitor. (dirigindo-se a um deputado)

    Sua Majestade foi **sepultado** hoje. (referindo-se a um rei)

    Sua Majestade será **coroada** em breve. (referindo-se a uma rainha)

NUMERAL ORDINAL COM SUBSTANTIVO

No caso de dois ou mais **numerais ordinais** como *adjuntos adnominais* de um único substantivo, há várias possibilidades de concordância.

- O **substantivo** pode ficar no **singular** ou no **plural** se estiver posposto e se os numerais forem precedidos de artigo.

    Exemplos:

    O *primeiro* e **o** *segundo* **andar** foram danificados.
    A *segunda*, **a** *terceira* e **a** *quarta* **série** foram à excursão.
    O *primeiro* e **o** *segundo* **andares** foram danificados.
    O *segundo*, **o** *terceiro* e **o** *quarto* **anos** foram à excursão.

- O **substantivo** deve tomar a forma **plural** nas seguintes situações:

    - se ele estiver posposto e os numerais não forem precedidos de artigo.

    Exemplos:

    O *primeiro* e *segundo* **andares** foram danificados.
    O *segundo*, *terceiro* e *quarto* **anos** foram à excursão.

- se ele estiver anteposto aos numerais.

    Exemplos:

    Os **andares** *primeiro* e *segundo* foram danificados.
    Os **anos** *segundo*, *terceiro* e *quarto* foram à excursão.

PRONOME COM SUBSTANTIVO

Se o **pronome** se refere a dois ou mais substantivos de gêneros diferentes, ele deve ser empregado na forma masculina plural.

Exemplos:

Ofensas e *desaforos*, recebera-**os** sem saber o motivo.

Visitamos os antigos *vizinhos* e *filhas* com **os quais** viajamos.

CONCORDÂNCIA DE ALGUMAS PALAVRAS E EXPRESSÕES

É PRECISO, É NECESSÁRIO, É BOM, É PERMITIDO, É PROIBIDO

Essas expressões podem ser empregadas como:

- **invariáveis** – se o substantivo não possuir determinante.

  Exemplos:
  É **preciso** *profissionais* capacitados.
  Tranquilidade é **bom** demais.
  Entrada de pessoas estranhas é **proibido**.

  É **necessário** *segurança* em casa.
  É **permitido** *visitas* até as vinte horas.
  É **proibido** *entrada* de estranhos.

- **variáveis** – se o substantivo possuir determinante (artigo, pronome, numeral).

  Exemplos:
  São **precisos** *vários* profissionais capacitados.
  A segurança é **necessária** para uma vida saudável.
  Esta tranquilidade é **boa** demais.

  São **permitidas** *as* visitas até as vinte horas.
  A entrada de pessoas estranhas é **proibida**.

MESMO, PRÓPRIO, INCLUSO, ANEXO, OBRIGADO, QUITE

Essas palavras concordam com o substantivo ou pronome a que se referem.

Exemplos:
Os *alunos* **mesmos** viram o erro.
Segue **inclusa** a *escritura*.
Anexa está a *relação* do material.
— Muito **obrigado** — agradeceu o *rapaz*.
Eu estou **quite** com os fornecedores.

Elas **próprias** perceberam seu potencial.
Seguem **inclusos** os *recibos*.
Anexos estão os *comentários*.
Muito **obrigada**, disse a *moça*.
Nós estamos **quites**.

BASTANTE, MUITO, POUCO, CARO, LONGE, MEIO, SÓ, ALERTA

Essas palavras podem aparecer como:

- **advérbios** – sendo, portanto, invariáveis.

  Exemplos:
  Falaram **bastante** (ou **muito**) sobre o assunto. (refere-se ao verbo)
  Falaram **pouco** sobre o assunto. (refere-se ao verbo)
  Os alimentos *custam* **caro**. (refere-se ao verbo)
  Andamos por terras que *ficam* **longe**. (refere-se ao verbo)
  A melancia estava **meio** *estragada*. (refere-se ao adjetivo)
  Todos saíram e **só** os dois ficaram. (= somente)
  Fiquem **alerta** à entrada lateral do prédio. (= de sobreaviso)

- **adjetivos** – sendo, então, variáveis.

  Exemplos:
  Falaram sobre **bastantes** (ou **muitos**) *assuntos*. (refere-se ao substantivo)
  Falaram sobre **poucos** *assuntos*. (refere-se ao substantivo)
  Os *alimentos* estão **caros**. (refere-se ao substantivo; o verbo é de ligação)
  Andamos por **longes** *terras*. (refere-se ao substantivo)
  Meia *melancia* estava estragada. (= metade)
  Era meio-dia e **meia**. (= meia hora)
  Todos saíram e os dois ficaram **sós**. (= sozinhos)
  Enxergam tudo, são *crianças* **alertas**. (= atentas, ágeis)

MENOS

A palavra **menos** é sempre advérbio; portanto é uma palavra **invariável**.

Exemplos:

Na classe, há **menos** *meninas* do que meninos.

Havia **menos** *mulheres* na reunião do condomínio.

ADJETIVOS ADVERBIALIZADOS

São adjetivos empregados com a função de advérbio, modificando verbos e tornando-se, assim, invariáveis.

Exemplos:

Procuraram ir **direto** à seção de pessoal.

Olhavam-nos **torto**.

Jogaram **alto** em seus planos.

Enviamos os documentos **junto** com o requerimento.

Os jogadores *batiam* **forte** nos adversários.

Eles *falam* **macio**, mas são bastante severos.

ATIVIDADES

1. Leia o fragmento extraído de um conto de Machado de Assis.

A chinela turca

[...]

Duarte não respondeu, fechou os punhos, bateu com eles violentamente nos peitos do homem e deitou a correr pelo jardim fora. O homem não caiu; sentiu apenas um grande abalo; e, uma vez passada a impressão, seguiu no encalço do fugitivo. Começou então uma carreira vertiginosa. Duarte ia saltando cercas e muros, calcando canteiros [...]. Escorria-lhe o suor em bica, alteava-se-lhe o peito, as forças iam a perder-se pouco a pouco; tinha uma das mãos ferida, a camisa salpicada do orvalho das folhas, duas vezes esteve a ponto de ser apanhado, o chambre pegara-se-lhe em uma cerca de espinhos. Enfim, cansado, ferido, ofegante, caiu nos degraus de pedra de uma casa, que havia no meio do último jardim que atravessara.

[...]

MACHADO DE ASSIS, Joaquim Maria. A chinela turca. *In*: MACHADO DE ASSIS, Joaquim Maria. **Obra completa**. Rio de Janeiro: Nova Aguilar, 1994. v. 2. Disponível em: http://www.dominiopublico.gov.br/download/texto/bv000233.pdf. Acesso em: 20 abr. 2021.

a) Justifique o uso do pronome **eles** no primeiro período.

b) Em: "[...] tinha uma das mãos ferida [...]", justifique o uso do adjetivo **ferida** no singular.

c) Reescreva esse trecho de forma que o adjetivo **ferida** apareça no plural.

d) Acrescente um adjetivo caracterizando o substantivo **folhas** em "[...] a camisa salpicada do orvalho das folhas [...]".

2. Preencha as lacunas com a palavra entre parênteses, estabelecendo a devida concordância.

a) Seguem ▇ as atas da reunião. (incluso)

b) A secretária deixou ▇ as pastas e o arquivo. (vazio)

c) Frutas é ▇ para a saúde. (bom)

d) As crianças falavam ▇ e riam muito. (alto)

e) O segundo e terceiro ▇ do prédio têm excelentes livrarias. (piso)

3. Justifique a concordância dos termos destacados.

   a) **Foram necessários** muitos trabalhadores na construção do estádio.

   b) Hoje havia **menos** pessoas no parque do que ontem.

   c) O estudo das **literaturas** portuguesa e brasileira é importante para candidatos a vestibulares.

   d) Os jovens estavam **quites** com o serviço militar.

4. Observe as palavras destacadas em cada par, classifique-as e justifique a concordância.

   a) As roupas que comprei no *shopping* custaram **caro**.
   As roupas no *shopping* estão **caras**.

   b) Os moradores discutiram sobre **bastantes** assuntos na assembleia do condomínio.
   Os moradores discutiram **bastante** na assembleia do condomínio.

   c) Os turistas vieram de muito **longe**.
   Os turistas vieram de **longes** terras.

   d) As meninas distanciaram-se do grupo e ficaram **sós**.
   Só as meninas distanciaram-se do grupo.

   e) As frutas estavam **meio** estragadas.
   Meia dúzia de frutas estava estragada.

EM SÍNTESE

Concordância verbal – relação de *número* e *pessoa* entre **verbo** e **sujeito**.
- **Sujeito simples** – o verbo concorda com o sujeito em número e pessoa.
- **Sujeito composto** – a concordância depende de sua posição e formação.
    - Depois do verbo – concordância no plural ou com o núcleo mais próximo.
    - Antes do verbo – concordância no plural.
- **Outros casos de concordância verbal**
    - Sujeitos oracionais ou com infinitivos – concordância no singular, a não ser que os infinitivos estejam determinados por artigos.
    - **Se** como pronome apassivador – o verbo concorda com o sujeito paciente.
    - **Se** como índice de indeterminação do sujeito – o verbo é flexionado no singular.
    - Verbos **bater**, **dar** e **soar** – concordância com o numeral ou com o núcleo do sujeito.
    - Verbos **faltar**, **sobrar**, **bastar** – concordância com o núcleo, que normalmente é posposto.
    - Verbos **haver** e **fazer** impessoais – 3ª pessoa do singular.
    - Verbo **parecer** + infinitivo – flexiona-se um ou outro.
    - Verbo **ser** – nem sempre concorda com o sujeito, depende do tipo de palavra que forma o sujeito e o predicativo do sujeito.

Concordância nominal – relações de *gênero* e *número* entre **substantivo** e **modificadores** (artigo, adjetivo, numeral e pronome): adjuntos adnominais.
- **Adjuntos adnominais** concordam com o substantivo a que se referem.
- **Outros casos de concordância nominal**
    - **É preciso, é bom, é proibido** – invariáveis com substantivo sem determinante; variáveis com determinantes.
    - **Mesmo, próprio, incluso, anexo, obrigado, quite** – concordam com o substantivo.
    - **Bastante, muito, pouco, caro, longe, meio, só, alerta** – variáveis quando adjetivos; invariáveis quando advérbios.
    - **Menos** – sempre advérbio, nunca varia.

NO TEXTO

Leia o início de um conto do escritor carioca Lima Barreto.

O número da sepultura

Que podia ela dizer, após três meses de casada, sobre o casamento?

Era bom? Era mau?

Não se animava a afirmar nem uma coisa, nem outra. Em essência, "aquilo" lhe parecia resumir-se em uma simples mudança de casa.

A que deixara não tinha mais nem menos cômodos do que a que viera habitar; não tinha mais "largueza"; mas a "nova" possuía um jardinzito minúsculo e uma pia na sala de jantar.

Era, no fim de contas, a diminuta diferença que existia entre ambas.

Passando da obediência dos pais, para a do marido, o que ela sentia era o que se sente quando se muda de habitação.

No começo, há nos que se mudam agitação, atividade; puxa-se pela ideia, a fim de adaptar os móveis à casa "nova" e, por conseguinte, eles, os seus recentes habitantes, também; isso, porém, dura poucos dias.

No fim de um mês, os móveis já estão definitivamente "ancorados", nos seus lugares, e os moradores se esquecem de que residem ali desde poucos dias.

Demais, para que ela não sentisse profunda modificação no seu viver, advinda com o casamento, havia a quase igualdade de gênios e hábitos de seu pai e seu marido.

Tanto um como outro eram corteses com ela; brandos no tratar, serenos, sem impropérios, e ambos, também, meticulosos, exatos e metódicos. Não houve, assim, abalo algum, na sua transplantação de um lar para outro.

Contudo, esperava no casamento alguma coisa de inédito até ali, na sua existência de mulher: uma exuberante e contínua satisfação de viver.

Não sentiu, porém, nada disso.

O que houve de particular na sua mudança de estado foi insuficiente para lhe dar uma sensação nunca sentida da vida e do mundo. Não percebeu nenhuma novidade essencial...

Os céus cambiantes, com o rosado e dourado de arrebóis, que o casamento promete a todos, moços e moças; não os vira ela. O sentimento de inteira liberdade, com passeios, festas, teatros, visitas – tudo que se contém, para as mulheres, na ideia de casamento, durou somente a primeira semana de matrimônio.

[...]

LIMA BARRETO, Afonso Henriques de. O número da sepultura. *In:* LIMA BARRETO, Afonso Henriques de. **Contos de Lima Barreto**. Rio de Janeiro: [*s. n.*], 1921]. p. 6. Disponível em: http://www.dominiopublico.gov.br/download/texto/bn000130.pdf. Acesso em: 20 maio 2021.

1. Caracterize a protagonista do conto. É possível inferir qual comportamento era esperado das mulheres casadas na época em que o conto foi publicado (década de 1920)?

2. Releia o trecho:

   Tanto um como outro **eram** corteses com ela; brandos no tratar, serenos, sem impropérios, e ambos, também, meticulosos, exatos e metódicos.

   - Explique o uso da forma verbal em destaque no plural.

3. No trecho "O sentimento de inteira liberdade, com passeios, festas, teatros, visitas – tudo que se **contém**, para as mulheres, na ideia de casamento, durou somente a primeira semana de matrimônio.", explique a concordância da forma verbal em destaque.

SINTAXE

Sintaxe de regência

UM PRIMEIRO OLHAR

Leia a tirinha de Fabiane Langona.

[Quadrinho 1: "senso de humor o melhor antídoto pra lidar com a realidade!!!" "RÁ RÁ RÁ RERE RISOS"]

[Quadrinho 2: "preciso urgentemente de uma reunião no Centro de Apoio Emocional ao Risonho Triste."]

LANGONA, Fabiane. [Viver dói]. **Folha de S.Paulo**, São Paulo, 20 out. 2020. Disponível em: https://www1.folha.uol.com.br/ilustrada/cartum/cartunsdiarios/#20/10/2020. Acesso em: 19 abr. 2021.

1. Observe as formas verbais **lidar** e **preciso**.

    a) Identifique o complemento verbal de cada uma dessas formas.

    b) Identifique a preposição que introduz cada complemento verbal.

    c) É possível intercambiar as preposições que introduzem o complemento dessas formas verbais? Por quê?

2. O reconhecimento da transitividade de um verbo revela a sua regência. Qual é a regência dos verbos analisados na tirinha? Justifique sua resposta.

3. Releia o texto do segundo quadrinho:

    > preciso urgentemente de uma reunião no Centro de Apoio Emocional ao Risonho Triste.

    a) Em "Centro de Apoio Emocional ao Risonho Triste", a que termo se refere a expressão "ao Risonho Triste", ou seja, qual é seu termo regente?

    b) Identifique a preposição que introduz o termo regido nessa expressão.

    c) Determine a função sintática dessa expressão.

REGÊNCIA VERBAL

Sintaxe de regência é a parte da gramática que estuda as relações de dependência entre um **verbo** ou um **nome** – os *termos regentes* – e seus respectivos complementos – os *termos regidos*.

A **regência verbal** trata dos casos em que o termo regente é o **verbo**. Conhecer a regência de um verbo consiste em identificar sua transitividade e, quando ele exige preposição, empregá-la adequadamente. Por exemplo: os verbos **chegar** e **ir** são **intransitivos** quando indicam *deslocar-se de um lugar a outro*. Quando esses verbos indicam *destino* ou *direção*, devem reger a preposição **a** (e não a preposição **em**).

Exemplos:

Cheguei *a* Berlim numa noite fria.

No Carnaval, **fomos *a*** Florianópolis.

Chegamos *ao* Cairo numa manhã ensolarada.

Você **precisa ir *a*** Manaus.

Namorar é **verbo transitivo direto** e **transitivo indireto**, regendo, neste caso, a preposição **com**.

Exemplos:

João **namora** uma jovem do meu bairro.

Namoro *com* o José.

Há verbos cuja regência, na linguagem corrente, costuma ser diferente daquela prevista pela gramática normativa. Veja alguns desses verbos:

ABDICAR

Esse verbo possui *mais de uma regência*, sem alteração de significado.

Exemplos:

Transitivo direto – O diretor **abdicou** *o cargo*.

Transitivo indireto – A escritora **abdicou** *de seus direitos*.

Intransitivo – Os parlamentares **abdicaram**.

AGRADAR / DESAGRADAR

Esses verbos são *transitivos indiretos* e regem a preposição **a**.

Exemplos:

O desfile de modas **agradou** *ao público*. O desfile de modas agradou-*lhe*.

A atitude desonesta **desagradou** *ao comerciante*. A atitude desonesta desagradou-*lhe*.

O verbo **agradar** é *transitivo direto* no sentido de *acariciar, fazer carinho*.

Exemplo:

Isadora **agradava** *o seu cãozinho*. Isadora **agradava**-*o*.

AGRADECER / PAGAR / PERDOAR

Esses verbos apresentam várias regências.

- *Transitivos diretos*, com o objeto representando *coisa*.

    Exemplos:

    Agradeci *o presente*. Agradeci-*o*.

    Paguei *a consulta*. Paguei-*a*.

    O agiota não **perdoou** *os juros*. O agiota não *os* perdoou.

- *Transitivos indiretos*, regendo a preposição **a**, com o objeto representando *pessoa*.

    Exemplos:

    Agradeci ao amigo. Agradeci-*lhe*.

    Paguei ao médico. Paguei-*lhe*.

    O agiota não **perdoou a**os devedores. O agiota não *lhes* perdoou.

- *Transitivos diretos e indiretos*, com os dois objetos.

    Exemplos:

    Agradeci o presente **a**o amigo.

    Agradeci-*lhe* o presente. **Agradeci**-o *ao amigo*.

    Paguei a consulta **a**o médico.

    Paguei-*lhe* a consulta. **Paguei**-*a* **a**o médico.

    O agiota não **perdoou** os juros **a**os devedores.

    O agiota não *lhes* perdoou os juros. O agiota não *os* **perdoou a**os devedores.

ASPIRAR

Possui mais de uma regência, com alteração de significado.

- *Transitivo direto*, significando *sorver, inspirar*.

    Exemplos:

    Na estrada, **aspirávamos** *o pó* levantado pelo caminhão.

    Pela manhã, ela **aspirava** o *ar puro*.

- *Transitivo indireto*, regendo a preposição **a**, com sentido de *almejar, pretender, desejar*.

    Exemplos:

    O povo **aspira a** *uma sociedade mais justa*.

    Os trabalhadores **aspiravam a** *maior segurança no trabalho*.

ASSISTIR

Possui mais de uma regência, com alteração de significado.

- *Transitivo direto*, no sentido de *dar assistência, ajudar*.

    Exemplos:

    O veterinário **assistiu** *o gato com dedicação*. O veterinário **assistiu**-*o*.

    O veterinário procurou **assisti**-*lo* com dedicação.

    Como *transitivo direto*, o verbo **assistir** admite a voz passiva.

    Exemplo:

    O gato **foi assistido** pelo veterinário com dedicação.

- *Transitivo indireto*, regendo a preposição **a**, nos sentidos de:

    a) *presenciar, ver*.

    Exemplos:

    Os turistas **assistiram a**o espetáculo.

    Os turistas **assistiram a** *ele*. (não admite *lhe, lhes*)

> **OBSERVAÇÃO**
>
> Na linguagem coloquial, é comum a ocorrência do verbo **assistir** (no sentido de *presenciar, ver*) empregado como transitivo direto, tanto na voz ativa quanto na passiva.
> **Exemplos:**
> Os turistas **assistiram** *o espetáculo*.
> O espetáculo **foi assistido** pelos turistas.

b) *caber, pertencer, ser da competência.*

Exemplos:

A escalação do time não **assiste** *aos torcedores.*
A escalação do time não *lhes* **assiste**. (admite *lhe, lhes*)

- *Intransitivo*, regendo a preposição **em**, no sentido bem pouco usado de *residir*.

Exemplo:

O meu irmão **assiste** *n*a cidade do Rio de Janeiro.

CHAMAR

Possui mais de uma regência, com alteração de significado.

- *Transitivo direto*, no sentido de *convidar, convocar.*

Exemplos:

Meus pais **chamaram** *alguns amigos* para o jantar.
Meus pais queriam **chamá**-*los* para o jantar.

O professor **chamou** *os alunos* para a classe.
O professor **chamou**-*os* para a classe.

No mesmo sentido, o verbo **chamar** pode reger a preposição **por** como realce.

Exemplo:

O professor **chamou** *pelos alunos.*

- *Transitivo direto* ou *transitivo indireto*, no sentido de *denominar, apelidar*, caso em que normalmente é usado com predicativo do objeto; admite as seguintes construções:

    a) como *transitivo direto.*

    Exemplos:

    Os fãs **chamam** *o cantor de* rei. (objeto direto + predicativo com preposição)
    Os fãs **chamam** *o cantor* rei. (objeto direto + predicativo sem preposição)
    Os fãs **chamam**-*no de* rei. / Os fãs **chamam**-*no* rei.

    b) como *transitivo indireto*, regendo a preposição **a**.

    Exemplos:

    Os fãs **chamam** *ao cantor de* rei. (objeto indireto + predicativo com preposição)
    Os fãs **chamam** *ao cantor* rei. (objeto indireto + predicativo sem preposição)
    Os fãs **chamam**-*lhe de* rei. / Os fãs **chamam**-*lhe* rei.

CONFRATERNIZAR

O verbo **confraternizar** pode ser *intransitivo* ou *transitivo indireto.*

Exemplos:

Após o campeonato, os atletas **confraternizaram**. (*intransitivo*)
Após o campeonato, os atletas **confraternizaram** *com* os adversários. (*transitivo indireto*)

CONSISTIR

É *transitivo indireto*, regendo a preposição **em**.

Exemplos:

O prestígio de seu nome **consiste** *em* um trabalho honesto.
A sua tarefa **consiste** *no* levantamento de dados estatísticos.

CUSTAR

Possui mais de uma regência, com alteração de significado.

- *Transitivo indireto*, no sentido de *ser custoso, ser difícil*, tendo geralmente como sujeito uma oração subordinada substantiva reduzida.

    Exemplos:
    Custou-*me* descobrir minha vocação.
    Custou *aos alunos* entender a matéria.
    Custou-*lhes* entender a matéria.

- *Transitivo direto e indireto*, no sentido de *acarretar, exigir*.

    Exemplos:
    Seu diploma universitário **custou**-*lhe* muita dedicação.
    Essa viagem **custou**-*nos* muito dinheiro.

> **OBSERVAÇÃO**
>
> No emprego do verbo **custar** na linguagem coloquial, é comum:
> a) o uso da preposição **a** entre o verbo e o sujeito.
>   **Exemplo:**
>   Custou-*me **a*** descobrir minha vocação.
> b) esse verbo ter o sujeito representando pessoa.
>   **Exemplo:**
>   *Os alunos* custaram para entender a matéria.

ESQUECER / LEMBRAR

Ambos possuem duas regências, sem alteração de significado.

- *Transitivos diretos* ou *transitivos indiretos*, no sentido de *sair da memória* (esquecer) ou *vir à memória* (lembrar):

    a) *transitivos diretos*, se não forem *pronominais*.

    Exemplos:
    Esqueci *o livro de História*.
    Lembrei *o nome do artista*.

    b) *transitivos indiretos*, regendo a preposição **de**, se empregados como *verbos pronominais*.

    Exemplos:
    Esqueci-me *d*o livro de História.
    Lembrei-me *d*o nome do artista.

- *Transitivo direto*, no sentido de *trazer à lembrança*.

    Exemplos:
    Juliana **lembra** *o pai*; Pedro, a mãe.
    Esse filme **lembra** *um livro* que li há muito tempo.

- *Transitivo direto e indireto*, no sentido de *advertir*.

    Exemplos:
    Lembramos *a*os alunos a hora da prova.
    Lembramos os alunos *d*a hora da prova.

INFORMAR

É *transitivo direto e indireto*, admitindo duas construções:

a) com *objeto direto* representando **pessoa** e *objeto indireto*, **coisa**.

    Exemplos:
    Informei os clientes *d*o (ou **sobre** o) novo endereço.
    Informei-os *d*o (ou **sobre** o) novo endereço.

b) com *objeto direto* representando **coisa** e *objeto indireto*, **pessoa**.

Exemplos:

Informei *o novo endereço **a**os clientes*.
Informei-*o **a**os clientes*.
Informei-***lhes*** *o novo endereço*.

Possuem essas mesmas possibilidades de regência os verbos **avisar**, **certificar**, **cientificar**, **notificar** e **prevenir**.

IMPLICAR

Possui mais de uma regência, com alteração de significado.

- *Transitivo direto*, no sentido de *acarretar, provocar*.

   Exemplos:

   Suas atitudes **implicaram** *o fechamento da empresa*.
   As decisões acertadas do jovem **implicaram** *o seu sucesso*.

- *Transitivo indireto*, regendo a preposição **com**, no sentido de *ser impaciente*.

   Exemplos:

   O irmão mais velho **implicava *com*** *a caçulinha*.
   A menina **implicava *com*** *o primo*.

- *Transitivo direto e indireto*, no sentido de *envolver, comprometer*.

   Exemplo:

   O funcionário **implicou** também *o chefe **em** atos ilícitos*.

OBEDECER / DESOBEDECER

São verbos *transitivos indiretos* que regem a preposição **a**.

Exemplos:

Os motoristas **obedecem *a***os sinais de trânsito.
Os motoristas **obedecem *a*** *eles*. (objeto = coisa; não se usa **lhe, lhes**)
Os filhos não **devem desobedecer *a*os pais**.
Os filhos não **devem desobedecer**-*lhes*. / Os filhos não **devem desobedecer *a*** *eles*. (objeto = pessoa; usam-se as duas formas)

Apesar de *transitivos indiretos*, os verbos **obedecer** e **desobedecer** são usados na voz passiva.

Exemplos:

Os sinais de trânsito **são obedecidos** pelos motoristas.
Os pais não **devem ser desobedecidos** pelos filhos.

PRECISAR

Admite mais de uma regência, com alteração de significado.

- *Transitivo direto*, no sentido de *indicar com exatidão*.

   Exemplos:

   O piloto **precisou** *a hora e o local do pouso*.
   Vovó está esquecida: não soube **precisar** *os principais fatos de sua vida*.

- *Transitivo indireto*, regendo a preposição **de**, no sentido de *necessitar, carecer*.

   Exemplos:

   Precisamos *de* *muitos amigos*.
   Os filhos **precisam *d*os pais**.

Nesse sentido, é comum o emprego do verbo **precisar** também como *transitivo direto*.

Exemplos:

Não **preciso** (de) nada.

Era o (de) que ele **precisava**.

Precisávamos (de) encontrar uma saída.

Preciso (de) que volte logo.

Não há ninguém que (de) tanto dinheiro **precise**.

Toda mãe **precisa** (de) que os filhos estejam bem.

- *Intransitivo*, no sentido de *ser necessitado*.

  Exemplo:

  É pedinte porque **precisa**.

PREFERIR

É *transitivo direto e indireto*, regendo a preposição **a**.

Exemplos:

Prefiro doce **a** salgado.

Prefiro o entardecer **ao** amanhecer.

O verbo **preferir** já indica que se deseja mais uma coisa (objeto direto) do que outra (objeto indireto). Por isso esse verbo não deve ser usado com elementos como *que, do que*, acompanhados ou não de *mais, muito mais, mil vezes*.

PRESIDIR

É *transitivo direto* ou *transitivo indireto* (regendo a preposição **a**), sem alteração de significado.

Exemplos:

Poucos **presidiram** *o congresso* como ele.

Poucos **presidiram** *ao congresso* como ele.

O diretor **presidiu** *o evento*.

O diretor **presidiu** *ao evento*.

PROCEDER

Possui mais de uma regência, com alteração de significado.

- *Intransitivo*, no sentido de *ter fundamento, comportar-se* e *indicar local de origem de uma ação de deslocamento*.

  Exemplos:

  Sua resposta estúpida não **procede**.

  Você **procedeu** mal nessa decisão. (é seguido de adjunto adverbial)

  O ônibus **procede** de Maceió. (rege a preposição **de**, que inicia adjunto adverbial de lugar)

- *Transitivo indireto*, regendo a preposição **de**, no sentido de *provir, originar-se*.

  Exemplos:

  Muitos de nossos hábitos **procedem** **d**os povos africanos.

  A família do meu amigo **procede** **de** Portugal.

- *Transitivo indireto*, regendo a preposição **a**, no sentido de *dar andamento*.

  Exemplo:

  A comissão **procedeu** **a**o encaminhamento do relatório final.

QUERER

Possui mais de uma regência, com alteração de significado.

- *Transitivo direto*, no sentido de *desejar*.

    Exemplos:

    Queremos *trabalho, paz e amor.*   **Quero** *um livro.*

- *Transitivo indireto*, regendo a preposição **a**, no sentido de *estimar, amar*.

    Exemplos:

    Aquela senhora **queria** muito **a**os netos.   **Quero**-*lhe* muito, minha amiga.

    Quero muito **a** você.   **Quero** demais **a** esta cidade.

SIMPATIZAR / ANTIPATIZAR

São *transitivos indiretos* que regem a preposição **com**.

Exemplos:

Simpatizo *com* *a maioria dos alunos.*   **Antipatizo *com*** *pessoas preconceituosas.*

SUCEDER

Possui mais de uma regência, com alteração de significado.

- *Intransitivo*, no sentido de *dar-se um fato*.

    Exemplos:

    Sucedeu uma série de eventos no aniversário da cidade.

    Nas festas de fim de ano, muitos acidentes **sucedem** nas estradas.

- *Transitivo indireto*, regendo a preposição **a**, no sentido de *substituir, vir depois, acontecer*.

    Exemplos:

    Os CDs **sucederam *a*os** antigos discos de vinil.   A dor maior **sucede** geralmente **a**os invejosos.

    O computador **sucedeu *à*** máquina de escrever.   A conquista do título **sucedeu *a*o** esforço da equipe.

VISAR

Possui mais de uma regência, com alteração de significado.

- *Transitivo direto*, no sentido de *apontar, mirar* e de *pôr visto, rubricar*.

    Exemplos:

    O observador sempre **visava** *um mesmo ponto.* (mirar, apontar)

    O gerente **visa** *todos os relatórios de vendas.* (rubricar, pôr visto)

- *Transitivo indireto*, regendo a preposição **a**, no sentido de *pretender, ter em vista*.

    Exemplos:

    Eu **visava** apenas ***a*** *alguns dias de descanso.*

    Visamos *a*o *seu bem*, filho!

ATIVIDADES

1. Leia a tirinha de Willian Leite.

> **Quadro 1:** DIA ENSOLARADO, O CÉU AZUL, OS PÁSSAROS CANTANDO... — NINGUÉM MERECE!
>
> **Quadro 2:** AI, ANÉSIA! VAI IMPLICAR ATÉ COM UM DIA LINDO COMO ESTE?
>
> **Quadro 3:** NÃO. SÓ ACHO QUE NINGUÉM TÁ MERECENDO MESMO.

LEITE, Willian. [Anésia # 250]. **WillTirando**, 17 nov. 2015. Blogue. Disponível em: http://www.willtirando.com.br/anesia-250/. Acesso em: 17 abr. 2021.

- Observe o uso do verbo **implicar** no segundo quadrinho. A regência desse verbo está adequada à norma-padrão? Justifique sua resposta.

2. Leia o trecho do romance **Vidas secas**, de Graciliano Ramos.

> [...]
>
> Recordou-se do que lhe sucedera anos atrás, antes da seca, longe. Num dia de apuro recorrera ao porco magro que não queria engordar no chiqueiro e estava reservado às despesas do Natal: matara-o antes de tempo e fora vendê-lo na cidade. Mas o cobrador da prefeitura chegara com o recibo e atrapalhara-o. Fabiano fingira-se desentendido: não compreendia nada, era bruto. Como o outro lhe explicasse que, para vender o porco, devia pagar imposto, tentara convencê-lo de que ali não havia porco, havia quartos de porco, pedaços de carne. O agente se aborrecera, insultara-o, e Fabiano se encolhera. [...]

RAMOS, Graciliano. **Vidas secas**. Rio de Janeiro: Record, 2008. p. 95.

a) Explique a regência do verbo **suceder** na primeira frase do trecho.

b) Agora, observe o mesmo verbo em outra estrutura: "Recordou-se do que sucedera na cidade". Classifique-o.

c) "Mas o cobrador da prefeitura chegara com o recibo [...]." Justifique a regência do verbo **chegar** nesse trecho.

d) Indique a transitividade do verbo **pagar** em "[...] devia pagar imposto [...]" e justifique-a.

e) Reelabore a oração do item anterior mudando o objeto para "cobrador da prefeitura".

f) Agora, classifique o verbo **pagar** na oração formulada no item anterior.

TIRE DE LETRA

Na língua escrita, há um vasto universo lexical, muitas vezes diferente daquele com o qual estamos habituados na linguagem cotidiana. Assim, no caso de dúvidas com relação à regência, consultar um dicionário é a melhor opção. Os bons dicionários dão exemplos e apresentam a regência padrão.

3. Leia este cartum de Cynthia Bonacossa.

DA SÉRIE: A CARTUNISTA MANDA INDIRETAS.

"NÃO É BOM QUANDO VOCÊ NAMORA ALGUÉM MAS SABE QUE CONTINUARIA Ó-TE-MA SEM ELE?"

BONACOSSA, Cynthia. [Buena Onda]. **Folha de S.Paulo**, São Paulo, 17 fev. 2014. Ilustrada.

a) A regência do verbo **namorar** está de acordo com a norma-padrão? Justifique.

b) No cartum, há uma palavra cuja grafia não corresponde à convenção ortográfica da norma-padrão. Identifique-a e corrija-a.

4. Indique as frases em que há um verbo transitivo direto e indireto.

a) O juiz implicou o advogado em provas que incriminavam o réu.

b) Não houve outra solução – a falta de organização das finanças implicou o fechamento da firma.

c) Informaram ao comandante o adiamento da viagem em virtude da tempestade.

d) Maurício pediu para sair do emprego.

e) Prefiro viagens domésticas a viagens internacionais.

5. Preencha as lacunas com preposição (ou combinação), artigo ou pronome.

a) O resultado das pesquisas não agradou ■ chefe do departamento.

b) Paguei-■ a conta logo na manhã daquela segunda-feira chuvosa.

c) Diante da situação, ficou indeciso em assistir ■ cunhado no pagamento da dívida.

d) Muitos jogadores aspiravam ■ cargo de treinador, mas o mais velho deles foi o escolhido.

e) Lembrei-me ■ que a discussão com meus pais tinha sido muito mais séria do que imaginara.

f) A aprovação do currículo do jovem consistia ■ uma análise da atuação nos trabalhos anteriores.

6. Leia o trecho de um conto da escritora Marina Colasanti.

Um espinho de marfim

Amanhecia o sol e lá estava o unicórnio pastando no jardim da princesa. Por entre flores olhava a janela do quarto onde ela vinha cumprimentar o dia. Depois esperava vê-la no balcão, e quando o pezinho pequeno pisava no primeiro degrau da escadaria descendo ao jardim, fugia o unicórnio para o escuro da floresta. [...]

COLASANTI, Marina. Um espinho de marfim. *In*: COLASANTI, Marina. **Uma ideia toda azul**. São Paulo: Global, 1999. p. 24.

a) Classifique o verbo **pisar** quanto à transitividade.

b) Classifique sintaticamente a expressão "no primeiro degrau da escadaria".

c) Justifique a regência do verbo **pisar** no texto.

REGÊNCIA NOMINAL

A **regência nominal** trata da relação que se estabelece entre um **nome** (substantivo, adjetivo ou advérbio) que exige complemento e o complemento exigido, isto é, o **complemento nominal**.

Todo nome que exige complemento exige também **preposição**. Conhecer regência nominal é identificar os nomes que possuem complementos e as **preposições** que esses nomes regem.

São duas as situações de regência nominal:

- Há nomes que regem preposições diferentes, sem alteração do significado.

    Exemplos:

    Estou **habituado** *a* esse tipo de serviço.

    Estou **habituado** *com* esse tipo de serviço.

- Há nomes que, dependendo do significado, regem preposições diferentes.

    Exemplos:

    Isso reflete sua **consideração** *por* pessoas honestas. (respeito)

    Expôs suas **considerações** *sobre* a política brasileira. (crítica, comentário)

RELAÇÃO DE ALGUNS NOMES E DAS PREPOSIÇÕES QUE ELES REGEM		
acessível **a**	contente **com, de, em, por**	incompatível **com**
acostumado **a, com**	contíguo **a, com**	junto **a, de**
admiração **a, por**	contrário **a**	medo **a, de**
afável **com, para com**	cruel **com, para, para com**	obediência **a**
afeiçoado **a, por**	curioso **de, por, a**	ojeriza **a, por**
alheio **a, de**	descontente **com**	preferível **a**
amor **a, por**	desprezo **a, de, para**	prejudicial **a**
análogo **a**	devoção **a**	propenso **a, para**
ansioso **de, para, por**	dúvida **em, sobre, acerca de**	propício **a**
apto **a, para**	equivalente **a**	próximo **a, de**
atentado **a, contra**	escasso **de**	relacionado **com**
aversão **a, por**	essencial **a, para**	relativo **a**
ávido **de, por**	falta **a, com, de, para com**	respeito **a, com, por, para com**
bacharel **em**	favorável **a**	satisfeito **com, de, em, por**
capacidade **de, para**	generoso **com**	semelhante **a**
compatível **com**	horror **a**	sensível **a**
constante **de, em**	imbuído **de**	sito **em**
constituído **com, de, por**	imune **a, de**	situado **a, em, entre**
contemporâneo **a, de**	inclinação **a, para, por**	suspeito **de**

ATIVIDADES

1. Leia o trecho de uma crônica de Marina Colasanti.

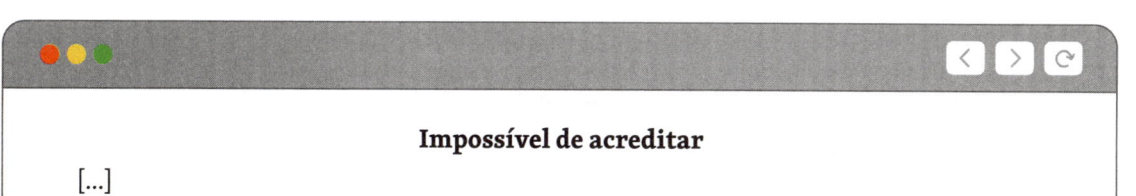

   Impossível de acreditar

   [...]

   Famílias pobres, jovens pobres consumiriam livros se os tivessem. Não todos, certamente, que a leitura depende também de temperamento, porém muitos mais do que atualmente. Mas a passagem para chegar a uma biblioteca pública custa, e o ambiente intimida quem não se sente bem trajado, quem não está acostumado a uma – ainda que mínima – pompa. A solução foi criar bibliotecas comunitárias, dentro das favelas, perto da casa de cada um, para que não sejam necessárias passagem ou roupa adequada, em ambientes semelhantes aos que já se conhecem.

   [...]

   COLASANTI, Marina. Impossível de acreditar. **Marina Colasanti**, 15 abr. 2021. Blogue. Disponível em: https://www.marinacolasanti.com/2021/04/impossivel-de-acreditar.html. Acesso em: 17 abr. 2021.

   a) Justifique o uso do pronome **os** no primeiro período do texto.
   b) Qual é a função sintática do pronome **os** no contexto em que ele foi utilizado?
   c) Identifique as preposições regidas pelos termos **dentro**, **perto** e **semelhantes** para introduzir seus respectivos complementos e, depois, classifique esses complementos.
   d) A que classe de palavras pertencem os termos **dentro**, **perto** e **semelhantes**.

2. Leia as frases e identifique, em cada uma, os nomes (substantivo, adjetivo ou advérbio) que regem preposição e seus respectivos complementos.

   a) Minha mãe comprou uma cesta cheia de frutas.
   b) Fiquei horas à espera dos colegas.
   c) Não tinha certeza de tua vinda, por isso não te esperei.
   d) O arquivo tem um formato que não é compatível com o leitor do meu computador.
   e) A escola fica situada entre a prefeitura e a igreja.
   f) Algumas pessoas têm ojeriza a jiló.
   g) O homem vivia atormentado por pesadelos.
   h) O estudante está consciente dos seus desafios.

3. Preencha as lacunas acrescentando um complemento aos nomes nas frases a seguir.

   a) Paulo gosta muito de animais domésticos, mas não tem admiração ■.
   b) Os professores demonstravam grande capacidade ■.
   c) Os vizinhos estavam descontentes ■.
   d) O documentário diz respeito ■.
   e) As frutas e os legumes são alimentos essenciais ■.
   f) O teste vocacional demonstrou minha inclinação ■.
   g) Desde o acidente com um animal peçonhento, adquiriu horror ■.
   h) Depois dos estudos, estão todos ávidos ■.

SINTAXE

EM SÍNTESE

Sintaxe de regência – estudo das relações de dependência entre um **verbo** ou um **nome**, os *termos regentes*, e seus respectivos complementos, os *termos regidos*.
Regência verbal – o termo regente é um **verbo**: identifica-se sua transitividade e, quando exigida por ele, emprega-se a preposição adequadamente.
Regência nominal – o termo regente é um **nome** que pede preposição: identifica-se esse termo, a preposição regida por ele e o seu complemento, isto é, o *complemento nominal*.

NO TEXTO

Leia um trecho da reportagem de divulgação científica a seguir.

Memória: esquecer para lembrar

[...]

Mas o que está acontecendo, afinal, com a memória das pessoas? Tudo bem que recebemos cada vez mais estímulos, que acabam gerando uma sobrecarga mental. Mas isso não explica tudo. Afinal, se as informações **competem** por espaço na nossa cabeça, deveríamos nos lembrar do que é mais importante e esquecer o menos importante, certo? Só que, na prática, geralmente ocorre o contrário. Você é capaz de esquecer o seu aniversário de namoro, mas certamente se lembra que "pra dançar o créu tem que ter habilidade", ou o refrão de qualquer outra música que tenha grudado na sua cabeça. Por que esquecemos o que queremos lembrar? A resposta acaba de ser descoberta, e vai contra tudo o que sempre se pensou sobre a memória. A ciência sempre acreditou que uma memória puxa a outra, ou seja, lembrar-se de uma coisa ajuda a recordar outras. Em muitos casos, isso é verdade (é por isso que, quando você se lembra de uma palavra que aprendeu na aula de inglês, por exemplo, logo em seguida outras palavras **vêm** à cabeça). [...]

As memórias são formadas por conexões temporárias, ou permanentes, entre os neurônios. Suponha que você pegue um papelzinho onde está escrito um endereço de rua. O seu cérebro usa um grupo de neurônios para processar essa informação. Para memorizá-la, fortalece as ligações entre eles – e aí, quando você quiser se lembrar do endereço, ativa esses mesmos neurônios. Beleza. Só que nesse processo parte do cérebro age como se a tal informação (o endereço de rua) fosse uma coisa inteiramente nova, que deve ser aprendida. E esse pseudoaprendizado acaba alterando, ainda que só um pouquinho, as conexões entre os neurônios. Isso interfere em outros grupos de neurônios, que guardavam outras memórias, e chegamos ao resultado: ao se lembrar de uma coisa, você esquece outras. O pior é que esse processo não distingue as recordações úteis das inúteis. [...]

GARATTONI, Bruno; BLANCO, Gisela. Memória: esquecer para lembrar. **Superinteressante**, 5 fev. 2011. Disponível em: https://super.abril.com.br/ciencia/memoria-esquecer-para-lembrar/. Acesso em: 29 abr. 2021.

1. Explique o título da reportagem levando em consideração as informações fornecidas no texto.

2. Compare a regência do verbo **lembrar** nos trechos a seguir:

    I. "[...] certamente se **lembra** que 'pra dançar o créu tem que ter habilidade'"

    II. "[...] quando você se **lembra** de uma palavra que aprendeu na aula de inglês"

    a) Identifique o caso em que a regência verbal não está em conformidade com a norma-padrão.

    b) Reescreva o trecho de acordo com a norma-padrão.

3. Qual é a relação de subordinação entre as formas verbais em destaque no texto e seus complementos?

SINTAXE

Sintaxe de colocação

UM PRIMEIRO OLHAR

Leia a campanha publicitária de incentivo à denúncia da violência doméstica.

TJMG. **Não se cale diante da violência doméstica.** 7 ago. 2017. Twitter: tjmgoficial. Disponível em: https://twitter.com/tjmgoficial/status/894545478284697600. Acesso em: 1 jul. 2021.

1. Considere a oração "Roupa suja se lava em casa" para responder às questões abaixo.

    a) Identifique o sujeito.

    b) O sujeito dessa oração pratica ou sofre a ação verbal?

    c) Por que se optou pelo uso da voz passiva sintética nessa oração?

    d) Como ficaria essa oração se fosse reescrita na ordem inversa, começando pelo predicado?

2. Faça a análise sintática da oração "Não se cale".

3. Reescreva a oração do enunciado anterior no modo afirmativo.

4. Como se classifica a partícula **se** nas orações que foram analisadas?

COLOCAÇÃO DOS PRONOMES OBLÍQUOS ÁTONOS

A **sintaxe de colocação** trata da disposição das palavras na frase. A ordem das palavras não é aleatória: ela deve garantir o significado e a harmonia da frase.

A colocação dos *pronomes oblíquos átonos* (**me**, **te**, **se**, **o**, **a**, **lhe**, **nos**, **vos**, **os**, **as**, **lhes**) é um dos aspectos da disposição das palavras ligados à harmonia da frase. Esses pronomes podem ser colocados *antes* do verbo, *intercalados* a ele ou *depois* dele.

Para cada tipo de colocação há um nome específico.

PRÓCLISE

É o nome dado à colocação do pronome **antes** do verbo.

Exemplos:

A noite de ontem **lhe** foi agradável.

Isso **me** deixa transtornado!

Talvez **o** veja ainda hoje.

Quanto **me** doeu essa distância!

JUSTIFICATIVAS DA PRÓCLISE

O que justifica o deslocamento do pronome para antes do verbo, gerando a próclise, são alguns tipos de palavra e de frase, como:

- os advérbios, de maneira geral.

  Exemplos:

  Não **o** verei amanhã.

  Nunca **te** esqueci.

  Agora **o** vejo feliz.

  Aqui **se** vive bem.

- os pronomes demonstrativos.

  Exemplos:

  Aquilo **me** entristeceu.

  Isso **o** deixa feliz.

- os pronomes indefinidos.

  Exemplos:

  Todos **te** querem bem.

  Algo **me** dizia que isso não daria certo.

- os pronomes relativos.

  Exemplos:

  Foi aquele homem *quem* **me** ensinou o caminho.

  Este é um lugar *onde* **me** sinto bem.

- as conjunções subordinativas.

  Exemplos:

  Quando **me** procurar, estarei longe daqui.

  Comprarei o móvel somente *se* **me** for útil.

- as preposições seguidas de gerúndio ou infinitivo pessoal.

  Exemplos:

  Em **se** tratando de dinheiro, não fale comigo.

  Por **se** acharem o máximo, acabaram sozinhos.

- as frases exclamativas, interrogativas e optativas.

  Exemplos:

  Como **se** maltratam com essas agressões!

  Deus **o** acompanhe.

  Quanto **me** cobrará pelo conserto do sapato?

MESÓCLISE

É o nome dado à colocação do pronome no **meio** da forma verbal, ligando-se a ela por hifens.

Exemplos:

Após a recuperação, avaliar-**se**-á o crescimento do aluno.

Esperá-**lo**-ei amanhã em minha casa.

Encontrar-**te**-ia mais tarde, se não tivesses compromisso.

JUSTIFICATIVAS DA MESÓCLISE

O que justifica a mesóclise é o fato de o verbo estar no *futuro do presente* ou no *futuro do pretérito* do modo indicativo e não ser possível a próclise, ou seja, não haver palavra que atraia o pronome para antes da forma verbal.

Havendo justificativa para a próclise, desfaz-se a mesóclise.

Exemplos:

Após a prova de recuperação, *não* **se** avaliará mais o crescimento do aluno.

Não **o** esperarei em minha casa amanhã.

Somente **te** encontraria se não tivesses compromisso.

ÊNCLISE

É o nome dado à colocação do pronome **após** o verbo, ligando-se a ele por hífen.

Exemplos:

Empreste-**me** um lápis.

Dê-**lhe** bons conselhos.

Não era meu objetivo magoar-**te**.

JUSTIFICATIVAS DA ÊNCLISE

A ênclise é a colocação normal do pronome, pois obedece à sequência *verbo-complemento*. Só não ocorre quando há justificativas para a próclise ou a mesóclise. Ela deve ser usada:

- em frase iniciada com forma verbal (desde que não esteja no futuro do presente nem no futuro do pretérito).

    Exemplos:

    Faça-**me** o favor de puxar a cadeira.

    Viram-**nos** aqui.

    Tratando-**se** de festa, era só falar com ela.

- depois de pausa.

    Exemplos:

    Quando voltava do trabalho, parecia-**me** bem cansado.

    Ele parou, deu-**lhe** um beijo e continuou a caminhar.

- com infinitivo impessoal, mesmo havendo justificativa para a próclise.

    Exemplos:

    Convém contar-**lhe** tudo. Convém *não* contar-**lhe** tudo.

    Espero vê-**lo** hoje. Espero *não* vê-**lo** hoje.

> **OBSERVAÇÃO**
>
> Hoje, praticamente não se usa a mesóclise, e é comum a substituição da ênclise pela próclise em início de frase. **Exemplos:**
> **Me** faça um favor.
> **Nos** viram aqui.

PRONOMES OBLÍQUOS ÁTONOS NAS LOCUÇÕES VERBAIS

Nas locuções verbais, a colocação dos pronomes oblíquos átonos obedece, basicamente, aos critérios a seguir.

COM VERBO AUXILIAR + INFINITIVO OU GERÚNDIO

a) Se não houver justificativa para a próclise, o pronome pode ser colocado:

- depois do *verbo auxiliar*.

    Exemplos:

    Devo-**lhe** mandar o livro hoje. Estavam-**nos** esperando na sala.

- depois do *infinitivo* ou do *gerúndio*.

    Exemplos:

    Devo mandar-**lhe** o livro hoje. Estavam esperando-**nos** na sala.

b) Se houver justificativa para a próclise, o pronome pode ser colocado:

- antes do verbo *auxiliar*.

    Exemplos:

    Não **lhe** devo mandar o livro hoje. *Todos* **nos** estavam esperando na sala.

- depois do *infinitivo* ou do *gerúndio*.

    Exemplos:

    Não devo mandar-**lhe** o livro hoje. *Todos* estavam esperando-**nos** na sala.

COM VERBO AUXILIAR + PARTICÍPIO

a) Se não houver justificativa para a próclise, ocorre a ênclise no verbo auxiliar.

Exemplo:

Haviam-**me** oferecido um bom emprego.

b) Se houver justificativa para a próclise, é desfeita a ênclise no verbo auxiliar.

Exemplo:

Não **me** haviam oferecido um bom emprego.

> **OBSERVAÇÕES**
>
> **1.** Se o verbo auxiliar estiver no futuro do presente ou no futuro do pretérito, ocorre a mesóclise. **Exemplos:**
> Dever-**lhe**-ei mandar o livro hoje.
> Haver-**me**-iam oferecido um bom emprego.
>
> **2.** Na linguagem informal, tende-se a colocar o pronome antes do verbo principal da locução verbal. **Exemplos:**
> Devo **lhe** mandar o livro hoje. / Não devo **lhe** mandar o livro hoje.
> Deverei **lhe** mandar o livro hoje. / Não deverei **lhe** mandar o livro hoje.
>
> **3.** Havendo **preposição** entre o verbo auxiliar e o infinitivo, costumam ser empregadas a ênclise ou a próclise no verbo principal. **Exemplos:**
> A moça há *de* acostumar-**se** com o novo emprego.
> A moça há *de* **se** acostumar com o novo emprego.
> Porém, se a preposição for **a** e o pronome for **o, os, a, as**, ocorre somente a ênclise: Voltou *a* visitá-**los** mais uma vez.

ATIVIDADES

1. Leia a charge e responda às questões.

> SOBRE O QUE ESTAMOS FALANDO MESMO?
>
> — DEI UMA ATUALIZADA NO FEED.
>
> — NÃO ESQUEÇA DE ENTRAR NA MINHA LIVE.
>
> — ME RESPONDE NO DM.

GALHARDO, Caco. [Daiquiri]. **Folha de S.Paulo**, São Paulo, 9 abr. 2021. Disponível em: https://www1.folha.uol.com.br/ilustrada/cartum/cartunsdiarios/#9/4/2021. Acesso em: 27 abr. 2021.

a) Segundo a norma-padrão, a posição do pronome no terceiro balão está incorreta. Justifique essa afirmação.

b) Reescreva a oração, empregando o pronome na posição indicada pela norma-padrão.

c) Por que o autor da charge não seguiu a norma-padrão em seu texto?

2. Identifique os pronomes oblíquos átonos e informe em que colocação eles se encontram.

a) Procure não se envolver com esse tipo de gente.

b) Ninguém me disse a verdade.

c) Informar-me-iam caso estivessem em apuros.

d) Vi-me sem saber o que fazer naquele momento.

e) Avisar-te-ei da minha chegada.

3. Escolha o pronome entre parênteses mais adequado às frases a seguir.

a) Diga-■ toda a verdade, por favor! (me/te)

b) Em ■ tratando de investimentos, sempre há riscos. (lhe/se)

c) Não ■ vive bem nesta cidade. (te/se)

d) Aqui ■ trabalha muito. (se/lhe)

4. Justifique a colocação dos pronomes no exercício anterior.

5. Analise as frases e corrija aquelas em que o emprego do pronome está incorreto segundo a norma-padrão.

a) Te enviarei o relatório assim que for possível.

b) Não nos informaram sobre as normas do condomínio.

c) Me divorciei ao descobrir sua traição.

d) Somente agora disseram-me toda a verdade.

e) Eles se amam muito!

SINTAXE

6. Acrescente às frases a seguir o pronome oblíquo átono que está entre parênteses, alterando a forma verbal quando necessário.

   a) Ajudaria se pudesse. (a)
   b) Não envolva nisso. (se)
   c) Segurei no colo pela primeira vez. (o)
   d) Papai, conte aquela história outra vez! (me)
   e) A nova professora ensinaria Álgebra e Geometria. (lhe)
   f) Esperamos com grande ansiedade. (o)
   g) Doamos roupas e mantimentos. (lhe)
   h) Seguraram para que não fizesse uma besteira. (o)
   i) Paula jura que não recorda da história. (se)
   j) Diria que estávamos mentindo, o que não era verdade. (se)

> **TIRE DE LETRA**
>
> Na língua escrita, segundo a norma-padrão, não é correto começar uma sentença com pronome oblíquo átono. No entanto, o uso da **próclise** é extremamente comum na fala do brasileiro. Assim, em textos em que se **representa a língua falada**, como tirinhas e diálogos, o uso dessa colocação é frequente.

7. Leia um trecho do romance **Iaiá Garcia**, de Machado de Assis.

   [...]

   Mandando chamar o moço, Luís Garcia punha em execução um pensamento que **lhe** brotara no calor da febre. Ouviu do médico algumas palavras que **lhe** fizeram supor a probabilidade da morte; e, não tendo amigos nem parentes, e não querendo confiar a mulher e a filha ao sogro, lançou mão da pessoa que **lhe** pareceu ter a sisudez bastante e a influência necessária para **as** dirigir e proteger.

   — Seu pai foi amigo de meu pai, disse ele; eu fui amigo de sua família; devo-**lhe** obséquios apreciáveis. Se eu morrer, minha mulher e minha filha ficam amparadas da fortuna, porque o dote de uma servirá para ambas, que **se** estimam muito; mas ficam sem mim. É verdade que meu sogro, mas... mas, meu sogro tem outras ocupações, está velho, pode faltar-**lhes** de repente. Quisera pedir-**lhe** que **as** protegesse e guiasse; que fosse um como tutor moral das duas. Não é que **lhes** falte juízo; mas duas senhoras sozinhas precisam de conselhos... e eu... desculpe-**me** se sou indiscreto. Promete?

   [...]

   ASSIS, Machado de. **Iaiá Garcia**. Rio de Janeiro: [s. n.], [1878]. Disponível em: http://www.dominiopublico.gov.br/download/texto/bn000024.pdf. Acesso em: 19 abr. 2021. p. 41-42.

   a) No primeiro parágrafo do trecho, o pronome **lhe** aparece três vezes, e em todas há uma colocação proclítica. Explique essa colocação.
   b) Com o verbo no infinitivo impessoal, deve ocorrer a ênclise. No primeiro parágrafo há, entretanto, dois verbos no infinitivo e ocorre próclise com o pronome **as**. Justifique.
   c) "[...] eu fui amigo de sua família; devo-lhe obséquios apreciáveis." Por que ocorre ênclise nesse caso?
   d) No segundo parágrafo, há outro caso de ênclise com a mesma justificativa do item acima. Indique-o.
   e) No segundo parágrafo, há duas ocorrências de colocação pronominal com locução verbal. Indique e explique essas ocorrências.
   f) "Não é que lhes falte juízo [...]." Justifique a ocorrência da próclise.

EM SÍNTESE

Colocação dos pronomes oblíquos átonos

- **Próclise** – colocação do pronome antes do verbo.
  Justificativa: desde que haja palavra que atraia o pronome.
- **Mesóclise** – colocação do pronome no meio da forma verbal.
  Justificativas: verbo no futuro do presente ou do pretérito e desde que não se justifique a próclise.
- **Ênclise** – colocação do pronome após o verbo.
  Justificativa: essa é a posição normal do pronome.
- **Pronomes oblíquos átonos nas locuções verbais**
  Verbo auxiliar + infinitivo ou gerúndio.
  Verbo auxiliar + particípio.

NO TEXTO

Leia o poema de Manoel de Barros.

Autorretrato falado

Venho de um Cuiabá garimpo e de ruelas entortadas.

Meu pai teve uma venda de bananas no Beco da Marinha, onde nasci.

Me criei no Pantanal de Corumbá, entre bichos do chão, pessoas humildes, aves, árvores e rios.

Aprecio viver em lugares decadentes por gosto de estar entre pedras e lagartos.

Fazer o desprezível ser prezado é coisa que me apraz.

Já publiquei 10 livros de poesia: ao publicá-los **me** sinto como que desonrado e fujo para o Pantanal onde sou
[abençoado a garças.

Me procurei a vida inteira e não **me** achei – pelo que fui salvo.

Descobri que todos os caminhos levam à ignorância.

Não fui para a sarjeta porque herdei uma fazenda de gado. Os bois **me** recriam.

Agora eu sou tão ocaso!

Estou na categoria de sofrer do moral, porque só faço coisas inúteis.

No meu morrer tem uma dor de árvore.

BARROS, Manoel de. Autorretrato falado. *In*: BARROS, Manoel de. **O livro das ignorãças**. Rio de Janeiro: Alfaguara, 2016. © by Manoel de Barros.

1. Comente o título do texto, considerando o significado das duas palavras que o formam: "Autorretrato falado". Acrescente a seu comentário qual é a pessoa gramatical utilizada na formulação desse tipo de texto.

2. A imagem que o eu lírico faz de si mesmo é marcada basicamente por sentimentos negativos, como inutilidade, conflito, sofrimento, morte. Alguns versos ou expressões transmitem essas sensações com muito realismo. Retire do texto trechos que expressam mais diretamente esses sentimentos.

3. O pronome **me** aparece destacado no texto. Observe o seu emprego antes da forma verbal e explique se a próclise está de acordo com a norma-padrão em cada ocorrência.

4. Pelo que se observa nos diferentes meios de comunicação e em falas de pessoas de variados níveis, o emprego da próclise parece ter-se generalizado. O que se pode deduzir disso?

SINTAXE

Uso das classes gramaticais

UM PRIMEIRO OLHAR

Leia a tirinha dos Bichinhos de Jardim.

Quadrinho 1: AS REDES SOCIAIS TIRAM NOSSA PAZ...

Quadrinho 2: SUGAM NOSSA ENERGIA, DEPRIMEM NOSSOS ESPÍRITOS, DESTROEM NOSSAS ESPERANÇAS...

Quadrinho 3: ...MAS NOS TRAZEM MEMES!

GOMES, Clara. [Ódio é o lema das redes]. **Bichinhos de Jardim**, 29 set. 2020. Blogue. Disponível em: http://bichinhosdejardim.com/odio-lema-redes/. Acesso em: 23 abr. 2021.

1. Releia a fala do primeiro quadrinho: "As redes sociais tiram nossa paz..."

   a) Quantas orações compõem esse período?

   b) Identifique os substantivos que compõem o período.

   c) Que funções sintáticas esses substantivos exercem no período?

   d) Quais palavras acompanham o primeiro substantivo e a que classe gramatical pertencem?

2. Releia a fala da personagem no segundo quadrinho.

   a) Identifique quantas orações compõem o período e justifique sua resposta.

   b) Em "sugam nossa energia", qual é a função sintática da forma verbal **sugam**?

   c) Qual função sintática as expressões **nossa energia**, **nossos espíritos** e **nossas esperanças** exercem?

   d) Qual palavra é o núcleo da expressão **nossas esperanças**?

3. No terceiro quadrinho, identifique:

   a) a conjunção que introduz uma ideia de oposição ou contraste.

   b) a forma verbal que é o núcleo do predicado.

   c) o substantivo que é o núcleo do objeto direto.

   d) o pronome pessoal que exerce a função sintática de objeto indireto.

CLASSE GRAMATICAL E FUNÇÃO SINTÁTICA

Estudar a função sintática das classes gramaticais, ou seja, analisar as palavras nos aspectos *morfológico* e *sintático* conjuntamente, consiste em fazer uma análise **morfossintática**.

Veja:

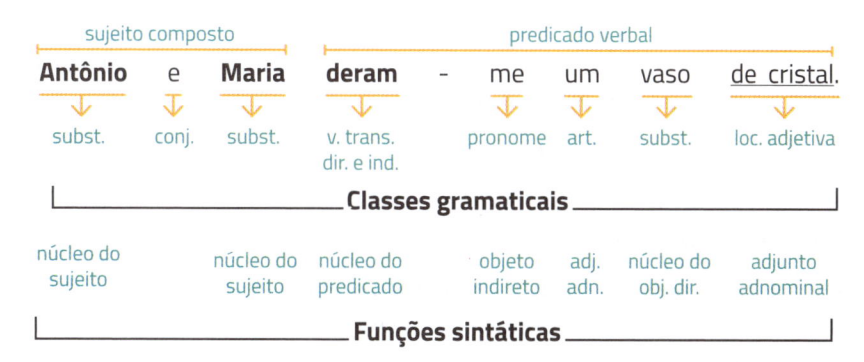

sujeito simples					predicado verbal		
As	minhas	duas	**camisetas**	novas	**desapareceram**	misteriosamente	do armário.
↓	↓	↓	↓	↓	↓	↓	↓
artigo	pronome	numeral	substantivo	adjetivo	verbo intransitivo	advérbio	expressão adverbial

Classes gramaticais

| adj. adn. | adjunto adnominal | adjunto adnominal | núcleo do sujeito | adjunto adnominal | núcleo do predicado | adjunto adverbial | adjunto adverbial |

Funções sintáticas

sujeito composto			predicado verbal				
Antônio	e	**Maria**	**deram**	- me	um	vaso	de cristal.
↓	↓	↓	↓	↓	↓	↓	↓
subst.	conj.	subst.	v. trans. dir. e ind.	pronome	art.	subst.	loc. adjetiva

Classes gramaticais

| núcleo do sujeito | núcleo do sujeito | núcleo do predicado | objeto indireto | adj. adn. | núcleo do obj. dir. | adjunto adnominal |

Funções sintáticas

Pelos exemplos, percebe-se que substantivo e verbo são as classes gramaticais responsáveis pela estrutura básica da oração, porque formam, respectivamente, o núcleo do **sujeito** e o núcleo do **predicado**. As classes gramaticais que representam as demais funções sintáticas estão ligadas de alguma maneira a esses dois núcleos.

> **OBSERVAÇÕES**
>
> **1.** O núcleo do sujeito é sempre formado de **substantivo** ou **palavra equivalente**.
>
> **2.** Com exceção do verbo de ligação, os demais verbos – intransitivos e transitivos – funcionam como **núcleo do predicado**.

FUNÇÃO SINTÁTICA DO SUBSTANTIVO

O **substantivo** pode aparecer como **núcleo** de qualquer um dos termos da oração, exceto do predicado verbal.

1. **Núcleo do sujeito**

   A **moça** não percebeu que enrubescera.

2. **Núcleo do predicado nominal** – como predicativo do sujeito.

   Esse garoto parece um **adulto**.

3. **Núcleo do predicado verbonominal**
   - como predicativo do sujeito.

     O soldado foi aclamado **herói**. (ou *como herói*)

   - como predicativo do objeto.

     Consideramos você uma **pessoa** honesta.

4. **Núcleo do objeto direto**

   Com a enchente, os moradores perderam <u>todos os seus **móveis**</u>.

5. **Núcleo do objeto indireto**
   - Precisávamos <u>de um bom **motivo**</u> para não viajar.

6. **Núcleo do complemento nominal**
   - Estamos ansiosos <u>por essa **festa**</u>.

7. **Núcleo do agente da passiva**
   - O mistério foi desvendado <u>por competentes **policiais**</u>.

8. **Núcleo do adjunto adnominal** – formado por locução adjetiva
   - Usou uma roupa <u>do **pai**</u>. (precedido de preposição)

9. **Núcleo do adjunto adverbial** – formado por expressão adverbial
   - Fomos <u>ao **teatro**</u>. (precedido de preposição)

10. **Núcleo do aposto**
    - Vinícius, <u>aquele **rapaz** inteligente</u>, teve de abandonar os estudos.

PARTICULARIDADES DO SUBSTANTIVO

1. Alguns termos da oração, como **sujeito**, **objeto direto**, **objeto indireto** e **agente da passiva**, têm sempre como núcleo um substantivo ou palavra equivalente.
   - Exemplo com **substantivo**:

     Os **convidados** ofereceram **flores** aos **anfitriões**. (núcleo do sujeito, do objeto direto e do objeto indireto)

   - Exemplo com **palavra equivalente**:

     Bia e Guilherme estiveram aqui; dei a **eles** o livro e os **dois** agradeceram.
     (pronome substantivo = núcleo do objeto indireto; numeral substantivo = núcleo do sujeito)

2. O **vocativo**, termo à parte na oração, também é representado por um **substantivo**.
   Desculpe-me, **amigo**.

3. Qualquer palavra, expressão ou oração pode ser substantivada.
   Não tenho hábito de usar o **nunca**.
   Devemos refletir sobre o **fazer nosso de cada dia**.

FUNÇÃO SINTÁTICA DO ARTIGO

O **artigo** apenas acompanha o substantivo. Exerce, portanto, uma única função sintática, a de **adjunto adnominal**.

O *menino* era pequeno, com **uma** grande *cabeleira* loira.
(artigos **o** e **uma**: adjuntos adnominais)

PARTICULARIDADES DO ARTIGO

1. Casos específicos em que o artigo é usado.
   - Para evidenciar o gênero e o número de certos substantivos.

     Vi **um** *colega* no cinema. / Vi **uma** *colega* no cinema.
     Quebrei **o** *pirex*. / Quebrei **os** *pirex*.

   - Para substantivar qualquer classe gramatical.

     Ouvi **um** *não* seco. (advérbio substantivado)
     O *de* é uma preposição. (preposição substantivada)

- Após o pronome indefinido **todos** e o numeral **ambos**, quando seguidos de substantivo.
  <u>Todos</u> **os** *seres* humanos anseiam por liberdade.
  <u>Ambos</u> **os** *alunos* fizeram o trabalho.

- Antes de numeral, para exprimir aproximação.
  Araçatuba fica a **uns** *500* quilômetros de São Paulo.
  É uma senhora de **uns** *60* anos.

- Antes de sobrenomes referentes a mais de uma pessoa da mesma família.
  Os Garcia(s) jantarão hoje aqui.

2. Alguns casos em que não se usa o artigo.

   - Antes de palavra de sentido generalizado.
     Não vou a *cinema* faz tempo.
     Amor é felicidade.

   - Antes de nomes de pessoas.
     Castro Alves é poeta romântico.
     Mas o artigo pode ser usado quando se trata de pessoa íntima: **O** *Ricardo* saiu.

   - Antes de nomes de cidade.
     Campinas é uma grande cidade do interior paulista.
     Mas o artigo é usado quando se trata de nome formado de substantivo comum: **O** *Rio de Janeiro* é lindo.

   - Antes dos substantivos **casa** e **terra**, sem modificadores (adjetivo, pronome etc.).
     Saí de **casa** somente quando casei.
     Os marinheiros avistaram **terra** depois de vários meses no mar.

   - Antes de pronomes de tratamento, exceto os pronomes **senhor** e **senhora**.
     Vossa Excelência cometeu um engano.
     A senhora virá amanhã, professora?

   - Nas locuções com pronome possessivo (**a meu ver**, **a meu modo**, **a meus pés** etc.).
     A meu ver, sua atitude não foi correta. (O **a** que antecede o pronome é preposição.)

   - Depois do pronome relativo **cujo** (e das variações **cujos**, **cuja**, **cujas**).
     Este é o sapato **cuja** sola descolou.

FUNÇÃO SINTÁTICA DO ADJETIVO

O **adjetivo** acompanha o substantivo de duas maneiras; ele tem, portanto, basicamente duas funções sintáticas.

1. **Função de adjunto adnominal** quando pertence ao mesmo termo do substantivo a que se liga.
   A **maior** *lagoa* **salgada** do Brasil é Araruama.
   (adjetivos = **maior** e **salgada**; adjuntos adnominais do núcleo do sujeito, **lagoa**)

2. **Função de núcleo do predicado** quando pertence a um termo diferente daquele do substantivo a que se liga.
   O *homem* era **feliz**.
   (predicativo do sujeito = núcleo do predicado nominal)

   O *homem* voltou **feliz** para casa.
   (predicativo do sujeito = núcleo do predicado verbonominal)

   O público achou o *filme* **ótimo**.
   (predicativo do objeto = núcleo do predicado verbonominal)

PARTICULARIDADES DO ADJETIVO

1. O adjetivo tem características muito semelhantes às do substantivo. Por isso, muitas vezes só é possível distingui-los em uma frase.

   É preciso criar emprego para *trabalhadores* **jovens**.
   (substantivo) (adjetivo)

   Jovens **trabalhadores** querem emprego.
   (substantivo) (adjetivo)

2. Há casos em que a posição do adjetivo altera-lhe o significado.
   Era um **velho** *amigo* meu. (antigo)
   Era um *amigo* **velho** que precisava de mim. (idoso)

3. Há adjetivos adverbializados, isto é, empregados com valor de advérbio.
   A mulher chegou **rápido** ao local. (rapidamente)
   A criança tossiu **forte** durante a noite. (fortemente)

FUNÇÃO SINTÁTICA DO NUMERAL

O **numeral** liga-se ao substantivo acompanhando-o – **numeral adjetivo** – ou substituindo-o – **numeral substantivo** –, podendo exercer, portanto, várias funções sintáticas.

1. **Função de adjunto adnominal** quando é **numeral adjetivo**.
   Os **dois** filhos viviam agarrados à saia da mãe.
   O **primeiro** andar era muito escuro.

2. **Funções próprias do substantivo** quando é **numeral substantivo**.
   Dois mil e seis foi um bom ano. (sujeito)
   Em casa somos **quatro**. (predicativo do sujeito)
   Considerávamos os **dois** bons amigos. (objeto direto)

PARTICULARIDADES DO NUMERAL

1. Numeral **posposto** ao substantivo pode ser **ordinal** ou **cardinal**.
   - Na designação de papas, reis, imperadores, séculos e partes de uma obra usam-se:
     – os **numerais ordinais** (algarismos arábicos ou romanos) de 1 a 10.
     Capítulo **I** (primeiro) / Capítulo **1º** / D. Pedro **II** (segundo)
     Pio **X** (décimo) / Século **V** (quinto) / Século **5º** (quinto)
     – os **numerais cardinais** (algarismos arábicos ou romanos) de 11 em diante.
     Século **21** (vinte e um) / Século **XXI** (vinte e um) / Luís **XV** (quinze)
     Bento **XVI** (dezesseis) / Capítulo **XIX** (dezenove) / Capítulo **19** (dezenove)
   - Na indicação de artigos dos textos legais, são usados:
     – os **numerais ordinais** de 1 a 9.
     Artigo **1º** (primeiro) / Artigo **9º** (nono)
     – os **numerais cardinais** de 10 em diante.
     Artigo **10** (dez) / Artigo **18** (dezoito)
   - Na indicação de páginas, casas, apartamentos, usam-se os **numerais cardinais**.
     casa **1** (um)   página **1** (um)
     casa **3** (três)   página **23** (vinte e três)
   - Na indicação dos dias do mês, usam-se os **numerais cardinais**, com exceção do dia **primeiro**, especialmente em datas comemorativas.
     No dia **1º** de maio comemora-se o Dia do Trabalho.
     O chamado Dia da Mentira é o **1º** de abril.
     Viajaremos no dia **2** de setembro.

2. Os **numerais cardinais** são lidos com a conjunção **e**:
   - entre as centenas, as dezenas e as unidades.
     35 – trinta **e** cinco
     852 – oitocentos **e** cinquenta **e** dois

   - entre os milhares e as centenas somente quando as centenas terminam em dois zeros.
     1 600 – mil **e** seiscentos / 1 900 – mil **e** novecentos
     1 684 – mil seiscentos **e** oitenta **e** quatro
     1 999 – mil novecentos **e** noventa **e** nove

3. A conjunção **e** não é pronunciada entre uma ordem e outra nos números grandes.
   12 583 847 – doze **milhões quinhentos** e oitenta e três **mil oitocentos** e quarenta e sete

4. Antes do numeral **mil** não se costuma dizer **um** (a não ser em certos documentos, como cheques).
   1 715 – **mil** setecentos e quinze
   1 000 – **mil**

5. São **numerais** as palavras **ambos** e **ambas**.
   Natália e *Henrique* estavam aqui, mas **ambos** já saíram.

OBSERVAÇÃO

Alguns gramáticos classificam como **numerais**, não como **substantivos coletivos**, palavras que indicam quantidades exatas: *dezena, dúzia, década, par, milheiro* etc.

ATIVIDADES

1. Leia o título de uma reportagem.

   Honestidade: homem encontra carteira com mais de R$ 1 mil e devolve ao dono

   Disponível em: https://lancenoticias.com.br/noticia/honestidade-homem-encontra-carteira-com-mais-de-r-1-mil-e-devolve-ao-dono.
   Acesso em: 23 abr. 2021.

   a) Qual é a classe gramatical e a função sintática da palavra **homem** nesse título?

   b) Classifique a forma verbal **encontra** quanto à transitividade.

   c) Identifique e classifique o complemento da forma verbal **devolve**.

   d) Indique a função sintática da expressão **com mais de R$ 1 mil**.

2. Identifique a função sintática dos substantivos em destaque.

   a) O amor é um **sentimento** transformador.

   b) As doações foram arrecadadas por centenas de **voluntários**.

   c) **Pedro** fez as malas e abandonou a casa.

   d) Abriu um largo **sorriso** ao encontrá-la.

   e) O professor tinha muito orgulho de seus **alunos**.

3. Substitua as lacunas por um artigo definido ou indefinido se ele for necessário à frase.

   a) ▪ Rio Grande do Norte é rico em belezas naturais.

   b) Infelizmente, ambos ▪ advogados recusaram o caso.

   c) ▪ Meireles são muitos no Brasil.

   d) Ele conversará com ▪ Sua Majestade.

   e) Fui para ▪ casa assim que a aula terminou.

4. Indique os sentidos dos adjetivos destacados nas frases.

   a) O golfe é um esporte **caro**.

   b) Vou entregar este presente ao meu mais **caro** amigo.

   c) Era apenas um rapaz **pobre** em busca de oportunidades na vida.

   d) **Pobre** cachorro! Parece estar faminto.

   e) O quarto do hotel era **grande** e arejado.

5. Leia o trecho de uma notícia e observe as palavras destacadas.

   Marte: saiba mais sobre o voo de quase 40 segundos que entrou para a história

   [...]

   Pela primeira vez na história, uma aeronave a motor sobrevoou outro planeta. O helicóptero Ingenuity, construído por cientistas da Agência Espacial dos Estados Unidos (Nasa), elevou-se a 3 metros sobre a superfície de Marte, durante a manhã de ontem. O voo, que durou quase 40 segundos, foi bastante comemorado pelos idealizadores, que planejaram a façanha astronômica durante os últimos seis anos. [...]

   A pequena aeronave, que pesa 1,8 kg, levantou voo às 4h34 (no horário de Brasília) e pousou depois de 39,1 segundos. O ar muito rarefeito em Marte – menos de 1% da pressão da atmosfera da Terra – era um desafio, por dificultar a elevação do helicóptero. Para superar esse obstáculo, os especialistas utilizaram pás de rotor (hélices) com mais de 1 m de comprimento, que giram muito mais rápido do que em aeronaves semelhantes utilizadas na Terra.

   [...]

   SOARES, Vilhena. Marte: saiba mais sobre o voo de quase 40 segundos que entrou para a história. **Correio Braziliense**, Brasília, DF, 20 abr. 2021. Disponível em: https://www.correiobraziliense.com.br/ciencia-e-saude/2021/04/4919211-marte-saiba-mais-sobre-o-voo-de-quase-40-segundos-que-entrou-para-a-historia.html. Acesso em: 21 abr. 2021.

   a) Identifique e classifique o complemento de **sobrevoou**.

   b) Qual é a função sintática da palavra **bastante**?

   c) Leia o período a seguir e identifique o sujeito, seu núcleo e os adjuntos adnominais: "A pequena aeronave [...] levantou voo às 4h34".

   d) Analise sintaticamente os termos destacados em: "O ar muito rarefeito em Marte [...] **era um desafio**".

> **TIRE DE LETRA**
>
> A análise da **construção morfossintática** das orações contribui para identificar os **sintagmas nominais**, responsáveis pela **referenciação** em um texto, ou seja, termos usados para fazer referência ao tópico de que se fala ou escreve. O sintagma nominal tem como **núcleo** um substantivo, que pode ser acompanhado de **especificadores** (artigos ou pronomes) e **complementadores** (adjetivos e locuções adjetivas).

FUNÇÃO SINTÁTICA DO PRONOME

O **pronome** liga-se ao substantivo. Quando o acompanha, é **pronome adjetivo**; quando o substitui, é **pronome substantivo**. Portanto, pode exercer várias funções sintáticas.

1. **Função de adjunto adnominal** quando é **pronome adjetivo**.
   Foi **meu** pai quem nos contou **essa** história.
   Não encontrei **nenhum** amigo **naquele** jogo de basquete.

2. **Funções próprias do substantivo** quando é **pronome substantivo**.
   Ela é minha melhor amiga. (sujeito)
   Os colegas não **a** tinham visto na escola. (objeto direto)
   Deram-**lhe** muitos presentes no seu aniversário. (objeto indireto)
   Minha prova é **esta**. (predicativo do sujeito)
   Ninguém apareceu aqui. (sujeito)

PARTICULARIDADES DO PRONOME

PRONOMES PESSOAIS

Os **pronomes pessoais** são **pronomes substantivos**. Assim, exercem as funções sintáticas próprias do substantivo.

1. Os **pronomes pessoais retos** funcionam como **sujeito**.
   Nas férias passadas, **eu** não viajei.
   Eles desistiram do programa.

2. A maioria dos **pronomes pessoais oblíquos átonos** funciona como **objeto direto** ou **objeto indireto**, dependendo do verbo.
   Ninguém **me** vê aqui? (verbo transitivo direto; me = objeto direto)
   Ninguém **me** obedece aqui? (verbo transitivo indireto; me = objeto indireto)
   Encontrou-**nos** na rua. (verbo transitivo direto; nos = objeto direto)

3. Alguns pronomes pessoais oblíquos átonos têm funções específicas.
   - **O, a, os, as** [lo(s), la(s), no(s), na(s)] funcionam como **objeto direto**.
     Ninguém **os** viu desde ontem.
     Pretendo encontrá-**la** amanhã. (encontrar + **a**)
     Despediram-**nos** por contenção de despesas. (despediram + **os**)

   - **Lhe, lhes** funcionam como **objeto indireto**.
     Deram-**lhe** um bom livro.

4. Os **pronomes pessoais oblíquos tônicos** podem exercer diferentes funções.
   Deram a **mim** um bombom. (objeto indireto)
   Não tiveram dó de **mim**. (complemento nominal)
   A matéria foi estudada por **nós**. (agente da passiva)
   Quem sairá **comigo**? (adjunto adverbial de companhia)
   Não provoques a **mim**. (objeto direto preposicionado)

5. *Comigo, contigo, consigo, conosco* e *convosco* são formas de pronome pessoal oblíquo já combinadas com a preposição **com**. *Conosco* e *convosco*, quando seguidas de *mesmos, próprios, todos, outros, ambos* ou qualquer numeral, são substituídas pelas formas **com nós** e **com vós**.
   Eles falarão **com nós** mesmos.
   O elevador enguiçou **com nós** todos dentro.
   Minha irmã irá **com nós** quatro.

6. *Si* e *consigo* são reflexivos, isto é, referem-se ao próprio sujeito.
   As pessoas egoístas pensam só em **si** mesmas.
   Fala o tempo todo **consigo** mesmo.

7. *Eu* e *tu*, em certas estruturas, aparecem precedidos de preposição na linguagem popular; na norma-padrão, porém, essas estruturas são previstas com **pronomes oblíquos**.

   Nada mais existe <u>entre</u> **mim** e **ti**.
   O problema é <u>entre</u> **mim** e **ela**.
   Não vá embora <u>sem</u> **mim**.

8. O **pronome pessoal** que seja precedido de **preposição** e inicie uma **oração reduzida** funciona como **sujeito** dessa oração. Por isso, na norma-padrão prevê-se o uso do pronome pessoal **reto**. Na língua popular, no entanto, é comum o emprego do pronome pessoal **oblíquo**.

   Esse livro é *para* **eu** *ler*. (= *para que* **eu** *leia*)
   É preciso muito tempo *para* **eu** *estudar essa matéria*. (= *para que* **eu** *estude essa matéria*)
   Minha mãe insistiu <u>*em*</u> **nós** *fazermos um lanche*. (= *em que* **nós** *fizéssemos um lanche*)

9. Os **pronomes pessoais oblíquos tônicos** (**me**, **te**, **se**, **nos**, **vos**, **o**, **a**, **os**, **as**) podem exercer a dupla função de **objeto** e **sujeito** de verbos diferentes.

   Deixe-**me** *ver*. (**me** = *objeto* de *deixar* e *sujeito* de *ver*)
   Mandei-**o** *sair* daqui. (**o** = *objeto* de *mandar* e *sujeito* de *sair*)

PRONOMES POSSESSIVOS

1. Os **pronomes possessivos seu**, **sua**, **seus**, **suas** podem gerar ambiguidade quanto ao possuidor em certas estruturas, que devem ser substituídas.

   O pai repreendeu o(a) filho(a) porque bateu o **seu** *carro*.
   Como o filho bateu o *carro* de **seu** pai, foi repreendido por ele.
   O pai repreendeu a filha porque bateu o *carro* **dele**.

2. Os **pronomes possessivos** podem ser usados expressando ideias
   - de **aproximação**.
     Quando morreu já deveria ter **seus** noventa anos.
     Ela deve ter **seus** cinquenta pares de sapatos mais ou menos.
   - de **afeto, cortesia**.
     Não se desespere, **meu** amigo!
     Minha senhora, deixe-me ajudá-la.

3. Usado no masculino plural, o **possessivo substantivado** pode significar *parentes, familiares*.
   Desejaram-lhe tudo de bom, e também aos **seus**.

4. A ideia de posse é, muitas vezes, representada pelos pronomes pessoais **me**, **te**, **nos**, **vos**, **lhe**, **lhes**.
   Estragaram-**me** o sapato. (Estragaram o **meu** sapato.)
   A dor refletia-**lhe** no rosto. (A dor refletia em **seu** rosto.)

PRONOMES DEMONSTRATIVOS

1. Os **pronomes demonstrativos invariáveis** – **isto**, **isso**, **aquilo** – são pronomes substantivos. Exercem, portanto, as funções próprias do substantivo.

   Isso não se faz a ninguém. (sujeito)
   Nunca pensei **nisso**. (objeto indireto)
   O que é **aquilo**? (predicativo do sujeito)
   Veja **isto**! (objeto direto)

2. Uso dos pronomes demonstrativos **este**, **estes**, **esta**, **estas** e **isto**.
   - Para indicar proximidade entre o ser que determinam e a pessoa que fala.
     Esta minha atitude não está sendo fácil!

- Para indicar um tempo referente ao momento em que se fala ou bem próximo dele.
  Esta semana está muito cansativa. (semana presente)
  Esta noite irei ao cinema. (noite vindoura)
  Esta noite não dormi nada. (noite passada)
- Para anunciar uma informação e desenvolvê-la logo depois.
  Meu maior problema é **este**: *falta de tempo.*

3. Emprego dos demonstrativos **esse**, **esses**, **essa**, **essas** e **isso**.
   - Para indicar proximidade entre o ser que determinam e a pessoa que o ouve.
     Não entendo **essa** atitude sua.
     Este livro é para você. (indica proximidade com quem fala)
   - Para indicar um tempo não muito próximo do momento em que se fala.
     Nessa semana passada fui ao Rio de Janeiro.
     Qualquer dia **desses** eu apareço.
   - Para retomar algo já mencionado.
     Ter você comigo: **esse** é meu maior desejo.

4. Emprego dos demonstrativos **aquele**, **aqueles**, **aquela**, **aquelas** e **aquilo**.
   - Para indicar que o ser que determinam está distante de quem fala e de quem ouve.
     Não entendi **aquela** atitude do chefe.
   - Para indicar um tempo distante, uma época remota.
     Tenho saudade **daquelas** minhas brincadeiras de criança...

5. Usam-se o demonstrativo **este** (e variações) para retomar o ser mais próximo – último citado – e o demonstrativo **aquele** (e variações) para retomar o ser mais distante – primeiro citado.
   Comprei uma *blusa branca* e uma *preta:* **esta** para o Natal e **aquela** para o Ano-Novo.

6. **Nisto** (em + isto) e **nisso** (em + isso) podem ser usados como advérbios, significando *nesse momento*.
   A porta ia bater; **nisto** a segurei. (ou **nisso**)

7. O pronome demonstrativo **o** (invariável) pode representar uma ação da oração anterior.
   Precisava *ter saído* hoje, mas não **o** fiz.
   Gostaria de *ir ao cinema* à tarde e espero fazê-**lo**.

8. Os pronomes demonstrativos podem exprimir sentimentos.
   Isso vai ter de mudar! (indignação)
   Aquilo não sabe nada. (desprezo)
   Aquilo que era pessoa inteligente! (respeito, admiração)
   É você o **tal** que anda falando de mim!? (ironia)

PRONOMES INDEFINIDOS

1. Os **pronomes indefinidos invariáveis** aparecem, geralmente, como **pronomes substantivos**, exercendo as funções próprias do substantivo.
   Não dissemos **nada** a ele. (objeto direto)
   Algo precisa ser feito! (sujeito)
   Não tem respeito *por* **ninguém**. (complemento nominal)
   Tudo está muito bom! (sujeito)

2. O indefinido **todo** indica totalidade das partes se estiver no singular e posposto ao substantivo, ou se estiver seguido de pronome pessoal.
   As crianças comeram o *bolo* **todo**.
   Todo *ele* era só tatuagem.

3. O indefinido **algum**:
   - tem valor *positivo* quando colocado antes do substantivo.
   Tem **alguma** *dificuldade* em línguas estrangeiras.

   - tem valor *negativo* quando colocado depois do substantivo.
   Não tem *dificuldade* **alguma** em línguas estrangeiras.

   - na linguagem popular pode significar *dinheiro*.
   Você tem **algum** aí?

4. O indefinido **nenhum**, quando posposto ao substantivo em frases negativas, reforça a negação.
   Não o encontrei em *parte* **nenhuma**.

5. A palavra **mais** é pronome indefinido quando antecedida de artigo, significando *o restante*.
   Escreveu apenas um livro bom; o **mais** são artigos sem importância.

PRONOMES INTERROGATIVOS

1. Nas *interrogativas diretas*, o pronome aparece no início da frase.

   Que horas são?
   Quem chegou?
   Qual é o seu problema?

2. Nas *interrogativas indiretas*, com verbos próprios para interrogar (*perguntar*, *indagar*, *saber* etc.), o pronome interrogativo aparece no interior da frase.

   Perguntei **que** horas são.
   Querem saber **quem** chegou.
   Indagaram **qual** o seu problema.

3. As funções sintáticas dos pronomes interrogativos podem variar em função do tipo de pronome, da estrutura em que aparecem ou de ambos os casos.
   - Aparecem como **pronomes adjetivos**, funcionando como **adjuntos adnominais**, os pronomes interrogativos das situações a seguir.
   Que *problema* o atormenta tanto? (significando *que espécie de*)
   Qual *filme* você viu?
   Quantos *irmãos* você tem?

   - Os pronomes interrogativos das situações a seguir aparecem como **pronomes substantivos**, funcionando como **sujeitos**.
   Que o atormenta tanto? (significando *que coisa*)
   Quem me telefonou? (sempre pronome substantivo)
   Quantos são na sua casa?

OBSERVAÇÕES

1. Para dar mais ênfase à pergunta, o **que** pode ser substituído por **o que**:
O que o atormenta?

2. Que e **o que** podem ser reforçados pela expressão **é que**:
Que é que o atormenta? / **O que é que** o atormenta?

3. O **quem** refere-se a pessoa ou coisa personificada:
Quem está aí? / **Quem** me cativa, senão as flores?

4. Qual (quais) pode não ter o substantivo imediatamente após ele ("**Qual** *o motivo* de sua tristeza?") e corresponder a **qual de** ("**Qual dos** dois vai sair agora?").

PRONOMES RELATIVOS

O **pronome relativo**, usado para iniciar oração subordinada adjetiva, desempenha sempre uma função sintática.

Cada pronome relativo tem características próprias.

1. O relativo **que** aparece como **pronome substantivo**, desempenhando funções variadas, e é precedido de preposição quando a função o exige.

   - **Sujeito**

     Admiro as *pessoas* **que** *são* solidárias.
     Admiro as pessoas. / As pessoas são solidárias.
     (**que** substitui *pessoas*, sujeito de *são*)

   - **Objeto direto**

     O *livro* **que** você me *deu* é ótimo.
     O livro é ótimo. / Você me deu o livro.
     (**que** substitui *livro*, objeto direto de *deu*)

   - **Objeto indireto**

     As *anotações* **de que** *preciso* não estão no caderno.
     As anotações não estão no caderno. / Preciso das anotações.
     (**de que** substitui *anotações*, objeto indireto de *preciso*, que exige a preposição **de**)

   - **Complemento nominal**

     As *coisas* **a que** sou *apegada* têm valor afetivo.
     As coisas têm valor afetivo. / Sou apegada às coisas.
     (**a que** substitui *coisas*, complemento nominal de *apegada*, que exige a preposição **a**)

   - **Predicativo**

     Volta a ser o *menino* **que** tu *eras*.
     Volta a ser o menino. / Tu eras o menino.
     (**que** substitui *menino*, predicativo de *tu*)

   - **Agente da passiva**

     O *cão* **por que** você *foi agredido* não está doente.
     O cão não está doente. / Você foi agredido pelo cão.
     (**por que** substitui *cão*, agente da passiva de *foi agredido*, que exige a preposição **por**)

   - **Adjunto adverbial**

     As *escolas* **em que** *estudei* deixaram-me saudades.
     As escolas deixaram-me saudades. / Estudei nas escolas.
     (**em que** substitui *escolas*, adjunto adverbial de lugar – *onde estudei* –, exige a preposição **em**)

2. O relativo **o qual** (e variações) é usado no lugar de **que** e desempenha as mesmas funções. Bem menos usado do que o **que**, é empregado:

   - para evitar ambiguidade em estruturas como esta:

     Encontrei a filha de um amigo, **a qual** mora em Brasília.
     (o **que** não evidenciaria quem mora em Brasília, a *filha* ou o *amigo*; **a qual** evidencia *filha*)

   - após preposições não monossilábicas.

     Esta é a mesa *sobre* **a qual** deve ficar o computador.
     Houve um intervalo na reunião, *durante* **o qual** dei uma saída.

3. O pronome relativo **quem** aparece como **pronome substantivo**, desempenhando várias funções. Equivale a **o qual**, refere-se a pessoa ou a coisa personificada e é sempre precedido de preposição.

- **Objeto indireto**
  Este é o amigo *de* **quem** sempre falo.

- **Complemento nominal**
  Esta é a escritora *por* **quem** tenho grande admiração.

- **Adjunto adverbial**
  O rapaz *com* **quem** ela foi ao cinema é namorado dela.

4. O relativo **cujo** (e variações) equivale a **de que**, **de quem** e **do qual** (e variações). Ao relacionar o antecedente com o termo que especifica, exprime ideia de posse. É empregado apenas como **pronome adjetivo**, exercendo a função de **adjunto adnominal**.

    Admiro as pessoas **cujas** *atitudes* refletem honestidade.

    Admiro as pessoas. / As atitudes *dessas* pessoas refletem honestidade.

    Este é o pai **cuja** *filha* é minha aluna.

    Este é o pai. / A filha *dele* é minha aluna.

5. O relativo **onde** indica lugar e funciona como **adjunto adverbial de lugar**.

    O local **onde** trabalho é bem silencioso.

    O local é bem silencioso. / Trabalho *nesse* local.

6. O relativo **quanto** (**quantos**, **quantas**) tem como antecedente os pronomes indefinidos **tudo**, **todos** ou **todas**. É empregado como **pronome substantivo** e geralmente exerce as funções de **objeto direto** ou de **sujeito**.

    - **Objeto direto**
      Hoje resolvi ***tudo*** **quanto** pretendia.
      Hoje resolvi tudo. / Pretendia resolver tudo.

    - **Sujeito**
      Atendemos a ***todos*** **quantos** nos solicitaram ajuda.
      Atendemos a todos. / Todos nos solicitaram ajuda.

7. **Quando** e **como** também aparecem na condição de pronome relativo, exercendo, respectivamente, as funções de **adjunto adverbial de tempo** e **adjunto adverbial de modo** em estruturas deste tipo:

    Fui jovem numa época **quando** ainda não havia televisão em cores.
    (*quando = em que*)

    Com muita educação é o modo **como** devemos tratar as pessoas.
    (*como = pelo qual*)

ATIVIDADES

1. Escolha o pronome demonstrativo entre parênteses que substitui adequadamente a lacuna.

    a) Definitivamente, o melhor momento para eu viajar não é ■ . (este / esse)

    b) Como são os vizinhos ■ prédio em que você mora? (nesse / neste)

    c) Dinheiro? ■ é o menor dos meus problemas. (este / esse)

    d) Ouça bem ■: não vou mais ceder a seus caprichos! (isso / isto)

    e) ■ quarto em que estamos é muito apertado. (este / esse)

    f) Nosso maior sonho é ■: reencontrar nossos irmãos. (esse / este)

2. Leia o trecho de uma crônica de José Saramago.

   [...]

   Mas vamos à história. Lá no sanatório, dizia-me aquele amigo, havia um doente, homem de uns cinquenta anos, que tinha grande dificuldade em andar. A doença pulmonar de que padecia nada tinha que ver com o sofrimento que lhe arrepanhava a cara toda, nem com os suspiros de dor, nem com os trejeitos do corpo. Um dia até apareceu com duas bengalas toscas, a que se amparava, como um inválido. Mas sempre em ais, em gemidos, a queixar-se dos pés, que aquilo era um martírio, que já não podia aguentar.

   [...]

   SARAMAGO, José. Não sabia que era preciso. In: SARAMAGO, José. **A bagagem do viajante**. São Paulo: Companhia das Letras, 1996. p. 49.

   a) Identifique a palavra **que** usada como pronome relativo e especifique a função sintática em cada caso.

   b) Indique duas palavras de classes gramaticais muito próximas, substantivo e adjetivo. Informe a classe gramatical delas nesse trecho do texto.

   c) Explique o emprego do artigo em "homem de uns cinquenta anos".

3. Substitua as lacunas por **eu** ou **mim**.

   a) Estou esgotada! São muitos problemas para ■ resolver sozinha.

   b) Fiquei muito nervoso durante a apresentação, já que todas as atenções estavam voltadas para ■.

   c) O nascimento do bebê foi fundamental para ■ rever minhas prioridades.

   d) Com o fim da sociedade, não há mais nada entre ■ e ele.

   e) Vovó preparou o manjar de coco especialmente para ■.

4. Identifique os pronomes nas frases a seguir e informe sua função sintática.

   a) Eu o esperei em vão durante toda a tarde.

   b) O projeto arquitetônico foi totalmente concebido por ele.

   c) No dia da formatura, o pai presenteou-a com um belo anel.

   d) Quem gostaria de ir ao cinema comigo?

   e) Tudo que Sérgio deixou de fazer foi em respeito a mim.

5. Descubra a função sintática dos pronomes relativos nestas frases.

   a) Não sei com **quem** Ricardo, meu filho, viajou ontem.

   b) Esse é o namorado de Carla, por **quem** ela demonstra tanto amor.

   c) Não posso acreditar nos políticos **cujas** atitudes revelam desonestidade.

   d) Este é o chefe de família de **quem** todos dependem.

   e) A casa **onde** mora o escritor não parece tão grande.

6. Indique o item em que o pronome **lhe** não indica posse.

   a) Roubaram-lhe o relógio ontem à noite.

   b) O vento, à tarde, parecia acariciar-lhe os cabelos.

   c) O olhar indicava-lhe a indignação.

   d) Naquele dia, devolveram-lhe a carteira de motorista.

7. Reescreva a frase a seguir para desfazer a ambiguidade:

   Ontem à tarde, Paula foi ao cinema com o namorado e depois para seu apartamento.

FUNÇÃO SINTÁTICA DO VERBO

O **verbo** é a palavra imprescindível na oração e, com exceção do verbo de ligação, funciona sempre como **núcleo do predicado.**

Exemplos:

As crianças **brincaram** o dia todo.
   ↓   ↓
sujeito   predicado

Aconteceram coisas incríveis na semana passada.
     ↓   ↓   ↓
predicado   sujeito   predicado

PARTICULARIDADES DO VERBO

Cada tempo verbal pode apresentar diferentes aspectos.

PRESENTE DO INDICATIVO

1. Expressa um fato atual, que ocorre no momento em que se fala (presente **pontual** ou **momentâneo**).
   Enquanto **escrevo**, **penso** em você.
   Estou vendo nuvens no céu.

2. Expressa um fato que acontece com frequência (**presente habitual** ou **frequentativo**).
   Falo e **gesticulo** muito.
   Meus filhos **dormem** cedo.

3. Expressa ações ou estados permanentes, verdades universais (**presente durativo**).
   Todo ser humano **é** mortal.
   A Terra **gira** em torno do Sol.

4. Dá vivacidade a fatos ocorridos no passado (**presente histórico** ou **narrativo**).
   Em 1881, Machado de Assis **inicia** a literatura realista brasileira com o livro **Memórias póstumas de Brás Cubas**.

5. É empregado com valor de outros tempos:
   - **futuro do presente**.
     Amanhã **faz** um mês que ele se mudou.
   - **pretérito do subjuntivo**.
     Se ele não **apaga** o forno, teria queimado tudo.
   - **futuro do subjuntivo**.
     Se te **abalas** com ofensas bobas, deixarás contente o ofensor.

PRESENTE DO SUBJUNTIVO

1. Expressa dúvida, hipótese.
   É possível que ele se **convença** a ir ao médico.
   É provável que seus argumentos não **provem** sua inocência.

2. É usado em frases optativas.
   Que desde cedo as crianças **aprendam** a respeitar seus semelhantes!
   O perdão lhe **seja** dado, antes que **seja** tarde.

3. É usado em orações subordinadas, com o verbo da oração principal no presente do indicativo ou no imperativo.
Desejamos que vocês **sejam** muito felizes.
Peça que eles **fiquem** mais um pouco.

PRETÉRITO IMPERFEITO DO INDICATIVO

1. Expressa um fato passado não concluído, que teve seu curso prolongado (**imperfeito durativo** ou **cursivo**).
Meu pai **gostava** de cantar e de fazer poesias.

2. Expressa um fato habitual (**imperfeito habitual** ou **iterativo**).
Eles **caminhavam** de dois a três quilômetros por dia.

3. É empregado com valor de outros tempos:
   - **presente do indicativo**, para atenuar um pedido.
   Eu **queria** só um pedaço de torta.
   - **futuro do pretérito**.
   Se lhe emprestasse o carro, **tinha** aborrecimentos.

PRETÉRITO IMPERFEITO DO SUBJUNTIVO

1. É usado em orações subordinadas.
Queria que eu o **esperasse** por duas horas. (substantiva)
Não era pessoa que **pensasse** em tal coisa. (adjetiva)
Se me **contassem** essa história, não acreditaria. (adverbial)

2. É usado em **frases optativas**.
Pudesse eu dedicar-me a pesquisas!

PRETÉRITO PERFEITO DO INDICATIVO (SIMPLES)

Expressa um fato passado concluído.
Saí cedo e **fui** à feira.

PRETÉRITO PERFEITO DO INDICATIVO (COMPOSTO)

Expressa um fato que se inicia no passado e, repetindo-se, chega ao presente.
Alguns parlamentares **têm lutado** contra a corrupção.

PRETÉRITO PERFEITO DO SUBJUNTIVO (COMPOSTO)

Expressa um fato passado, provável ou real.

É importante que ele **tenha decidido** continuar os estudos.

É lastimável que ele **tenha respondido** às ofensas com agressões físicas.

PRETÉRITO MAIS-QUE-PERFEITO DO INDICATIVO

1. Expressa um fato passado anterior a outro fato também passado.
O jogador comemorou o gol que **marcara**.

2. Expressa desejo em orações optativas.
Quisera Deus que mamãe melhorasse das tonturas!

PRETÉRITO MAIS-QUE-PERFEITO DO SUBJUNTIVO (COMPOSTO)

Expressa um fato hipotético anterior a outro fato passado, também hipotético.

Se você **tivesse estudado** mais, não *teria sido reprovado*.

FUTURO DO PRESENTE DO INDICATIVO

1. Expressa um fato que somente será realizado num momento posterior ao que se fala.
   Haverá uma manifestação contra os políticos corruptos.

2. Expressa um fato atual duvidoso, incerto.
   Nós **continuaremos** pagando tantos impostos?

3. É usado com valor de imperativo, dando mais ênfase à frase.
   Os alunos ímpares **sentarão** à direita.

FUTURO DO SUBJUNTIVO

É usado em orações subordinadas.

Serão homenageados os atletas que menos **cometerem** agressões e jogadas desleais. (adjetiva)
Enquanto eu não **souber** a verdade, não opinarei. (adverbial)

FUTURO DO PRETÉRITO DO INDICATIVO

1. Expressa um fato posterior a um fato passado.
   Resolvemos que, doente, nossa mãe não **deveria** mais morar sozinha.

2. Expressa um fato futuro dependente de outro fato.
   Você **pagaria** a conta de luz se *fosse* ao banco?

3. Expressa um fato incerto.
   Os vendedores **seriam** desonestos com os clientes?

4. Expressa polidez.
   Gostaria de que me desse seu endereço.

ATIVIDADES

1. Leia o fragmento extraído de uma das obras mais famosas de Mark Twain.

   > Na antiga cidade de Londres, em certo dia de outono, na segunda metade do século XVI, **nascia** um menino de uma família pobre, de sobrenome Canty, que não o **queria**. No mesmo dia, nascia uma outra criança inglesa, de uma família rica, de sobrenome Tudor, que o queria. Todos os ingleses também o **desejavam**. A Inglaterra tanto almejara, ansiara e clamara a Deus por ele que, agora que ele tinha realmente chegado, o povo quase delirava de alegria. [...]

   TWAIN, Mark. **O príncipe e o mendigo**. Tradução de Maria Helena Grembecki. São Paulo: Ática, 2000. p. 21. (Eu leio).

   a) Indique o modo e o tempo verbal das formas verbais destacadas.

   b) Reproduza as formas verbais que se encontram no pretérito mais-que-perfeito.

   c) Reproduza um verbo irregular que está no pretérito imperfeito.

2. Nas frases a seguir, as formas verbais destacadas foram usadas em substituição a outras. Indique quais foram substituídas e especifique seu tempo verbal.

   a) Isabel comemorou muito a compra do apartamento com que tanto **tinha sonhado**.

   b) De acordo com a previsão do tempo, **vai fazer** muito frio hoje.

   c) Se não tivesse se apressado, Lucas **perdia** o voo.

   d) Se Malu **abandona** a faculdade de Medicina, se arrependerá para sempre.

   e) Marcos tomou uma decisão: **viaja** para a França no ano que vem.

3. Leia este trecho de reportagem sobre as propriedades da água.

   A água é a substância mais estranha da face da Terra. Entenda por quê.

   [...]

   Texto: Bruno Vaiano e Maria Clara Rossini

   Era um líquido muito engraçado. Não tinha gosto, não tinha nada. Ninguém podia colocar uma garrafa com esse líquido no *freezer*, porque o recipiente **estoura**. Estoura graças a uma propriedade incomum: trata-se de uma das únicas substâncias na face da Terra que aumenta de tamanho na fase sólida. As outras passam a ocupar menos espaço, e não mais.

   Essa substância, claro, é a água. [...]

   VAIANO, Bruno; ROSSINI, Maria Clara. A água é a substância mais estranha da face da Terra. Entenda por quê. **Superinteressante**, 18 dez. 2020. Disponível em: https://super.abril.com.br/especiais/a-agua-e-a-substancia-mais-estranha-da-face-da-terra-entenda-por-que. Acesso em: 21 abr. 2021.

   a) Identifique e classifique os sujeitos dos verbos **estourar** e **ser** nas ocorrências destacadas no texto.

   b) Em que tempo e modo se encontra a forma verbal **aumenta**?

   c) No contexto em que essa forma verbal foi utilizada, o que a escolha do tempo e do modo indica?

4. Substitua as lacunas pela flexão apropriada dos verbos entre parênteses, nos tempos do modo subjuntivo.

   a) É provável que Joaquim ■ pelo curso de engenharia elétrica. (optar)

   b) ■ eu estar no seu lugar neste momento. (querer)

   c) É triste que ele ■ tantas oportunidades ao longo da vida. (perder)

   d) Você entenderia melhor o tema da apresentação se ■ mais sobre ele. (pesquisar)

5. Substitua as lacunas pelos verbos entre parênteses nos tempos e modos pedidos.

   a) Enquanto um irmão ■ uma história em quadrinhos, o outro ■ no quintal. (**ler** – pretérito imperfeito do indicativo; **brincar** – pretérito imperfeito do indicativo)

   b) Não ■ ao escritório no dia seguinte, pois ■ muito criticado. (**voltar** – pretérito perfeito do indicativo; **ser** – pretérito mais-que-perfeito do indicativo)

   c) Felizmente, ■ muitos profissionais comprometidos com a própria área de atuação. (**existir** – presente do indicativo)

   d) Imediatamente, a tia ■ na discussão acalorada entre seus sobrinhos. (**intervir** – pretérito perfeito do indicativo)

6. Leia o trecho de um conto do escritor português Eça de Queirós.

[...]

A noite **caíra**, Cristóvão **parou**. E sentado sobre uma rocha, com grandes lágrimas sobre a face, **olhava** as estrelas que, uma a uma, **marcavam** os pontos do céu. **Era** ali, naquela altura, que ele **habitava**. Oh! se ele **pudesse** subir lá, e ver como **era** a sua face, e sentir a doçura das suas mãos! Por que não voltaria ele mais para consolar os pobres, secar as lágrimas, agasalhar as criancinhas, e nutrir as multidões? Agora, que todos o amavam, ninguém o prenderia: o caminho que ele seguisse seria juncado de rosas [...].

[...]

EÇA DE QUEIRÓS, José Maria. S. Cristóvão. *In*: EÇA DE QUEIRÓS, José Maria. **Singularidades de uma rapariga loura**. São Paulo: Global, 1986. Disponível em: http://www.dominiopublico.gov.br/download/texto/vo000001.pdf. Acesso em: 26 abr. 2021.

a) Das formas verbais em destaque, apenas uma não pertence ao modo indicativo. Em que tempo e modo está?

b) Identifique o tempo dos verbos destacados que pertencem ao modo indicativo.

c) Justifique o uso do modo indicativo dos verbos do item anterior.

d) "Agora, que todos o amavam, ninguém o **prenderia**: o caminho que ele seguisse **seria** juncado de rosas [...]." Explique o uso do futuro do pretérito nos verbos em destaque.

EMPREGO DAS FORMAS NOMINAIS

1. Como **VERBO**

As formas nominais – gerúndio, particípio e infinitivo –, quando empregadas normalmente como **verbo**, têm a função de **núcleo do predicado**.

- **Gerúndio**
  Vem *vindo* uma frente fria. (locução verbal)
  Acabando a frente fria, irei à praia. ("quando acabar [...]": reduzida adverbial temporal)
  Era a repórter **anunciando** a entrevista. ("que anunciava [...]": reduzida adjetiva)

- **Particípio**
  Eles **tinham** *jogado* bola muito tempo. (tempo composto)
  Bruna gostou da sugestão **apresentada** por mim. ("que eu apresentei": reduzida adjetiva)
  Cansados, foram dormir após o jornal da TV. ("Porque [Como] estavam cansados [...]": reduzida adverbial causal)
  Anunciada, a cantora subiu ao palco. ("Quando foi anunciada [...]": reduzida adverbial temporal)

- **Infinitivo**
  – não flexionado.
  Resolvemos *sair* tarde da noite. (locução verbal)
  A criança **continuava** *a chorar*. (locução verbal com preposição)
  Faça-*os* **limpar** onde sujaram. (pronome como sujeito)
  Poucos foram *capazes* de **traduzir** o texto. (complemento de adjetivo)
  Almoçar, crianças! (equivalendo a imperativo)

  – flexionado.
  Espero não me **levarem** a mal. (com sujeito indeterminado)
  Os namorados pareciam cansados de se **iludirem**. (reciprocidade de ação)
  As crianças se levantaram para os mais *velhos* **sentarem**. (referência a seres específicos)

2. Como **NOME**

O **gerúndio**, o **particípio** e o **infinitivo** podem ser empregados também como **nomes**, exercendo diferentes funções.

- **Gerúndio**
  A saudade *chegou* **doendo** muito. (adjunto adverbial de modo)
- **Particípio**
  Calças **rasgadas** estão na moda. (adjunto adnominal)
- **Infinitivo impessoal**
  Amar é **viver**. (substantivado: sujeito e predicativo do sujeito)

OBSERVAÇÕES

1. O infinitivo é pessoal quando há referência a algum ser: A natureza está aí para **eu cuidar** dela. (nós *cuidarmos* etc.). Já o impessoal não especifica nenhum ser: **Cuidar** da natureza é dever de todos.

2. Com o verbo **parecer**, pode ser usada a forma flexionada ou a não flexionada:
As decisões *parecem* não **solucionar** os problemas agrícolas.
As decisões *parece* não **solucionarem** os problemas agrícolas.

ATIVIDADES

1. Leia a tirinha a seguir.

Quadro 1: NÃO FOI POR DINHEIRO OU VAIDADE...
Quadro 2: ESTUDEI MEDICINA PARA AJUDAR AS PESSOAS.
Quadro 3: QUERO ESTAR ONDE PRECISAM MAIS DE MIM!

BECK, Alexandre. [Não foi por dinheiro ou vaidade...]. **Armandinho**, 18 out. 2015. Blogue. Disponível em: https://tirasarmandinho.tumblr.com/post/131440622929/tirinha-original. Acesso em: 21 abr. 2021.

a) Transcreva uma forma verbal que se encontra no pretérito do indicativo e escreva a ideia que ela exprime.

b) Identifique na tirinha os verbos que estão no infinitivo.

2. O gerúndio pode ser empregado em orações reduzidas adverbiais e adjetivas. Identifique os itens em que ocorre esse emprego e desenvolva as orações.

a) Entendendo a dificuldade do filho, a mãe ajudou-o com a lição de Matemática.

b) Estava preparando o jantar quando a campainha tocou.

c) O barulho assustou as crianças, mas era apenas um gato andando no telhado.

d) Vem chegando a temporada de chuvas e com ela o risco de desabamentos.

e) Não estando os alunos nos lugares determinados, o professor não aplicará a prova.

3. Leia o trecho de um romance.

   [...]

   Minha cadela, Daisy, me seguiu até o quarto, pulou na cama e começou a lamber meu rosto.

   — Quem é a minha menina boazinha? — falei, fazendo uma voz engraçada. — Quem é a minha menina boazinha?

   — Está tudo bem, meu amor? — perguntou a mamãe. Ela tentou sentar ao meu lado, mas a Daisy estava monopolizando a cama. [...]

   PALACIO, R. J. **Extraordinário**. Tradução de Rachel Agavino. Rio de Janeiro: Intrínseca, 2012. p. 32.

   a) Indique a forma nominal dos verbos **fazer** e **sentar**.

   b) Desenvolva a oração reduzida presente no segundo parágrafo.

   c) Aponte os verbos no infinitivo nesse trecho e justifique seu uso.

4. Substitua as lacunas pelos verbos entre parênteses na sua forma adequada.

   a) A garota parecia ■ que algo bom aconteceria naquele dia. (sentir)

   b) Carlos sempre se esforçou para não ■ sua capacidade. (subestimar)

   c) O professor pediu aos alunos que ■ a prova. (iniciar)

   d) As medidas preventivas tomadas pelo rapaz ■ os sintomas da doença. (atenuar)

FUNÇÃO SINTÁTICA DO ADVÉRBIO

O **advérbio** e a **locução adverbial**, ligando-se ao *verbo* para indicar as circunstâncias da ação verbal, exercem a função sintática de **adjunto adverbial**, classificados de acordo com os sete sentidos que essa classe gramatical expressa: tempo, lugar, modo, afirmação, negação, intensidade e dúvida.

Pagarei minhas contas **amanhã**. (advérbio – adjunto adverbial de tempo)

Voltarei **à noite**. (locução adverbial – adjunto adverbial de tempo)

TIRE DE LETRA

A **nominalização** de verbos em substantivos pode ser uma importante **estratégia argumentativa**. Para isso, é fundamental compreender a construção morfossintática dos períodos. Por exemplo: "O governo interferiu no aumento de juros e acalmou os ânimos do mercado financeiro". Nesse período composto, o referente é *governo*. Já na oração "A interferência do governo no aumento de juros acalmou o mercado financeiro", com período simples, a nominalização do verbo **interferir** destaca a *ação* do governo, que passa a ser referente da informação.

PARTICULARIDADES DO ADVÉRBIO

1. O número de circunstâncias em que pode ocorrer a ação verbal é imenso. E essas circunstâncias nem sempre se compõem de advérbio ou locução adverbial: outras classes gramaticais ou expressões podem constituí-las. Quando isso ocorre, os **adjuntos adverbiais** são classificados de acordo com o significado da *preposição* que inicia a circunstância: *lugar, assunto, instrumento, meio, companhia* etc.

   Coloquei o livro **aqui**. (*aqui*: advérbio de lugar = adjunto adverbial de lugar)

   Coloquei o livro **por aqui**. (*por aqui*: locução adverbial de lugar = adjunto adverbial de lugar)

   Coloquei o livro **sobre a mesa**. (*mesa*: substantivo; *sobre*: preposição que indica lugar = adjunto adverbial de lugar)

2. Quando um adjunto adverbial aparece formado de dois advérbios terminados em *-mente*, coloca-se o sufixo apenas no último para suavizar a sonoridade da frase.

   Pronunciava **clara** e **lentamente** as palavras.

   Contava o seu passado **alegre** e **orgulhosamente**.

3. Os **advérbios interrogativos** – interrogações *diretas* e *indiretas*: **onde** (de lugar), **como** (de modo), **quando** (de tempo), **por que** (de causa) – exercem as funções normais de advérbios.

    Onde está você? (adjunto adverbial de lugar)

    Diga-me **onde** está você. (adjunto adverbial de lugar)

    Por que você faltou à aula ontem? (adjunto adverbial de causa)

    Quero saber **por que** você faltou à aula ontem. (adjunto adverbial de causa)

4. Quando se pretende realçar o adjunto adverbial, deve-se colocá-lo no início da frase.
    Na nossa infância, eu já morria de ciúme de você.

FUNÇÃO SINTÁTICA DA PREPOSIÇÃO

A preposição é um elemento de ligação que não possui função sintática.

PARTICULARIDADES DA PREPOSIÇÃO

1. Em algumas estruturas, a preposição possui conteúdo significativo.

    Saí **com** eles.　　　　　　　　　　Saí **sem** eles.

    Os torcedores estavam **contra** o juiz.　　Os torcedores estavam **com** o juiz.

    Colocou a mercadoria **sobre** o balcão.　　Colocou a mercadoria **sob** o balcão.

    Estou saindo **de** João Pessoa.　　　　Estou saindo **para** João Pessoa.

2. Em outras estruturas, a preposição é vazia de significado. Nesse caso são duas as razões dessa ocorrência:

    - o uso incorporou a preposição aos termos que ela liga, os quais, juntos, passaram a ser considerados uma palavra composta.

        O *Rio* **de** *Janeiro* é uma cidade linda! (Rio de Janeiro – hoje, palavra composta.)

    - a ausência da preposição não prejudica o sentido da frase; é um conectivo pedido por um verbo ou um nome.

        Ontem, *assistimos* **a** um bom filme. (assistir – verbo transitivo indireto)

        Tenho a *impressão* **de** que ele não virá. (impressão – substantivo)

ATIVIDADES

1. De acordo com a norma-padrão, falta uma preposição em cada uma das frases a seguir. Informe quais são as preposições adequadas e justifique a ausência delas.

    a) A camisa escolhida pela mãe não agradou o menino.

    b) Obedecer os mais velhos é um sinal de respeito.

    c) Hoje à noite vamos ao teatro assistir uma peça que estreou.

    d) Saí de casa com pressa e tenho a impressão que esqueci alguma coisa.

    e) Marina, não fique tão preocupada. Tenho certeza que tudo vai ficar bem.

TIRE DE LETRA

Na construção morfossintática da oração, os advérbios podem assumir diferentes propriedades semânticas. Eles podem indicar se uma sentença é verdadeira, obrigatória ou duvidosa, sendo, portanto, **modalizadores** (*realmente, obrigatoriamente, talvez*); podem, ainda, **qualificar** (*bem, mal*) ou **quantificar** (*às vezes, geralmente, constantemente*).

2. Leia a seguir um trecho do romance **Memórias póstumas de Brás Cubas**, de Machado de Assis, e informe os sentidos dados pelos advérbios e pelas locuções adverbiais destacados no texto.

Capítulo 1

Óbito do Autor

Algum tempo hesitei se devia abrir estas memórias pelo princípio ou pelo fim, isto é, se poria em primeiro lugar o meu nascimento ou a minha morte. Suposto o uso vulgar seja começar pelo nascimento, duas considerações me levaram a adotar diferente método: a primeira é que eu **não** sou **propriamente** um autor defunto, mas um defunto autor, para quem a campa foi outro berço; a segunda é que o escrito ficaria assim **mais** galante e mais novo. Moisés, que também contou a sua morte, não a pôs no introito, mas **no cabo**; diferença radical entre este livro e o Pentateuco.

[...]

MACHADO DE ASSIS, Joaquim Maria. Óbito do autor. In: MACHADO DE ASSIS, Joaquim Maria. **Memórias póstumas de Brás Cubas**. Disponível em: http://www.dominiopublico.gov.br/download/texto/bn000167.pdf. Acesso em: 21 abr. 2021.

3. Informe os sentidos que os advérbios e a locução adverbial destacados a seguir expressam.

   a) Ainda que não tenha estudado tanto quanto deveria, **certamente** você terá bons resultados na prova.

   b) Felizmente, desde o começo, a gestação de Patrícia está correndo **bem**.

   c) **Sem dúvida** Pedro foi uma boa escolha, pois realizou um excelente trabalho na empresa.

   d) Temos uma longa caminhada pela frente, pois a cachoeira é **bem** longe daqui.

4. Leia a tirinha a seguir.

LEITE, Willian. [Entendedor Anônimo # 28]. **WillTirando**, 3 maio 2016. Blogue. Disponível em: http://www.willtirando.com.br/entendedor-anonimo-28/. Acesso em: 21 abr. 2021.

   a) A palavra **sem** aparece três vezes na tirinha. Diga que relação de sentido essa palavra estabelece e classifique-a morfologicamente.

   b) Classifique morfologicamente a palavra **tão**.

   c) Na tirinha há uma oração com uma preposição que estabelece relação de lugar. Identifique essa oração e indique a preposição.

5. Leia o título de uma reportagem: "Há trinta anos, um pastor-alemão se tornava ídolo do Colo-Colo".

   a) Localize e classifique uma expressão adverbial nesse título de reportagem.

   b) Qual é o sentido transmitido pela preposição **de**, em "do Colo-Colo"?

   c) Que função sintática a expressão "do Colo-Colo" exerce nessa oração?

EM SÍNTESE

- **Substantivo** – pode funcionar como núcleo de qualquer termo da oração, exceto do predicado verbal.
- **Artigo** – função de adjunto adnominal.
- **Adjetivo** – pode funcionar como adjunto adnominal, núcleo do predicado nominal e núcleo do predicado verbonominal.
- **Numeral**
  - Numeral adjetivo – função de adjunto adnominal.
  - Numeral substantivo – funções próprias do substantivo.
- **Pronome**
  - Pronome adjetivo – função de adjunto adnominal.
  - Pronome substantivo – funções próprias do substantivo.
- **Verbo** – funciona como núcleo do predicado se não for verbo de ligação.
- **Advérbio** – função de adjunto adverbial.
- **Preposição** – não possui função sintática.

NO TEXTO

Leia o texto e responda às questões.

Um mascote de pelúcia na Savassi

[...]

Sentado em sua cadeira plástica, ele agitava um secador de cabelo para refrescar o enorme capacete de pelúcia. O homem se abrigava do sol de duas horas da tarde [...].

[...]

Através da tela de tecido, que é um dos poucos pontos de respiração da fantasia de cachorro, é possível ver os olhos de Léo brilhando quando ele fala da sua profissão. "Sinto muito orgulho do que faço, muito mesmo", afirma. Léo ama o contato com as crianças, gosta da interação com o público [...]. O trabalho é cansativo, entretanto. Léo [...] precisa se valer do secador de cabelos para se resfriar durante os dias quentes e para se aquecer quando o clima está frio. Ele conta que já chegou a ficar desidratado uma vez quando se "empolgou" e não cumpriu as pausas durante o expediente.

[...]

UM MASCOTE de pelúcia na Savassi. **Notícias do Bairro de Savassi**, 2 maio 2013. Disponível em: https://www.encontrasavassi.com.br/noticias/um-mascote-de-pelucia-na-savassi. Acesso em: 27 abr. 2021.

1. O texto é o perfil jornalístico de um homem que, vestido de mascote de pelúcia, faz publicidade de uma empresa nas ruas do bairro da Savassi, em Belo Horizonte (MG).

   a) Quem é a pessoa caracterizada nesse perfil? Recupere do texto as palavras empregadas para designá-la.

   b) Essas palavras pertencem à mesma classe gramatical? Explique.

   c) Destaque as palavras empregadas para caracterizar Léo e seu trabalho e diga a que classe gramatical elas pertencem.

2. Note que, nesse contexto, conhecemos Léo mais pelas informações contidas nos verbos do que pelas contidas nos adjetivos. Com base nas características do texto, elabore uma explicação para essa afirmação.

Exames e concursos

(Universidade Federal de Mato Grosso – MT) Auxiliar em administração

1. A regra geral de concordância verbal no português é que o verbo concorda com o núcleo do sujeito em número e pessoa. No entanto, algumas situações fogem à regra. Assinale a afirmativa que apresenta erro de concordância.

    a. A multidão de fãs gritaram pelo cantor.

    b. Os pedidos, as súplicas, o desespero, nada o comoveram.

    c. A maioria dos alunos foram à aula de campo.

    d. Fui eu quem derramou o café.

(Prefeitura de Barra Velha – SC) Médico

2. Assinale a alternativa **correta** para os termos integrantes da oração.

    I. Marília vendia roupas

    II. Juliana gosta de livros.

    III. Gosto de flores.

    IV. Paulo mora perto de um grande supermercado.

    a. I. objeto direto; II. objeto indireto; III. objeto indireto; IV. complemento nominal.

    b. I. objeto indireto; II. objeto indireto; III. objeto direto; IV. adjunto adnominal.

    c. I. objeto indireto; II. objeto direto; III. objeto direto; IV. adjunto adverbial.

    d. Nenhuma das alternativas.

(Tribunal de Justiça do Distrito Federal – DF) Estagiário

3. Comi três laranjas e duas maçãs no café da manhã. O sujeito é:

    a. composto.

    b. oculto.

    c. simples.

    d. indeterminado.

(Universidade Estadual Paulista – SP) Estagiário

4. Analise e indique a frase correta:

    a. Achamos presentes o mais belos possíveis.

    b. Salvo enganos, estamos todos perdidos.

    c. Somos bastantes cuidadosos.

    d. Não precisamos de pseudos-mora.

(Universidade Federal de Uberlândia – MG) Técnico de Tecnologia da Informação

5.
> Em **Crime sem saída**, o ator Chadwick Boseman se despe do herói Pantera Negra e interpreta o detetive Andre Davis. Ao longo de uma madrugada, é encarregado de prender criminosos que, em um roubo no Brooklyn, em Nova York, matam sete policiais. **Mesmo que** seja preciso fechar, literalmente, as 21 pontes que conectam Manhattan – para onde os bandidos fugiram – com outras regiões, obstruir túneis e interromper o serviço de trens da cidade. "Bloquear Manhattan para uma caçada humana é bem atraente e cinematográfico", diz o ator.
>
> [...]

FARIA, Alan de. Nova York sitiada. **Revista Gol**, São Paulo, n. 213, p. 44, dez. 2019. Disponível em: https://www.voegol.com.br/pt/servicos-site/Magazine/GOLREVISTA213.pdf. Acesso em: 6 maio 2021.

Assinale a alternativa que indica a relação de sentido da expressão em destaque no contexto em que aparece.

a. concessão

b. condição

c. causa

d. consequência

(Universidade Federal de Campina Grande – PB) Assistente em administração

6. Em situação comunicativa formal, o texto escrito deve seguir a norma-padrão (incluindo concordância, regência, pontuação, acentuação gráfica, ortografia). Qual dos textos abaixo segue essa norma?

a. Foi detectada, através de estatísticas, um grande número de pessoas (crianças, adolescentes e jovens) envolvidos no submundo do trafico de drogas.

b. Enchentes põe em risco a população que mora as margens de rios. As autoridades desconsideram os problemas inerentes a remoção de ocupações inlegais dessas áreas.

c. Quando o caminhão que faz a coleta passa os moradores, ficam indignados, porque os agentes nem sempre colocando o lixo dentro do caminhão, deixando a sugeira nas ruas.

d. A especialista recomendou que devem procurar o serviço de saúde pessoas residentes na cidade X que apresentarem sintomas da doença.

(Unicamp)

7. Leia o texto abaixo:

> "Boas coisas acontecem para quem espera. As melhores coisas acontecem para quem se levanta e faz."

(Domínio público.)

Considerando o texto acima e a maneira como ele é estruturado, podemos afirmar que:

a. o uso encadeado de "Boas coisas" e "As melhores coisas" possibilita a valorização do primeiro enunciado e a desvalorização do segundo.

b. a repetição do termo "coisas" garante que "boas coisas" e "as melhores coisas" remetem ao mesmo referente.

c. entre as expressões "para quem espera" e "para quem se levanta e faz" estabelece-se uma relação de temporalidade.

d. a sequenciação desse texto ocorre por meio da recorrência de expressões e de estruturas sintáticas.

(Universidade Estadual Paulista – SP) Estagiário

8. Assinale a frase em que o termo destacado **não** é objeto indireto.

   a. Comparo o trabalho do professor **com o mais precioso dos tesouros**.

   b. **Aos astros** prometeu ele uma recompensa pela graça almejada.

   c. A veiculação **de informações** implica responsabilidade, e muitos não atentam para isso.

   d. Não compete **a vocês** emitir opinião no que não lhes diz nenhum respeito.

(Superior Tribunal de Justiça – DF) Estagiário

9. Assinale a alternativa correta acerca da concordância nominal.

   a. Encontramos caído o varal e a roupa.

   b. Água é boa para saúde.

   c. Laura e Lívia saíram só.

   d. Admiro as cultura inglesa e a italiana.

10. No que se refere à concordância verbal, assinale a alternativa correta.

    a. Cerca de mil pessoas participou da *show* de abertura.

    b. A maioria dos advogados aprovou o decreto.

    c. Minas Gerais produzem queijo e música de primeira.

    d. Qual de nós são capazes?

11. Na frase "O discurso foi claro **e** objetivo", o termo destacado é uma conjunção coordenativa:

    a. aditiva.

    b. adversativa.

    c. alternativa.

    d. explicativa.

(Ministério Público Estadual – SP) Estagiário

12. Na frase "Nos dias frios, neva muito", o sujeito é:

    a. inexistente.

    b. "dias".

    c. "frios".

    d. indeterminado.

13. Assinale a alternativa **incorreta** quanto à regência nominal.

    a. Era acessível a todos.

    b. Estava acostumado a comer muito.

    c. Reinaldo vive alheio com tudo.

    d. Cristina tem aversão a insetos.

14. Analise a frase abaixo.

    Já chegaram no local indicado no roteiro?

    A frase acima apresenta um **erro** de

    a. concordância nominal.

    b. concordância verbal.

    c. regência nominal.

    d. regência verbal.

(UFSCar)

15. Assinale a alternativa em que o termo em destaque está empregado de acordo com a norma-padrão da língua portuguesa.

   a. Em suas diretrizes, a Funai **caracterizam** como "isolados" os grupos indígenas que não estabeleceram contato permanente com a população nacional.

   b. Os povos indígenas isolados se **diferencião** dos demais grupos indígenas que mantêm contato antigo e intenso com os não índios.

   c. É provável que o isolamento desses povos **seja** resultado de encontros com efeitos negativos para suas sociedades.

   d. A vontade de isolamento também pode ser **explicado** pela experiência de um estado de autossuficiência social e econômica.

   e. **Devem** ser garantida pela Funai a liberdade das atividades tradicionais desses povos indígenas que vivem isolados.

(UFMG)

16. Assinale a alternativa em que o termo ou palavra a que se refere o pronome relativo em negrito foi indicado **incorretamente**.

   a. "[...] a dificuldade de compartilhamento de informações entre os médicos generalistas **que** realizam o atendimento inicial e os especialistas."
   que = os médicos generalistas

   b. "Com todas as adversidades deste cenário, as instituições tiveram de recorrer a diversos empréstimos em bancos públicos e privados, **o que** culminou em grande endividamento."
   o que = as instituições tiveram de recorrer a diversos empréstimos em bancos públicos e privados

   c. "Foi a essa conclusão **que** chegaram os especialistas convidados para debate sobre o aniversário de 30 anos do SUS."
   que = a essa conclusão

   d. "O SUS é uma conquista da população **que** não pode ser desprezada."
   que = população

(Câmara de Três Rios – RJ) Agente administrativo

17. Quanto aos termos acessórios da oração, assinale a alternativa incorreta.

   a) O adjunto adnominal é expresso por adjetivo, locução adjetiva, artigo (definido, ou indefinido), pronome adjetivo, ou numeral adjetivo.

   b) Aposto: um substantivo (ou pronome) pode-se fazer acompanhar imediatamente de outro termo de caráter nominal, a título de individualização, ou esclarecimento.

   c) São exemplos de vocativo: "Eu, Brás Cubas, escrevi este romance com a pena da galhofa e a tinta da melancolia"; "Durante sete anos, Jacó serviu a Labão, pai de Raquel".

   d) Adjunto adverbial é o termo que acompanha o verbo, exprimindo as particularidades que o cercam, ou precisam o fato por este indicado.

   e) Vocativo é um termo de natureza exclamativa, empregado quando chamamos por alguém, ou dirigimos a fala a pessoa, ou ente personificado.

(UFSCar)

Declarações de Daniel Munduruku

[...]

Frequentei a escola durante a ditadura militar, na década de 1970. Naquela época, as informações que eu tinha em sala de aula insinuavam que índio era atrasado, que índio era pobre, que índio era selvagem... Isso chegava até mim com um impacto muito violento. Passei a ter vergonha da minha cara, do meu cabelo, da minha origem... Eu não queria mais ser índio.

[...]

[...] Quem mudou a visão negativa que eu fazia de mim mesmo foi meu avô Apolinário. É claro que não foi da noite para o dia, mas o avô foi mostrando, às vezes com sábias palavras, às vezes apenas com o silêncio, que aquela era a minha família e que longe dela eu seria infeliz. Com meu avô aprendi o valor da ancestralidade.

[...]

MUNDURUKU, Daniel. Entrevista: Daniel Munduruku. [Entrevista concedida a] Bruno Ribeiro, **Revista Consciência.Net**, Rio de Janeiro, 5 fev. 2010. Disponível em: https://revistaconsciencia.com/entrevista-daniel-munduruku/. Acesso em: 6 maio 2021.

18. Assinale a alternativa em que a passagem "Passei a ter vergonha da minha origem. Eu não queria mais ser índio." (1º parágrafo) está reescrita com o sentido preservado, após a transformação em destaque.

a. Passei a ter vergonha da minha origem, **entretanto eu não teria mais vontade de** ser índio.

b. Passei a ter vergonha da minha origem, **porém eu não tive mais vontade de** ser índio.

c. Passei a ter vergonha da minha origem, **embora eu não tivesse mais vontade de** ser índio.

d. Passei a ter vergonha da minha origem, **apesar de eu não ter mais vontade de** ser índio.

e. Passei a ter vergonha da minha origem, **então eu não tinha mais vontade de** ser índio.

(UFMG)

19. Leia o excerto para resolver a questão.

Em 1988, ano em que o Sistema Único de Saúde (SUS) foi criado, não **havia** muitos hospitais públicos no País [...].

SILVA, Edison Ferreira da. SUS, há 30 anos sobrevivendo ao colapso. **Estadão**, São Paulo, 12 fev. 2018. Disponível em: https://opiniao.estadao.com.br/noticias/geral,sus-ha-30-anos-sobrevivendo-ao-colapso,70002186825. Acesso em: 6 maio 2021.

Assinale a alternativa cujo verbo em negrito substitui o verbo **havia** do excerto original, mantendo a concordância lógica gramatical do português-padrão.

a. Em 1988, ano em que o Sistema Único de Saúde (SUS) foi criado, não **existia** muitos hospitais públicos no país.

b. Em 1988, ano em que o Sistema Único de Saúde (SUS) foi criado, não **existiam** muitos hospitais públicos no país.

c. Em 1988, ano em que o Sistema Único de Saúde (SUS) foi criado, não **tinham** muitos hospitais públicos no país.

d. Em 1988, ano em que o Sistema Único de Saúde (SUS) foi criado, não **tinha** muitos hospitais públicos no país.

(Prefeitura de Almirante Tamandaré – PR) Técnico em enfermagem

20. Assinale a alternativa na qual a palavra **mesmo** ou **mesma** está empregada corretamente.

    a. Ela mesma resolveu ceder o lugar a ele.

    b. Mesma cansada, vou à festa.

    c. Esta certidão é mesma autêntica?

    d. Eles mesmo retiraram a proposta.

    e. Resolveram cuidar da vida mesma delas.

(Conselho Regional de Enfermagem de Mato Grosso – MT) Assistente de administração

21. Leia atentamente as frases a seguir.

    Os eleitores estão curiosos para conhecer o resultado final das eleições.

    Tão logo o inverno chegue, estaremos preparados com bons agasalhos.

    As questões do concurso eram deveras difíceis, portanto poucos terão sucesso.

    Assinale a alternativa que apresenta correta e respectivamente as relações de sentido estabelecidas pelos termos sublinhados.

    a. causa – conclusão – adversidade

    b. finalidade – tempo – conclusão

    c. concessão – tempo – consequência

    d. finalidade – oposição – consequência

(Prefeitura de Ministro Andreazza – RO) Técnico eletricista

22. A opção abaixo que **não** obedece ao padrão da norma-padrão da língua quanto à concordância verbal é:

    a. Não havia sugestões para serem levadas.

    b. Fomos nós quem pagou a conta do restaurante.

    c. Da antessala, ouvia-se claramente os gritos do paciente.

    d. Decidiu-se todos saírem mais cedo da festa.

    e. Noventa por cento das vítimas sobreviveram.

23. Dentre as opções abaixo, a que está em **desacordo** com a norma-padrão da língua, em relação à regência nominal, é:

    a. Os jogadores treinaram muitos chutes em gol.

    b. As crianças prestavam bastante atenção ao professor.

    c. Eles já foram assíduos em reunião de pais, na escola.

    d. Não conheço nenhum deputado por Sergipe.

    e. Na época éramos moradores na Av. Rio Branco.

(Prefeitura de Ministro Andreazza – RO) Técnico eletricista

Leia o texto abaixo e responda ao que se pede.

Retrato

Eu não tinha este rosto de hoje,

assim calmo, assim triste, assim magro,

nem estes olhos tão vazios,

nem o lábio amargo.

Eu não tinha estas mãos sem força,

tão paradas e frias e mortas;

eu não tinha este coração

que nem se mostra.

Eu não dei por esta mudança,

tão simples, tão certa, tão fácil:

— Em que espelho ficou perdida

a minha face?

MEIRELES, Cecília. Retrato. *In*: CORREIA DIAS, Maria Fernanda Meireles (org.). **Cecília Meireles**. 14. ed. São Paulo: Global, 2002. p. 13. (Melhores poemas).

24. Nos versos "eu não tinha este coração / que nem se mostra", a palavra grifada tem a sua análise morfossintática descrita, com acerto, em:

a. pronome relativo – objeto direto

b. pronome indefinido – predicativo

c. conjunção – vocativo

d. palavra de realce – objeto indireto

e. pronome relativo – sujeito

(Instituto de Previdência dos Servidores Públicos Municipais de Timbó – SC) Técnico previdenciário

Foi divulgado pelo Procon de Timbó o levantamento dos preços de combustíveis no município. A pesquisa foi realizada nos 10 estabelecimentos que oferecem esse serviço, tendo como objetivo confirmar se houve reajustes [...].

As tabelas informam os valores para pagamento ____ vista e, também, parcelado, apresentando ____ margens de variação em cada posto. ____ pesquisa compõe um banco de dados que estará disponível nas redes sociais [...].

Fonte de pesquisa: PROCON divulga valores dos combustíveis em Timbó. **Prefeitura de Timbó**, 6 mar. 2020. Disponível em: https://www.timbo.sc.gov.br/procon/2020/20135/. Acesso em: 6 mar. 2020.

25. Assinale a alternativa que completa correta e respectivamente as lacunas do segundo parágrafo do texto:

a. à – às – A

b. a – às – Há

c. a – as – À

d. à – as – Há

e. à – as – A

(Prefeitura de Andradas – MG) Auxiliar administrativo

QUINO. **Toda Mafalda**. São Paulo: Martins Fontes, 2001.

26. Em "Tome, pensei em ficar com o troco da padaria para comprar bala, mas não consegui", os termos em destaque estabelecem ideia de, respectivamente:

a. finalidade e oposição.
b. oposição e causa.
c. causa e finalidade.
d. causa e oposição.

27. Considerando a fala de Mafalda no segundo quadrinho, se o termo **isso** fosse substituído pela expressão **essas atitudes**, segundo a gramática normativa, teríamos:

a. E tudo por causa do maldito inquilino que começou a dizer que essas atitudes são muito feias, que não se faz e sei lá o quê.

b. E tudo por causa do maldito inquilino que começou a dizer que essas atitudes é muito feias, que não se faz e sei lá o quê.

c. E tudo por causa do maldito inquilino que começou a dizer que essas atitudes são muito feias, que não se fazem e sei lá o quê.

d. E tudo por causa do maldito inquilino que começou a dizer que essas atitudes são muito feios, que não se fazem e sei lá o quê.

(Ministério Público do Estado de São Paulo – SP) Estagiário nível médio

28. Analise a frase abaixo.

Competência é necessária. Atualmente, ninguém dá valor para isso.

A frase acima apresenta um **erro** de

a. concordância nominal.
b. concordância verbal.
c. regência nominal.
d. regência verbal.

29. "A família Barbosa, no último domingo, reuniu-se no clube". O sujeito é:

a. clube.
b. domingo.
c. reuniu-se.
d. A família Barbosa.

(Prefeitura de Balneário Camboriú – SC) Assistente administrativo

Leia o texto, que é fragmento de um poema de Carlos Drummond de Andrade.

Procura da poesia

[...]

Penetra surdamente no reino das palavras.

Lá estão os poemas que esperam ser escritos.

Estão paralisados, mas não em desespero,

há calma e frescura na superfície intata.

Ei-los sós e mudos, em estado de dicionário.

Convive com teus poemas, antes de escrevê-los.

Tem paciência, se obscuros. Calma, se te provocam.

Espera que cada um se realize e consume

com seu poder de palavra

e seu poder de silêncio.

[...]

DRUMMOND DE ANDRADE, Carlos. Procura da poesia. In: DRUMMOND DE ANDRADE, Carlos. **A rosa do povo**. São Paulo: Companhia das Letras, 2012. p. 12.

30. Com base no texto, analise as afirmativas abaixo:

I. O sujeito da primeira oração é "reino das palavras".

II. Em "antes de escrevê-los" o termo sublinhado (los) refere-se a "teus poemas".

III. Os poemas podem provocar o escritor ou serem incompreensíveis a ele.

IV. A frase "mas não em desespero" traz uma ideia de causa ao contexto em que se insere.

V. Os poemas são encontrados em estado de dicionário, ou seja, paralisados.

Assinale a alternativa que indica todas as afirmativas **corretas**.

a. São corretas apenas as afirmativas I e IV.
b. São corretas apenas as afirmativas I, II e III.
c. São corretas apenas as afirmativas II, III e V.
d. São corretas apenas as afirmativas III, IV e V.
e. São corretas as afirmativas I, II, III, IV e V.

31. Observe a frase retirada do texto:

"há calma e frescura na superfície intata".

Assinale a alternativa cuja frase apresenta a mesma classificação de sujeito, de predicado e possui a mesma regra de concordância entre sujeito e verbo.

a. Fez noites e dias quentes naquela praia.
b. Percebi alegria e entusiasmo naquele poeta.
c. Passou o medo e a angústia da tempestade na tarde de verão.
d. Discordou-se da atitude e fala daquele candidato nas eleições.
e. Estavam afixados na porta dois poemas do mesmo autor.

(Prefeitura de Iporã do Oeste – SC) Professor de Português

32. "Muito prometem as dietas milagrosas e as intermináveis sessões de ginástica."
Assinale a alternativa que contém a correta conversão para a voz passiva:

   a. Muito foi prometido pelas dietas milagrosas e pelas intermináveis sessões de ginástica.
   b. Muito prometer-se-á pelas dietas milagrosas e pelas intermináveis sessões de ginástica.
   c. Muito é prometido pelas dietas milagrosas e pelas intermináveis sessões de ginástica.
   d. Não é possível a conversão para a voz passiva com verbos transitivos diretos como, por exemplo, "prometer".

(Câmara Municipal de Três Rios – RJ) Agente administrativo

33. Sobre discurso direto, indireto e indireto livre, marque a alternativa incorreta.

   a. O sacerdote, com o coração a sangrar, disse: "Positivamente, este país não é amigo de Deus." (Discurso direto.)
   b. O delegado estava indeciso. A quem interessará o crime? (Discurso indireto.)
   c. O professor afirmou que aquele que não saiba obedecer não devia mandar. (Discurso indireto.)
   d. Indagou o médico: "Qual será a verdadeira idade do doente?" (Discurso direto.)
   e. O médico recusou pagamento, acrescentando: "É cristão levar a saúde à casa dos pobres." (Discurso direto.)

(Prefeitura de Nossa Senhora de Nazaré – PI) Auxiliar administrativo

> Não espere a gota d'água para agir: ela pode ser a última.
>
> 22 de março, Dia Mundial da Água. Faça a sua parte para preservar uma das nossas maiores fontes de vida: evite o desperdício de água e ajude a proteger os ecossistemas. Faça agora! Uma mensagem do CREA-SC.
>
> CREA-SC
> CONSELHO REGIONAL DE ENGENHARIA E AGRONOMIA DE SANTA CATARINA (CREA-SC)

34. O adjunto adverbial que aparece no texto da parte de baixo, no canto esquerdo da propaganda, é:

   a. faça.   b. para.   c. fontes.   d. agora.   e. mensagem.

35. O adjunto adverbial apresenta circunstância de:

   a. lugar.   b. tempo.   c. intensidade.   d. modo.   e. afirmação.

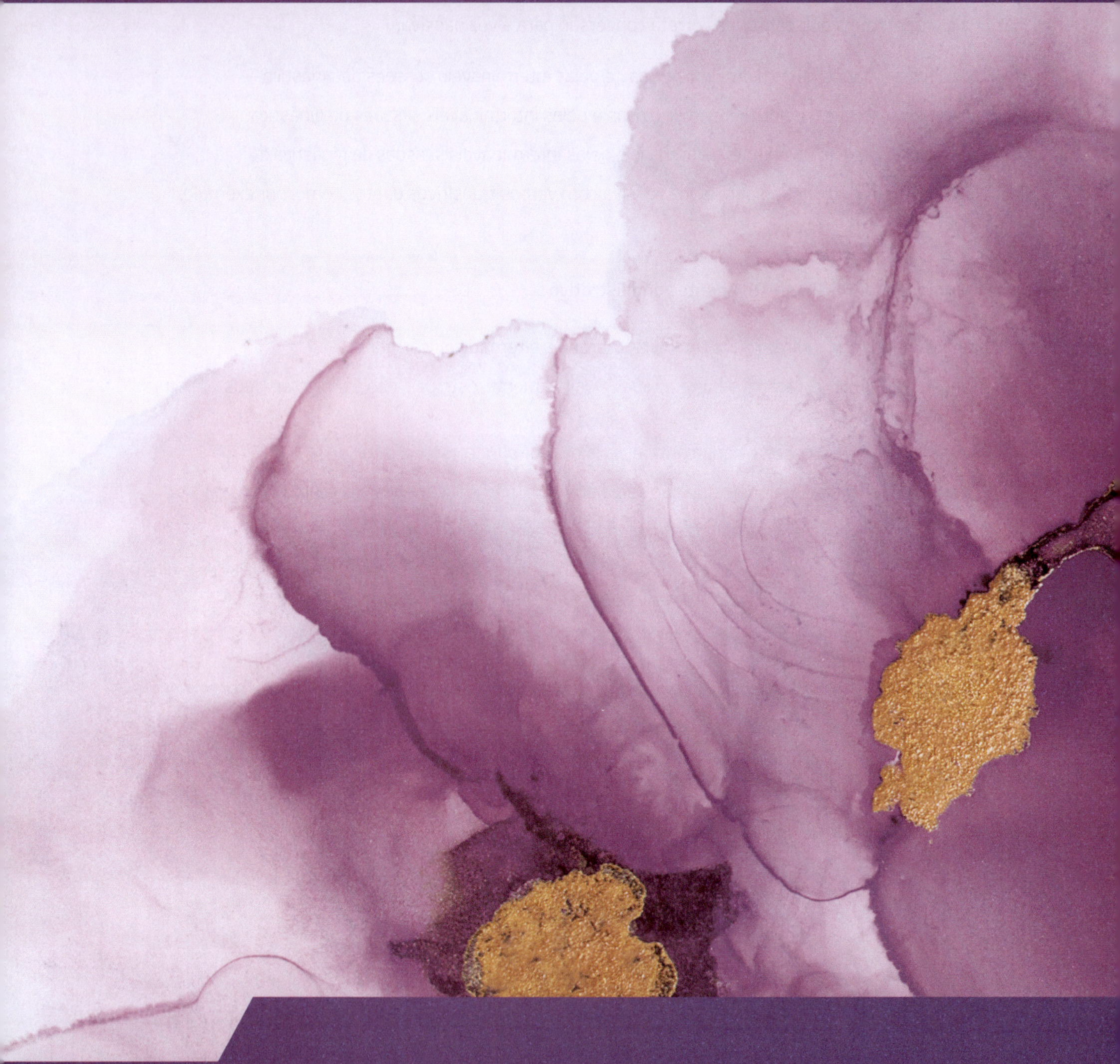

SEMÂNTICA

SEMÂNTICA

Significação das palavras

UM PRIMEIRO OLHAR

Leia, a seguir, a tirinha do Armandinho, personagem criado por Alexandre Beck.

> Quadro 1: ADORAMOS CESTAS...
> Quadro 2: ADORAMOS SESTAS...
> Quadro 3: ...ADORAMOS SEXTAS!

ARMANDINHO (Brasil). [**Adoramos cestas...**]. 4 dez. 2015. Facebook: Armandinho. Disponível em: https://www.facebook.com/tirasarmandinho/photos/np.1449244982810250.100005065987619/1085604124818226/. Acesso em: 15 mar. 2021.

1. Observe as palavras do quadro a seguir, retiradas dos quadrinhos.

   cestas   sestas   sextas

   - Na tirinha, o humor é criado com base na semelhança sonora entre essas palavras. Identifique o timbre – aberto ou fechado – da vogal tônica de cada uma delas.

2. Considerando as cenas representadas nos quadrinhos da tirinha, identifique o significado dessas palavras.

3. Com base nas respostas das questões anteriores, informe as semelhanças e as diferenças entre essas palavras em relação ao som, à escrita e ao significado de cada uma.

4. Palavras como **cestas** e **sextas** são denominadas **homônimas homófonas**, pois têm sons iguais, mas grafias diferentes. Dê outros exemplos, apresentando:

   a) palavras com sons e grafias idênticos.

   b) palavras com sons diferentes e grafias iguais.

   c) palavras com som e grafia bem parecidos.

RELAÇÕES DE SIGNIFICADO ENTRE AS PALAVRAS

Diz-se que cada *significante* (representação sonora ou gráfica da palavra) remete a apenas um *significado* (conceito atribuído pelos usuários), mas nem sempre é o que acontece. Muitas particularidades entre significante e significado ocorrem no processo de formação da língua e outras, no decorrer de sua evolução e de seu uso cotidiano.

SINONÍMIA

Sinônimos são palavras de som e grafia diferentes, mas de significados semelhantes em determinados contextos.
Exemplos:
Os insetos **invadiram** a plantação de arroz.
Os insetos **alastraram-se** pela plantação de arroz.

ANTONÍMIA

Antônimos são palavras de significados opostos.
Exemplos:
O universitário foi **bem** na prova.
O universitário foi **mal** na prova.

HOMONÍMIA

Homônimos são palavras de som e/ou grafia iguais, mas de significados diferentes.
Exemplos:
Os supermercados precisam **apreçar** as mercadorias.
↓
dar preço

É preciso **apressar** a divulgação do resultado do exame.
↓
tornar mais rápido

Dependendo das características comuns apresentadas, os homônimos podem ser:

HOMÔNIMOS HOMÓGRAFOS

Os **homônimos homógrafos** são aqueles que possuem grafias iguais, mas sons diferentes.
Exemplos:
O **começo** da história já agradou aos telespectadores.
↓
/e/ = substantivo

Eu **começo** a entender essa matéria.
↓
/ɛ/ = verbo

HOMÔNIMOS HOMÓFONOS

Os **homônimos homófonos** são aqueles que possuem sons iguais, mas grafias diferentes.
Exemplos:
Ele não sabia pregar uma **tacha** no batente.
↓
prego pequeno

Os clientes consideram muito alta a **taxa** bancária.
↓
quantia cobrada por prestação de serviço

HOMÔNIMOS PERFEITOS

Os **homônimos perfeitos** são aqueles que possuem grafias e sons idênticos.

Exemplos:

Eu **cedo** o assento para as gestantes no ônibus.
↓
verbo

Levantou **cedo** para estudar para a prova.
↓
advérbio de tempo

Veja a seguir alguns casos de palavras homônimas.

RELAÇÃO DE ALGUNS HOMÔNIMOS		
acender – pôr fogo; ligar	**ascender** – subir	
acento – sinal gráfico	**assento** – lugar de sentar-se	
aço – metal	**asso** – do verbo *assar*	
banco – assento	**banco** – estabelecimento comercial	**banco** – do verbo *bancar*
caçar – perseguir	**cassar** – anular	
cela – pequeno quarto	**sela** – arreio	**sela** – do verbo *selar*
censo – recenseamento	**senso** – juízo	
cerrar – fechar	**serrar** – cortar	
cessão – ato de ceder	**seção** ou **secção** – divisão	**sessão** – reunião
cesto – balaio	**sexto** – numeral ordinal	
cheque – ordem de pagamento	**xeque** – lance do jogo de xadrez	
conserto – reparo (substantivo)	**concerto** – sessão musical	**conserto** – do verbo *consertar*
coser – costurar	**cozer** – cozinhar	
espiar – espionar; observar	**expiar** – receber punição	
estático – imóvel	**extático** – admirado	
estrato – tipo de nuvem; camada	**extrato** – resumo; trecho	
incerto – não certo	**inserto** – incluído	
laço – nó	**lasso** – gasto; cansado; frouxo	
manga – fruto da mangueira	**manga** – parte do vestuário	
paço – palácio	**passo** – passada	**passo** – do verbo *passar*
são – saudável	**são** – do verbo *ser*	**são** – forma reduzida de *santo*

PARONÍMIA

Parônimos são palavras de som e grafia bem parecidos e de significados diferentes.

Exemplos:

Meus primos **emigraram** para a Ásia.
↓
mudaram de seu país de origem

No começo do século XX, muitos italianos **imigraram** para o Brasil.
↓
entraram em um país para nele viver

Veja a seguir alguns casos de palavras parônimas.

RELAÇÃO DE ALGUNS PARÔNIMOS	
absolver – perdoar	**absorver** – aspirar, sorver
acostumar – contrair hábitos	**costumar** – ter por hábito
acurado – feito com cuidado	**apurado** – refinado, bem cuidado
afear – tornar feio	**afiar** – amolar
amoral – indiferente à moral	**imoral** – contra a moral
apóstrofe – figura de linguagem com função de vocativo	**apóstrofo** – sinal gráfico para indicar supressão de letras em palavra
aprender – adquirir conhecimento	**apreender** – assimilar
arrear – pôr arreios; adornar	**arriar** – descer, abaixar
cavaleiro – aquele que anda a cavalo	**cavalheiro** – homem educado
comprimento – extensão	**cumprimento** – saudação; ato de cumprir
deferir – conceder, atender	**diferir** – ser diferente; adiar
delatar – denunciar	**dilatar** – estender
descrição – ato de descrever	**discrição** – ser discreto, reservado
descriminar – inocentar	**discriminar** – distinguir
despensa – lugar onde se guardam mantimentos	**dispensa** – licença
destratar – insultar	**distratar** – desfazer
emergir – vir à tona	**imergir** – mergulhar
emigrar – sair da pátria	**imigrar** – entrar em um país para nele morar
eminente – notável, célebre	**iminente** – prestes a acontecer
estádio – praça de esportes	**estágio** – preparação; fase; período
flagrante – evidente	**fragrante** – perfumado
incidente – episódio	**acidente** – acontecimento inesperado
inflação – desvalorização do dinheiro	**infração** – violação
infligir – aplicar castigo	**infringir** – desrespeitar, violar
ótico – relativo à audição	**óptico** – relativo à visão
peão – amansador de cavalos; condutor de tropa; peça no jogo de xadrez	**pião** – brinquedo
pequenez – relativo a pequeno	**pequinês** – originário de Pequim; raça de cães
pleito – disputa eleitoral	**preito** – homenagem
precedente – antecedente	**procedente** – proveniente
ratificar – confirmar	**retificar** – corrigir
reboco – argamassa de cal ou de cimento e areia	**reboque** – cabo ou corda que prende um veículo a outro que o reboca

POLISSEMIA

Polissemia é a propriedade de uma palavra ter significados diferentes de acordo com o contexto de uso.

Exemplos:

A criança estava com a **mão** machucada. (parte do corpo)

A escultura demonstrava **mão** *de mestre*. (habilidade)

A rua não *dava* **mão** para o parque. (direção em que o veículo deve transitar)

Nenhum cidadão deve *abrir* **mão** de seus direitos. (deixar de lado, desistir)

Passaram a **mão** em minha bolsa. (apoderar-se de coisa alheia)

A palavra final *está nas* **mãos** do diretor. (dependência, responsabilidade)

> **OBSERVAÇÃO**
>
> De maneira geral, os **homônimos perfeitos** são palavras que possuem grafia e som idênticos, mas eram palavras distintas antes de entrarem para o léxico da língua portuguesa. **Exemplo: são** → a) de *sanu*, saudável, sadio; b) forma apocopada de *santo*; c) verbo *ser*, 3ª pessoa do plural.
> A **polissemia**, por sua vez, costuma resultar dos diferentes significados que vão sendo atribuídos a uma mesma palavra no processo evolutivo da língua. **Exemplo: pintar** → a) fazer figuras: Minha irmã pinta paisagens; b) parecer, dar ares: Ele já não é mais, mas ainda se pinta de adolescente; c) descrever: A mãe pintava a filha como uma maravilha!; d) apresentar-se: Pintou um excelente emprego para mim; e) maquilar-se: Muitas pessoas se pintam para ir trabalhar.

ATIVIDADES

1. Leia o texto a seguir, de autoria de Machado de Assis.

> **Um apólogo**
>
> Era uma vez uma agulha, que disse a um novelo de linha:
>
> — Por que está você com esse ar, toda cheia de si, toda enrolada, para fingir que vale alguma coisa neste mundo?
>
> — Deixe-me, senhora.
>
> — Que a deixe? Que a deixe, por quê? Porque lhe digo que está com um ar insuportável? Repito que sim, e falarei sempre que me der na cabeça.
>
> — Que cabeça, senhora? A senhora não é alfinete, é agulha. Agulha não tem cabeça. Que lhe importa o meu ar? [...]
>
> — Mas você é orgulhosa.
>
> — Decerto que sou.
>
> — Mas por quê?
>
> — É boa! Porque coso. Então os vestidos e enfeites de nossa ama, quem é que os cose, senão eu?
>
> [...]

ASSIS, Machado de. Um apólogo. *In*: ASSIS, Machado de. **Obra completa**. Rio de Janeiro: Nova Aguilar, 1994. v. 2. Disponível em: http://www.dominiopublico.gov.br/download/texto/bv000269.pdf. Acesso em: 17 mar. 2021.

    a) Explique os diferentes significados que a palavra **cabeça** assume no trecho.

    b) Escreva um sinônimo para a forma do verbo **coser** em "quem é que os cose".

    c) Escreva um homônimo homófono de **coser** e informe seu significado.

2. Complete as lacunas nas frases com a palavra adequada dos parênteses.

    a) O ▇ estendeu a mão à dama e os dois rodopiaram felizes pelo salão. (cavaleiro – cavalheiro)

    b) O motorista ▇ o limite de velocidade e depois teve de pagar caro pela ▇ cometida. (excedeu – acedeu) / (inflação – infração)

    c) A celebridade ▇ o anfitrião e procurou um ▇ ao lado dos jornalistas. (saldou – saudou) / (acento – assento)

    d) O dançarino entrou em cena, e os ▇ ficaram ▇ diante de tamanha perfeição. (expectadores – espectadores) / (estáticos – extáticos)

    e) Não foram feitas as merecidas homenagens àquele ▇ escritor. (eminente – iminente)

3. Leia o anúncio de uma campanha pela segurança no trânsito.

a) Que elementos da imagem fazem referência à frase principal do anúncio: "Nesse Carnaval foca na vida"?

b) A palavra **foca** pode apresentar significados diferentes de acordo com o contexto em que é usada. Qual é o sentido dessa palavra quando faz referência às imagens presentes no anúncio? E qual é o significado da palavra quando remete à intenção do anúncio?

c) A expressão em destaque na frase "Curta **como se houvesse amanhã**" foi construída de maneira diferente da usual. Explique essa afirmação e o sentido gerado com essa mudança.

FOCA no trânsito vira símbolo do Maio Amarelo. **Cia. de Comunicação e Publicidade**, [2018]. Disponível em: https://www.ccpagencia.com.br/maio-amarelo?pgid=j4h3m24k-0ddc2b4c-b079-4b05-9f46bd4b52d365ec. Acesso em: 23 mar. 2021.

4. Classifique as palavras destacadas em **parônimas** ou **homônimas** e informe se as homônimas são perfeitas, homófonas ou homógrafas. Justifique sua resposta.

   a) O jornalista teve muita **discrição** ao fazer a **descrição** do entrevistado.

   b) Agora **começo** a entender por que essa história não tem **começo** nem fim.

   c) O atendente foi o único da **seção** que não compareceu à **sessão** extraordinária da empresa.

   d) O idoso andou tão depressa para chegar a tempo ao **banco**, que depois teve de sentar no **banco** da praça para descansar.

5. Leia, a seguir, o título e a linha fina de uma notícia.

   Com tecnologia, é possível acender as luzes, ligar o ar-condicionado e até a cafeteira por *app* no celular

   Apesar de parecer um serviço caro, há quem garanta que dá para fazer pequenas mudanças sem gastar muito

   Disponível em: https://correiodoestado.com.br/correio-b/tecnologia-permite-acender-luzes-e-abrir-portao-pelo-celular/382485. Acesso em: 17 mar. 2021.

   a) A palavra **acender**, presente no título da notícia, possui um homônimo homófono. Identifique esse homônimo e explique a diferença entre os significados dessas duas palavras.

   b) Considerando o sentido atribuído na linha fina à palavra **mudanças**, indique sinônimos apropriados para esse termo.

SEMÂNTICA

EM SÍNTESE

Sinonímia – palavras com som e grafia diferentes, mas significados semelhantes (sinônimos).
Antonímia – palavras com significados opostos (antônimos).
Homonímia – palavras com som e/ou grafia iguais, mas significados diferentes (homônimos).
- **Homógrafas** – palavras com grafia igual, mas sons diferentes.
- **Homófonas** – palavras com sons iguais, mas grafias diferentes.
- **Homônimas perfeitas** – palavras com grafia e som idênticos.

Paronímia – palavras com som e grafia bem parecidos, mas significados diferentes (parônimos).
Polissemia – mesma palavra com significados diferentes de acordo com o contexto.

NO TEXTO

Leia a charge a seguir, elaborada pelo cartunista Duke, e considere os elementos verbais e não verbais do texto.

IH, DANCEI! PASSEI NO RADAR A MAIS DE 60 TRANSMISSÕES DE DENGUE POR HORA!!!

CHARGE O Tempo 03/03. **O Tempo**, Belo Horizonte, [201?]. Disponível em: https://www.otempo.com.br/charges/chargeA-o-tempo-03-03-1.1247711. Acesso em: 18 mar. 2021.

1. Qual é o fato do cotidiano que a charge critica por meio do humor?

2. Um dos elementos responsáveis pelo humor é a quebra da expectativa do público. Nesse sentido, de que forma a fala do pernilongo contribui para a criação do efeito de humor?

3. De que modo a ilustração também contribui para produzir humor?

4. Qual é o sentido da palavra **dancei** na fala do pernilongo? Esse pode ser considerado um caso de polissemia? Por quê?

SEMÂNTICA

Coesão e coerência

UM PRIMEIRO OLHAR

Observe o *tweet* a seguir considerando os elementos verbais e visuais apresentados.

Melted Videos
@meltedvideos

por que choras semântica?

[Imagem: fachada de estabelecimento com letreiro "CASA dos FOGÕES" e inscrições na parede informando "Consertamos Fogões e Eletrodomésticos Em Geral", com ventiladores expostos na entrada.]

1:45 PM · 6 de mar de 2021 · Twitter Web App

110 Retweets   27 Tweets com comentário   1.711 Curtidas

1. Pela leitura do letreiro e das inscrições na parede do estabelecimento, o que é possível inferir sobre o tipo de serviço que é oferecido no local?

2. De que maneira a imagem do interior do estabelecimento causa estranhamento em relação à fachada? Explique.

3. Qual é o sentido usualmente atribuído à palavra **casa**? E qual é o sentido desse termo em "casa dos fogões", no contexto da imagem?

4. **Semântica** é o estudo dos significados atribuídos ao uso da linguagem. Com base nessa informação e nas questões anteriores, explique o sentido da frase "por que choras[,] semântica?", encontrada no *tweet*.

MELTED VIDEOS (Brasil). **Por que choras semântica?** 6 mar. 2021. Twitter: @meltedvideos. Disponível em: https://twitter.com/meltedvideos/status/1368241250328002560. Acesso em: 16 mar. 2021.

CONCEITO

A partir das relações estabelecidas entre as palavras da frase e entre as frases de um texto, é possível depreender sentidos atribuídos a determinada construção textual. Essas relações linguísticas formam a **textualidade**, isto é, a **unidade significativa** do texto. É esse todo significativo que coloca os indivíduos em interação comunicativa, momento em que a palavra adquire seu sentido pleno.

Coesão e *coerência* são os mecanismos responsáveis pela textualidade.

COESÃO TEXTUAL

A **coesão textual** é feita por meio de elementos linguísticos e gramaticais que ligam as palavras, expressões ou frases do texto, estabelecendo entre elas relações de sentido.

Exemplo:

[...] *Piloto* farejou longamente o *homem*, sem abanar o rabo.

O homem não se animou a acariciá-**lo**. **Depois**, **o cão** virou as costas **e** saiu sem destino. **O homem** pensou em chamá-**lo**, **mas** desistiu. [...]

DRUMMOND DE ANDRADE, Carlos. A mudança. *In*: DRUMMOND DE ANDRADE, Carlos. **Contos plausíveis**. São Paulo: Companhia das Letras, 2012. p. 34.

As palavras destacadas a partir da segunda frase são os elementos que fazem a conexão entre os termos das frases ou entre as frases.

Na segunda frase:

- o termo **O homem** refere-se ao mesmo homem citado na primeira frase;
- o termo **lo** refere-se à palavra *Piloto* da primeira frase.

Na terceira frase:

- o advérbio **Depois** não se refere a outro termo, mas liga as frases pela indicação de tempo;
- o termo **o cão** refere-se a *Piloto*, da primeira frase, pelo emprego do nome que representa a sua espécie;
- a conjunção **e** não se refere a outro termo; liga as orações estabelecendo sentido de adição.

Na quarta frase:

- o termo **O homem** novamente é retomado;
- a forma pronominal **lo** novamente é empregada para referir-se a *Piloto*, retomando **o cão**;
- a conjunção **mas** não se refere a outro termo; liga as orações estabelecendo sentido de adversidade.

ELEMENTOS DA COESÃO TEXTUAL

São vários os elementos gramaticais de coesão textual.

PRONOMES

Os pronomes atuam como elementos coesivos por retomar termos ou expressões referenciados anteriormente no texto.

Exemplos:

Não quero este *sapato*, quero **aquele**. (**aquele** – refere-se a *sapato*)

Suas *camisas* brancas não estão na gaveta, só estão **outras**. (**outras** – refere-se a *camisas*)

NUMERAIS

Os numerais podem ser utilizados para retomar termos ou selecionar seres específicos em um conjunto já referenciado.

Exemplo:

Juliana e *Lívia* são duas criaturas especiais. A **primeira** já é uma moça; a **segunda**, uma menina ainda. (**primeira** e **segunda** – referem-se, respectivamente, a *Juliana* e *Lívia*)

ARTIGOS DEFINIDOS

Os artigos definidos são usados para retomar um referente indefinido mencionado anteriormente.

Exemplo:

Eu vi *uma* garota. **A** garota era bonita. (**a** – artigo definido na retomada do substantivo **garota**)

ADVÉRBIOS: LÁ, AQUI, ALI, AÍ, ONDE

Os advérbios podem ser usados para referirem-se a termos e orações.

Exemplo:

A Amigos de São Francisco é uma instituição, que **ali** abriga muitos animais abandonados. (**ali** – refere-se à oração destacada)

VERBOS

Os verbos – principalmente o verbo **fazer** – podem realizar a retomada de orações anteriores de maneira sintética.

Exemplo:

Verônica pediu ao irmão *que lhe desse água*, e o irmão o **fez**. (**fez** = verbo **fazer** – retoma a oração destacada)

FORMAS DEVERBAIS

Os nomes derivados de verbos são chamados de **deverbais**. Essa derivação permite a coesão textual pela síntese de informações sem que ocorra a repetição do verbo ou de uma oração.

Exemplo:

Há quem passa pela vida *lutando* pela sobrevivência apenas. É uma **luta** que atinge milhões de pessoas no mundo. (**luta** – refere-se à forma verbal *lutando*)

PALAVRAS OU EXPRESSÕES REPETIDAS

Em alguns casos, a repetição de palavras ou expressões também é um recurso de coesão importante para o contexto.

Exemplo:

Há *pessoas* que são *alegres*. As **pessoas** muito **alegres** vivem melhor. (retomada de termos pela repetição deles)

PALAVRAS OU EXPRESSÕES SINÔNIMAS OU QUASE SINÔNIMAS

Para evitar a repetição de termos, é possível usar sinônimos ou palavras que, em determinado contexto, possuam significados similares ao que se busca retomar.

Exemplos:

Minha vizinha tem um *cachorro* chamado Duque. É um **cão** bem grande! (retomada por sinônimo)

Comprei uma *televisão* nova. O meu **aparelho** antigo estava ruim. (retomada por um indicador da espécie)

PALAVRAS OU EXPRESSÕES INDICADORAS DE TEMPO E/OU ESPAÇO

Para indicar a progressão temporal ou as mudanças espaciais, usam-se palavras ou expressões específicas que contribuem para a continuidade e a ligação das informações.

Exemplo:
Nas férias, ela levanta tarde e toma seu café bem sossegada. **Em seguida**, toma banho, arruma-se e vai ao encontro das amigas. (**Em seguida** – expressão indicadora de tempo ligando as frases)

CONJUNÇÕES

As conjunções contribuem para a coesão ligando orações de acordo com as intenções comunicativas.

Exemplo:
Não vou à escola hoje **porque** estou com gripe forte. (**porque** – liga orações estabelecendo sentido de causa)

> **OBSERVAÇÕES**
>
> **1.** Quando o elemento gramatical se refere a um termo já citado, tem-se uma **referência anafórica**. **Exemplo:** Todos os dias, no jardim de casa, aparecia um *beija-flor*. **Ele** vinha sempre no mesmo horário. (**ele** – elemento anafórico)
>
> **2.** Quando o elemento gramatical se refere a um termo que ainda vai ser citado, tem-se uma **referência catafórica**. **Exemplo:** Todos os dias, no mesmo horário, eu ia ao jardim de casa e lá estava **ele**: o *beija-flor*. (**ele** – elemento catafórico)

COERÊNCIA TEXTUAL

A **coerência textual** está relacionada às ligações de significados presentes no texto. É coerente o texto que tem unidade significativa, ou seja, o texto que traduz de maneira precisa o sentido pretendido pelo autor.

PRINCÍPIOS DA COERÊNCIA TEXTUAL

Os princípios fundamentais da coerência textual encontram-se nas relações semânticas das palavras, na retomada e na progressão de informações.

RELAÇÕES SEMÂNTICAS DAS PALAVRAS

Esse princípio consiste nas relações entre os significados das palavras na cadeia da frase. Cada palavra escolhida deve ocupar o lugar adequado na frase e seu significado precisa combinar com os sentidos expressos pelas demais palavras. Caso contrário, o sentido ficará prejudicado, podendo gerar, inclusive, informações contraditórias ou duplos sentidos não pretendidos.

Exemplos:

Foi **abaixada** uma lei que pune o condutor de veículos automotores com uma determinada dosagem de álcool no sangue.

Não podemos deixar de **não** reclamar nossos direitos.

- No primeiro exemplo, o termo correto é **baixar**, com o sentido de **expedir**.

- No segundo exemplo, a repetição do **não** sugere que *não devemos reclamar*, contrariando o sentido comum, que indica que *devemos reclamar*.

RETOMADAS DE INFORMAÇÕES

Esse princípio consiste nas relações estabelecidas entre as informações expressas pelas orações e/ou frases do texto.

Toda informação nova deve recuperar, de alguma forma, aspectos significativos de informações anteriores.

Exemplo:

Durante a faxina, a atividade de que Cássio menos gosta é limpar o banheiro. Aliás, *ele costuma deixar essa parte da casa por último*, já que *é o cômodo mais trabalhoso*.

PROGRESSÃO DE INFORMAÇÕES

Esse princípio consiste na continuidade das ideias, isto é, na progressão do texto. Cada informação acrescentada ao texto, ao mesmo tempo em que retoma algum aspecto das informações anteriores, deve apresentar dados novos em relação a elas.

Veja novamente o exemplo anterior:

Durante a faxina, a atividade de que Cássio menos gosta é limpar o banheiro. Aliás, *ele costuma deixar essa parte da casa por último*, já que *é o cômodo mais trabalhoso*.

Na segunda frase:

- dado novo: **ele costuma deixar essa parte da casa por último**. (A primeira frase dizia apenas que a atividade de que Cássio menos gosta é limpar o banheiro; na segunda, descobre-se que ele deixa esse cômodo por último durante a faxina.)

Na terceira frase:

- dado novo: **é o cômodo mais trabalhoso**. (O acréscimo dessa característica justifica as duas informações anteriores.)

A coerência do texto depende, então, da escolha da palavra adequada e das idas e vindas das informações, de maneira que os dados novos acrescentados estejam, de alguma forma, relacionados às informações anteriores.

> **OBSERVAÇÃO**
>
> Os fatores extralinguísticos, como a situação em que o texto ocorre, o grau de conhecimento dos interlocutores, suas crenças, sua intenção no ato comunicativo etc., têm interferência direta na coerência do texto: um mesmo texto pode ser coerente em uma determinada situação comunicativa e ser incoerente em outra, em razão dos elementos exteriores a ele. Isso quer dizer que os elementos de coesão são importantes para estabelecer a coerência, mas não a garantem, necessariamente.

ATIVIDADES

1. Leia o primeiro parágrafo de um conto de Lima Barreto.

A nova Califórnia

Ninguém sabia donde viera aquele homem. O agente do Correio pudera apenas informar que acudia ao nome de Raimundo Flamel, pois assim era subscrita a correspondência que recebia. E era grande. Quase diariamente, o carteiro lá ia a um dos extremos da cidade, onde morava o desconhecido, sopesando um maço alentado de cartas vindas do mundo inteiro, grossas revistas em línguas arrevesadas, livros, pacotes...

[...]

BARRETO, Lima. A nova Califórnia. *In*: BARRETO, Lima. **A nova Califórnia**: contos. São Paulo: Brasiliense, 1979.
Disponível em: http://www.dominiopublico.gov.br/download/texto/bv000155.pdf. Acesso em: 12 mar. 2021.

a) O pronome demonstrativo **aquele** faz referência a qual substantivo próprio?

b) Qual é o significado da palavra **subscrita** nesse contexto?

c) Identifique o trecho a que se refere o advérbio **lá**.

d) Indique o significado da palavra **apenas** no segundo período do texto.

e) A conjunção **pois** liga duas informações. Identifique a relação estabelecida por essa conjunção. Que outra conjunção poderia ser usada para substituí-la?

> **TIRE DE LETRA**
>
> As **relações semânticas** entre as palavras de um texto são importantes recursos coesivos. A **hiponímia**, por exemplo, é a relação estabelecida entre palavras de sentido mais específico com outras de sentido mais abrangente. Por exemplo, no texto de Lima Barreto, os termos *cartas*, *revistas*, *livros*, *pacotes* são **hipônimos** da palavra *correspondência*. Já a **hiperonímia** é a relação estabelecida entre vocábulos de sentido mais amplo a outros de sentido mais específico. Assim, no texto lido, a palavra *correspondência* é **hiperônimo** dos termos *cartas*, *revistas*, *livros*, *pacotes*.

2. Leia, a seguir, o trecho de um poema de Adélia Prado.

    A formalística

    O poeta cerebral tomou café sem açúcar
    e foi pro gabinete concentrar-se.
    Seu lápis é um bisturi
        que ele afia na pedra,
    na pedra calcinada das palavras,
    imagem que elegeu porque ama a dificuldade,
        o efeito respeitoso que produz
            seu trato com o dicionário.
    [...]

    PRADO, Adélia. A formalística. *In*: PRADO, Adélia. **Poesia reunida**. Rio de Janeiro: Record, 2015. p. 284.

    a) Informe quais termos, ao longo desse trecho do poema, retomam a palavra **poeta**, do primeiro verso.

    b) Identifique a que palavras o pronome **que** se refere nos versos "que ele afia na pedra" e "imagem que elegeu porque ama a dificuldade".

    c) A palavra **pedra** foi empregada no poema em seu sentido literal? Explique.

3. Leia um trecho de um romance do escritor baiano Itamar Vieira Junior.

    [...] Meu pai não tinha letra, nem matemática, mas conhecia as fases da lua. Sabia que na lua cheia se planta quase tudo; que mandioca, banana e frutas gostam de plantio na lua nova; que na lua minguante não se planta nada, só se faz capina e coivara.

    Sabia que para um pé crescer forte tinha que se fazer a limpeza todos os dias, para que não surgisse praga. [...] Meu pai, quando encontrava um problema na roça, se deitava sobre a terra com o ouvido voltado para seu interior, para decidir o que usar, o que fazer, onde avançar, onde recuar.

    Como um médico à procura do coração.

    VIEIRA JUNIOR, Itamar. **Torto Arado**. São Paulo: Todavia, 2019. p. 99-100.

    a) Considerando a relação de sentido entre as orações do primeiro período do texto, explique o emprego da conjunção que as liga.

    b) No segundo período do texto, a palavra **plantio** foi utilizada como um elemento de coesão textual. Em que consiste essa estratégia de coesão?

    c) Informe um sinônimo possível para a palavra **pé** no segundo parágrafo do texto.

    d) Qual a função da palavra **como** no último período do texto?

    e) Identifique o termo retomado pelo pronome possessivo **seu** no texto.

meu pai	roça	terra

4. Complete as frases a seguir com um sinônimo correspondente à palavra destacada, mantendo a coesão.

    a) Todas as **cidades** da região receberam as vacinas. Em breve, os moradores desses ▇ estarão imunizados.

    b) Alguns alunos não puderam fazer a **prova** e terão de realizar outra ▇ para recuperar a nota.

    c) O **presidente** da empresa fez um pronunciamento importante. O ▇ informou que renunciará ao cargo.

    d) A **loja** precisou fechar mais cedo porque o dono do ▇ teve um compromisso inadiável no fim da tarde.

> **EM SÍNTESE**
>
> **Coesão e coerência textual** – mecanismos responsáveis pela unidade significativa do texto.
> - **Coesão textual** – consegue-se por meio de elementos linguísticos e gramaticais que fazem a conexão entre palavras, expressões ou frases.
> - **Coerência textual** – consegue-se por meio das relações semânticas entre as palavras e da retomada e progressão de informações.

SEMÂNTICA

NO TEXTO

Leia o texto a seguir, escrito pelo jornalista e crítico musical Mauro Ferreira.

A contemporaneidade da música brasileira

Fruto da semente tropicalista plantada em 1968, em movimento liderado por Caetano Veloso e Gilberto Gil, a música brasileira contemporânea tem hoje sotaque planetário. Referência mundial de padrão estético desde que a bossa-nova agregou ao samba elementos do *jazz*, a partir de 1958, a música brasileira interage cada vez mais com os sons universais sem perder as suas características básicas. [...]

Terra natal de João Gilberto, a Bahia é também o maior celeiro dessa interação da música brasileira contemporânea com o mundo. Foi lá que o batuque de blocos afro como Olodum se fundiu com a batida do *reggae* e criou o samba-reggae, ritmo que é a célula-máter da música genericamente rotulada como axé-music. Analisada com preconceito dentro de seu próprio país de origem, por ser produto da inspiração de compositores negros, a axé-music teve sua força diluída no Brasil pela indústria fonográfica – que desgastou o repertório dos compositores baianos em sucessivos e desleixados discos ao vivo – mas seu ritmo impera nas ladeiras da Bahia e o som de seus tambores ecoa nos quatro cantos do mundo. [...]

Loja em Salvador (BA) vendendo instrumentos característicos de diversos ritmos brasileiros. Foto de 2017.

FERREIRA, Mauro. A contemporaneidade da música brasileira. **Textos do Brasil**, Brasília, DF, n. 11, p. 130-133, [200?]. Disponível em: http://www.dominiopublico.gov.br/download/texto/mre000131.pdf. Acesso em: 18 mar. 2021.

1. Indique a que informações do texto as palavras e expressões a seguir se referem.

    a) fruto da semente tropicalista

    b) lá

    c) seus

2. Explique os sentidos que a palavra **como** assume nos contextos em que aparece nesse trecho.

3. Explique qual é a relação de sentido entre as informações apresentadas nos dois parágrafos do trecho lido.

425

Exames e concursos

(Câmara de Bragança Paulista – SP) Assistente de gestão e políticas públicas

1. Leia a tira.

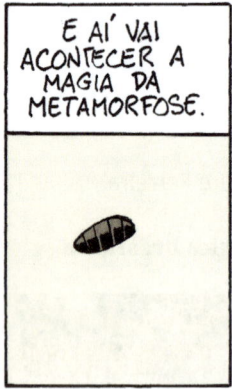

GONSALES, Fernando. [Níquel Náusea]. **Folha de S.Paulo**, São Paulo, 11 dez. 2019.

Na tira, os termos **metamorfose** e **decepção** significam, correta e respectivamente:

a. transformação – frustração

b. enganação – surpresa

c. amadurecimento – raiva

d. cena – descontentamento

e. mudança – ilusão

(Prefeitura de Esperança do Sul – RS) Professor de Ciências

2. Uma das frases abaixo utiliza uma palavra parônima fora de seu contexto. Identifique-a.

a. A inflação foi o tema da reunião.

b. A professora agiu com discrição.

c. Mamãe guardou os alimentos na despensa.

d. O iminente cientista foi reconhecido mundialmente.

e. O tráfego nas rodovias foi problemático no feriado.

(Defensoria Pública do Estado do Rio de Janeiro – RJ) Técnico médio de defensoria pública

3. Há uma série de palavras em língua portuguesa que modificam o seu sentido em função de uma troca vocálica; esse fato só **não** ocorre em:

a. deferir – diferir

b. infarte – infarto

c. emergir – imergir

d. descrição – discrição

e. eminente – iminente

(Instituto Federal de Educação, Ciência e Tecnologia – MA) Nível médio

4. Leia e analise as frases que seguem:
   I. Quando o nível das águas baixar, **emergem** no meio da represa, as antigas casas do vilarejo inundado pela construção da hidrelétrica. Depois, na estação das chuvas, as casinhas novamente **imergem** nas águas.

   II. Na **eminência** da montanha há um casarão abandonado cuja queda é **iminente**.

   III. Um deputado oposicionista disse que o governo está mais interessado em **cassar** votos para seus projetos do que em **caçar** o **mandado** de parlamentares acusados de irregularidades.

   IV. Durante a **cessão** de ontem, os vereadores discutiram a **sessão** de terrenos públicos aos atingidos pelas enchentes da cidade.

   Em qual das alternativas **O PAR** de palavras está **ADEQUADO**?

   a. Apenas as sentenças II e IV.
   b. Apenas as sentenças I e III.
   c. Apenas a sentença IV.
   d. Apenas as sentenças I e II.
   e. Todas as sentenças estão corretas.

(Prefeitura de Antônio Olinto – PR) Auxiliar administrativo

5. Considerando-se as palavras homônimas, assinalar a alternativa que preenche as lacunas abaixo **corretamente**:

   O recital não teve nada _____ com a identidade da escola.

   Por favor! Passe-me o _____ da mesa. Preciso dessa medida logo.

   a. a ver – comprimento
   b. haver – comprimento
   c. a ver – cumprimento
   d. haver – cumprimento

(Instituto de Previdência de Vila Velha – ES) Analista público de gestão

6. Semântica é o estudo dos significados das palavras, das frases, dos sinais, dos símbolos e das relações entre esses significados. Sobre semântica, assinale a alternativa em que tanto as informações quanto os exemplos apresentados estão corretos e condizentes entre si:
   a. polissemia é a relação entre duas ou mais palavras cujos sons são similares. Por exemplo: insolente e indolente.
   b. antonímia é a relação entre duas ou mais palavras cujos significados são semelhantes. Por exemplo: altivo e nefasto.
   c. homonímia é a relação entre duas ou mais palavras cujos significados possuem estruturas fonológicas semelhantes. Por exemplo: malvado e terrível.
   d. sinonímia é a relação entre duas ou mais palavras cujos significados são iguais ou semelhantes. Por exemplo: diligente e célere.
   e. paronímia é a relação entre duas ou mais palavras cujos significados são similares ou idênticos, mas com diferentes estruturas fonológicas. Por exemplo: manga (de camisa) e manga (fruta).

(Secretaria da Fazenda do Estado do Rio Grande do Sul – RS) Assistente administrativo fazendário

7. Em cada uma das opções a seguir, é apresentada uma proposta de reescrita para o trecho "as entidades sociais por eles indicadas são beneficiadas com recursos do estado" [...]. Assinale a opção em que a reescrita proposta preserva os sentidos originais e a correção gramatical do texto.

    a. recursos do estado beneficiam as entidades sociais por ele indicadas

    b. beneficia-se com recursos do estado as entidades sociais indicadas por parte deles

    c. por eles indicadas, as entidades sociais são beneficiadas com recursos do estado

    d. as entidades sociais indicadas são beneficiadas por eles com recursos do estado

    e. as entidades sociais que eles indicaram beneficiam-se com recursos do estado

(Prefeitura de Guarujá do Sul – SC) Professor(a) de Língua Portuguesa

8. Leia com atenção:

    I. Absolver (perdoar) e absorver (aspirar);

    II. Apóstrofe (figura de linguagem) e apóstrofo (sinal gráfico);

    III. Aprender (tomar conhecimento) e apreender (capturar).

    Os itens acima apresentam respectivamente:

    a. parônimos – parônimos – parônimos

    b. homônimos – homônimos – homônimos

    c. parônimos – homônimos – homônimos

    d. homônimos – parônimos – homônimos

(Centro das Indústrias do Estado de São Paulo – SP) Auxiliar administrativo

9. Qual o antônimo de **lá**?

    a. Aqui.
    b. Distante.
    c. Longe.
    d. Grande.

10. Qual o sinônimo de **sã**?

    a. Doida.
    b. Em boa saúde mental.
    c. Precisando de cuidados.
    d. Honesta.

(Defensoria Pública do Estado do Rio de Janeiro – RJ) Técnico médio de defensoria pública

11. "Em caso de morte no acidente, a vítima pode receber o seguro no próprio escritório da seguradora".
    O problema de construção dessa frase está:

    a. na incoerência lógica dos termos;

    b. na troca indevida entre **acidente** e **incidente**;

    c. na utilização desnecessária de **próprio**;

    d. no erro ortográfico em **seguradora** por **Seguradora**;

    e. no erro de emprego de vírgula após **acidente**.

(Universidade Federal de Alagoas – AL) Programador visual

A questão 12 refere-se ao trecho abaixo.

— Qual o bicho que anda com patas?
— Pato.

PEREIRA, Claudia. Adivinhas engraçadas de animais. **Educamais**, 4 nov. 2019. Disponível em: http://educamais.com/adivinhas-sobre-animais. Acesso em: 21 abr. 2021.

12. A confusão na hora de responder a pergunta é gerada pela palavra **patas** e se justifica

I. por ter gerado ambiguidade;
II. pela polissemia da palavra;
III. pela sinonímia da palavra;
IV. pela homonímia da palavra.

Dos itens acima, verifica-se que está(ão) correto(s)

a. III, apenas.
b. IV, apenas.
c. I e II, apenas.
d. I, II e IV, apenas.
e. I, II, III e IV.

(Prefeitura de Angra dos Reis – RJ) Monitor de educação especial

13. "A natureza fez o homem feliz e bom, **mas** a sociedade o corrompe e o torna miserável."

A conjunção sublinhada no texto acima **não** pode ser substituída por

a. porém.
b. portanto.
c. todavia.
d. contudo.
e. no entanto.

(Defensoria Pública do Estado do Rio de Janeiro – RJ) Técnico médio de defensoria pública

14. A frase em que está correto o emprego de um dos parônimos *mandado/mandato* é:

a. O mandado de senador dura 8 anos;
b. Impetrou mandato de segurança com pedido de liminar;
c. Não tinha mandado de busca para entrar na casa;
d. Todos desejavam que seu mandado de diretor acabasse;
e. O mandato de apreensão não havia sido expedido.

(Tribunal de Justiça do Estado do Rio Grande do Sul – RS) Oficial de justiça, Classe O

15. A frase a seguir em que os termos sublinhados podem ser considerados sinônimos é:

a. A batata está custando caro, como, aliás, todo cereal;
b. A educação é tarefa dos pais, e a cultura, do Estado;
c. A maior greve ocorreu em 1950; a paralisação durou um mês;
d. A operação e o tratamento foram demasiadamente caros;
e. As crianças adoram doce, principalmente chocolate.

ESTILÍSTICA

ESTILÍSTICA

Linguagem figurada

UM PRIMEIRO OLHAR

Observe a charge a seguir, construída apenas com a linguagem não verbal.

GALVÃO, Jean. [Trânsito na cidade]. **Folha de S.Paulo**, São Paulo, 12 mar. 2014. p. A2.

1. Descreva a charge respondendo às questões a seguir.

    a) Que tipos de veículo compõem a cena retratada?

    b) A disposição dos veículos sugere movimento ou imobilidade?

    c) Que personagens compõem a cena? Especifique-os.

2. O que o autor sugere com a comparação entre pessoas e os animais presentes na charge?

3. A charge representa, de modo figurado, uma situação muito comum nos centros urbanos das grandes cidades.

    a) Que situação é essa?

    b) Caso o autor tivesse representado pessoas dentro dos veículos, o efeito provocado no leitor seria o mesmo? Por quê?

DENOTAÇÃO E CONOTAÇÃO

A linguagem figurada é empregada ao se atribuir um significado novo a uma palavra, com pouca ou nenhuma relação com o seu **significado usual** ou **sentido denotativo**, ou seja, atribui-se a ela um **sentido conotativo**.

Exemplos:

A empresa usou um **trator** para fazer o serviço de terraplenagem.

A cooperativa de agricultores comprou um **trator** novo.

Veja o significado da palavra destacada nesses exemplos:

Trator: veículo com motor, que se desloca sobre rodas ou esteiras e pode realizar trabalhos pesados.

TRATOR. In: MATTOS, Geraldo. **Dicionário júnior da língua portuguesa**. São Paulo: FTD, 2005. p. 602.

A palavra **trator**, nessas frases, está empregada no seu sentido usual ou convencional, portanto no sentido **denotativo**.

Agora observe:

O operário daquela empresa era um **trator**.

Nessa frase, a palavra **trator** está empregada com um significado que não é o usual. Tem o sentido de força, capacidade para o trabalho, rapidez; adquire, portanto, um sentido **conotativo**.

DENOTAÇÃO

É o emprego da palavra no seu sentido usual, literal.

Exemplos:

A jovem está aprendendo a tocar **violão**.

O rapaz abriu as **janelas** para arejar a casa.

O homem fez uma cirurgia no **coração**.

As palavras destacadas nessas frases estão empregadas em seu **sentido denotativo**.

CONOTAÇÃO

É o emprego da palavra em um sentido não usual, atribuindo-se a ela um significado novo, um sentido figurado.

Exemplos:

Os **violões** fazem sua serenata, e as **janelas** se alegram com a melodia.

Estou de **coração partido**!

No contexto das frases acima, as palavras destacadas estão empregadas em **sentido conotativo**:

- a palavra **violões** substitui **violonistas**, e a palavra **janelas** substitui **pessoas**.
- a palavra **partido**, relacionada à palavra **coração**, cria uma expressão com sentido conotativo, significando "tristeza", "dor", "desilusão".

> **OBSERVAÇÕES**
>
> **1.** O significado usual ou convencional da palavra é o primeiro informado no dicionário (a primeira acepção). Ao ser empregada no sentido denotativo, a palavra fica sujeita a apenas uma interpretação.
>
> **2.** A denotação é própria da linguagem informativa, científica ou técnica, porque os textos dessa natureza exigem informações claras, objetivas, exatas.

> **OBSERVAÇÕES**
>
> **1.** O sentido **conotativo** ou **figurado** de uma palavra é criado pelas circunstâncias, pelo contexto em que está empregada e pelas intenções do emissor.
>
> **2.** A **conotação** é própria da linguagem literária, porque os textos literários expressam o imaginário do autor, uma realidade fictícia criada por ele com objetivo puramente estético, artístico.
>
> **3.** A **conotação** está também muito presente na linguagem falada. **Exemplos:**
>
> Conheci uma **pessoa de ouro**!
> **Abri meu coração** para ela.

FIGURAS DE LINGUAGEM

As **figuras de linguagem**, também chamadas de **figuras de estilo**, são recursos expressivos que se revelam pelo modo não convencional com que as palavras são trabalhadas.

Exemplos:

Com a perda do pai, ficou com o *sorriso* **pálido**.

- **Pálido** não é uma característica própria do sorriso.
- O emprego dessa palavra nesse contexto pode sugerir **sorriso triste** ou **sorriso melancólico**.

Você partiu e sua **ausência** se fez **presente**.

- O jogo de palavras gerado pela aproximação de termos com significados opostos cria um efeito de sentido.

Pego meu **pinho** e toco uma canção de amor.

- A palavra **pinho** é usada no lugar de **violão**.

"**Se formosa a Luz é**, por que não dura?" *(Gregório de Matos)*

- Os termos da oração estão na ordem inversa. Na ordem direta, a oração seria: "Se a Luz é formosa, por que não dura?".

As figuras de linguagem podem ser agrupadas em: **figuras de palavras**, **de pensamento**, **sintáticas** e **fonéticas**.

FIGURAS DE PALAVRAS

São recursos expressivos que se obtêm em determinados contextos de uso das palavras nos quais elas adquirem um sentido novo, diferente do convencional.

COMPARAÇÃO

É a aproximação de dois termos, ligados por um conectivo, entre os quais existe uma relação de semelhança. A aproximação entre eles busca realçar determinada qualidade do primeiro termo.

Exemplos:

"Na vasta enfermaria ela repousa

Tão branca **como a orla do lençol**

Gorjeia a sua voz ternos perfumes

Como no bosque à noite o rouxinol.

É delicada e triste. [...]"

(Florbela Espanca)

METÁFORA

É o emprego de um termo com significado de outro, estabelecendo-se entre ambos uma relação de semelhança. É uma comparação subentendida, sem a presença de conectivo.

Exemplos:
"**Sou chuva de ouro** e **sou espasmo de luz**;
Sou taça de cristal lançada ao mar,
Diadema e timbre, elmo real e cruz..." *(Mário de Sá-Carneiro)*

"Eu tenho um colar de pérolas
Enfiado para te dar:
As per'las são os meus beijos,
O fio é o meu penar." *(Fernando Pessoa)*

METONÍMIA

É o emprego de uma palavra ou expressão no lugar de outra, estabelecendo-se entre elas uma relação objetiva, material ou conceitual. A metonímia ocorre quando se emprega:

- **o nome do autor pela sua obra**
  Exemplos:
  Meus pais gostam de ouvir **Piazzolla**. (a música de Astor Piazzolla)
  No próximo ano, vamos ler **Guimarães Rosa** no projeto de leitura da escola. (a obra de Guimarães Rosa)

- **o nome do recipiente (continente) pelo seu conteúdo**
  Exemplos:
  Na volta do passeio, as crianças comeram uma **cesta** de frutas. (*continente*: cesta; *conteúdo*: frutas)
  As crianças tomaram várias **jarras** de suco depois do passeio. (*continente*: jarra; *conteúdo*: suco)

- **a parte pelo todo**
  Exemplos:
  Qualquer lugar lhe servia de **teto**. (*parte*: teto; *todo*: casa)
  Com quantos **braços** poderemos contar no mutirão para limpar a praça? (*parte*: braços; *todo*: pessoas)

- **o singular pelo plural**
  Exemplos:
  A **criança** tem direitos assegurados por lei. (*criança* no lugar de *crianças/todas as crianças*)
  O **cão** é um animal sociável se for bem cuidado pelos tutores. (*cão* no lugar de *cães*)

- **o instrumento por quem o utiliza**
  Exemplos:
  A **batuta** conduziu a orquestra com segurança. (*batuta* no lugar de *maestro*)
  Os **violinos** se posicionam à frente do palco. (*violinos* no lugar de *violinistas*)

- **o abstrato pelo concreto**
  Exemplos:
  A **inveja** pode fazer coisas absurdas. (*inveja* no lugar de *invejoso*)
  A **velhice** deve sempre comemorar sua história de vida. (*velhice* no lugar de *velhos*)

- **o efeito pela causa**
  Exemplos:
  Com muito **suor**, o jovem construiu a casa. (*suor* no lugar de *trabalho*)
  A usina despejou a **morte** no meio ambiente. (*morte* no lugar de *poluição*)

- **a matéria pelo objeto**
  Exemplo:
  Os **metais** tilintavam na bolsa. (*metais* no lugar de *moedas*)

> **OBSERVAÇÃO**
>
> Os tipos de metonímia não se limitam aos que foram elencados anteriormente. Há outros casos de metonímia em que se emprega o inventor pelo invento, a marca ou o lugar de fabricação pelo produto, o lugar ou o país pelos seus habitantes etc.

PERÍFRASE

É a palavra, ou expressão, usada para nomear um ser por meio de uma característica ou um fato que o tornou célebre. Referindo-se a pessoas, o termo adequado é **antonomásia**.

Exemplos:

Ainda não conheço a **terra do sol nascente**.

(*terra do sol nascente* = Japão)

O **sumo pontífice** reuniu-se com outros líderes religiosos. (*sumo pontífice* = papa)

CATACRESE

Ocorre ao empregar-se um termo com significado de outro, por falta de uma palavra própria para nomear determinados elementos.

Exemplos:

Começo a leitura sempre pelas **orelhas** do livro.

Preciso de uma **cabeça** de alho para preparar a receita.

SINESTESIA

É a associação de palavras ou expressões relacionadas a impressões sensoriais diferentes.

Exemplos:

Gosta do **cheiro agridoce** das frutas da feira. (relaciona as sensações *olfativa* e *gustativa*)

Vamos usar **cores frias** para pintar os quartos. (relaciona as sensações *visual* e *tátil*)

ATIVIDADES

1. Leia o poema de Carlos Drummond de Andrade e faça o que se pede.

    Orion

    A primeira namorada, tão alta
    que o beijo não a alcançava,
    o pescoço não a alcançava,
    nem mesmo a voz a alcançava.
    Eram quilômetros de silêncio.

    Luzia na janela do sobradão.

    DRUMMOND DE ANDRADE, Carlos. Orion. *In*: DRUMMOND DE ANDRADE, Carlos. **Nova reunião**: 23 livros de poesia. São Paulo: Companhia das Letras, 2015. p. 530.

    a) Pesquise e indique o significado da palavra que dá título ao poema.

    b) O adjetivo **alta** está empregado no sentido denotativo ou conotativo? Justifique sua resposta.

    c) No verso "Eram quilômetros de silêncio", a linguagem é conotativa. O que esse verso sugere?

    d) A palavra **Luzia** possui dois sentidos no poema. Identifique esses sentidos, informando sua classe gramatical.

2. Identifique as figuras **comparação** e **metáfora** nas frases a seguir.

   a) "[...] não lembro de ter encontrado em Paris aqueles cabelos fabulosamente louros como o sol de Londres em dezembro [...]." *(Eça de Queirós)*

   b) Longe de casa, um ano é uma eternidade.

   c) "Vós sois minha despedida, minha morte antecipada." *(Gil Vicente)*

   d) A saudade doeu forte como uma fenda aberta no peito.

3. Identifique as figuras **metáfora**, **sinestesia** e **catacrese** nas frases.

   a) "Aí, um homenzinho, em mangas de camisa, indaga com a voz aflautada e sibilosa [...]" *(João do Rio)*

   b) "A vida é uma grande feira e tudo são barracas e saltimbancos." *(Fernando Pessoa)*

   c) "Os teus olhos são negros e macios" *(Fernando Pessoa)*

   d) Estava frio e passamos a noite ao pé da lareira.

4. Leia o poema de Marciano Vasques.

   No céu da boca

   No céu da boca
   As estrelas
   Vestiram
   Farrapos
   De poesia.

   E bailaram
   Ricas
   De fantasias.

   VASQUES, Marciano. No céu da boca. *In*: VASQUES, Marciano. **Catacreses doidinhas**. Ilustrações de Dave Santana e Ricardo Girotto. São Paulo: Giramundo, 2013. p. 10.

   a) Identifique a figura de linguagem presente no título do poema.

   b) Que sentido se pode atribuir à palavra **estrelas** no contexto desse poema?

   c) Considerando sua resposta à pergunta anterior, indique a figura de linguagem presente na primeira estrofe.

   d) Considerando-se o sentido geral do poema, como a palavra **fantasias** pode ser interpretada?

5. Explique as **metonímias** destacadas nas frases a seguir.

   a) Não sobrou nada da **travessa** de sobremesa.

   b) O **adolescente** também tem direitos garantidos por lei.

   c) Qual foi a **mão** que balançou o teu berço?

   d) Lia de tudo: de **Mauricio de Sousa** a **José Saramago**.

   e) Naquela parte do concerto, o **piano** conduziu a orquestra.

   f) A **fé** remove montanhas.

6. Informe a que ou a quem se referem as **antonomásias** ou **perífrases** em destaque.

   a) Passou férias na **cidade eterna**.

   b) Mudou-se para a **terra da garoa**.

   c) A **rainha do** *pop* tem uma longa e produtiva carreira.

   d) A missão tem o objetivo de pesquisar o solo do **planeta vermelho**.

7. Identifique a figura de palavra presente em cada frase.

a) "É por exemplo muito comum turco com as mãos franjadas de azul, cinco franjas nas costas da mão [...]". *(João do Rio)*

b) "Oh! Quem pudesse deslizar sem ruído! / No chão sumir-se, como faz um verme..." *(Camilo Pessanha)*

c) "E a sós / No bandolim do tempo / Vou sorvendo a hora" *(Hilda Hilst)*

d) "E, vagarosamente, se entranhando / no perfume vermelho da manhã, / ela vem triste [...]" *(Mário de Andrade)*

8. Leia um trecho do romance **Vidas secas**, de Graciliano Ramos.

Vidas secas

[...]

Os meninos sumiam-se numa curva do caminho. Fabiano adiantou-se para alcançá-los. Era preciso aproveitar a disposição deles, deixar que andassem à vontade. Sinhá Vitória acompanhou o marido, chegou-se aos filhos. Dobrando o cotovelo da estrada, Fabiano sentia distanciar-se um pouco dos lugares onde tinha vivido alguns anos; o patrão, o soldado amarelo e a cachorra Baleia esmoreceram no seu espírito.

[...]

— O mundo é grande.

Realmente para eles era bem pequeno, mas afirmavam que era grande — e marchavam, meio confiados, meio inquietos. Olharam os meninos, que olhavam os montes distantes, onde havia seres misteriosos. Em que estariam pensando? zumbiu Sinhá Vitória. Fabiano estranhou a pergunta e rosnou uma objeção. Menino é bicho miúdo, não pensa. Mas Sinhá Vitória renovou a pergunta — e a certeza do marido abalou-se. Ela devia ter razão. Tinha sempre razão. Agora desejava saber que iriam fazer os filhos quando crescessem.

[...]

RAMOS, Graciliano. **Vidas secas**. Rio de Janeiro: Record, 1996. p. 122-123.

a) Destaque e identifique a figura de linguagem presente no trecho a seguir.

Dobrando o cotovelo da estrada, Fabiano sentia distanciar-se um pouco dos lugares onde tinha vivido alguns anos; o patrão, o soldado amarelo e a cachorra Baleia esmoreceram no seu espírito.

b) Identifique a figura de linguagem presente em: "Menino é bicho miúdo, não pensa."

c) Comente o uso das formas verbais **zumbiu** e **rosnou** relacionadas à expressão de Sinhá Vitória e Fabiano, respectivamente.

OBSERVAÇÃO

O uso de **metáforas** não é exclusivo da linguagem literária. A metáfora é um importante **recurso retórico**, pois, além de expressar rico conteúdo de ideias, estabelece proximidade com o leitor, estando presente em diferentes campos de atuação humana. Na frase "A saúde do município está na UTI", por exemplo, pode-se compreender que a área de saúde está passando por problemas e precisa de "tratamento" intensivo (como o fornecido na UTI dos hospitais).

FIGURAS DE PENSAMENTO

São recursos expressivos obtidos pela combinação de palavras que resulta em um jogo de conceitos.

ANTÍTESE

Consiste na aproximação de termos de sentidos opostos, antônimos.

Exemplos:

"Será **merecimento** a **indignidade**,
   Defeito a **perfeição**, **culpa** a **defensa**,
   Intrépido o **temor**, **dura** a **piedade**,
Delito a **obrigação**, **favor** a **ofensa**,
   Verdadeira a **traição**, **falsa** a **verdade**,
   Antes que vosso amor meu peito vença." *(Violante do Céu)*

PARADOXO

Consiste na associação de ideias contrárias em uma frase, resultando em um sentido aparentemente absurdo.

Exemplo:

"Saudosamente recordo
Uma gentil companheira
Que na minha vida inteira
Eu nunca vi... mas recordo" *(Mário de Sá-Carneiro)*

EUFEMISMO

Consiste em atenuar o sentido de uma frase pela utilização de uma expressão diferente da que normalmente se utilizaria.

Exemplos:

Achou que podia se apropriar de coisas alheias sem sofrer consequências. (apropriar-se de coisas alheias = roubar)
Faltar com a verdade não é um hábito saudável. (faltar com a verdade = mentir)

HIPÉRBOLE

Consiste em usar uma expressão que transmite uma ideia de exagero na frase.

Exemplos:

Os animais domésticos **morrem** de medo do barulho de rojões.
Trouxe consigo um **oceano** de esperanças.

IRONIA

Consiste na inversão de sentido de uma frase ao afirmar-se o contrário do que se pensa, visando à sátira ou à ridicularização.

Exemplos:

Falar gritando com o colega é muito bonito!
Você vai obter muito êxito deixando de fazer suas obrigações.

PROSOPOPEIA

Também chamada **personificação** ou **animismo**, consiste em atribuir características humanas a seres não humanos, ou características de seres vivos a seres inanimados.

Exemplo:

"Molhado inda do dilúvio,
Qual Tritão descomunal,
O continente desperta
No concerto universal." *(Castro Alves)*

ATIVIDADES

1. Leia este soneto de Florbela Espanca.

Fanatismo

Minh'alma, de sonhar-te, anda perdida.
Meus olhos andam cegos de te ver!
Não és sequer razão do meu viver,
Pois que tu és já toda a minha vida!

Não vejo nada assim enlouquecida...
Passo no mundo, meu Amor, a ler
No misterioso livro do teu ser
A mesma história tantas vezes lida!

"Tudo no mundo é frágil, tudo passa..."
Quando me dizem isto, toda a graça
Duma boca divina fala em mim!

E, olhos postos em ti, digo de rastros:
"Ah! Podem voar mundos, morrer astros,
Que tu és como Deus: Princípio e Fim!..."

ESPANCA, Florbela. Fanatismo. *In*: ESPANCA, Florbela. **Sonetos**. Rio de Janeiro: Bertrand Brasil, 1991. p. 76.

a) Em que verso ocorre paradoxo?

b) Em que verso ocorre hipérbole?

c) Como pode ser interpretado o trecho destacado nos versos "Quando me dizem isto, toda **a graça / Duma boca divina** fala em mim!"?

d) Que figura de linguagem há nesse trecho?

e) Quais são as figuras de linguagem presentes no último verso do poema?

2. Informe as figuras de pensamento – **antítese**, **paradoxo**, **eufemismo**, **hipérbole**, **ironia** e **prosopopeia** – presentes nas frases e nos versos a seguir.

a) "[...] agindo de tal forma, / a deixar para o fraco uma lei e uma norma, / e um beijo doce em cada lábio amargo..." *(Mário de Andrade)*

b) "Meu tio, eternos nove anos de idade, possuía verdadeiro fascínio por relógios." *(Luiz Ruffato)*

c) "Tia Filomena teve um ataque de nervos quando soube do sonho de Gaetaninho." *(Alcântara Machado)*

d) "A seus olhos, caótica, a praça da Sé espicha-se, indolente." *(Luiz Ruffato)*

e) "Possuir é perder." *(Fernando Pessoa)*

f) "Como advogado diziam-no de uma competência um pouco duvidosa." *(Artur Azevedo)*

3. Classifique em **prosopopeia**, **paradoxo**, **antítese** ou **hipérbole** as figuras de linguagem presentes nas frases e nos versos a seguir.

a) "Do tempo / As enormes mandíbulas / Roendo nossas vidas." *(Hilda Hilst)*

b) "Quanto me foi suave a noite fria, / Tanto o rosto da Aurora me é pesado" *(Cláudio Manoel da Costa)*

c) "Sinto-me velho, só para ter o prazer de me sentir rejuvenescer." *(Fernando Pessoa)*

d) "Meu Deus, que homem triste! que cara de defunto!" *(Machado de Assis)*

FIGURAS SINTÁTICAS

São recursos expressivos que se encontram na organização não convencional ou pouco usual dos termos na frase.

ELIPSE

Consiste no ocultamento de um termo na frase, que fica subentendido, mas que é facilmente identificado pelo contexto.

Exemplos:

Na mão esquerda, uma flor; na direita, um chocolate. (omissão da forma verbal **havia**)

Os dias estavam abafados e nenhum sinal de chuva. (omissão de **não havia**)

ZEUGMA

Consiste na omissão de um termo já expresso anteriormente.

Exemplos:

Ela não o viu, nem ele a ela. (omissão da forma verbal **viu**)

"Como são belos os dias
Do despontar da existência!
— Respira a alma inocência
Como perfumes a flor;
O mar é — lago sereno,
O céu — um manto azulado,
O mundo — um sonho dourado,
A vida — um hino d'amor!" *(Casimiro de Abreu)*

(omissão das formas verbais **respira** e **é**)

Ele contava com a irmã e ela com ele. (omissão da forma verbal **contava**)

HIPÉRBATO

Consiste na inversão da ordem natural (direta) dos termos na oração ou das orações no período.

Exemplo:

"Nasce o Sol, e não dura mais que um dia,
Depois da Luz se segue a noite escura,
Em tristes sombras morre a formosura" *(Gregório de Matos)*

Na ordem direta, esse trecho ficaria:

O Sol nasce e não dura mais que um dia

A noite escura se segue depois da Luz

A formosura morre em tristes sombras

PLEONASMO

Consiste na repetição de um termo ou no reforço do seu significado.

Exemplos:

Riu um **riso** alto, depois chorou um **choro** melancólico.

Precisamos aguar as plantas com **água** todos os dias.

A ele, falta-**lhe** entusiasmo pela vida na cidade.

POLISSÍNDETO

Consiste na repetição do conectivo.

Exemplos:
Chamei, **e** chamei de novo, **e** gritei, **e** gritei mais alto, **e** enfim abriram a porta.
Queria passar a vida **com** ele, **com** seu amado, **com** seu amor.
"Em febre e olhando os motores como a uma Natureza tropical —
Grandes trópicos humanos de ferro e fogo e força —
Canto, **e** canto o presente, **e** também o passado **e** o futuro,
Porque o presente é todo o passado e todo o futuro" *(Fernando Pessoa)*

ASSÍNDETO

Consiste na supressão do conectivo.

Exemplos:
O dia raiou, a tarde chegou, a noite caiu.
A chuva foi intensa, derrubou a árvore.
Parou, refletiu um pouco, mudou de opinião.
(em todos os casos, supressão do conectivo **e**)

ANACOLUTO

Consiste numa interrupção da estrutura sintática em curso para se introduzir uma outra ideia.

Exemplos:
A minha casa, **limpo-a eu mesmo**.
Os dias felizes, **esses hão de chegar**.

ANÁFORA OU REPETIÇÃO

Consiste na repetição de uma palavra ou expressão para enfatizar o sentido.

Exemplos:
"**Peço-Te** que sejas o presente.
Peço-Te que inundes tudo.
E que o Teu reino antes do tempo venha
E se derrame sobre a terra
Em Primavera feroz precipitado." *(Sophia de Mello Breyner Andresen)*

"Ah! **volta** aos desenganos primitivos,
    Volta à essência dos anos,
Volta aos espectros tristemente vivos,
    Ah! **volta** aos desenganos!" *(Cruz e Sousa)*

SILEPSE

Consiste na concordância com a ideia, e não com os termos expressos na frase.

Há três tipos de silepse: **de gênero**, **de número** e **de pessoa**.

SILEPSE DE GÊNERO

Exemplos:
Sua Excelência foi **homenageado**. (concorda com o gênero da pessoa a que se refere, e não com o pronome sujeito, que é feminino)

São Luís é **rica** culturalmente e muito **festiva**. (concorda com a palavra **cidade**, e não com o sujeito **São Luís**, que é masculino)

SILEPSE DE NÚMERO

Exemplos:

O grupo de amigos estudava toda tarde. **Distraíam-se** apenas na hora do lanche. (concorda com **amigos**, e não com o núcleo do sujeito – **grupo**)

A turma da rua buscou o amigo em casa. **Queriam** continuar o jogo da tarde anterior. (concorda com a ideia plural do termo **turma**, e não com o próprio termo, no singular)

A gente do interior tem outro ritmo. **Costumam** dormir cedo e **acordam** cedo também. (concorda com a ideia plural do termo **gente**, e não com o próprio termo, no singular)

SILEPSE DE PESSOA

Exemplos:

Todos os professores **somos** interessados no sucesso dos nossos alunos. (o verbo concorda com a 1ª pessoa do plural, **nós**, referindo-se a **todos** juntamente com a 1ª pessoa, que se inclui entre os professores)

Todos **queremos** uma educação de qualidade para nossos filhos. (o verbo concorda com a 1ª pessoa do plural, **nós**, e não com a palavra **todos**)

> **OBSERVAÇÃO**
>
> Desgastada pelo uso, a silepse já não representa recurso expressivo da língua.

ATIVIDADES

1. Leia o poema de Olavo Bilac.

Nel mezzo del camin...

Cheguei. Chegaste. Vinhas fatigada
E triste, e triste e fatigado eu vinha.
Tinhas a alma de sonhos povoada,
E a alma de sonhos povoada eu tinha...

E paramos de súbito na estrada
Da vida: longos anos, presa à minha
A tua mão, a vista deslumbrada
Tive da luz que teu olhar continha.

Hoje, segues de novo... Na partida
Nem o pranto os teus olhos umedece,
Nem te comove a dor da despedida.

E eu, solitário, volto a face, e tremo,
Vendo o teu vulto que desaparece
Na extrema curva do caminho extremo.

BILAC, Olavo. *Nel mezzo del camin...*. *In*: BILAC, Olavo. **Poesias**. São Paulo: Martin Claret, 2002. p. 57-93. Sarças de fogo. (Coleção A obra-prima de cada autor). Disponível em: http://www.dominiopublico.gov.br/download/texto/bv000287.pdf. Acesso em: 24 mar. 2021.

a) Identifique as ocorrências de hipérbato no poema.

b) A primeira estrofe retrata o encontro amoroso. Comente a maneira como o eu lírico concretizou, na linguagem, o início do romance, considerando a escolha lexical e o arranjo sintático das palavras.

c) Identifique outra figura de linguagem presente na terceira estrofe e explique o efeito de sentido que seu uso promove no poema.

2. Identifique nestes trechos as figuras sintáticas **elipse**, **zeugma**, **hipérbato** e **pleonasmo**.

   a) "Faremos imortais os nossos nomes,
   Eu por ser firme, tu por ser tirana." *(Cláudio Manoel da Costa)*

   b) "Bastava-lhe deixar às soltas as suas impressões para que todo o seu otimismo de burguês contente e superficial banhasse de luzes o quadro imaginoso de sua vida, tal como ele a via através da sua convicção de homem satisfeito, sem aspirações, a sonhar um sonho alegre de festins floridos, sem ter ao menos como perspectiva admissível o receio de despertar no meio de alguma realidade tenebrosa." *(Pardal Mallet)*

   c) "Donzela, esta vida
   Se eu tanto pudera,
        Quisera
        Te dar" *(Machado de Assis)*

   d) "Feliz o bom filho que pode contente
   Na casa paterna de noite e de dia
   Sentir as carícias do anjo de amores,
   Da estrela brilhante que a vida nos guia!
   — Uma Mãe!" *(Casimiro de Abreu)*

3. Identifique nestes trechos as figuras sintáticas **assíndeto**, **polissíndeto**, **anacoluto** e **anáfora** (ou **repetição**).

   a) "Eu hoje estou cruel, frenético, exigente" *(Cesário Verde)*

   b) "e no arruído, no choque e na fumaça,
   a civilização perde a coroa,
   e treme, e foge, e tomba e se espedaça,
   desertando da grande luz!..." *(Mário de Andrade)*

   c) "O assunto já sabe: Itália. Itália e mais Itália. Porque a Itália isto, porque a Itália aquilo. E a Itália quer, a Itália faz, a Itália é, a Itália manda." *(Alcântara Machado)*

   d) "Encontraste-me um dia no caminho
   Em procura de quê, nem eu o sei." *(Camilo Pessanha)*

4. Classifique as silepses presentes nas seguintes frases.

   a) Todos os estudantes que iam fazer o exame decidimos formar grupos de estudo.

   b) A família toda veio à formatura e festejaram comigo.

   c) Porto Alegre é muito acolhedora.

5. Identifique a figura sintática presente nas frases e nos versos.

   a) "Grande há de ser o drama, a ação gigante,
   Majestosa a lição! luzes e trevas
   Lutarão sobre os orbes!" *(Fagundes Varela)*

   b) O projeto de História, quem disse que será feito em grupo?

   c) "Sonhei que leda vieste
   Junto a meu leito cantar,
   Um canto que me dizia:
   Bardo, não sabes amar." *(França Júnior)*

   d) "Era tão doce o som, que sendo ouvido
   No Céu, no ar, na terra, nos rochedos,
   Lhe deram juntamente atento ouvido
   Astros, e aves, homens, e penedos" *(Antônio dos Reis)*

   e) O menino não parava quieto: e pulava, e gritava, e corria, e não dava sossego!

   f) "Por que foges assim, barco ligeiro?
   Por que foges do pávido poeta?" *(Castro Alves)*

6. Classifique as figuras de linguagem nos versos a seguir.

   a) "A cor já não é cor – é som e aroma!
   Vêm-me saudades de ter sido Deus..." *(Mário de Sá-Carneiro)*

   b) "Os rebanhos, o gado, o campo, a gente,
   Tudo me está causando novidade" *(Cláudio Manoel da Costa)*

   c) "Tudo perde o seu brio:
   Não tem o álamo cor, ninfas o rio." *(Cláudio Manoel da Costa)*

   d) "Em fundo de tristeza e de agonia
   O teu perfil passa-me noite e dia.
   [...]
   E ondula e ondula e palpitando vaga,
   Como profunda, como velha chaga." *(Cruz e Sousa)*

   e) "Tem pena, anjo de Deus! deixa que eu sinta
   Num beijo esta minh'alma enlouquecer
   E que eu viva de amor nos teus joelhos
   E morra no teu seio o meu viver!" *(Álvares de Azevedo)*

   f) "Tinha uns olhos que choravam,
   Tinha uns risos que encantavam!..." *(Álvares de Azevedo)*

   g) "E esta sombra dolorida,
   No frio manto envolvida,
   Repete com voz sumida:
   — Eu inda sou Napoleão." *(Fagundes Varela)*

> **OBSERVAÇÃO**
>
> É importante não confundir traço estilístico com erro gramatical. O **traço estilístico** é resultante de uma finalidade estético-expressiva, podendo ser um eventual desvio da norma-padrão. Já o erro gramatical é o desvio sem objetivo estético-expressivo, ou seja, não é resultante de um trabalho com a linguagem.

FIGURAS FONÉTICAS

São recursos expressivos que se mostram nos aspectos sonoros das palavras.

ONOMATOPEIA

Consiste na imitação de um som ou da voz natural dos seres.

Exemplos:

"O professor da Faculdade de Direito citava Rui Barbosa para um sujeitinho de óculos. Sob a vaia do saxofone: **turururu-turururum**!" *(Alcântara Machado)*

Pôs o bichinho no colo, aconchegou-o no peito, fez-lhe uma carícia e ficou ouvindo: **rom-rom, rom-rom, rom-rom**.

Olhou o ninho e encontrou os filhotes de passarinho. A mãe apareceu no galho acima da sua cabeça: **pio, piopio, pio, piopio**.

ALITERAÇÃO

Consiste na repetição de fonemas consonantais no início ou no interior das palavras para produzir efeito de sentido.

Exemplos:

"**V**ozes **v**eladas, **v**eludosas **v**ozes,
Volúpias dos **v**iolões, **v**ozes **v**eladas,
Vagam nos **v**elhos **v**órtices **v**elozes
Dos **v**entos, **v**ivas, **v**ãs, **v**ulcanizadas." *(Cruz e Sousa)*

ASSONÂNCIA

Consiste na repetição de fonemas vocálicos para produzir efeito de sentido.

Exemplo:

"**O** p**o**bre c**o**m seu gemid**o**

nem ac**o**rda

o pão d**o**rmid**o**." *(Millôr Fernandes)*

ATIVIDADES

1. Leia o poema de Maria Helena Nery Garcez.

   Antonioni (2)

   Como insetos,
   Obsedados pela isca,
   Debatem-se no globo
   em busca de saída.

   GARCEZ, Maria Helena Nery. Antonioni (2). *In:* GARCEZ, Maria Helena Nery. **Poemas do bom do mau e do médio humor**. São Paulo: Patuá, 2013. p. 57.

   a) Que som é predominante no poema?

   b) Identifique a figura de linguagem relacionada à predominância de um som consonantal na construção do texto.

   c) Relacione a predominância sonora inscrita no poema com a palavra **insetos** do primeiro verso. Que sentido a sonoridade reforça?

2. Identifique a figura fonética presente nos excertos a seguir.

   a) "Livro do meu amor, do teu amor,
   Livro do nosso amor, do nosso peito...
   Abre-lhe as folhas devagar, com jeito,
   Como se fossem pétalas de flor." *(Florbela Espanca)*

   b) Quem com ferro fere com ferro será ferido.

   c) "As horas batiam de século a século no velho relógio da sala, cuja pêndula *tic-tac, tic-tac,* feria-me a alma interior, como um piparote contínuo da eternidade." *(Machado de Assis)*

   d) "O Neon vaga veloz por sobre o asfalto irregular, ignorando ressaltos, lombadas, regos, buracos, saliências, costelas, seixos, negra nesga na noite negra, aprisionada, a música hipnótica, tum-tum-tum-tum [...]" *(Luiz Ruffato)*

   e) "Nem soneto nem sonata
   Vou curtir um som
   Dissonante dos sonidos
   Som
   Ressonante de sibildos" *(Carlos Drummond de Andrade)*

   f) "Ó rodas, ó engrenagens, r-r-r-r-r-r eterno!
   Forte espasmo retido dos maquinismos em fúria!" *(Fernando Pessoa)*

   g) Os estudantes estavam no laboratório realizando um experimento quando "cabum"!

   h) O rato roeu a roupa do rei de Roma.

EM SÍNTESE

Linguagem figurada – aquela elaborada com finalidade expressiva ou estética.
- **Denotação** – emprego da palavra no sentido literal, usual.
- **Conotação** – emprego da palavra com significado não usual, um sentido figurado.

Figuras de linguagem ou de estilo – recursos expressivos que surgem do modo não convencional com que as palavras são trabalhadas.
- **Figuras de palavras** – recursos expressivos obtidos em determinados contextos de uso das palavras nos quais elas adquirem um sentido novo, diferente do usual: comparação, metáfora, metonímia, perífrase, catacrese, sinestesia.
- **Figuras de pensamento** – recursos expressivos obtidos pela combinação de palavras que resulta em um jogo de conceitos: antítese, paradoxo, eufemismo, hipérbole, ironia, prosopopeia.
- **Figuras sintáticas** – recursos expressivos que se encontram na organização não convencional ou pouco usual dos termos na frase: elipse, zeugma, hipérbato, pleonasmo, polissíndeto, assíndeto, anacoluto, anáfora ou repetição, silepse.
- **Figuras fonéticas** – recursos expressivos que exploram aspectos sonoros das palavras: onomatopeia, aliteração e assonância.

NO TEXTO

Leia este soneto de Camões, um dos poemas mais famosos da literatura portuguesa.

Amor é um fogo que arde sem se ver,
é ferida que dói, e não se sente;
é um contentamento descontente,
é dor que desatina sem doer.

É um não querer mais que bem querer;
é um andar solitário entre a gente;
é nunca contentar-se de contente;
é um cuidar que ganha em se perder.

É querer estar preso por vontade;
é servir a quem vence, o vencedor;
é ter com quem nos mata, lealdade.

Mas como causar pode seu favor
nos corações humanos amizade,
se tão contrário a si é o mesmo Amor?

CAMÕES, Luís de. Amor é um fogo que arde sem se ver. *In*: CAMÕES, Luís de. **Sonetos**. São Paulo: [*s. n.*], [200-]. Disponível em: http://www.dominiopublico.gov.br/download/texto/bv000164.pdf. Acesso em: 25 mar. 2021.

1. No primeiro verso, a metáfora para o amor é **fogo**. Imaginando as várias sensações que o fogo pode provocar, o que representa o amor para o eu lírico?

2. O eu lírico define o amor por meio de metáforas representadas por paradoxos, contradições. No primeiro verso, ao mesmo tempo em que é algo que se sente, o fogo é invisível, pois "arde sem se ver". Assim são construídos os demais versos até a terceira estrofe. Explique o paradoxo contido no verso "é um andar solitário entre a gente".

3. Até a terceira estrofe, o eu lírico define o amor e, na última, apresenta sua conclusão. Comente essa conclusão.

4. Identifique duas figuras sintáticas evidenciadas na construção das três primeiras estrofes. Explique-as.

5. Qual é a importância da repetição para a conclusão do poema?

6. O verbo **ser** no presente do indicativo e o substantivo **Amor** grafado com inicial maiúscula, na última estrofe, indicam o tempo e o espaço do amor a que se refere o poema. Informe a que tempo e espaço esse amor se limita.

7. Desfaça o hipérbato presente na última estrofe, colocando seus termos na ordem direta. O que essa alteração acarretará?

ESTILÍSTICA

Versificação

UM PRIMEIRO OLHAR

A esfinge é uma figura mitológica da Antiguidade grega presente até hoje na produção de muitos autores. Trata-se de uma figura com corpo, garras e cauda de leão, cabeça de ser humano, asas de águia e unhas de harpia. Segundo a mitologia, a esfinge ficava sentada diante da entrada de Tebas e propunha aos visitantes que decifrassem um enigma. Caso não adivinhassem a resposta, eram devorados por ela.

Leia a tirinha de Laerte.

LAERTE. [Piratas do Tietê]. **Folha de S.Paulo**, 13 dez. 2020. Disponível em: https://www1.folha.uol.com.br/ilustrada/cartum/cartunsdiarios/#13/12/2020. Acesso em: 18 mar. 2021.

1. Ao observar a esfinge, a personagem da mulher revela uma dificuldade. Que dificuldade é essa?

2. Que informação, presente no texto verbal da tirinha, reforça a referência à personagem da mitologia grega?

3. Como pode ser interpretada a fala da esfinge no terceiro quadro, em resposta à afirmação da mulher?

4. Os poemas, em geral, também têm formas e linguagem enigmáticas? Justifique.

5. Que estratégias você usa para compreender poemas em que a mensagem lhe parece estranha, cuja compreensão gera desafios no ato da leitura? Justifique.

VERSO

Um **poema** é uma composição em **versos**. A técnica e a arte de compor versos chama-se **versificação**.

Cada uma das linhas que compõem um poema é um verso, caracterizado por ritmo melódico e efeitos sonoros próprios. Além das entoações e pausas da prosa, há, nos versos, outros recursos sonoros que lhes dão unidade rítmica.

> **Verso** é cada linha do poema, é uma unidade rítmica.

Veja estes quatro versos:

"Cantigas de portugueses → 1º verso
São como barcos no mar — → 2º verso
Vão de uma alma para outra → 3º verso
Com riscos de naufragar." → 4º verso
(Fernando Pessoa)

FORMAÇÃO DO VERSO

O elemento que confere melodia ao verso é o **ritmo**, responsável por sua unidade rítmica.

> **Ritmo** é a cadência sonora produzida pela sucessão de sons fortes (sílabas tônicas) e sons fracos (sílabas átonas).

"Can/**ti**/gas/ de/ por/tu/**gue**/ses /   São/ **co**/mo/ **bar**/cos/ no /**mar**"
     tônica   tônica   tônica   tônica   tônica

A distribuição das sílabas tônicas e átonas e a extensão do verso determinam o seu ritmo. Para medir o verso, é necessário verificar a quantidade e a intensidade de suas sílabas. As sílabas dos versos são denominadas **sílabas poéticas**, e a sua quantidade é o *metro*.

> **Metro** é a medida do verso, isto é, a quantidade de sílabas poéticas.

Para medir o verso, faz-se a **metrificação**, isto é, a contagem das sílabas dos versos ou sílabas poéticas. É uma contagem feita de maneira auditiva. Diferente, portanto, da contagem das sílabas gramaticais. **Exemplos:**

Sílabas gramaticais:
"Can/ti/gas/ de/ por/tu/gue/ses"
 1   2   3   4   5   6   7   8

Sílabas poéticas:
"Can/ti/gas/ de/ por/tu/gue/ses"
 1   2   3   4   5   6   7

A contagem das sílabas poéticas exige alguns cuidados. Os principais são:

- Contar as sílabas poéticas somente até a última sílaba tônica.

    1   2   3   4   5   6   7
"Oh!/ que/ sau/da/des/ que/ **te**/nho
Da au/ro/ra /da/ mi/nha/ **vi**/da" *(Casimiro de Abreu)*
    1   2   3 4   5   6   7

- Observar quando uma palavra termina com vogal e é seguida de outra(s) vogal(is).

"Ah!/ quem/ há/ **de ex**/ pri/mir/ al/ **ma im**/ po/ ten/ **te e es**/ cra/va" *(Olavo Bilac)*
 1   2   3   4   5   6   7   8   9   10   11   12

> **OBSERVAÇÃO**
>
> De acordo com o ritmo, o verso pode ser **alongado** ou **reduzido**. O verso de Olavo Bilac analisado anteriormente é reduzido, pois a contagem de sílabas poéticas considera que: **de + ex = des**, como são sons iguais, há uma crase; **ma + im = mim**, com elisão da vogal /a/; **te + e + es = ties**, pronuncia-se como uma única sílaba.

Há casos em que o final de um verso não coincide com o final de um segmento sintático, de maneira que a frase ou o período só termina no verso seguinte. Esse tipo de ligação entre os versos chama-se ***enjambement*** ou **encadeamento**.

Exemplo:

"Que horror da humanidade! ver tragada
Da própria espécie a carne já corrupta!" *(Santa Rita Durão)*

> **Encadeamento** é a continuação de um termo sintático de um verso anterior no verso seguinte.

TIPOS DE VERSOS

Os versos são classificados de acordo com o número de sílabas poéticas que possuem.

Monossílabo	verso com apenas uma sílaba poética
Dissílabo	verso com duas sílabas poéticas
Trissílabo	verso com três sílabas poéticas
Tetrassílabo	verso com quatro sílabas poéticas
Pentassílabo	verso com cinco sílabas poéticas (ou *redondilha menor*)
Hexassílabo	verso com seis sílabas poéticas
Heptassílabo	verso com sete sílabas poéticas (ou *redondilha maior*)
Octossílabo	verso com oito sílabas poéticas
Eneassílabo	verso com nove sílabas poéticas
Decassílabo	verso com dez sílabas poéticas
Hendecassílabo	verso com onze sílabas poéticas
Dodecassílabo	verso com doze sílabas poéticas (ou *alexandrino*)
Verso bárbaro	verso com mais de doze sílabas poéticas

> **OBSERVAÇÕES**
>
> **1.** O **verso decassílabo** pode ser **heroico** ou **sáfico**. O decassílabo heroico possui a acentuação principal na 6ª e 10ª sílabas. O decassílabo sáfico, na 4ª, 8ª e 10ª sílabas.
>
> **2.** O **verso alexandrino** pode ser **clássico** ou **moderno**. O alexandrino clássico possui acentuação principal na 6ª e 12ª sílabas. O alexandrino moderno, na 4ª, 8ª e 12ª sílabas ou na 3ª, 6ª, 9ª e 12ª sílabas.
>
> **3.** **Verso livre** é aquele que não obedece a nenhuma exigência métrica, apesar de ter o seu ritmo.
>
> **4.** **Refrão** ou **estribilho** é o verso ou conjunto de versos que se repete ao final de cada estrofe. A *balada* e o *rondó* são tipos de poema que têm refrão.

ESTROFE

Nos poemas, os versos são agrupados em conjuntos. Um poema pode ter apenas um ou vários grupos de versos. Cada grupo de versos forma uma **estrofe**.

Exemplo:

"Não chorem... que não morreu!
Era um anjinho do céu
Que um outro anjinho chamou!
Era uma luz peregrina,
Era uma estrela divina
Que ao firmamento voou!" *(Álvares de Azevedo)*

> **Estrofe** é cada conjunto de versos de um poema.

TIPOS DE ESTROFES

As estrofes classificam-se de acordo com o número de versos que possuem.

Monóstico: um verso
Dístico: dois versos
Terceto: três versos
Quadra ou quarteto: quatro versos
Quintilha: cinco versos

Sextilha: seis versos
Septilha: sete versos
Oitava: oito versos
Nona: nove versos
Décima: dez versos

ATIVIDADES

1. Leia o poema de Sérgio Capparelli.

   Melodrama

   A tarde que lentamente caía
   Puxou o gatilho do fim do dia,
   Disparando os gansos selvagens
   Que voaram em forma de V,
   Atingindo a luz que ainda havia:
   E o sol, todo ensanguentado,
   Cambaleava, e a sua luz tingia
   Com as cores de sua agonia
   Um poente já quase estrelado.

   CAPPARELLI, Sérgio. Melodrama. *In:* CAPPARELLI, Sérgio. **Poesia de bicicleta**. Ilustrações de Ana Gruszynski. Porto Alegre: LP&M, 2009. p. 20.

   a) Classifique a estrofe que compõe o poema.

   b) Faça a metrificação do primeiro verso e identifique seu tipo.

2. Identifique o número de sílabas poéticas dos versos e classifique-os.

   a) "Também tu, meu irmão, inda aos vinte anos,
Dizes ao mundo teu extremo adeus!" *(Júlio Dinis)*

   b) "Perdi-me dentro de mim
Porque eu era labirinto" *(Mário de Sá-Carneiro)*

   c) "Era uma tarde triste, mas límpida e suave...
Eu — pálido poeta — seguia triste e grave" *(Castro Alves)*

3. Observe as estrofes abaixo.

I. "Assim medita. E alucinado, louco
De pesar, com a fadiga em vão lutando,
Marco António adormece a pouco e pouco,
Nas largas mãos a fronte reclinando."
(Olavo Bilac)

II. "Como dorme o Gigante!
Dura, há muitos milênios, o seu sono."
(Hermes Fontes)

III. "Por essa força atrativa,
Que em ti pôs a natureza,
Minha alma d'antes ilesa
Já de ti se vê cativa.
De amor n'uma chama viva
O peito sinto-me arder;
E se posso hoje prever
Os sucessos do futuro,
Entre os fogos de amor puro
Eterno o meu há de ser."
(Frei Caneca)

   a) Classifique as estrofes quanto ao número de versos.

   b) Identifique as estofes que apresentam encadeamento.

RIMA

No interior ou final dos versos, há sons que se identificam ou são semelhantes, acentuando o ritmo melódico do poema. Esses sons são as **rimas** do poema.

"Simpatia — é o senti**mento**
Que nasce num só mo**mento**,
Sincero, no cora**ção**;
São dois olhares ac**esos**
Bem juntos, unidos, pr**esos**
Numa mágica atra**ção**."
   (Casimiro de Abreu)

> **Rima** é a identidade ou semelhança de sons que ocorre, principalmente, no final dos versos.

TIPOS DE RIMAS

Há vários tipos de rimas e, para especificá-las em um poema, convencionou-se usar as letras do alfabeto, de modo que os versos ligados entre si pela rima recebem letras iguais.

As rimas são classificadas quanto às combinações, à posição do acento tônico, à coincidência de sons e ao valor.

QUANTO ÀS COMBINAÇÕES

RIMAS EMPARELHADAS

Rimam-se versos em pares, dois a dois (esquema **AABB**).

"E, a essa hora, ao fulgor do derradeiro raio — A
Do sol, que o disco de ouro, em lúcido desmaio, — A
Quase no extremo céu de todo mergulhava, — B
Aquela estranha voz pela floresta ecoava" — B
(Olavo Bilac)

RIMAS ALTERNADAS OU CRUZADAS

Rimam-se versos que se alternam (esquema **ABAB**).

"Ao ver escoar-se a vida humanamente — A
Em suas águas certas, eu hesito, — B
E detenho-me às vezes na torrente — A
Das coisas geniais em que medito." — B
(Mário de Sá-Carneiro)

RIMAS INTERPOLADAS OU OPOSTAS

Rimam-se versos intercalados com outras rimas (esquema **ABBA**).

"Na confusão do mais horrendo dia, — A
Painel da noite em tempestade brava, — B
O fogo com o ar se embaraçava — B
Da terra e água o ser se confundia." — A
(Gregório de Matos)

RIMAS MISTAS

Rimam-se versos sem obedecer a um esquema fixo.

"Meninas de bicicleta — A
Que fagueiras pedalais — B
Quero ser vosso poeta! — A
Ó transitórias estátuas — C
Esfuziantes de azul — D
Louras com peles mulatas — C
Princesas da zona sul" — D
(Vinicius de Moraes)

QUANTO À POSIÇÃO DO ACENTO TÔNICO

RIMAS AGUDAS

Rimam-se as palavras oxítonas ou os monossílabos tônicos.

"E porquanto nunca **vi**
na corte de Portu**gal**
feira em dia de Na**tal**,
ordeno uma feira a**qui**
pera todos em ge**ral**."
(Gil Vicente)

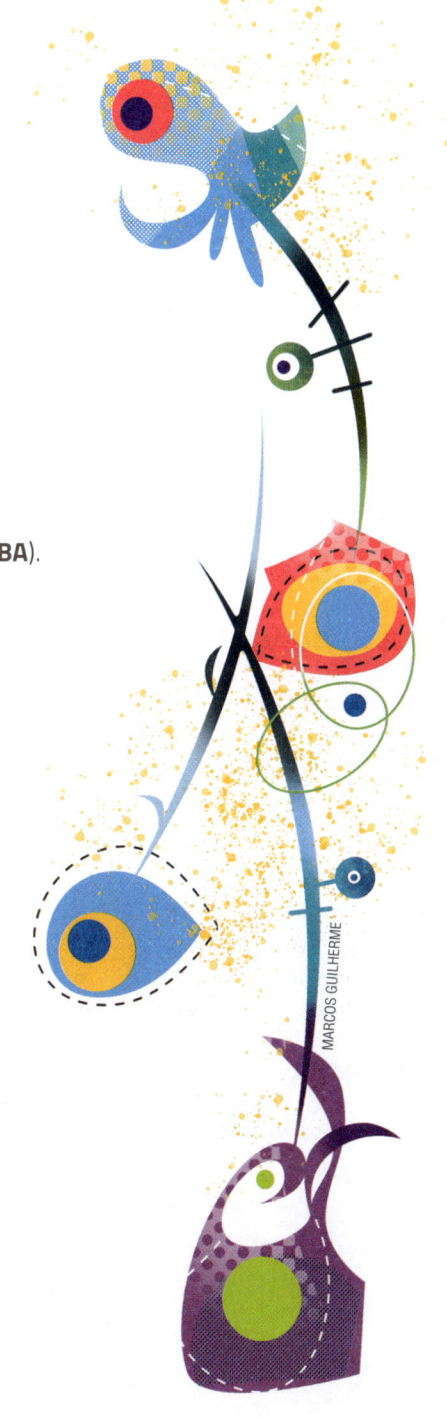

RIMAS GRAVES

Rimam-se palavras paroxítonas.

"Porque nos montes, nos **va**les,
Em deserto, ou povo**ado**,
Não posso soltar um **bra**do,
Não posso contar meus **ma**les."

(Frei Caneca)

RIMAS ESDRÚXULAS

Rimam-se palavras proparoxítonas.

"Não acabava, quando uma figura
Se nos mostra no ar, robusta e **vá**lida,
De disforme e grandíssima estatura;
O rosto carregado, a barba es**quá**lida,
Os olhos encovados, e a postura
Medonha e má e a cor terrena e **pá**lida"

(Camões)

QUANTO À COINCIDÊNCIA DE SONS

RIMA PERFEITA, SOANTE OU CONSOANTE

Rimas em que há correspondência completa de sons.

"O céu é todo trevas: o vento **uiva**.
Do relâmpago a cabeleira r**uiva**
Vem açoitar o rosto m**eu**.
E a catedral ebúrnea do meu s**onho**
Afunda-se no caos do céu med**onho**
Como um astro que já morr**eu**."

(Alphonsus de Guimaraens)

RIMA IMPERFEITA, TOANTE OU ASSONANTE

Rimas em que não há correspondência completa de sons.

"Oh!, vai... para sempre ad**eus**!
Vai, que há justiça nos C**éus**."

(Almeida Garrett)

QUANTO AO VALOR

RIMAS POBRES

São muito frequentes e ocorrem geralmente com palavras de mesma classe gramatical.

"Não sabes o quanto d**ói**
Uma lembrança que r**ói**
A fibra que adormec**eu**?...
Foi neste vale que am**ei**,
Que a primavera sonh**ei**,
Aqui minh'alma viv**eu**."

(Álvares de Azevedo)

RIMAS RICAS

Ocorrem com palavras de classes gramaticais diferentes.

"E ele deixou-se estar a contemplá-la, m**udo**,
E tranquilo, como um faqu**ir**,
Como alguém que ficou deslembrado de t**udo**,
Sem comparar, nem reflet**ir**."

(Machado de Assis)

RIMAS RARAS

São obtidas entre palavras de muito poucas rimas possíveis.

"E, enquanto s**onha**,
é indiferente à luz que o Céu transmite
à paisagem que o cerca, exúbere e ris**onha**"

(Hermes Fontes)

RIMAS PRECIOSAS

São rimas artificiais, construídas entre palavras de diferentes estruturas e classes gramaticais; aparecem com pouquíssima frequência.

"Oh vem, de branco, do imo da folh**agem**!
Os ramos, leve, a tua mão ap**arte**.
Oh vem! Meus olhos querem despos**ar-te**,
Refletir virgem a serena im**agem**."
(Camilo Pessanha)

OBSERVAÇÕES

1. Verso branco é a denominação do verso que não possui rima.

Exemplo:

"Vim aqui para repousar,
Mas esqueci-me de me deixar lá em casa,
Trouxe comigo o espinho essencial de ser consciente,
A vaga náusea, a doença incerta, de me sentir."
(Fernando Pessoa)

2. Há poemas de forma fixa que obedecem a regras de combinação dos versos, das rimas e das estrofes, como a *balada*, o *rondó*, a *quadra popular*, a *sextilha* e o *soneto*. O mais importante deles, porque sobrevive a todas as épocas e em literaturas de vários países (ainda que com alguma variação), é o **soneto**, poema composto de dois quartetos e dois tercetos.

ATIVIDADES

1. Leia o poema de Henriqueta Lisboa e observe sua forma.

Canoa

Alto-mar uma canoa
sozinha navega.
Alto-mar uma canoa
sem remo nem vela.

Alto-mar uma canoa
com toda a coragem.
Alto-mar uma canoa
na primeira viagem.

Alto-mar uma canoa
procurando estrela.
Alto-mar uma canoa
não sabe o que a espera.

LISBOA, Henriqueta. Canoa. *In*: MARQUES, Reinaldo; MIRANDA, Wander Melo (org.). **Obra completa**: poesia. São Paulo: Peirópolis, 2020.

a) Quanto à combinação das rimas, que tipo predomina no poema?

b) Qual a rima que predomina quanto à posição do acento tônico?

c) Quanto à combinação de sons, que tipos de rima estão presentes na primeira estrofe?

d) Identifique uma rima rica e uma pobre.

2. Leia o poema de Ulisses Tavares.

   Sozinho comigo mesmo

   no prédio onde moro,
   moram outros meninos,
   loucos da vida
   de estarem sozinhos,
   como eu, que até hoje
   não apertei a campanhia
   do vizinho.

   TAVARES, Ulisses. Sozinho comigo mesmo. *In*: TAVARES, Ulisses. **Aos poucos fico louco**. São Paulo: Scipione, 2004. p. 13.

   a) Quantos versos tem a estrofe? Classifique-a.

   b) Que nome recebem os versos que compõem a estrofe em relação à rima? Justifique.

   c) No penúltimo verso, o poeta inventa uma nova palavra, "campanhia". Comente o sentido que ela tem, considerando o contexto apresentado no poema.

3. Analise o excerto de um poema de Antonio Carlos Secchin em sua forma e conteúdo.

   Uma palavra, outra mais, e eis um verso,

   Doze sílabas a dizer coisa nenhuma.

   Esforço, limo, devaneio e não impeço

   Que este quarteto seja inútil como a espuma.

   […]

   SECCHIN, Antonio Carlos. [Soneto]. **Portal de Poesia Ibero-americana**, Brasília, DF, jun. 2018. Disponível em: http://www.antoniomiranda.com.br/iberoamerica/brasil/antonio_carlos_secchin.html. Acesso em: 27 abr. 2021.

   a) Identifique, pela medida usada, o tipo de verso presente no poema.

   b) Que tipo de estrofe os versos compõem?

   c) Localize, na estrofe, um caso de encadeamento.

   d) A medida desses versos (resposta ao item **A**) é muito utilizada em poemas de assunto grave, importante, de tom elevado. Mas, aqui, esses versos formam um quarteto a que o eu lírico classifica "inútil como a espuma". Que figura(s) de linguagem ele empregou nesse trecho?

4. Leia, a seguir, um trecho de poema e responda às questões.

   A valsa

   Tu, ontem,   De vivo,   Ardente,
   Na dança   Lascivo   Contente,
   Que cansa,   Carmim;   Tranquila,
   Voavas   Na valsa   Serena,
   Co'as faces   Tão falsa,   Sem pena
   Em rosas   Corrias,   De mim!
   Formosas   Fugias,   […]

   ABREU, Casimiro de. A valsa. **Jornal de Poesia**. Disponível em: http://www.jornaldepoesia.jor.br/casi1.html. Acesso em: 26 abr. 2021.

   a) Que tipo de verso foi usado nesse trecho?

   b) Quanto à combinação, que tipo de rima predomina nesse fragmento?

   c) Cite os versos que fogem a essa rima.

   d) Quanto à posição do acento tônico, qual é a rima que predomina?

EM SÍNTESE

Verso – cada uma das linhas de um poema: unidade rítmica.
- **Formação do verso**
  - **Ritmo** – cadência produzida pela sucessão de sílabas átonas e tônicas.
  - **Metro** – medida do verso: número de suas sílabas poéticas.
- **Tipos de versos** – monossílabo, dissílabo, trissílabo, tetrassílabo, pentassílabo ou redondilha menor, hexassílabo, heptassílabo ou redondilha maior, octossílabo, eneassílabo, decassílabo, hendecassílabo, dodecassílabo ou alexandrino, verso bárbaro, verso livre.

Estrofe – grupo de versos.
- **Tipos de estrofes** – monóstico, dístico, terceto, quadra ou quarteto, quintilha, sextilha, septilha, oitava, nona, décima.

Rima – identidade ou semelhança de sons, no interior ou no final dos versos.
- **Tipos de rimas**
  - **quanto às combinações** – emparelhadas, alternadas ou cruzadas, interpoladas ou opostas, mistas.
  - **quanto ao acento tônico** – agudas, graves, esdrúxulas.
  - **quanto à coincidência de sons** – perfeita, soante ou consoante; imperfeita, toante ou assonante.
  - **quanto ao valor** – pobres, ricas, raras, preciosas.

NO TEXTO

Leia o poema de Fernando Pessoa, um dos mais importantes poetas da língua portuguesa.

Autopsicografia

O poeta é um fingidor
Finge tão completamente
Que chega a fingir que é dor
A dor que deveras sente.

E os que leem o que escreve,
Na dor lida sentem bem,
Não as duas que ele teve,
Mas só a que eles não têm.

E assim nas calhas de roda
Gira, a entreter a razão,
Esse comboio de corda
Que se chama coração.

PESSOA, Fernando. Autopsicografia. **MultiPessoa**, [200-]. Disponível em: http://arquivopessoa.net/textos/4234. Acesso em: 25 mar. 2021.

1. Identifique o sentido do título, considerando as partes que compõem a palavra **autopsicografia**.
2. Na primeira estrofe, um jogo sonoro indica que a palavra **dor** está contida em **fingidor**. Identifique e explique um paradoxo nessa estrofe.
3. Classifique os versos da primeira estrofe quanto ao número de sílabas poéticas e especifique suas rimas.
4. Identifique uma metáfora na última estrofe e explique se o eu lírico se expressa por meio da razão ou do coração.

Exames e concursos

(Prefeitura de Sertãozinho – SP) Cuidador social

1. Leia a tirinha.

(Bob Thaves. http://2.bp.blogspot.com)

A frase – Esse já está viajando! – foi empregada pela personagem em sentido

a. próprio, indicando que o cliente está interessado em fazer, pela primeira vez, uma viagem de navio.

b. próprio, indicando que o cliente crê na possibilidade de viajar de navio com a quantia de que dispõe.

c. figurado, indicando que o cliente deseja fazer uma viagem internacional, embora não queira gastar muito.

d. figurado, indicando que o cliente não está a par dos valores que são cobrados para um turista fazer um cruzeiro.

e. figurado, indicando que o cliente recorreu a essa agência por ela ser especializada em viagens marítimas.

(Prefeitura de Barbalha – CE) Auxiliar administrativo

2. Leia com atenção e marque **verdadeiro** ou **falso**:

( ) Conotação é o emprego da palavra com seu significado original. Seu objetivo é informar o receptor da mensagem de forma clara e objetiva.

( ) Denotação é o emprego da palavra com seu significado original. Com objetivo de provocar sentimentos no receptor da mensagem, com diferentes interpretações.

( ) Denotação é o emprego da palavra em seu sentido usual, original e convencional. Seu objetivo é informar o receptor da mensagem de forma clara e objetiva.

( ) Conotação é o emprego da palavra com um significado novo, diferente do original e criado pelo contexto.

( ) Na frase "Camila é **um doce** de pessoa.", o termo destacado é conotativo.

Assinale a alternativa **correta**:

a. V – V – F – F – F

b. V – F – F – V – V

c. F – F – V – V – V

d. V – V – F – F – V

(Prefeitura de São Roque do Canaã – ES) Auditor público interno

O texto abaixo servirá de base para responder à questão **3**.

[...]
É preciso amar as pessoas
Como se não houvesse amanhã
Porque se você parar pra pensar
Na verdade não há

Sou uma gota d'água
Sou um grão de areia
Você me diz que seus pais não entendem
Mas você não entende seus pais
Você culpa seus pais por tudo
Isso é absurdo
São crianças como você
O que você vai ser
Quando você crescer

Disponível em: https://www.vagalume.com.br/legiao-urbana/pais-e-filhos.html. Acesso em: 23 abr. 2021.

3. A figura de linguagem presente nos versos destacados é:

a. comparação

b. prosopopeia

c. hipérbole

d. eufemismo

e. metáfora

(Prefeitura de Nossa Senhora de Nazaré – PI) Técnico de enfermagem

Gols de cocuruto

O melhor momento do futebol para um tático é o minuto de silêncio. É quando os times ficam perfilados, cada jogador com as mãos nas costas e mais ou menos no lugar que lhes foi designado no esquema – e parados. Então o tático pode olhar o campo como se fosse um quadro negro e pensar no futebol como alguma coisa lógica e diagramável. Mas aí começa o jogo e tudo desanda. Os jogadores se movimentam e o futebol passa a ser regido pelo imponderável, esse inimigo mortal de qualquer estrategista. O futebol brasileiro já teve grandes estrategistas cruelmente traídos pela dinâmica do jogo. O Tim, por exemplo. Tático exemplar, planejava todo o jogo numa mesa de botão. Da entrada em campo até a troca de camisetas, incluindo o minuto de silêncio. Foi um técnico de sucesso mas nunca conseguiu uma reputação no campo à altura de sua reputação no vestiário. Falava um jogo e o time jogava outro. O problema do Tim, diziam todos, era que seus botões eram mais inteligentes do que seus jogadores.

VERISSIMO, Luis Fernando. Gols de cocuruto. **O Estado de S. Paulo**, São Paulo, 23 ago. 1993.

4. Em "Então o tático pode olhar o campo como se fosse um quadro negro", o autor empregou uma figura de linguagem conhecida como:

a. metonímia

b. metáfora

c. eufemismo

d. comparação

e. prosopopeia

(Prefeitura de Lontras – SC) Técnico de enfermagem

5. Dada a frase: "Essa prova foi **um balde de água fria**", assinale a alternativa **correta** com relação à figura de linguagem que foi usada.

   a. metáfora   b. antítese   c. pleonasmo   d. barbarismo

(Enem – MEC)

A Casa de Vidro

Houve protestos.

Deram uma bola a cada criança e tempo para brincar. Elas aprenderam malabarismos incríveis e algumas viajavam pelo mundo exibindo sua alegre habilidade. (O problema é que muitos, a maioria, não tinham jeito e eram feios de noite, assustadores. Seria melhor prender essa gente – havia quem dissesse.)

Houve protestos.

Aumentaram o preço da carne, liberaram os preços dos cereais e abriram crédito a juros baixos para o agricultor. O dinheiro que sobrasse, bem, digamos, ora o dinheiro que sobrasse!

Houve protestos.

Diminuíram os salários (infelizmente aumentou o número de assaltos) porque precisamos combater a inflação e, como se sabe, quando os salários estão acima do índice de produtividade eles se tornam altamente inflacionários, de modo que.

Houve protestos.

Proibiram os protestos.

E no lugar dos protestos nasceu o ódio. Então surgiu a Casa de Vidro, para acabar com aquele ódio.

ÂNGELO, Ivan. **A casa de vidro**. São Paulo: Círculo do Livro, 1985.

6. Publicado em 1979, o texto compartilha com outras obras da literatura brasileira escritas no período as marcas do contexto em que foi produzido, como a

   a. referência à censura e à opressão para alegorizar a falta de liberdade de expressão característica da época.

   b. valorização de situações do cotidiano para atenuar os sentimentos de revolta em relação ao governo instituído.

   c. utilização de metáforas e ironias para expressar um olhar crítico em relação à situação social e política do país.

   d. tendência realista para documentar com verossimilhança o drama da população brasileira durante o Regime Militar.

   e. sobreposição das manifestações populares pelo discurso oficial para destacar o autoritarismo do momento histórico.

(UERJ – RJ)

O conto a seguir foi retirado do livro **Hora de alimentar serpentes**, de Marina Colasanti.

Para começar

Desejou ter a beleza de uma árvore frondosa tatuada nas costas, copa espraiada sobre os ombros. Temendo, porém, o longo sofrimento imposto pelas agulhas, mandou tatuar na base da coluna, bem na base, a mínima semente.

7. Na narrativa, o desejo inicial e a decisão final do personagem podem ser relacionados por meio da seguinte figura de linguagem:

   a. metonímia   c. antítese

   b. hipérbole   d. ironia

(UNEMAT – MT)

> Que droga. Silenciei o grupo de WhatsApp da família por um ano.

> Por que ainda está chateado?

> Porque não encontrei a opção "silenciar por um século".

DAHMER, André. [Malvados]. **Folha de S.Paulo**, São Paulo, p. C7, 19 maio 2017.

8. Em alguns contextos de uso da linguagem, é possível empregar palavras ou expressões que podem exagerar ou suavizar os sentidos que se quer provocar.

    Na tirinha **Malvados**, de André Dahmer, o trecho **silenciar por um século** trata-se de:

    a. um eufemismo, pois o autor procura suavizar o efeito de sentido.
    b. um paradoxo, pois o autor apresenta uma contradição no sentido transmitido.
    c. uma gradação, já que o autor usa uma sequência de adjetivos que intensificam o sentido.
    d. uma hipérbole, pois o autor procura transmitir um sentido de exagero.
    e. um pleonasmo, pois o autor usa uma repetição para intensificar o sentido.

(Câmara de Três Rios – RJ) Agente administrativo

9. Relacione as colunas sobre figuras de linguagem e marque a alternativa **verdadeira**.

    A. Catacrese   (1) "O mar passa saborosamente a língua na areia."
    B. Perífrase   (2) "Tristeza não tem fim / Felicidade sim..."
    C. Antítese   (3) "Sem o coaxar dos sapos ou o cri-cri dos grilos / como é que poderíamos dormir tranquilos?"
    D. Paradoxo   (4) "O Príncipe dos Poetas teve também outras atividades que o tornaram famoso."
    E. Prosopopeia   (5) "Pra se viver do amor / há que esquecer o amor."
    F. Onomatopeia   (6) "Na solidão solitude, / Na solidão entrei, / Na solidão perdi-me, / Nunca me alegrarei."
    G. Anáfora   (7) Não me lembro do seu nome, mas ainda me lembro das maçãs avermelhadas de seu rosto.

    a. A (1) – B (3) – C (5) – D (2) – E (4) – F (6) – G (7)
    b. A (6) – B (3) – C (1) – D (5) – E (2) – F (7) – G (4)
    c. A (7) – B (4) – C (2) – D (5) – E (1) – F (3) – G (6)
    d. A (7) – B (4) – C (5) – D (2) – E (1) – F (3) – G (6)
    e. A (2) – B (4) – C (6) – D (7) – E (5) – F (3) – G (1)

(Prefeitura de Chapecó – SC) Engenheiro de trânsito

O outro lado

só assim o poema se constrói:
quando o desejo tem forma de ilha
e todos os planetas são luas, embriões da magia
então podemos atravessar as chamas
sentir o chão respirar
ver a dança da claridade
ouvir as vozes das cores
fruir a liberdade animal
de estarmos soltos no espaço
ter parte com pedra e vento
seguir os rastros do infinito
entender o que sussurra o vazio
— e tudo isso é tão familiar
para quem conhece
a forma do sonho

WILLER, Claudio. **Estranhas experiências**. Rio de Janeiro: Lamparina, 2004. p. 46.

10. No poema acima, do poeta paulista Claudio Willer (1940-), no verso "ouvir as vozes das cores", entre outros versos, é expressa uma figura de linguagem. Esta pode ser assim definida: "Figura que consiste na utilização simultânea de alguns dos cinco sentidos" (CAMPEDELLI, Samira Yousseff; SOUZA, Jésus Barbosa. **Literatura, produção de textos & gramática**. São Paulo: Saraiva, 1998. p. 616.).

    Como é denominada essa figura de linguagem?

    a. eufemismo
    b. hipérbole
    c. sinestesia
    d. antítese

11. Quanto aos versos, o soneto é um poema de forma fixa, somando 14 ao todo. De que forma era feita a distribuição das estrofes no soneto clássico, predominante no Brasil?

    a. Dois quartetos e dois tercetos.
    b. Dois tercetos e dois quartetos.
    c. Um sexteto e dois quartetos.
    d. Um octeto e dois tercetos.

(Câmara de Itaguara – MG) Contador

Leia atentamente o texto a seguir para responder às próximas duas questões:

A T... (Álvares de Azevedo)

No amor basta uma noite para fazer de um homem um Deus. (Propércio)

Amoroso palor meu rosto inunda,
Mórbida languidez me banha os olhos,
Ardem sem sono as pálpebras doridas,
Convulsivo tremor meu corpo vibra...
Quanto sofro por ti! Nas longas noites
Adoeço de amor e de desejos...
E nos meus sonhos desmaiando passa
A imagem voluptuosa da ventura:
Eu sinto-a de paixão encher a brisa,
Embalsamar a noite e o céu sem nuvens;

E ela mesma suave descorando
Os alvacentos véus soltar do colo,
Cheirosas flores desparzir sorrindo
Da mágica cintura.
Sinto na fronte pétalas de flores,
Sinto-as nos lábios e de amor suspiro...
Mas flores e perfumes embriagam...
E no fogo da febre, e em meu delírio
Embebem na minh'alma enamorada
Delicioso veneno.

Estrela de mistério! Em tua fronte
Os céus revela e mostra-me na terra,
Como um anjo que dorme, a tua imagem
E teus encantos, onde amor estende
Nessa morena tez a cor-de-rosa.
Meu amor, minha vida, eu sofro tanto!
O fogo de teus olhos me fascina,
O langor de teus olhos me enlanguesce,
Cada suspiro que te abala o seio
Vem no meu peito enlouquecer minh'alma!

Ah! vem, pálida virgem, se tens pena
De quem morre por ti, e morre amando,
Dá vida em teu alento à minha vida,
Une nos lábios meus minh'alma à tua!
Eu quero ao pé de ti sentir o mundo
Na tu'alma infantil; na tua fronte
Beijar a luz de Deus; nos teus suspiros
Sentir as virações do paraíso...
E a teus pés, de joelhos, crer ainda
Que não mente o amor que um anjo inspira,
Que eu posso na tu'alma ser ditoso,
Beijar-te nos cabelos soluçando
E no teu seio ser feliz morrendo!

12. De acordo com o poema, atribua (V) para **verdadeiro** ou (F) para **falso** aos itens e assinale a alternativa **correta**:

( ) Escandindo os seis primeiros versos do poema de Álvares de Azevedo, autor da segunda geração romântica da poesia brasileira, verifica-se que eles são decassílabos.

( ) As estrofes não têm regularidade quanto ao número de versos: a primeira tem vinte versos, a segunda dez, e a última treze versos.

( ) Não há esquema de rimas no poema, os versos são brancos.

( ) No início do poema, o eu lírico descreve seu estado físico, ele tem o rosto pálido, os olhos lânguidos e sente o corpo tremer.

( ) O eu lírico não está apaixonado, ele mente para conseguir uma mulher maliciosa e impura.

( ) A sensualidade da mulher, expressa em alguns versos do poema, sugere um amor platônico, espiritual e imaterial.

a. V – V – F – V – F – V
b. F – V – F – V – F – F
c. V – V – V – V – F – F
d. V – V – V – V – V – V

13. Quanto à versificação, atribua (V) para **verdadeiro** ou (F) para **falso** aos itens e assinale a alternativa **correta**:

( ) Em poemas, as palavras podem ser utilizadas em sentido figurado, também chamado sentido conotativo.

( ) Metro é a extensão da linha poética, o número de sílabas do verso.

( ) Versificação é a arte de fazer versos.

( ) Verso é o nome da linha do poema. Assim, cada linha constitui um verso.

( ) Ritmo é a música do verso. Para que um verso tenha ritmo, usam-se sílabas fracas, com intervalos regulares. A sequência rigorosa dessas sílabas é que dá ao verso música, harmonia e beleza.

( ) Rima é a identidade ou semelhança de sons, a partir da vogal tônica, entre duas ou mais palavras.

a. F – V – V – V – F – F
b. V – F – V – F – V – V
c. V – V – V – V – F – F
d. V – V – V – V – V – V

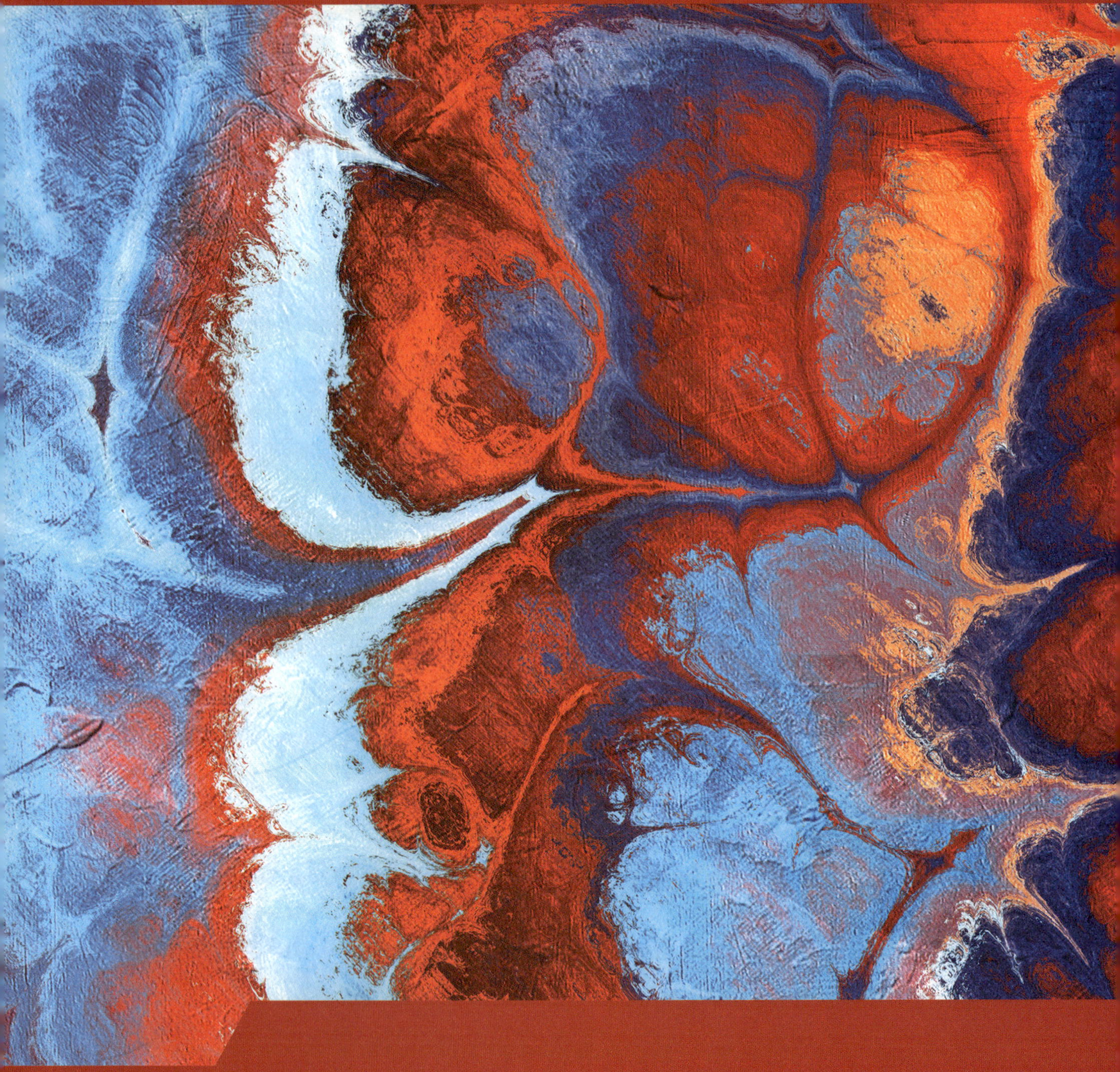

APÊNDICE

APÊNDICE

Uso das palavras *se* e *que*

UM PRIMEIRO OLHAR

Leia as tirinhas **A** e **B**.

A

WALKER, Mort. [Recruta Zero]. **O Estado de S. Paulo**, São Paulo, 9 jan. 2014. Caderno 2.

B

GONSALES, Fernando. [Querem ver meu álbum de infância?]. **Depósito de Tirinhas**, 13 out. 2012. Blogue. Disponível em: http://deposito-de-tirinhas.tumblr.com/image/33503911423. Acesso em: 26 abr. 2021.

1. Observe a tirinha **A**. A que classe gramatical pertence a palavra **se** empregada no primeiro quadrinho?

2. Agora, observe a tirinha **B** e classifique morfologicamente a palavra **que** do segundo quadrinho.

3. Pelo que estudou até aqui, que outro(s) emprego(s) você conhece para a palavra **que**? Dê exemplos.

EMPREGO DO *SE*

A palavra **se** é empregada, basicamente, como **pronome** ou **conjunção**.

SE – PRONOME

Enquanto pronome, o **se** é pronome *pessoal do caso oblíquo* e tem diferentes empregos.

PRONOME APASSIVADOR OU PARTÍCULA APASSIVADORA

Com verbos transitivos diretos, forma a voz *passiva pronominal* ou *sintética*.

Exemplos:
Consertam-**se** bicicletas.
Ali ainda **se** *viam* grandes florestas.

ÍNDICE DE INDETERMINAÇÃO DO SUJEITO

Com verbos intransitivos ou transitivos indiretos, tem a função de indeterminar o sujeito.

Exemplos:
Trabalha-**se** muito aqui.
Precisa-**se** de operários especializados.

PRONOME REFLEXIVO

O **se** pronome reflexivo pode funcionar com a função sintática de:

- **objeto direto**

  Exemplos:
  Solange *considerou*-**se** apta para a vaga. (função de objeto direto de verbo reflexivo)
  Caio e Nina *olharam*-**se** por alguns minutos. (função de objeto direto de verbo reflexivo recíproco)

- **objeto indireto**

  Exemplos:
  Aquele ator *dá*-**se** muita importância. (função de objeto indireto de verbo reflexivo)
  Mãe e filha *queriam*-**se** muito bem. (função de objeto indireto de verbo reflexivo recíproco)

- **sujeito de infinitivo**

  Exemplos:
  O irmão deixou-**se** *envolver* por más companhias. (função de sujeito do infinitivo)
  Aquela senhora deixou-**se** *guiar* pelo garoto. (função de sujeito do infinitivo)

- **partícula integrante do verbo** (sem função sintática) – quando associado a verbo pronominal.

  Exemplos:
  A pessoa *arrependeu*-**se** do que fez.
  O lavrador *orgulhava*-**se** da boa safra.

SE – CONJUNÇÃO

CONJUNÇÃO SUBORDINATIVA INTEGRANTE

Quando introduz oração subordinada substantiva.

Exemplos:
Não sei **se** ele voltará hoje para casa.
Nunca se sabe **se** ele vai chegar ou não.

CONJUNÇÃO SUBORDINATIVA CONDICIONAL

Quando introduz oração subordinada adverbial condicional.

Exemplos:
Se ela não vier, teremos muito trabalho.
Conseguiremos bons lugares **se** chegarmos cedo ao teatro.

> **OBSERVAÇÃO**
> O **se** como partícula expletiva ou de realce não tem valor gramatical, apenas estilístico.

SE – PARTÍCULA EXPLETIVA OU DE REALCE

Como *partícula de realce*, o **se** não pertence a nenhuma classe gramatical nem tem função sintática, não sendo sua presença necessária. Nesse caso, o **se** transmite ênfase à ação verbal.

Exemplos:
Os convidados *foram*-**se** embora ao amanhecer. (ou *foram* embora)
Casaram-**se**, mas sem festa. (ou *casaram*)

EMPREGO DO *QUE*

A palavra **que** pode ser empregada com valor de várias classes gramaticais.

QUE – PRONOME

PRONOME RELATIVO

Quando se relaciona com outro termo da frase, o seu antecedente. Nesse caso, equivale a *o qual* (e variações), é *pronome substantivo* e exerce as funções próprias do substantivo: *sujeito, objeto direto, objeto indireto* etc.

Exemplos:
Devolvi o *dinheiro* **que** me deram por engano. (objeto direto)
No outono, gosto de ver as *folhas* **que** caem. (sujeito)

PRONOME INDEFINIDO E PRONOME INTERROGATIVO

Nos casos em que se trata de pronome adjetivo e funciona como *adjunto adnominal*.

Exemplos:
Que *tempo* estranho: ora faz frio, ora faz calor.
Que *vista* linda há aqui!
Que *dia* é hoje?

PRONOME INDEFINIDO EQUIVALENDO A *QUE COISA*

Nos casos em que se trata de *pronome substantivo* e exerce as funções próprias do substantivo: *sujeito, objeto direto* etc.

Exemplos:
Que caiu? (sujeito)
A fantasia era feita de **quê**? (complemento nominal)

QUE – ADVÉRBIO

Quando se refere a adjetivo ou a advérbio como intensificador.
Exemplos:
Que lindo foi seu gesto!
Que longe é a sua casa!

QUE – PREPOSIÇÃO

Quando equivale a **de**, ligando dois verbos numa locução.

Exemplos:
Tenho **que** sair agora. (Tenho *de sair* agora.)
Tiveram **que** enfrentar a situação. (Tiveram *de enfrentar* a situação.)

QUE – CONJUNÇÃO

Enquanto *conjunção*, pode pertencer a vários tipos.

CONJUNÇÃO COORDENATIVA

Exemplos:

- **aditiva**
  Trabalha **que** trabalha e nunca vê dinheiro.
- **explicativa**
  Falou sim, **que** eu escutei.

CONJUNÇÃO SUBORDINATIVA

Exemplos:

- **adverbial consecutiva**
  Falou tanto **que** ficou rouco.
- **adverbial comparativa**
  Corre *mais* **que** maratonista.
- **integrante**
  Esperava **que** eles me entendessem.

QUE – INTERJEIÇÃO

Quando exprime emoção, sentimento. Caso seja tônico, possui acento gráfico.

Exemplos:
Quê! Você vai deixá-lo sair agora?
Que coisa! Não dava para prever essa situação? (locução interjetiva *que coisa*)

QUE – SUBSTANTIVO

Quando precedido de artigo ou outro determinante. Por ser tônico, possui acento gráfico.

Exemplos:
Dá para perceber um **quê** de mistério nisso tudo.
Há um **quê** de estranheza em suas atitudes.

QUE – PARTÍCULA EXPLETIVA OU DE REALCE

Quando seu emprego não é necessário.

Exemplos:
Quase **que** perco o jogo. (Quase perco o jogo.)
Vocês **que** são os responsáveis. (Vocês são os responsáveis.)

ATIVIDADES

1. Leia um trecho do romance **Dom Quixote**, de Miguel de Cervantes.

[...]
De repente, no caminho, avistaram uns trinta moinhos de vento.
— Hora de aventura, Sancho Pança! Está vendo aqueles enormes gigantes? Vou combatê-los e matá-los, para livrar a terra dessa má semente.
— Que gigantes?!
— Aqueles de braços enormes.
— Senhor, olhe bem! Não são gigantes, mas moinhos. E não são braços, mas pás que giram com o vento.
— Bem se vê que você não entende nada de aventuras, Sancho. Se sente medo, fique afastado, enquanto lhes dou combate.
Esporeou Rocinante sem dar ouvidos aos gritos do escudeiro, que repetia não serem gigantes o que ele via. Quando o cavaleiro chegou bem perto dos moinhos, o vento começou a soprar e as pás, a se mover.
— Movam os braços quanto quiserem — bradou Dom Quixote —, pois vou enfrentá-los!
[...]

CERVANTES, Miguel de. **Dom Quixote**. Tradução e adaptação de Ligia Cademartori. São Paulo: FTD, 2013. p. 54.

a) Releia o fragmento a seguir e classifique as palavras destacadas.

"Bem **se** vê **que** você não entende nada de aventuras, Sancho. **Se** sente medo, fique afastado..."

b) Classifique e informe a função sintática da palavra destacada na frase: "**Que** gigantes?!".

c) Informe a classe gramatical e a função de **que** nesta oração:

"E não são braços, mas pás que giram com o vento."

d) No texto, que termo é retomado pelo pronome **que** na oração "que repetia não serem gigantes o que ele via"?

2. Informe a função sintática da palavra **se** nas frases. Justifique sua resposta.

a) **Se** cada um fizesse a sua parte, tudo seria mais fácil.

b) A menina deixou-**se** iludir pelos sonhos.

c) O estudante mostrou-**se** interessado pelas aulas, mas não **se** matriculou no curso.

d) Não **se** sabe **se** o candidato eleito cumprirá suas promessas.

e) Precisa-**se** de técnicos em saúde pública.

3. Informe a função sintática da palavra **que** nas frases. Justifique.

a) **Que** susto você me deu! Quase **que** desmaiei!

b) O turista visitou a cidade **que** sonhara conhecer.

c) O médico teve **que** sair às pressas para socorrer o paciente.

d) O orador fala **que** fala, mas ninguém entende o **que** ele diz.

TIRE DE LETRA

Compreender as diferentes funções das palavras **que** e **se** é importante para evitar problemas na construção do texto, como a **ambiguidade**. Observe o exemplo: "O empresário falou com o cliente que reside na Itália". A frase é ambígua porque o **que** pode ser pronome relativo, considerando que o cliente é quem reside na Itália; ou conjunção integrante, se o **que** estiver completando o sentido do verbo **falar**.
Como sugestão, a frase do exemplo pode ser reescrita das seguintes formas: "O empresário que reside na Itália falou com o cliente." / "O empresário falou com o cliente residente na Itália."

EM SÍNTESE

Se
- Pronome apassivador, índice de indeterminação do sujeito, pronome reflexivo.
- Conjunção subordinativa integrante e subordinativa condicional.
- Partícula expletiva ou de realce.

Que
- Pronome relativo (pronome substantivo), pronome indefinido e pronome interrogativo (pronome adjetivo), pronome indefinido equivalendo a *que coisa* (pronome substantivo).
- Advérbio – intensificando adjetivo ou advérbio.
- Preposição – equivalendo a **de**.
- Conjunção coordenativa aditiva e explicativa, conjunção subordinativa integrante, adverbial consecutiva e adverbial comparativa.
- Interjeição.
- Substantivo.
- Partícula expletiva ou de realce.

NO TEXTO

Leia, a seguir, trechos do poema "*If*", de Rudyard Kipling, que foi traduzido para o português por Guilherme de Almeida com o título "Se".

Se

Se és capaz de manter a tua calma quando
Todo o mundo ao teu redor já a perdeu e te culpa;
De crer em ti quando estão todos duvidando,
E para esses no entanto achar uma desculpa;
Se és capaz de esperar sem te desesperares,
Ou, enganado, não mentir ao mentiroso,
Ou, sendo odiado, sempre ao ódio te esquivares,
E não parecer bom demais, nem pretensioso;

[...]

E se és capaz de dar, segundo por segundo,
Ao minuto fatal todo o valor e brilho,
Tua é a Terra com tudo o que existe no mundo
E o que mais — tu serás um homem, ó meu filho!

KIPLING, Rudyard. Se. *In*: LEIA o poema "*If*", de Rudyard Kipling; tradução de Guilherme de Almeida. **Folha de S.Paulo**, 5 maio 2007. Disponível em: https://www1.folha.uol.com.br/folha/brasil/ult96u92310.shtml. Acesso em: 29 abr. 2021.

1. Nesses trechos do poema, há uma expressão que se repete três vezes. Que expressão é essa?

2. Que palavra inicia essa expressão? A que classe gramatical ela pertence?

3. Justifique o emprego dessa palavra no poema.

4. Se o autor tivesse usado outra palavra de sentido semelhante, o efeito seria o mesmo?

APÊNDICE

Ortografia

UM PRIMEIRO OLHAR

Leia a capa do livro **Não erre mais: língua portuguesa nas empresas**, escrito por Maria Lúcia Elias Valle.

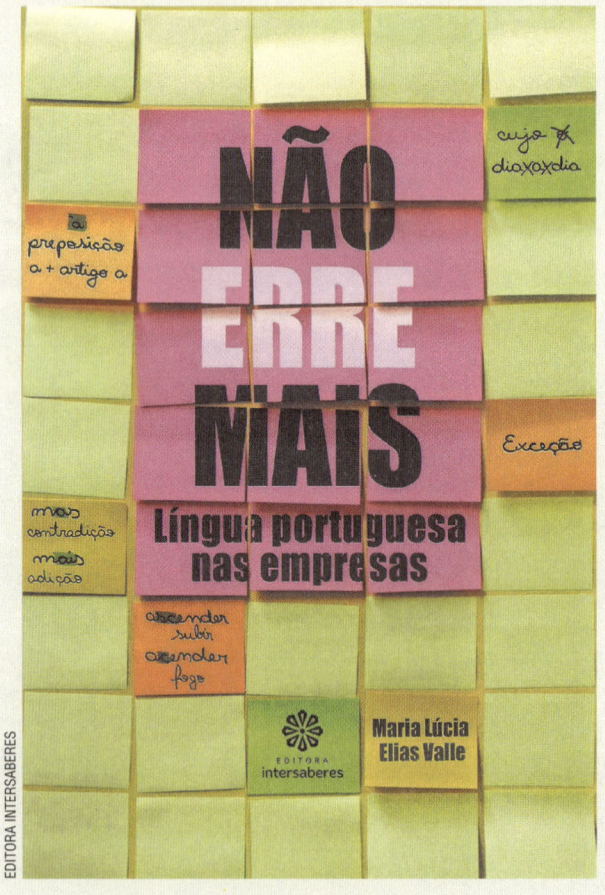

VALLE, Maria Lúcia Elias. **Não erre mais**: língua portuguesa nas empresas. Curitiba: InterSaberes, 2013.

1. Considere as anotações escritas à mão nos papéis autoadesivos que compõem essa capa. A que elas se referem?

2. Qual é a relação entre as informações contidas nessas anotações e o conteúdo sugerido pelo título do livro?

3. Separe as sílabas das palavras a seguir, que aparecem nos papéis autoadesivos da capa.

   a) exceção
   b) acender
   c) ascender

O ALFABETO

A parte da gramática que trata da representação gráfica da língua – do emprego correto de suas letras e de seus sinais gráficos – é a **ortografia**.

Alfabeto (*alfabeto* = *alfa*: primeira letra do alfabeto grego + *beta*: segunda letra do alfabeto grego) é o conjunto ordenado de letras que se usa para representar ortograficamente os fonemas de uma língua. O alfabeto da língua portuguesa possui vinte e seis letras.

A – B – C – D – E – F – G – H – I – J – K – L – M – N – O – P – Q – R – S – T – U – V – W – X – Y – Z

OBSERVAÇÕES

1. Além dessas letras, usa-se **ç**, que representa o fonema /**s**/ antes de **a**, **o** e **u**. **Exemplos:** *caçar, moço, açúcar*.
2. Não confundir o alfabeto com o alfabeto fonológico, que se propõe a simbolizar os fonemas de uma língua.

EMPREGO DAS LETRAS *K, W, Y*

As letras **k** (cá), **w** (dáblio) e **y** (ípsilon) são usadas somente em casos especiais.

- Em nomes próprios estrangeiros e seus derivados. **Exemplos:** Byron, byroniano; Darwin, darwinismo; Walt Disney, Disneylândia; Franklin; Newton.

- Em nomes de lugares originários de outras línguas e seus derivados. **Exemplos:** Kuwait, kuwaitiano; Malawi, malawiano.

- Em siglas, símbolos e unidades de medida de uso internacional. **Exemplos:** K (potássio), km (quilômetro), W (watt).

NOMES PRÓPRIOS ESTRANGEIROS

Na escrita de nomes próprios estrangeiros e de seus derivados, além do emprego de **k**, **w** e **y**, podem ser mantidas outras combinações de letras e sinais que não pertencem à língua portuguesa.

- As consoantes dobradas e o trema. **Exemplos:** Garrett, garrettiano; Müller, mülleriano.

- Os dígrafos finais **ch**, **ph** e **th** de nomes bíblicos. No caso de serem mudos, eles podem ser eliminados e, no caso de o uso ter-lhes atribuído uma vogal, as formas podem ser substituídas. **Exemplos:** Baruch, Ziph, Loth (ou nas formas simplificadas: Baruc, Zif, Lot); José, em vez de Joseph, e Nazaré, em vez de Nazareth; Judite, em vez de Judith.

- As consoantes finais **b**, **c**, **d**, **g** e **h**, mudas ou pronunciadas, nos nomes em que o uso as consagrou. Nada impede, porém, que esses nomes sejam usados sem a consoante final. **Exemplos:** Jacob ou Jacó, David ou Davi.

OBSERVAÇÃO

Os nomes de lugares, no entanto, devem ser substituídos, tanto quanto possível, por formas próprias da língua em uso. **Exemplos:** Genebra (e não Genève), Milão (e não Milano), Zurique (e não Zürich).

ORDEM ALFABÉTICA

Colocar as palavras em **ordem alfabética** significa organizá-las seguindo a ordem do alfabeto. Para isso, são necessários alguns passos.

1. Observar a **primeira** letra das palavras.
   - Palavras desordenadas: **r**oda – **c**alçada – **f**ama – **a**migo.
   - Palavras ordenadas: **a**migo – **c**alçada – **f**ama – **r**oda.

2. Observar a **segunda** letra das palavras, quando a primeira for igual.
   - Palavras desordenadas: c**o**nversa – c**a**lçada – c**h**amar – c**e**do.
   - Palavras ordenadas: c**a**lçada – c**e**do – c**h**amar – c**o**nversa.

3. Observar a **terceira** letra, quando a primeira e a segunda forem iguais, e assim por diante.

OBSERVAÇÕES

1. Quando uma palavra contém outra, a contida deve aparecer primeiro. **Exemplo:** água – aguada.

2. Nomes próprios com preposição devem seguir a ordenação como qualquer outra palavra. **Exemplo:** Paulo de Oliveira – Paulo José Antunes.

DIVISÃO SILÁBICA

Na língua escrita, as sílabas são separadas de acordo com o conjunto de letras que representam os sons emitidos em uma só expiração. A separação das sílabas é feita por meio de hífen (**-**).

Exemplos:

a-go-ra   di-a   di-sen-te-ri-a

Não se separam as letras que representam:

- os **ditongos**.
  Exemplos:
  pre-f**ei**-to, d**oi**-do, q**ua**n-do, m**ai**s, sé-r**ie**

- os **tritongos**.
  Exemplos:
  q**uai**s-quer, a-ve-ri-g**uou**, sa-g**uão**, i-g**uai**s

- os **dígrafos ch**, **lh**, **nh**, **qu** e **gu**.
  Exemplos:
  cha-ve, a-ta-**lh**o, ra-i-**nh**a, **qu**ei-jo, pa-**gu**ei

Separam-se, no entanto, as letras que representam:

- os **hiatos**.
  Exemplos:
  ga-**ú**-cho, d**i-a**, par-ce-r**i-a**, ma-g**o-o**, cr**e-e**m

- os **encontros consonantais de sílabas diferentes**.
  Exemplos:
  per-to, do**g-m**a, a**d-v**o-ga-do

- os **dígrafos rr**, **ss**, **sc**, **sç** e **xc**.
  Exemplos:
  car-ro, pa**s-s**ado, na**s-c**er, de**s-ç**o, e**x-c**e-ção

OBSERVAÇÃO

Na passagem de uma linha para outra, deve-se fazer da seguinte forma:
- se a palavra começar por vogal, não se deve deixá-la isolada no fim da linha. **Exemplo:** amor – *não* deixar o **a-** em uma linha e **-mor** em outra.
- se a palavra possuir hífen e coincidir de ele ficar no final da linha, deve-se repeti-lo no início da linha seguinte.
  Exemplos:
  ex-   visitá-lo-
  -namorado   -emos

ACENTUAÇÃO GRÁFICA

ACENTOS AGUDO, CIRCUNFLEXO E GRAVE

Na língua escrita, há vários sinais gráficos que acompanham as letras, sendo, de maneira geral, relacionados à pronúncia das palavras. Um desses sinais é o **acento gráfico**.

O acento gráfico pode ser **agudo** (´), **circunflexo** (^) e **grave** (`).

- O **acento agudo** é usado nas vogais tônicas *abertas* **a**, **e** e **o** e nas vogais tônicas **i** e **u**.
   Exemplos:
   p**á**lido   caf**é**   av**ó**   t**í**mido   r**ú**stico

- O **acento circunflexo** é usado nas vogais tônicas *fechadas* **a**, **e** e **o**.
   Exemplos:
   l**â**mpada   ip**ê**   av**ô**

- O **acento grave** é usado para indicar a crase.
   Exemplos:
   Vou **à** festa.   Fui **à**quele cinema.

REGRAS GERAIS DE ACENTUAÇÃO GRÁFICA

Recebem acento:

1. todas as palavras proparoxítonas:
   - **reais**
     Exemplos:
     s**á**bado, el**é**trico, prop**ó**sito, l**í**mpido, l**ú**cido, l**â**mpada, exc**ê**ntrico, f**ô**lego etc.

   - **aparentes**
     Exemplos:
     n**á**usea, s**é**rie, gl**ó**ria, l**í**rio, L**ú**cia, cr**â**nio, g**ê**nio, n**ó**doa etc.

2. as palavras paroxítonas terminadas em:

   -**l** – t**ú**ne**l**, t**ê**xt**il**   -**ã(s)** – órf**ã**, órf**ãs**
   -**n** – h**í**f**en**, el**é**tr**on**   -**ão(s)** – órf**ão**, órf**ãos**; bênç**ão**, bênç**ãos**
   -**r** – açúc**ar**, cânc**er**   -**ei(s)** – jóqu**ei**, jóqu**eis**; pôn**ei**, pôn**eis**
   -**x** – tóra**x**, ôni**x**   -**i(s)** – júr**i**, júr**is**; dând**i**, dând**is**
   -**ps** – bíc**eps**   -**um(-uns)** – álb**um**, álb**uns**
   -**us** – vír**us**, ân**us**

   > **OBSERVAÇÃO**
   >
   > Não são acentuadas graficamente as palavras paroxítonas terminadas em **-ens** (hífen – hifens) e os prefixos terminados em **-i** e **-r** (semi-histórico, super-homem).

3. as palavras oxítonas terminadas em:

   -**a(s)** – sof**á**, sof**ás**   -**em(-ens)** – tamb**ém**, al**ém**, por**ém**;
   -**e(s)** – caf**é**, caf**és**; ip**ê**, ip**ês**   det**ém**, det**éns**; har**éns**, armaz**éns** etc.
   -**o(s)** – av**ó**, av**ós**; av**ô**, av**ôs**

   Incluem-se nessa regra as formas verbais oxítonas seguidas de pronome: encontr**á**-lo, perd**ê**-lo.

4. os monossílabos tônicos terminados em:
   -**a(s)** – h**á**; p**á**, p**ás**   -**e(s)** – **é**, **és**; r**é**, p**és**; l**ê**, l**ês**   -**o(s)** – **ó**, p**ó**, c**ós**, p**ôs**

5. os ditongos abertos **-éis**, **-éu(s)**, **-ói(s)**:
- das palavras oxítonas.

  Exemplos:
  an**éis**, pap**éis**; chap**éu**, chap**éus**; her**ói**, her**óis**

- dos monossílabos.

  Exemplos:
  m**éis**; c**éu**, c**éus**; m**ói**, s**óis**

> **OBSERVAÇÃO**
>
> Não levam acento gráfico os ditongos **-ei** e **-oi** da sílaba tônica das palavras paroxítonas. **Exemplos:** assembleia, colmeia, ideia, onomatopeico, jiboia, heroico, paranoico.

6. os hiatos **i** e **u** quando:
- sozinhos na sílaba.

  Exemplos: sa-**í**-da, sa-**ú**-de, ju-**í**-zes, Pi-au-**í**

- acompanhados da consoante **s**.

  Exemplos: pa-**ís**, ba-**ús**

Incluem-se nessa regra as formas verbais seguidas de pronome. **Exemplos:** atra**í**-lo, possu**í**-la.

> **OBSERVAÇÕES**
>
> **1.** Mesmo formando sílabas sozinhos, **i** e **u** não levam acento gráfico:
> - se a sílaba seguinte for iniciada por **nh** (ra-*i*-**nh**a, ba-*i*-**nh**a).
> - se estiverem precedidos de ditongo em palavras **paroxítonas** (b**ai**-*u*-ca, c**au**-*i*-ra).
>
> **2.** Não recebem acento circunflexo as palavras terminadas em hiato **oo** (abenç**oo**, v**oo** – substantivo e verbo).

7. os verbos:
- **ter** e **vir** e seus compostos na 3ª pessoa do plural do presente do indicativo.

  Exemplos:
  ele tem, eles **têm**; ele vem, eles **vêm**; ele de**tém**, eles de**têm**

- **pôde**, no tempo passado, para se distinguir de **pode**, tempo presente.

  Exemplo:
  Ontem ela **pôde** sair, hoje ela não **pode**.

- **pôr** para se distinguir da preposição **por**.

  Exemplo:
  Por favor, passe-me o prato para eu **pôr** comida.

> **OBSERVAÇÕES**
>
> **1.** Não levam acento agudo na vogal tônica **u** as formas rizotônicas dos verbos **arguir** e **redarguir** (arguo, arguis, argui, arguem, argua, arguam).
>
> **2.** Os verbos **enxaguar**, **averiguar**, **delinquir** e afins apresentam duas pronúncias nas formas rizotônicas: uma acentuada no **u**, mas sem marca gráfica (enxaguo, enxague; averiguo, averigue; delinques, delinquem), e outra acentuada no **a** ou no **i** e com marca gráfica (enxáguo, enxágue; averíguo, averígue; delínques, delínquem).
>
> **3.** Não se acentuam as formas verbais na 3ª pessoa do plural do indicativo ou do subjuntivo dos verbos **crer**, **dar**, **ler** e **ver**: creem, descreem; leem, releem.

8. alguns casos especiais.

   a) Admite-se acento agudo ou circunflexo:

   - em algumas palavras oxítonas terminadas em **-e**.
     Exemplos: bebé, bebê; bidé, bidê; canapé, canapê; caraté, caratê; croché, crochê; guiché, guichê

   - nas vogais tônicas **e** e **o** em posição final de sílaba, seguidas de **m** ou **n**, das palavras paroxítonas e proparoxítonas.
     Exemplos: sémen, sêmen; ónix, ônix; Fénix, Fênix; pónei, pônei; ténis, tênis; pénis, pênis; bónus, bônus; ónus, ônus; Vénus, Vênus; tónico, tônico; académico, acadêmico; António, Antônio

   b) É facultativo:

   - **o emprego do acento agudo** na 1ª pessoa do plural do pretérito perfeito do indicativo (amámos, cantámos etc.) para distingui-la das correspondentes formas do presente (amamos, cantamos etc.).

   - **o emprego do acento circunflexo** na 1ª pessoa do plural do presente do subjuntivo do verbo **dar** (dêmos) para diferenciá-la da forma correspondente do pretérito perfeito do indicativo (demos).

   - **o emprego do acento circunflexo** no substantivo **fôrma** para o distinguir de **forma**, substantivo, e de **forma**, 3ª pessoa do singular do presente do indicativo ou 2ª pessoa do singular do imperativo afirmativo do verbo *formar*.

OUTROS SINAIS GRÁFICOS

TIL (~)

Empregado sobre as letras **a** e **o** para indicar a nasalização dessas vogais.
Exemplos: manhã, coração, coraçõezinhos, põe

APÓSTROFO (')

Geralmente empregado para indicar a supressão de uma vogal.
Exemplos: Sant'Ana, pau-d'alho, minh'alma

TREMA (¨)

Empregado apenas em nomes próprios estrangeiros e em seus derivados.
Exemplos: Müller, mülleriano

ATIVIDADES

1. Identifique, em cada item, a palavra que está fora da ordem alfabética. Justifique sua resposta.

   a) advogado – adega – adendo – adereço – adestrar

   b) elite – enfeite – espetáculo – edícula – etiqueta

   c) crítica – dádiva – euforia – feição – aniversário

   d) prática – praticável – praticidade – prisma – prático

2. Justifique o acento gráfico nas palavras em destaque no exemplo a seguir.

   Catarina não **pôde** comparecer à reunião, infelizmente, pois seu desejo era estar lá para **pôr** fim àquela discussão que estava aborrecendo a todos na equipe.

3. Leia a tirinha a seguir.

LAERTE. [E esse livro aí?]. **Manual do Minotauro**, 24 abr. 2021. Blogue.
Disponível em: http://manualdominotauro.blogspot.com/2021/04/22-03-2020.html. Acesso em: 1 maio 2021.

a) Justifique o acento gráfico da palavra **página**, presente no segundo quadro da tirinha.

b) O que explica o fato de as palavras **há** e **lá** serem acentuadas?

c) Por que a palavra **aí**, do primeiro quadro, deve ser acentuada?

d) Caso a palavra **aí** não estivesse acentuada, haveria comprometimento do sentido da frase? Por quê?

4. Identifique a alternativa em que todas as palavras são acentuadas.

a) malabarista – bau – rainha – saida

b) comico – unico – paises – juizo

c) norma – consultorio – serie – martelo

d) palido – amarelo – azeite – tambem

5. Identifique as palavras que devem ser acentuadas.

a) leem b) cre c) genio d) cafe e) lampada f) abobora g) jovem

6. Separe as sílabas das palavras a seguir.

a) aumento
b) ruptura
c) joia
d) arrependimento
e) extensão
f) silêncio
g) heroico
h) averiguou

7. Leia o trecho a seguir.

[...]
Demitido "por não ter boas ideias", como alegou seu <u>patrão</u> em 1919, o pai do Mickey Mouse não apenas se consagrou no mundo das <u>animações</u> como é um dos responsáveis pela <u>criação</u> do som *surround*, o áudio alto e nítido das salas de cinema. A tecnologia foi desenvolvida a partir do desapontamento de [Walt] Disney com o filme musical *Fantasia* (1940), que produziu com o maestro Leopold Stokowski. Para exaltar a trilha sonora, que soava baixa, Disney <u>então</u> regravou o filme inteiro com microfone e o reproduziu com a ajuda de vários alto-falantes instalados ao redor das salas.
[...]

TESTONI, Marcelo. 10 astros de Hollywood que eram inventores geniais. **Superinteressante**, 17 maio 2018. Disponível em:
https://super.abril.com.br/mundo-estranho/10-astros-de-hollywood-que-eram-inventores-geniais/. Acesso em: 3 maio 2021.

a) Justifique o uso do sinal gráfico til (~) nas palavras sublinhadas.

b) Justifique a acentuação da palavra **áudio**.

EMPREGO DO HÍFEN

O **hífen** (-) também é um sinal gráfico. Ele é empregado em várias situações. Os casos em que seu emprego apresenta certa dificuldade são aqueles referentes à formação de palavras compostas e palavras formadas com prefixos ou sufixos.

PALAVRAS COMPOSTAS

Na formação dos compostos, o hífen é empregado:

1. nos substantivos e adjetivos compostos por justaposição de maneira geral, mesmo sendo o primeiro elemento reduzido.

   Exemplos:

   amor-perfeito, norte-americano, tenente-coronel, arco-íris, guarda-noturno, azul-marinho, segunda-feira, afro-brasileiro, conta-gotas, guarda-chuva etc.

   > **OBSERVAÇÃO**
   >
   > Os compostos por justaposição que perderam, até certo ponto, a ideia de composição não apresentam hífen. **Exemplos:** girassol, mandachuva, madressilva, pontapé, paraquedas.

2. nos substantivos compostos que designam espécies botânicas e zoológicas, estando ou não ligados por preposição ou por qualquer outro elemento.

   Exemplos:

   couve-flor, erva-doce, andorinha-do-mar, cobra-de-água, bem-te-vi etc.

3. nos nomes de lugares iniciados por **grã**, **grão** ou forma verbal, ou ainda se houver artigo ligando seus elementos.

   Exemplos:

   Grã-Bretanha, Grão-Pará, Passa-Quatro, Baía de Todos-os--Santos etc.

   > **OBSERVAÇÃO**
   >
   > Os demais nomes de lugares têm seus elementos separados e sem hífen. **Exemplos:** América do Sul, Belo Horizonte, Mato Grosso do Sul etc.; Guiné-Bissau é uma exceção.

4. nas formações com os advérbios **bem** e **mal**:

   a) usa-se hífen se o elemento seguinte começar por vogal ou **h**.

   Exemplos:

   bem-aventurado, bem-humorado, mal-estar, mal-humorado etc.

   b) ao contrário de **mal**, o advérbio **bem** pode não se unir ao elemento seguinte começado por consoante que não seja o **h**.

   Exemplos:

   bem-criado (malcriado), bem-ditoso (malditoso), bem--mandado (malmandado), bem-falante (malfalante) etc.

   > **OBSERVAÇÃO**
   >
   > Em alguns casos, porém, o advérbio **bem** liga-se ao elemento seguinte sem hífen. **Exemplos:** benfazejo, benfeito, benquerença.

5. nas formações com os elementos **além**, **aquém**, **recém** e **sem**.

   Exemplos:

   além-mar, aquém-fronteiras, recém-casado, sem-vergonha etc.

Não se usa hífen nas locuções de qualquer tipo, salvo algumas exceções já consagradas pelo uso, como água-de-colônia, cor-de-rosa, arco-da-velha, mais-que-perfeito, pé-de-meia, ao deus-dará.

Exemplos:

cão de guarda, fim de semana, sala de jantar, [cor de] café com leite etc.

PALAVRAS FORMADAS COM PREFIXOS

REGRA GERAL

Nas formações com prefixos, usa-se o hífen:

1. quando o segundo elemento começa por **h**.

    Exemplos:
    auto-hipnose, contra-harmônico, extra-humano, infra-hepático, sub-hepático, pré-histórico, semi-hospitalar, pan-helenismo, neo-helênico etc.

2. quando o segundo elemento começa com a mesma vogal com que termina o prefixo ou pseudoprefixo.

    Exemplos:
    auto-observação, contra-argumento, semi-interno, micro-onda, anti-ibérico, supra-auricular, infra-axilar, extra-atmosférico, intra-articular etc.

> **OBSERVAÇÃO**
>
> Não se emprega o hífen em formações que contêm, em geral, os prefixos **des-** e **in-** e em que o segundo elemento perdeu o **h** inicial. **Exemplos:** desumano, inábil, inumano etc.

> **OBSERVAÇÃO**
>
> O prefixo **co-** liga-se sem hífen ainda que a vogal inicial do elemento seguinte seja **o**. **Exemplos:** cooperar, coordenar, coobrigação, coocupante etc.

REGRAS ESPECIAIS

Ligam-se por meio de hífen ao elemento seguinte os prefixos listados no quadro.

PREFIXOS	SE O ELEMENTO SEGUINTE COMEÇAR POR:	EXEMPLOS
hiper-	h e r	hiper-**h**umano, hiper-**r**equintado
inter-	h e r	inter-**h**emisférico, inter-**r**esistente
super-	h e r	super-**h**erói, super-**r**evista
sob-	r	sob-**r**oda
ad-, ab-, ob-	r	ad-**r**enal, ab-**r**ogar, ob-**r**eptício
sub-	b, h e r	sub-**b**ase, sub-**h**epático, sub-**r**egião
circum-	h e vogal	circum-**h**ospitalar, circum-**e**scolar
circum-	m e n	circum-**m**urado, circum-**n**avegação
pan-	h e vogal	pan-**h**elenismo, pan-**a**mericano
pan-	m e n	pan-**m**ágico, pan-**n**egritude

Emprega-se o hífen também nas palavras formadas com os prefixos tônicos acentuados graficamente quando o segundo elemento tem vida à parte.

PREFIXOS	EXEMPLOS
pré-	pré-história, pré-escolar, pré-operatório, pré-fabricado, pré-natal
pró-	pró-homem, pró-europeu, pró-ocidental, pró-africano
pós-	pós-hipnótico, pós-eleitoral, pós-operatório, pós-modernismo, pós-graduação

Não se encaixam nas regras expostas os seguintes prefixos.

PREFIXOS	MOTIVO	EXEMPLOS
ex- (estado anterior)	Ligam-se por meio de hífen.	**ex-**namorado, **ex-**presidente
sota-		**sota-**piloto, **sota-**ministro
soto-		**soto-**mestre, **soto-**capitão
vice-		**vice-**presidente, **vice-**campeão
vizo-		**vizo-**rei
des-	Em geral, não se usa o hífen nas formações em que o segundo elemento perdeu o **h** inicial.	desumano, desabituar, desabitar
in-		inumano, inábil, inabilidade

Não se emprega o hífen:

- nas formações em que o prefixo termina em vogal e o elemento seguinte começa por vogal diferente.
  Exemplos:
  autoescola, agroindustrial, aeroespacial, coeducação, extraescolar etc.

- nas formações em que o prefixo termina em vogal e o segundo elemento começa por **r** ou **s**. Nesses casos, dobra-se a consoante.
  Exemplos:
  contrarregra, cosseno, microssistema etc.

PALAVRAS FORMADAS COM SUFIXOS

Emprega-se hífen apenas com os sufixos tupis-guaranis **-açu**, **-guaçu** e **-mirim** quando o primeiro elemento terminar em vogal acentuada graficamente ou em vogal nasal.

Exemplos:
acaraú-açu, maracanã-guaçu, anajá-mirim

OUTROS CASOS EM QUE SE EMPREGA O HÍFEN

O hífen é também empregado em outras situações.

1. Para dividir a palavra na passagem de uma linha para outra e na representação gráfica da divisão silábica.
   Exemplo:
   anima-
   da

2. Para ligar os pronomes oblíquos enclíticos e mesoclíticos ao verbo.
   Exemplos:
   encontrei-o, encontrá-lo, dei-lhe, encontrá-lo-ei, dar-lhe-emos

3. Para ligar as formas pronominais enclíticas ao advérbio **eis**.
   Exemplos:
   eis-me, ei-lo

4. Para ligar palavras que formam encadeamentos vocabulares.
   Exemplos:
   ponte Rio-Niterói, percurso Brasília-São Paulo-Rio de Janeiro

ATIVIDADES

1. Forme palavras compostas usando ou não o hífen.

   a) ponta + pé
   b) para + quedas
   c) mal + educado
   d) manda + chuva
   e) couve + flor
   f) além + mar
   g) recém + chegado
   h) mal + estar
   i) gira + sol
   j) erva + doce

2. Complete as frases com as palavras dos parênteses, usando o hífen quando necessário.

   a) O apresentador divertiu a todos por ser uma pessoa ■ . (bem humorada)
   b) A chefe reclamou do resultado, dizendo que não gosta de serviço ■ . (mal feito)
   c) Os jovens ■ estavam muito felizes. (recém casados)
   d) A criança ■ foi repreendida pelo pai. (mal criada)
   e) O ■ eram terras desejadas pelos descobridores. (além mar)

3. Insira o prefixo **auto** às seguintes palavras: suficiente, imagem, hipnose, análise, reflexão.

4. Acrescente os prefixos às palavras usando o hífen quando necessário. Observe o exemplo.

   pré + operatório *pré-operatório*

   a) hiper + sensível
   b) sub + região
   c) inter + racial
   d) co + ordenação
   e) pan + islamismo
   f) super + produção
   g) vice + prefeito
   h) circum + navegação

5. Justifique a presença ou a ausência do hífen nas respostas da atividade anterior.

6. Justifique o uso do hífen nas palavras destacadas.

   a) Os turistas adoram atravessar a ponte **Rio-Niterói**.
   b) "**Eis-me** aqui", disse prontamente ao professor.
   c) Quando **encontrá-lo**, **dar-lhe-ei** as **boas-vindas**.
   d) A monarquia é uma instituição muito antiga na **Grã-Bretanha**.

7. Identifique, em cada item, a palavra que não pertence à mesma regra quanto à presença ou à ausência do hífen. Justifique sua resposta.

   a) mico-leão-dourado – alecrim-do-campo – pé-de-meia – erva-doce
   b) autoescola – minissaia – infraestrutura – aeroespacial
   c) micro-ônibus – semi-interno – contra-almirante – mal-estar
   d) desumano – contrassenso – extrarregulamentar – microssistema

GRAFIA DE ALGUMAS PALAVRAS E EXPRESSÕES

PORQUE / PORQUÊ / POR QUE / POR QUÊ

PORQUE

Usa-se essa grafia quando é empregado como conjunção coordenativa explicativa ou conjunção subordinativa causal. Equivale a *pois* (explicativa), *uma vez que* e *já que* (causais).

Exemplos:
Não demore, **porque** pode perder o voo. (explicativa)   Faltou à aula **porque** estava doente. (causal)

PORQUÊ

Tem essa grafia quando empregado como substantivo. Significa *motivo, razão, causa,* admite plural e normalmente aparece acompanhado de determinantes (*artigo, pronome* etc.).

Exemplos:
Não entendi *o* **porquê** de sua atitude.   *Seus* **porquês** são relevantes.

POR QUE

Com essa grafia, é empregado:

- quando equivale a *pelo qual, pelos quais, pela qual, pelas quais.*
  Exemplos:
  São muitos os lugares **por que** passamos. (pelos quais)
  Essa é a razão **por que** eu vim aqui. (pela qual)

- no início das frases interrogativas diretas e no meio das frases interrogativas indiretas.
  Exemplos:
  Por que você fez isso? (inicia frase interrogativa direta)
  Não sei **por que** fez isso. (frase interrogativa indireta)

POR QUÊ

É acentuado quando aparece no final das frases interrogativas. Nessa posição, o **que** passa a ser monossílabo tônico.

Exemplo: Você fez isso **por quê**?

SENÃO / SE NÃO

SENÃO

Assim se escreve quando:

- equivale a *caso contrário.*
  Exemplo: Saia daí, **senão** vai se molhar.
- equivale a *a não ser.*
  Exemplo: Não faz outra coisa **senão** reclamar.

SE NÃO

Tem essa forma quando equivale a *caso não,* introduzindo orações subordinadas condicionais.
Exemplos:
Esperarei mais um pouco; **se não** vier, irei embora.
Se não quiser, não faça.

HÁ / A

HÁ

Com essa forma, equivale ao verbo **fazer**, indicando tempo já transcorrido.
Exemplos:
Não se encontram **há** (faz) tempos.
Saiu **há** (faz) duas horas.
Não o vejo **há** (faz) quinze dias.

A

Essa forma, que é muito confundida com a anterior, é preposição e sua substituição por **faz** é impossível.
Exemplos:
Sairei de casa daqui **a** duas horas.
Daqui **a** pouco, os convidados chegarão.
Moro **a** dois quilômetros da escola.

MAL / MAU

MAL

É antônimo de **bem**. Pode ser empregado como *advérbio*, *substantivo* ou *conjunção*.
Exemplos:
O candidato foi **mal** recebido na cidade onde nasceu. (advérbio)
Há **males** que vêm para o bem. (substantivo)
Mal você saiu, ele chegou. (conjunção adverbial temporal)

MAU

É antônimo de **bom**. Emprega-se como *adjetivo*.
Exemplos:
Não era **mau** rapaz, apenas um pouco preguiçoso.
Não estavam **maus** os trabalhos dos alunos.
Teve **má** criação, mas tornou-se um excelente homem.

AONDE / ONDE

AONDE

Aonde (junção da preposição **a** + advérbio **onde** = *a que lugar*) é usado com verbos que exprimem movimento e que regem a preposição **a**.

- **ir** *a*
  Exemplos:
  Aonde você vai? Você vai **aonde**?
  Você sabe **aonde** ir com isso?

- **chegar** *a*
  Exemplos:
  Se continuarem assim, sabemos **aonde** eles podem chegar.
  Você quer chegar **aonde** com suas perguntas?

- **dirigir-se** *a*
  Exemplo:
  Não sei **aonde** me dirigir para obter o documento.

ONDE

Onde (= *em que lugar*) indica permanência e é usado com verbos que não exigem a preposição **a**.

Exemplos:
Onde está o documento?
Encontraram o menino **onde**?

Onde fica a sua escola?
Não sei ainda **onde** vou comprar o material.

AO ENCONTRO DE / DE ENCONTRO A

AO ENCONTRO DE

Tem dois significados:
- *aproximar-se* de
  Exemplo:
  Assim que chegou, fui **ao encontro dele**. (ao seu encontro)
- *ser favorável* a
  Exemplo:
  Somos parecidos: suas ideias vêm sempre **ao encontro das** minhas.

DE ENCONTRO A

Também tem dois significados:
- *colisão, choque*
  Exemplo:
  A criança foi **de encontro à** porta de vidro e machucou a cabeça.
- *ser contrário* a
  Exemplo:
  Somos muito diferentes: suas ideias vêm sempre **de encontro às** minhas.

DEMAIS / DE MAIS

DEMAIS

Classifica-se como *advérbio* ou *pronome*.

- *advérbio de intensidade* (= muito)
  Exemplo:
  Não se deve comer **demais**.
- *pronome indefinido* (= outros)
  Exemplo:
  Votei e saí da reunião antes que os **demais** membros tivessem votado.

DE MAIS

É o contrário de *de menos*.
Exemplos:
Não percebi nada **de mais** nas suas perguntas.
Venderam ingressos **de mais** para o jogo.

A FIM DE / AFIM

A FIM DE

Indica uma finalidade.
Exemplo: Vive reclamando **a fim de** me irritar.

AFIM

Significa *semelhante*.
Exemplo: Temos objetivos **afins**.

ACERCA DE / HÁ CERCA DE

ACERCA DE

Significa *a respeito de*.

Exemplo:
Nada disse **acerca de** seus problemas emocionais.

HÁ CERCA DE

Indica um tempo já transcorrido.

Exemplo:
Estivemos aqui **há cerca de** dez anos.

> **OBSERVAÇÃO**
>
> Há também a expressão **a cerca de** (com a preposição **a**), que marca distância no espaço ou no tempo futuro. **Exemplos:**
> Vimos o carro tombar **a cerca de** 30 metros de onde estávamos.
> Naquele momento, estávamos **a cerca de** dois meses das eleições presidenciais.

A PRINCÍPIO / EM PRINCÍPIO

A PRINCÍPIO

Significa *no começo, inicialmente, antes de mais nada*.

Exemplo:
A princípio, sua sugestão pareceu-me boa, mas depois percebi que não era daquilo que precisávamos.

EM PRINCÍPIO

Significa *em tese, teoricamente, de forma geral*.

Exemplo:
Em princípio, sua sugestão é muito boa; vamos vê-la na prática.

ATIVIDADES

1. Leia, a seguir, um trecho de uma crônica de Lya Luft.

> Andamos falando demais, e mal; usamos frivolamente termos perigosos e abusamos das palavras de respeito; a chamada língua-mãe está demais rebaixada, e olha que nunca fui purista, pois sou apaixonada por palavras.
>
> [...]

LUFT, Lya. A República dos Rabos Presos. *In*: LUFT, Lya. **Em outras palavras**. Rio de Janeiro: Record, 2006. p. 35.

a) Justifique a grafia da palavra destacada em "Andamos falando demais, e **mal**".

b) Justifique a grafia da palavra destacada em "a chamada língua-mãe está **demais** rebaixada".

c) Identifique a opção que pode ser usada para substituir a palavra destacada em "nunca fui purista, **pois** sou apaixonada por palavras".

    I. por que

    II. porquê

    III. por quê

    IV. porque

2. Complete as frases a seguir com **porque**, **porquê**, **por que** ou **por quê**.

    a) Não sei ▨ algumas pessoas não dão seta no trânsito.

    b) O estudante não se inscreveu para o vestibular ▨ não estava preparado.

    c) A secretária não explicou o ▨ de sua ausência na reunião.

    d) As leis existem, mas nem sempre são obedecidas. ▨ ?

    e) Não demore, ▨ a aula já vai começar.

3. Justifique o emprego das diferentes grafias da palavra **porque** nas respostas da atividade anterior.

4. Complete as frases com a palavra ou expressão adequada.

    a) A criança comeu tanto doce que passou ▨ . (mau – mal)

    b) ▨ puder ir à reunião, poderemos transferi-la para outro dia. (Se não – Senão)

    c) O carro veio ▨ muro, mas felizmente ninguém se machucou. (ao encontro do – de encontro ao)

    d) A menina saiu do carro e juntou-se às ▨ . (demais – de mais)

    e) O rapaz sentou-se na primeira fileira ▨ de apreciar todos os detalhes do espetáculo. (afim – a fim)

5. Identifique o item em que as palavras ou expressões destacadas têm o mesmo sentido nas duas frases. Justifique sua resposta.

    a) **A princípio**, concordei com a opinião do orador, mas depois percebi que ele se contradizia.
    Em princípio, essa regra não se aplica a todos os casos.

    b) O diretor não opinou **acerca** da greve dos professores.
    O turista sentiu saudades ao visitar o local onde vivera **há cerca de** dez anos.

    c) Não temos nada em comum, pois suas ideias vão **de encontro às** minhas.
    As atitudes subversivas vão **de encontro à** ética.

    d) Desde que o filho saiu de casa, o pai não faz outra coisa **senão** esperar que ele volte.
    O aluno teve de correr, **senão** perderia a aula.

    e) O lutador é forte **demais**.
    Há pessoas **de mais** nesta sala.

6. Agora dê o significado das palavras e expressões destacadas nos outros itens da atividade **5**.

7. Identifique a frase em que há o emprego inadequado de uma palavra.

    a) Mal começou o inverno, e as lojas já anunciam as liquidações.

    b) Muitas crianças não gostam de ler a história de Chapeuzinho Vermelho e o Lobo Mau.

    c) Apesar de discutir muito com os professores, o aluno não era mal.

    d) Muitas pessoas ainda não sabem onde fica o novo *shopping* da região oeste de São Paulo.

    e) Muitos torcedores não conseguiram entrar no estádio, mas foram ao encontro dos jogadores no portão principal.

8. Leia as frases a seguir e identifique aquelas em que o uso do termo destacado está **correto**.

    a) **Aonde** se localiza a escola em que você estuda?

    b) **Aonde** você quer ir no próximo fim de semana?

    c) O que você sabe **acerca** de minha vida?

    d) **Acerca** de dez anos, eu nem pensava em ter filhos.

9. Complete as frases a seguir com **há** ou **a**, **onde** ou **aonde**.

a) ■ você comprou essa joia?

b) Iremos nos mudar daqui ■ dois dias.

c) Não me interessa saber ■ você vai.

d) ■ quanto tempo você está esperando?

EM SÍNTESE

Alfabeto
- Emprego das letras **k**, **w** e **y**: em nomes próprios estrangeiros e em seus derivados; em nomes de lugares originários de outras línguas e em seus derivados; em siglas, símbolos e unidades de medida de uso internacional.
- Nomes próprios estrangeiros: além do emprego de **k**, **w** e **y**, pode-se usar consoantes dobradas e trema; dígrafos finais **ch**, **ph** e **th**; e consoantes finais **b**, **c**, **d**, **g** e **h**.

Ordem alfabética – organizar palavras seguindo a ordem do alfabeto.

Divisão silábica – na escrita, as sílabas são separadas de acordo com o conjunto de letras que representam os sons emitidos em uma só expiração.

Sinais gráficos – acentos agudo, circunflexo e grave, til, apóstrofo, trema (só em nomes próprios estrangeiros e seus derivados).

Acentuação gráfica – acentuam-se:
- todas as proparoxítonas.
- paroxítonas terminadas em **-l**, **-n**, **-r**, **-x**, **-ps**, **-us**, **-ã(s)**, **-ão(s)**, **-ei(s)**, **-i(s)**, **-um**, **-uns**.
- oxítonas terminadas em **-a(s)**, **-e(s)**, **-o(s)**, **-em**, **-ens** e em ditongos abertos **-éis**, **-éu(s)**, **-ói(s)**.
- monossílabos tônicos terminados em **-a(s)**, **-e(s)**, **-o(s)** e **-éis**, **-éu(s)**, **-ói(s)**.
- hiatos **i** e **u** quando sozinhos na sílaba ou acompanhados da consoante **s**.
- verbos **ter** e **vir** na 3ª pessoa do plural do presente do indicativo.
- verbo **pôde**, no tempo passado, para se distinguir de **pode**, tempo presente.
- **pôr** para se distinguir da preposição **por**.

Emprego do hífen – usa-se em:
- substantivos e adjetivos compostos por justaposição (exceto aqueles em que se perdeu a ideia de composição).
- substantivos compostos que designam espécies botânicas e zoológicas.
- nomes de lugares iniciados por **grã**, **grão** ou forma verbal, ou com artigo entre os elementos.
- formações com os advérbios **bem** e **mal**.
- formações com **além**, **aquém**, **recém** e **sem**.
- palavras com prefixos se o segundo elemento começar com **h**.
- palavras com prefixos (exceto **des-**, **in-**, **co-** ou se o segundo elemento perdeu o **h** inicial).
- palavras em que a vogal final do prefixo e a inicial do segundo elemento forem iguais.
- palavras com sufixos **-açu**, **-guaçu** e **-mirim**.
- ligações de pronomes oblíquos a verbos.

Grafia de algumas palavras e expressões – porque, porquê, por que, por quê; senão, se não; há, a; mal, mau; aonde, onde; ao encontro de, de encontro a; demais, de mais; a fim de, afim; acerca de, há cerca de; a princípio, em princípio.

NO TEXTO

Leia, a seguir, algumas estrofes de um cordel.

Nos caminhos da educação

Eu já escrevi cordéis
Falando de Lampião,
Frei Damião, padre Cícero
E outros mitos do sertão,
Mas agora os versos meus
Serão sobre educação.

Só que eu não vou fazer isso
Por causa de um bom palpite,
Mas porque um professor
Me fez o feliz convite.
E sabendo que na vida
Todos temos um limite.

E esse professor me disse:
Bom Moreira, não se enfeze!
Quero que escreva um cordel
Que não tenha tom de tese,
Sobre educação, pra ser
Distribuído no SESI.

Achei a iniciativa
Ser por demais pertinente,
Até porque no Nordeste,
Num passado bem recente,
Cordel alfabetizou
E informou bastante gente.

É que os cordéis sempre são
Histórias bem trabalhadas,
Possuem linguagem fácil,
Estrofes sempre rimadas,
Versos sempre bem medidos,
Palavras cadenciadas.

E eu que nasci no sertão
E no sertão fui criado,
Estou à vontade, pois
De casa para o roçado
Foi através do cordel
Que fui alfabetizado.

E quando fui para a escola
Já tinha boa noção.
Hoje, após ler muitos livros,
Já cheguei à conclusão
De que é muito relativo
O assunto EDUCAÇÃO.

Pois já vi analfabetos
Excelentes lavradores,
Pedreiros e carpinteiros,
Ourives, mineradores,
Homens rudes, é verdade,
Mas que têm os seus valores.

[...]

ACOPIARA, Moreira de. Nos caminhos da educação. **Academia Brasileira de Literatura de Cordel**, c2021. Disponível em: http://www.ablc.com.br/nos-caminhos-da-educacao/. Acesso em: 3 maio 2021.

1. No texto, o cordelista afirma que, no Nordeste, muitas pessoas foram alfabetizadas e informadas por meio dos cordéis. Quais características desse gênero contribuíram para isso?

2. O termo **porque** pode ser escrito, na língua portuguesa, de diferentes formas. Considerando o contexto, explique o motivo de sua grafia na segunda estrofe.

3. Na última estrofe, o cordelista cita alguns ofícios. Identifique de quais palavras são derivadas as profissões **pedreiros**, **ourives** e **mineradores**.

4. Considere o verso "Mas que **têm** os seus valores". A forma verbal destacada encontra-se acentuada. Justifique o uso desse sinal gráfico com base no contexto em que se apresenta.

5. Levando-se em consideração a última estrofe do trecho, qual é a concepção de educação apresentada pelo cordelista?

APÊNDICE

Pontuação

UM PRIMEIRO OLHAR

Leia a tirinha do cartunista estadunidense Charles Schulz.

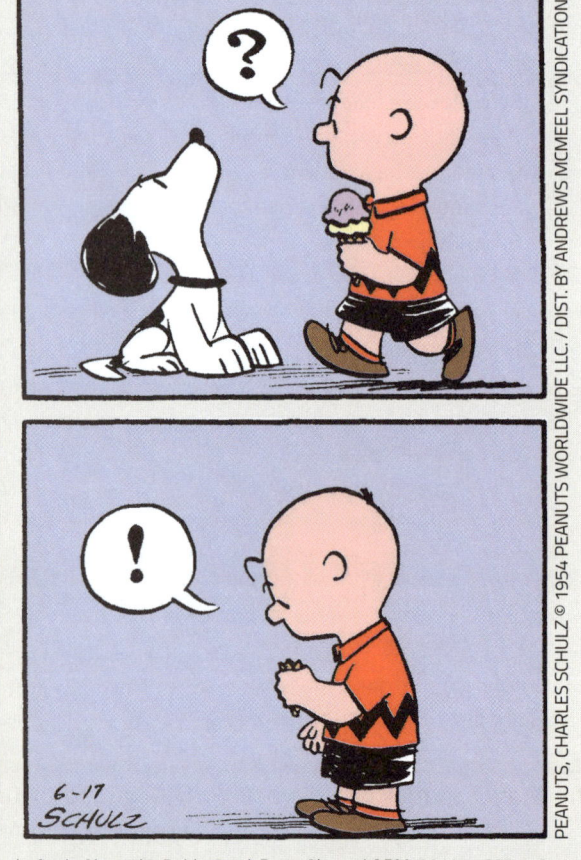

SCHULZ, Charles Monroe. **Peanuts completo**: 1953 a 1954. Tradução de Alexandre Boide. 3. ed. Porto Alegre: L&PM, 2014. p. 229. v. 2.

1. A historinha é narrada por meio da linguagem não verbal, mas são usados dois sinais gráficos específicos da língua escrita. Que sinais são esses?

2. O que esses sinais gráficos expressam nesse contexto?

3. Na tirinha, o personagem surpreende-se com o quê?

4. De acordo com a narrativa, crie frases para substituir os sinais gráficos utilizados na tirinha.

SINAIS DE PONTUAÇÃO

PONTO-FINAL (.)

Representando a pausa máxima da voz, o ponto-final é usado ao final de frases declarativas ou imperativas.

Exemplos:
O experiente jornalista prestou enorme serviço à imprensa brasileira.
Faça o favor de me passar o caderno.

PONTO DE INTERROGAÇÃO (?)

O ponto de interrogação é usado ao final de uma interrogação direta, ainda que não exija resposta.

Exemplos:
Quais são as causas dos problemas sociais brasileiros?
Por que estariam todos ali? Por que não me disseram nada?

PONTO DE EXCLAMAÇÃO (!)

O ponto de exclamação é usado ao final de frases exclamativas, imperativas e, normalmente, depois de interjeições ou termos equivalentes.

Exemplos:
Que bom seria se todos tivéssemos os mesmos direitos!
Ah! quanto há por fazer ainda...

VÍRGULA (,)

Marcando uma pequena pausa, a vírgula é geralmente usada nos seguintes casos:

- nas datas, para separar o nome da localidade.
  Exemplo:
  Petrolina, 28 de maio de 2021.

- depois do *sim* e do *não*, usados no início de respostas.
  Exemplos:
  — Você vai estudar?
  — *Sim*, vou estudar.
  — Depois você vai sair?
  — *Não*, vou ficar em casa.

- para indicar a omissão de um termo (geralmente de um verbo).
  Exemplo:
  Todos chegaram alegres e eu, muito triste. (cheguei)

- para separar termos de mesma função sintática.
  Exemplos:
  Havia portugueses, brasileiros e espanhóis naquela festa.
  Crianças, jovens e idosos participaram da comemoração.

- para separar o vocativo.
  Exemplo:
  Veja, *Maria*, como organizamos a viagem.

> **OBSERVAÇÃO**
>
> Normalmente se usa a conjunção **e** para substituir a vírgula entre o penúltimo e o último termo.

- para separar o aposto.
  Exemplo:
  O Brasil, *um dos maiores países do mundo*, tem grande parte de sua população vivendo na miséria.

- para separar palavras e expressões explicativas ou retificativas, como *ou melhor*, *isto é*, *aliás*, *além disso*, *então* etc.
  Exemplos:
  Ele disse tudo, *ou melhor*, tudo que sabia.
  Eles viajaram ontem, *aliás*, anteontem.

- para separar termos deslocados de sua posição normal na frase.
  Exemplos:
  Logo pela manhã, as crianças saíram para o passeio. (adjunto adverbial anteposto)
  De doce, eu gosto. (objeto indireto anteposto)
  A carne, você trouxe? (objeto direto anteposto)

- para separar os elementos paralelos de um provérbio.
  Exemplo:
  Tal pai, tal filho.

- para separar orações coordenadas assindéticas.
  Exemplo:
  Abriu a porta lentamente, sentiu o silêncio, foi até seu quarto, dormiu em paz.

- para separar orações coordenadas sindéticas, com exceção das introduzidas por **e**, **ou** e **nem**.
  Exemplos:
  Falam muito, *mas* ouvem pouco.
  Fez o que pôde, *pois* sentia-se responsável pela criança.
  Não fique triste, *que* será pior.

> **OBSERVAÇÕES**
>
> **1.** As conjunções **e**, **ou** e **nem**, quando repetidas ou usadas enfaticamente, admitem vírgula antes delas. **Exemplos:**
> Todos cantavam, **e** dançavam, **e** sorriam, **e** estavam felizes.
> Persegui-lo-ei por mares, **ou** terras, **ou** ares.
> Não irei com você, **nem** com ele.
>
> **2.** As conjunções coordenativas adversativas, quando não introduzem a oração, ficam entre vírgulas (exceção ao *mas*, que sempre introduz a oração). **Exemplo:**
> O problema foi exposto; ninguém, *entretanto*, conseguiu resolvê-lo.
> A frase assim estruturada fica com uma pausa acentuada entre uma e outra oração, por isso se usa o ponto e vírgula para separá-las.

- para separar orações intercaladas.
  Exemplo:
  O importante, *insistiam todos*, era que o plano desse certo.

- para separar orações adjetivas explicativas.
  Exemplo:
  O homem, *que é um ser racional*, constrói sua própria vida.

- para separar orações subordinadas substantivas e adverbiais quando antepostas à oração principal.
  Exemplos:
  Quem mandou as flores, ninguém ficou sabendo.
  Embora estivesse doente, foi trabalhar.

- para separar orações reduzidas.
  Exemplos:
  Chegando os participantes, começaria a reunião.
  Terminada a festa, os convidados retiraram-se.

PONTO E VÍRGULA (;)

Marcando uma pausa menos longa que a do ponto-final e maior que a da vírgula, é usado:

- para separar orações coordenadas que já tenham vírgula no seu interior.
  Exemplos:
  "Não gostem, e abrandem-se; não gostem, e quebrem-se; não gostem, e frutifiquem." *(Pe. Antônio Vieira)*
  "Uma vez empossado da licença começou logo a construir a casa. Era na rua Nova, a mais bela rua de Itaguaí naquele tempo; tinha cinquenta janelas por lado, um pátio no centro, e numerosos cubículos para os hóspedes." *(Machado de Assis)*

- para alongar a pausa antes de conjunções coordenativas adversativas, substituindo a vírgula.
  Exemplo:
  Poderia fazê-lo hoje; contudo, só o farei amanhã.

- para separar orações coordenadas assindéticas, com conjunções subentendidas.
  Exemplos:
  Disse que não viria; veio.
  Uns riem; outros choram.

- para separar itens de uma enumeração ou de um considerando.
  Exemplo:
  Considerando:
  I. a necessidade de reduzir gastos;
  II. que não se deve desperdiçar energia elétrica;
  III. que não se deve desperdiçar água;
  IV. que há muita gente para poucos banheiros;
  V. que se devem poupar recursos naturais; os banhos devem durar, no máximo, 10 minutos.

DOIS-PONTOS (:)

Marcam uma perceptível suspensão da voz numa frase não concluída, e são geralmente usados:

- para anunciar uma citação.
  Exemplo:
  Lembrando um verso de Vinicius de Moraes: "Mas que seja infinito enquanto dure.".

- para anunciar uma enumeração.
  Exemplo:
  Compareceram à reunião: Denise, Caio, Rogério e Flávia.

- para anunciar um esclarecimento ou uma explicação.
  Exemplos:
  Em resumo: os alunos fizeram uma ótima pesquisa e receberam nota máxima.
  O desejo da maioria dos brasileiros é um só: ter melhores condições de vida.

- para anunciar fala de personagem.
  Exemplo:
  E o pai perguntou:
  — Aonde vai, garoto?

RETICÊNCIAS (...)

Marcando uma suspensão da frase, muitas vezes em razão de elementos de natureza emocional, são usadas:

- para indicar continuidade de ação ou fato.
  Exemplo:
  O balão foi subindo...

- para indicar suspensão ou interrupção do pensamento.
  Exemplo:
  E eu, que trabalhei tanto pensando que...

- para representar, na escrita, hesitações comuns da língua falada.
  Exemplo:
  Não quero sair porque... porque... eu não estou com vontade.

- para realçar uma palavra ou expressão.
  Exemplo:
  Não há motivo para tanto... choro.

ASPAS (" ")

São usadas:

- em citações ou transcrições.
  Exemplo:
  Como Patativa do Assaré, "[quero] sossego e fraternidade".

- na representação de nomes de livros e algumas legendas.
  Exemplo:
  Camões escreveu "Os Lusíadas" no século XVI.

- para destacar palavras que representam estrangeirismo, vulgarismo, ironia.
  Exemplos:
  Assistimos a um belo "*show*" de cores.
  É um "carinha" divertido.
  Mas que "beleza": sujou a roupa!

PARÊNTESES (( ))

Com a função de intercalar informações em um período, são geralmente usados:

- para separar qualquer indicação de ordem explicativa.
  Exemplo:
  Zeugma é uma figura de linguagem que consiste na omissão de um termo (geralmente um verbo) já expresso anteriormente.

- para separar um comentário ou uma reflexão.
  Exemplo:
  Era o momento de falar. Sua voz ecoava para além das paredes (pelo seu jeito introvertido, não se podia imaginar tamanha eloquência) e chegava aos ouvidos dos transeuntes, que desconheciam o que ali dentro acontecia.

- para separar indicações bibliográficas.
  Exemplo:
  "Como todos os seres vivos, dinossauros também se dispersaram. [...]" (ANELLI, Luiz Eduardo. **Dinossauros e outros monstros**: uma viagem à Pré-História do Brasil. São Paulo: Peirópolis: Edusp, 2015. p. 29.)

TRAVESSÃO (—)

É um traço maior do que o hífen e é usado:

- no discurso direto, para indicar fala de personagem ou mudança de interlocutor nos diálogos.
  Exemplo:

  [...]
  Um universo novo que meu pai partilhava comigo. Estendeu o LP para mim. Disse:
  — Cuida bem dele. Foi do meu pai, foi meu. Agora é seu.
  Peguei o disco como quem segura um segredo. Um tesouro. Algo que pudesse se esfacelar em mil pedacinhos, assim, de repente.
  — Meu, pai? Puxa.
  [...]

  RITTER, Caio. **O rapaz que não era de Liverpool**. 2. ed. São Paulo: SM, 2015. p. 55.

- para separar expressões ou frases explicativas.
  Exemplo:
  Vimos uma mulher — uma estimável senhora — alimentando os animais.

ATIVIDADES

1. Reescreva o trecho utilizando ponto-final, a fim de obter um parágrafo com quatro frases. Utilize letras maiúsculas onde for pertinente.

   O médico entrou no centro cirúrgico apreensivo era a primeira vez que comandaria a equipe sem a presença de outro profissional mais experiente o destino o desafiava com uma prova de fogo só ele sabia o quanto aquele era um caso de risco

2. Foram extraídas 13 vírgulas do seguinte fragmento. Transcreva o trecho e acrescente essas vírgulas.

   Domingos José Correia Botelho de Mesquita e Meneses fidalgo de linhagem e um dos mais antigos solarengos de Vila-Real de Trás-os-Montes era em 1779 juiz de fora de Cascais e nesse mesmo ano casara com uma dama do paço D. Rita Teresa Margarida Preciosa da Veiga Caldeirão Castelo Branco filha dum capitão de cavalos neta de outro Antônio de Azevedo Castelo Branco Pereira da Silva tão notável por sua jerarquia como por um naquele tempo precioso livro acerca da Arte da Guerra.
   [...]

   CASTELO BRANCO, Camilo. **Amor de perdição**. 29. ed. São Paulo: Ática, 2001. p. 19. (Bom livro).

3. Reescreva o trecho a seguir com os sinais de pontuação e as letras maiúsculas adequados.
   [...]
   raimundo começou a descer a serra de taquaritu a ladeira se aplanava e quando ele passava tornava a inclinar-se caminhou muito olhou para trás e não enxergou os meninos que tinham ficado lá em cima ia tão distraído com tanta pena que não viu a laranjeira no meio da estrada
   [...]

   RAMOS, Graciliano. **A terra dos meninos pelados**. Rio de Janeiro: Galera Junior, 2015. p. 83-84.

4. Reescreva os trechos a seguir inserindo os sinais de pontuação adequados.

   a) Para que a planta sobreviva são necessários alguns cuidados dar água ao vaso todos os dias dar luz às folhas todos os dias dar adubo à terra de vez em quando e podar os ramos todos os anos

   b) Para preparar um suco refrescante selecione os seguintes ingredientes abacaxi folhas de hortelã água gelo açúcar ou adoçante Bata os ingredientes no liquidificador e se preferir peneire a bebida antes de servir

5. Ao elaborar este parágrafo, a autora utilizou cinco vírgulas, nove pontos-finais, quatro pontos de interrogação, uma vez as reticências e uma vez os dois-pontos. Reescreva o parágrafo, pontuando-o adequadamente.

> [...]
> Finalmente as aulas começam amanhã Por um bom tempo não consigo dormir pensando Vou gostar do grupo As aulas serão difíceis Como serão minhas colegas Haverá meninos Muitas perguntas e nenhuma resposta Rolo na cama sem sono Ouço o relógio bater onze horas Ainda não consigo dormir Agora temo não estar descansada pela manhã Tento me forçar a cochilar Conto até cem mas não adianta Mais uma vez e outra estou adormecendo
> [...]
>
> WEISS, Helga. **O diário de Helga**: o relato de uma menina sobre a vida em um campo de concentração. Tradução de George Schlesinger. Rio de Janeiro: Intrínseca, 2013. p. 36-37.

TIRE DE LETRA

Os sinais de **pontuação** são fundamentais para o pleno entendimento do texto, já que também são elementos que garantem a **coesão** e a **coerência**. A pontuação errônea pode produzir sentidos diversos daquilo que se pretende comunicar.
No exemplo a seguir, observe a diferença de sentido que se obtém com a inserção da vírgula: "Não queremos saber!" / "Não, queremos saber!". Ao inserir a vírgula, a segunda frase tornou-se uma afirmação.

6. Leia a tirinha e responda às atividades propostas.

GOMES, Clara. [Aulinha *on-line*]. **Bichinhos de Jardim**, 29 abr. 2021. Blogue. Disponível em: http://bichinhosdejardim.com/aulinha-online/. Acesso em: 5 maio 2021.

a) Por que as falas dos três primeiros quadros são encerradas com reticências?

b) Explique o uso das aspas nas falas dos dois últimos quadros.

c) Justifique o uso do sinal de exclamação no último quadro.

7. Justifique o uso de **travessão**, **parênteses** e **aspas** nos enunciados a seguir.

a) O médico decidiu que dessa vez (ele não costuma abrir exceções a ninguém) iria deixá-lo entrar após terminado o horário de visita.

b) Quantas vezes se escreveu, neste jornal, que "a democracia está por um fio"?

c) O arquiteto — que inaugurou uma escola técnica na região — recebeu um importante prêmio da entidade.

d) "Apressa-te", dizia a si mesmo o homem, aflito com o horário.

e) Miriam trouxe o novo namorado — provavelmente atleta, como ela — para apresentar à família.

8. Justifique o uso das reticências nas frases.

a) Sei que está muito ocupado, mas não demore tanto…

b) Senhores, eu posso explicar… não houve premeditação no ato… agi em legítima defesa!

c) Desceu a rua num passo pausado, pensando que poderia bater de novo à sua porta e…

d) Lentamente, a Lua se escondia atrás da montanha…

9. No parágrafo a seguir, foram suprimidas sete vírgulas e dois pontos de interrogação que o autor havia posto. Reescreva o parágrafo, inserindo esses sinais convenientemente.

[...]

Quaresma vivia assim sentindo que a campanha que lhe tinham movido embora tenha deixado de ser pública lavrava ocultamente. Havia no seu espírito e no seu caráter uma vontade de acabá-la de vez mas como Se não o acusavam se não articulavam nada contra ele diretamente Era um combate com sombras com aparências que seria ridículo aceitar.

[...]

BARRETO, Lima. **Triste fim de Policarpo Quaresma**. 23. ed. São Paulo: Ática, 2003. p. 107. (Bom livro).

10. Acrescente os sinais de pontuação que foram extraídos deste trecho de texto.

Telefonaram do escritório bem Seu chefe mandou perguntar por que você não foi trabalhar

E você deu o motivo

Não

Podia ter dado

Ora Alfredinho isso é motivo que se dê

Por que não Se há motivo está justificado Sem motivo é que não cola

Então eu ia dizer ao seu chefe que você não trabalha hoje porque o seu horóscopo aconselha Fique em casa descansando

E daí amor Se meu signo é Touro e se Touro acha conveniente que eu não faça nada como é que eu vou desobedecer a ele

É mas com certeza seu chefe não é Touro e não vai achar graça nisso

[...]

DRUMMOND DE ANDRADE, Carlos. Horóscopo. In: SABINO, Fernando et al. **Crônicas**. 20. ed. São Paulo: Ática, 2011. p. 19. (Para Gostar de Ler, v. 2).

11. Justifique o uso dos dois-pontos nos enunciados a seguir.

a) O motivo de minha visita é simples: quero retomar nossa conversa.

b) O professor repetia: "quem escreveu aquelas palavras na lousa?".

c) É como minha mãe dizia: "tudo a seu tempo".

d) Cuide bem do seu jardim: providencie ferramentas adequadas, areje o solo, escolha sementes, elimine as ervas daninhas, separe as flores delicadas em vasos.

12. Reescreva as frases a seguir usando vírgula(s) quando necessário.

a) Da próxima vez em que vier nos visitar estarei bem longe daqui.

b) Não fique triste irmã que ele não merece esse sofrimento.

c) De tanto sonhar acordado de tanto chegar atrasado você vai acabar perdendo o emprego.

d) Feitas as recomendações necessárias após um demorado abraço a mãe ainda chorosa liberou o filho para que entrasse no vagão.

e) Quando a canoa já ia longe já no invisível do horizonte foi que o pescador se lembrou da conversa que tivera na véspera com o vendeiro.

APÊNDICE

EM SÍNTESE

Sinais de pontuação – representações gráficas das pausas e entonações da linguagem oral.
- **Ponto-final** – marca uma pausa máxima na frase.
- **Ponto de interrogação** – usado em frases interrogativas diretas.
- **Ponto de exclamação** – usado em frases exclamativas e imperativas e após interjeições.
- **Vírgula** – marca uma pequena pausa na frase.
- **Ponto e vírgula** – marca uma pausa intermediária entre a pausa do ponto e a da vírgula.
- **Dois-pontos** – marcam uma suspensão da frase para anunciar citação, enumeração, explicação, fala de personagem.
- **Reticências** – marcam uma suspensão da frase para indicar continuidade do fato ou interrupção do pensamento, hesitação, ironia.
- **Aspas** – usadas para destacar palavras, expressões e frases.
- **Parênteses** – usados para intercalar elementos acessórios ou explicativos.
- **Travessão** – usado antes das falas nos diálogos e no lugar dos parênteses.

NO TEXTO

Leia o tuíte a seguir.

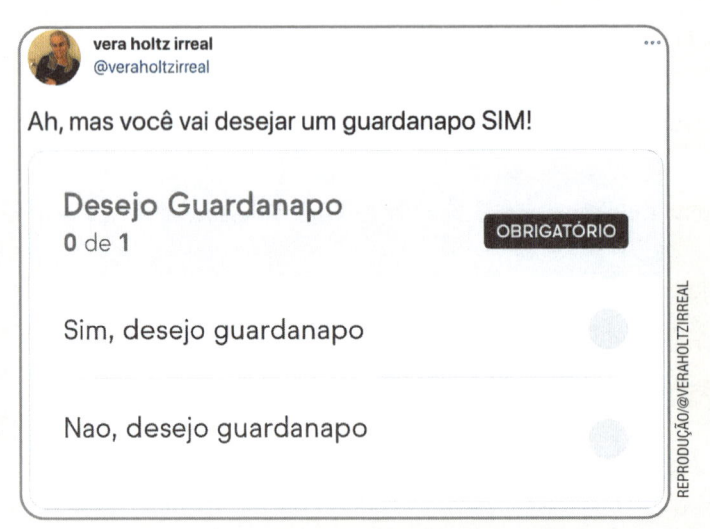

> **vera holtz irreal**
> @veraholtzirreal
>
> Ah, mas você vai desejar um guardanapo SIM!
>
> **Desejo Guardanapo**
> 0 de 1   OBRIGATÓRIO
>
> Sim, desejo guardanapo
>
> Nao, desejo guardanapo

VERA HOLTZ IRREAL. **Ah, mas você vai desejar um guardanapo SIM!** 5 abr. 2021. Twitter: veraholtzirreal. Disponível em: https://twitter.com/veraholtzirreal/status/1379238548633686017. Acesso em: 4 maio 2021.

1. Analise a frase "Ah, mas você vai desejar um guardanapo SIM!" e responda às questões.

    a) Que elementos gráficos revelam que essa frase expressa uma ordem?

    b) A frase analisada antecede a reprodução do texto de um aplicativo de entrega de comida. Considerando esse texto, qual o efeito de sentido produzido por essa ordem?

2. De acordo com a imagem captada de um aplicativo de entrega de comida, é obrigatório que o solicitante do pedido informe se deseja ou não receber guardanapo.

    a) Pelas sugestões de resposta, não será possível ao solicitante fazer essa escolha. Justifique.

    b) Reescreva as opções de resposta, de modo que seja possível realizar a escolha.

Exames e concursos

(Câmara de Itauçu – GO) Auxiliar de administração

1. No trecho "Ela ficou muito triste quando soube da morte do avô. — Não pude nem me despedir!", a presença do travessão indica:

    a. uso do discurso direto.

    b. uso do discurso indireto.

    c. interrupção indevida na narração.

    d. pontuação que exprime um pensamento do autor.

(Prefeitura de Mondaí – SC) Professor de Língua Portuguesa

2. A partícula **que** destacada foi empregada como partícula expletiva ou de realce na seguinte alternativa:

    a. "O padre atirou, mas parece que desta vez que errou o tiro." *(Mário Barreto)*

    b. Quê! Já são dez horas da noite!

    c. Ainda há muito que fazer para levantar a casa.

    d. Que felicidade tremenda sentia no peito o nosso personagem.

(Câmara de Guarujá do Sul – SC) Tesoureiro

3. Assinale a alternativa que **não** representa uma função da vírgula:

    a. Marcar o fim de qualquer enunciado com entonação exclamativa.

    b. Isolar, nas datas, o nome do lugar.

    c. Isolar as orações coordenadas, exceto as introduzidas pela conjunção **e**.

    d. Separar as orações adjetivas explicativas.

(Prefeitura de Olímpia – SP) Escriturário

4. Assinale a alternativa em que a pontuação está empregada conforme a norma-padrão da língua portuguesa.

    a. Muitas crianças, fazem birra, porque os pais são permissivos.

    b. A mãe de Pedrinho, não tinha firmeza, com o filho.

    c. É preciso que desde cedo, as crianças sejam, bem educadas.

    d. As atitudes dos pais refletem, no comportamento, dos filhos.

    e. Pedrinho, por não ter limites, faz birra em lugares públicos.

(Prefeitura de Ângulo – PR) Auxiliar administrativo

5. Assinale a alternativa que apresenta um vocábulo separado por sílaba **incorretamente**.

    a. nos-sa   b. al-guém   c. sol   d. qu-em

(Prefeitura de Betim – MG) Educador social

WATTERSON, Bill. [O melhor de Calvin]. **O Estado de S. Paulo**, São Paulo, 6 nov. 2008.

6. Tendo em vista as regras gramaticais da norma culta de língua portuguesa e o contexto verbal e não verbal da tirinha, é **correto** afirmar que em

    "ela não vê TV enquanto eu estou na escola...

    ... sendo assim, se eu chego da escola às 15:00, eu deveria poder ver TV direto até às 22:30, certo?"

    as reticências foram utilizadas com o intuito de demonstrar:

    a. supressão de informação.
    b. inconclusão.
    c. interrupção de pensamento.
    d. correção.
    e. continuidade.

(Prefeitura de Foz do Iguaçu – PR) Assistente previdenciário

7. Considere o seguinte trecho (adaptado de <https://www.bbc.com/portuguese/geral-43435538>):

    Ornitorrincos amamentam de uma forma completamente diferente dos outros animais – e isso pode fazer com que se tornem aliados importantes dos cientistas no esforço para combater as _____. Pesquisadores australianos descobriram em 2010 que o leite do ornitorrinco contém uma proteína potente que evita a proliferação desses _____. Seu sistema de amamentação pode estar ligado às propriedades _____ do leite, de acordo com os cientistas. A resistência _____ ocorre quando as bactérias acumulam uma tolerância contra os antibióticos e passam essa resistência para a próxima geração de bactérias, produzindo _____.

    Fonte de pesquisa: COMO o leite de um dos bichos mais exóticos do mundo pode ajudar a combater superbactérias. **BBC News Brasil**, 16 mar. 2018. Disponível em: https://www.bbc.com/portuguese/geral-43435538. Acesso em: 7 maio 2021.

    Assinale a alternativa que preenche corretamente as lacunas, na ordem em que aparecem no texto.

    a. super-bactérias – microorganismos – antibacterianas – antimicrobiana – super-espécies
    b. superbactérias – micro-organismos – antibacterianas – antimicrobiana – superespécies
    c. super bactérias – micro-organismos – anti-bacterianas – anti-microbiana – super espécies
    d. super bactérias – microorganismos – antibacterianas – antimicrobiana – superespécies
    e. superbactérias – micro-organismos – anti-bacterianas – anti-microbiana – super-espécies

(Câmara Municipal de São Lourenço do Oeste – SC) Procurador jurídico

8. Utilizando **porquê**, **por quê**, **porque**, **por que**, complete as sentenças abaixo:

    Não revelou _____ cometeu o crime.

    _____ você insiste em não recorrer?

    Não fui à audiência _____ não tenho procuração.

    Você não recorreu? _____?

    a. porquê – porque – por que – por que
    b. por quê – por que – por que – por que
    c. porque – por que – por que – por quê
    d. por que – porque – por que – por quê
    e. por que – por que – porque – por quê

(Prefeitura de Mondaí – SC) Professor de Português

9. Com base nas regras do emprego do hífen, assinale a alternativa **correta**:

    a. Não se emprega hífen nas palavras compostas que designam espécies botânicas e zoológicas, estejam ou não ligadas por preposição ou qualquer outro elemento.

    b. Não se emprega hífen nos topônimos compostos iniciados pelos adjetivos **grã-**, **grão-** ou por forma verbal ou cujos elementos estejam ligados por artigo.

    c. Emprega-se hífen em vocábulos compostos, formados por "substantivo + substantivo", nos quais o segundo substantivo indique forma, finalidade ou tipo.

    d. Emprega-se hífen nas ligações verbais, formadoras de locuções verbais, com o verbo **haver** + preposição **de**.

(PUC-RS)

O que é a verdade?

1 Todos nós, em algum momento da nossa vida, já nos perguntamos o que é a verdade. Os filósofos sempre
2 refletiram sobre essa questão, buscando-a incessantemente, sendo essa a primeira busca da filosofia.

3 Normalmente, surge uma dúvida em nossos pensamentos e, ao encontrarmos uma resposta para essa dú-
4 vida, seja por meio de deduções lógicas ou de alguma experiência sensível, acreditamos que encontramos a
5 verdade. Nesse caso, podemos dizer que encontramos a verdade ao obter o resultado de algo que, por meio de
6 nossos pensamentos, acreditamos como real; porém, para ser verdade, é necessário que todos, ao duvidarem,
7 cheguem ao mesmo denominador comum, ou seja, a verdade tem que ser universal. Se assim não o for, não é
8 verdadeira, é uma falsa verdade.

9 Podemos dizer que a busca da verdade dá sentido para a nossa existência, enquanto a falta dela leva o ser
10 humano a desiludir-se.

Fonte de pesquisa: VASCONCELOS, Ana. **Filosofia**. São Paulo: Rideel, 2008. (Base do Saber).

10. Considere as propostas para alterar a pontuação do texto.

    I. Na linha 1, poderiam ser inseridos dois-pontos depois de **perguntamos**, sem prejuízos à correção do texto.

    II. O ponto-final depois de **universal** (linha 7) poderia ser corretamente substituído por vírgula.

    III. Na linha 8, a vírgula depois de **verdadeira** poderia ser corretamente substituída por dois-pontos.

    Está/Estão **correta(s)** apenas a(s) proposta(s)

    a. I
    b. III
    c. I e II
    d. II e III

(Câmara Municipal de Divino – MG) Auxiliar administrativo

11. Analise as frases abaixo:

Hoje, acordei de _____ humor.

O jantar deveria estar pronto _____ duas horas.

Saia daí, _____ vai se molhar.

João e Sophia possuem um gosto musical _____.

A alternativa que preenche **corretamente** as lacunas é:

a. mau – à – senão – a fim
b. mau – há – senão – afim
c. mal – à – se não – afim
d. mal – há – senão – a fim

(Superior Tribunal de Justiça – DF) Estagiário

12. Assinale a alternativa em que o emprego do advérbio está em **desacordo** com a norma-padrão da língua portuguesa.

a. Aonde coloquei o celular?
b. Não conheço a cidade onde meu pai nasceu.
c. O bairro onde moro é perigoso.
d. Aonde você está me levando?

(Fuvest)

> Omolu espalhara a bexiga na cidade. Era uma vingança contra a cidade dos ricos. Mas os ricos tinham a vacina, que sabia Omolu de vacinas? Era um pobre deus das florestas d'África. Um deus dos negros pobres. Que podia saber de vacinas? Então a bexiga desceu e assolou o povo de Omolu. Tudo que Omolu pôde fazer foi transformar a bexiga de negra em alastrim, bexiga branca e tola. Assim mesmo morrera negro, morrera pobre. Mas Omolu dizia que não fora o alastrim que matara. Fora o lazareto*. Omolu só queria com o alastrim marcar seus filhinhos negros. O lazareto é que os matava. Mas as macumbas pediam que ele levasse a bexiga da cidade, levasse para os ricos latifundiários do sertão. Eles tinham dinheiro, léguas e léguas de terra, mas não sabiam tampouco da vacina. O Omolu diz que vai pro sertão. E os negros, os ogãs, as filhas e pais de santo cantam:
> Ele é mesmo nosso pai
> e é quem pode nos ajudar...
> Omolu promete ir. Mas para que seus filhos negros não o esqueçam avisa no seu cântico de despedida:
> Ora, adeus, ó meus filhinhos,
> Qu'eu vou e torno a vortá...
> E numa noite que os atabaques batiam nas macumbas, numa noite de mistério da Bahia, Omolu pulou na máquina da Leste Brasileira e foi para o sertão de Juazeiro. A bexiga foi com ele.
>
> *lazareto: estabelecimento para isolamento sanitário de pessoas atingidas por determinadas doenças.
>
> AMADO, Jorge. **Capitães da areia**. São Paulo: Companhia das Letras, 2016.

13. Das propostas de substituição para os trechos sublinhados nas seguintes frases do texto, a única que faz, de maneira adequada, a correção de um erro gramatical presente no discurso do narrador é:

a. "Assim mesmo morrera negro, morrera pobre.": havia morrido negro, havia morrido pobre.

b. "Mas Omolu dizia que não fora o alastrim que matara.": Omolu dizia, no entanto, que não fora.

c. "Eles tinham dinheiro, léguas e léguas de terra, mas não sabiam tampouco da vacina.": mas tão pouco sabiam da vacina.

d. "Mas para que seus filhos negros não o esqueçam [...].": não lhe esqueçam.

e. "E numa noite que os atabaques batiam nas macumbas [...].": numa noite em que os atabaques.

(Enem – MEC)

O ouro do século 21

Cério, gadolínio, lutécio, promécio e érbio; samário, térbio e disprósio; hólmio, túlio e itérbio. Essa lista de nomes esquisitos e pouco conhecidos pode parecer a escalação de um time de futebol, que ainda teria no banco de reservas lantânio, neodímio, praseodímio, európio, escândio e ítrio. Mas esses 17 metais, chamados de terras-raras, fazem parte da vida de quase todos os humanos do planeta. Chamados por muitos de "ouro do século 21", "elementos do futuro" ou "vitaminas da indústria", eles estão nos materiais usados na fabricação de lâmpadas, telas de computadores, *tablets* e celulares, motores de carros elétricos, baterias e até turbinas eólicas. Apesar de tantas aplicações, o Brasil, dono da segunda maior reserva do mundo desses metais, parou de extraí-los e usá-los em 2002. Agora, volta a pensar em retomar sua exploração.

Fonte de pesquisa: SILVEIRA, Evanildo da. O ouro do século 21. **Planeta**, n. 533, 22 ago. 2017.
Disponível em: www.revistaplaneta.com.br/o-ouro-do-seculo-21/. Acesso em: 10 maio 2021.

14. As aspas sinalizam expressões metafóricas empregadas intencionalmente pelo autor do texto para

   a. imprimir um tom irônico à reportagem.
   b. incorporar citações de especialistas à reportagem.
   c. atribuir maior valor aos metais, objeto da reportagem.
   d. esclarecer termos científicos empregados na reportagem.
   e. marcar a apropriação de termos de outra ciência pela reportagem.

(Prefeitura de Aquiraz – CE) Guarda municipal

15. Leia as afirmativas a seguir.

   I. Não havia nada _____ em beijá-la ali.
   II. Dinheiro nunca é _____.
   III. Falou _____.

   Marque a opção que completa **correta** e respectivamente as frases.

   a. demais – demais – demais
   b. de mais – de mais – de mais
   c. de mais – demais – demais
   d. de mais – de mais – demais
   e. demais – demais – de mais

(Prefeitura de Frecheirinha – CE) Agente administrativo

16. Preencha as lacunas da afirmativa a seguir. Caso não haja necessidade de sinal de pontuação, ∅ indicará essa inexistência.

   Quando passar a pandemia ____ os jovens e os idosos isolados pelo risco da doença ____ retomarão ____ os relacionamentos sociais e familiares ____

   Assinale a opção que preenche correta e respectivamente as lacunas.

   a. vírgula – vírgula – ∅ – exclamação
   b. ∅ – dois-pontos – vírgula – interrogação
   c. vírgula – ∅ – ponto e vírgula – ponto-final
   d. vírgula – ∅ – ∅ – interrogação
   e. ∅ – vírgula – ∅ – reticências

(Prefeitura de Sul Brasil – SC) Agente educativo

17. Complete as sentenças:

1. Falamos _____ problemas de nossa cidade.

2. O ônibus parou _____ trinta centímetros da ponte.

3. O trabalhador parou _____ meia hora.

4. Corremos _____ dez quilômetros para chegar ao vilarejo.

a. há cerca dos – a cerca de – cerca de – acerca de

b. cerca dos – há cerca de – acerca de – a cerca de

c. acerca dos – a cerca de – há cerca de – cerca de

d. a cerca dos – cerca de – acerca de – há cerca de

e. a cerca dos – há cerca de – cerca de – acerca de

(Escola Bahiana de Medicina e Saúde Pública – BA)

Malala luta pelo acesso à escola de meninas no Paquistão e sobreviveu a uma tentativa de homicídio por parte de talibãs, em 2012. A jovem foi baleada por militantes em 9 de outubro de 2012, no vale de Swat, na província rebelde paquistanesa de Khyber Pakhtunkhwa. O Talibã assumiu a autoria do ataque, alegando em comunicado que Malala foi visada por promover o "secularismo" no país. Depois de receber tratamento médico inicial no Paquistão, Malala foi enviada para o Reino Unido, onde reside atualmente com sua família.

Antes do atentado, Malala vinha fazendo campanha pelo direito das meninas à educação em Swat, além de ser uma crítica veemente dos extremistas islâmicos. Ela foi elogiada mundo afora por escrever sobre as atrocidades do Talibã num *blog* da **BBC** no idioma urdu.

Malala percorreu um longo caminho desde então, sendo um ícone internacional da resistência, do fortalecimento das mulheres e do direito à educação. Entre as numerosas distinções que recebeu, está o prestigioso prêmio de direitos humanos Sakharov, da União Europeia. Ela também foi a ganhadora do Prêmio Nobel da Paz em 2014. Em seu próprio país, no entanto, é desprezada por muitos, que a acusam de ser agente dos EUA, decidida a difamar o Paquistão e o islã.

Em 2017, Malala foi nomeada Mensageira da Paz pela ONU. Numa cerimônia na sede das Nações Unidas em Nova York, o secretário-geral da ONU, António Guterres, entregou-lhe o grande prêmio, dizendo ter-se sentido inspirado pelo "compromisso inabalável" da jovem com a paz, assim como por sua "determinação em promover um mundo melhor".

MALALA Yousafzai vem a São Paulo falar sobre direito à educação. **CartaCapital**, 5 jul. 2018. Disponível em: https://www.cartacapital.com.br/educacao/malala-yousafzai-vem-a-sao-paulo-falar-sobre-direito-a-educacao/. Acesso em: 8 maio 2021.

18. Tomando como referência os conhecimentos sobre acentuação gráfica, é **correto** afirmar que os vocábulos

a. **homicídio** e **prêmio** são acentuados por diferentes razões.

b. **país** e **além** recebem sinal diacrítico, no primeiro caso, porque o **í** faz hiato com a vogal anterior e forma sílaba com **s**, e, no segundo, porque é oxítona com a terminação **em**.

c. **islâmicos** e **ícone**, por serem trissilábicos, levam, respectivamente, acento circunflexo e agudo, devido à pronúncia fechada e aberta que possuem.

d. **está** e **também** pertencem ao grupo das palavras cuja tônica é a última sílaba e todas são assinaladas graficamente.

e. **próprio** e **inabalável** aparecem sinalizados da mesma maneira por se tratar de proparoxítonos.

(Enem – MEC)

O homem disse, Está a chover, e depois, Quem é você, Não sou daqui, Anda à procura de comida, Sim, há quatro dias que não comemos, E como sabe que são quatro dias, É um cálculo, Está sozinha, Estou com o meu marido e uns companheiros, Quantos são, Ao todo, sete, Se estão a pensar em ficar conosco, tirem daí o sentido, já somos muitos, Só estamos de passagem, Donde vêm, Estivemos internados desde que a cegueira começou, Ah, sim, a quarentena, não serviu de nada, Por que diz isso, Deixaram-nos sair, Houve um incêndio e nesse momento percebemos que os soldados que nos vigiavam tinham desaparecido, E saíram, Sim, Os vossos soldados devem ter sido dos últimos a cegar, toda a gente está cega, Toda a gente, a cidade toda, o país,

SARAMAGO, José. **Ensaio sobre a cegueira**. São Paulo: Companhia das Letras, 1995.

19. A cena retrata as experiências das personagens em um país atingido por uma epidemia. No diálogo, a violação de determinadas regras de pontuação:

a. revela uma incompatibilidade entre o sistema de pontuação convencional e a produção do gênero romance.

b. provoca uma leitura equivocada das frases interrogativas e prejudica a verossimilhança.

c. singulariza o estilo do autor e auxilia na representação do ambiente caótico.

d. representa uma exceção às regras do sistema de pontuação canônica.

e. colabora para a construção da identidade do narrador pouco escolarizado.

(Prefeitura de Foz do Iguaçu – PR) Assistente previdenciário

20. Considere o seguinte trecho de um texto publicado no jornal **El País**, em sua edição de 1º/7/2018:

Os caçadores do programa de Kirkland eliminaram em um ano mais de 800 repteis dessa especie. Ninguem acredita que seja possivel extermina-los. O desafio atual é conter sua população, e essa estratégia tem sido a mais bem-sucedida. Os rastreadores tem acesso a caminhos de terra que entram nas regiões dos Everglades fechadas ao publico. Andam lentamente de carro por eles verificando as margens do caminho em busca dessas cobras.

Fonte de pesquisa: DE LLANO, Pablo. Caçada à píton birmanesa, a espécie invasora que ameaça a Flórida. **El País**, 10 mar. 2018. Disponível em: https://brasil.elpais.com/brasil/2018/03/02/eps/1520014930_899565.html. Acesso em: 8 maio 2021.

Quantas palavras, nesse trecho, deveriam estar acentuadas, mas não estão?

a. 4   b. 5   c. 6   d. 7   e. 8

(IFMA)

21. Marque a alternativa cuja sentença está de acordo com as orientações ortográficas vigentes na língua portuguesa.

a. Rafael não faz as coisas por **mal**, nem é **mal** aluno; é apenas um adolescente **mau**-humorado.

b. O novo técnico não é um **mau** treinador, mas, como o time tem jogado **mal** as últimas partidas, isso tem deixado de **mau** humor boa parte da torcida.

c. O mundo atual vive um **mau** momento em relação às catástrofes naturais: **mau** um tufão devasta um lugar, outro **mal** já começa a destruição de outra parte do planeta.

d. O palestrante sentiu-se **mau** durante a conferência. No hospital fizeram **mal** diagnóstico do ocorrido.

e. O aluno, apesar de seu **mal** desempenho nas provas, conseguiu muito **mau** a última colocação na olimpíada de língua portuguesa.

Abreviaturas e siglas

A

a are(s) (medida agrária)
a.C. antes de Cristo
a.m. ante meridiem (antes do meio-dia)
A/C ou **a/c** ao(s) cuidado(s)
ABI Associação Brasileira de Imprensa
ABL Academia Brasileira de Letras
ABNT Associação Brasileira de Normas Técnicas
abrev. abreviatura, abreviado, abreviação ou abreviadamente
AC Acre (estado do)
ADA Agência de Desenvolvimento da Amazônia
Adene Agência de Desenvolvimento do Nordeste
adj. adjetivo
Adm. Administração, administrador, administrativo
adv. advérbio
Ag prata (*argentum*)
aids *acquired immunodeficiency syndrome* (síndrome da imunodeficiência adquirida)
AL Alagoas (estado do)
Al alumínio
al. alameda
alf. alfabeto
Álg. Álgebra
AM Amazonas (estado do)
Anac Agência Nacional de Aviação Civil
Anatel Agência Nacional de Telecomunicações
Aneel Agência Nacional de Energia Elétrica
Anvisa Agência Nacional de Vigilância Sanitária
AP Amapá (estado do)
ap., **apt.** ou **apart.** apartamento
arc. ou **arcaic.** arcaico
Arit. Aritmética
art. artigo
át. átomo ou átono
atm atmosfera (medida de pressão)
Au ouro (*aurum*)
aum. aumentativo
av. ou **aven.** avenida

B

BA Bahia (estado da)
BCG Bacilo de Calmette-Guérin (usado na vacinação contra a tuberculose)
Bird Banco Internacional para Reconstrução e Desenvolvimento (Banco Mundial)
BNDES Banco Nacional de Desenvolvimento Econômico e Social
BR Brasil
bras. ou **brasil.** brasileiro
Brig.^{ro} brigadeiro
btl. batalhão

C

C carbônio ou carbono
C.^{el} coronel
c/c conta-corrente
Ca cálcio
Cade Conselho Administrativo de Defesa Econômica
Cap. capitão, capital
cap. capítulo; **caps.** capítulos
CBF Confederação Brasileira de Futebol
CC Código Civil (ou NCC – Novo Código Civil)
CCJ Comissão de Constituição e Justiça
CE Ceará (estado do)
Ceat Centro de Atendimento ao Trabalhador
CEF Caixa Econômica Federal
CEI Comunidade dos Estados Independentes (ex-URSS)
CEP Código de Endereçamento Postal
Cetesb Companhia de Tecnologia de Saneamento Ambiental
Cetran Conselho Estadual de Trânsito
CF Constituição Federal
cfr. confira, confronte
cg centigrama(s)
CGI.br Comitê Gestor da Internet no Brasil
CGU Controladoria-Geral da União
Cia. Companhia
Ciesp Centro das Indústrias do Estado de São Paulo
cl centilitro(s)
CLT Consolidação das Leis do Trabalho
cm centímetro(s)
CND Certidão Negativa de Débito
CNES Cadastro Nacional de Entidades Sindicais
CNI Confederação Nacional da Indústria
CNPJ Cadastro Nacional de Pessoa Jurídica
CNPq Conselho Nacional de Pesquisa
Coaf Conselho de Atividades Financeiras
cód. código, códice
Cofins Contribuição para o Financiamento da Seguridade Social
col. coleção
compl. complemento
Contran Conselho Nacional de Trânsito
Copom Comitê de Política Monetária
covid-19 *coronavirus disease* (doença do coronavírus, detectada pela primeira vez em 2019)
CPF Cadastro de Pessoa Física
CPI Comissão Parlamentar de Inquérito
CPMF Contribuição Provisória sobre Movimentação Financeira
Cx. ou **cx.** caixa(s)

D

D. Dom, Dona
d.C. ou **D.C.** depois de Cristo
dag decagrama(s)
DAI Declaração Anual de Isento
dal decalitro(s)
dam decâmetro(s)
Darf Documento de Arrecadação de Receitas Federais

DAS Documento de Arrecadação do Simples Nacional
DD. Digníssimo
Deic Departamento Estadual de Investigações Criminais
Denatran Departamento Nacional de Trânsito
Detran Departamento Estadual de Trânsito
DF Distrito Federal
DL decreto-lei
DM *direct message* ("mensagem direta", em redes sociais)
DNER Departamento Nacional de Estradas de Rodagem
DNIT Departamento Nacional de Infraestrutura de Transportes
DNOCS Departamento Nacional de Obras Contra as Secas
Dr. doutor; **Drs.** doutores
Dr.ª doutora; **Dr.ᵃˢ** doutoras
dz. dúzia(s)

E

E. editor; **EE.** editores
E.C. Era Cristã
E.-M. Estado-Maior
E.M.P. em mão própria
EC emenda constitucional
ed. edição
Educ. Educação
Em.ª Eminência
Embratel Empresa Brasileira de Telecomunicações
Enade Exame Nacional de Desempenho dos Estudantes
Enem Exame Nacional do Ensino Médio
eng. engenheiro
EPI equipamento de proteção individual
ES Espírito Santo (estado do)
ESG Escola Superior de Guerra
etc. *et cetera* (e outros)
EUA Estados Unidos da América
ex. exemplo(s)
Ex.ª Excelência
Ex.ᵐᵒ ou **Exmo.** Excelentíssimo

F

f. feminino; forma(s)
f., **fl.** ou **fol.** folha; **fls.** ou **fols.** folhas
FAB Força Aérea Brasileira
fac. faculdade
FAO Food and Agriculture Organization (Organização das Nações Unidas para Alimentação e Agricultura)
FAT Fundo de Amparo ao Trabalhador
Fe ferro
FEB Força Expedicionária Brasileira
Febraban Federação Brasileira das Associações de Bancos
FGTS Fundo de Garantia do Tempo de Serviço
Fiesp Federação das Indústrias do Estado de São Paulo
Fifa Federação Internacional das Associações de Futebol
FMI Fundo Monetário Internacional
FNDE Fundo Nacional para o Desenvolvimento da Educação
FOB ou **fob** *free on board* ("posto a bordo", expressão usada em transportadoras)
Fr. frei
Funai Fundação Nacional do Índio
Fundeb Fundo Nacional de Desenvolvimento da Educação Básica

G

g grama(s)
g. ou **gr.** grau(s)
Gare Guia de Arrecadação Estadual
Gatt General Agreement on Tariffs and Trade (Acordo Geral de Tarifas e Comércio)
GB *gigabyte(s)*
Gen. general
gên. gênero
Geo. Geografia
gír. gíria
GMT *Greenwich Mean Time* (horário do meridiano de Greenwich)
GO Goiás (estado de)
gram. gramática

H

H hidrogênio
h hora(s)
ha hectare(s)
hab. habitante(s)
Hist. História
hl hectolitro(s)
hm hectômetro(s)
HP *horsepower* (cavalo(s)-vapor)
Hz hertz

I

I iodo
i.e. *id est* (isto é)
ib. ou **ibid.** *ibidem* (no mesmo lugar, na mesma hora)
I.N.R.I. *Iesus Nazarenus Rex Iudaeorum* (Jesus Nazareno, Rei dos Judeus)
Ibama Instituto Brasileiro do Meio Ambiente e dos Recursos Naturais Renováveis
IBGE Instituto Brasileiro de Geografia e Estatística
ICMS Imposto sobre Circulação de Mercadorias e Prestação de Serviços
id. *idem* (o mesmo)
Ideb Índice de Desenvolvimento da Educação Básica
Idec Instituto de Defesa do Consumidor
IDH Índice de Desenvolvimento Humano
IFA Ingrediente Farmacêutico Ativo
IGP-M Índice Geral de Preços do Mercado
Il.ᵐᵒ ou **Ilmo.** Ilustríssimo
Incra Instituto Nacional de Colonização e Reforma Agrária
inf. infantaria; infante; infinitivo
Infraero Empresa Brasileira de Infraestrutura Aeroportuária
INPC Índice Nacional de Preços ao Consumidor
INSS Instituto Nacional do Seguro Social
IOF Imposto sobre Operações Financeiras
IPC Índice de Preços ao Consumidor
IPI Imposto sobre Produtos Industrializados

IPTU Imposto Predial e Territorial Urbano
IPVA Imposto sobre Propriedade de Veículos Automotores
IR Imposto de Renda
ISS Imposto Sobre Serviços

J

J joule(s)
J.C. Jesus Cristo
Jr. Júnior
judic. judiciário
Just. Justiça

K

K potássio (*kalium*)
kg quilograma(s)
kl quilolitro(s)
km quilômetro(s)
kVA quilovolt(s)-ampère
kW quilowatt(s) internacional
kWh quilowatt(s)-hora

L

l litro(s)
L Leste
LBC Letra do Banco Central
LC lei complementar
lit. literatura
loc. cit. *loco citato* (no lugar citado)
log. logaritmo
long. longitude
Ltda. Limitada

M

m metro(s)
m/s metro(s) por segundo
MA Maranhão (estado do)
Maj. major
Mal. marechal
Mat. Matemática
MB *megabyte(s)*
MCCA Mercado Comum Centro-Americano
MEC Ministério da Educação
méd. médico
Mercosul Mercado Comum do Sul
MG Minas Gerais (estado de)
mg miligrama(s)

min minuto(s)
ml mililitro(s)
MM. Meritíssimo
mm milímetro(s)
Mons. monsenhor
MP medida provisória
MPE Micro e Pequena Empresa
MS Mato Grosso do Sul (estado do)
MT Mato Grosso (estado do)

N

N nitrogênio
N Norte
Na sódio (*natrium*)
N.Obs. *nihil obstat* ("nada obsta", antiga permissão da Igreja Católica para publicar um livro)
n. ou **nº** número
Nafta North American Free Trade Agreement (Acordo de Livre Comércio da América do Norte)
NE Nordeste
NGB Nomenclatura Gramatical Brasileira
NO Noroeste

O

O oxigênio
O Oeste
OAB Ordem dos Advogados do Brasil
obs. observação
OEA Organização dos Estados Americanos
OIT Organização Internacional do Trabalho
OK, **ok**, **o.k.**, **O.K.** ou *okay* abreviação de *all correct* (de acordo)
OMC Organização Mundial do Comércio
OMS Organização Mundial da Saúde
ONG organização não governamental
ONU Organização das Nações Unidas
op. cit. *opus citatum* (obra citada)
Opep Organização dos Países Exportadores de Petróleo
Otan Organização do Tratado do Atlântico Norte

P

P fósforo (*phosphorus*)
p.ex. por exemplo

P., **P.e** ou **Pe.** padre; **PP.**, **P.es** ou **Pes.** padres
p. ou **pág.** página; **pp.** ou **págs.** páginas
P.D. pede deferimento (expressão jurídica)
P.E.F. por especial favor
p.f. próximo futuro (refere-se a mês)
P.J. pede justiça (expressão jurídica)
p.m. *post meridiem* (depois do meio-dia)
p.p. próximo passado (refere-se a mês); por procuração (expressão jurídica)
P.S. *post scriptum* (pós-escrito)
PA Pará (estado do)
Pasep Programa de Formação do Patrimônio do Servidor Público
PB Paraíba (estado da)
PcD pessoa com deficiência
PE Pernambuco (estado de)
PEA População Economicamente Ativa
PEC Proposta de Emenda Constitucional
pg. pago
Ph.D. *Philosophiae Doctor* (doutor em Filosofia)
PI Piauí (estado do)
PIB Produto Interno Bruto
PIS Programa de Integração Social
pl. plural
Pnad Pesquisa Nacional por Amostra de Domicílios
PR Paraná (estado do)
pr., **pron.** pronome, pronominal
Procon Fundação de Proteção e Defesa do Consumidor
prof. professor; **profs.** professores
prof.a professora; **prof.as** professoras
pt. ponto

Q

QG quartel-general
ql. quilate(s)
Quím. Química

R

r. rua
r.p.m. rotação(ões) por minuto
r.p.s. rotação(ões) por segundo
Rep. República

Rev.ᵐᵒ ou **Revmo.** Reverendíssimo
RG Registro Geral (ou CI – Cédula de Identidade)
RGPS Registro Geral de Previdência Social
RJ Rio de Janeiro (estado do)
RN Rio Grande do Norte (estado do)
RO Rondônia (estado de)
RPPS Registro Pessoal de Previdência Social
RR Roraima (estado de)
RS Rio Grande do Sul (estado do)
R$ real

S

S Sul
S. São; santo
s ou **seg** segundo(s)
s. substantivo
S.A. ou **S/A** Sociedade Anônima
S.A. Sua Alteza; **S.S.A.A.** Suas Altezas
s.d. sem data
S.M.J. salvo melhor juízo
S.O.S. *save our soul* (salve(m) nossa alma), sinal de aviso de perigo e pedido de socorro usado por navios e aviões
S.S. Sua Santidade
Samu Serviço de Atendimento Móvel de Urgência
Sarg. sargento
SARS *severe acute respiratory syndrome* (síndrome respiratória aguda grave)
SC Santa Catarina (estado de)
SCPC ou **SPC** Serviço Central de Proteção ao Crédito
SE Sergipe (estado de)
SE Sudeste ou Sueste
Sebrae Serviço Brasileiro de Apoio às Micro e Pequenas Empresas
séc. século; **sécs.** séculos
seg. seguinte; **segs.** seguintes
Selic Sistema Especial de Liquidação e de Custódia
Senac Serviço Nacional de Aprendizagem Comercial
Senai Serviço Nacional de Aprendizagem Industrial
Senar Serviço Nacional de Aprendizagem Rural
Sesi Serviço Social da Indústria
SFH Sistema Financeiro de Habitação
Simples Sistema Integrado de Pagamento de Impostos e Contribuições das Microempresas e Empresas de Pequeno Porte
SO Sudoeste
SP São Paulo (estado de)
Sr. senhor; **Srs.** senhores
Sr.ª ou **Sra.** senhora; **Sr.ªˢ** ou **Sras.** senhoras
Sr.ᵗᵃ ou **Srta.** senhorita
STF Supremo Tribunal Federal
Sudene Superintendência de Desenvolvimento do Nordeste
SUS Sistema Único de Saúde
SW Sudoeste

T

t tonelada(s)
t. tomo(s)
TB *terabyte(s)*
TBC Teatro Brasileiro de Comédia
TCE Tribunal de Contas do Estado
TCM Tribunal de Contas do Município
TCU Tribunal de Contas da União
tel. telefone
Ten. tenente
Ten.-Cel. tenente-coronel
TL *timeline* ("linha do tempo", em redes sociais)
TN Tesouro Nacional
TO Tocantins (estado do)
ton. tonel ou tonéis
TR Taxa de Referência
trav. travessa
TRE Tribunal Regional Eleitoral
TSE Tribunal Superior Eleitoral
TSJ Tribunal Superior de Justiça
TST Tribunal Superior do Trabalho
TV ou **telev.** televisão

U

U urânio
UBE União Brasileira de Escritores
UE União Europeia
Unesco Organização das Nações Unidas para a Educação, a Ciência e a Cultura
USA United States of America (Estados Unidos da América)

V

V volt(s)
v. verbo; você; volume(s)
V.A. Vossa Alteza; **VV.AA.** Vossas Altezas
V.-Alm. vice-almirante
V.Ex.ª ou **V.Exa.** Vossa Excelência
V.Ex.ªˢ ou **V. Exas.** Vossas Excelências
V.M. Vossa Majestade; **VV.MM.** Vossas Majestades
V.P. Vossa Paternidade
V.S. Vossa Santidade
V.S.ª Vossa Senhoria; **V.S.ªˢ** Vossas Senhorias
VA volt-ampère(s)
VIP *very important person* (pessoa muito importante, de grande influência)
Volp Vocabulário Ortográfico da Língua Portuguesa
vs. *versus* (contra)
VT videoteipe

W

W watt(s)
W Oeste
W.C. *water closet* (sanitário)

X

x incógnita, primeira incógnita (em Matemática)
xilog. xilogravura

Y

y segunda incógnita (em Matemática)
yd *yard(s)*, jarda(s)

Z

z terceira incógnita (em Matemática)
Zn zinco
Zool. Zoologia
Zoot. Zootecnia

Índice analítico

abreviação vocabular	79
acento	
agudo	475
circunflexo	475
grave	212, 475
acentuação gráfica	475-477
ditongos abertos	476
hiatos i e u	476
monossílabos	475
oxítonas	475
paroxítonas	475
proparoxítonas	475
verbos	476
acentuação tônica	34-36
adjetivo	109-110
adverbializado	201, 353, 380
biforme	117-118
composto	110
derivado	110
grau comparativo	119-120
grau superlativo	120-122
pátrio	114-116
primitivo	110
simples	110
uniforme	117-118
adjunto adnominal	288-290
adjunto adverbial	291-292
classificação	292
advérbio	197-201
classificação	199
interrogativo	199-200
a fim de / afim (uso)	485
afixo	63
agente da passiva	271-274
alfabeto	473
alfabeto fonológico	27-28
aliteração	445
anacoluto	442
anáfora	442
antítese	439
antonímia	413
ao encontro de / de encontro a (uso)	485
aonde / onde (uso)	484-485
aposto	295-296
apóstrofo	477
artigo	105-106
definido	106
indefinido	106
aspas	494
assíndeto	442
assonância	446
aumentativo	100-101
catacrese	436
códigos	18
coerência textual	422-423
coesão textual	420-422
colocação dos pronomes oblíquos	370-372
combinação (preposição)	208
complemento nominal	284-285
complemento verbal	279-282
composição	73-74
concordância nominal	350-353
concordância verbal	340-347
conjunções coordenativas	219-220
aditivas	220
adversativas	220
alternativas	220
conclusivas	220
explicativas	220
conjunções subordinativas	221-222
causais	221
comparativas	222
concessivas	222
condicionais	221
conformativas	222
consecutivas	221
finais	221
integrantes	222
proporcionais	221
temporais	221
conotação	433-434
consoante de ligação	63
contração (preposição)	208-209
crase	212-214
casos em que é facultativa	214
casos em que não ocorre	213-214
casos em que ocorre	212-213
demais / de mais (uso)	485
denotação	433
derivação	67-68
imprópria	68
parassintética	67
prefixal (por prefixação)	67
prefixal e sufixal	67
regressiva	68
sufixal (por sufixação)	67
desinência	62-63
modo-temporal	62
nominal	62, 79
número-pessoal	62
verbal	62
dígrafo	30-31
diminutivo	101-102
dissílabas	34
ditongo	41
divisão silábica	474
dois-pontos	493
elementos mórficos	61
elipse	441
ênclise	371
encontros consonantais	42
encontros vocálicos	41-42
estilística	431-457
estrofe	451
eufemismo	439
figura	
de linguagem	434-436
de palavras	434
de pensamento	439
fonética	445
sintática	441
flexão das palavras	79-80
fonema	27-29
consoantes	28
semivogais	27
vogais	27
fonética	21
fonologia	21, 25-54
classificação das consoantes	47-48
classificação das vogais	46-47
formas nominais do verbo	155
frase	243-244
declarativa	243
exclamativa	244
imperativa	244
interrogativa	243
nominal	244
optativa	244
verbal	244
função sintática	377-381, 383-388, 390-392, 394-395, 396-397
adjetivo	379-380
advérbio	396-397
artigo	378-379
numeral	380-381
preposição	397
pronome	383-388
substantivo	377-378
verbo	390-392, 394-395
gerúndio	155, 157, 161, 329-330, 394-395
gramática normativa	18-19, 21
há / a (uso)	484
hiato	42
hibridismo	74
hífen (uso)	96-97, 371, 479-481
hipérbato	441
hipérbole	439
homonímia	413-414
infinitivo	155, 329-330, 394-395
impessoal	147-148, 157, 160-161
pessoal	157, 161
interjeição	226-228
ironia	439
linguagem	17-18
locução	
adjetiva	112-113
adverbial	198-199, 208
conjuntiva	219
interjetiva	227
prepositiva	208, 213
verbal	158
mal / mau (uso)	484
mesóclise	371
metáfora	435
metonímia	435-436
modos do verbo	150-152
imperativo	152
indicativo	151, 156
subjuntivo	152, 156-157
monossílabas	34, 36
morfema	61-63
morfologia	21, 59-229
norma-padrão	21
numeral	21, 96, 125-129
adjetivo	128
cardinal	126
fracionário	126
multiplicativo	126
ordinal	126
substantivo	128
objeto	259-260
direto	280-281
direto preposicionado	281-282
indireto	280-281
núcleo	281
pleonástico	282
onomatopeia	79, 445

oração	244-245, 301-302
adjetiva	316-319
aditiva	303
adverbial	321-326
adversativa	304
alternativa	304
apositiva	314
causal	322
comparativa	325-326
completiva nominal	313-314
concessiva	325
conclusiva	305
condicional	323
conformativa	325
consecutiva	324
explicativa	305, 318
final	324
intercalada	336
justaposta	336
objetiva direta	312
objetiva indireta	313
predicativa	314
proporcional	324
reduzida	329-330
restritiva	318
sem sujeito	252-253
subjetiva	311-312
substantiva	311
temporal	322
ortoépia	52
ortografia	472-477
oxítona	35, 52, 95, 475
palavra	60-63, 66-68, 412-415
composta	73-74
flexão	79-80
homófona	413
homógrafa	413
homônima perfeita	414
invariável	80
relações de significado	413-416
variável	79-80
paradoxo	439
parênteses	494
paronímia	414-415
paroxítona	35, 52, 95, 475
particípio	155-158, 189-190, 329-330
perífrase	436
período	245
composto	245, 300-301
misto	334-336
por coordenação	300, 303-305
por subordinação	310-315
simples	245-246
pessoas do discurso	133, 137-138
pleonasmo	441
plural	
adjetivo simples e composto	119
substantivo composto	96-97
substantivo próprio	97
substantivo simples	94-96
polissemia	415-416
polissílabas	34
polissíndeto	442
ponto de exclamação	491
ponto de interrogação	491
ponto e vírgula	493
ponto-final	491
porque / porquê / por que / por quê (uso)	483
predicado	246
nominal	263
verbal	263
verbonominal	265-266
prefixos	63, 67, 69-71
gregos	70-71
latinos	69-70
palavras com hífen	480-481
preposição	36, 96, 158, 205-209
acidentais	207
combinação	208
contração	208
essenciais	207
locução prepositiva	208
próclise	370
pronome	36, 80, 132-139, 141-143
adjetivo	143
demonstrativo	138-139
de tratamento	135-136
indefinido	141
interrogativo	141-142
locução pronominal indefinida	141
oblíquo	134
pessoal	133-136
possessivo	137-138
relativo	142
reto	134
substantivo	143
proparoxítona	35, 52, 95, 475
prosódia	52
prosopopeia	439
que (uso)	468-469
radical	61, 73, 75-78
regência	357-363, 366
nominal	366
verbal	357-363
registro linguístico	18-19
formal	18
informal	19
reticências	494
rima	452-455
semântica	21, 411-425
senão / se não (uso)	483
se (uso)	467-468
siglonimização	79
significante e significado	31
signos	18
sílaba	33-36
silepse	442-443
sinais de pontuação	491-495
sinais gráficos	475-477
sinestesia	436
sinonímia	413
sintagma nominal	382
sintaxe	21, 241-399
de colocação	369-372
de concordância	339-347, 350-353
de regência	356-363, 366
substantivo	21, 83-102
abstrato	85
biforme	90
coletivo	85
composto	87
comum	84
comum de dois gêneros	91
concreto	85
derivado	86
epiceno	91
primitivo	86
próprio	84
simples	87
sobrecomum	91
uniforme	90-91
sufixo	63, 67, 71-72
adverbial	72
em adjetivos pátrios	114-116
em palavras com hífen	481
nominal	71-72
verbal	72
sujeito	246
composto	251
determinado	251
elíptico	251
indeterminado	252
núcleo	250-251
oração sem sujeito	252-253
posição na oração	250
simples	251
tipos	251-252
tema	62
tempos do verbo	
compostos	156-157
futuro	150
presente	150
pretérito	150
primitivos e derivados	160-161
termo	
regente	206-207, 357
regido	206-207, 357
til	477
travessão	495
trema	477
trissílabas	34
tritongo	42
variação linguística	19-20
estilística	20
histórica	20
regional	19
sociocultural	20
verbo	146-192
abundante	189-190
anômalo	184-185
auxiliar	156-157, 190
conjugações	148
defectivo	187-188
de ligação	260
estrutura	147-148
flexão	149
impessoal	192
intransitivo	258
irregular	166-169, 170-180, 182-184
modo	147, 149, 150-152
número	147, 149
paradigma	148
pessoa	147, 149
pronominal	190-191
reflexivo	192
regular	163-164
tempo	147, 149, 150
transitivo	259-260
unipessoal	192
voz	157-158
versificação	448-451
verso	449-450
formação	449-450
tipos	450
vírgula	491-493
vocativo	295, 297
vogal	
de ligação	63
temática	61-63
voz do verbo	157-158, 271-274
agente da passiva	274
ativa	157, 271
passiva	157, 271-274
reflexiva	157, 271
sujeito agente	158, 271
sujeito paciente	271
voz passiva	272-274
analítica	272-273
sintética	273-274
tipos de voz passiva	272-274
zeugma	441

Bibliografia

ACADEMIA BRASILEIRA DE LETRAS. **Vocabulário ortográfico da língua portuguesa (Volp)**. 5. ed. São Paulo: Global, 2009. Disponível em: https://www.academia.org.br/nossa-lingua/busca-no-vocabulario. Acesso em: 26 abr. 2021.

ALI, Manuel Said. **Gramática histórica da língua portuguesa**. 8. ed. rev. e atual. por Mário Eduardo Viaro. São Paulo: Melhoramentos; Brasília: UnB, 2001.

ANTUNES, Irandé. **Território das palavras**: estudo do léxico em sala de aula. São Paulo: Parábola Editorial, 2012. (Estratégias de ensino, 28).

AZEREDO, José Carlos de. **Dicionário Houaiss de conjugação de verbos**. São Paulo: Publifolha, 2012.

BAGNO, Marcos. **Gramática pedagógica do português brasileiro**. São Paulo: Parábola, 2012. (Referenda, 1).

BECHARA, Evanildo. **Moderna gramática portuguesa**. 38. ed. rev. e ampl. Rio de Janeiro: Nova Fronteira, 2015.

BRASIL. Ministério da Educação. **Base Nacional Comum Curricular**: educação é a base. Brasília, DF, 2018. Disponível em: http://basenacionalcomum.mec.gov.br/images/BNCC_EI_EF_110518_versaofinal_site.pdf. Acesso em: 5 abr. 2021.

CÂMARA JÚNIOR, Joaquim Mattoso. **Estrutura da língua portuguesa**: edição crítica. Petrópolis: Vozes, 2019.

CASTILHO, Ataliba Teixeira de. **Nova gramática do português brasileiro**. São Paulo: Contexto, 2016.

CEGALLA, Domingos Paschoal. **Novíssima gramática da língua portuguesa**. 49. ed. São Paulo: Companhia Editora Nacional, 2020.

CUNHA, Celso Ferreira da; CINTRA, Luís Filipe Lindley. **Nova gramática do português contemporâneo**. 6. ed. Rio de Janeiro: Lexikon, 2013.

FÁVERO, Leonor Lopes. **Coesão e coerência textuais**. 10. ed. rev. e atual. São Paulo: Ática, 2006. (Princípios, 206).

GARCIA, Othon Moacyr. **Comunicação em prosa moderna**. 27. ed. Rio de Janeiro: FGV, 2010.

HAUY, Amini Boainain. **Gramática da língua portuguesa padrão**: com comentários e exemplários. São Paulo: Edusp, 2014. (Didática, 5).

ILARI, Rodolfo. **Introdução à semântica**: brincando com a gramática. São Paulo: Contexto, 2006.

INSTITUTO ANTÔNIO HOUAISS. **Dicionário Houaiss da língua portuguesa**. Rio de Janeiro: Objetiva, 2009.

KOCH, Ingedore Grünfeld Villaça. **A coesão textual**. 21. ed. São Paulo: Contexto, 2009.

LAPA, Manuel Rodrigues. **Estilística da língua portuguesa**. 4. ed. São Paulo: Martins Fontes, 1998.

LOPES, Edward. **Fundamentos da linguística contemporânea**. 16. ed. São Paulo: Cultrix, 2004.

MARTINS FILHO, Plinio. **Manual de editoração e estilo**. São Paulo: Edusp; Campinas: Unicamp; Belo Horizonte: UFMG, 2016.

NEVES, Maria Helena de Moura. **Gramática de usos do português**. 2. ed. São Paulo: Unesp, 2011.

PERINI, Mário Alberto. **Gramática descritiva do português brasileiro**. São Paulo: Vozes, 2016.

ROCHA LIMA, Carlos Henrique da. **Gramática normativa da língua portuguesa**. 53. ed. Rio de Janeiro: José Olympio, 2017.

TERRA, Ernani. **Compreendendo a língua que você fala**: a gramática e o conceito de certo e errado. São Paulo: Expressa, 2021. *E-book*.

TERRA, Ernani. **Linguagem, língua e fala**. 3. ed. São Paulo: Saraiva, 2018.

TRAVAGLIA, Luiz Carlos. **Gramática e interação**: uma proposta para o ensino de gramática. 14. ed. São Paulo: Cortez, 2009.

TRAVAGLIA, Luiz Carlos. **Gramática**: ensino plural. 5. ed. São Paulo: Cortez, 2011.